金陵全書

丙編·檔案類

南京城墻檔案

城墻的修繕與堵塞（上）

南京市檔案館 編

南京出版社
南京出版傳媒集團

圖書在版編目（CIP）數據

南京城墻檔案. 城墻的修繕與堵塞. 上 / 南京市檔案館編
. -- 南京 : 南京出版社, 2020.9
ISBN 978-7-5533-3024-2
Ⅰ. ①南… Ⅱ. ①南… Ⅲ. ①城墻—修繕加固—史料
—南京 Ⅳ. ①K928.77
中國版本圖書館CIP數據核字(2020)第169145號

書　　名　**南京城墻檔案・城墻的修繕與堵塞（上）**
編　　者　南京市檔案館
出版發行　南京出版傳媒集團
南　京　出　版　社
社址：南京市太平門街53號　郵編：210016
網址：http://www.njcbs.cn　電子信箱：njcbs1988@163.com
聯系電話：025-83283893、83283864（營銷）　025-83112257（編務）

出 版 人　項曉寧
出 品 人　盧海鳴
策　　劃　盧海鳴　朱天樂
責任編輯　徐　智
裝幀設計　王　俊
責任印製　楊福彬

製　　版　上海雅昌藝術印刷有限公司
印　　刷　上海雅昌藝術印刷有限公司
開　　本　889毫米×1194毫米　1/16
印　　張　40.5
版　　次　2020年9月第1版
印　　次　2020年9月第1次印刷
書　　號　ISBN 978-7-5533-3024-2
定　　價　1000.00 元

南京出版社
圖書專營店

目録

壹　一九三二年至一九三七年

修理中山門城墻

修理漢中門憲兵住室後方城墻

修理水西門水巷與南灣子轉角處城墻

修理太平門至中山門城墻

貳　一九三八年至一九四五年

修理萬竹園西南城角城墻

修復興中門城墻漏洞

修築漢西門、光華門、中山門等處破損城墻

修理中山門城墻

南京
城墻
檔案

城墻的修繕與堵塞（上）

壹

一九三二年至一九三七年

市政府爲修理興中門城墻及改換各城門匾額工程决算案致市工務局的指令（一九三〇年一月六日）

往該場工作並攜帶運輸汽車三輛以便隨時將雪泥運送他處所有工作詳情業經簽呈
鑒核旋於二十三日下午六時續奉
鈞長手諭飭將派在飛機場之工隊撤回調赴朝陽門外暨神策門大道等處掃除積雪等因當遵即與衛生局商定分配工作所有高樓門與中央黨部馬路交叉口至神策門車站一段積雪由職局担任派工掃除其所派工隊即將在飛機場工作之工隊全部撤調前往故二十四日職局工隊並未在飛機場工作又經簽復各在案逈二十五日復奉
諭飛機場掃雪工作仍須繼續進行又經即日調派工隊四隊前往該場工作惟查該場地面廣闊積雪較多無論職局工隊尚有其他重要工作不能盡數派往該場縱能全部派往亦非數日內可以將全場積雪掃除淨盡此在事實上實乏妥速辦法除嚴飭工隊認眞繼續工作外奉令前因所有遵令派工掃除該場積雪工作情形理合備文呈報仰祈
鑒核示遵謹呈
市長劉

工務局局長陳和甫

十二月二十六日

（一二三）修理興中門城墻及改換各城門匾額工程决算案

▲指令工務局爲呈送修理興中門城牆及改換各城門匾額等工程竣工報告及决算書核數相符令准備案由　指令第二三號　十九年一月六日

呈送修理興中門城牆及改換各城門匾額等工程已於金前任内竣工代造竣工報告及决算書請核銷備案由

呈及附件均悉查核送到竣工報告及决算書數目尚屬相符應准備案仰即知照此令附件存

附原呈

呈爲呈送竣工報告暨决算書仰祈
核銷備案事案查修理興中門上城牆及更換各城門匾額等工程前經金前局長造具預算呈奉
鈞府核准轉飭財局撥款興工各在案兹查修理興中門城牆工程已於本年六月一日竣工改換各城門匾額工程已於六月三十日竣工惟查以上各項竣工日期均在金前局長肇組任内尚未報銷局長接任後查核前項工程修理興中門城牆一項預算爲七十一元五角八分支出亦爲七十一元五角八分收支適合並未超過預算改換各城門匾額一項預算爲八百元支出爲七

百元較預算減省一百元所有兩項實施工程情形亦經派員切實查驗尚與原設計相符除將支款單據分別在每月工程費計算書內報銷暨餘款一百元另文解交金庫外理合代爲造具竣工報告及決算書備文呈送仰祈
鑒核准予核銷備案實爲公便謹呈
市長劉
計呈送竣工報告及決算書各二份
工務局局長陳和甫
十二月十二日

(一二四)分發中央陸軍軍官學校土木工組學員案

▲訓令工務局爲准中央陸軍軍官學校電送分發敝校研究班土木工組學員八數由　訓令第二五號　十九年一月七日

爲令知事案准
中央陸軍軍官學校電開敝校軍官研究班土木工組學員計七十二名現已畢業奉
國民政府主席蔣諭着分發南京特別市政府工務局二十四名上海市政府工務局五名漢口市政府工務局六名湖南建設廳十二名浙江建設廳八名江西貴州建設廳各二名雲南建設廳一名湖北廣東四川建設廳各四名分別實習等因奉此除另文咨送外特先電達即請查照爲荷等由准此合行令仰該局長即便遵照此令
市長劉紀文

▲訓令工務局爲准文官處函抄送軍官研究班土木工程組學員名冊分發實習由　訓令第六一號　十九年一月十日

爲令行事案准
國民政府文官處公函開奉
主席交下中央陸軍軍官學校校務委員會呈爲該校軍官班學員修業期滿其警察組土木工程組各員請准分發錄用實習一案奉
諭照辦等因除函復并分函外相應抄同原呈及應行分發貴政府工務局之土木工程組各員名冊函達查轉照飭遵辦見復爲荷等由并附原呈名冊等件准此除函復外合行抄發附件令仰該局長即便遵照辦理此令
計抄發原呈一件名冊一份
市長劉紀文

▲函文官處爲准函抄送軍官研究班土木工程組學員名冊已轉飭遵辦請查照由　函第二八號　十九年一月十日

市政府爲修繕水西門等處城墻以重城防致市工務局的訓令及致首都衛戍司令部的公函（一九三一年六月十八日）

案案

▲指令工務局爲呈送大營盤公墓第一期工程合同請備查案由　指令府字第六二四零號　二十年六月十六日

呈一件呈送大營盤公墓第一期工程合同請備查由

呈及合同均悉准予備查仰即知照合同存此令

附原呈

爲呈送事本年五月二十六日奉

鈞府府字第五六三七號指令本局呈二件爲大營盤公墓第一期工程重行開標情形擬定管萬興承包又請改王麟記爲得標人檢送合同草案請賜示遵由內開呈及附件均悉所請將此案工程改歸王麟記承包應准照辦仰即由該局正式簽訂合同檢呈一份來府以憑備案合同草案發還仰即遵照辦理條件存查此令等因計發還合同草案一份下局奉此遵經召到王麟記就合同草案所列各項訂定正式合同除簽報分別交存外理合檢具合同一份備文呈送仰祈

鑒核備查實爲公便謹呈

市長魏

計呈送合同一份

工務局局長趙志游

二十年六月十日

（二一〇）令飭修繕水西門等處城牆案

▲訓令工務局爲令飭迅速派工修繕水西門等處城牆以重城防由　訓令府急字第六二九六號　二十年六月十八日

爲令遵事案准

首都衛戍司令部參字第五七八號函開案查水西門外北灣子城墻倒塌一部曾於本年三月間函請派工修繕并有得拆用漢西門第二道城洞之磚以作添補之議嗣於五月間因警衛師有拆用漢西門城磚之情事復經函達請予早日拆修迄今數月未奉復示正深疑慮茲復據報該水西門外已塌之城牆尚未興工修築而漢西門第二道城洞之磚已爲警衛師拆去且漢西門被拆之城洞亦亟待整飭查市區建設貴府固有權衡而首都城防本部實負其專責用敢不避煩嫌一再瀆函究宜如何修繕以固城防之處仍希迅賜卓裁明白見復等由准此查此案前准

首都衛戍司令部先後來函均經飭交該局核辦在案茲准前由除函復外合行令仰該局長即便遵照前令飭迅速派工分別修繕以重城防仍將辦理情形具報備核此令

市長魏道明

▲公函衛戍司令部爲函復水西門等處城牆已飭工務局迅

速修繕希查照由　公函府急字第六二九五號　二十年
六月十八日

逕復者案准
貴部參字第五七八號函開案查水西門外北灣子城牆倒塌一
部曾於本年三月間函請派工修繕并有得拆用漢西門第二道
城洞之磚以作添補之議嗣於五月間因警衛師有拆用漢西門
城磚之情事復經函達請予早日拆修迄今數月未奉復示正深
疑慮茲復據報該水西門外已塌之城牆尚未興工修築而漢西
門第二道城洞之磚已爲警衛師拆去且漢西門被拆之城洞亦
亟待整飭查市區建設貴府固有權衡而首都城防本部實負其
專責用敢不避煩嫌一再瀆函究宜如何修繕以固城防之處仍
希迅賜卓裁明白見復等由准此查此案先後准
貴部函囑均經飭交本府工務局核辦在案准函前由除令催該
局迅速飭工分別修繕以重城防外相應函復卽希查照爲荷此
致
首都衛戍司令部
市長魏道明

■(二一一)安設中正路珠寶廊至秦淮河岸一段溝管案

▲咨內政部爲咨送中正路自珠寶廊至秦淮河岸止一段馬路安設溝管計劃書圖請核准公告並見復由．咨府急字第六二九七號　二十年六月十八日

爲咨請事案據本市工務局局長趙志游呈稱竊安設中正路（卽舊子午路南段）暫時溝管工程業經本局擬具圖算另文呈請鈞府核示在案所有珠寶廊至秦淮河河岸止一段路線內房屋因在工事範圍之內亟須拆讓以利進行理合檢同計劃書及圖樣各二紙一併具文呈送仰祈鈞長鑒核轉咨內政部核准公告并令土地局迅卽依法征收等情並附計劃書及圖樣據此查核所擬計劃書圖尚無不合除指令外相應檢同原件咨請
貴部查照迅賜核准公告並希
見復爲荷此咨
內政部
計附送中正路自珠寶廊至秦淮河岸止一段馬路安設溝管計劃書圖各一份
市長魏道明

▲指令工務局爲據呈送中正路自珠寶廊至秦淮河岸止一段馬路安設溝管計劃書圖准予轉咨內政部核准公告由
指令府急字第六二九八號　二十年六月十八日
呈送安設中正路自珠寶廊至秦淮河岸止一段馬路溝管計劃書圖祈核轉內政部公告征收由

勘估修理本市各處破壞城垣

（一）市政府爲勘估修理本市各處破壞城垣致市工務局的指令

（附件：市工務局勘估本市各處城垣破壞情形呈）（一九三二年三月九日）

市　長馬超俊
兼代市長谷正倫

（原呈見卅府字第一四八六號）

■修理本市各處城垣案

▲指令工務局：爲呈復派員勘估本市城垣破壞情形，檢同圖表，祈核示由。 指令府急字第一七一〇號 二十一年三月九日

呈一件：呈復派員勘估本市城垣破壞情形，檢同圖表，祈核示由。

呈件均悉。所請雇工修理本市各處城垣，應准照辦；惟表列工程度量，其間容有未盡精確之處，仰於修理時，核實辦理。附件存查。此令。

市　長馬超俊
兼代市長谷正倫

附原呈

爲呈復事：本年二月二十二日，奉
鈞府府急字第一二四零號訓令開：『案准
南京警備司令部第二四二號，公函，內開：『查本京業已宣告戒嚴，京城防務，尤亟關重要，所有全城周圍城牆。概不得拆毀，對於損壞之處，希迅速飭工修理，以重防備，爲特函達，即希查照，飭遵，見復。』等由；准此除函復外，合行令仰該局長即便遵照辦理，將應行修理之處剋日飭工妥速趕修，以重防務，並具報備查。』等因；奉此，遵經派員將本市週圍城垣，詳予調查去後，茲據復稱，查得本市城垣外廓，損壞者計有十八處之多，並繪圖呈報前來；除關於雉堞殘缺，及面臨玄武湖，於防務上關係較輕，似可從緩修理外，其餘尚有十四處，其損壞部份，大小不一，如圖所繪。雖倒塌大都偏於面部，但於城防，以及觀瞻上言，似均應加以修補。奉令前因，自應遵即派工隊修理。惟本局

所屬工隊，向係分區擔任養路工作，近復以防禦工程緊急已抽調工隊將及半數，若再就中抽撥，從事修繕城垣，恐進行甚緩，有誤程期，而於養路工作，亦勢所不宜。若爲預備不虞，趕速完成繕修工程計，似宜另飭撥款，雇工興修。經飭估値，繕修各部，共需洋五千七百三十七元五角，究應如何辦理之處，理合擬具工事預算書，破壞調查表，及破壞地點圖各一紙，一倂據情呈復，仰祈

鑒核示遵，實爲公便。謹呈

市長 馬

兼代市長谷

計呈送圖表預算計三紙

暫兼代工務局局長張劍鳴

二十一年三月二日

■修理草場門分庫道路案

指令工務局：爲據呈復草場門分庫道路，已派工往修，祈鑒核等情，已據情函轉由。　指令府字第一七三九號　二十一年三月十日

呈一件：爲呈復草場門分庫道路，已派工往修，約本月二十日左右，即可竣工，仰祈鑒核轉咨由。

呈悉。准予據情函轉，仰卽知照。此令

市　長馬超俊

兼代市長谷正倫

附原呈

爲呈復事：案奉

（二）市政府爲籌撥市工務局修理本市破壞城垣工款致市財政局的訓令（一九三二年三月二十八日）

第 8 件
共 3 頁

南京市政府（訓令）

事由	擬辦	決定辦法	備考
據工務局呈請撥款修理城垣等情仰籌撥具報 由	籌撥 三、卅		

附件

（　）字第　號

廿一年三月卅日　時到

收文　字第818號

南京市政府訓令　府字第217號

令暫代財政局長王人麟

為令遵事案據暫代工務局長張劍鳴呈稱案於本年三月十日奉鈞府急字第一七一零號指令本局呈一件為呈復派員勘估本市城垣破壞情形檢同圖表祈核示由內開呈件均悉所請雇工修理本市各處城垣應准照辦惟表列工程度量其間容有未盡精確之處仰於修理時核實辦理附件存查此令等因奉此遵查此案奉諭趕辦且事關防務自應迅予修補以免貽誤經召由包工人裕慶公司及繆順興營造廠分別承包訂立合同即日興工辦理計裕慶

公司承包自挹江门至水西门止一段即圖上所列（四）（五）（六）（十一）（十二）（十三）等六處共需包價洋弍千伍百六十一元六角五分繆順興營造廠承包自挹江门至中山门止一段即圖上所列（一）（二）（三）（十五）等四處共需包價洋玖百六十六元八角一分兩共合需洋三千五百二十八元四角六分理合檢具各該承包合同並圖樣呈請鑒核復查運輸城磚極為困難在汽車通達之處除以本局卡車並向交通兵團借到卡車兩輛供用外其在汽車不能直達之處尚須雇用手車或驢騾運至各施工地點所需運費每立公方均以一元八角計算共五四二·八四立公方共需運費洋九百七十七元一角一分連同包價總共需洋四千五百另五元五角七分已一併列入預算之內仰懇轉飭發撥俾得撙節支用應付要工實為公便

等情附呈合同等件據此查此案前據工務局呈請到府即經指
令核實辦理在案茲據前情除指令呈件均悉所呈合同圖算等
件尚屬可行准予照辦所需工款共洋四千五百零五元五角七分已
令財政局在該局本年度概算臨時門第二項第四目其他建
築費內如數籌撥仰即前往具領應用迅速施工事竣呈
請驗收並分別遵章列報附件存查此令印發外合行令仰
該局長遵照籌撥具報此令

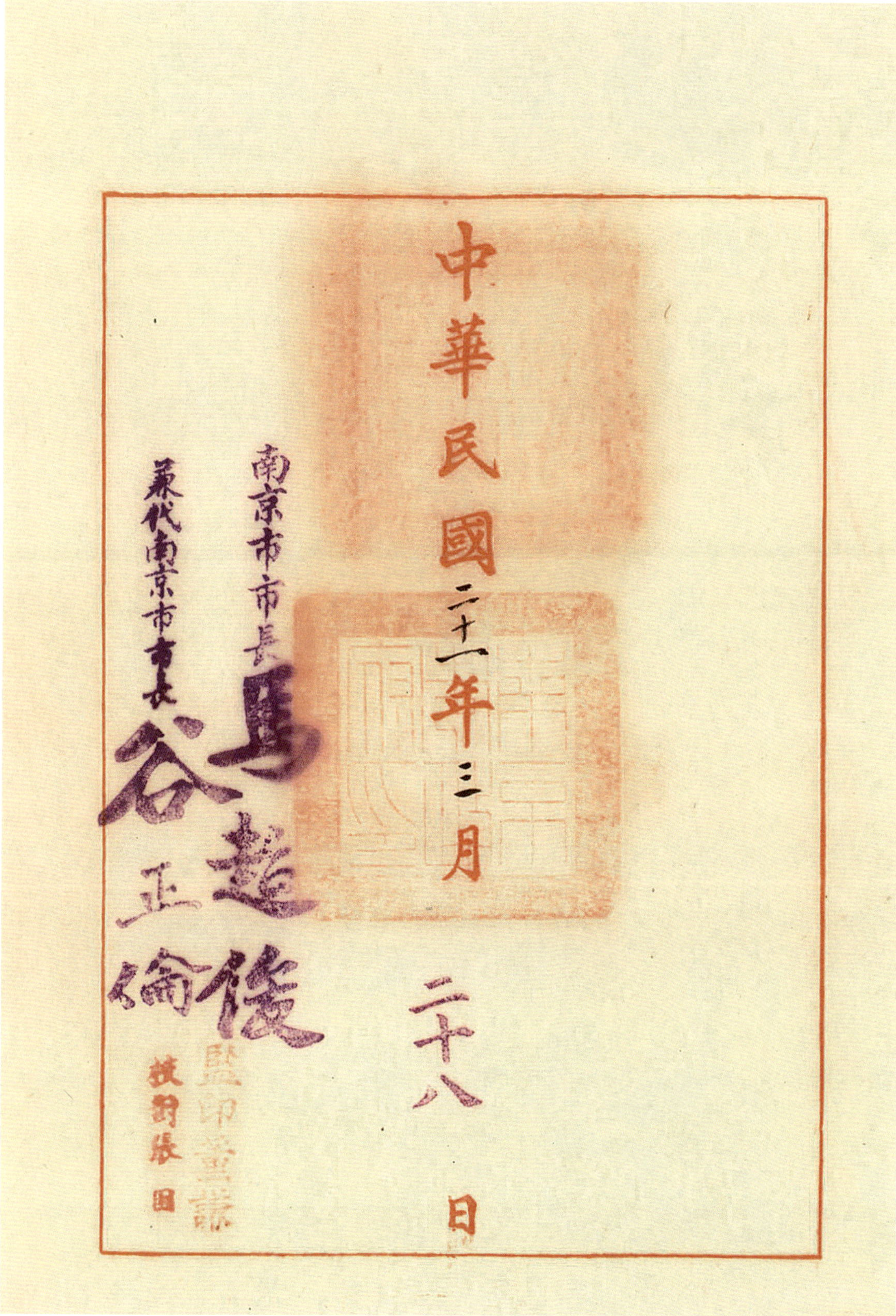
中華民國二十一年三月二十八日

南京市市長馬超俊

兼代南京市市長谷正倫

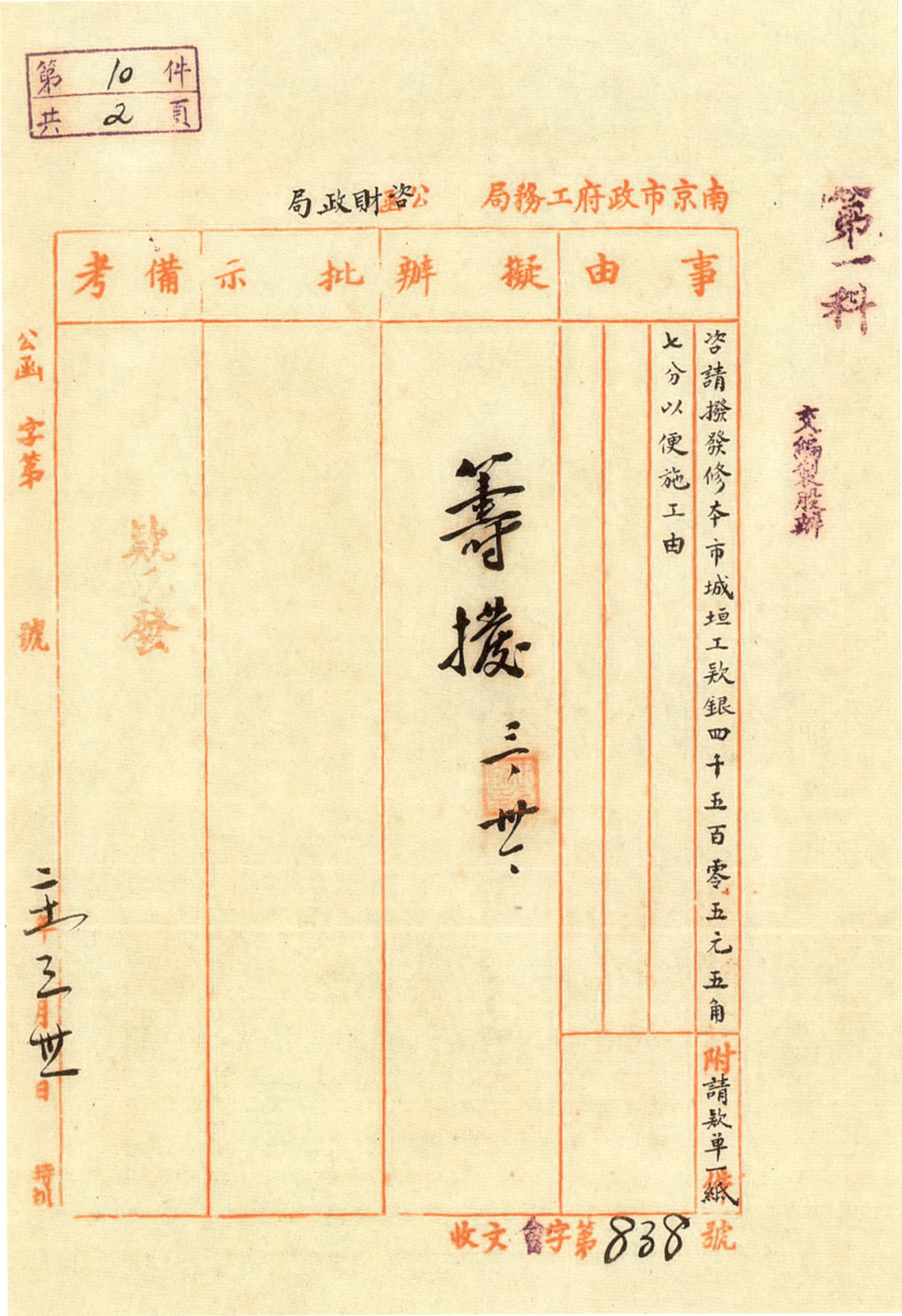
第 10 件
共 2 頁

南京市政府工務局公函 咨財政局

事由	擬辦	批示	備考
咨請撥發修本市城垣工欵銀四千五百零五元五角七分以便施工由 附 請欵單一紙	籌撥 三、卅一		公函 字第 號 二十一年三月卅一日 發

收文 會字第838號

第一科

（三）市工務局爲請撥發修理本市破壞城垣工款致市財政局的咨文（一九三二年三月三十一日）

南京市政府工務局公咨函

字第310號

為咨請事案奉

市政府府字第零二三一六號指令本局呈一件呈送修本市城垣正式合同及圖算祈核示由奉

令內開呈件均悉所呈合同圖算等件尚屬可行准予照辦所需工款共洋四千五百零五元五角七分已令財政局在該局本年度概算臨時門第二項第四目其他建築費內如數籌撥仰即前往具領應用迅速施工事竣呈請驗收並分別遵章列報掛件存查此令等因奉此查此項工程已經本局召工興辦即將工竣所

有應付色工款項亟待支付萬難稍延相應填具請款單一紙咨請
貴局查照即希
迅予撥發以資應付為荷此咨
財政局局長王
計送請款單一紙
張劍鳴

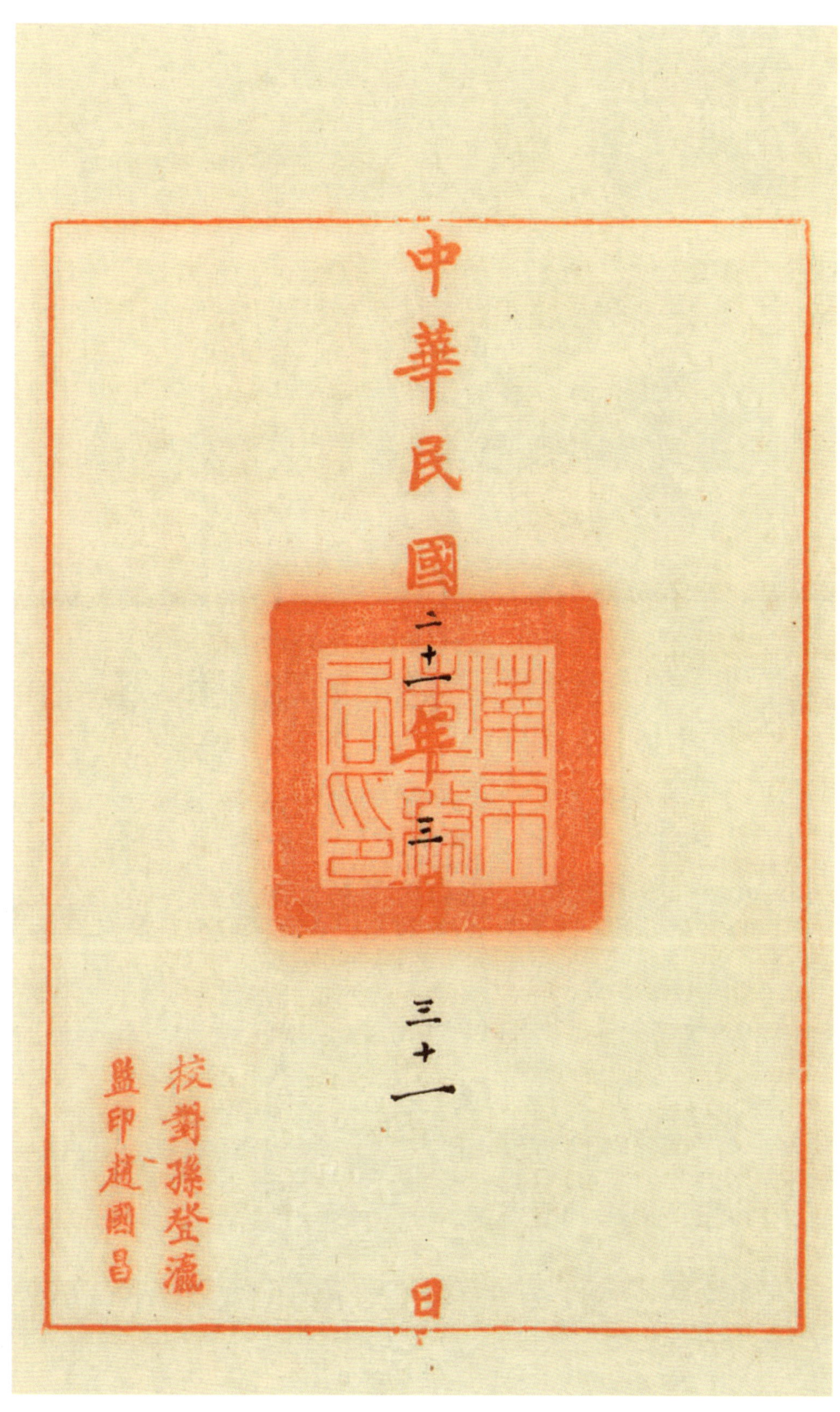

中華民國二十三年三月三十一日

校對孫登瀛

監印趙國昌

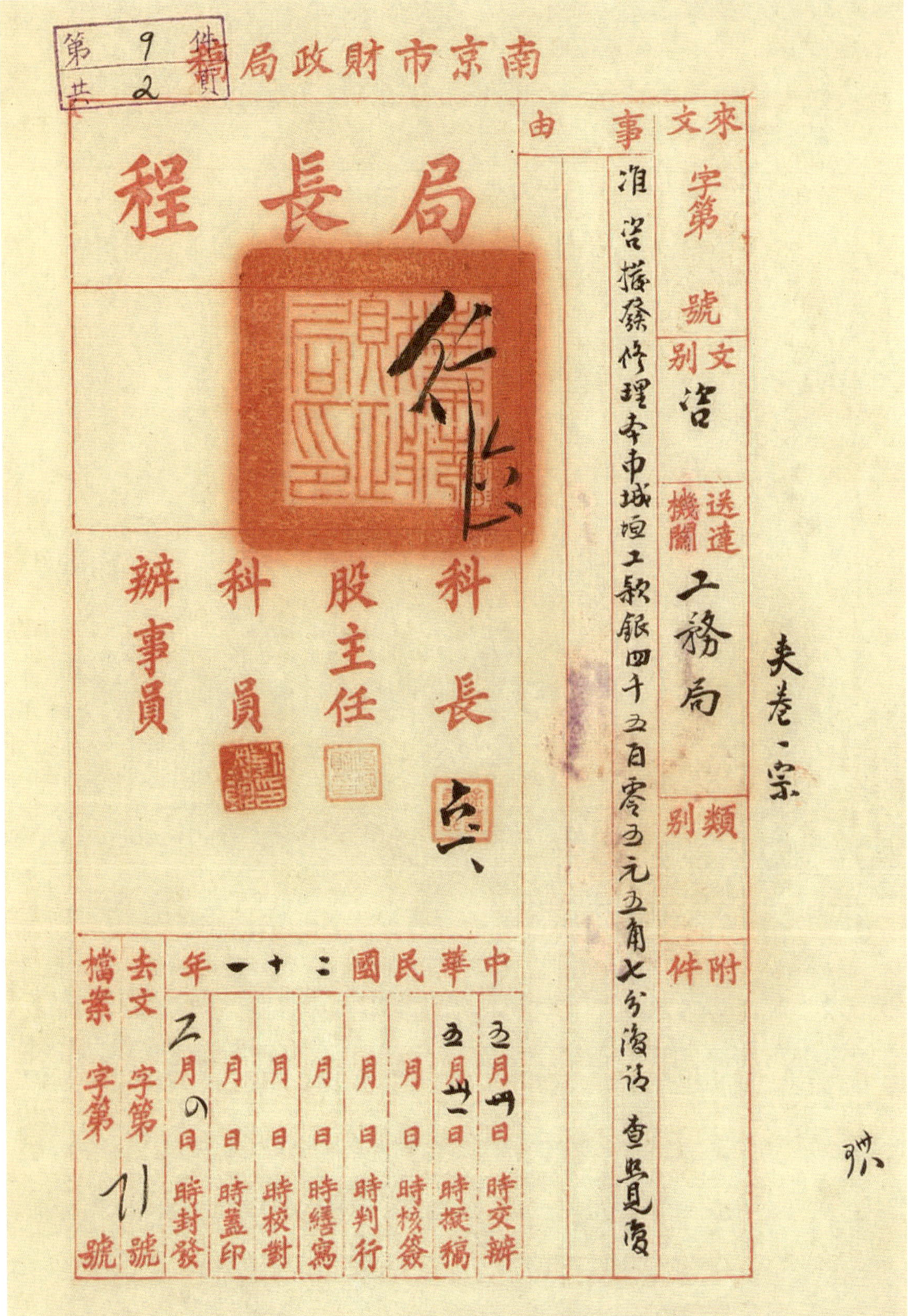

南京市財政局
第 9 件
共 2 頁
局長程
科長
股主任
科員
辦事員
來文 字第 號
文別 咨
送達機關 工務局
類別
附件
事由 准咨撥發修理本市城垣工款銀四千五百零五元五角七分復請 查照見復
夾卷一宗
中華民國二十一年
五月卅日 時交辦
五月卅一日 時擬稿
月 日 時核發
月 日 時判行
月 日 時繕寫
月 日 時校對
月 日 時蓋印
六月四日 時封發
去文 字第 11 號
檔案 字第 號

（四）市財政局爲撥發修理本市破壞城垣工款致市工務局的咨文（一九三二年五月三十一日）

咨　第　號

為咨復事案查接管卷內准

貴局第三一零號咨以修理本市各處城垣所需包運各款共洋四千五百零五元五角七分業經連同合同等件呈奉

市府指令准予如數籌撥填具請款單咨請查照撥發等由准此即經照數填發准支單連同請款回單交由

貴局來員赴庫具領除呈復外相應備文咨請

查照見復為荷此咨

工務局

程○○

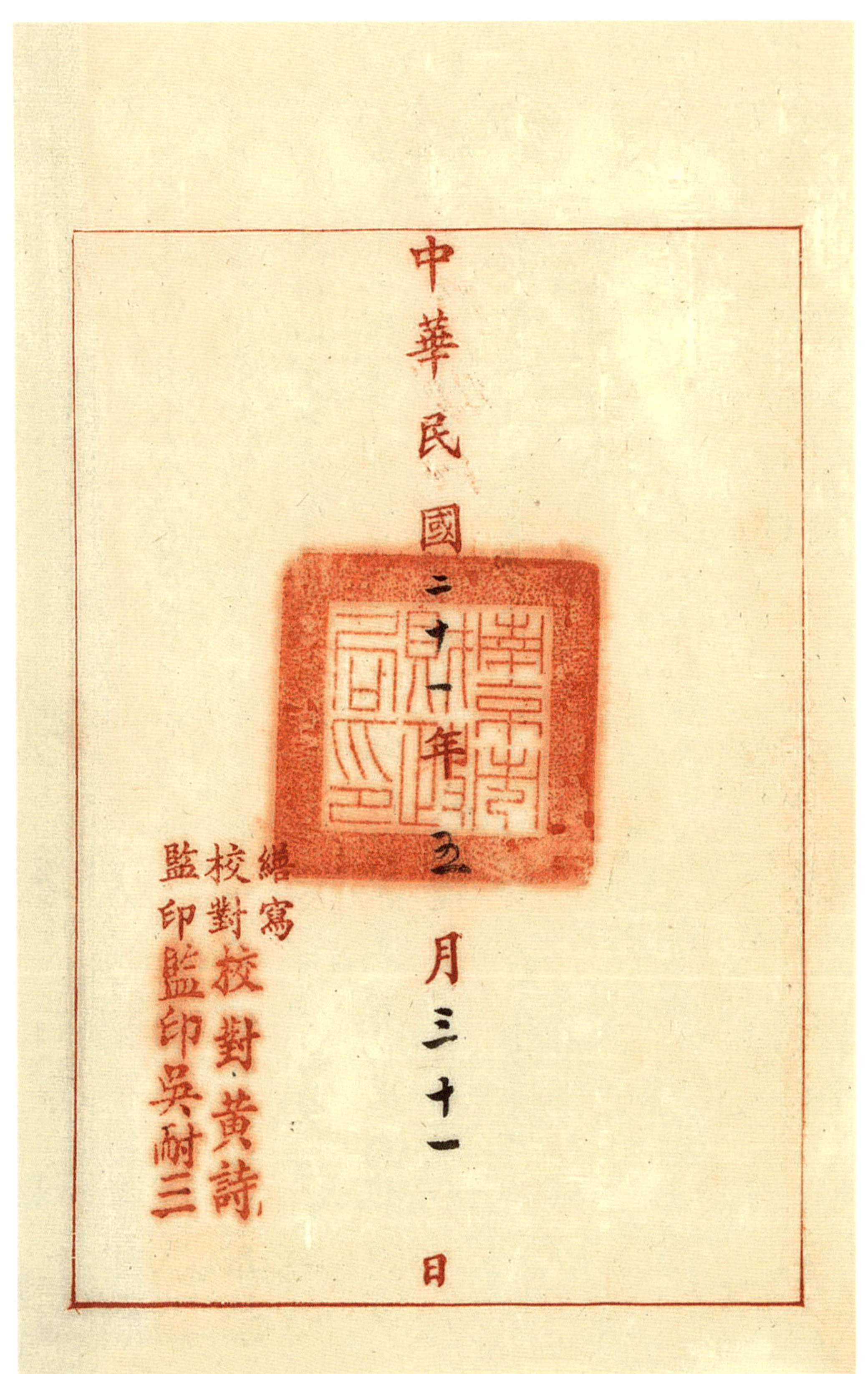

中華民國二十一年五月三十一日

繕寫

校對校對黃詩

監印監印吳耐三

時利和營造廠爲請發還覆舟山、漢西門等處城墻缺口工程保固金與市工務局的往來文書

（一九三三年十月十四日至十月二十日）

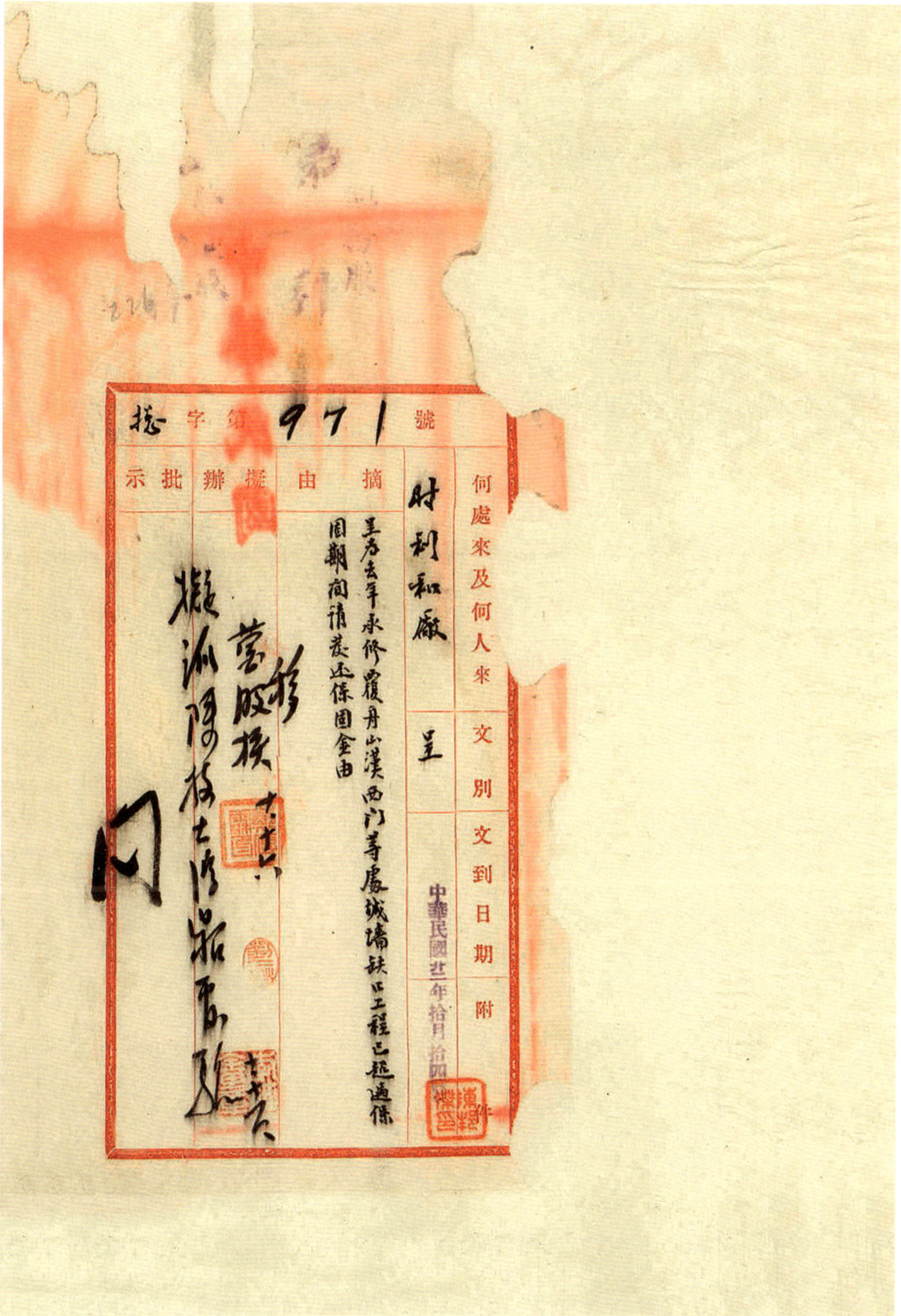

擬字第971號

何處來及何人來	時利和廠
文別	呈
文到日期	中華民國廿二年拾月拾四日
附件	
摘由	呈為去年承修覆舟山漢西門等處城墻缺口工程已屆滿保固期間請發還保固金由
擬辦	移營繕股核 十、十六
批示	擬派陳技士治昭查覆 十、十六 閱

江蘇
江甯

呈

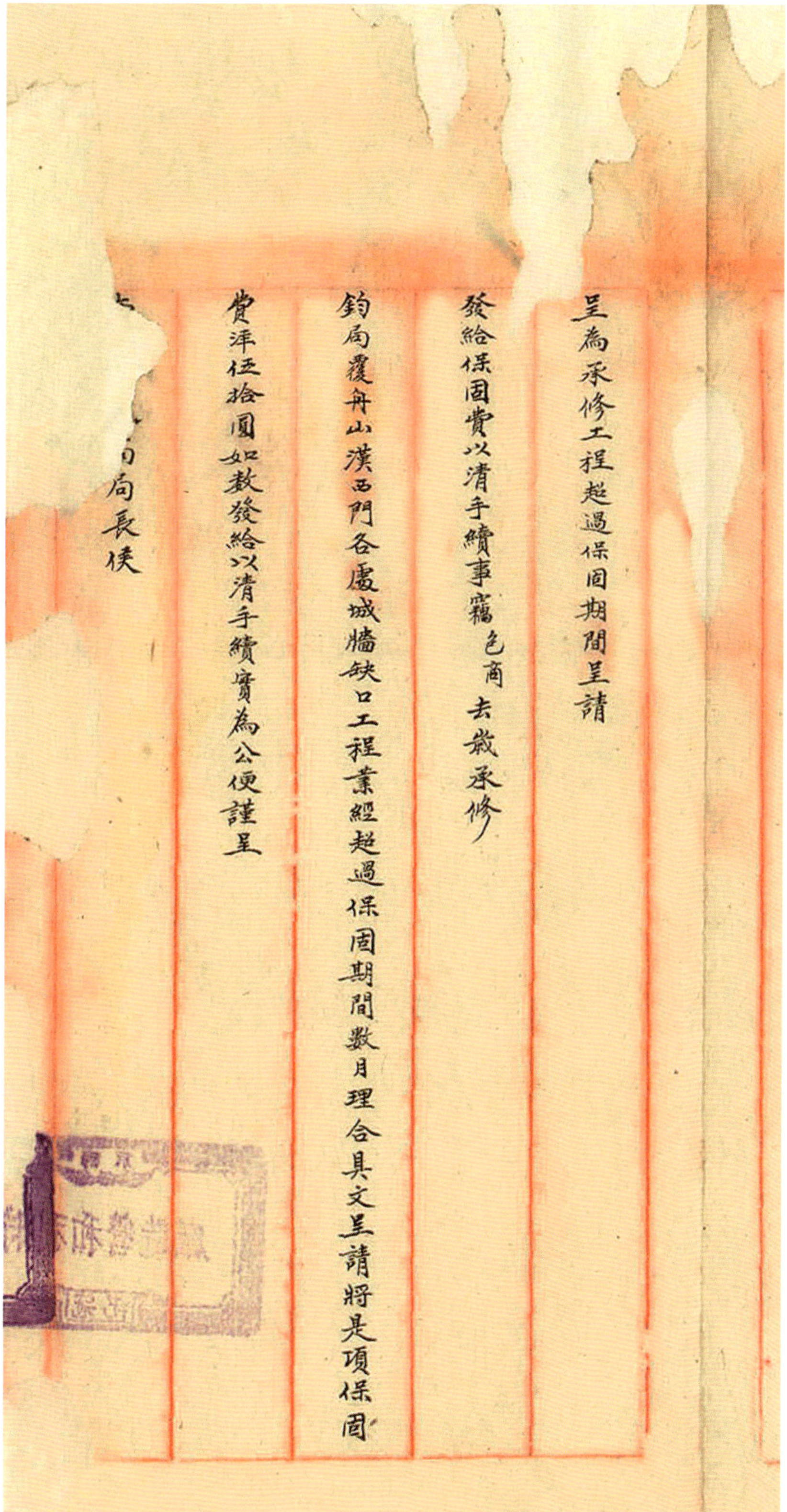

呈為承修工程超過保固期間呈請
發給保固費以清手續事竊 色商 去歲承修
鈞局覆舟山漢西門各處城牆缺口工程業經超過保固期間數月理合具文呈請將是項保固
費洋伍拾圓如數發給以清手續實為公便謹呈
……局局長侯

時利和冠記營造廠謹呈

南京

時利和營造廠

冠記

中華民國二十二年十月十四日

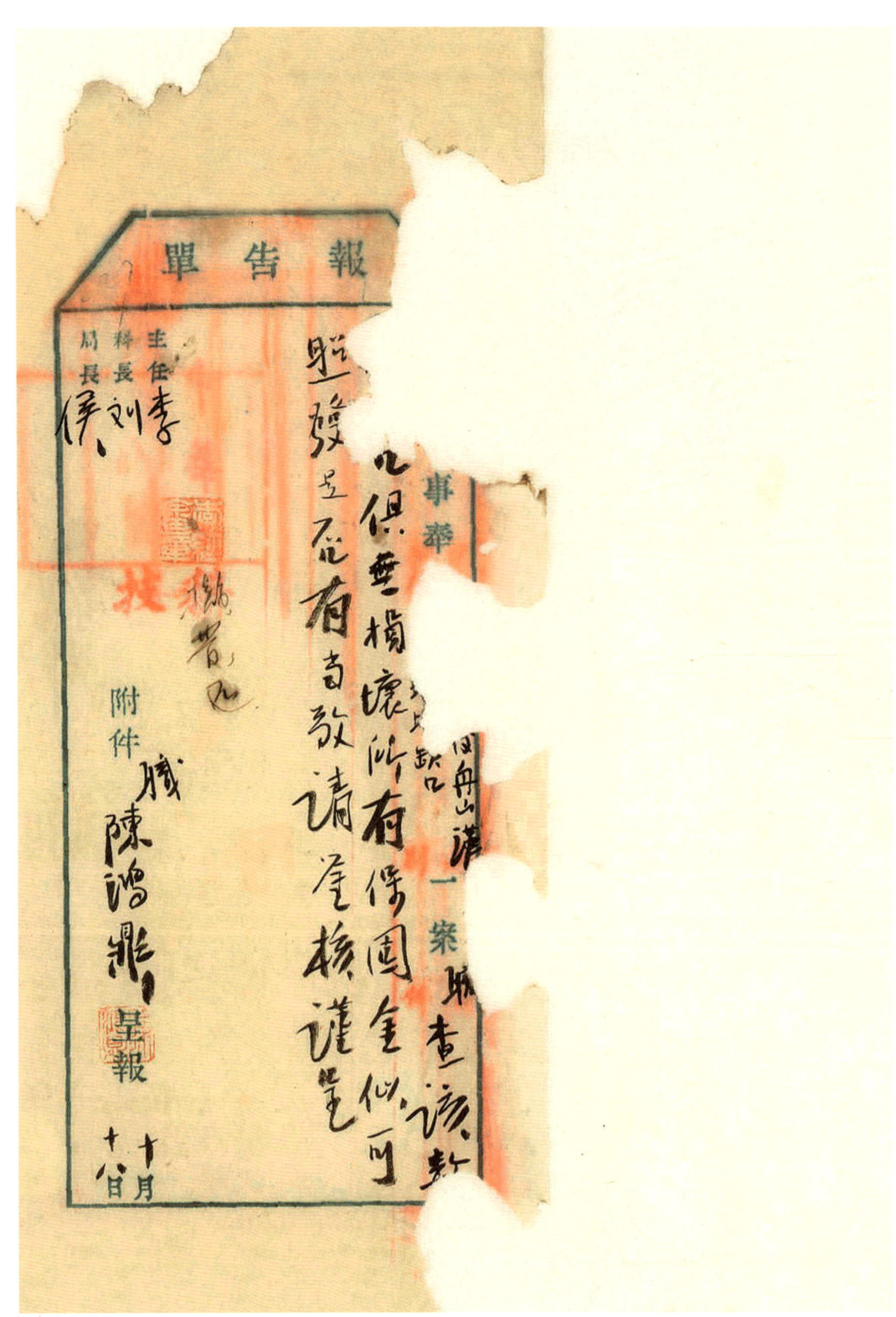

報告單

事奉　□舟山港　一案　職查該款

已俱無損壞所有傢俱圓全似可

驗發是否有當敬請

鑒核謹呈

主任　李

科長　劉

局長　侯

擬　存　□

附件

職　陳鴻鼎　呈報

十月十八日

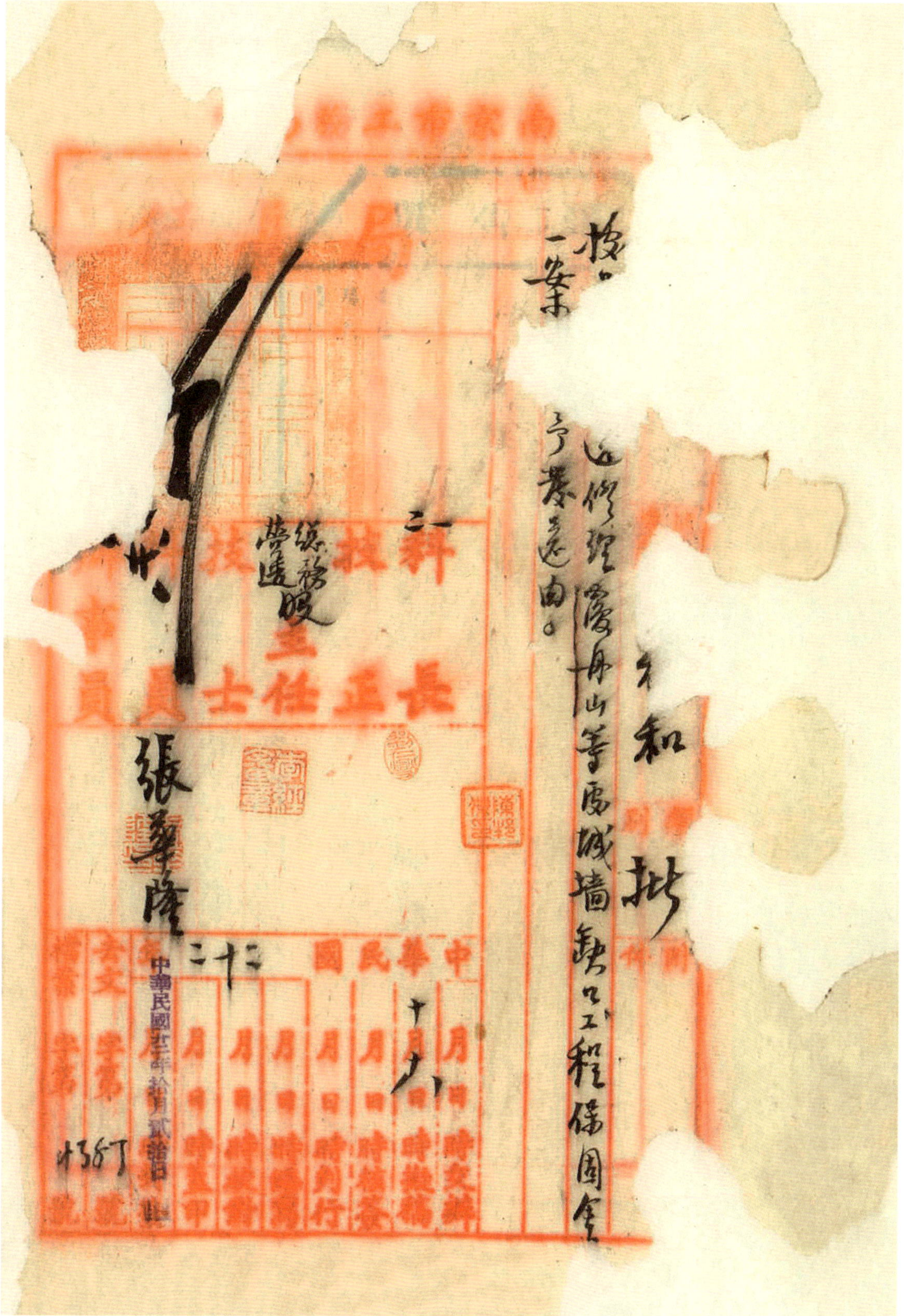

據……和 批

一案

為修理[illegible]丹山等處城墻缺口工程保固金

予發還由。

科長 技正 技士 技佐 辦事員

總務股 二十二

張華隆

中華民國二十二年十月十八日

中華民國廿三年拾月貳拾日

批示

原具呈人盼利和營造廠

呈一件，爲承修覆舟山等處城牆缺口工程保固期滿，請發還保固金由。

呈悉。准予發還。仰即携帶收據，來局領取可也。此批。

中華民國　年　月　日

監印侯華員
校對周伯

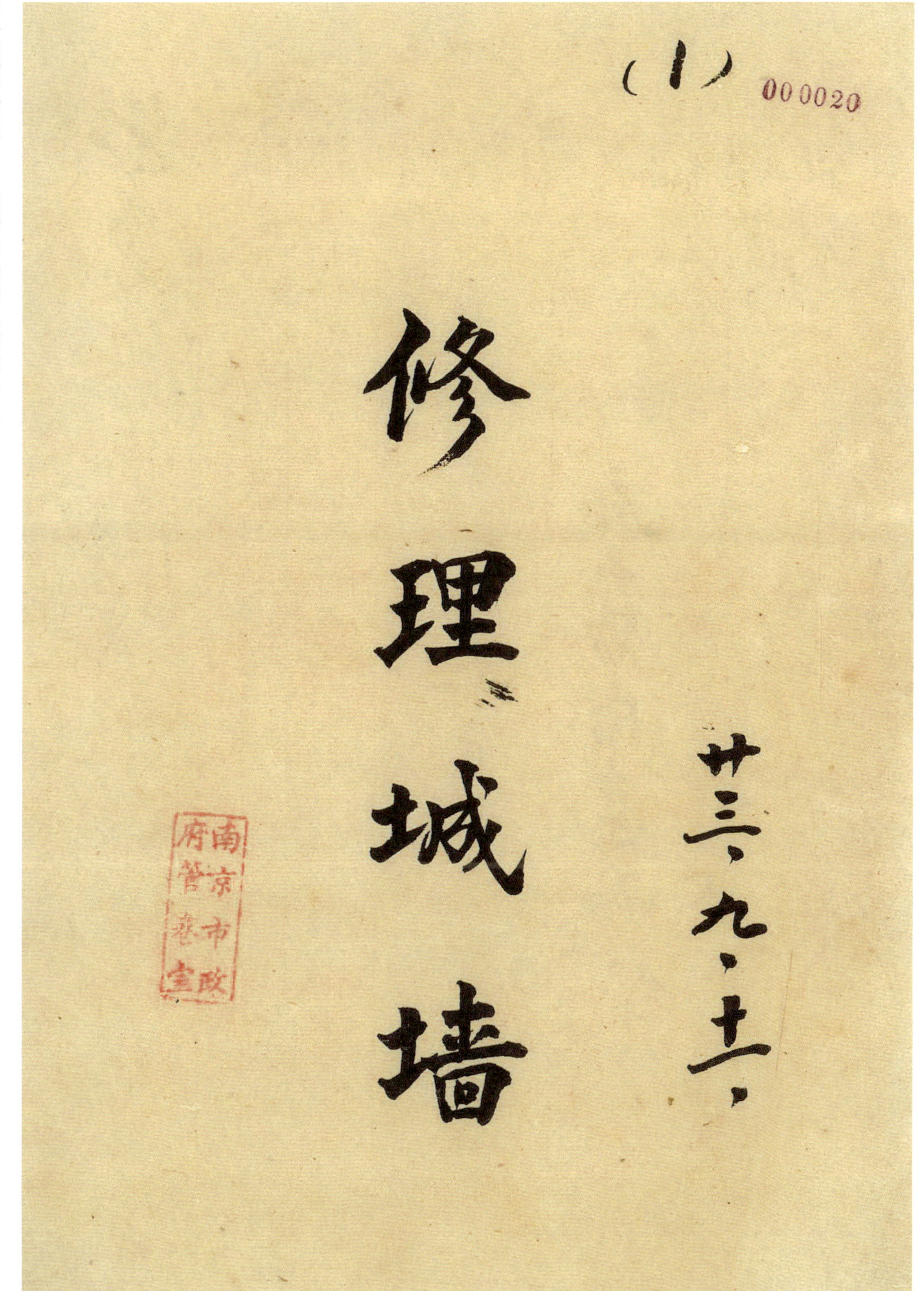

修理環城城墻

（一）行政院爲抄發南京城防建議案第一項致市政府的密令（一九三四年八月十七日）

（1）

000020

修理城墻

廿三、九、十七、

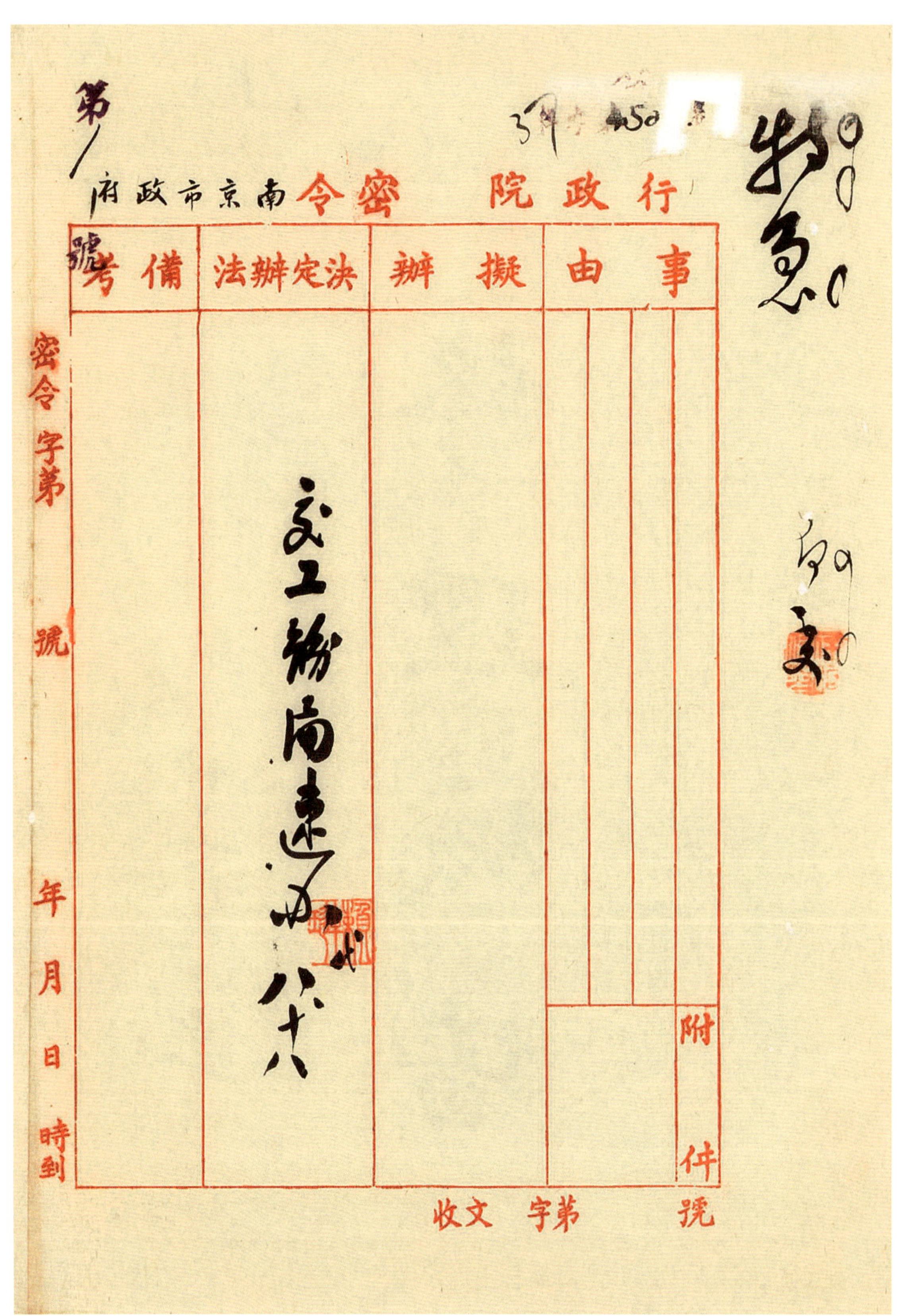

特急

3月 450

行政院密令

南京市政府

第1號

事由	擬辦	決定辦法	備考
		交工務局速辦 八廿八	

附件

如文

密令 字第 號

年 月 日 時到

收文 字第 號

行政院密令

字第四四六〇號

令南京市政府

案准　軍事委員會密函開：

「案據南京警備司令谷正倫呈，關於南京城防建議案六項，其第一項係修理城牆，請函貴院轉飭市政府辦理，等情；據此，除指令外，相應據情將該項原文抄請查照，轉飭辦理，並祈見覆為荷」。

等由；准此，除函復外，合行抄發原件，令仰該市政府即便遵照辦理具報。此令。

計抄建議案一件

中華民國二十三年八月十七日

院長 汪兆銘

內政部部長 黃紹竑

蓋印 畢繼沅

校對 曹成頤

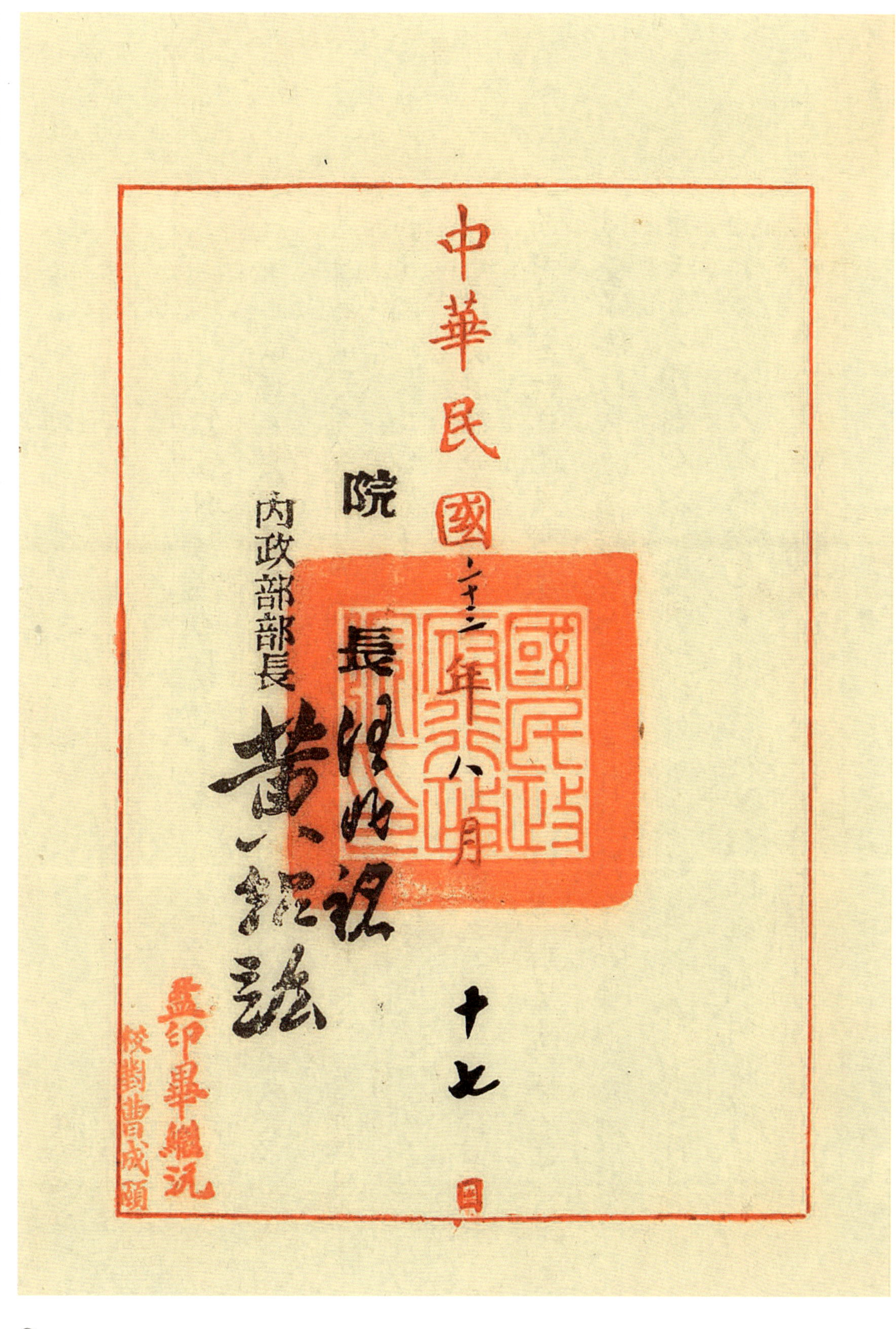

一、拟请转函行政院令饬南京市政府就铁道部月拨协助款项下赶速修葺南京城墙以固城防案

查首都城墙前于去年三月间由市府将草场门、清凉山、光华门、和平门附近等处略予修葺，除迄今年余，他处陆续崩坍，日见增多。查城墙在军事上之价值固属重大，然于市政上亦为必要之建设，兹为巩固国防保卫首都安全计，若不从速修葺，将来愈坍愈大，竟至不堪修理，危险殊甚。拟请转函行政院令饬市政府，催于二十三年度内将全部崩塌城墙修理完竣，并请在最近期间内将西北两方面城墙先着手修理工程。环城崩坍情形，本部已派员详细查勘，谨将崩缺情形开呈于左

查勘環城々墻崩缺情形

1 中華门西距城隅約九米達處城墻外伴有一缺口計長六米達二十生的高二米達厚六米達五十生的

2 中華门西邊城隅北約二十五米達處城墻外伴有缺口一計長三米達高二米達五十生的厚六米五十生的

3 中華门西邊城隅北約一百五十米達處城墻外伴崩坍一處（城墻距地面高九米達）計長五米達高二米達餘厚三米達幾十生的不等（因下端厚上端薄）

4 由水西门至來鳳街一帶城垛計崩倒者有十處其間有三缺口必須修理

5 水西门南約五十米達處城墻內崖振坍一處計長十三米達高三米達寬平均約一米達五十生的

6 距水西门北三十米達處城墻內崖振坍一處計長高寬約四米達見方可以攀爬

7 距水西门北約八百米達處城墻內崖振坍一處計長高寬約五米達見方可以

窃爬

8、清凉门两端约百米远距离城墙极薄弱，仅二米达余之厚度，应加构筑内壁厚度以巩固城防

自清凉门迤北至挹江门一带城垛多半倒塌

9、自挹江门至兴中门间城垛崩塌七处

10、自中央门至和平门间城墙崩塌两处

11、自玄武门南端至台城城墙内壁倒塌两处，将近台城附近之城垛已倒塌有十余米远之长

12、太平门东端一带之城墙倒塌六处，在富贵山基麓城墙内壁倒塌两处，塌口甚大

13、光華門東南端之城垛倒塌共七處

14、共和門東端至東關頭城墻外壁倒塌四處

15、自武定門至中華門間城墻外壁崩塌大者四處小者六處

（二）市工務局爲修補城墻需款請軍政部負擔或以鐵道部補助款項撥用致市政府的呈文
（附件：修理環城城墻工事預算書）（一九三四年八月二十四日）

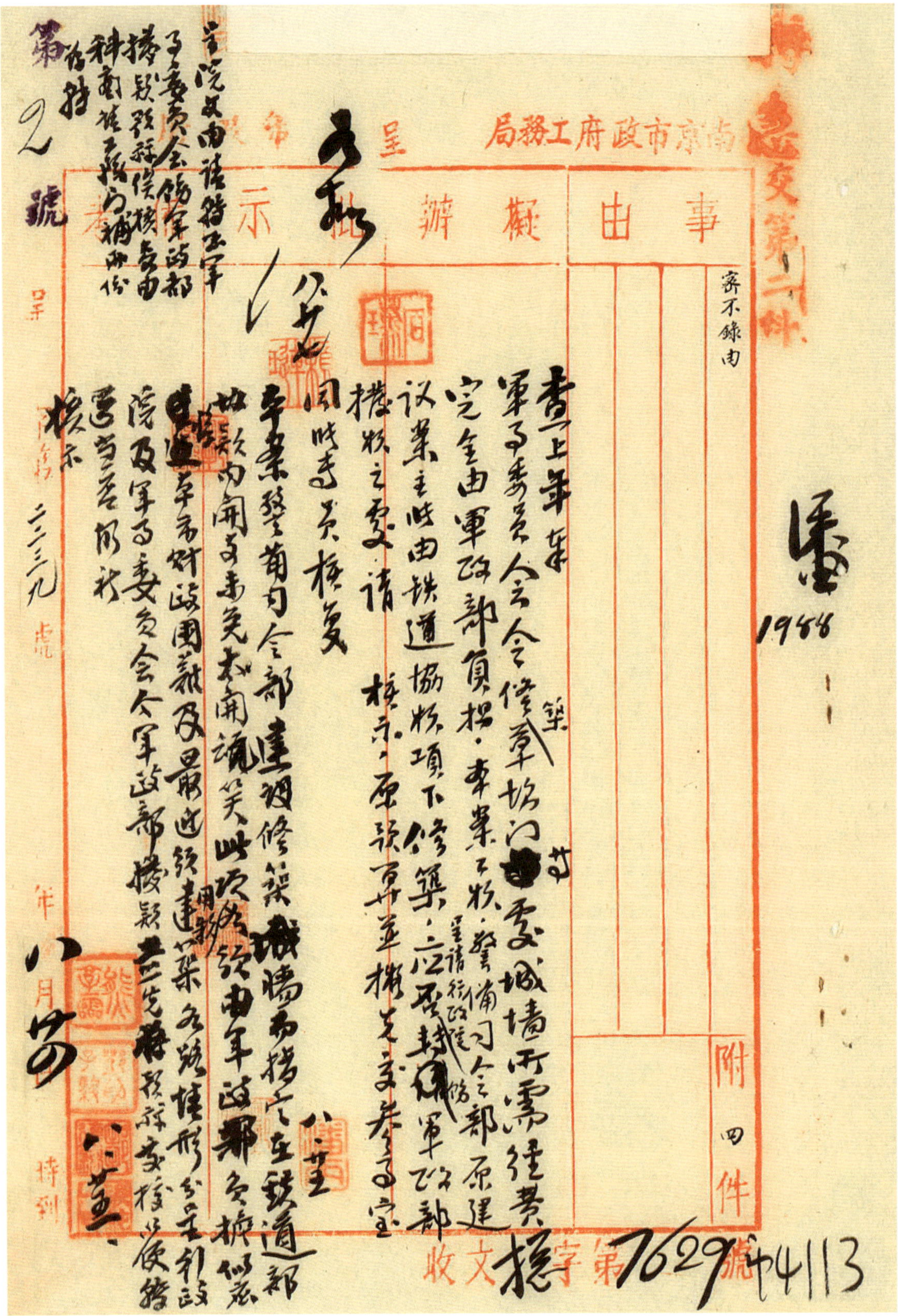

案奉

鈞長交下

行政院第四四六○號密令壹件，奉

批：「交工務局速辦」等因，並附原抄建議案一份下局，奉此，遵經飭科就原建議案內所列城墻崩缺各處尺寸估計修理費用，以期迅速。茲據造送預算前來，共需工款肆萬柒千五百元，經

局長復核無異。

查前次修補城墻，係由

軍政部負擔費用，此次需款，應否仍請該部負擔，或如原建議案所述，以鐵道部補助款項撥用之處，理合檢同原件弍件，預算弍份，復祈

鑒核施行。謹呈

市長石

計呈原呈一件，原抄件一件，預算二份，

代理工務局局長嚴宏溎

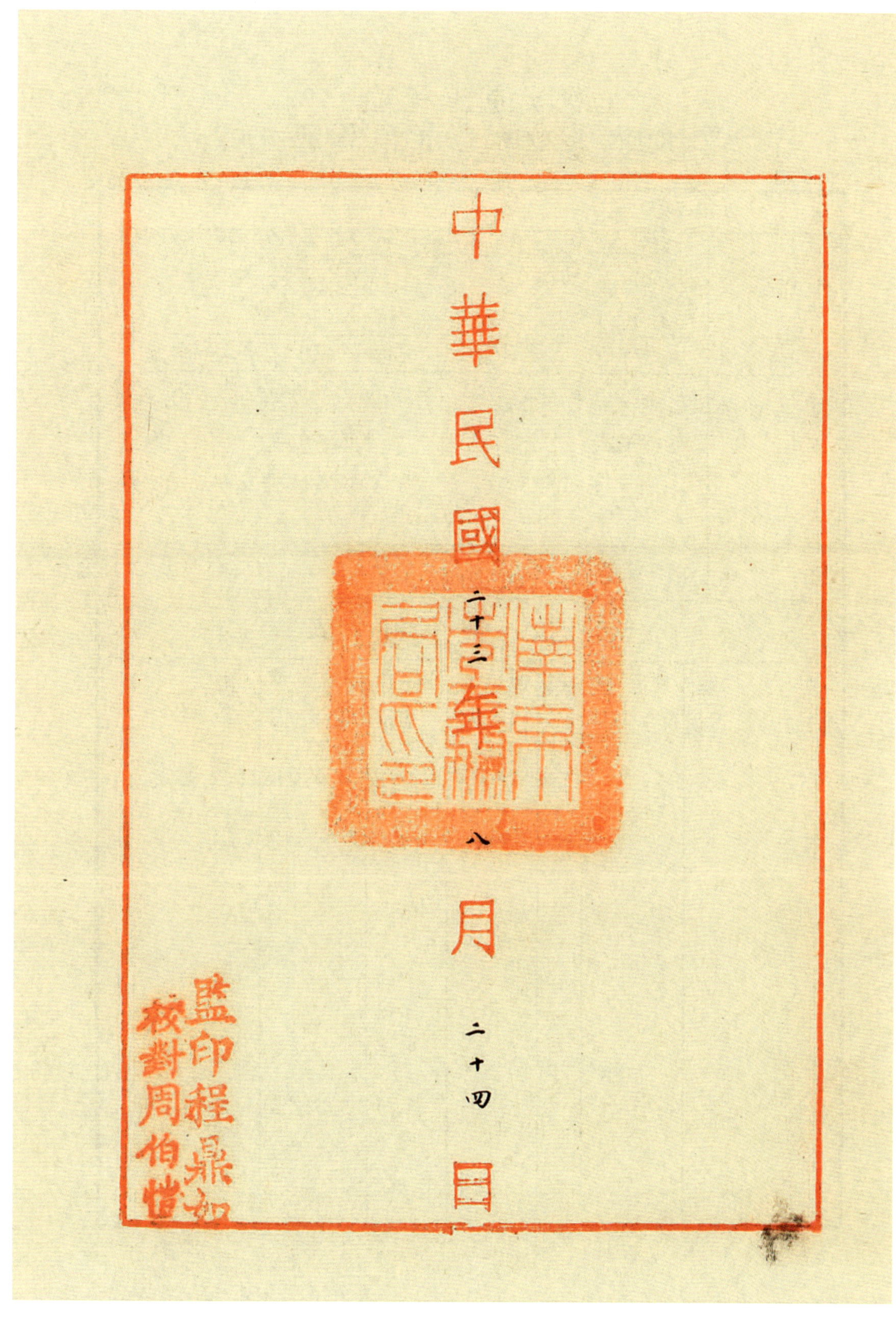

中華民國二十三年八月二十四日

監印程鼎如
校對周伯愷

工計A-1(甲)

南京市工務局

修理環城城牆工事預算書（共　頁）

字第　號　　　　　　　　　　第　頁

地點	環城		
工程撮要	環城崩塌城牆，其數量全部概算，約2500立公，用1:2石灰黃砂砌（積除門加砌2公尺厚）		
總價	475000.00元	平均單價	190.0元
起案原委及施工方法	因城牆年久失修，現所塌下城磚，多半被人偷竊，或零碎不能用，故全部所需用城磚，須另行定燒。		
附件	城磚每立公用125塊，2500×125=312,500塊		

預算詳細表

種類	狀形	單位	數量	單價（元）	總價（元）	備考
砌城牆	用1:2石灰黃砂砌	立公	2500	65.0	162500.00	連搭腳手
城磚		塊	312,500	1.0	312500.00	連運費
					475000.00元	

23年8月20日　　計算　　校對　　審核

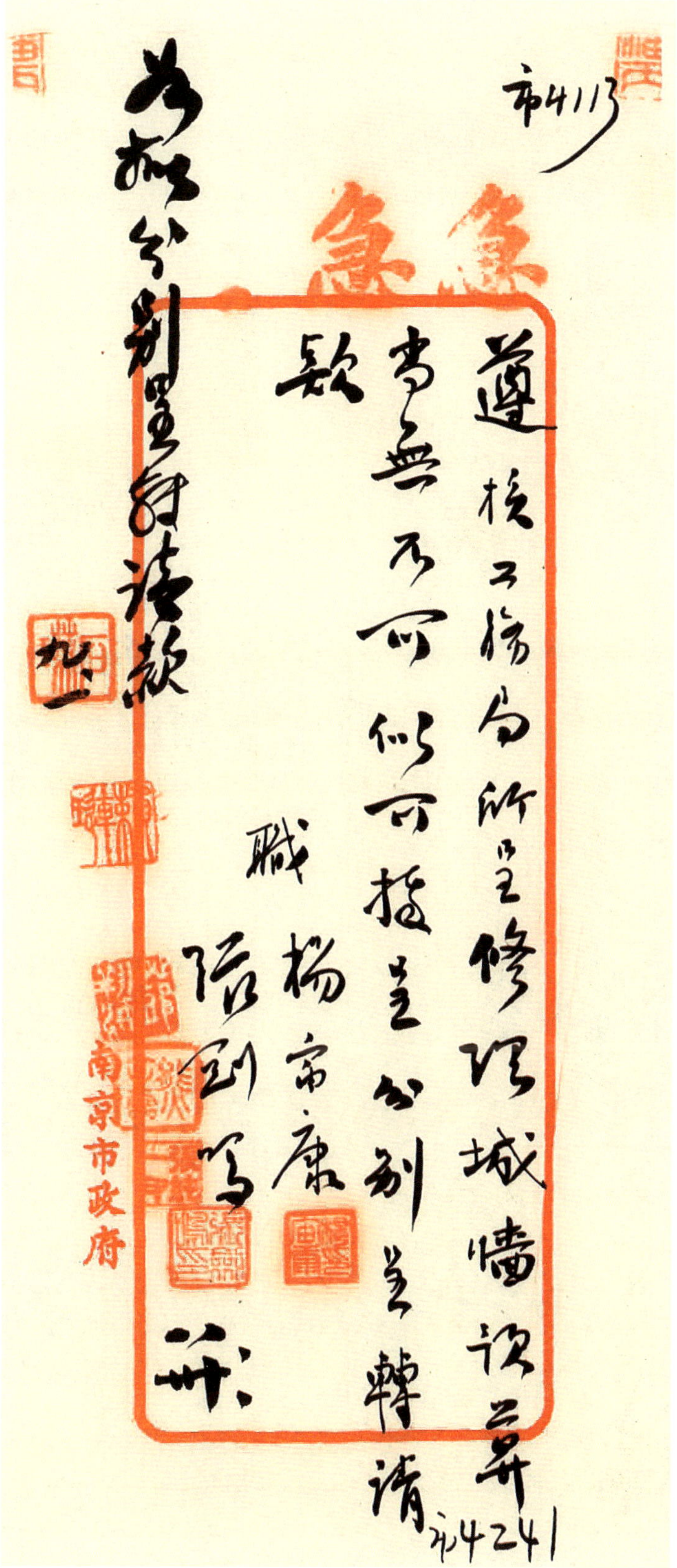
市4113

急急

遵

核工務局所呈修理城墻設計并需[illegible]不可似可撥并分別呈轉請

款

職 楊[illegible]康

陳劉呂[illegible]

補撥[illegible]分別呈轉請款

南京市政府

市4241

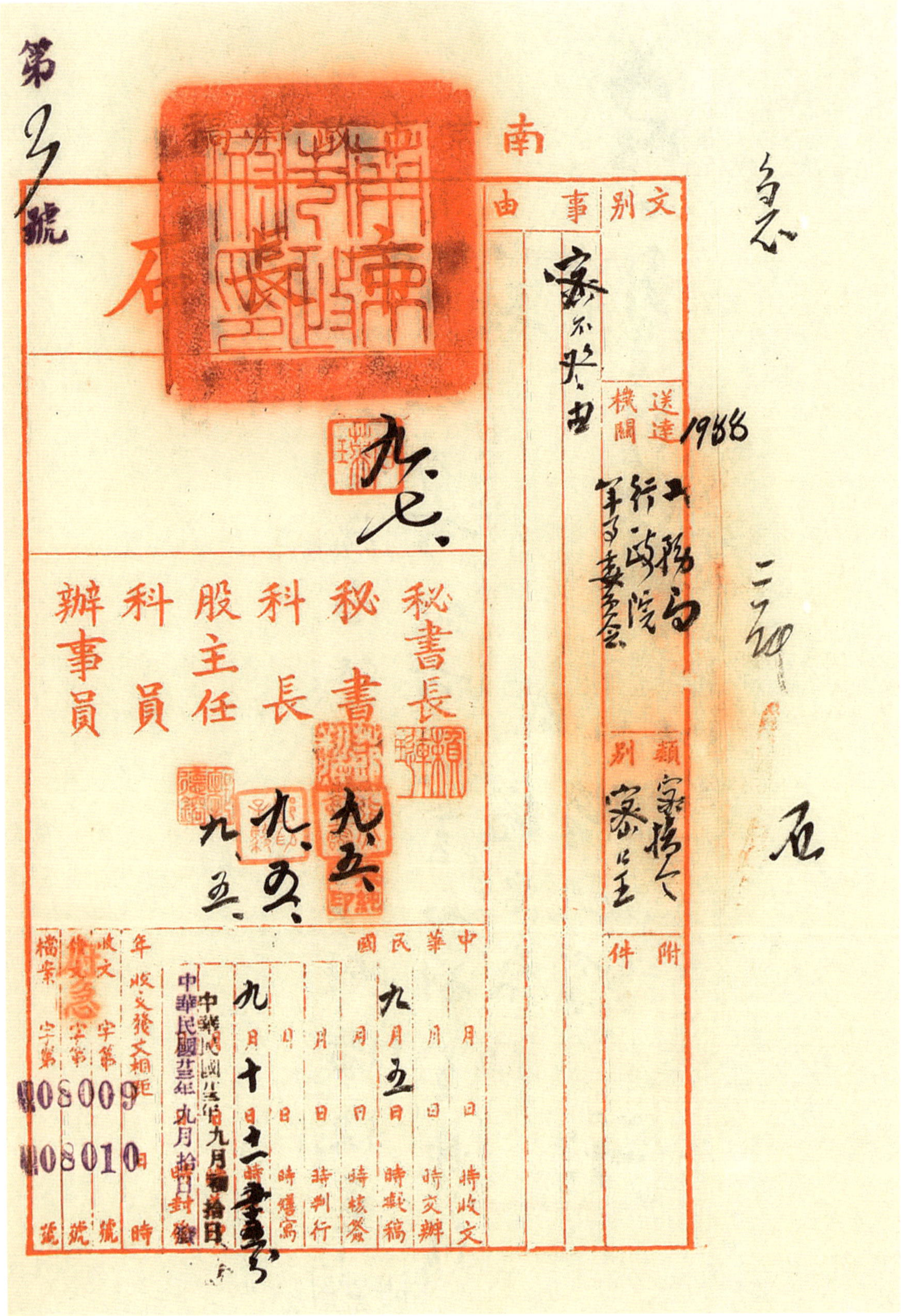
南京市政府稿 第 號
文別：呈
事由：密不發出
送達機關：1988 工務局 行政院 軍事委員會
類別：密指令 密呈
附件：
秘書長 九、七
秘書長
秘書 九、五
科長 九、五
股主任 九、五
科員
辦事員
中華民國 月 日 時收文
月 日 時交辦
九月五日 時擬稿
月 日 時核簽
月 日 時判行
月 日 時繕寫
九月十日十一時書
中華民國廿三年九月拾日封發
收文發文相距 日 時
年 收文 字第 號
發文 字第 008009 008010 號
檔案 字第 號
急

（三一）市政府爲申報修理城墻預算致市工務局的指令及致行政院和軍事委員會的密呈（一九三四年九月十日）

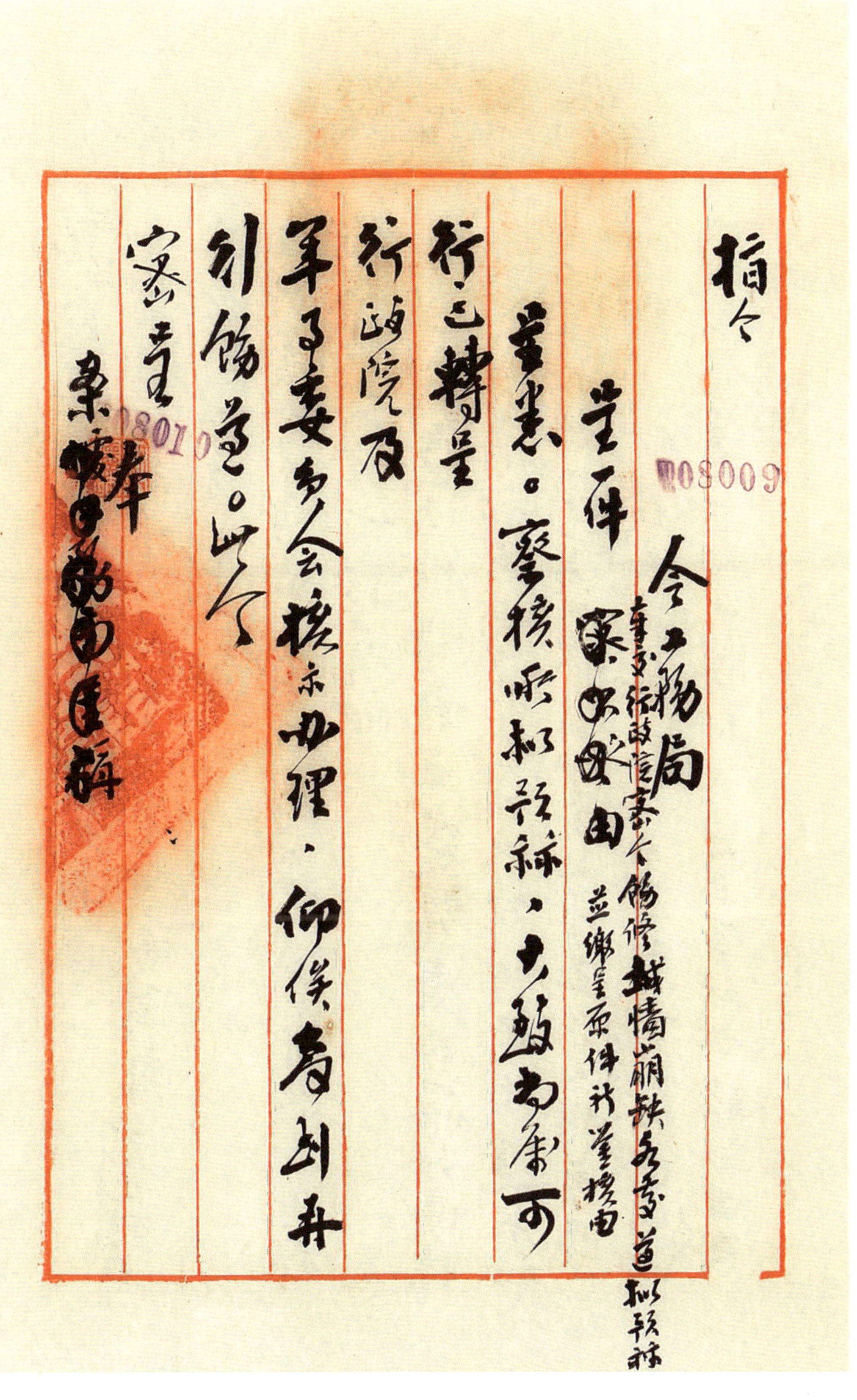

指令

令工務局

呈一件。為奉交行政院密令飭修城墻崩缺各處道擬預算並繳呈原件祈鑒核由

呈悉。查核所擬預算，大致尚屬可行，已轉呈

行政院鑒核

准予妥為會核示辦理，仰候奉到再

行飭遵。此令

密者

兼市長 [illegible]

08009

08010

鈞行政院密令第四四六〇號內開

「案准軍事委員會密函開

即便查照辦理」

並抄發原建議案件下府奉此查經飭交工務

局辦理去後茲據呈稱

查經飭科就原建議案內所列城牆

崩缺各處尺寸估計修理費用造具預

計預算書工料銀四萬七千五百元據查上次

修理草場門等處城牆工款係由軍政部全部撥付[illegible]此

來函一律擬請轉函軍政部撥款辦理

以便施工

等情並該縣縣長到府。據此，查修理本市城牆閘門，係

國防工程之重要，原建議案擬在鐵道部月撥協

款內開支，原案並未可。第以本府近未奉令進行建

設工程甚多，如冀魯廣州上海三路全部建築費及

征用民地之價，均需銀以十萬元計，率准由軍政部

補助[illegible]，本府負擔[illegible]，約在半年萬元以上，又民

住宅工業拆遷，據局送到該縣需銀二百萬元，

亦須收算撥要，此外如石灰窯、國府及建廳

等收山捐省之設方工程，[illegible]設實屬[illegible]，點綴進步

遵办注三
字用抬行
政院平内

惟屆加以本年天氣亢旱災象顯成市面蕭條
稅收不振市庫應付各項工款已十分支絀所有本
案修理城牆用費擬請仍由軍政部撥案撥發以經
負擔除[illegible]分呈
軍事委員會核示並指令外理合將遵辦[illegible]敘市
行政院
財政困難情形連同預算一份呈文呈奉仰祈
呈請
鈞院轉函軍事委員會令飭軍政部撥款興工
會飭令軍政部
核示祗遵實為公便謹呈
行政院院長
軍事委員會委員長蔣
計呈送預算一份

（四）市工務局爲修理城墻監視開標情形致市政府的呈文（附件：工程標賬比較表和標賬）（一九三四年十月十七日）

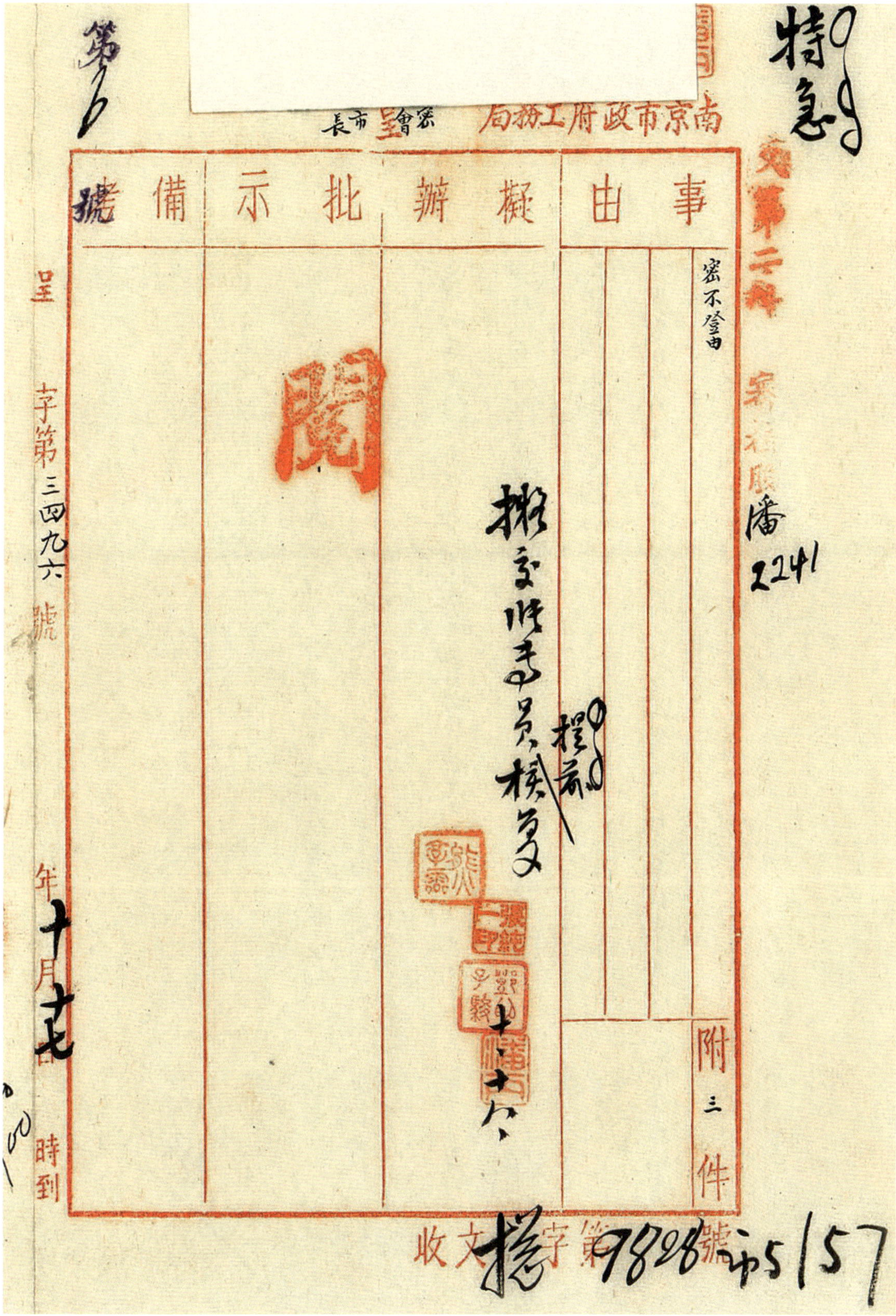
特急

南京市政府工務局 呈 市長 密 會

事由 擬辦 批示 備考

密不發出

閱

附三件

呈 字第三四九六號

年十月十七日 時到

收文 字第 號

案奉

鈞府交下

軍事委員會戰字第三九一三號密令

鈞府呈一件為遵令修理城牆一案擬具預算請轉令軍政部援案撥款由內開

「呈暨預算書均悉當即據情發交軍政部核議去後茲據復呈節稱挪款實屬非易

此項工程與城防有關為求迅速實現計擬援築路之例由本部津貼經費三分之一俾易舉辦

請轉令施行等情前來合亟據情指令仰即遵照迅速辦理預算書存此令」

等因奉此遵即登報招標計開標之日職丙奉

派蒞場監視當日到尹祥記林永記兩家以尹祥記開價為低如全部俱由承包人添購城磚其總價

為肆萬零壹百壹拾叁元七角五分將来在各崩塌處收集之城磚照數由總價內扣除每塊扣洋零零

捌元與本局原預算總價肆萬柒千伍百元比較尚低柒千叁百捌拾陸元二角五分惟查城磚數量太多定燒需時且清涼門可以改為填土工程在投標時已將該部份一零零零立公城磚改為三零零零立公填土故承包人所開單價雖略高其全部總價尚未超過原定預算現奉

軍事委員會令須迅速施工可否即交尹祥記承包未敢擅專理合編造標賬比較表一份檢同賬單二份（仍請發還）具文會呈

鑒核迅示祇遵謹呈

市長石

計附呈標賬比較表一份 標賬二份

監視委員潘丙

代理工務局局長嚴宏溎

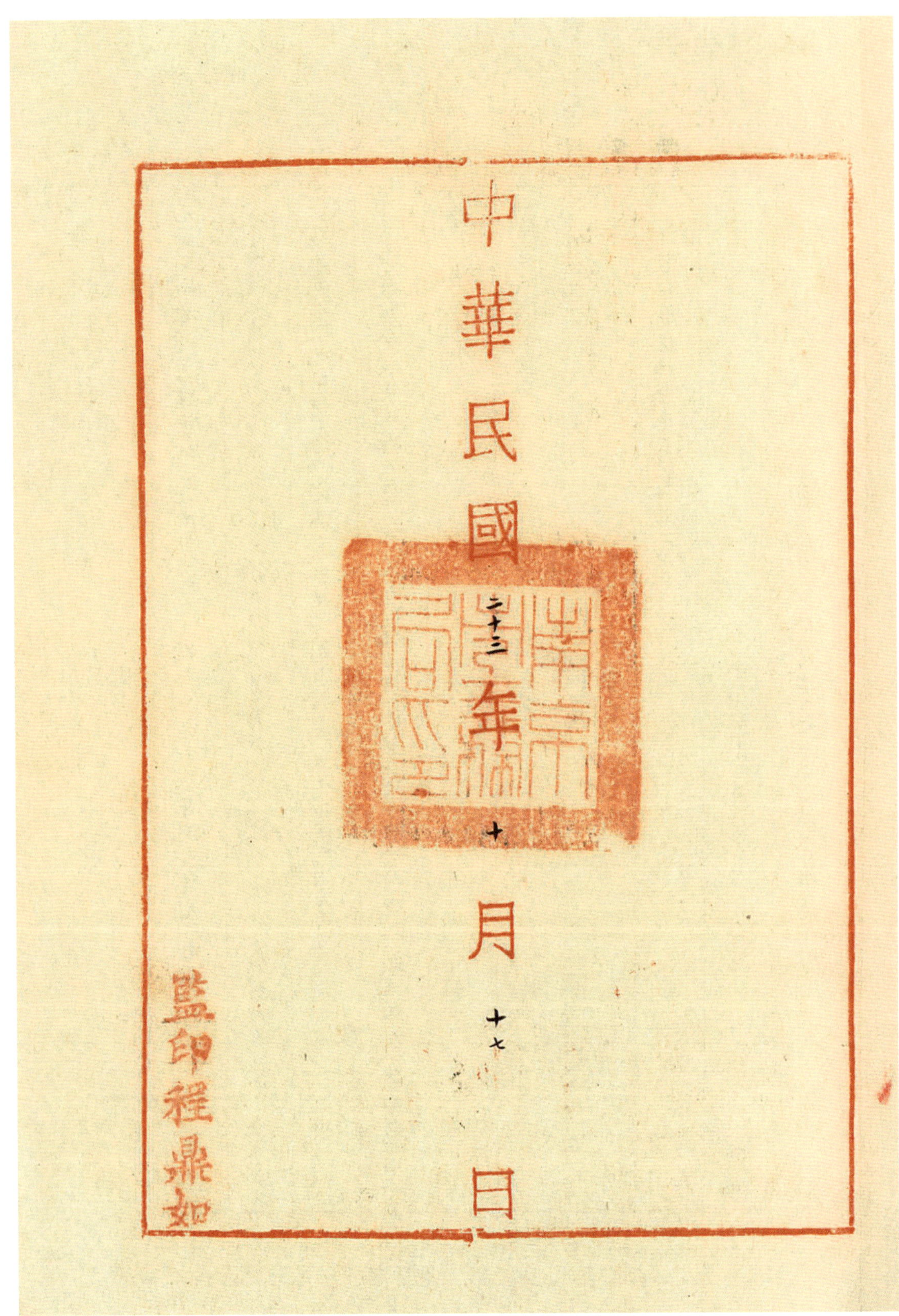

中華民國二十三年十月十七日

監印程鼎如

修理城墙标账比较表

23年10月12日

工程	项目及地点	说明	单位	数量·预算	数量·标单	预算·单价	预算·总价	尹祥记·单价（元）	尹祥记·总价（元）	林永记·单价（元）	林永记·总价（元）	备注
修理城墙	中華门西		立公	2500立公	80立公	6.50	16250.00	7.50		8.80	704.00	距城閘9公尺處
	〃〃〃〃		〃		5			7.50		8.80	44.00	西边城閘252尺處
	〃〃〃〃		〃		43			7.50		8.80	378.40	〃〃〃〃150公尺處
	水西门至集慶门城堞	崩塌共十處	〃		100			7.50		8.80	880.00	
	水西门南		〃		39			7.50		8.80	343.20	南約50公尺處
	水西门北		〃		64			7.50		8.80	563.20	北約30公尺處
	〃〃〃〃		〃		125			7.50		8.80	1100.00	北約100公尺處
	挹江门至興中门城堞	崩塌共七處	〃		70			7.50		9.20	644.00	
	中央门至和平门		〃		20			7.50		9.20	184.00	
	玄武門南至台城城堞	崩塌共三處	〃		35			7.50		9.20	322.00	
	太平门東及富貴山麓	崩塌共八處	〃		100			7.50		9.20	920.00	
	光華门東南诸城堞	崩塌共七處	〃		70			7.50		9.20	644.00	
	共和门東至東關頭	崩塌共四處	〃		40			7.50		8.80	352.00	共和门即通濟门
	武定门至中華门	崩塌共六處	〃		140			7.50		8.80	1232.00	
	未註明處地		〃		500			7.50		9.00	4500.00	
填土	清涼门	城墙後	〃		3000			0.85		0.95	2850.00	两端約100公尺距離
		修城共計							13282.50		15660.80	
城	磚	崩塌處附近收集	塊					0.07		0.08		工全
城	磚	各處收買或定燒	塊	312,500		0.10	31250.00	0.15		0.20		送至工作地點尺寸為4"×8"×16"
		全部總計					47500.00					
完工期限								四個月		壹佰四十晴天		

標賬單上所列數量共計為修城墙1431立公

1431×12.5×1.5立 26831.25

（178875×.15）✓

全部合計40113.75元

①至⑮修理城牆

	工料種類	說明	單位	數量	單價	總價	備考
①	中華門西		立公	80	7.5	600.00	距城隅9公尺處
②	〃 〃		〃	5	7.5	37.50	西邊城隅25公尺處
③	〃 〃		〃	43	7.5	322.50	西邊城隅150公尺處
④	水西門至東園街城垛	崩塌共十處	〃	100	7.5	750.00	
⑤	水西門南		〃	39	7.5	292.50	南約50公尺處
⑥	水西門北		〃	64	7.5	480.00	北約30公尺處
⑦	〃 〃		〃	125	7.5	937.50	北約100公尺處
⑧	挹江門至興中門城垛	崩塌共七處	〃	70	7.5	525.00	
⑨	中央門至和平門		〃	20	7.5	150.00	
⑩	玄武門南至台城城垛	崩塌共三處	〃	35	7.5	262.50	
⑪	太平門東至富貴山麓	崩塌共八處	〃	100	7.5	750.00	
⑫	光華門東南至城垛	崩塌共七處	〃	70	7.5	525.00	
⑬	共和門東至東關頭	崩塌共四處	〃	40	7.5	300.00	共和門即通濟門
⑭	武定門至中華門	崩塌共六處	〃	140	7.5	1050.00	
⑮	未註明各處		〃	500	7.5	3750.00	

共1431　　1,0732.50

附註：城磚價值另計

工料種類	說明	單位	數量	單價	總價	備考
土⑯ 靖遠門	城牆後	立公	3000.00	0.85	2550.00	西端約100公尺距離
工程總價①至⑯					13282.50	元（磚價在外）
城磚	在崩塌處附近收集	塊		0.07		工金
城磚	由承包人向私處收買或定燒	塊		0.15		送至工作地点尺寸為4"×8"×16"

四個月完工

①至⑮修理城牆

	工料種類	說明	單位公制	數量 萬	千	百	十	單	六	兩	單位價 百	十	元	角	分	總價 萬	千	百	十	元	角	分	備考
①	中華門西		立公				8	0	0	0			8	8				7	0	4			距城隅9公尺處
②	〃 〃		〃					5	0	0			8	8					4	4			西邊城隅25公尺處
③	〃 〃		〃				4	3	0	0			8	8				3	7	8	4		西邊城隅150公尺處
④	水西門至來鳳街城垜	崩塌共十處	〃			1	0	0	0	0			8	8				8	8	0			
⑤	水西門南		〃				3	9	0	0			8	8				3	4	3	2		南約50公尺處
⑥	水西門北		〃				6	4	0	0			8	8				5	6	3	2		北約30公尺處
⑦	〃 〃		〃			1	2	5	0	0			8	8			1	1	0	0			北約100公尺處
⑧	挹江門至興中門城垜	崩塌共七處	〃				7	0	0	0			9	2				6	4	4			
⑨	中央門至和平門		〃				2	0	0	0			9	2				1	8	4			
⑩	玄武門南至台城城垜	崩塌共三處	〃				3	5	0	0			9	2				3	2	2			
⑪	太平門東至富貴山	崩塌共八處	〃			1	0	0	0	0			9	2				9	2	0			
⑫	光華門東南端城垜	崩塌共七處	〃				7	0	0	0			9	2				6	4	4			
⑬	共和門東至東關頭	崩塌共四處	〃				4	0	0	0			8	8				3	5	2			共和門即通濟門
⑭	武定門至中華門	崩塌共六處	〃			1	4	0	0	0			8	8			1	2	3	2			
⑮	未註明各處		〃			5	0	0	0	0			9	0			4	5	0	0			

附註：城磚價值另計

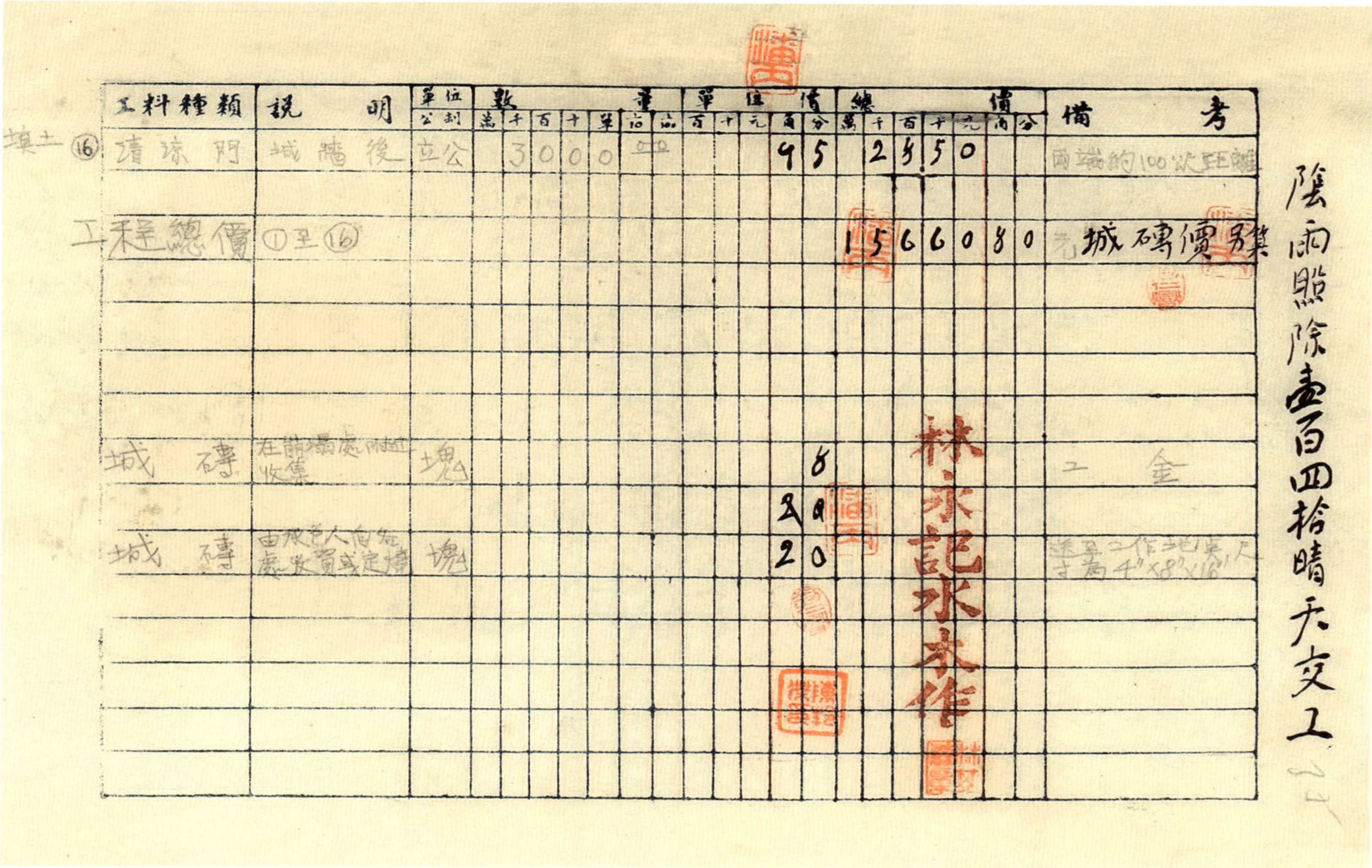

工料種類	說明	單位（公制）	數量	單價	總價	備考
填土⑯ 靖琼門	城牆後	立公	3000.00	.95	2850.0	兩端約100公尺距離
工程總價	①至⑯				15660.80	元 城磚價另算
城磚	在崩塌處附近收集	塊		.08		二 金
				.29		
城磚	由承包人自行處收買或定燒	塊		.20		送至工作地點 尺寸為4"×8"×16"

林永記水木作

陰雨照除壹百四拾晴天交工

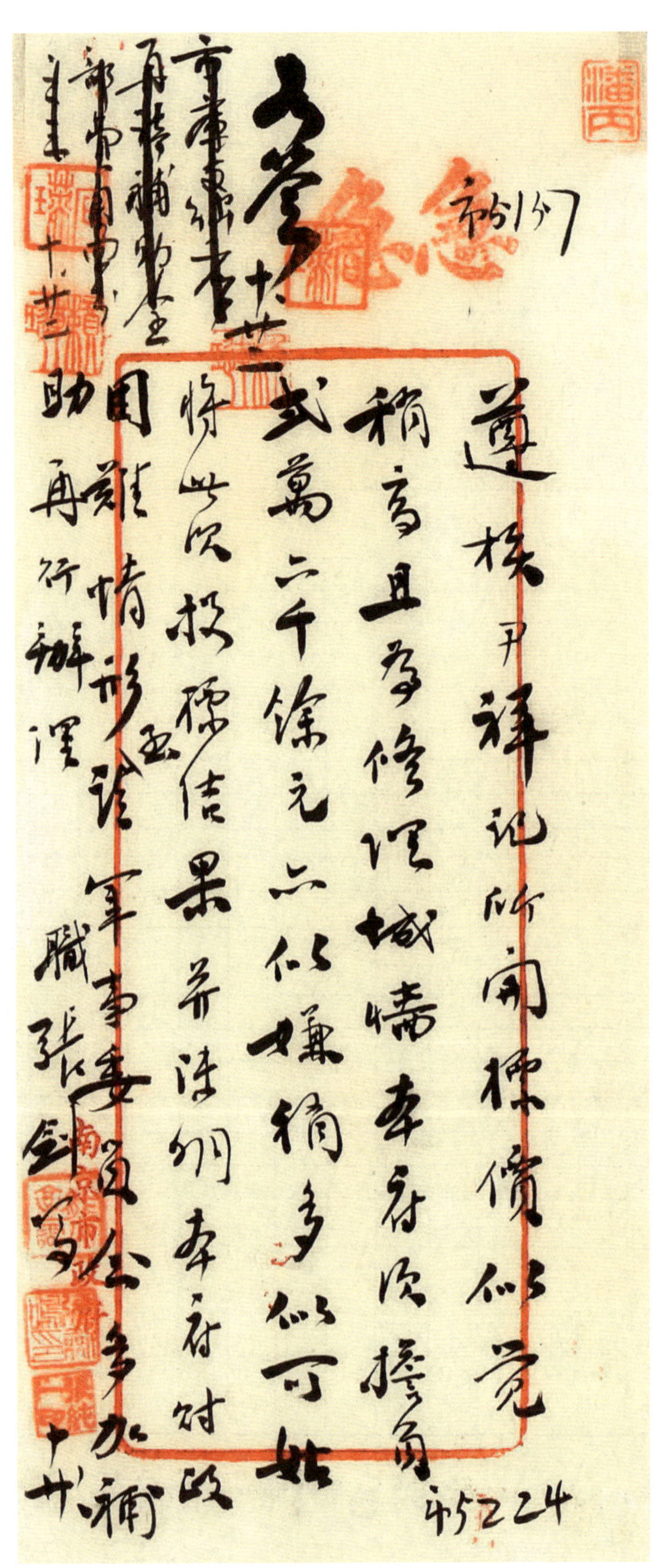

急

秘1517

逕

核尹祥記所開標價似覺稍高且查修理城牆本府須撙節貳萬二千餘元亦似嫌稍多似可姑將此次投標結果并陳明本府財政困難情形並請

軍事委員公多加補助再行辦理

職張鈁呈

十廿

秘5224

大參 十廿二

市庫支絀本[illegible]

可否請補助[illegible]

[illegible]

十廿三

（五）國民政府軍事委員會爲修理城墻軍政部允擔任三分之一費用致南京市市長石瑛的指令（一九三四年十月三十日）

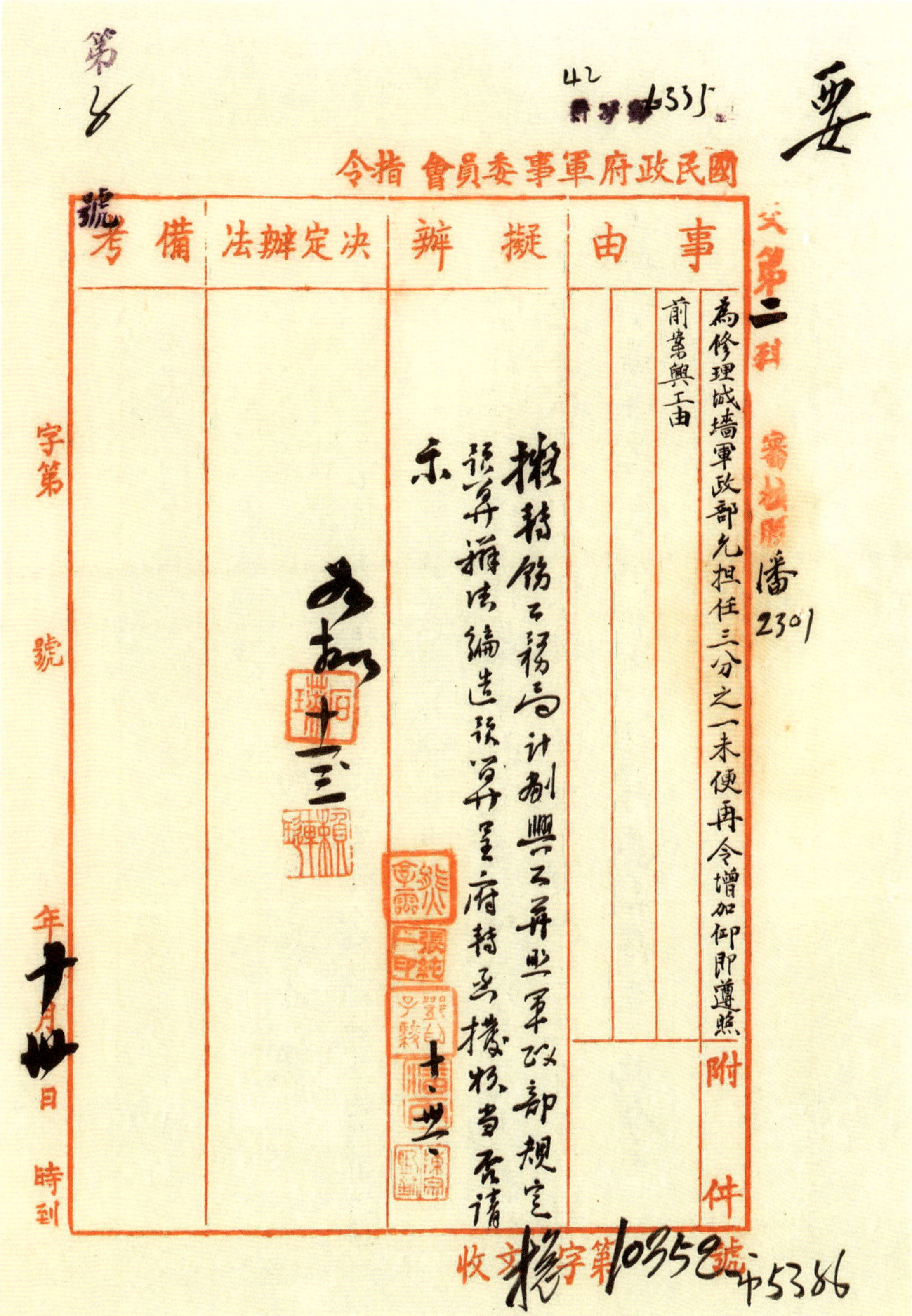
要

42 5335

國民政府軍事委員會指令

第8號

文第二科 審核 潘 2301

事由	擬辦	決定辦法	備考
爲修理城墻軍政部允担任三分之一未便再令增加仰即遵照 前案與工函	擬轉飭工務局計劃興工并照軍政部規定預算辦法編造預算呈府轉呈撥款者請示 十一卅	如擬 十一三	

附件

字第 號 年十月卅日 時到

收文穆字第10352號 中5386

國民政府軍事委員會 指令

總二字第 17 號

令南京市々長石瑛

呈一件 為修理城墻尚需洋四萬餘元擬照修理草場門前例轉飭軍政部担任全部費用乞核由

呈悉，修理城墻，係屬市政範圍，軍政部已允担任三分之一用費，似未便再令增加，仰即遵照前案，尅日興工，毋再延宕，仍將辦理情形具報備查，此令。

中華民國二十三年十月三十日

委員長蔣中正

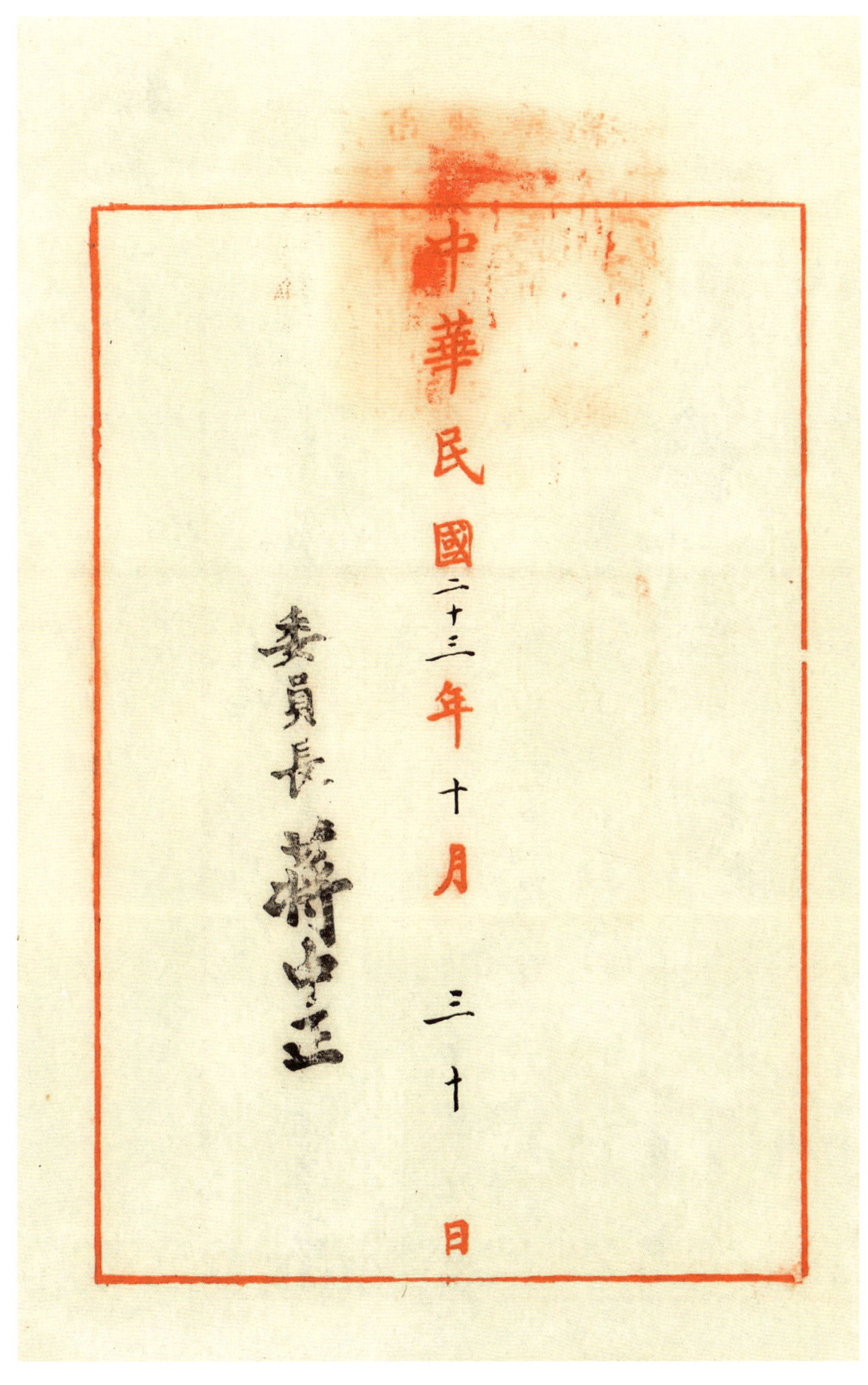

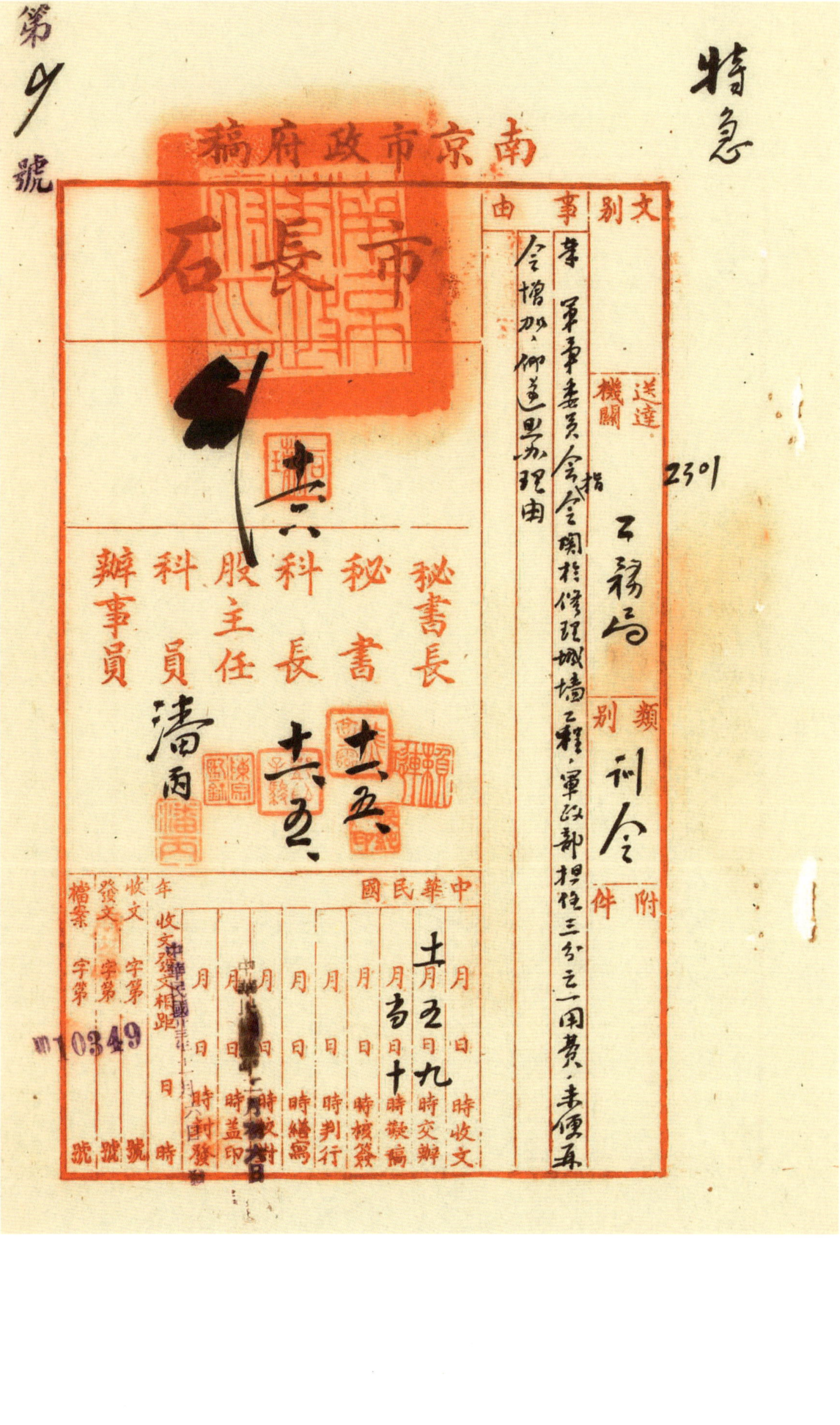
特急

第9號

南京市政府稿

市長石

秘書長 秘書 科長 股主任 科員 辦事員

文別	
送達機關	工務局
類別	訓令
附件	
事由	奉軍事委員會指令關於修理城墻工程，軍政部担任三分之一用费，未便再令增加，仰遵照办理由

中華民國 年 十一月五日九時交辦 十一月五日十時擬稿 月 日 時核簽 月 日 時判行 月 日 時繕寫 月 日 時校對 月 日 時蓋印 月 日 時封發

收文 字第 號 發文 字第 號 檔案 字第 號

收文發文相距 日 時

訓令

令工務局

案奉

軍事委員會指令：本府呈一件，為修理城墻尚需洋四萬餘元，擬照修理草場門前例，轉飭軍政部擔任全部費用之核示由。開府：

「呈悉。修理城墻，照原令核定。此令。」

等因。奉此，查此項工程，前據該局呈報開標情形到府，當經據情轉呈撥款并以九八九六號指令知照在案。茲奉前因，合行令仰該局遵照剋日興工，并編造預算七份呈候

110349

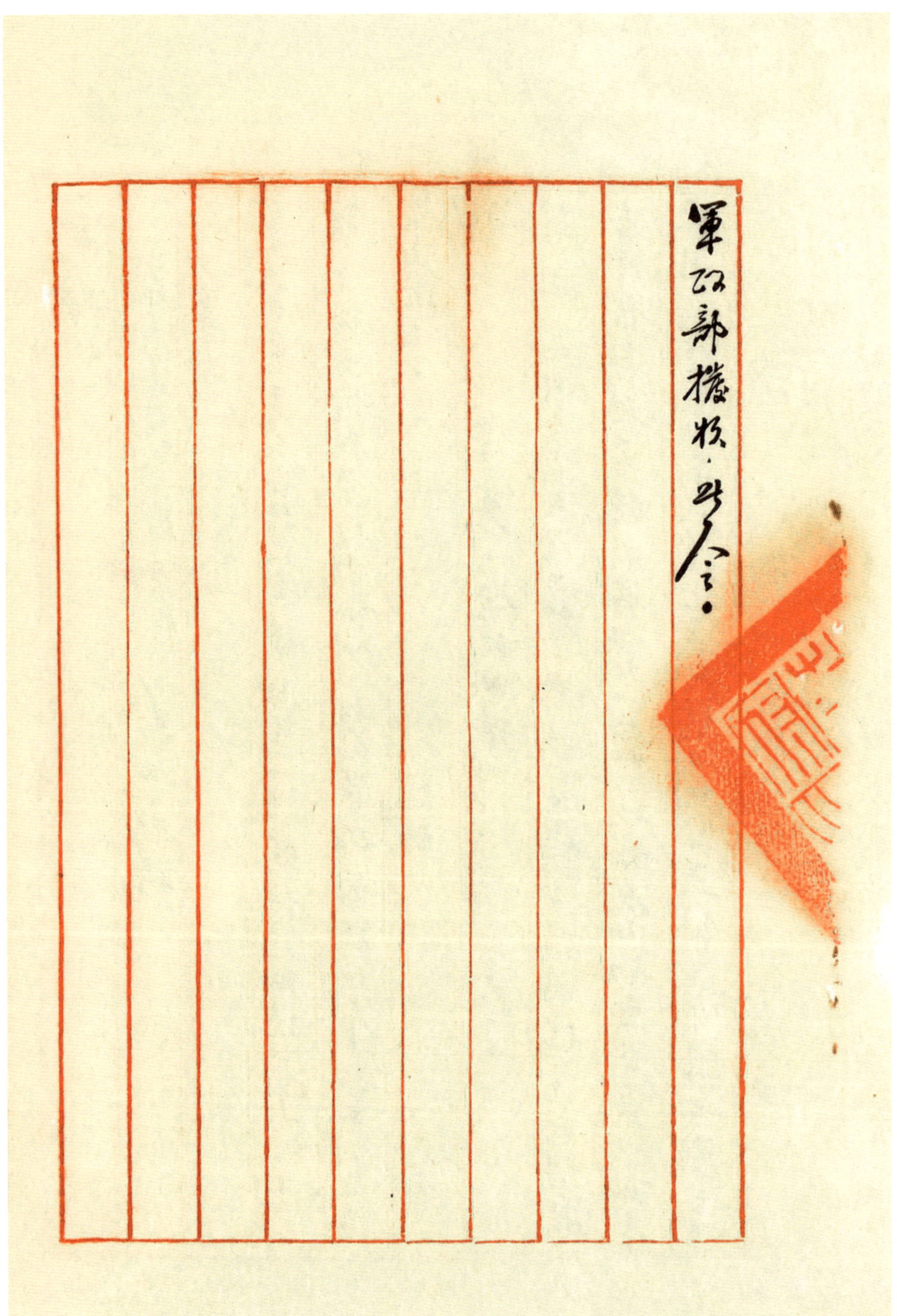

軍政部撥款，此令。

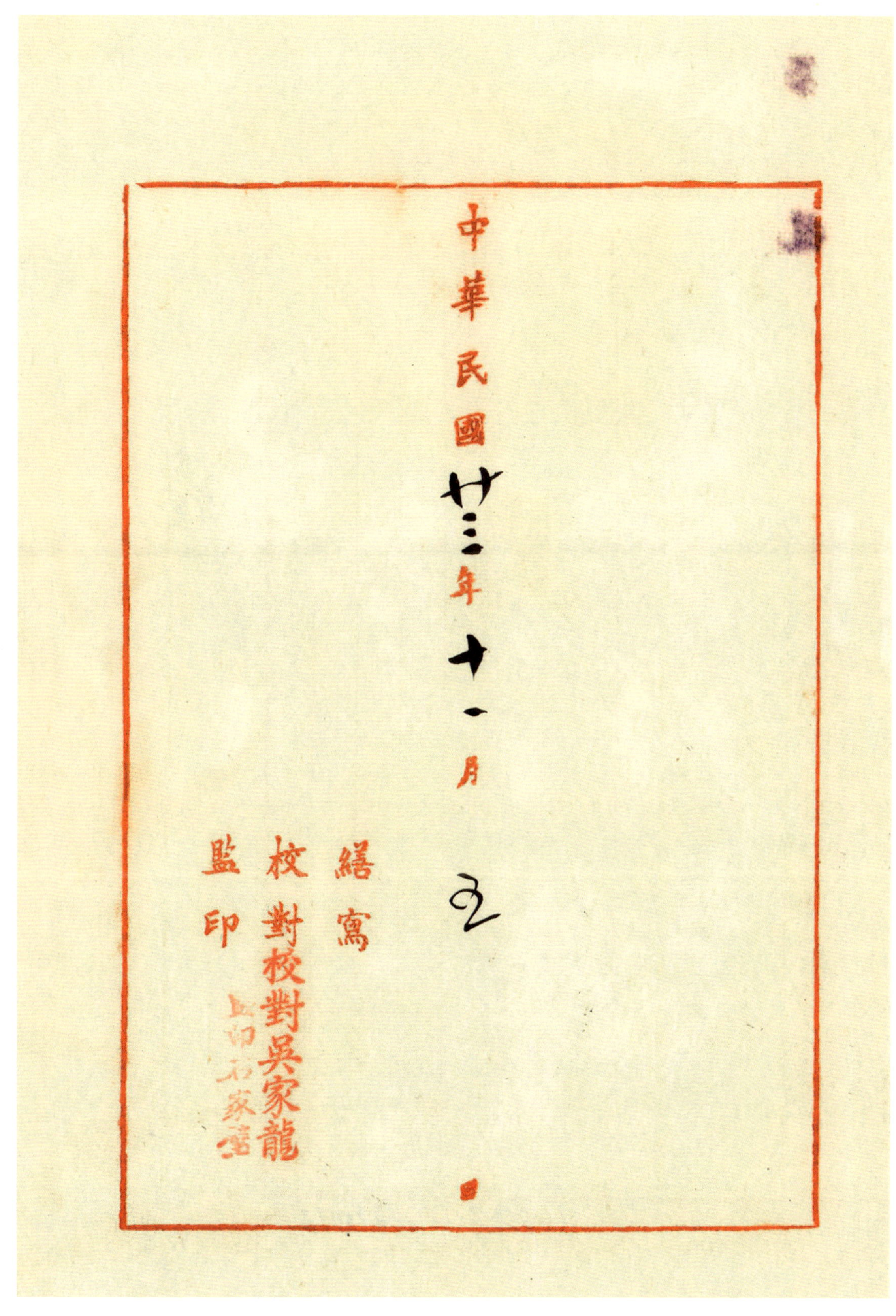

中華民國廿三年十一月五日

繕寫

校對　校對吳家龍

監印　監印石家[illegible]

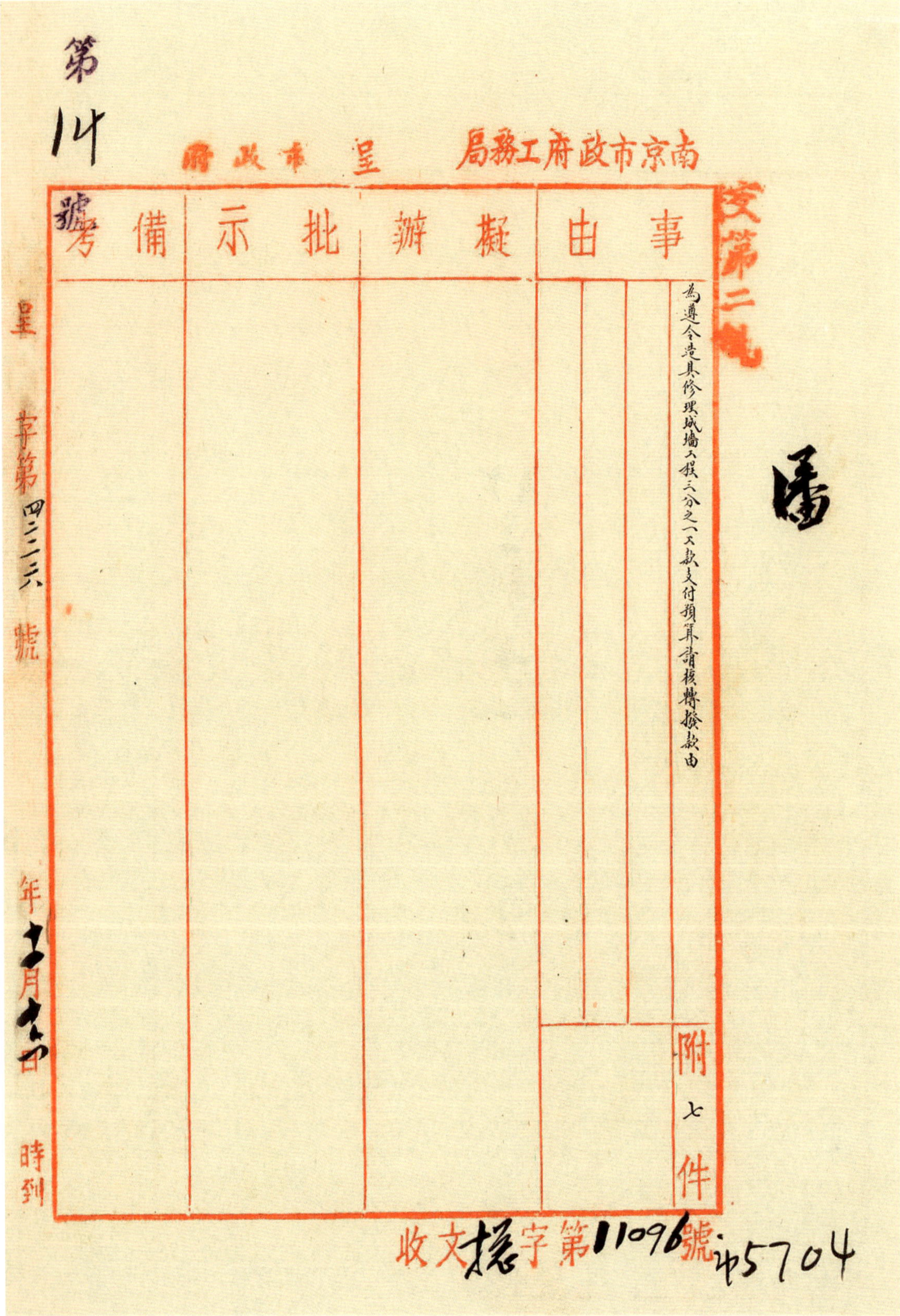

南京市政府工務局　呈　南京市政府

第14號

事由：為遵令造具修理城墻工程三分之一工款支付預算請核轉撥款由

擬辦

批示

備考

附七件

呈字第四三二二六號

年十一月十六日時到

收文撥字第11096號

45704

（七）市工務局爲造具修理城墻工程三分之一工款支付預算請核轉撥款致市政府的呈文（附件：市工務局一九三四年十一月份修理城墻軍政部補助經費預算書）（一九三四年十一月十六日）

案奉

鈞府府急字第一零三四九號訓令內開：

「案奉

軍事委員會指令，關於修理城墻，軍政部担任三分之一用費，未便再令增加，仰即遵照，剋日興工，等因，飭即遵照，并編造預算七份，呈候轉請撥款。」

等因。奉此，查此案前奉

鈞府令飭，即經本局遵照，招商承包，并督促積極施工在案。其包價為肆萬零壹百壹拾叁元柒角伍分，軍政部担任三分之一為壹萬叁千叁百柒拾壹元貳角伍分，現正積極施工，需款甚殷，理合遵令造具三分之一工款支付預算書七份，具文呈復，仰祈

鑒核，轉函核撥。

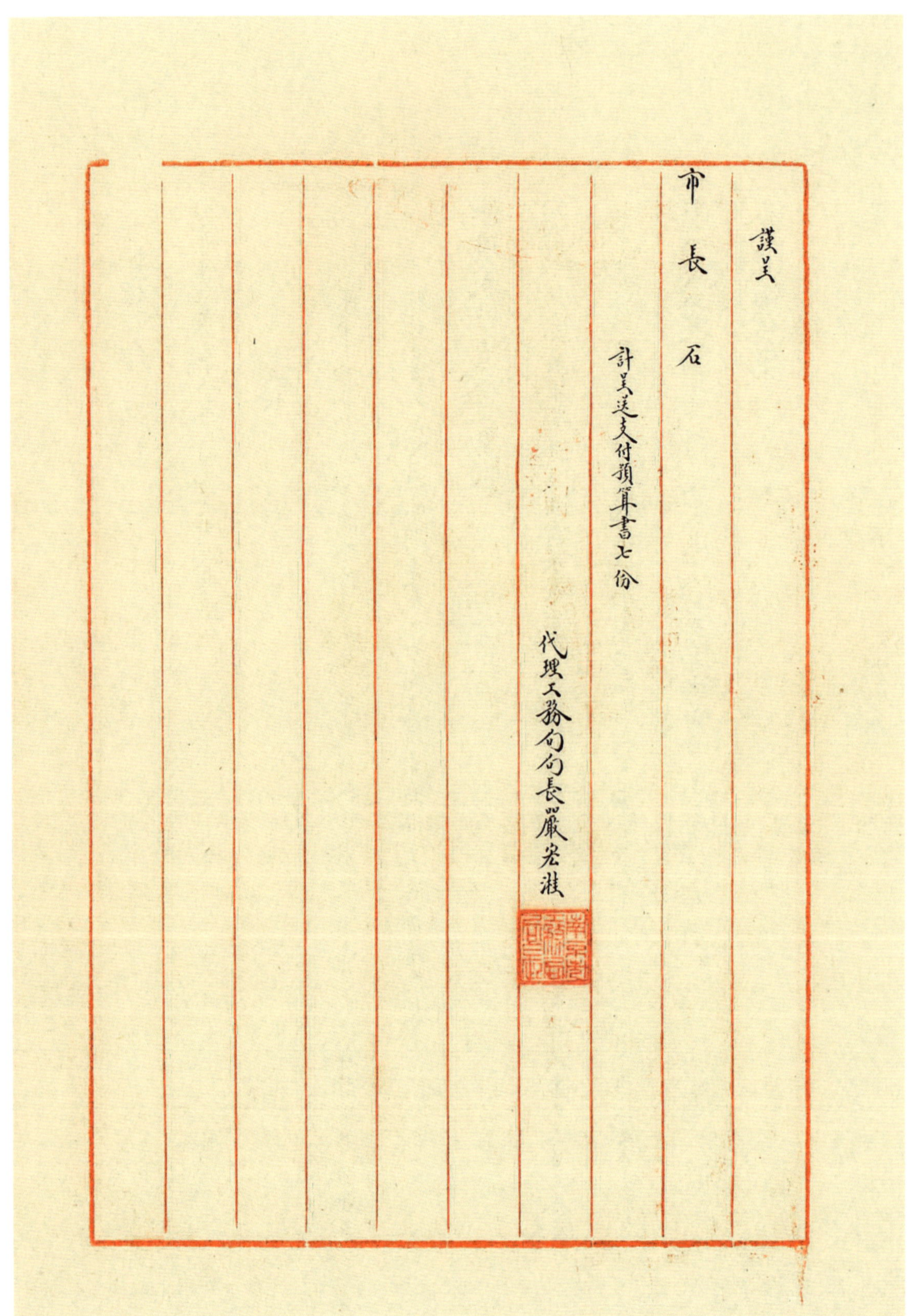

謹呈

市長石

計呈送支付預算書七份

代理工務局局長嚴宏溎

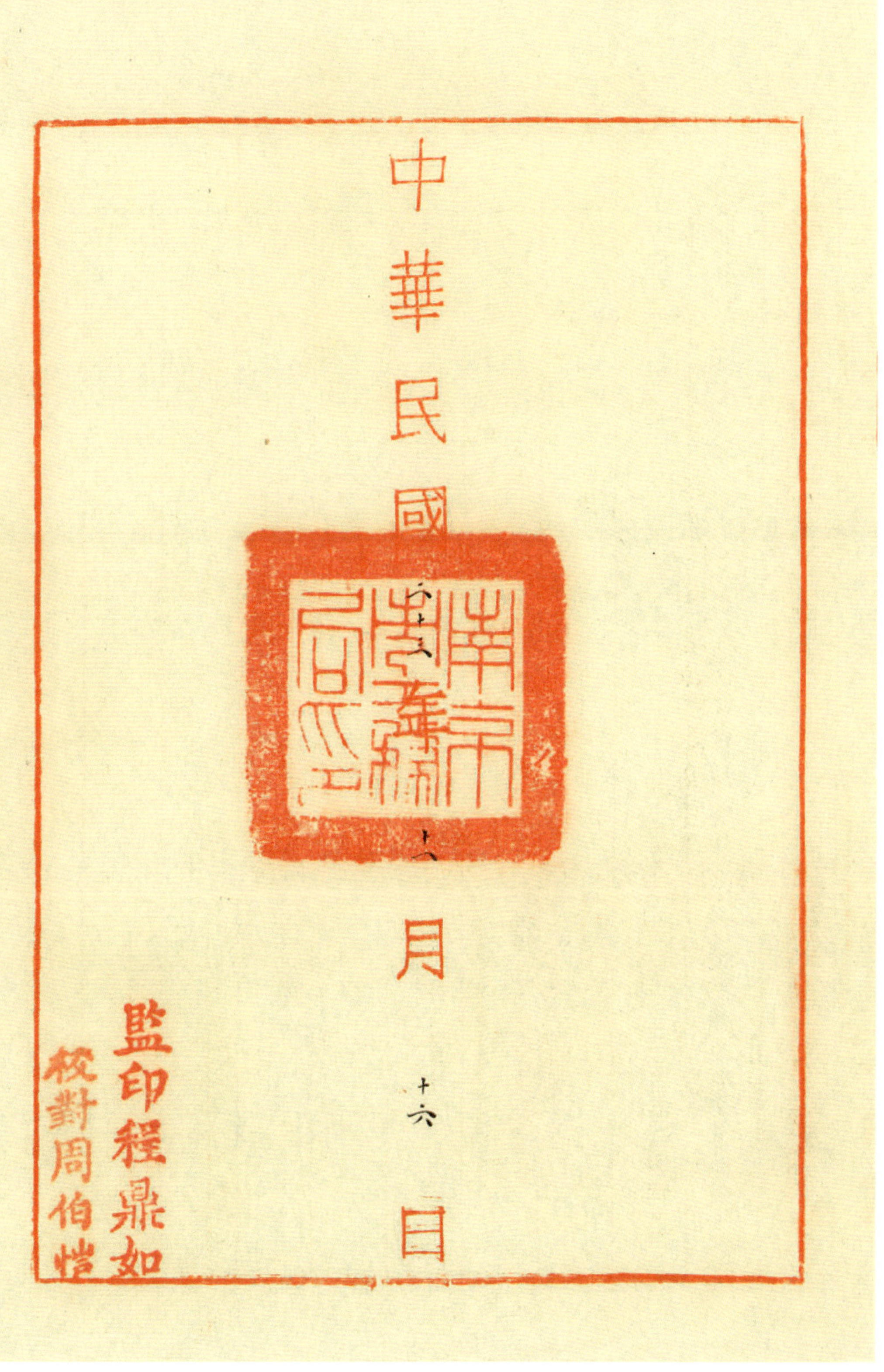

中華民國二十三年八月十六日

南京市工務局印

監印程鼎如

校對周伯愷

南京市工務局民國二十三年度十一月份修理城牆軍政部補助經費預算書

南京市工務局民國二十三年度十一月份修理城墻軍政部補助經費預算書

支出臨時門大洋壹萬叁千叁百柒拾壹元貳角伍分

科目	全部經費預算數		三分之一補助費預算數		備攷
第一款 修理城墻	四〇，一一三	七五	一三，三七一	二五	
第一項 修理城墻	四〇，一一三	七五	一三，三七一	二五	
第一目 修理城墻	四〇，一一三	七五	一三，三七一	二五	

工務局局長嚴宏溎

編造員高久成

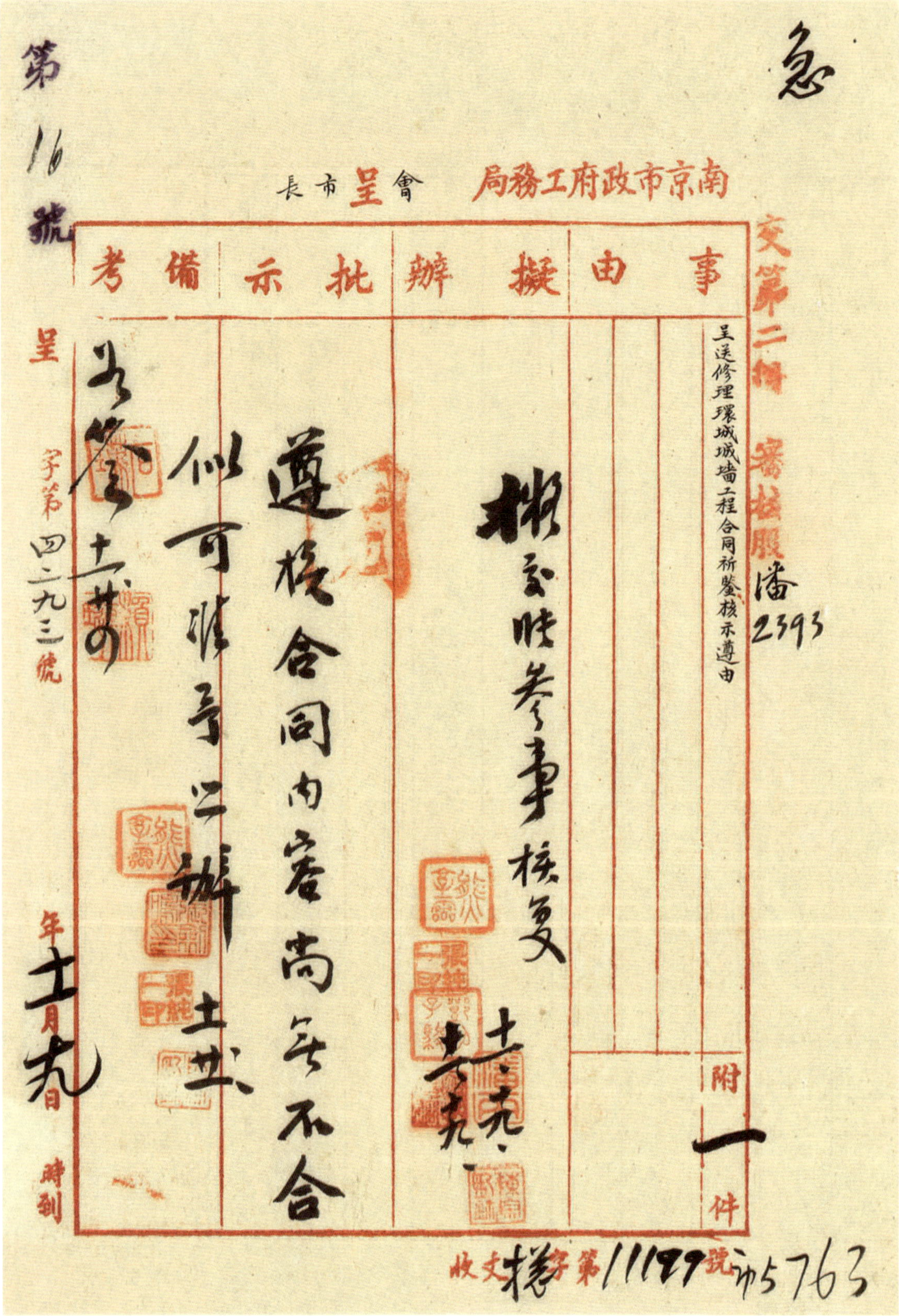
急

第16號

南京市政府工務局 會呈 市長

文第二科 審核股 潘 2393

事由	擬辦	批示	備考
呈送修理環城城墻工程合同祈鑒核示遵由	擬交陳參事核复 十一、十九	遵核合同內容尚無不合	似可照予公辦 十一、廿

呈 字第四二九三號

年十一月十九日 時到

附 一 件

收文 字第11129號 市5763

（八）市工務局爲送修理環城城墻工程合同致市政府的呈文（附件：修理環城城墻工程合同）（一九三四年十一月十七日）

查修環城城墻工程前已遵令招標並檢同標賬呈請
核示在案茲奉
鈞府府急字第一零三四九號訓令內開
案奉
軍事委員會指令關於修理城墻軍政部担任三分之一用費未便再令增加仰即遵照剋日興工由[illegible]工程情形具報備查
等因奉此查前次投標商內以尹祥記開價肆萬另壹百壹拾叁元七角五分為最低惟因工程急切當即
文與該商承包除與訂立合同并飭令於本月十日先行開工外理合檢同合同一份具文呈祈
鑒核示遵謹呈
市長石
計附呈合同一份

監視委員潘　丙

代理工務局局長嚴宏溎

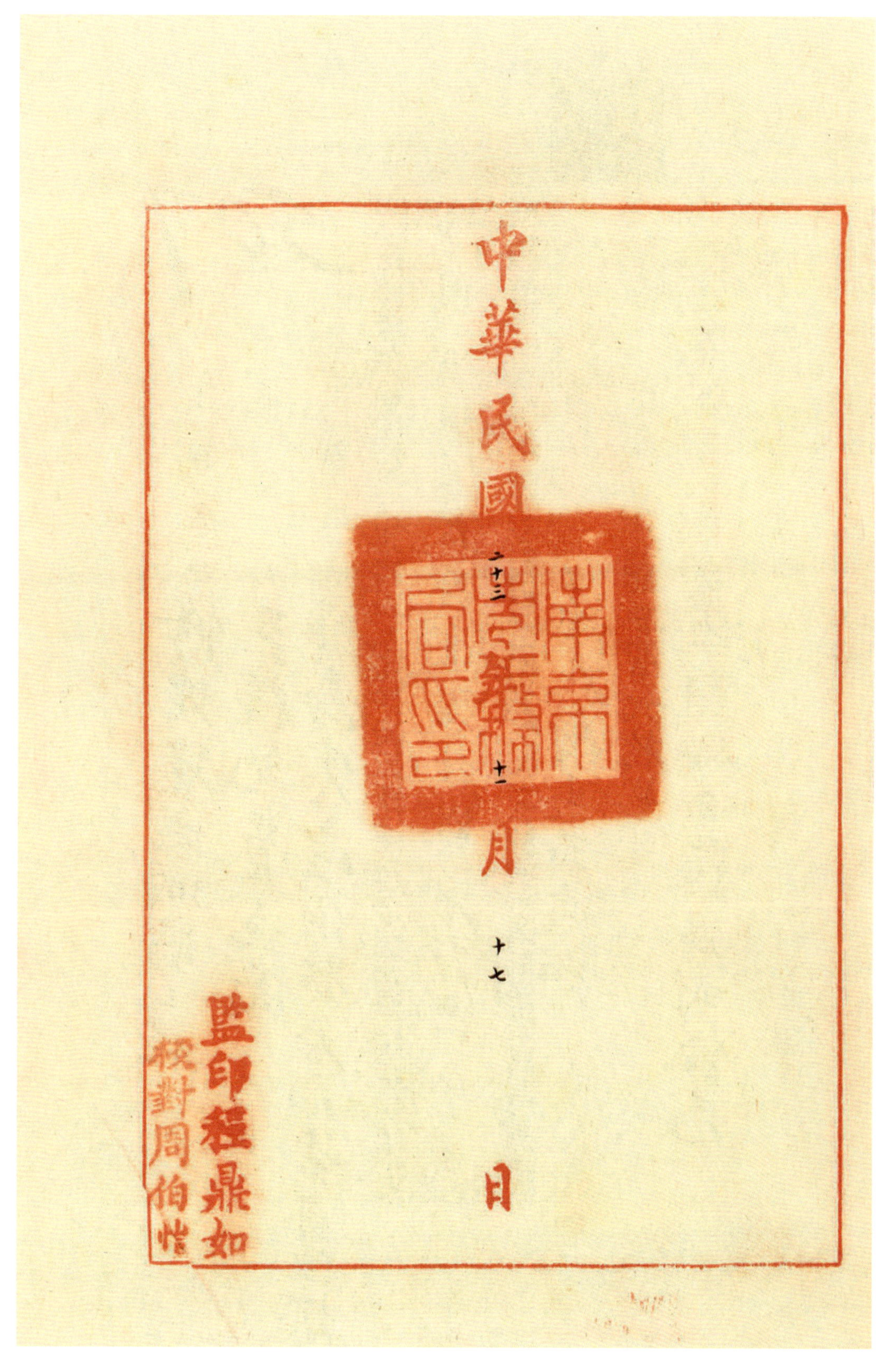

中華民國二十三年十二月十七日

監印程鼎如

校對周伯惜

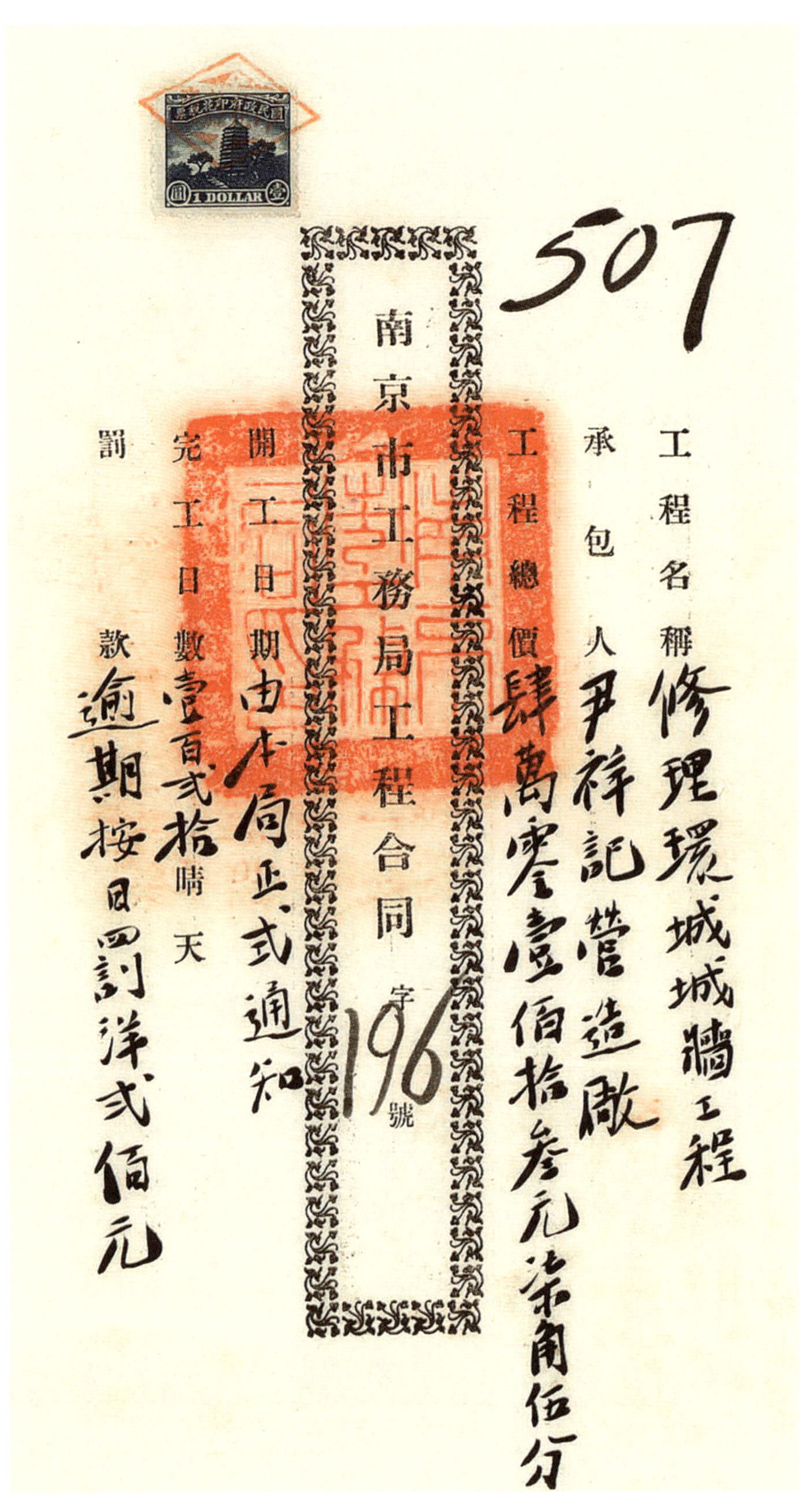

507

工程名稱 修理環城城牆工程

承包人 尹祥記營造廠

工程總價 肆萬零壹佰拾叁元柒角伍分

南京市工務局工程合同 字196號

開工日期 由本局正式通知

完工日數 壹百弍拾晴天

罰款 逾期按日罰洋弍佰元

工程合同　字第　號

南京市工務局（以下簡稱工務局）爲修理環城城墻工程

與尹祥記營造廠（以下簡稱承包人）訂立合同如左

一　工程範圍　詳施工細則及單位價目表

二　承包人於投標時所繳之投標保證金伍佰元應俟本合同正式標定並由保證人蓋章後始得將該項保證金領回

三　本合同包括之工程所有設計圖樣及施工細則承包人均已明瞭願切實遵照辦理並簽名蓋章以資信守

四　工務局根據設計圖樣及施工細則所繪製之放大詳圖承包人均願遵照辦

理如詳圖上所規定之工料承包人有認爲不包括於本合同之內者應在該項工程未進行之先以書面向工務局磋商方爲有效

五　工務局對於本工程各部分得隨時更改之其因更改而致工料有所增減時得依承包人所開單價計算之

六　本工程所有零瑣之處於如圖樣及施工細則未曾載明者承包人均應做全不得推諉或另索造價

七　工務局有關工程之章程及建築規則承包人均應遵照辦理

八　承包人非得工務局之許可不得將工程轉讓或局部分包給他人

九　本工程自簽訂合同之日起應立即動工限定壹佰貳拾晴天完工倘逾期交工按日罰洋貳佰元此項罰款工務局得於應付工款內扣除之所有天雨冰凍或暴風確難工作時得經工務局核准扣除之

十　本工程所需之人工材料工具及一切設備統歸承包人担負工程進行中如

损及公私建築物亦應由承包人負責賠償

十一　本工程所需用各項材料承包人須先將樣品送請工務局查驗經認爲合格後方准運場使用在工作時如發現不合格之材料應立即搬運出場不得留境朦混

十二　工程進行時承包人須負工人或行人安全之責如設備不周以致發生任何意外事件均由承包人負責

十三　承包人對於工程各部須有適宜之設備以便監工員隨時查驗

十四　承包人須派富有經驗之監工人常川在場督察並須聽工務局監工員之指揮如工務局認該監工人不能稱職時得通知承包人立即撤換之

十五　本工程無論已成未成如經工務局發現有與圖樣或施工細則不符之處承包人須負拆卸重造之責其所有損失概歸承包人擔負

十六　凡遇不適宜工作之天氣承包人須遵從工務局監工員之指示將工程全

部或一部停止並須設法將已成之工程妥爲保護以免損壞除遇天災人禍不測事項外倘或保護不周工程上所受之損失統由承包人完全負責

十七　承包人不得無故停止工作或延期履行合同倘承包人遇意外事故不能工作時工務局得通知保證人另雇他人工作所有場内一切設備及材料概歸工務局使用承包人不得索償且工程續造之費用及延期所受之損失工務局得由工程造價内扣除之不足之數統由保證人負責賠償

十八　全部工程完竣經工務局驗收後承包人應立具保固切結保固壹年倘
於保固期內本工程發現裂痕或傾陷等情工務局認爲係由物料不佳或工
作不良所致者承包人應負責修理不得藉詞推諉或索價

十九　本工程造價定爲國幣四〇一一三元七角五分　分期交付

第一期於開工後兩星期照工料八成估計付款一次付洋　元

第二期於開工後四星期照工料八成估計再扣第一期所付工款付款一次付洋　元、

第三期於開工後七星期照工料八成估計再扣第一二期所付工款付款一次付洋　　元

第四期於開工後十星期照工料八成估計再扣第一二三期所付工款付款一次付洋　　元

第五期於開工後十三星期照工料八成估計再扣第一二三四期所付工款付款一次

第六期於本局派員驗收後付足九成

第七期於市府及軍委会派員驗收後付清尾數

承包人於每期領款時須由監工員先行報告工程數量經局查驗屬實後發給付款憑證遵塡領款

二十　本合同及附件均繕就同樣四份一份呈　市政府備案二份存工務局一

份由承包人收執

二十一　本合同附件如左

設計圖樣〇份計〇張

施工細則[illegible]份計[illegible]張

單位價目表[illegible]份計[illegible]張

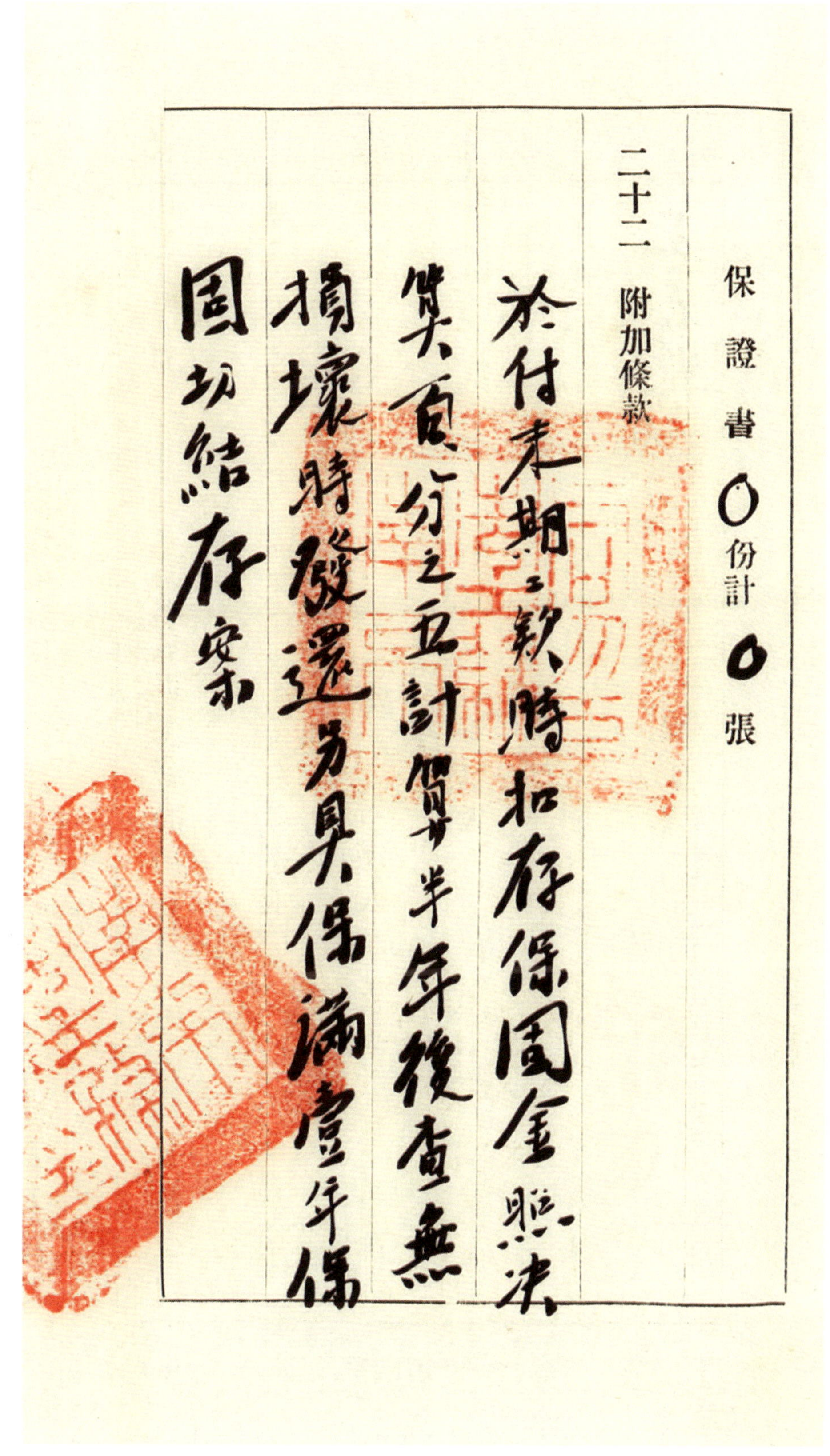

保證書〇份計〇張

二十二 附加條款

於付末期工款時扣存保固金照決算百分之五計算半年後查無損壞時發還另具保滿壹年保固切結存案

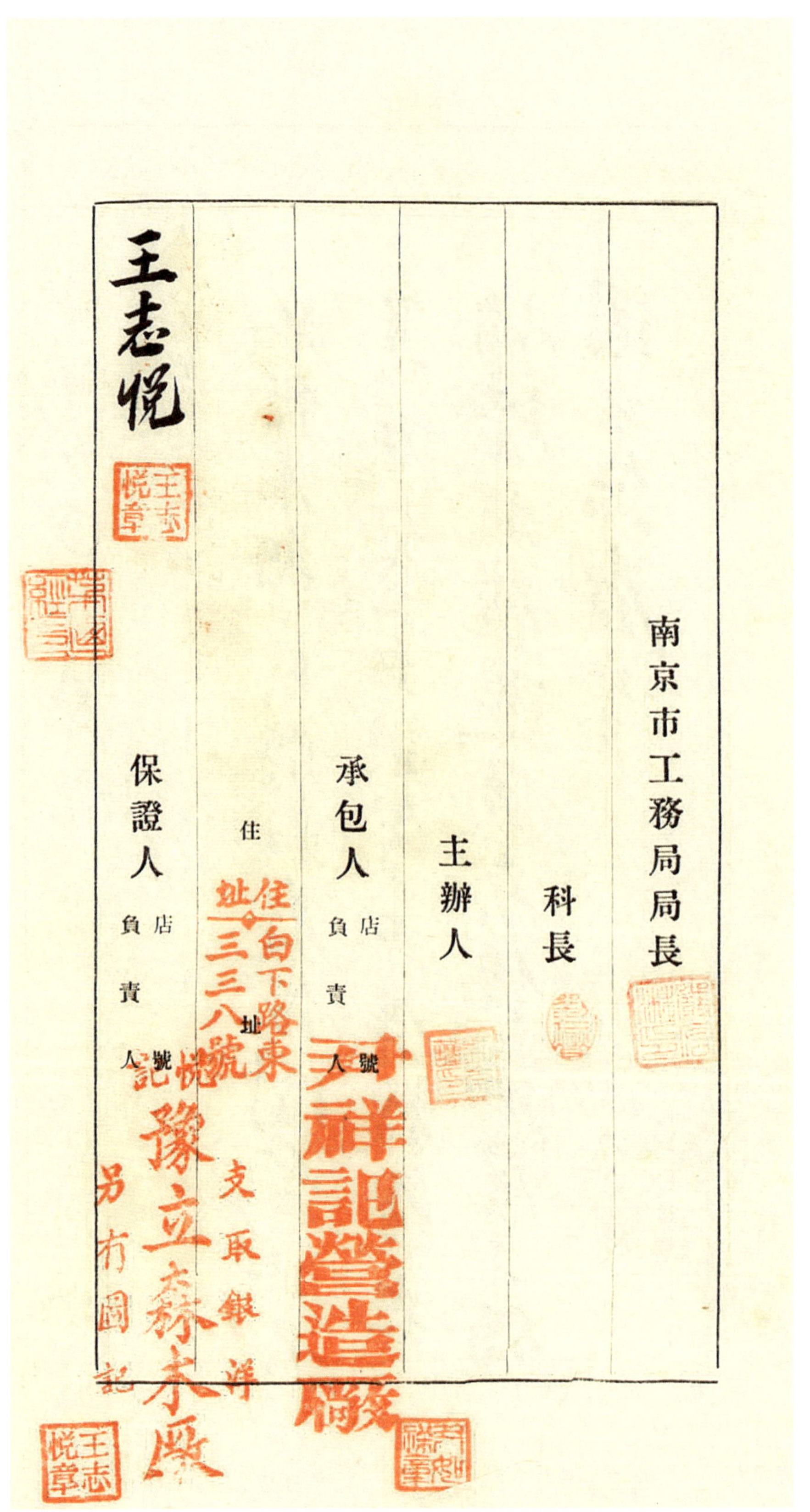

南京市工務局局長

科長

主辦人

承包人
店號
負責人

祥記營造廠

住址

住址 白下路東三三八號

保證人
店號
負責人

悅記 豫立森木廠

支取銀洋 另有圖記

王志悅

王志悅章

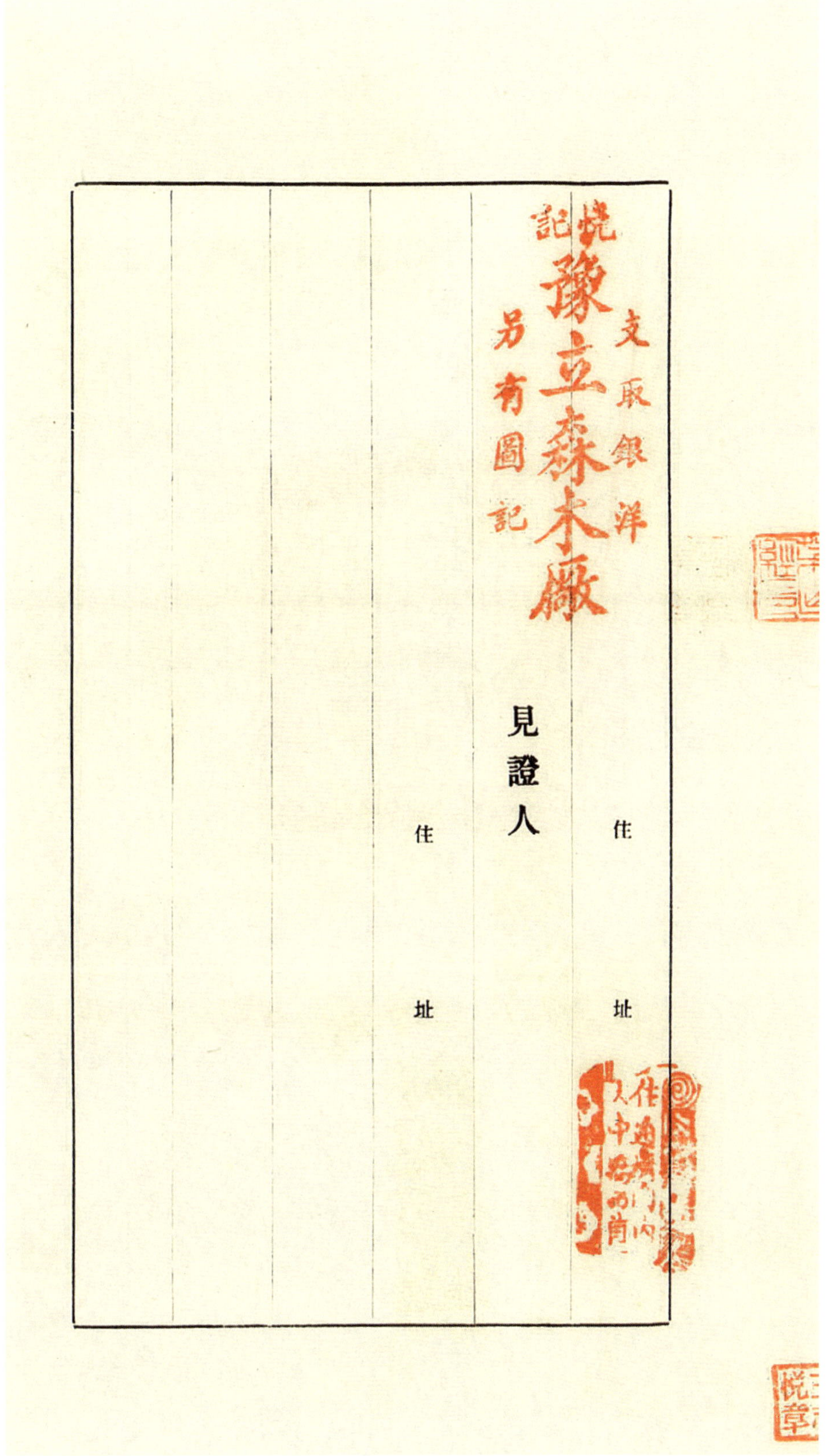

悅記 豫立森木廠 支取銀洋 另有圖記

住址

見證人

住址

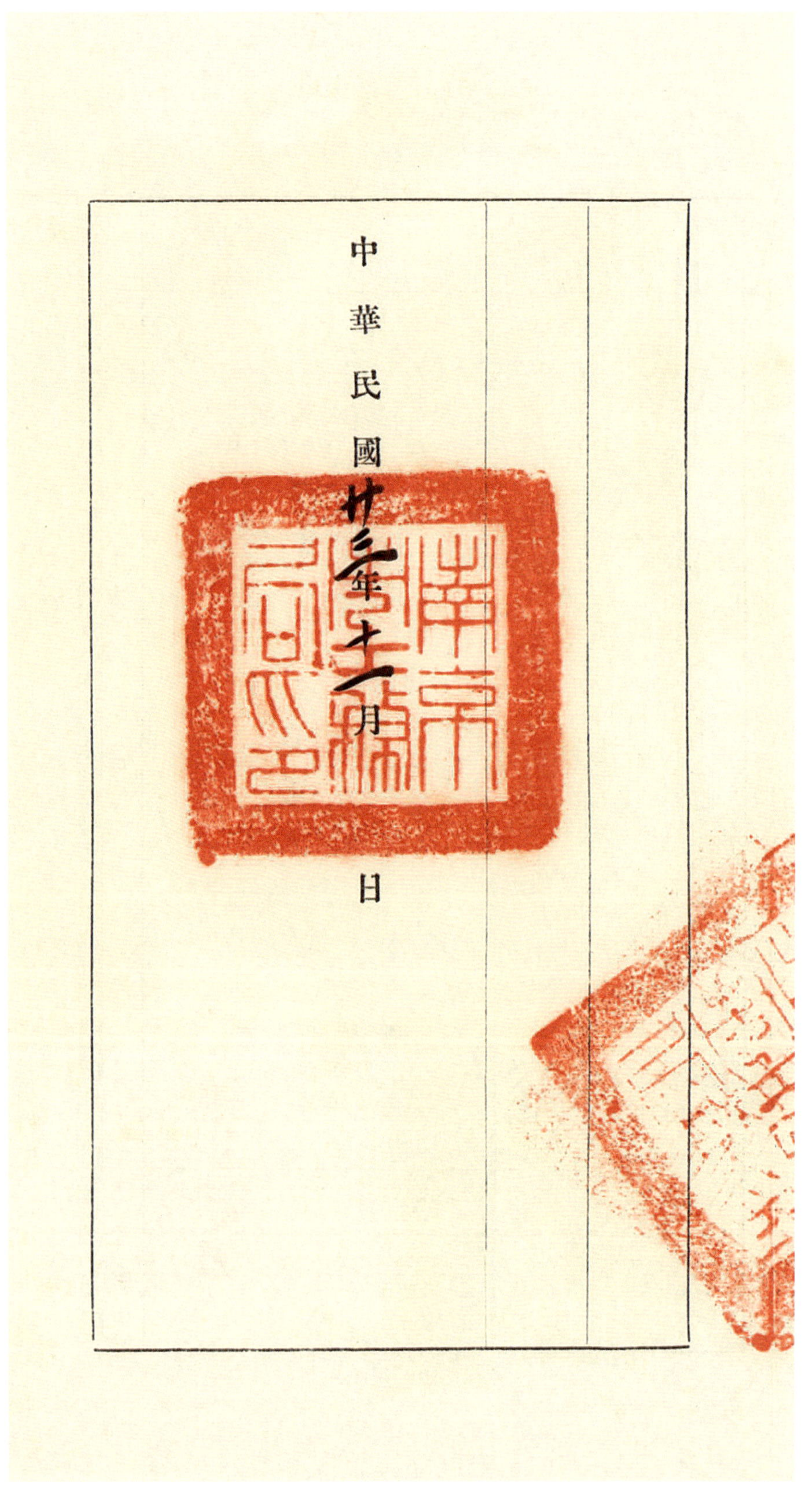

中華民國廿三年十一月　日

修理環城城牆施工細則

一、所有城磚俱用一比三石灰黃砂砌並將內部全部空隙灌滿

一、各崩塌缺口所散失城磚承包人應盡量在附近一百公尺內牆上牆根處尋覓以備應用其數量以長十六英寸作為一塊計算數目總數可以砌成後以體積計算之或在未砌前由本局會同承包人點清之

一、城磚在收集後仍有不敷時承包人可向民間收買以備運到應用本局准隨給運料旗幟使通行無阻如收買不足則由承包人向磚窯定燒數目總數亦由本局會同承包人點清之或以砌成體積計算亦可

一、各處收集之城磚如小過半截本局認為不能應用時得令廢棄之不計數量

一、崩塌處如在城墻中部需搭鷹架時由承包人自行辦理不計
工款
一、開工時由本局發給工人符號以資憲警識別於工程完竣後如
數交還本局
一、承包人須遵守本局其他一切工程規則

南京市工務局

續 字第 號 詳細表

第 頁

修理環城牆單位價目表

修理城牆

種類	形狀	單位	數量	單價（元）	總價（元）	備考
① 中華門西		立方	80	7.50	600.00	距城門9公尺處
② 〃 〃		〃	5	7.50	37.50	西連城門25公尺處
③ 〃 〃		〃	43	7.50	322.50	〃 〃 〃150〃 〃
④ 水西門至東[illegible]城垛	崩塌共十處	〃	100	7.50	750.00	
⑤ 水西門南		〃	39	7.50	292.50	南約50公尺處
⑥ 水西門北		〃	64	7.50	480.00	北約30公尺處
⑦ 〃 〃		〃	125	7.50	937.50	北約100公尺處
⑧ 挹江門至興中門城垛	崩塌共七處	〃	70	7.50	525.00	
⑨ 中央門至和平門		〃	20	7.50	150.00	
⑩ 玄武門南至台城城垛	崩塌共三處	〃	35	7.50	262.50	
⑪ 太平門東及富貴山城牆	崩塌共八處	〃	100	7.50	750.00	
⑫ 光華門東南端城垛	崩塌共七處	〃	70	7.50	525.00	
⑬ 共和門東至東關頭	崩塌共四處	〃	40	7.50	300.00	共和門即通濟門
⑭ 武定門至中華門	崩塌共六處	〃	140	7.50	1050.00	
⑮ 未註明處地		〃	500	7.50	3750.00	
填土 ⑯ 靖琛門	城牆後	〃	3000	0.85	2550.00	兩端約100公尺距離
城磚 ⑰ 城磚	全處收買或定燒	塊	178875	0.15	26831.25	
					40113.75元	

附註：將來在各崩塌處收集之城磚，照數由總價內扣除，每塊扣洋0.08元。

年 月 日 計算 校對 審核

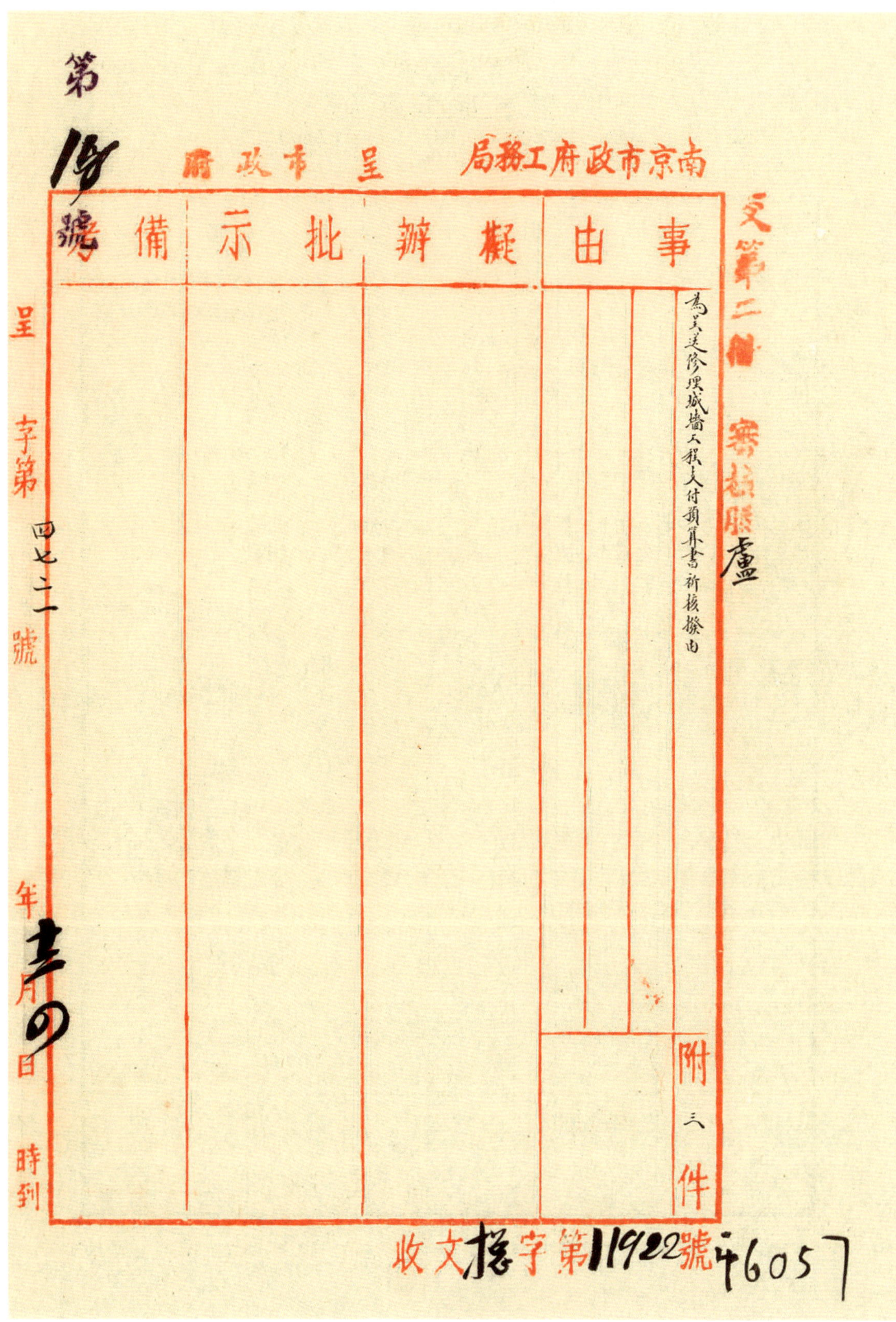

南京市政府工務局　呈　市政府

第1668號

文第二附　審核股　盧

事由	擬辦	批示	備考
爲呈送修理城墻工程支付預算書祈核撥由 附　三　件			

呈　字第四七二一號

年十二月四日　時到

收文總字第11922號　十6057

案奉

鈞府第一一二八一號密指令本府，呈一件，為呈送修理城牆工程合同，祈核示由。內開：「呈件均悉。據呈合同，察核尚無不合，准予照辦，除將開工日期轉呈 軍事委員會鑒核備案外，仰即遵照」等因。奉此，查此項工程，現正督促進行，所需工款，自應按照包價總額計銀肆萬零壹百壹拾叁元柒角伍分請領應付，其 軍政部應補助三分之一經費，已由府遵令向 軍政部請領，一俟領到再行呈報解庫，理合檢同是項預算書三份，具文呈請，仰祈

鑒核飭撥。

謹呈

市長 石

計呈送是項預算書三份

代理工務司司長嚴宏淮

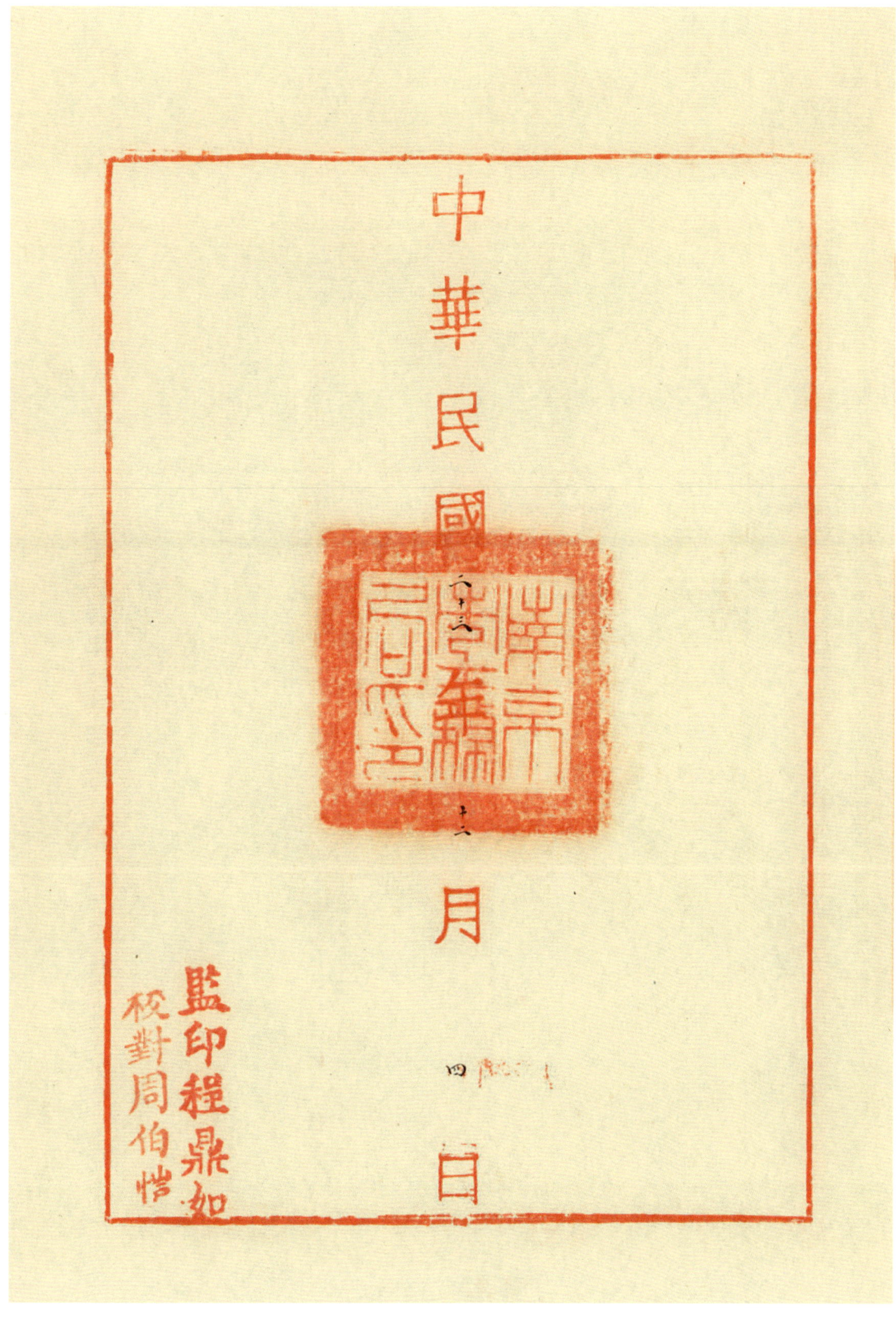

中華民國二十三年十二月四日

監印程鼎如

校對周伯愷

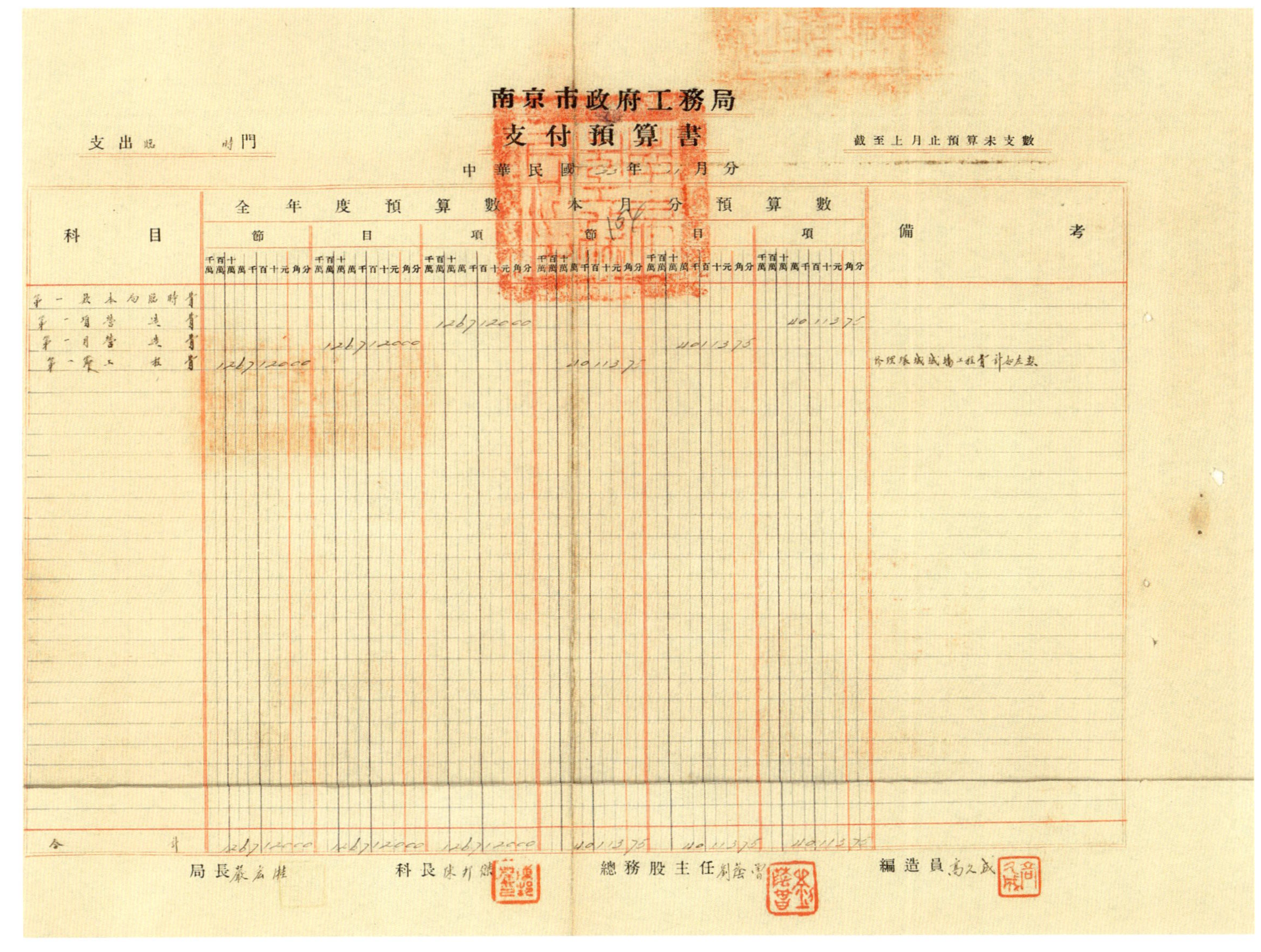

南京市政府工務局
支付預算書

支出臨時門

中華民國[illegible]年[illegible]月分

截至上月止預算未支數

科目	全年度預算數 節	全年度預算數 目	全年度預算數 項	本月分預算數 節	本月分預算數 目	本月分預算數 項	備考
第一款 本局臨時費							
第一項 營造費			126712000			4011375	
第一目 營造費		126712000			4011375		
第一節 工程費	126712000			4011375			修理[illegible]城城牆工程費計如左數
合計	126712000	126712000	126712000	4011375	4011375	4011375	

千萬、百萬、十萬、萬、千、百、十、元、角、分

局長 蔡[illegible]

科長 陳[illegible]

總務股主任 劉[illegible]

編造員 高[illegible]

（十）市政府为具领修理城墙工款致市工务局的指令及饬拨修理城墙工款致市财政局的训令（一九三四年十二月八日）

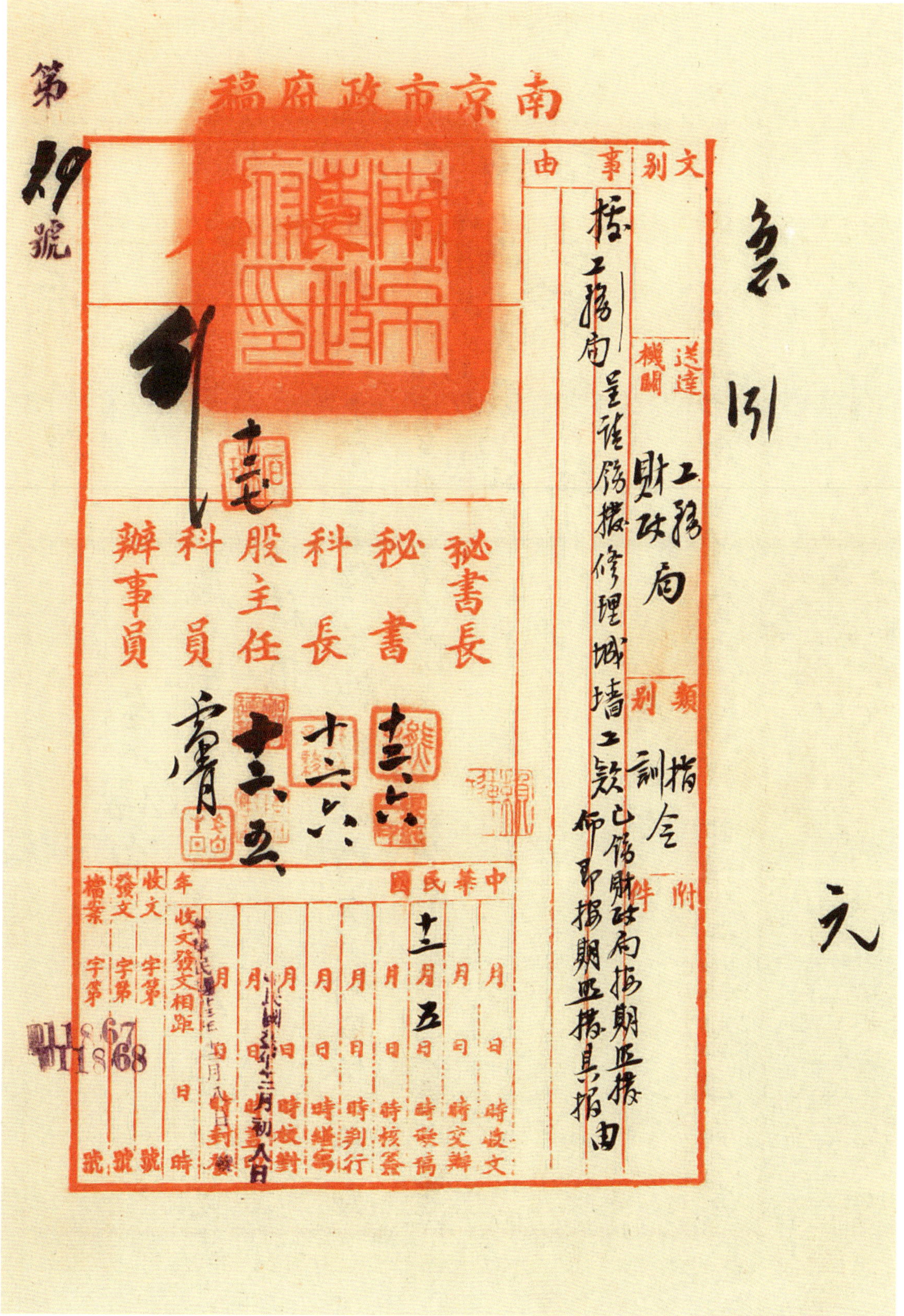

指令第　　號

令工務局

呈一件，爲呈送修理城墻工程支付預算書祈核撥由

呈件均悉。業經令飭財政局按期照撥，仰即前往具領應用。事竣呈請驗收，並遵章造報銷收支各款清冊件存查。此令。

訓令第　　號

令財政局

案據工務局呈請飭撥修理城墻工款銀四萬八零

合同條文
附卷照抄

壹百壹十三元七角五分，以資應付等情，并附支付
預算到府，查此項工程，及所需用款，均經本府
核定，應准按期照撥，除指令外，合行檢發原預
算二份，并抄發合同第十九條條文一紙，令仰該
局分別存轉，并照合同第十九條按期撥付具報，
此令。
計檢發預算二份　抄發合同第十九條條文一紙

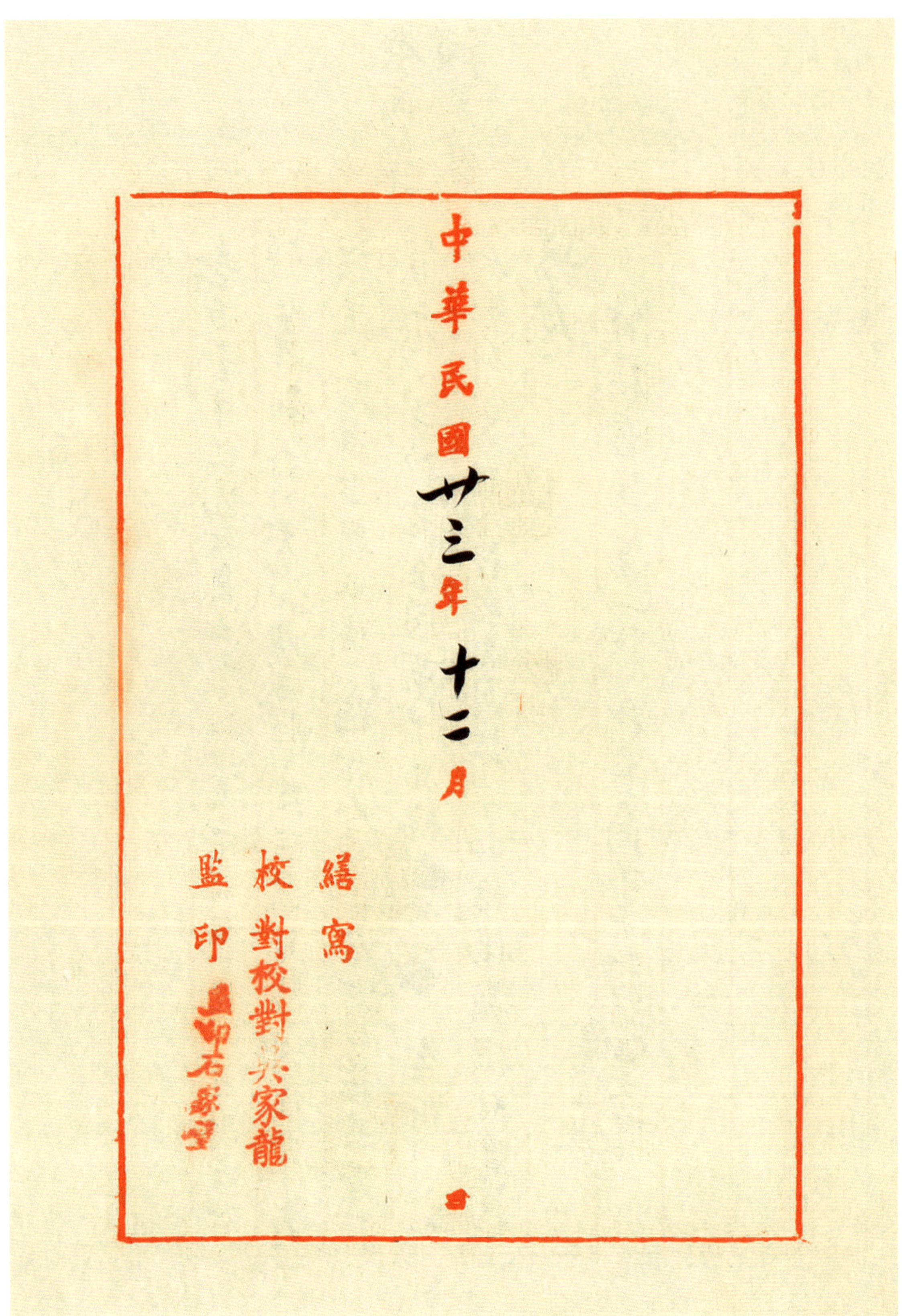

中華民國廿三年十二月

繕寫

校對　校對吳家龍

監印　監印石家[illegible]

（十一）國民政府軍事委員會爲據呈修理環城城墻已興工致南京市市長石瑛的指令（一九三四年十二月八日）

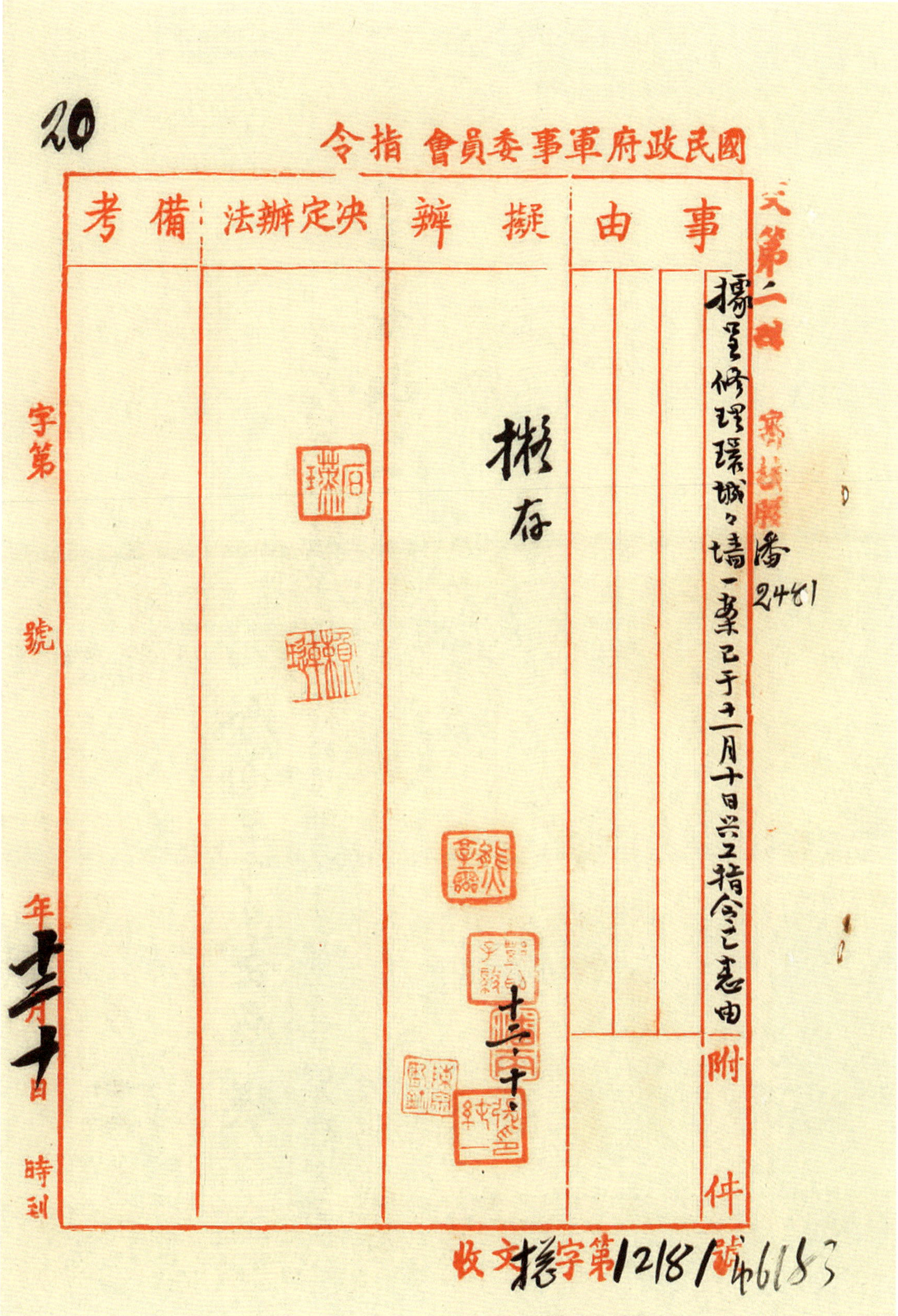

20

國民政府軍事委員會指令

事由	擬辦	決定辦法	備考
據呈修理環城々墻一案已于十一月十日興工指令已悉由	擬存		

附件

字第　號

十二月十日　時到

收文 搖字第12181號

國民政府軍事委員會指令

戰字第~~4428~~ 4428號

令南京市市長石瑛

呈一件為據工務局呈報遵令修理環城城墻已于十一月十日興工請鑒核備查由

呈悉此令

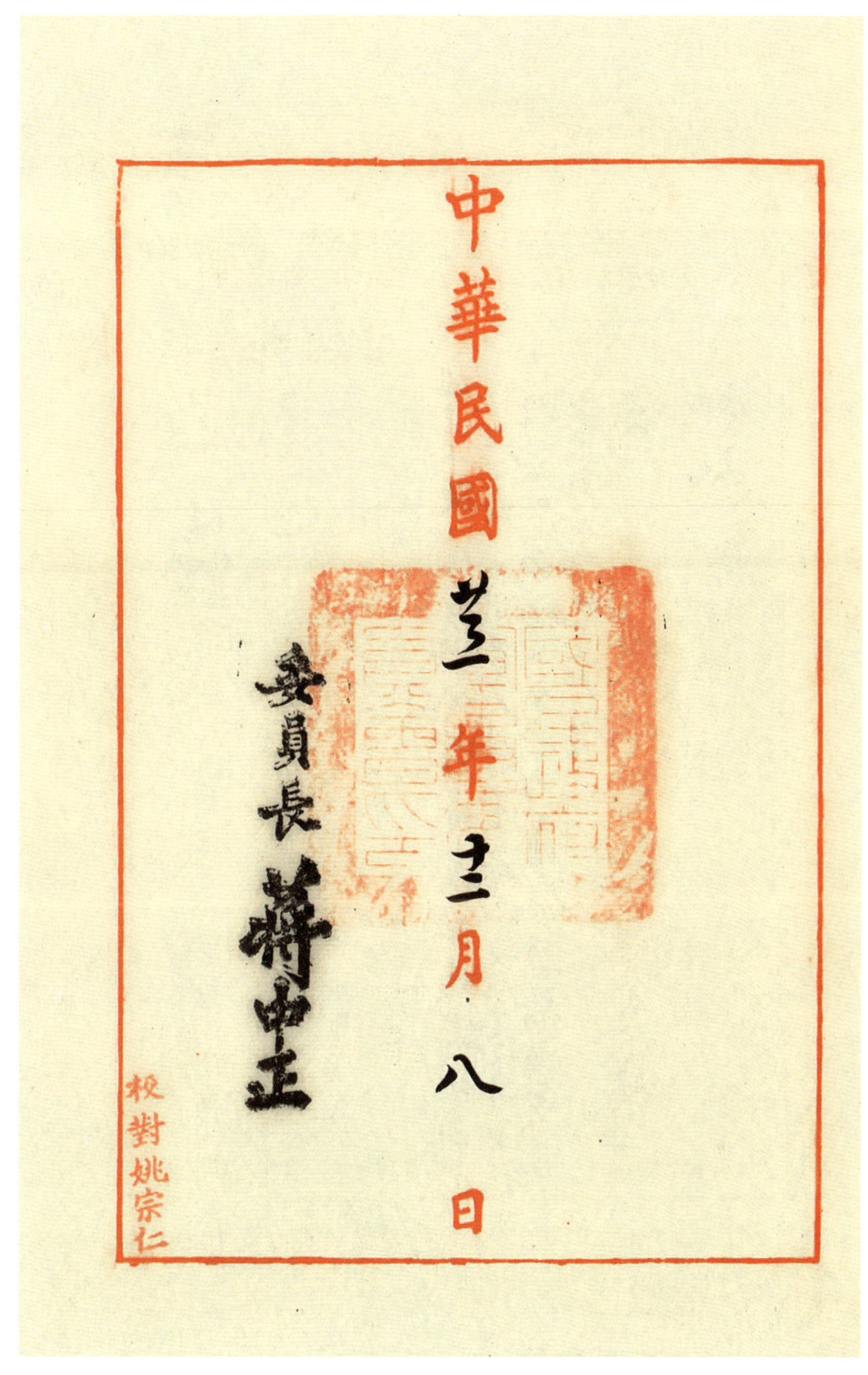

中華民國廿三年十二月八日

委員長蔣中正

校對姚宗仁

（十二）市工務局爲造送填塞城墻所需工款支付預算書祈核撥致市政府的呈文（附件：填塞城墻所需工款支付預算書）

（一九三五年四月二十二日）

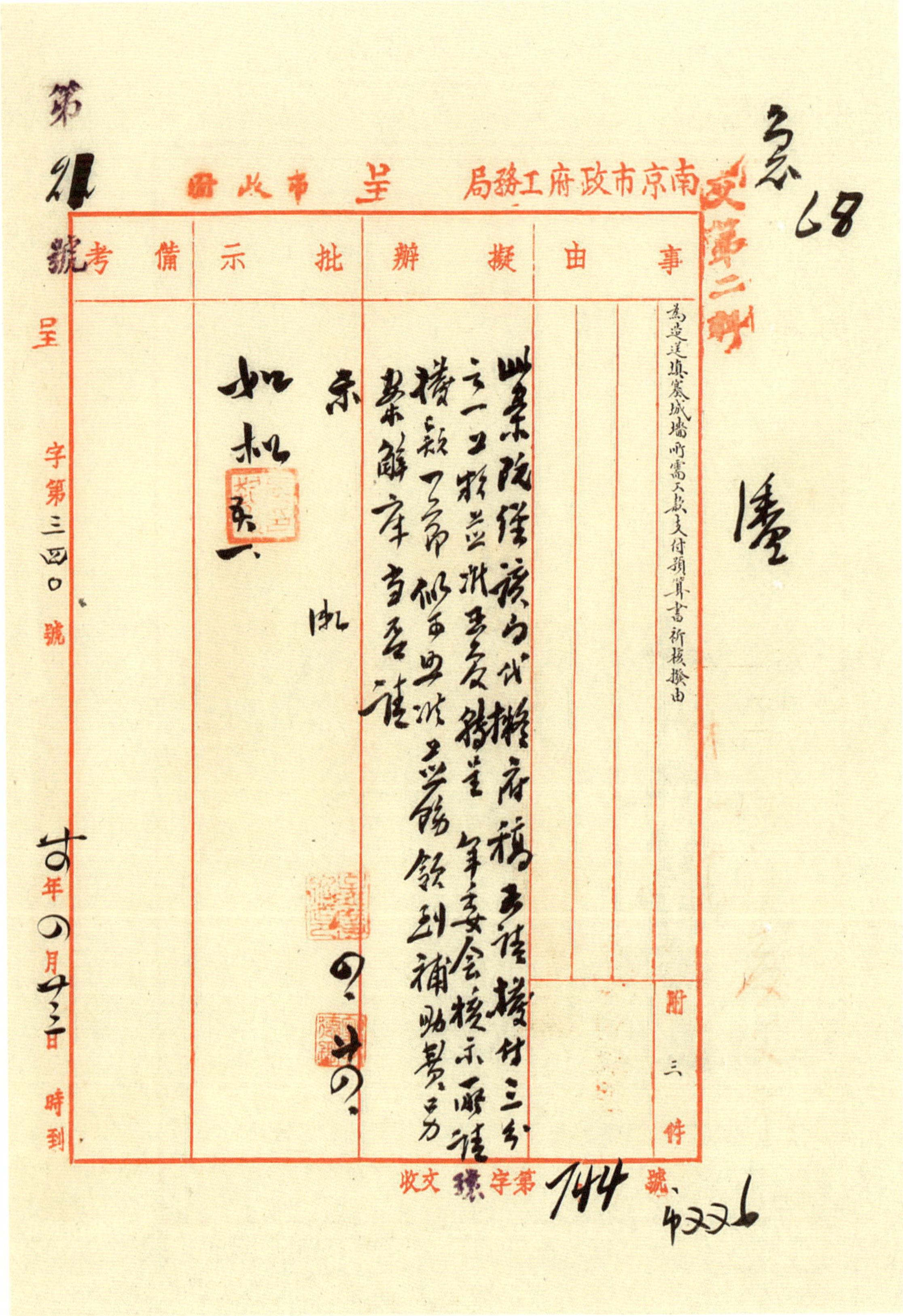

案查接管卷內，關於填塞本京城牆工程，計需銀叁千壹百伍拾元，曾經呈奉
鈞府府急字第一零四五八號容令照准。所有 軍政部應補助之三分之一工款，計銀
壹千零伍拾元，已由局編具真式預算，代辦府稿，函請 軍政部查照核撥。並准 軍
政部會計長辦公處函復，已轉呈
軍事委員會核示各在案。茲查此項工程，現已工竣，所需工款，亟應照數請領，以資
應付。理合造具支付預算書三份，具文呈請，仰祈
鑒核，俯賜飭撥。至軍政部應補助三分之一工款，擬俟會同驗收後，再行由局代辦府稿
派員前往具領，合併陳明。

謹呈

市長 馬

計呈送支付預算書三份

工務局局長米布尚

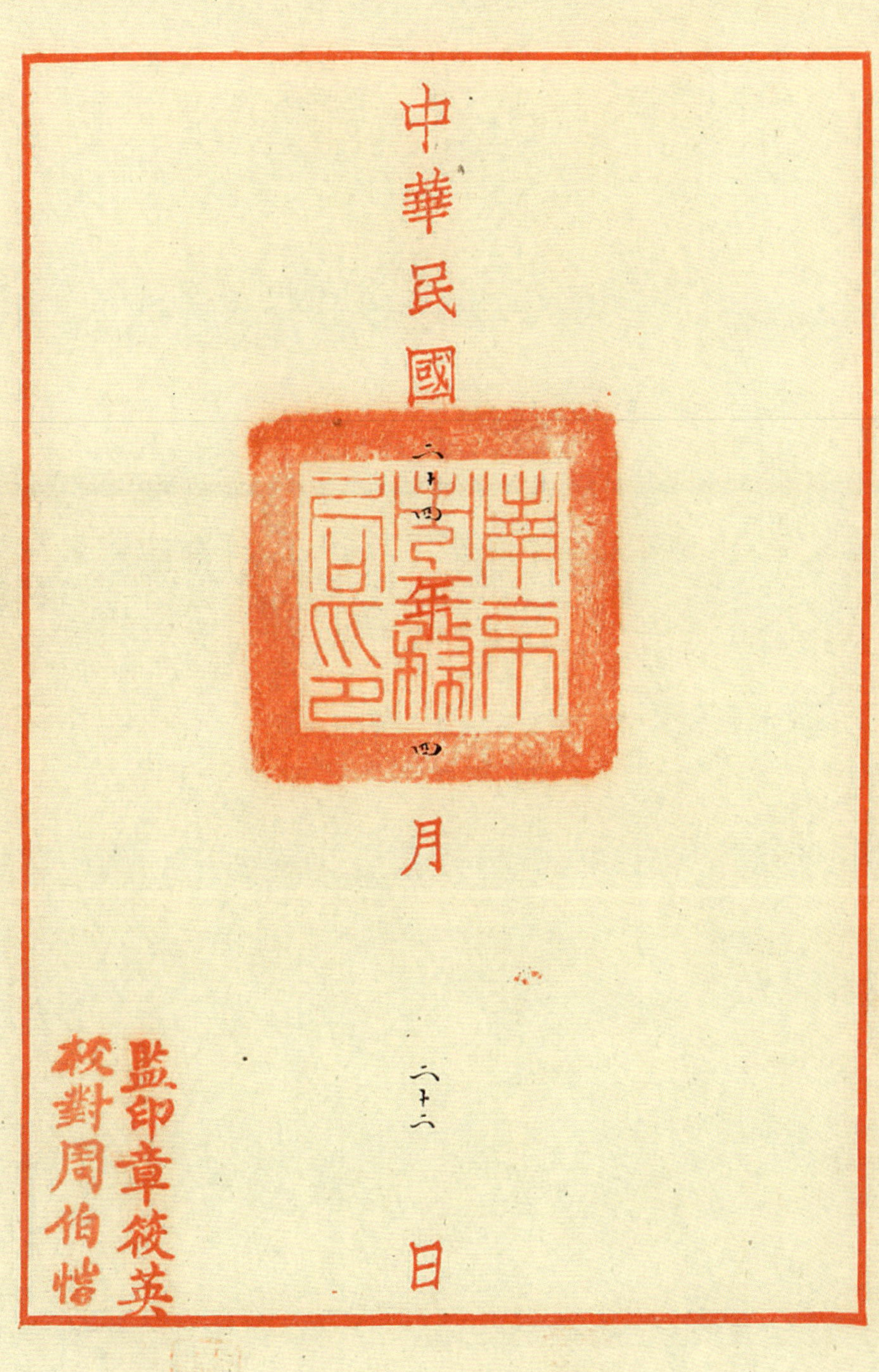

中華民國二十四

四月

二十八日

監印章筱英

校對周伯愷

南京市政府工務局
支付預算書

支出臨時門

中華民國二十年四月分

截至上月止預算未支數

科目	全年度預算數 節	全年度預算數 目	全年度預算數 項	本月分預算數 節	本月分預算數 目	本月分預算數 項	備考
	千萬 百萬 十萬 萬 千 百 十 元 角 分	千萬 百萬 十萬 萬 千 百 十 元 角 分	千萬 百萬 十萬 萬 千 百 十 元 角 分	千萬 百萬 十萬 萬 千 百 十 元 角 分	千萬 百萬 十萬 萬 千 百 十 元 角 分	千萬 百萬 十萬 萬 千 百 十 元 角 分	
第一款 本局臨時費							
第一項 營造費			126712000			315000	
第一目 營造費		126712000			315000		
第一節 工程費	126712000			315000			填窖城墻工程費計如上數
合計	126712000	126712000	126712000	315000	315000	315000	

局長 宋希尚

科長 林鴻賚

總務股主任 林鴻賚

編造員 高久成

（十三）市政府爲具領填塞城墻工款致市工務局的指令及飭撥填塞城墻工款致市財政局的訓令（一九三五年五月七日）

急

第[illegible]號

南京市政府

文別	68
送達機關	工務局 財政局
類別	指令 訓令
事由	據工務局呈請飭撥填塞城墻工款應用等情。已飭財政局籌撥，仰即籌撥具報由。
附件	

秘書長　秘書　科長　股主任　科員　辦事員

五、三　五、三　五、三

中華民國　年
收文 五月二日
擬稿 五月三日
收文發文相距　日　時
中華民國廿四年五月初七日
收文字第 00938 號
發文字第 00939 號
檔案字第　號

宋

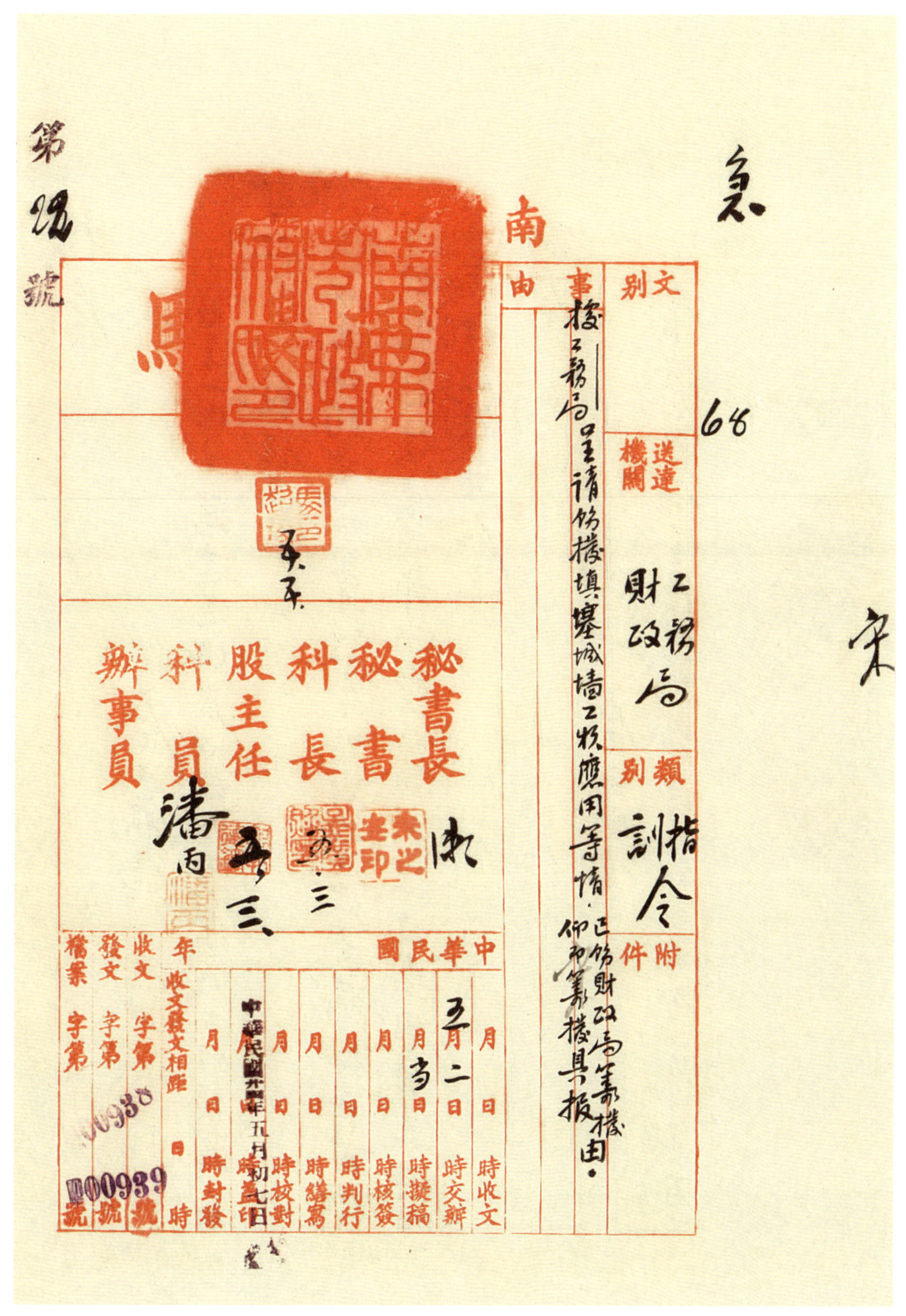

指令

令工務局

呈一件，爲造送填塞城墻所需工料支付預算，祈

核撥由

呈件均悉。案經令飭財政局籌撥，仰即前往

具領轉給。俟軍政部補助工料領到後，歸案解庫，并具報

備查。件存轉。此令。

訓令

令財政局

案據工務局呈請飭撥填塞城墻工料銀叁千壹百

伍拾元應用等情，附呈支付預算到府，據此，查此項工程，
前准軍政部函請本府办理，并允補助三分之一用費，茲據呈報
工程業已完竣，所需工款，自應准予照撥，除指令：「呈件均
悉，照前指撥函，此令。」印發外，合行檢發原預算二份，令仰該
局分別存轉并籌撥具報，此令。
檢發預算二份

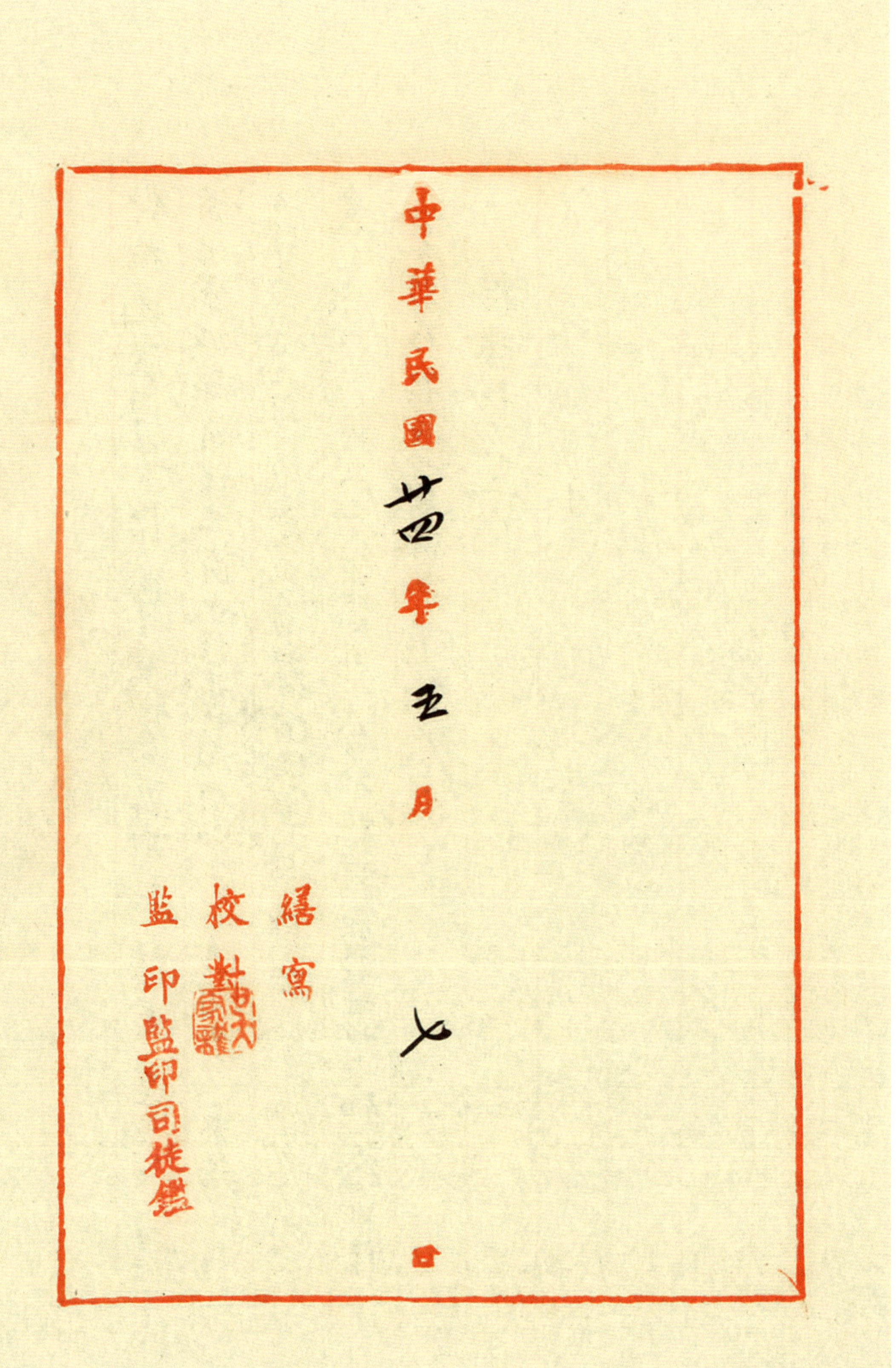

中華民國廿四年五月七日

繕寫

校對

監印　監印司徒鑑

（十四）市工務局爲修理環城城墻及填塞城墻工程完竣祈核派員會同驗收致市政府的呈文（附件：修理環城城墻工程决算書）

（一九三五年四月二十日）

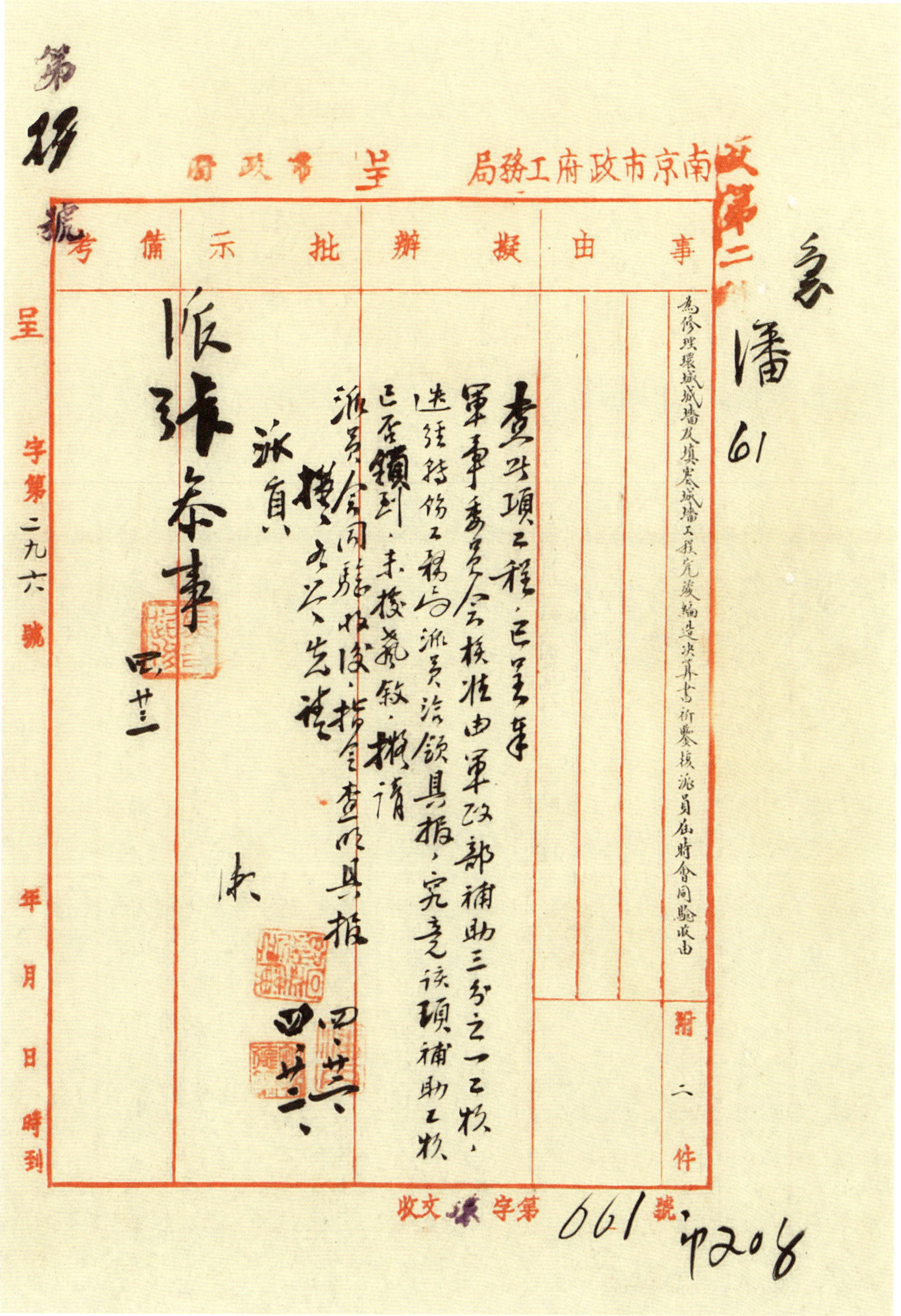

第 移 號

南京市政府工務局　呈　市政府

政第二

參

潘

61

事由	擬辦	批示	備考
爲修理環城城墻及填塞城墻工程完竣編造决算書祈鑒核派員屆時會同驗收由	查此項工程，已呈奉軍事委員會核准由軍政部補助三分之一工程，迭經轉飭工務局派員洽領具報，究竟該項補助工程已否領到，未據呈敘，擬請派員會同驗收後，指令查明具報	派張參事 四、廿三	

附 二件

派員 擬呈 先生核

來

四、廿二

呈 字第二九六號　年　月　日　時到

收文 字第 661 號 中208

查接管卷內修理環城城墻工程，經嚴前局長指由尹祥記承包，並與簽訂合同，呈奉

鈞府第一一二八一號指令核准。填塞城墻工程，亦經嚴前局長以易于管理，統交原包工承辦，後呈奉

府急字第一零四五八號密令興工各在案。茲查該項工程，業已全部完竣，計共實支工款肆萬叁千貳百壹拾叁元零玖分，較原訂合同總價，及增加填塞城墻工款肆萬叁千貳百陸拾叁元柒角伍分，減少洋伍拾元零陸角陸分，俟驗收完畢，再將餘款解庫，茲定于本月二十六日上午九時在本局集齊前往會同驗收，除由

鈞府另文呈請

軍事委員會派員外，理合編造決算書，呈請

鑒核俯賜派員屆時蒞臨前往會驗，以昭實在。

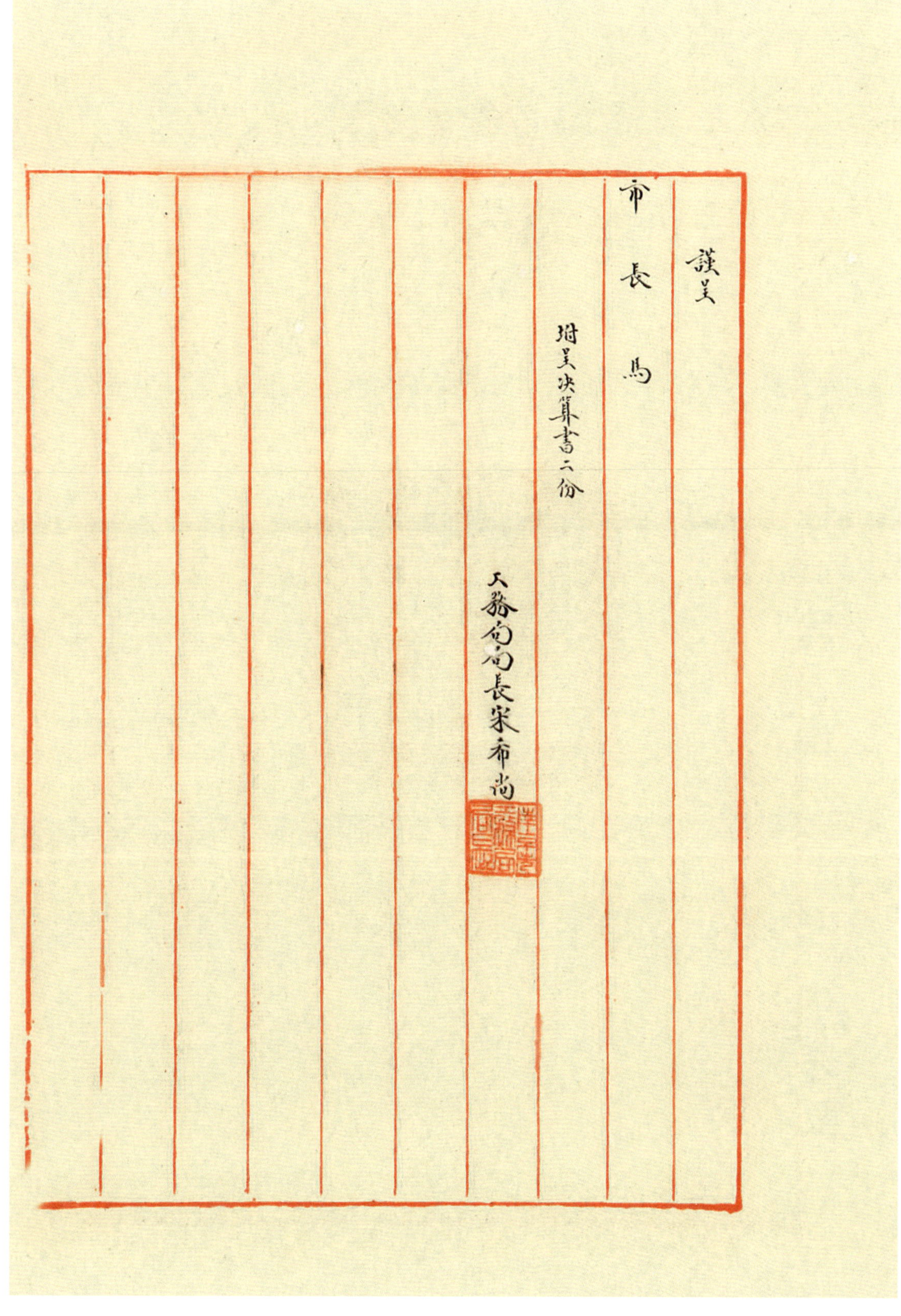

謹呈

市長馬

附呈決算書二份

工務局局長宋希尚

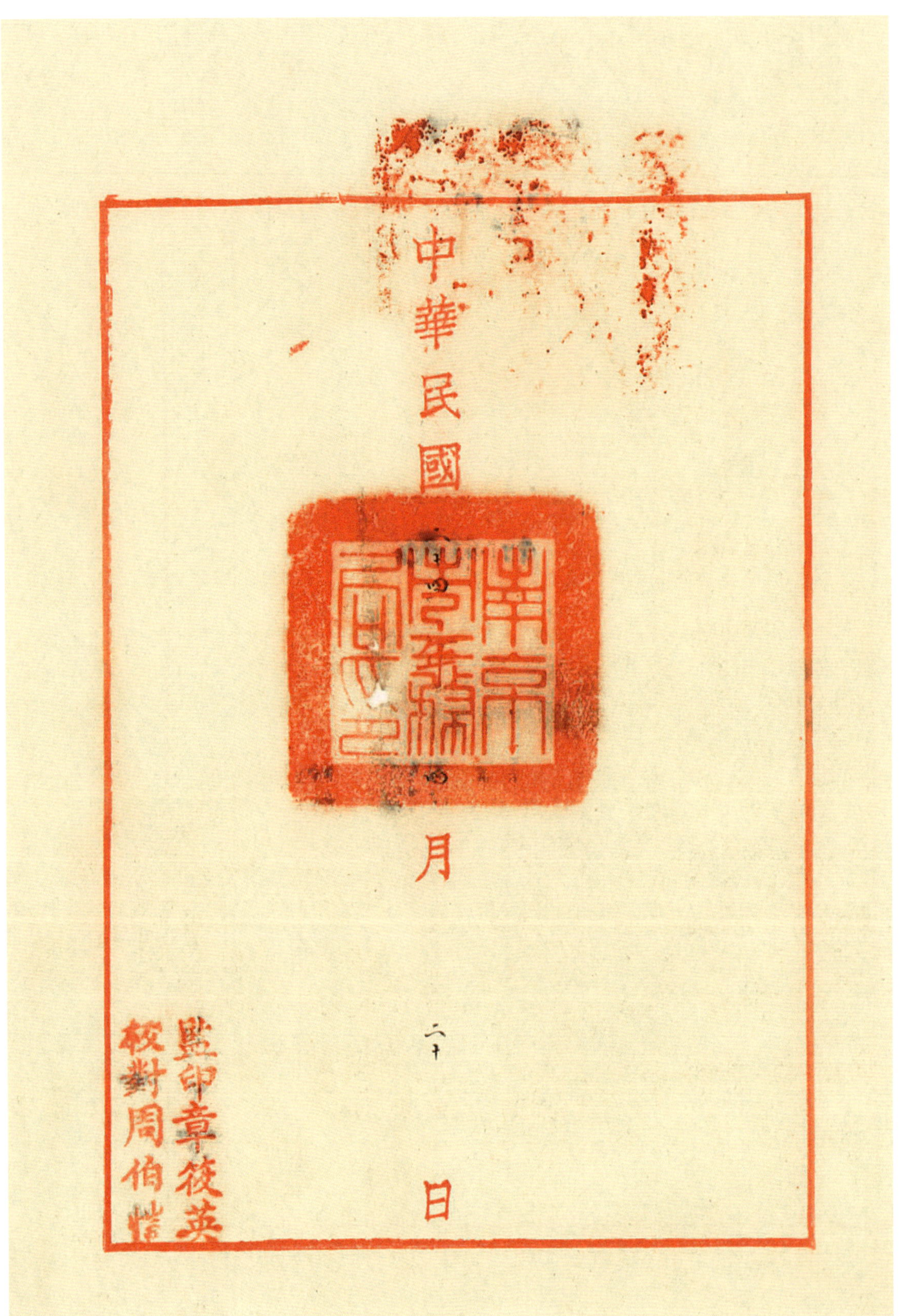

中華民國　　年　　月　二十　日

監印章筱英
校對周伯愷

南京市工務局

修理環城城牆 工程決算書

（共 1 頁）

字第　號　　　　　　　　　　　　第 1 頁

合同號數	196號	規定限期	120 天
承包人	尹祥記	雨雪冰凍	11 天
開工日期	23年11月10日	核准延期	天
全部分/一部分 工竣日期	24年3月11日	逾期日數	天

預算		決算	
~~原來預算或~~原合同所訂總價	40113.75元	承包人實做工程費額	43213.09元
第一次追加	3150.00元		
第二次追加			
共計	43263.75元	淨付承包人	43213.09元

附註

實做工程詳細表

	種類	形狀	單位	數量	單價（元）	總價（元）	備考
修理城牆	水西門至賽虹橋		立公	732.55	7.50	5494.125	收買城磚215524塊；收買〃49533〃
修理城牆	武定門至中華門		〃	165.62	7.50	1242.15	收買〃2000〃；收集〃14065〃
修理城牆	東水關至光華門		〃	425.07	7.50	3188.025	收集〃41232〃
修理城牆	太平門至富貴山		〃	225.00	7.50	1687.50	收買〃3000〃；收集〃18825〃
修理城牆	玄武門至台城		〃	274.60	7.50	2059.50	收買〃11298〃；收集〃15396〃
修理城牆	中央門至和平門		〃	52.50	7.50	393.75	收集〃5093〃
修理城牆	挹江門至興中門		〃	308.70	7.50	2315.25	收買〃27014〃；收集〃2930〃
修理城牆	清涼門		〃	30.50	7.50	228.75	收集〃2958〃
填土	清涼門		〃	3874	0.85	3292.90	
	城磚	收買及窰燒	塊	71278	0.15	10691.70	
	城磚	收集	〃	160992	0.07	11269.44	
	填塞城牆	獅子山15立公，儀鳳門30立公，中華門兩邊新75立公，通濟門[illegible]立公，[illegible]門30立公。	立公	180	7.50	1350.00	窰燒城磚65000塊；收集〃10960〃
						43213.09元	

附註：每立公実用城磚97塊

24年4月15日　　計算　　主任　　科長　技正　　局長

准予驗收
淵

簽呈第208號

二十四年五月三日

案由
詳原呈

簽擬辦法

案奉
鈞長交下土務局呈為修理環城城墻及填塞城墻工程完竣編造決算祈鑒
核派員屆時會同驗收由案，批「派張參事」等因，奉此遵於四月十六日會
同軍事委員會代表張羽、工務局技士陳鴻鼎等前往環城各處，詳行勘驗，
驗得該項修理城墻及填塞城墻工程，尚合規定，決算書所開共用工款
洋肆萬叁千貳百拾叁元零九分，亦屬核實，似可予以驗收，除軍事委
員會方面由張代表羽自行呈報外，理合檢同原呈，簽請
鑒核，謹呈
市長馬

附繳原呈一件（原附件一份，係已交軍委會）

參事
張劍鳴謹簽

市389

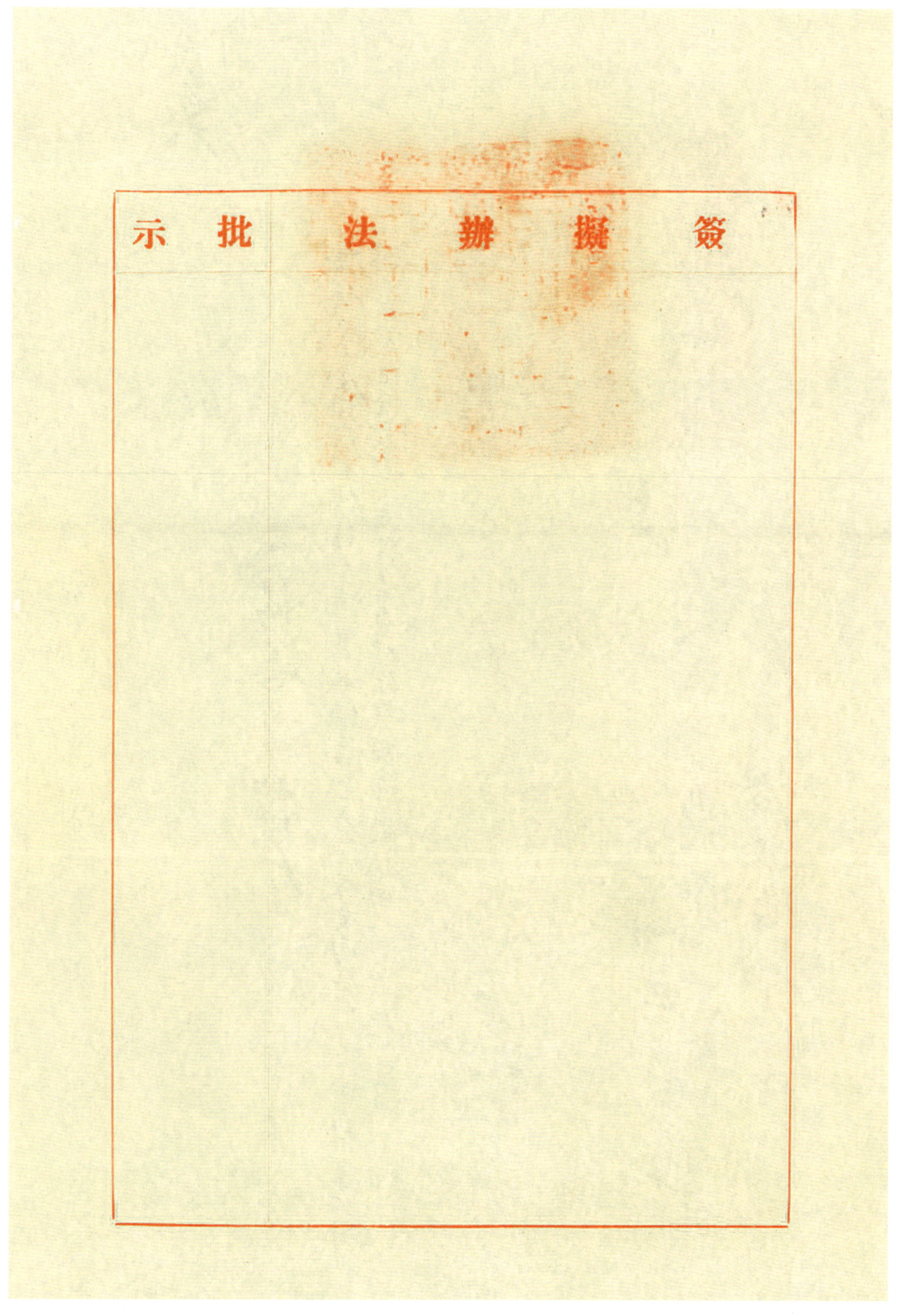

簽擬辦法	批示

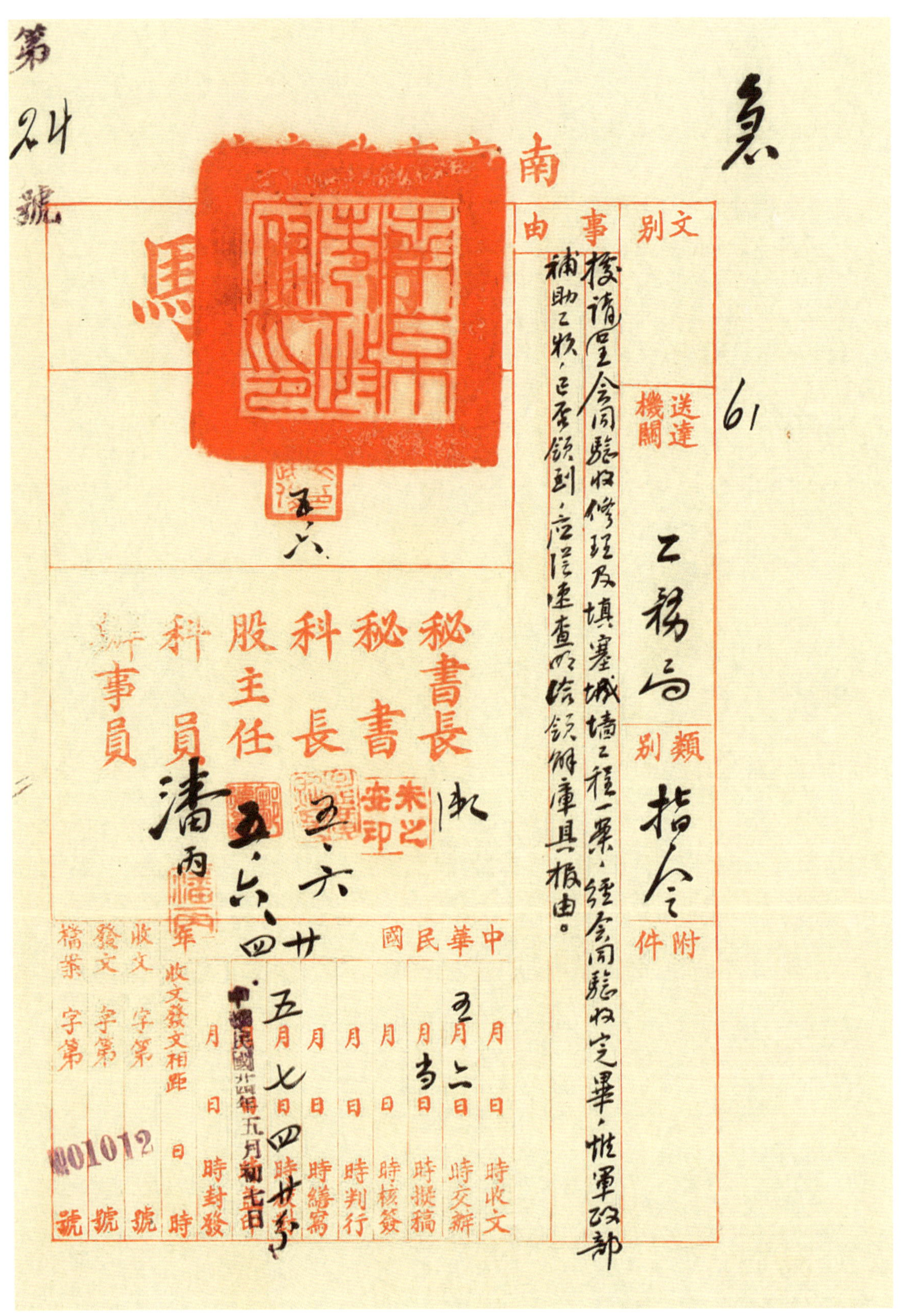

第24號

急

南京市政府[illegible]

文別	指令
送達機關	工務局
類別	
附件	

事由：據請呈會同驗收修理及填塞城墻工程一案，經會同驗收完畢，惟軍政部補助工款，已否領到，應從速查明洽領解庫具報由。

61

秘書長 批

秘書 五、六

科長 五、六

股主任 五、六、四

科員 濤 丙

辦事員

中華民國 年 月 日

收文 月 日 時

交辦 五月六日 時

擬稿 月 二十五日 時

核發 月 日 時

判行 月 日 時

繕寫 月 日 時

校對 五月七日四時廿五分

封發 中華民國廿四年五月初七日

收文發文相距 日 時

收文 字第 號

發文 字第 號

檔案 字第 號

001012

指令

令工務局

呈一件。為修理環城城墻及填塞城墻工程完竣，編造決算書，祈鑒核派員會同驗收由。

呈件均悉。案經派員會同驗收畢完，准予備案。惟查此項工程，曾經先後本府呈准由軍政部補助工款三分之一，并准軍政部屋頒字第一五四三號函知照辦。當將原函抄發該局洽領具報各在案。迄未據報。仰即查明，從速派員洽領，連同餘款，掃數具報。件存。此令。

佩韋

中華民國二十四年五月七日

繕寫 曹奇

校對 校對張日

監印 監印司徒鎰

（十六）國民政府軍事委員會爲轉飭南京警備司令部派員驗收城墻工程致南京市市長馬超俊的指令及南京警備司令部準予驗收致市政府的公函（一九三五年五月十日至五月十三日）

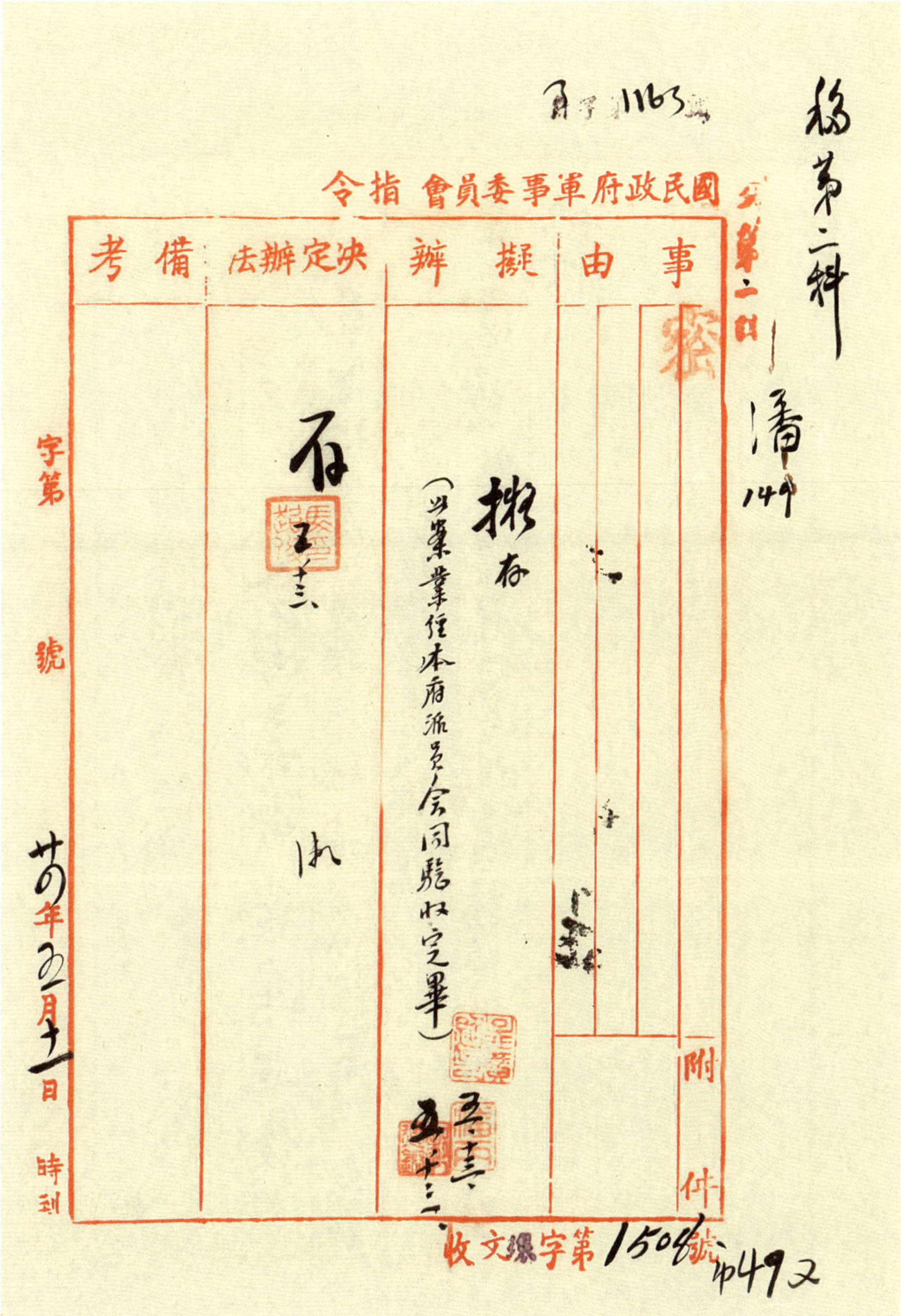

國民政府軍事委員會指令

高一字第0260號

令南京市市長馬超俊

呈壹件為修理環城城牆及填塞城牆工程完竣祈

鑒核派員會同驗收由

呈悉。除轉飭警備司令部派員驗收外，仰即知照。

此令

中華民國二十四年三月十日

委員長蔣中正

南京警備司令部公函

交第二科

潘

154

事由	擬辦	決定辦法	備考
為貴府修理本京城牆各缺口及填塞廢工事奉軍事委員會令准驗收轉請查照由 附件	此案工程，業經本府派員會同軍委會代表驗收，尚無不合，並指令在案，此件擬存。五.十四 洵	如擬 五，十四	

字第　號

卅四年五月十三日到時

收文稽字第1599號

南515

南京警備司令部公函

副字第1604號

查
貴府修理本京城牆各缺口及填塞廢工事，前奉
軍事委員會令，飭本部派員驗收，當經遵辦並將驗收
結果情形及決算書呈報鑒核在案；茲奉
軍事委員會本月十日高一字第二六零號指令開：
「呈件均悉，准予驗收，仰即轉知市府可也，
此令。附件存」
等因奉此，相應轉達，希煩

查照為荷！此致

南京市政府

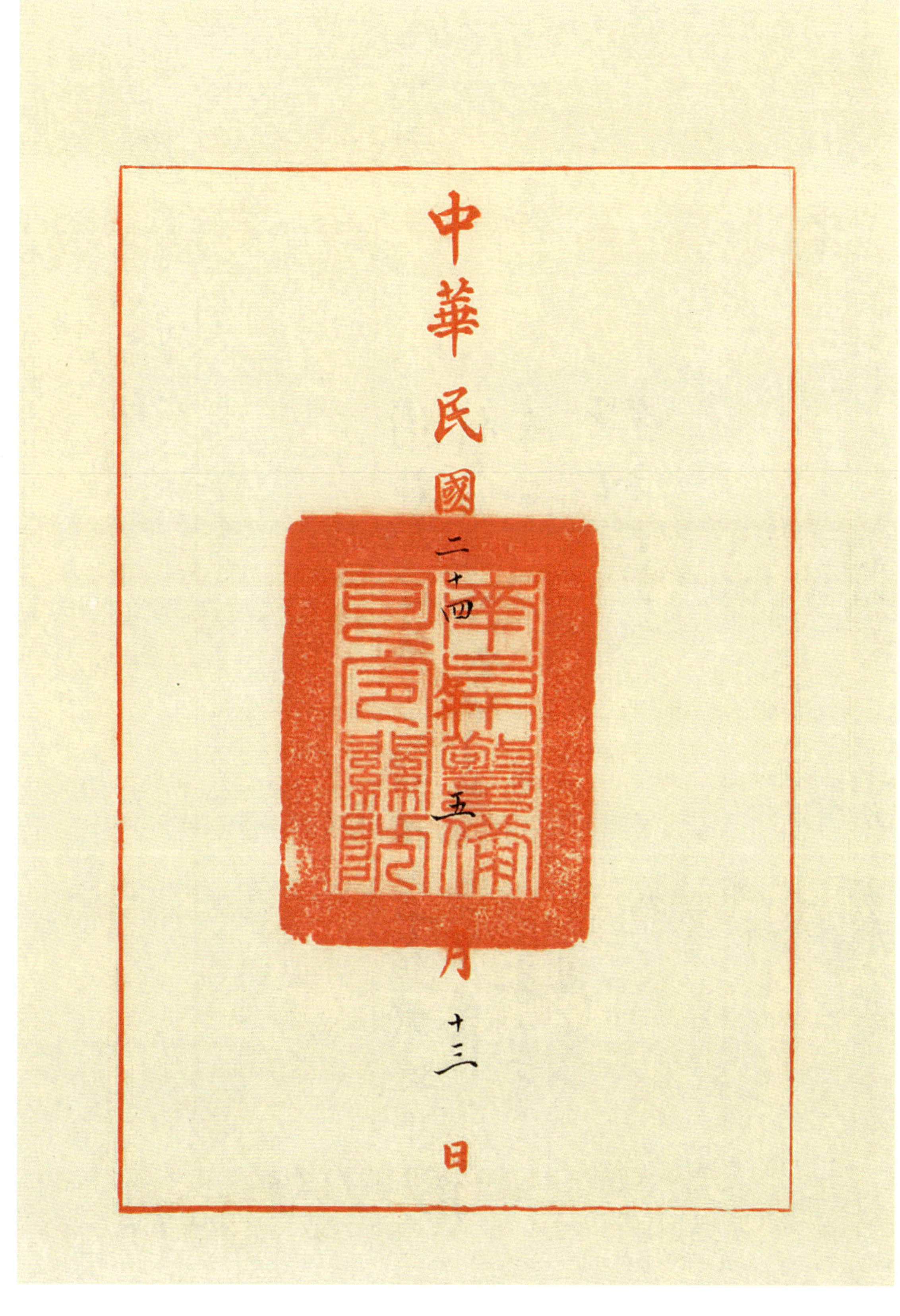

中華民國二十四年五月十三日

南京市政府工務局 呈

次 潘 151

第85號

事由	擬辦	批示	備考
為呈復修理城墻等工程向軍政部請領補助費情形祈鑒核由	擬指令俟填塞城墻補助費領到連同修秋湖庫後呈報備查。當否請示 五、十三 五、十三	如擬 馬超俊 五、十三 閱	

附件

呈 字第八九七號

廿四年五月十一日 時到

收文 環字第1559號 中491

案奉

鈞府本年五月八日第一零一二號指令，本局呈一件，爲修理環城城墻，及填塞城墻工程，業已工竣，祈派員會同驗收由。内開：

「呈件均悉，案經派員會同驗收完畢，准予備案。惟查此項工程，曾經本府呈准由軍政部補助工款三分之一，并准軍政部先後函知照辦。當將原函統交該局洽領具報各在案，迄未據報，仰即查明從速派員洽領，連同餘款撥數解庫具報。」又奉

鈞府交下軍政部會（預）字第二八五八號咨一件，爲填塞城墻工程補助費支付預算書，茲經審核完竣，應列轉預算洋壹千零伍拾元，並附還原預算及審核表，請查照由。奉

批「交局」各等因。奉此，遵查此項工程，原分兩部進行，計修理城墻工程包價銀肆萬零壹百壹拾叁元柒角伍分，所有軍政部應補助之三分之一工款，計銀壹萬叁千叁百柒拾壹元貳角伍分，已由嚴前局長派員向部如數領到，並於三月二十八日呈案解庫核收。至填塞城墻工程，計包價銀叁千壹百伍拾元，其軍政部應補助三分之一工款，計銀壹千零伍拾元，前經本局造具直式預算，代辦府稿，並送軍政部查照核撥各在案。

茲查奉交軍政部密咨，對於此項補助費業經審核完竣，應准列轉，自應由局代辦府稿，填單派員赴部具領，一俟將款領到，再行連同餘款一併解庫，以清款目。茲奉前因，理合將遵辦情形，先行具文呈復，仰祈

鑒核。再奉交軍政部密咨等件，已附入代辦領款府稿內，合併陳明。

謹呈

市長馬

工務局局長宋希尚

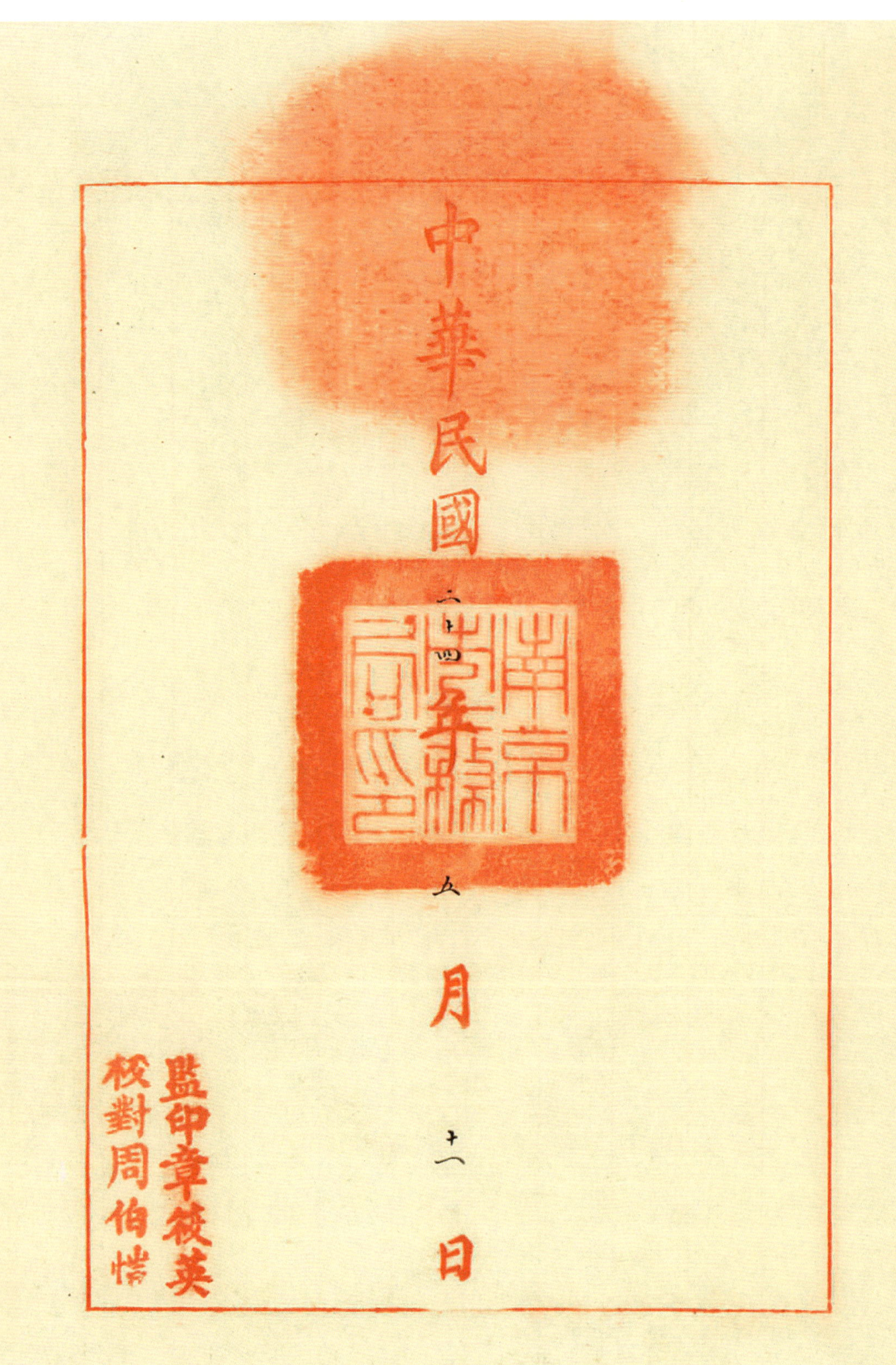

中華民國二十四年五月十一日

監印章筱英

校對周伯惜

修理中山門城墻

（一）軍政部爲修理中山門一帶城垣已派員驗收并請派員具領補助工款致市政府的公函（一九三六年七月二日）

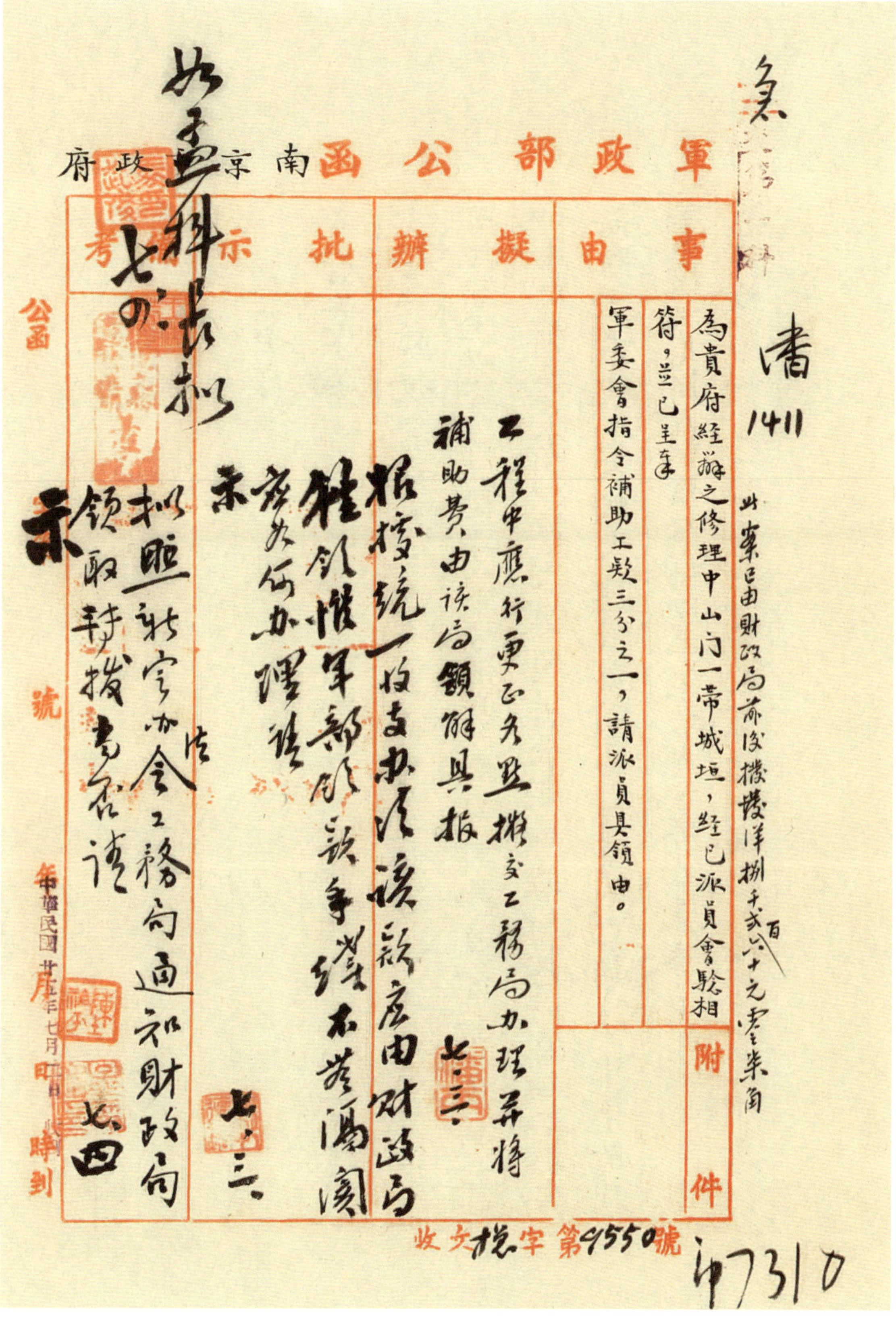

軍政部公函

南京市政府

事由：為貴府經辦之修理中山門一帶城垣，經已派員會驗相符，並已呈奉軍委會指令補助工款三分之一，請派員具領由。

擬辦

批示

備考

附件

收文 字第4550號

軍政部公函

(丁)字第2227號

案查前准

貴府工字第四六八號密函請派員驗收修理中山門一帶城垣工程並請撥發補助三分之一工款計列洋弍千七百五十三元五角六分，以資歸墊等由，准此。經飭司派員會驗，據轉報除和平门新裝木门鉄闩應須增長並加鉄釘圈一个由工務局轉飭更正外，其餘大致核与圖单相符，已議决准予驗收等情，至所請撥發補助工款一節，亦已呈奉

軍事委員會執一字第一九零五號指令照發，相應函達即請

查照派員携據具領爲荷。此致

南京市政府

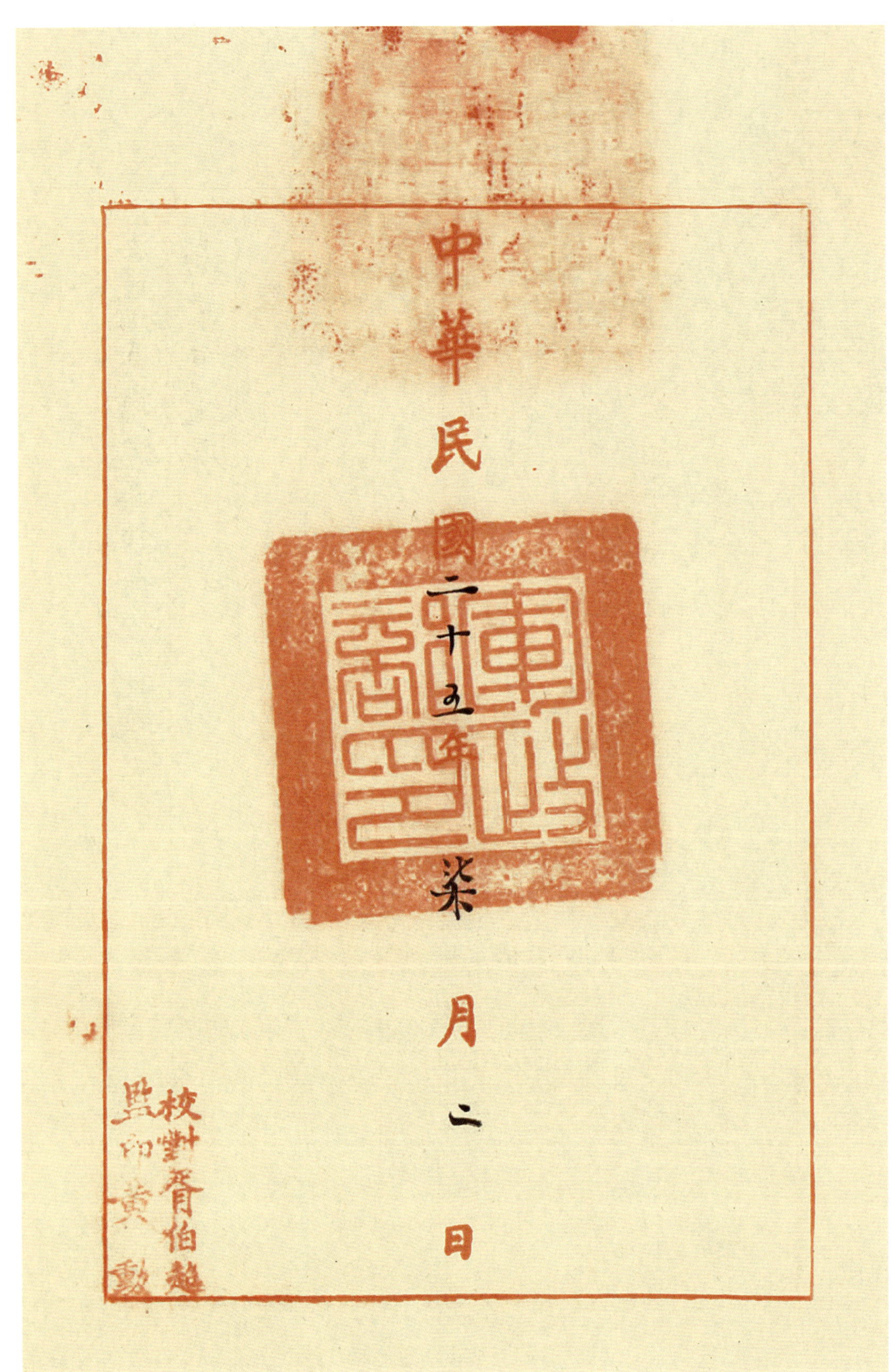

中華民國二十五年柒月二日

校對胥伯趙

監印黃勳

（二一）市政府爲請派員領取修理中山門城墻軍政部補助費致市工務局的訓令（一九三六年七月七日）

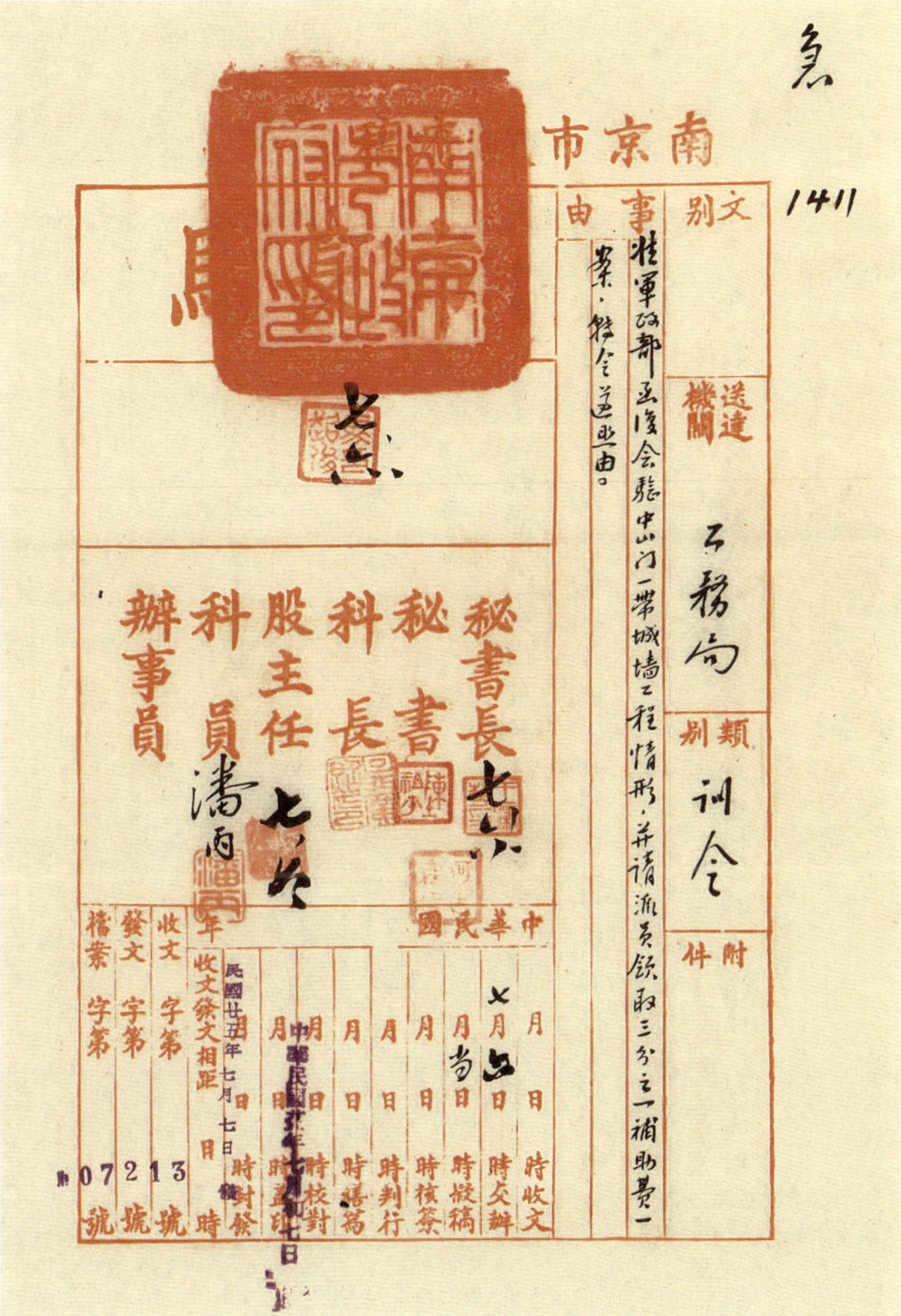

急

1411

南京市政府

文別：訓令

送達機關：工務局

類別：訓令

附件：

事由：准軍政部函復會驗中山门一帶城墻工程情形，并請派員領取三分之一補助費一案，飭令遵照由。

秘書長

秘書

科長

股主任

科員 潘

辦事員

中華民國 年 月 日

收文 月 日 時

交辦 七月 六日 時

擬稿 月 日 時

核簽 月 日 時

判行 月 日 時

繕寫 月 日 時

校對 月 日 時

蓋印 月 日 時

封發 月 日 時

收文發文相距 日 時

民國廿五年七月七日

中華民國廿五年七月七日

收文 字第 號

發文 字第 07213 號

檔案 字第 號

訓令

令工務局

案准軍政部本年七月二日豐（丁）字第二二二七號函開：

「案查前准貴府工字第四六八號密函　照函抄至

具領爲荷」。

查此案工程連加賬併計共洋捌千貳百陸拾元零柒角，早經本府令飭財政局籌撥，并將工程驗收情形令飭該局遵照各在案。茲准前由，合行令仰該局遵照原函，應行更正各點工程，轉飭包商從速更正，并照統一收支辦法，轉函財政局

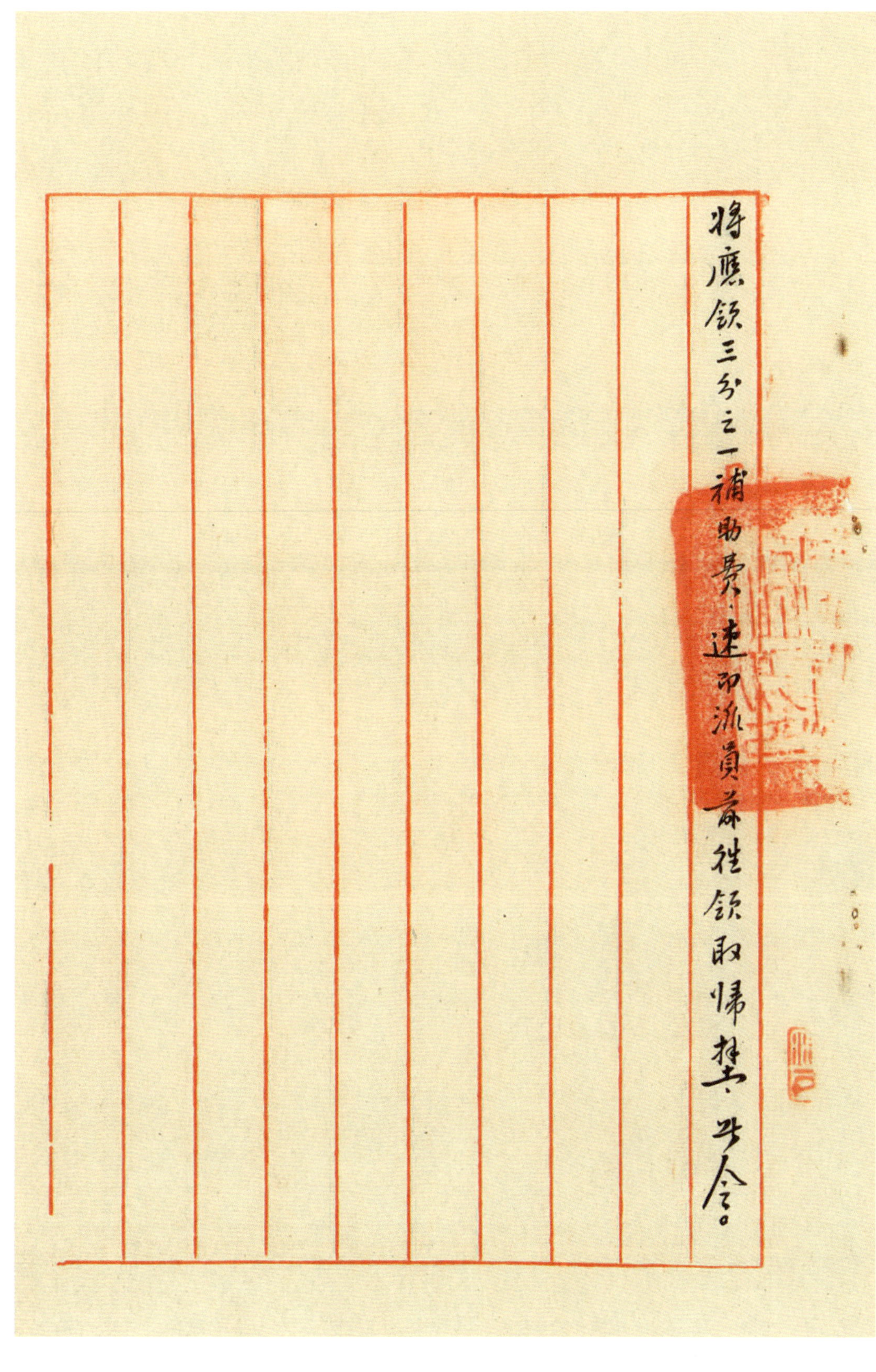

將應領三分之一補助費，迭印派員前往領取歸墊，為令。

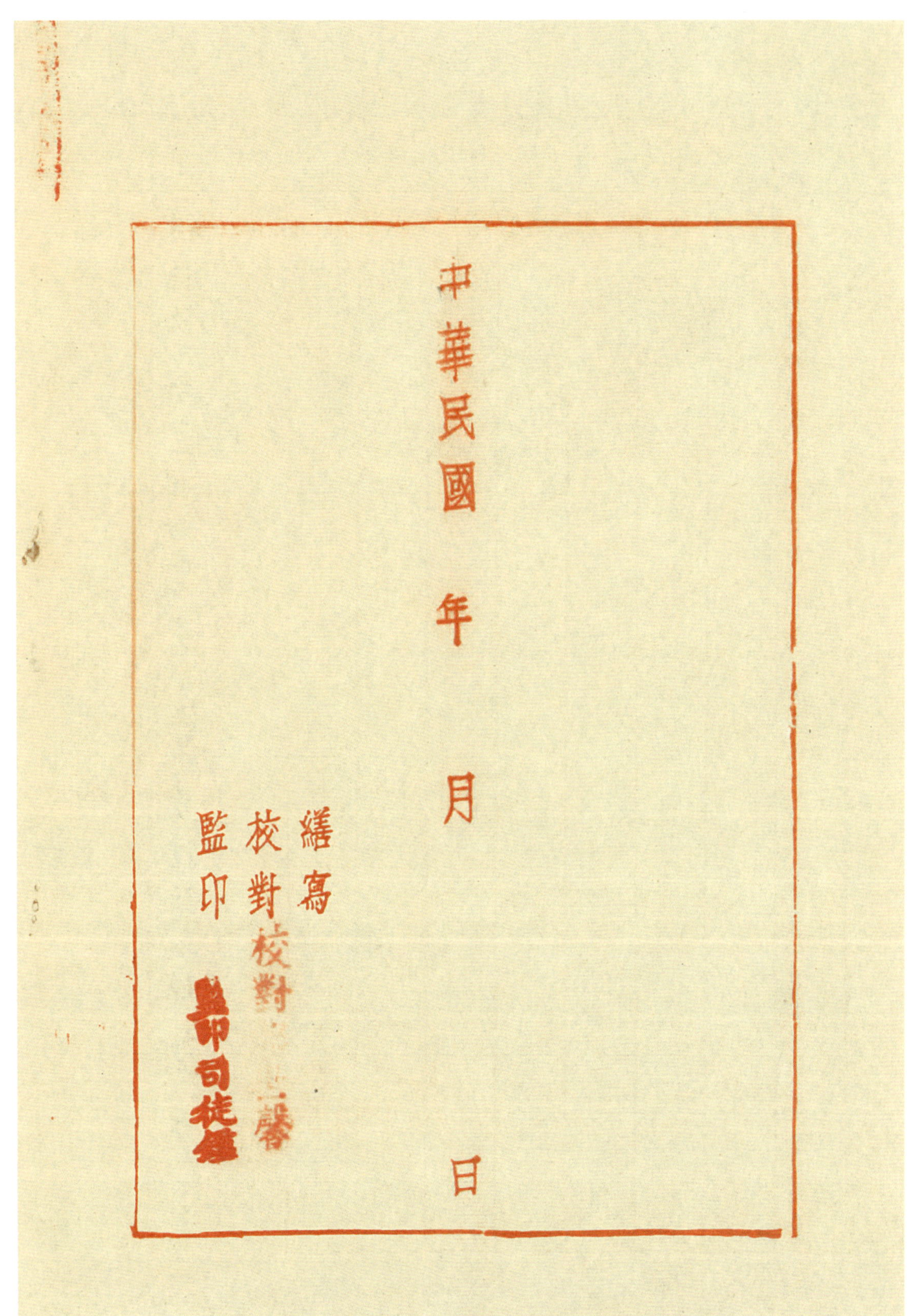

中華民國　年　月　日

繕寫

校對　校對[illegible][illegible]馨

監印　監印司徒[illegible]

（三）軍政部會計處爲修理中山門城墻補助費審核完竣致市政府的箋函（一九三六年七月二十一日）

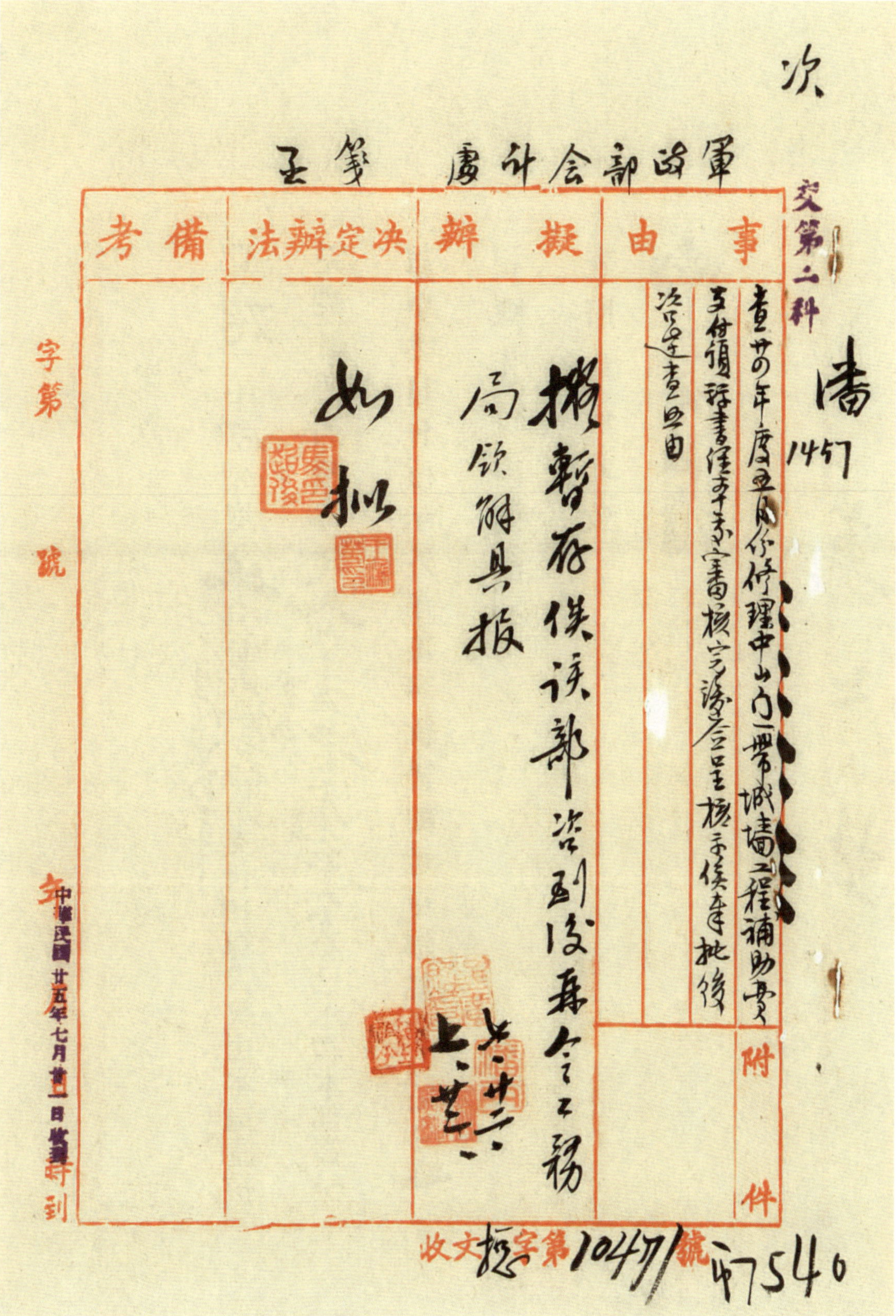
次

軍政部会計處箋函

交第二科

1457

事由	擬辦	決定辦法	備考
查廿四年度五月份修理中山門一帶城墻工程補助費支付領據書經本處審核完竣除呈核外俟奉批後咨送查照由	擬暫存俟該部咨到後再令工務局飭知具報	如擬	

附件

中華民國廿五年七月廿二日收到

收文 字第10471號

7540

軍政部會計處用箋

案查

貴府二十四年度五月分修理洪武門一帶城牆工程補助費支付預算書經由本處審核完竣計擬列預算洋弍仟柒百叁拾叁元叁分除已承辦本部簽呈軍事委員會核示外應俟奉批後即可承辦部文咨達相應先行函達即希查照爲荷此致

南京市政府

軍政部會計處啓

中華民國廿四年七月廿日

第 頁

（四）市工務局爲軍政部交來修理中山門城墻工程補助費已解庫致市政府的呈文（一九三六年九月二十二日）

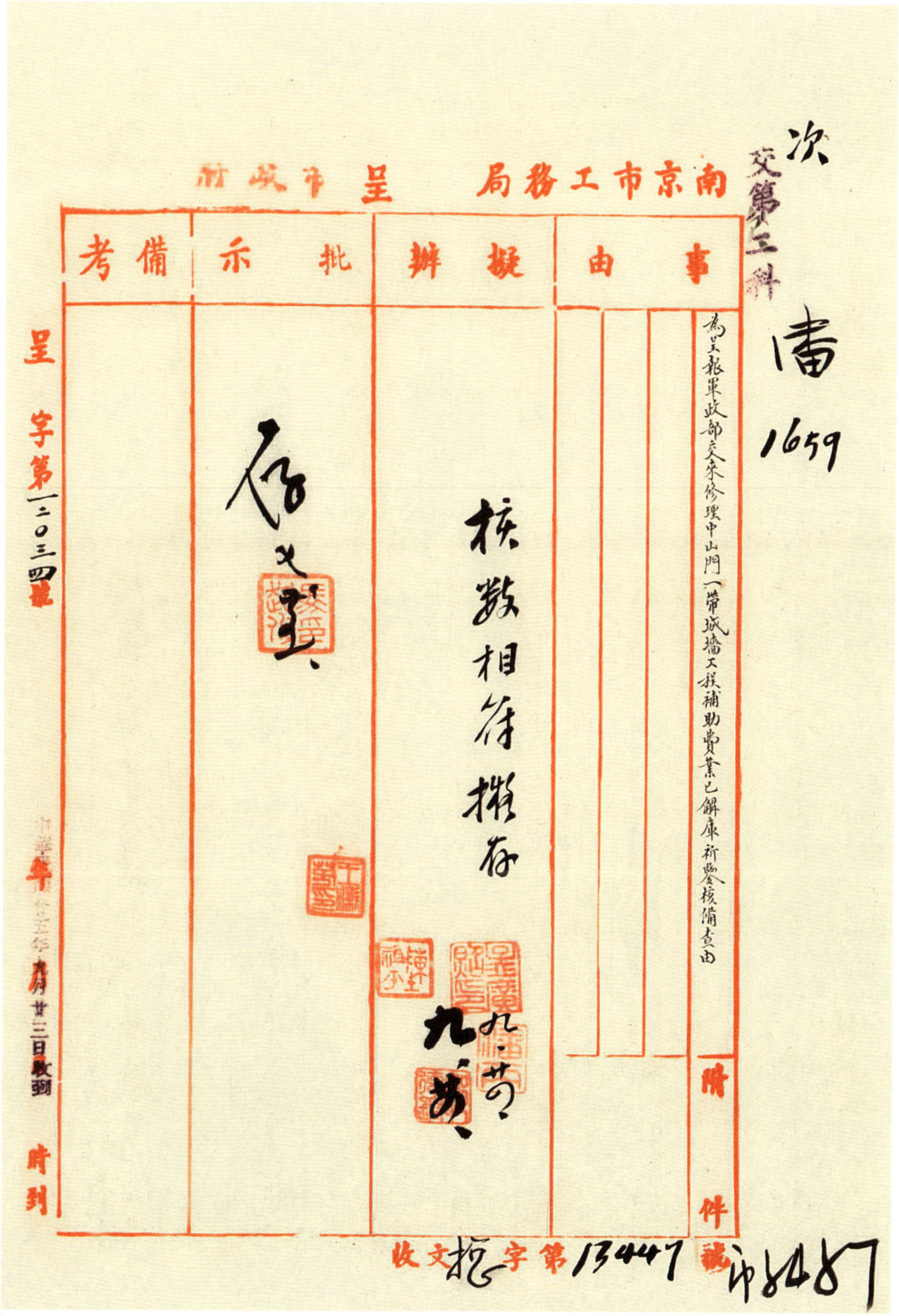
南京市工務局 呈 市政府

事由	擬辦	批示	備考
爲呈報軍政部交來修理中山門一帶城墻工程補助費業已解庫祈鑒核備查由	核數相符擬存 九、廿三	存 文達	

呈 字第一二〇三四號

中華民國廿五年九月廿二日發到

時到

附件

收文 字第13447號

1659

鑒查修理中山門一帶城墻工程，業經完全告竣，所有軍政部三分之一工程補助費貳千柒百伍拾叁元伍角陸分，亦經該部照數撥到，自應遵照

鈞府本年三月二十八日第五五六九號密指令，將上項補助費歸數解庫，以清款目，除填具解款單咨送財政局核收外，理合具文呈報，仰祈

鑒核備查。

謹呈

市長馬

工務局局長宋希尚

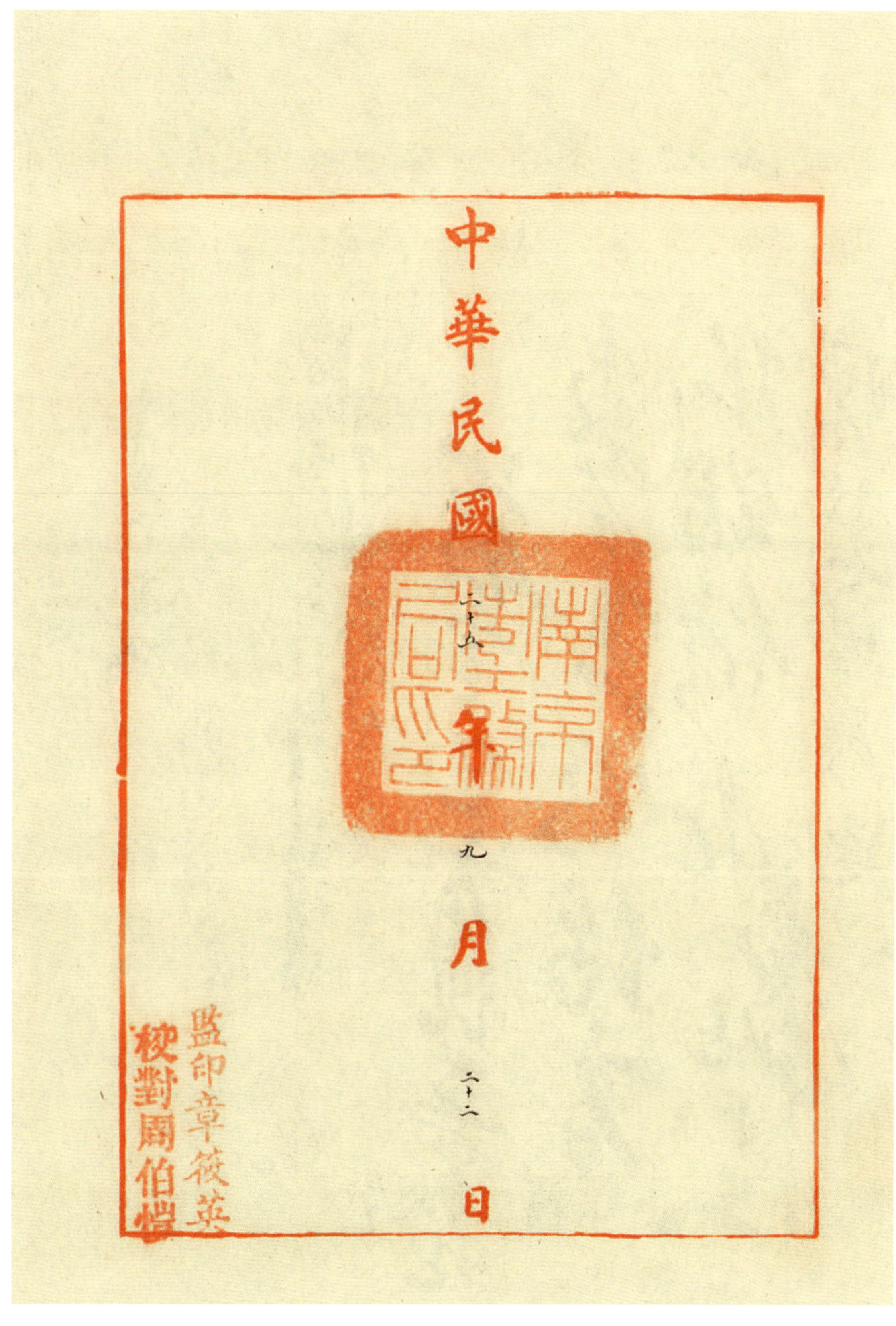

中華民國二十九年九月二十二日

監印章筱英
校對周伯愷

修理漢中門憲兵住室後方城墻

（一）南京警備司令部爲飭原承包商修葺漢中門憲兵住室後方城墻致市工務局的公函（一九三六年七月十一日）

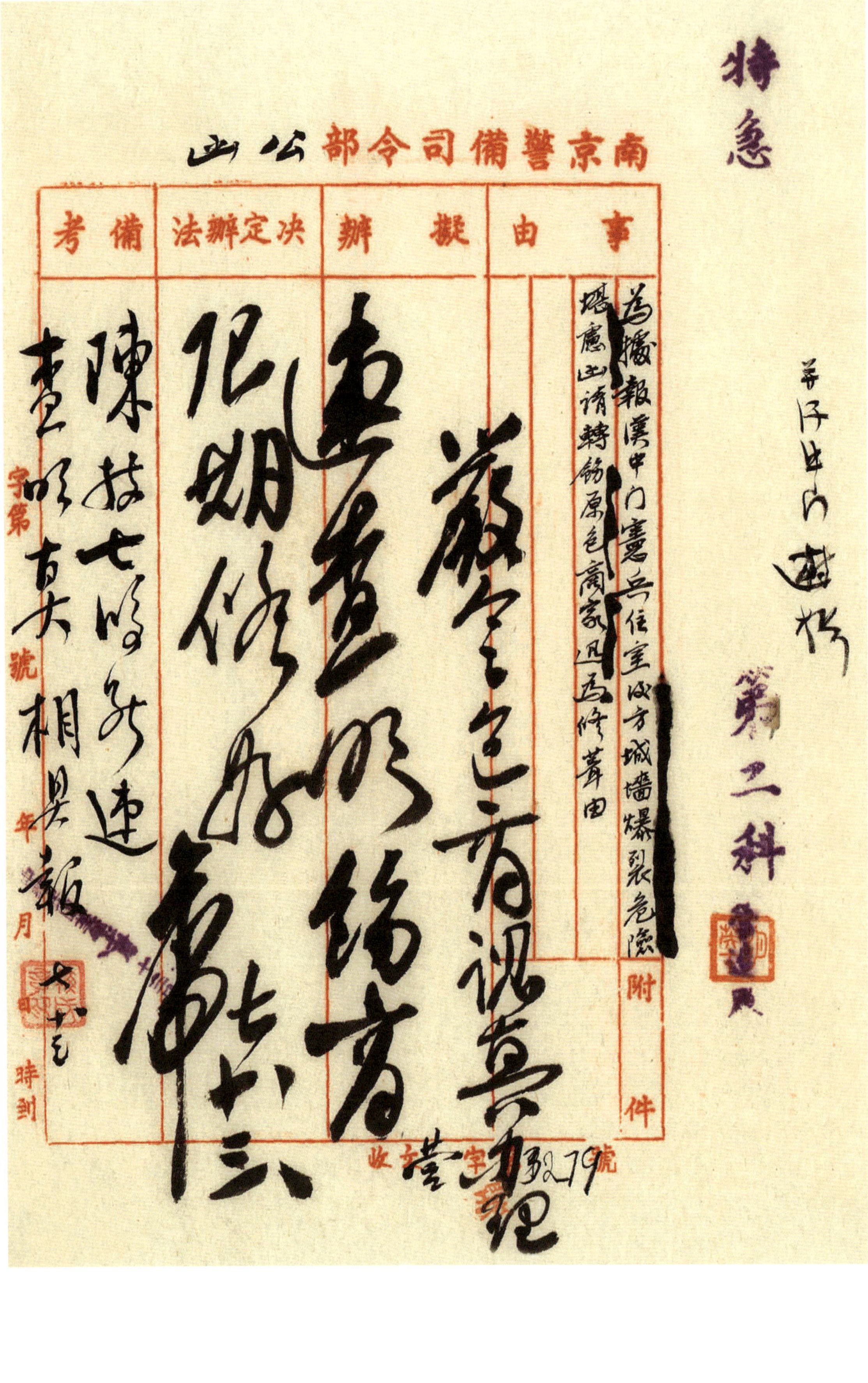
特急

南京警備司令部公函

事由	擬辦	決定辦法	備考
為據報漢中門憲兵住室後方城墻爆裂危險堪虞函請轉飭原包商迅為修葺由			

附件

第三科

南京警備司令部公函

警參字第650號

案據憲兵第二團第一營第一連連長朱國藩報稱查漢中門城門原為工務局營造股承包于華中公司工程處建築竣工後幾見陷塌雖經該公司補修然每以潦草敷衍了事復於七月七日午後十二時忽聞聲似巨雷於該城門西端水泥所修部分發生爆裂與新建城門全部均有影響尤以爆裂部份適在憲兵住室後方倘任其長此倒塌則憲兵住室必被

壓倒故此憲兵亦不敢入室懇請迅賜修理以免
危害」
等情前來除指令外相應函請
查照轉飭原色商家迅爲加工修葺以固城防而免
危險實級公誼此致
南京市政府工務局

中華民國二十五年七月十一日

校對毛玉林
監印張彥吉

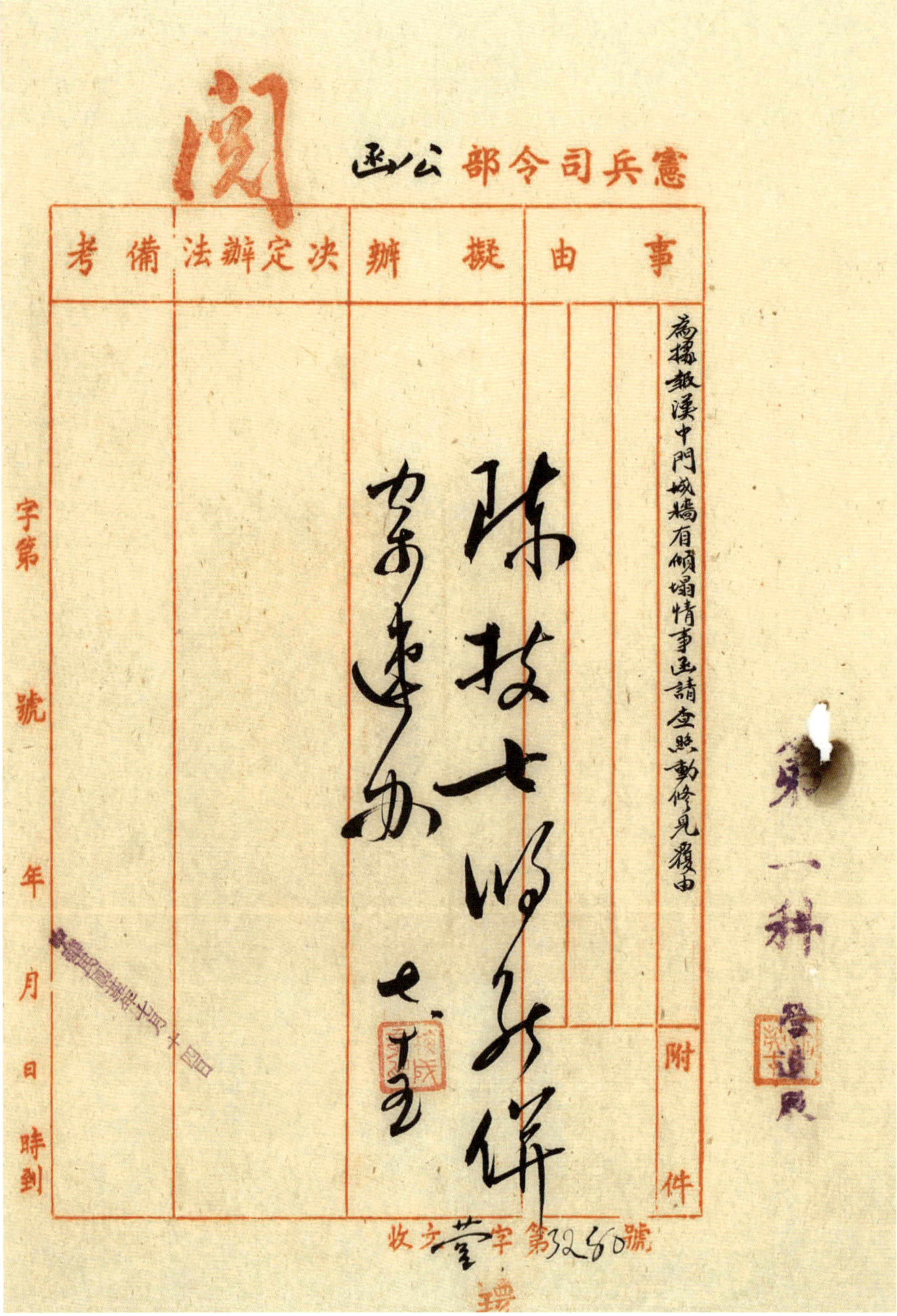
閱

憲兵司令部公函

事由	擬辦	決定辦法	備考
爲據報漢中門城墻有傾塌情事函請查照動修見覆由	陳技士鴻年辦		

附件

字第　號　年　月　日　時到

收文營字第3260號

第一科

（二一）憲兵司令部爲漢中門城墻傾塌請查照動修致市工務局的公函（一九三六年七月十三日）

憲兵司令部公函

總計字第617號

案據本部駐漢中門城防憲兵連長朱國藩本月八日報告稱：查漢中門出城之右邊城墻，（即憲兵駐所後牆）在昨（七）日夜間十二時許，忽發生巨大响声，經詳視，始發覺該牆一部份爆烈，勢將傾塌，於城防憲兵駐紮，甚為危險，除飭在內憲兵當即移出外，請從速修理。等情前來，查該漢中門係由貴局於最近召商興建，茲據報有上項傾塌情事，相應函請查照動修見復為荷！此致

南京市政府工務局

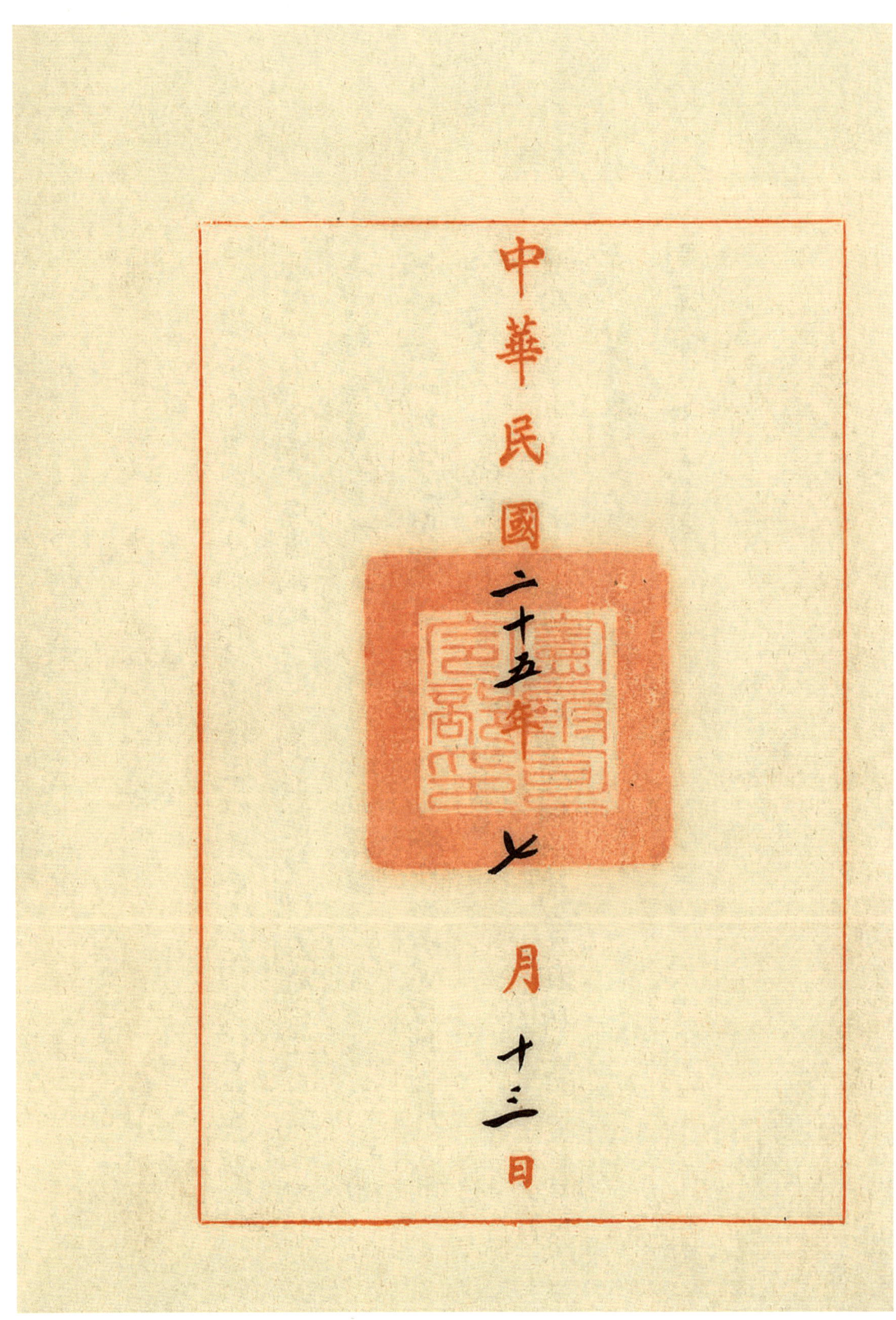

中華民國二十五年七月十三日

（三）市工務局爲修理漢中門城墻方案的呈文（附件：維修預算和草圖）（一九三六年七月十七日）

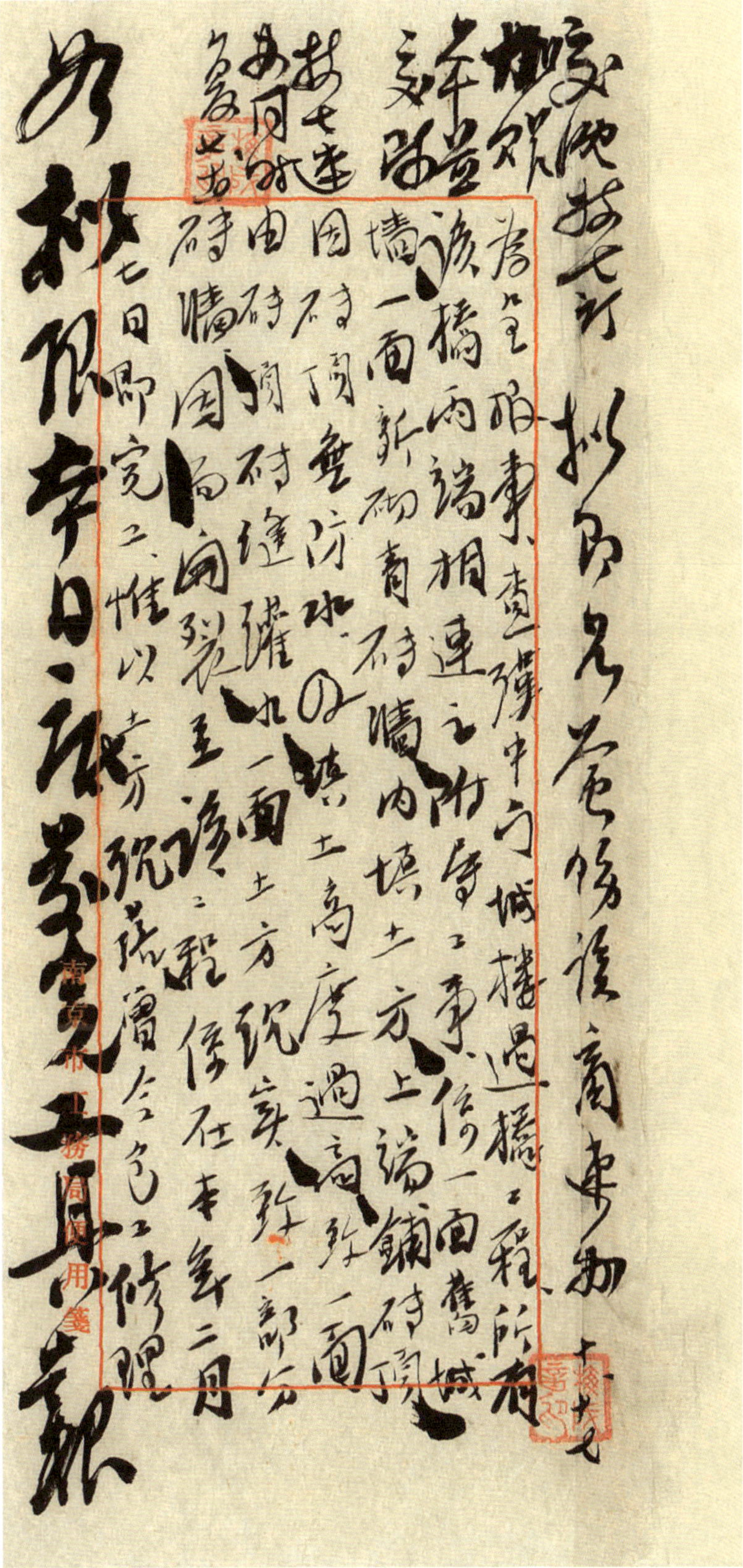

前中陵教士謂其精詳局長

數次，且已知該計將城墻頂無防水設
備，乃令飭工加緊粉辟所，一會同，以資補救。不
意過此次霪雨連朝，土方一既漲，而所粉辟
所面，隨之破裂，乃雨水滲土壤愈多，磚墻不
勝負重，由是因此現象，其原因，完全由
城墻頂防水設備缺乏所致，惟現該項工程
未由市府核准驗收，擬加做該部分工程

南京市工務局便用箋

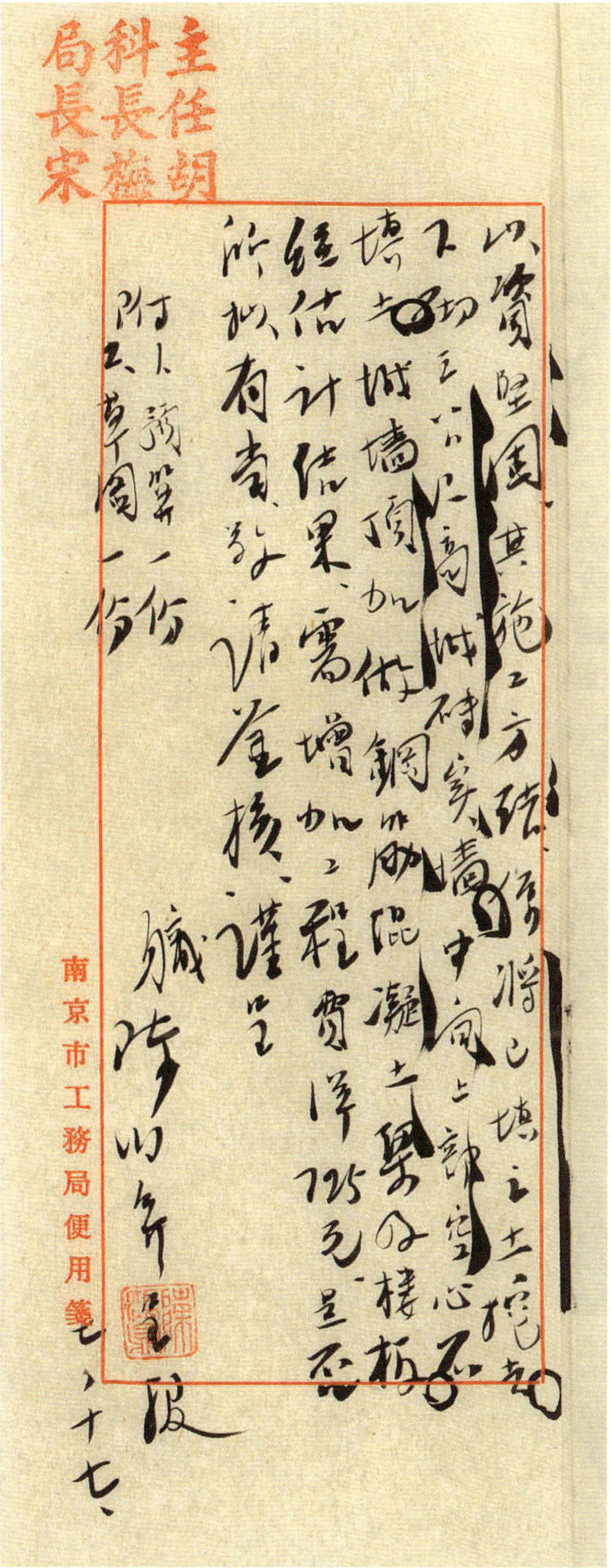

主任胡
科長蘇
局長宋

以資堅固。其施工方法係將已填之土挖去，下坍之部份以舊城磚實墻，中間上部空心，不填土。城墻頂加做鋼筋混凝土樑及樓板。經估計結果，需增加工程費洋725元。是否所擬有當，敬請鑒核。謹呈

附工務第一份
附工草圖一份

職陳明年　段
七、十七、

南京市工務局便用箋

1. 鋼筋混凝土　6×4×.15×2=7.2，7.2+.8=8，8×55=440元

2. 砌磚牆（城磚由半山寺運到）50×4.5（每方連運費約9元，現核估4.5，擬包工與公家各負擔一半）=225元

3. 加固鐵件 =100元

725元

附註：所有挖土回填砌工事，由包工負責

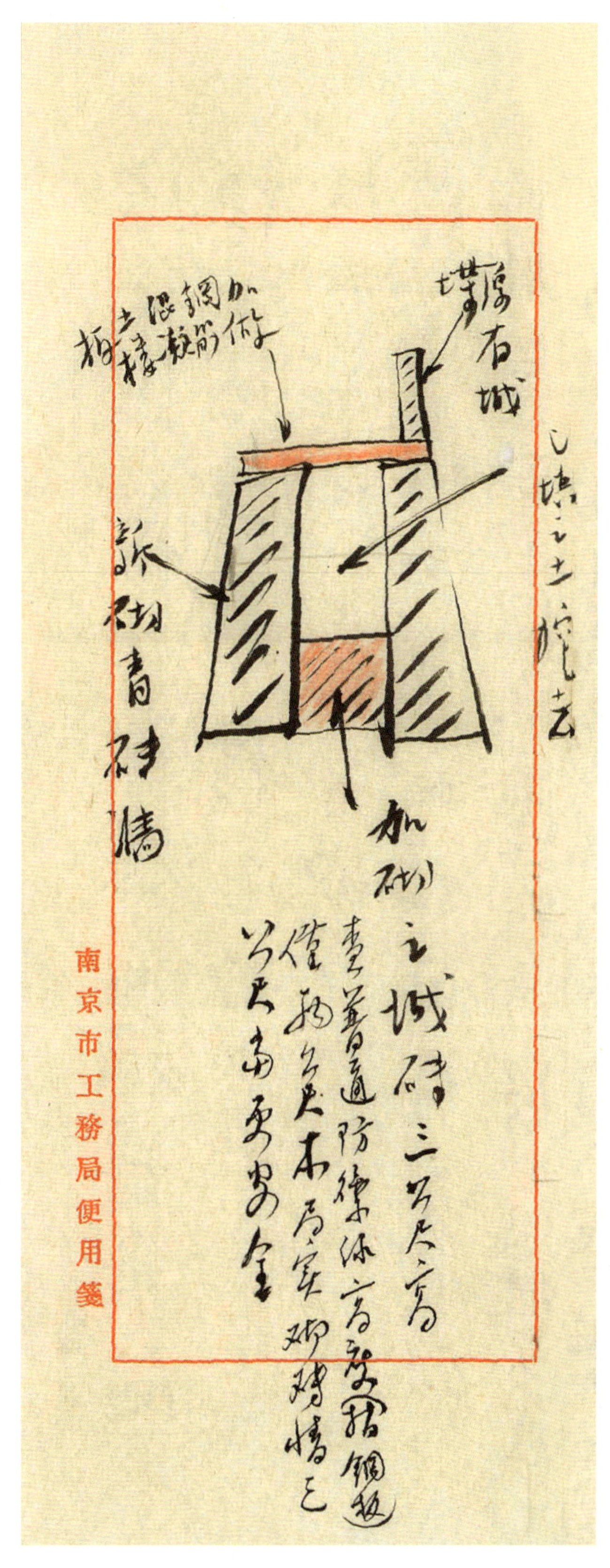

加砌之城磚三公尺高
其上蓋通防禦條之高度鋼板
倘預公尺木局實砌磚牆之
公尺高更為安全

南京市工務局便用箋

（四）市工務局爲重修漢中門城墻方案及增加工程費的簽條（附件：修建漢中門城門工程預算和重修漢中門城墻平面圖）

（一九三六年七月二十一日）

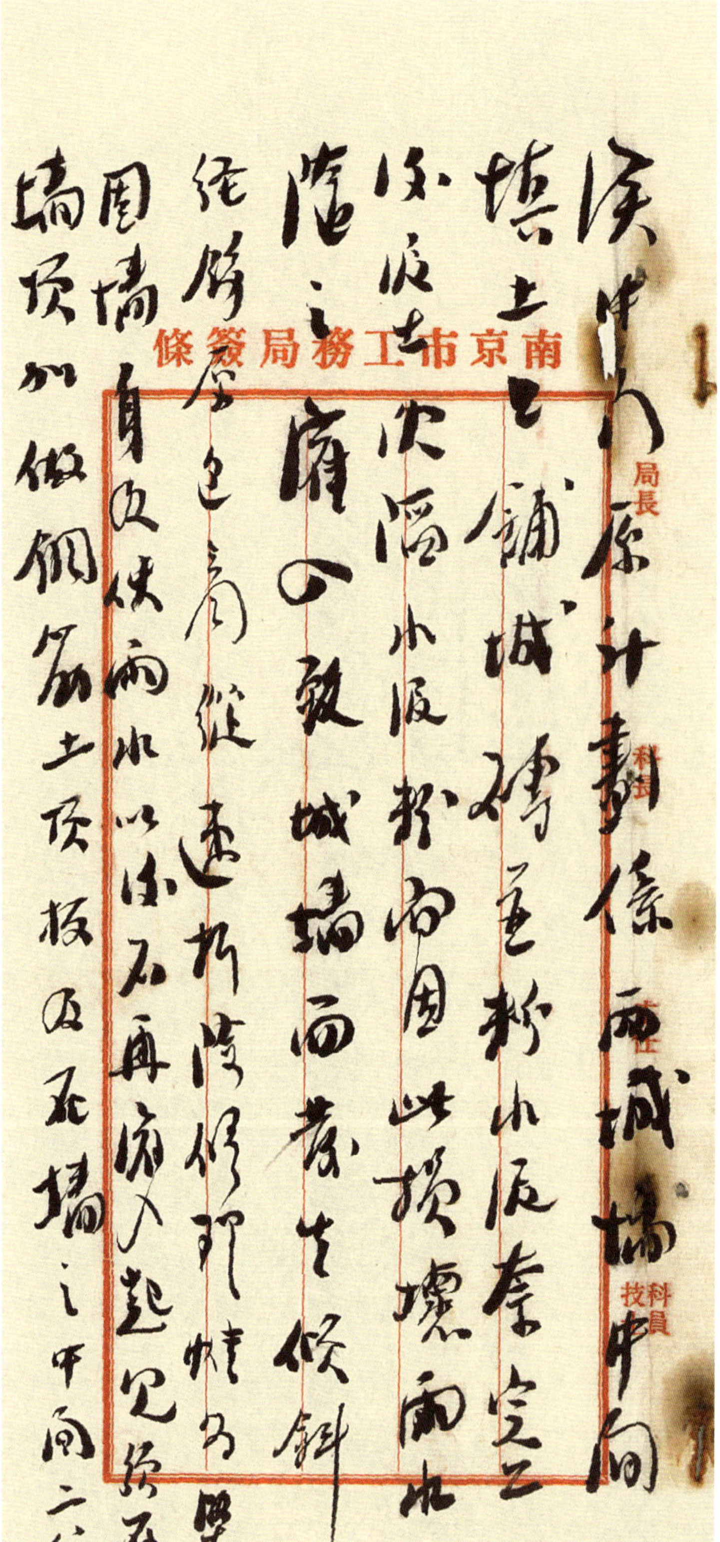

南京市工務局簽條

局長 科長 主任 技科員

漢中門原計劃係兩城墻中間填土上鋪城磚並粉水泥套完之以後[illegible][illegible]水泥粉面因此損壞雨水滲入致城墻面發生傾斜經修[illegible]局從速拆除修理[illegible][illegible]周墻身及使雨水以後不再滲入起見須在墻頂加做鋼筋土頂板及在墻之中間二公

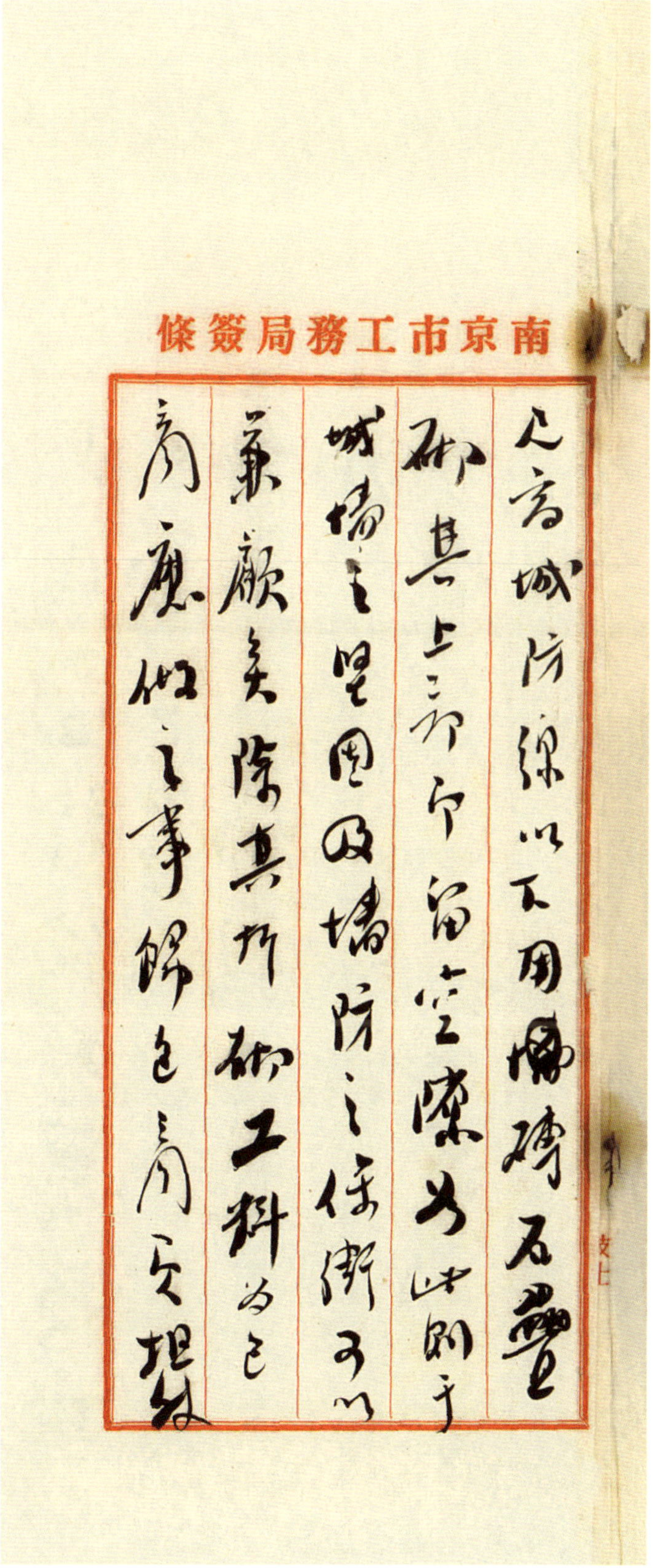

南京市工務局簽條

之高城防係以下用城磚石壘
砌其上上而留空隙為此用于
城墻之堅固及墻防之保衛可以
兼顧矣除其砌工料為已
前應做之事歸包商負擔外

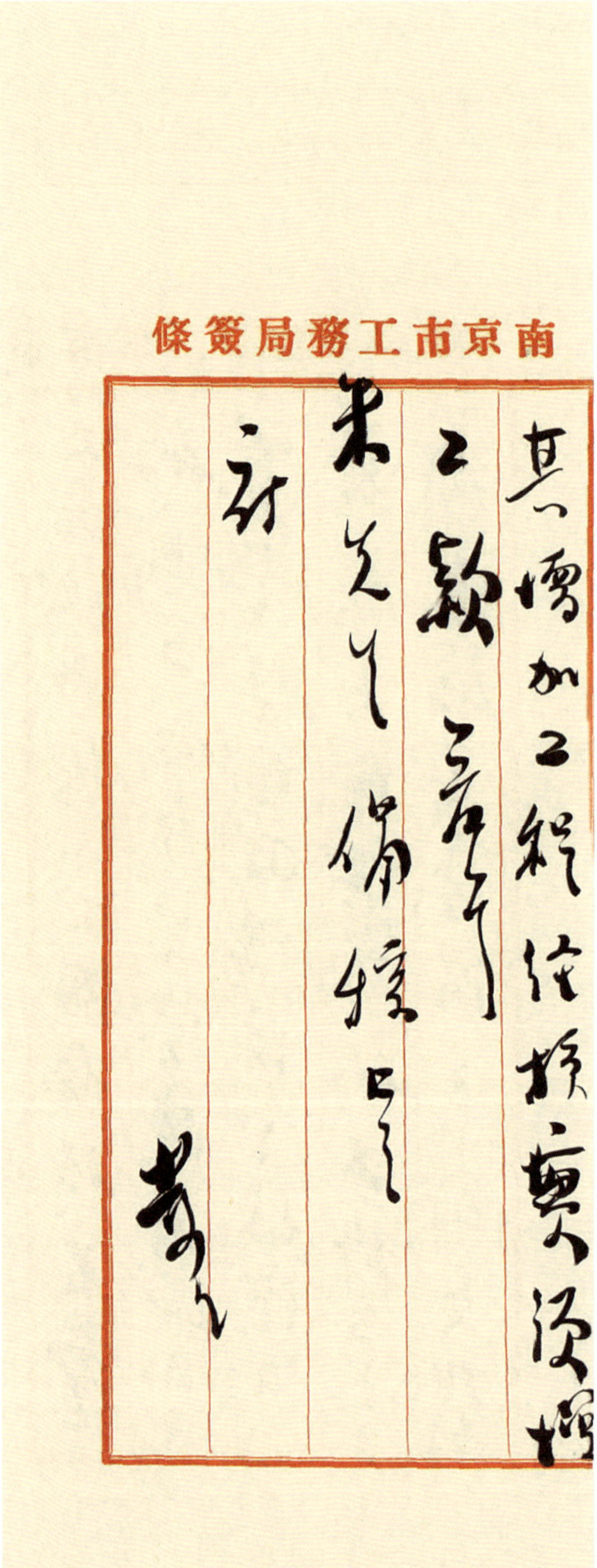
南京市工務局箋條

其墻加工經從核實後增
工款若干
朱先生備稿呈
謝
英之

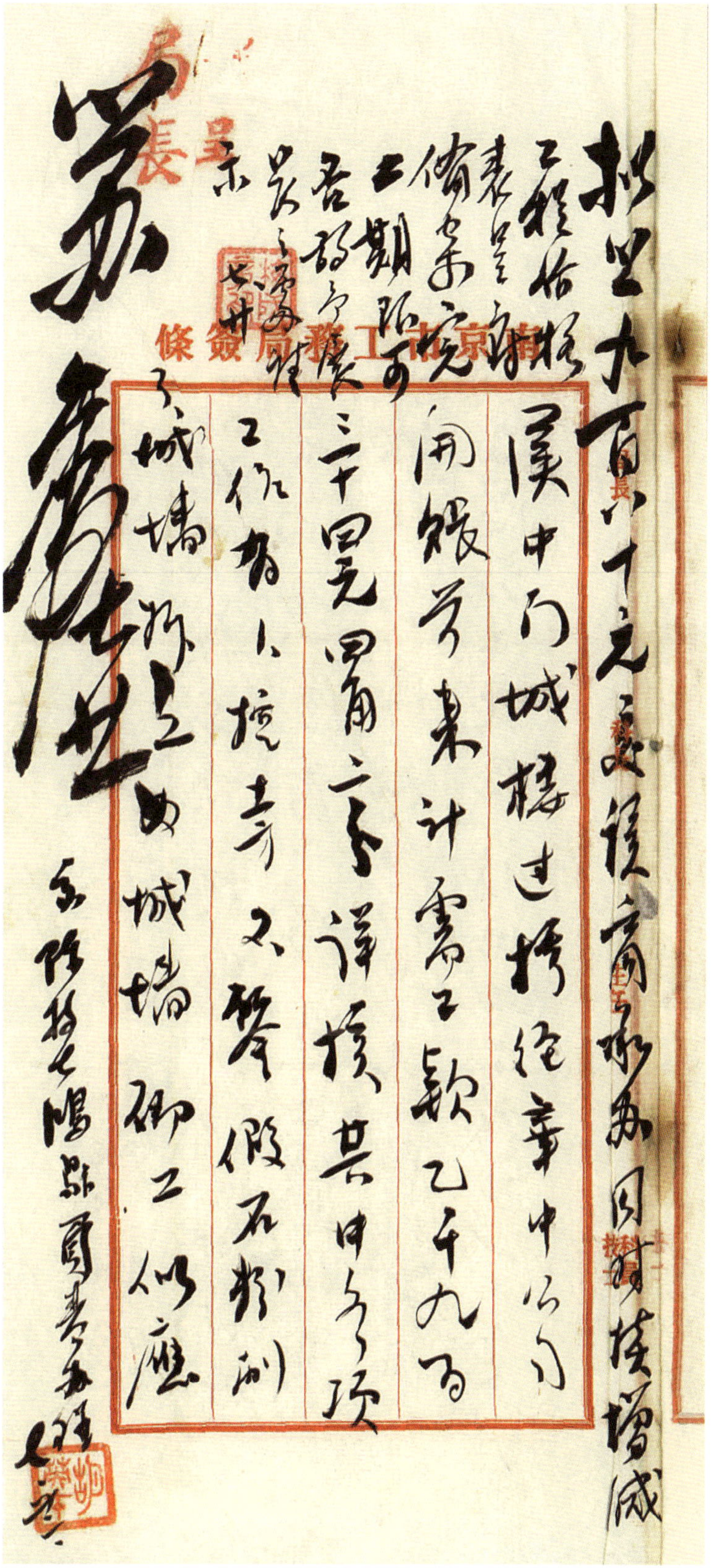
南京市工務局簽條

呈

局長

南京市工務局簽條

由該局負担其所增加鋼筋混凝土頂板及兩城墻中部砌磚石兩項係屬增加工程似應給付計洋大約八十元（原估計用六寸混凝土頂板，改用七寸頂板）完工

南京市工務局簽條

日期已允于月下旬將城墻砌好，至其粉刷磚石及鋼筋混凝土工作須待壁硬，故要求于下月二十日前竣工，是否准予，此墻俟核增減表呈核定後請示

職 朱芳如 陳鳴泉

南京市工務局簽條

謹：

原估計須增工款七百二十五元，其鋼筋混凝土單價為五十五元，現核定單價為五十三元五角；砌磚石牆心原估單價四元五角，現核定單價應為四元五角。亦係估之增高全係

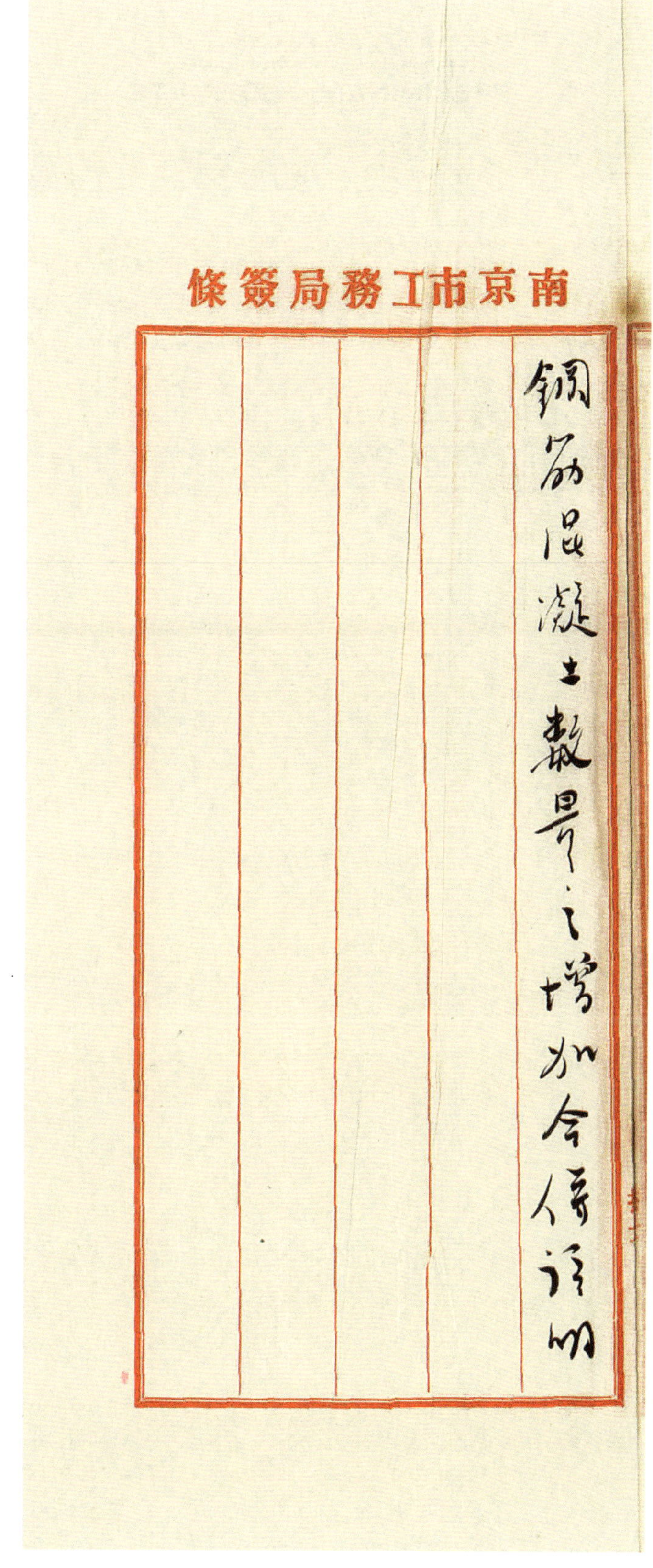

南京市工務局簽條

鋼筋混凝土數量已增加令傳詳明

ESTIMATE SHEET
C. C. R. C. 1000-11-28-32

THE CENTRAL CHINA REALTY CO., LTD.
110 ~~30A~~, AVENUE EDWARD VII, SHANGHAI

PRELIMINARY ESTIMATE

Estimate No.________ Sheet No.____of____

Client 南京市工務局 J. O. No.____

Description of Work 修建漢中门城门工程 Date 20/7/25

Quantities by____ Checked by____ Prices by____ Approved by____

ITEM	ACCOUNT NO.	DESCRIPTION	QUANTITIES	UNIT	RATES	AMOUNTS	TOTALS
1		挖土方	418.20	cu. m.	0.55	$ 230.01	✓
2		整假石粉刷	78.20	sq. m.	2.70	211.14	×
3		城墙拆工（北面一邊）	38.19	cu. m.	1.50	57.74	×
4		夹樯堆土方及砌城磚（磚由工局供给）	176.00	cu. m.	2.50	440.00	✓ 改为磚石
5		鋼筋水泥混凝土顶板（7″厚）	13.24	cu. m.	55.00	728.20	✓
6		城墙砌工（石灰黄沙）	38.19	cu. m.	7.00	267.33	× $1934.42
7							
8							
9							
10							
11							
12							
13							
14							
15							
16							
17							
18							
19							
20							
21							
22							
23							
24							
25							
26							
27							
28							
29							
30							
31							
32							
33							
34						980.00	
35					TOTAL		$1934.42

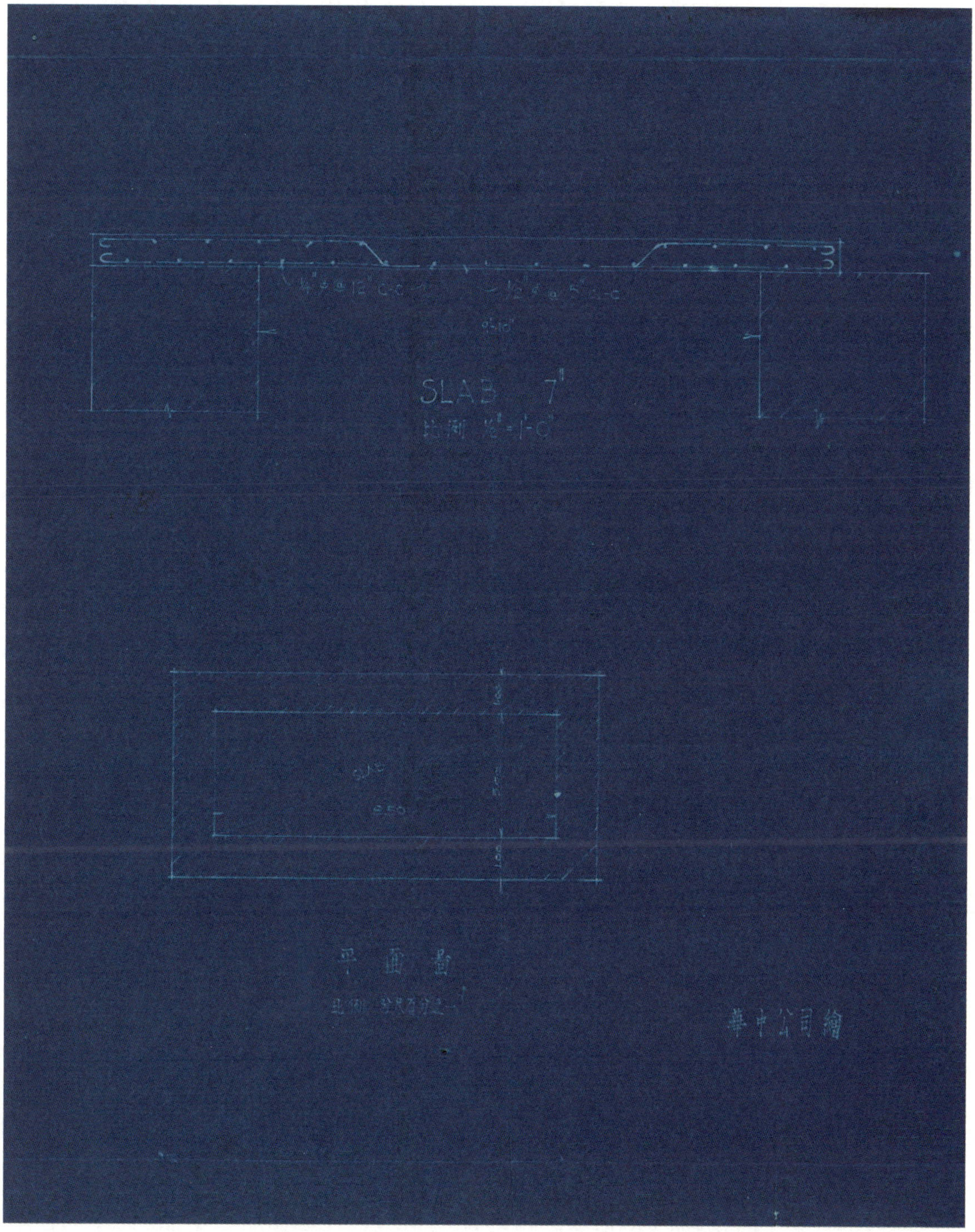
SLAB 7"
平面圖
華中公司繪

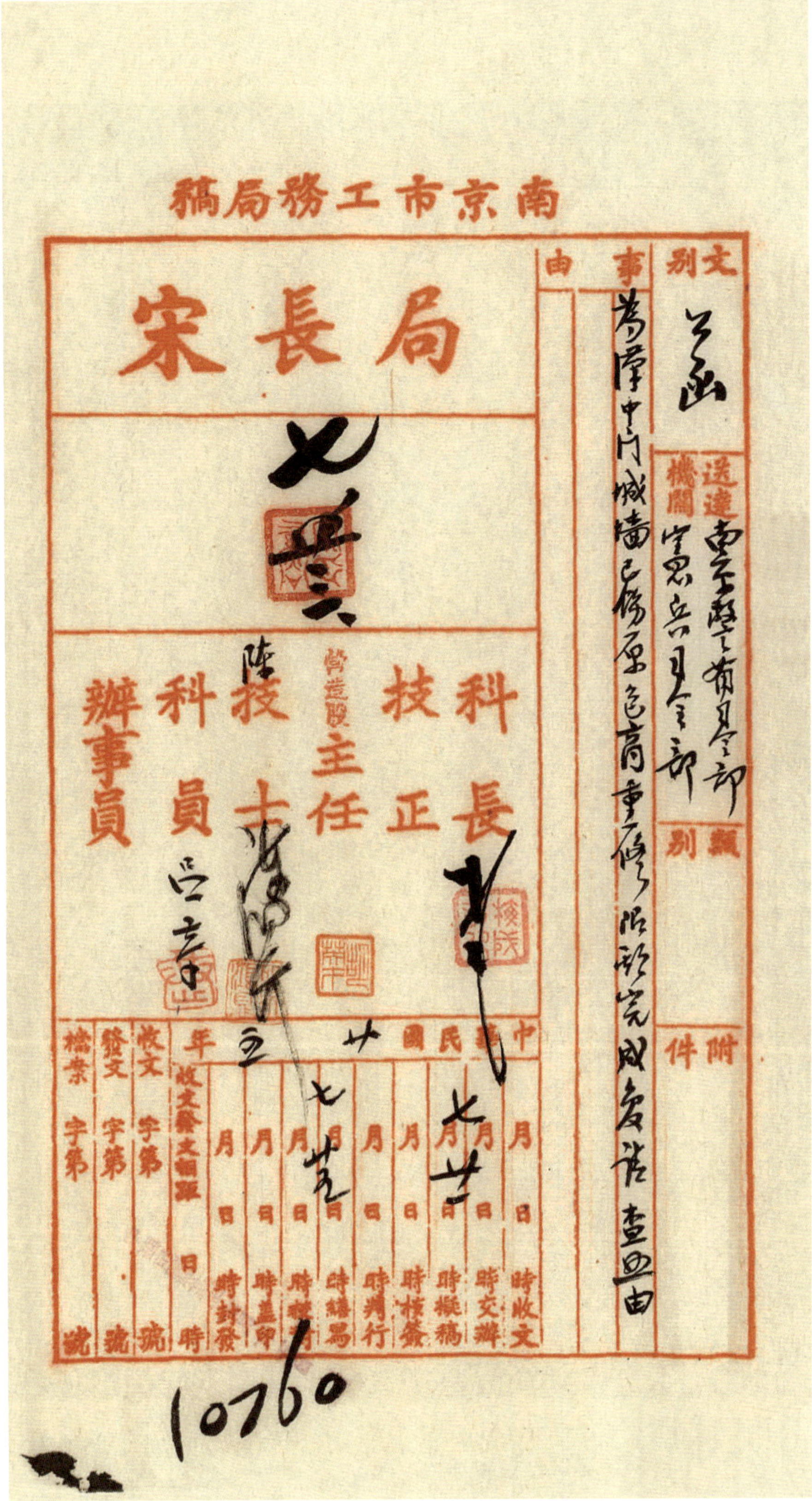

南京市工務局稿

局長宋

科長
技正
營造股主任
技士
科員
辦事員

文別 公函

送達機關 首都警備司令部 憲兵司令部

事由 為漢中門城墻已飭原包商重修，俟完成再咨查照由

類別

附件

中華民國廿五年七月 日

10760

（五）市工務局爲漢中門城墻已飭原承包商重修致南京警備司令部、憲兵司令部的公函（一九三六年七月二十五日）

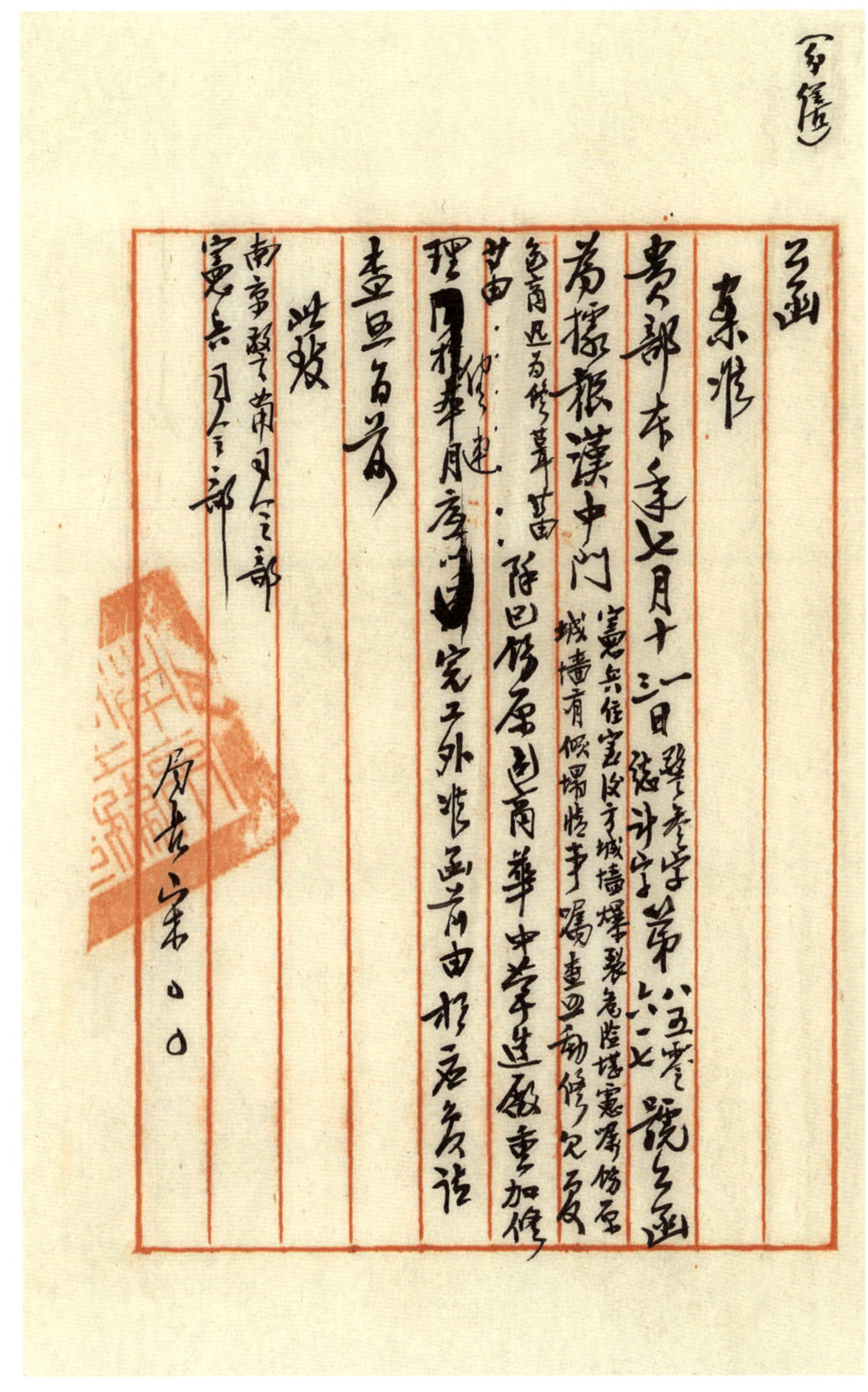

（存稿）

公函

案准

貴部本年七月十三日建參字第八五零號（總計字第六二七號）公函

為據報漢中門憲兵住宅段城墻爆裂危險堪虞希飭查（城墻有傾塌情事囑查照勘修見復）等由迅予修葺等由；准此。除已飭屬迅商華中營造廠重加修理修建並限本月底完工外，准函前由，相應函復，即希

查照為荷

此致

南京警備司令部

憲兵司令部

局長　宋〇〇

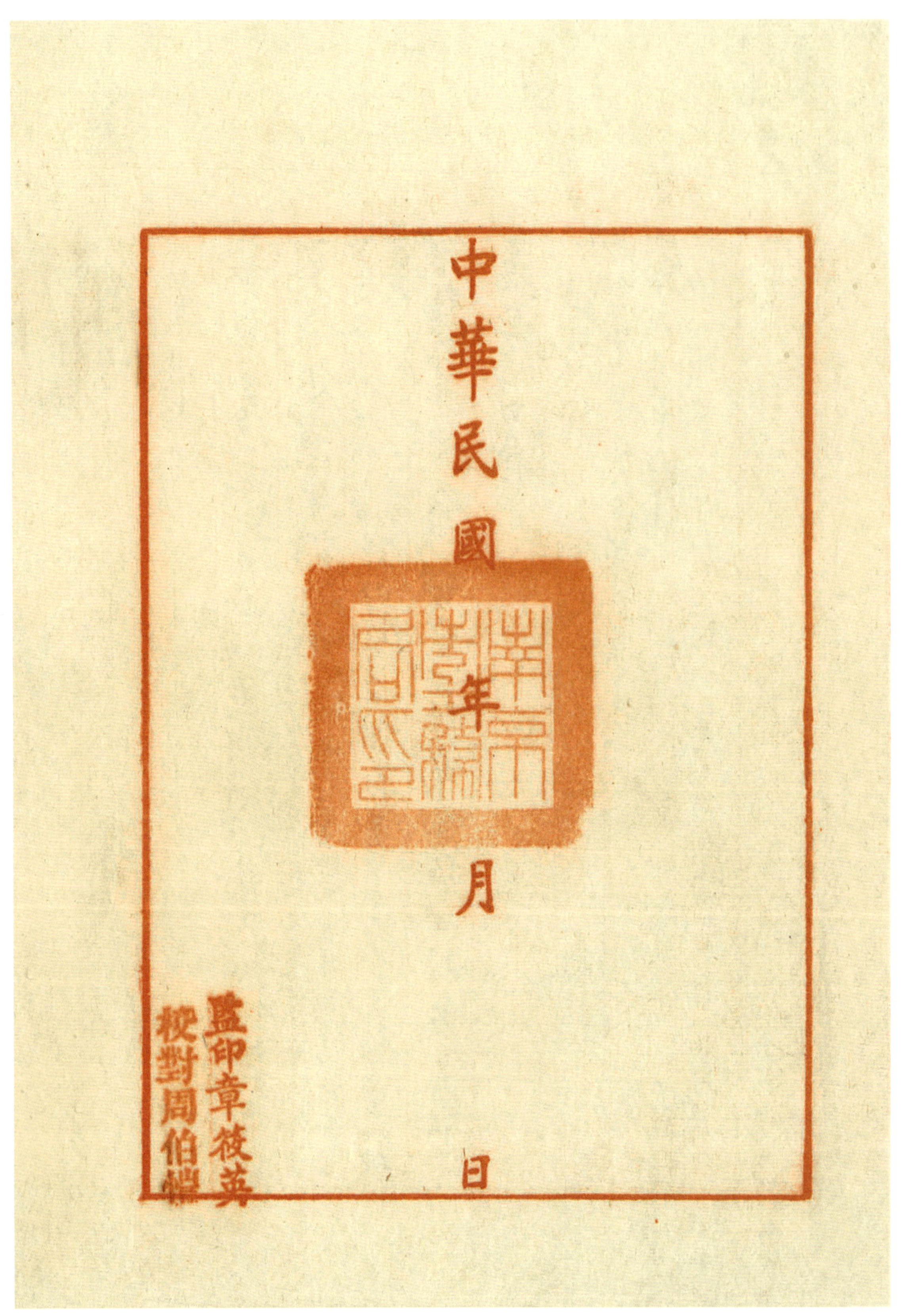

中華民國　年　月　日

監印章筱英
校對周伯儁

（六）市工務局爲重修漢中門城墻需鄰近城樓搭建工棚致首都警察廳、南京警備司令部的密函（一九三六年七月二十五日）

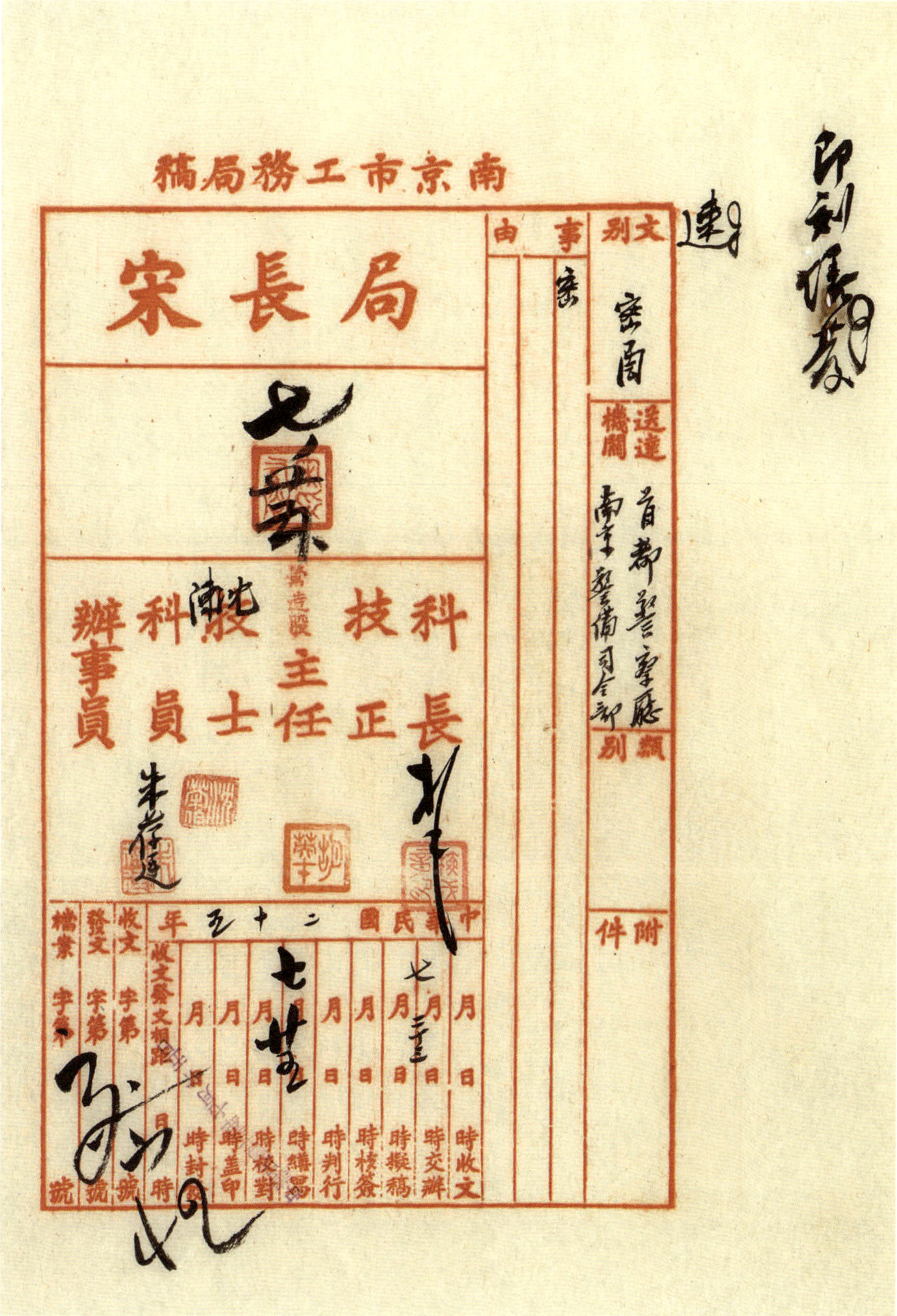

南京市工務局稿

局長宋

科長
技正
主任
技士
科員
辦事員

文別 密函

事由 密

送達機關 首都警察廳 南京警備司令部

類別

附件

中華民國二十五年 月 日

收文 月 日 時
交辦 月 日 時
擬稿 月 日 時
核簽 月 日 時
判行 月 日 時
繕寫 月 日 時
校對 月 日 時
蓋印 月 日 時
封發 月 日 時
收文發文相距 日 時

收文 字第 號
發文 字第 號
檔案 字第 號

密函

查本局奉

令建築漢中門城樓過橋工程，城牆部份，亟待修理，已飭承包商華中公司克日興工，限期完成，所砌磚石牆心約六十立公，准予利用該門附近堆存石塊，以資敏捷，並據該公司聲請擬在該城樓鄰近空地搭建工棚一座，工竣即行拆除等情前來，核尚可行，除分函南京警備司令部、首都警察廳

查照外，相應函達，即請

查照，飭屬知照，以利進行，至紉公誼。

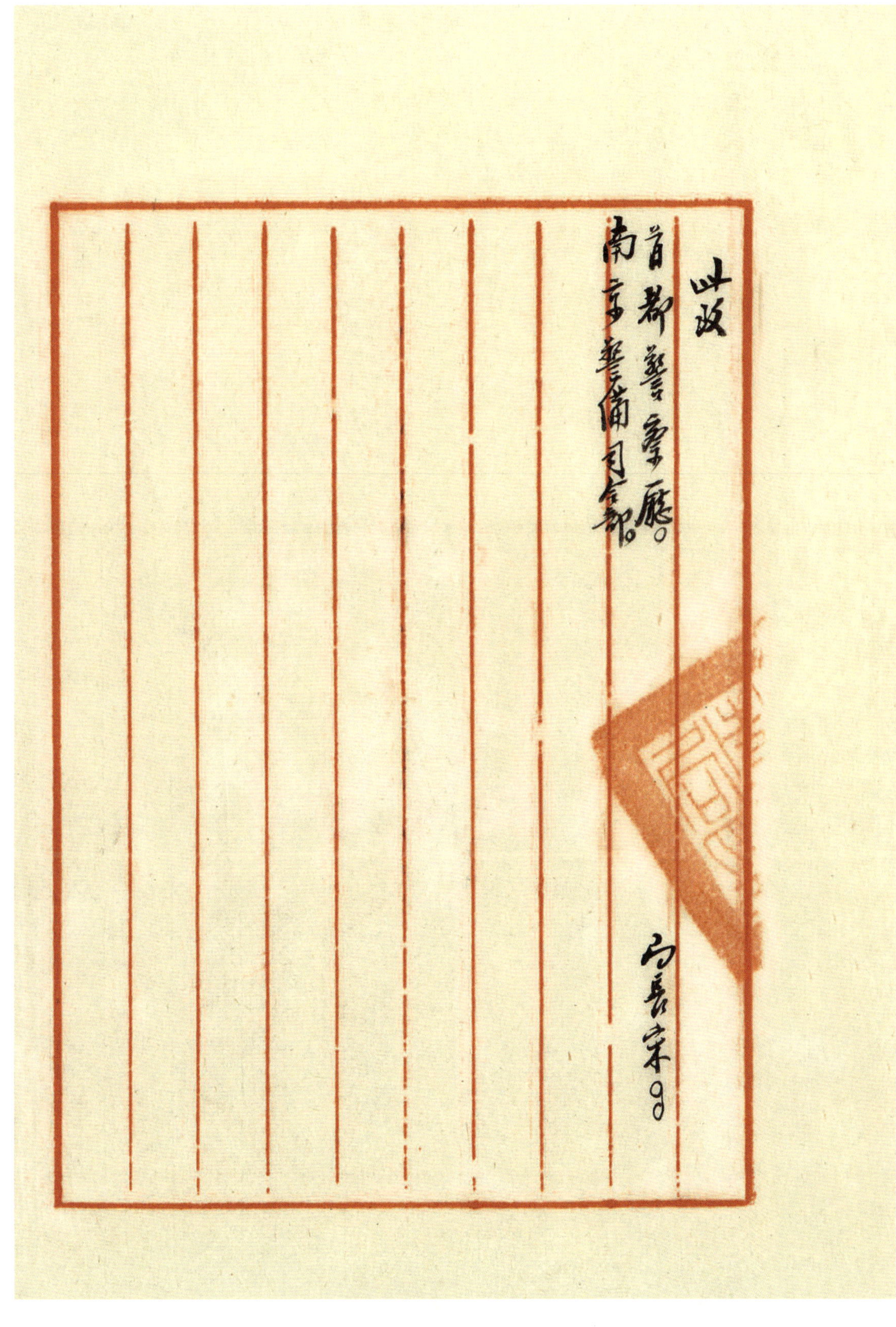

此致

首都警察厅。

南京警备司令部。

局长宋○

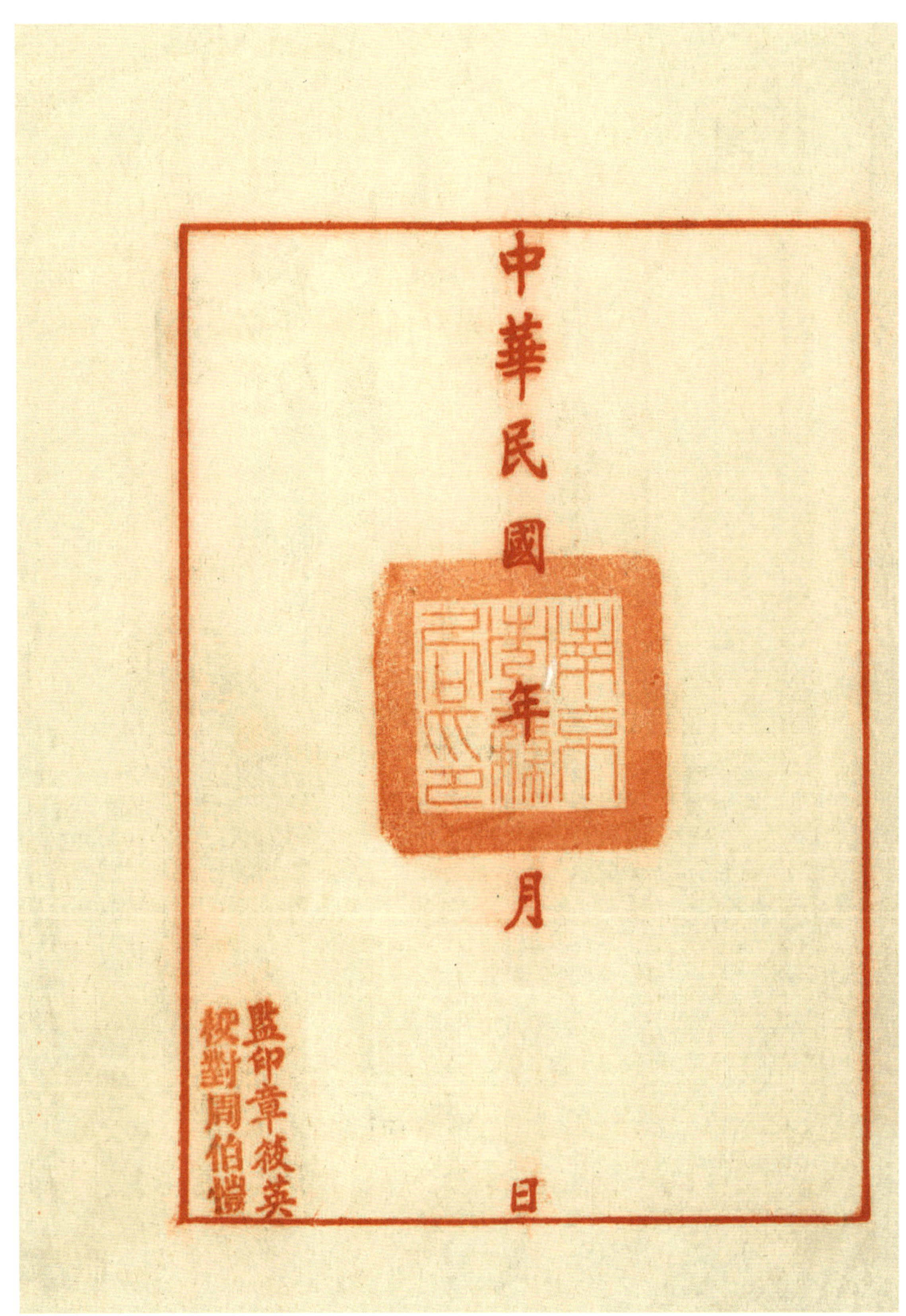

中華民國

年　月　日

監印章薇英
校對周伯愷

（七）市工務局爲漢中門城樓過橋工程加賬致市政府的密呈及致華中公司的通知（附件：工程價格增減表）（一九三六年八月十一日）

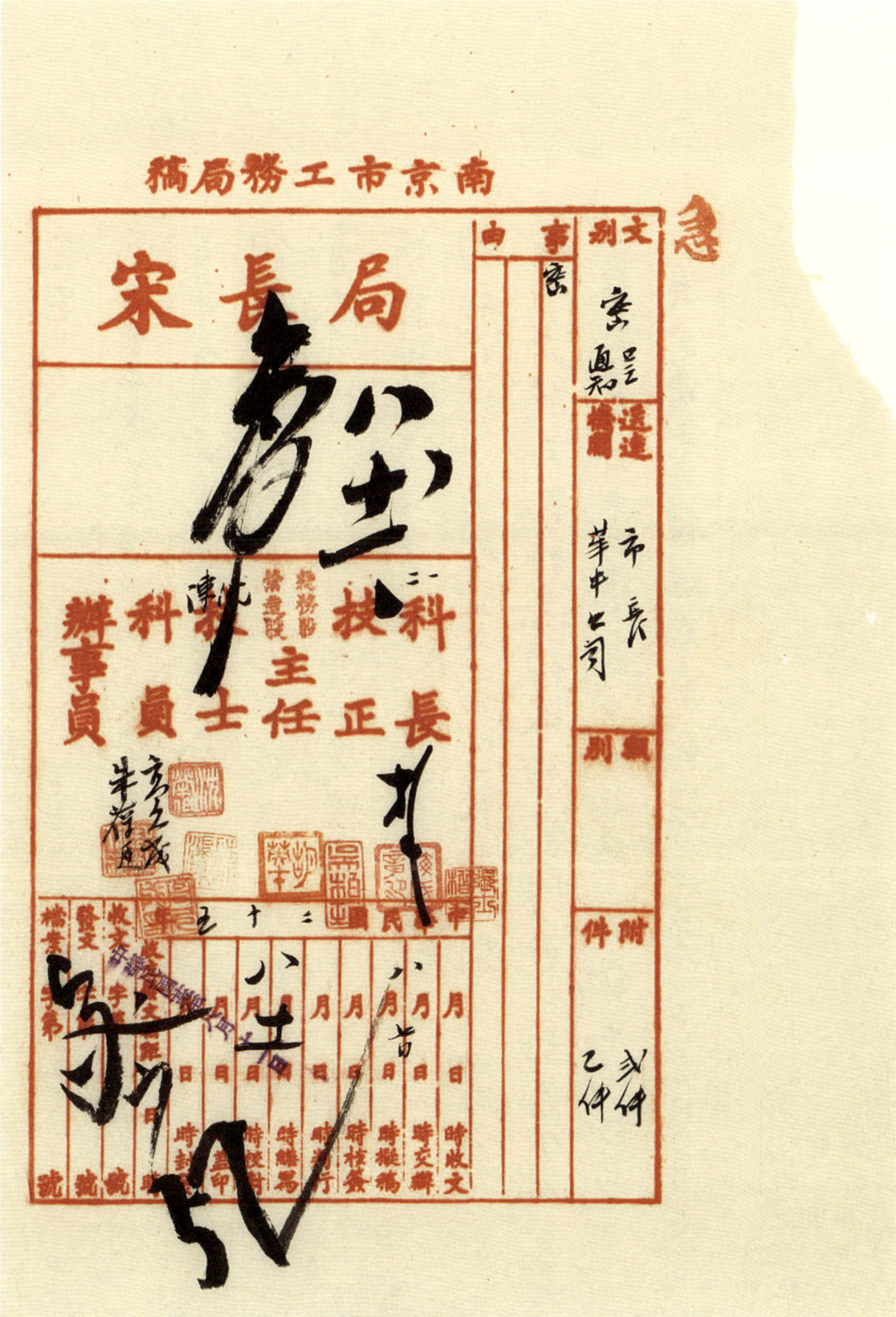
南京市工務局稿

局長宋

科長 技正 主任 技士 科員 辦事員

總務股 營造股

文別：密呈 函知

事由：密

送達機關：市長 華中公司

類別

附件：貳件 乙件

民國 二十五年 八月 日

收文 月 日 時
交辦 月 日 時
擬稿 月 日 時
核簽 月 日 時
判行 月 日 時
繕寫 月 日 時
校對 月 日 時
蓋印 月 日 時
封發 月 日 時

收文 字第 號
發文 字第 號
檔案 字第 號

密呈

案查建築漢中門城樓過橋工程，已由局發交

華中公司承包並訂合同，呈奉

鈞府二十四年十月第五七九零號指令核准，嗣因採用

青磚遷移廁所地位，並減少磚牆數量，當經填具

價核增減表，呈奉

鈞府同年十二月七日第七七六一號令准備案各在案。

茲查過橋兩端接連兩城牆中間，原計劃為節省

經費起見，用土方填嵌，上鋪斑磚，並澆水泥粉面，

所有中填土方，雖經夯實，但填土過高，不免稍有

修正：惟現經斟酌事實需要，應就原定工程範圍以外，另予修改增築，以期永固，爰

況陷，其水泥粉面，因之損壞，且值夏季大雨之後，
雨水滲入注基，又一部份墻面，稍向外斜，並查該工程，
尚未經本府驗收，其在原定工程範圍內，以前曾撥款四千元自應由原包商負
全責，並飭將城墻部份拆除重建，並將原填土方
挖去，另在城墻空向二公尺高城防線下用磚石疊砌
並將墻頂加做鋼筋混凝土頂板，以利宣洩，兩面墻身，除
原有所挖土方、墻面整修石灰粉刷，及拆砌城墻，工費，概
不另行給價外，所有增築部份計需追加
洋玖百八十元零貳角，已飭該商照辦，容俟該工具竣
核實列報，理合填具價格增減表，具文呈送，仰祈

並唯備案，實為公便。

謹呈

市長馬

全銜

附呈估核增減表貳份

通知

查漢中門道橋工程，除因原定範圍內拆做部分成工程，應由該商負其責外，所有增加鋼筋混凝土頂板及磚石砌築牆身經費，核定增加洋九百八十元零貳角五分。除呈報市政府備案，並俟工竣再行核實結算外，合行檢發估核增減表，仰即遵照辦理，仍限完成具報為要。

特此通知。

附發估核增減表一份

右仰華中公司遵照。

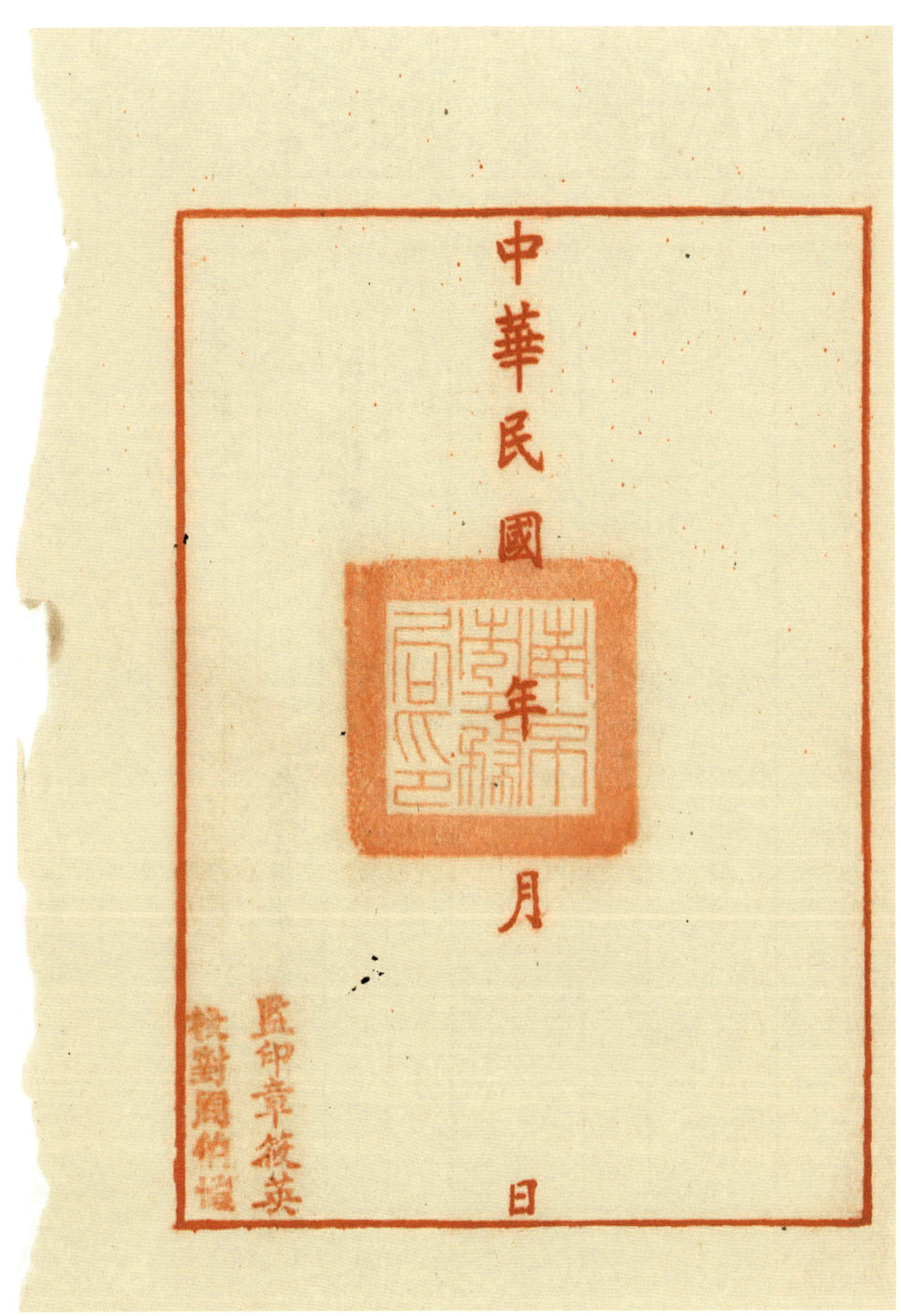

中華民國　　年

月

日

監印章筱英
校對周竹樹

南京市工務局

工程價格增減表

茲因漢中門過橋增加鋼筋混凝頂板及磚石砌墻心（另詳圖樣）經與承包人華中公司

按照合同規定經雙方同意議定增減價格如下於工程總價內分別增加或減除之該項價格增減表並為合同附件之一

共繕成同樣四份二份呈 南京市政府備案其餘二份由工務局及承包人各執一份為憑

中華民國 25 年 7 月 20 日 墻身月底完工，鋼筋混凝土八月二十日前完工

南京市工務局 經辦人

主任

科長

局長

承包人

上海華中營業股份有限公司
CENTRAL CHINA REALTY CO., LTD. Shanghai
南京分公司
NANKING OFFICE

增加部份					減除部份				
種類	單位	數量	單價（元）	複價（元）	種類	單位	數量	單價（元）	複價（元）
鋼筋混凝土	立公	13.25	53.60	710.20					
砌磚石墻心	立公	60.00	4.50	270.00					
共計				980.20					

增減相沖計實增洋 980 元 2 角 0 分

格式營 1005-24-8

工程 C 字 1020 號附件

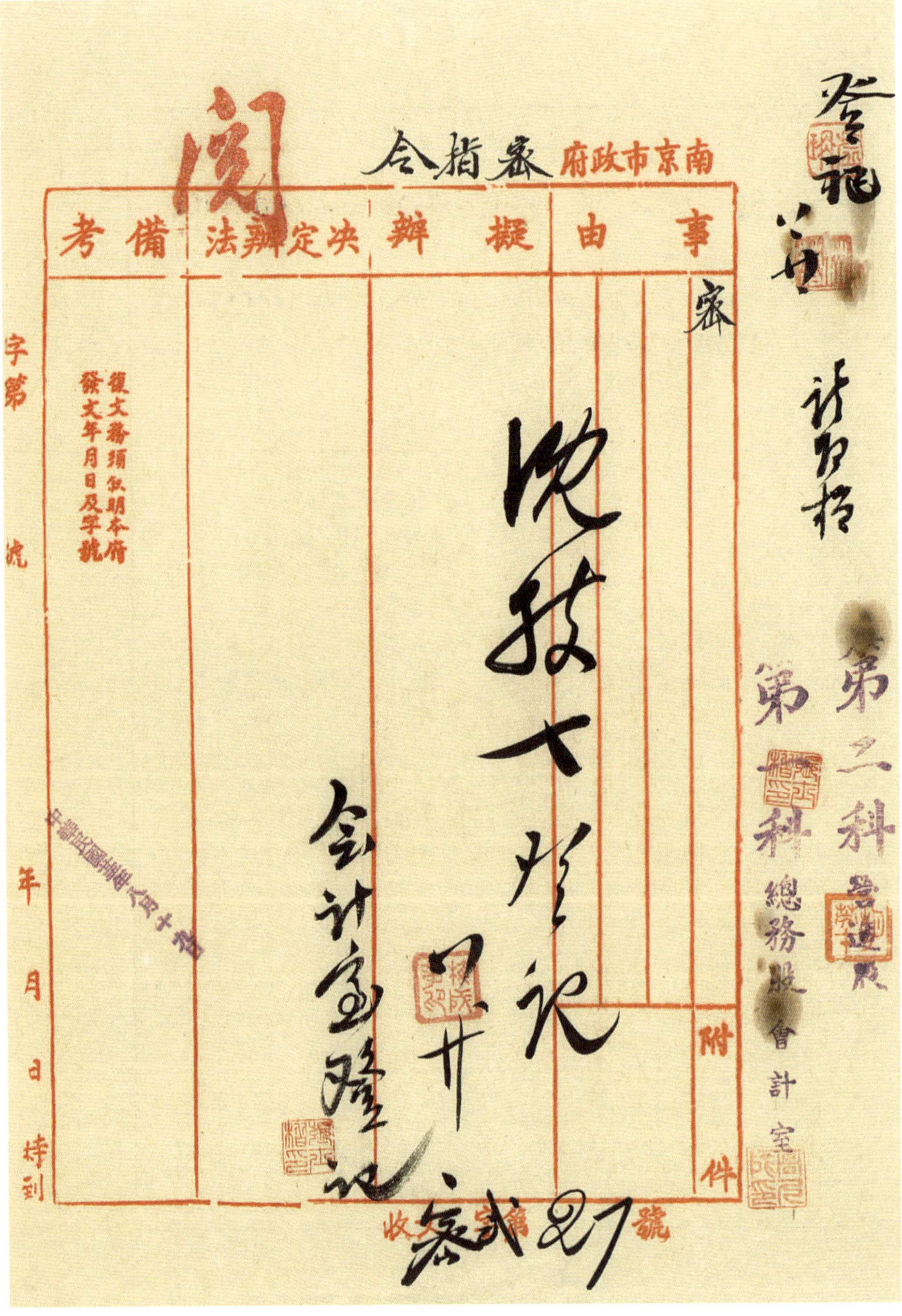

（八）市政府爲漢中門城樓過橋工程加賬準予備案致市工務局的密指令（一九三六年八月十八日）

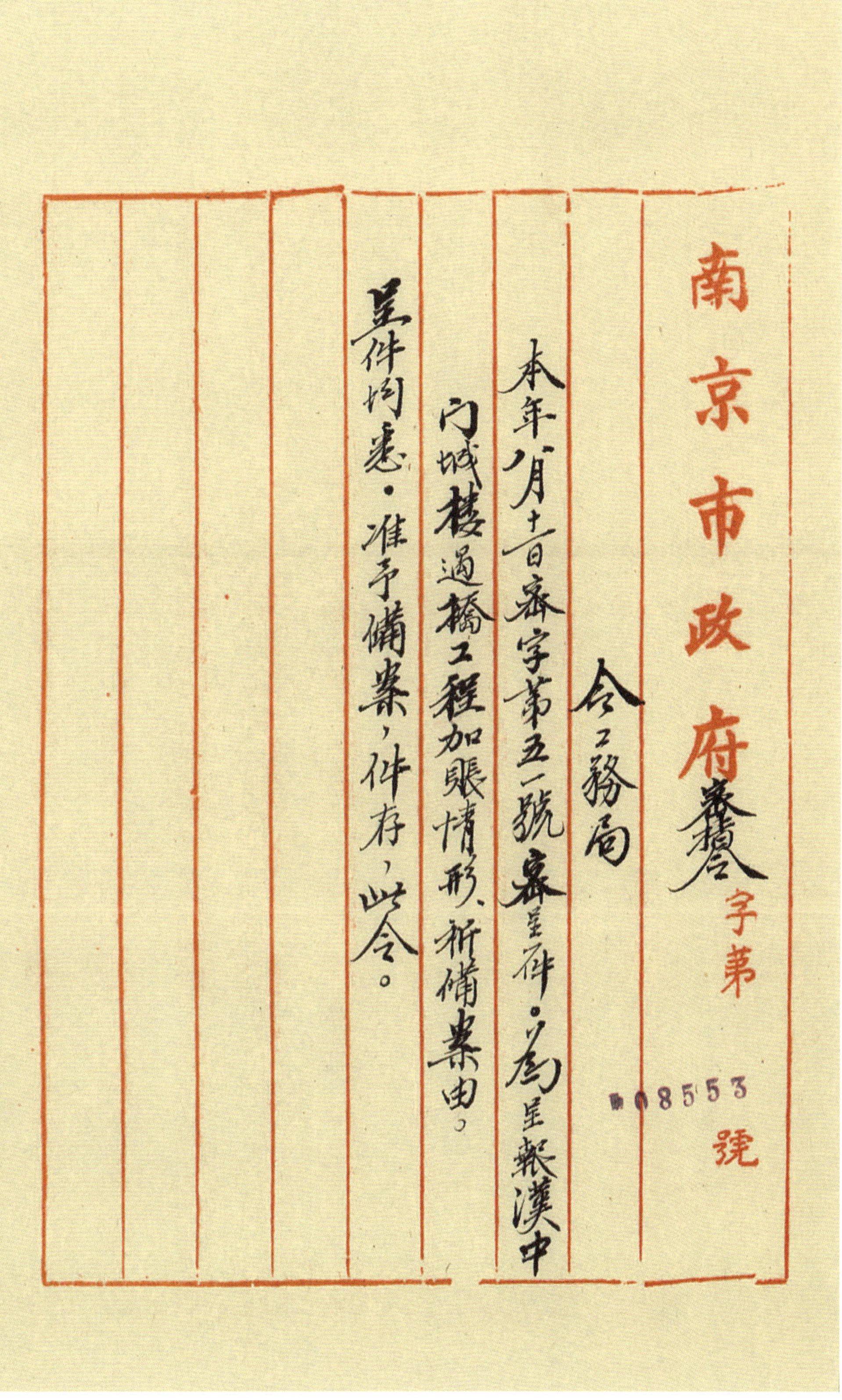

南京市政府令　字第08553號

令工務局

本年八月十一日森字第五一號呈件。為呈報漢中門城樓過橋工程加賬情形，祈備案由。

呈件均悉。准予備案，件存，此令。

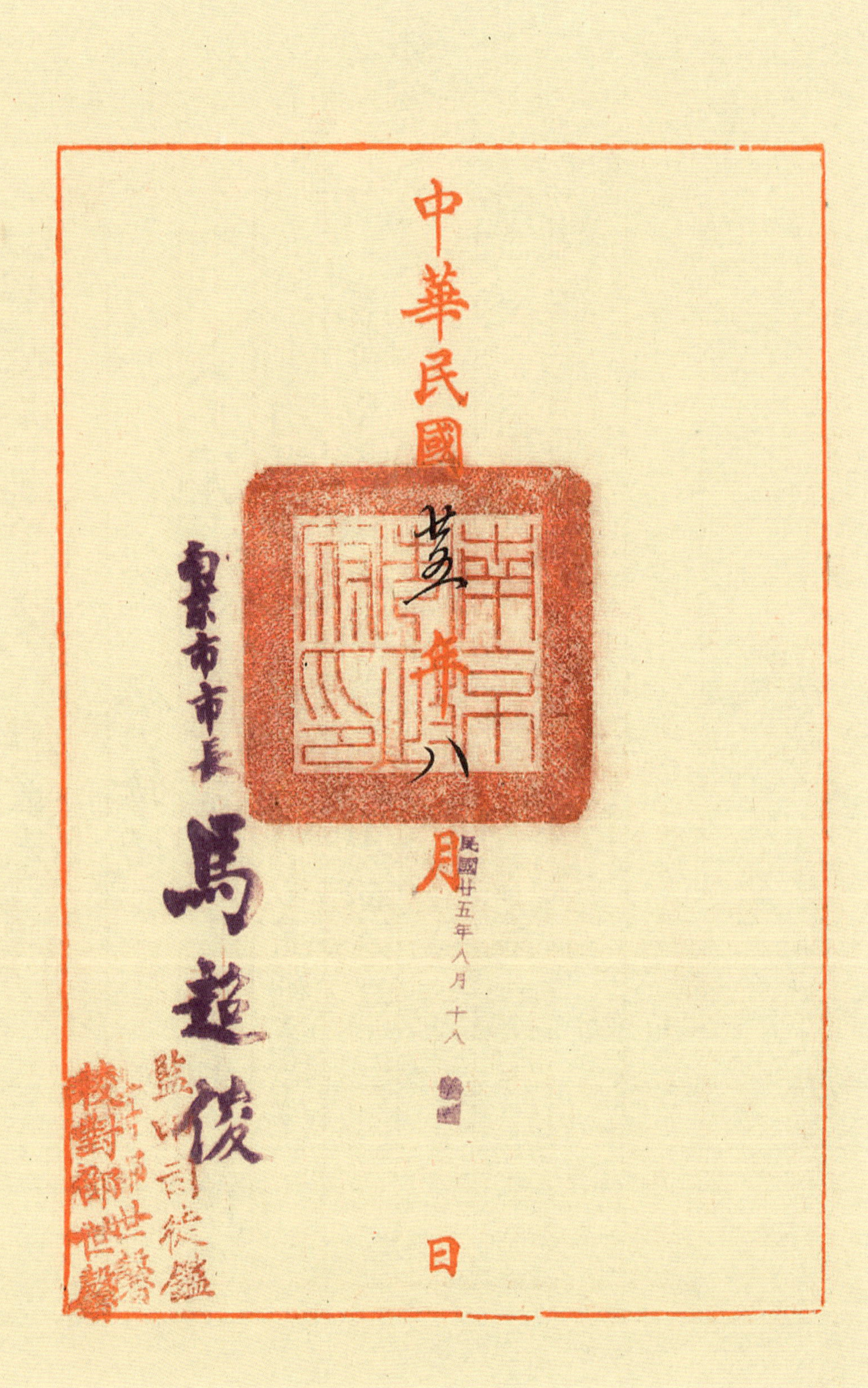

中華民國廿五年八月 日

民國廿五年八月十八

南京市市長 馬超俊

監印 司徒鑑

校對 鄧世馨

（九）市工務局爲漢中門城樓過橋工程完成請派員驗收致市政府的密呈（附件：漢中門城樓過橋工事決算書和新民門、漢中門城樓過橋鋼筋圖）（一九三六年十一月三日）

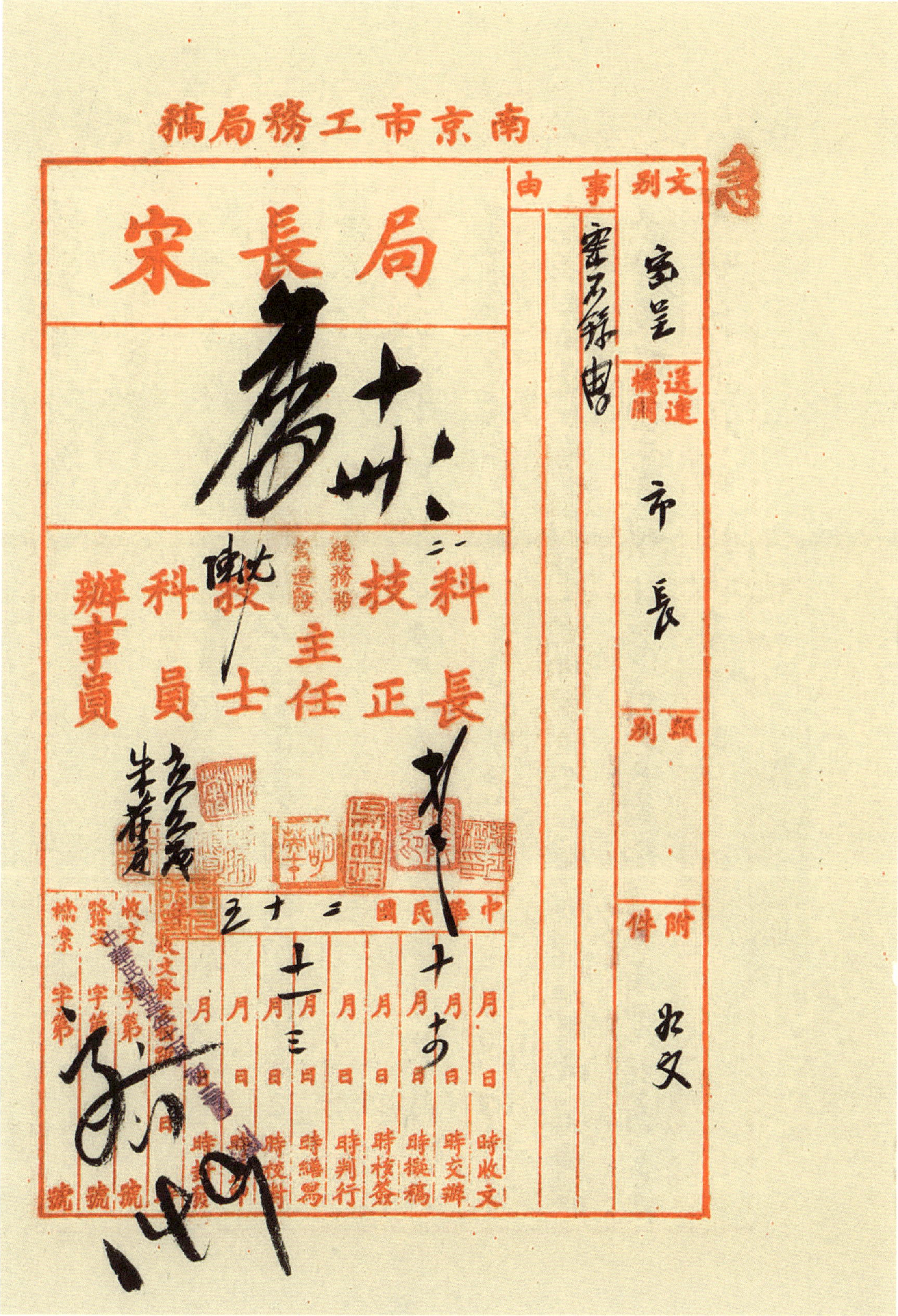
南京市工務局稿
局長宋
科長
技正
總務股
主任
技士
科員
辦事員
文別 密呈
送達機關 市長
事由 密不錄由
類別
附件 如文
中華民國二十五年十一月三日
收文 月 日 時
交辦 月 日 時
擬稿 月 日 時
核簽 月 日 時
判行 月 日 時
繕寫 月 日 時
校對 月 日 時
蓋印 月 日 時
封發 月 日 時
收文 字第 號
發文 字第 號
檔案 字第 號

密呈市　　號

案查奉

令建築漢中門城樓過橋工程，前經本局交由華中公司承包，計包價洋乙萬乙千零捌拾捌元四角五分，並與簽訂合同，呈奉

鈞府二十四年十月四日第五七九零號指令核准，旋因添用青磚、遷移廁所地位、並減少磚牆數量、增減兩抵，計需增加工款七百二十元零四角五分，又以增加鋼筋混凝頂板及磚石砌牆等項，計需增加工款九百八十元零貳角，並經分別填具價格增減表，呈奉

鈞府廿四年十二月七日第七七六一號及本年八月十日第
零八五五三號先後令准備案各在案。查上項工程
業已全部完成，經派員檢驗，核與設計、分層相符，
函修理舊城門兩扇，係准首都警察廳函請附內，
但不在原訂合同範圍以內，經核給洋二千五百元，其餘數
量時有增減，共計應實支工款乙
萬弍千六百五拾九元四角貳分，除本標包價乙萬乙千
零八十八元四角五分外，按實支數計需追加洋乙千五百
柒拾乙元零弍分，應請
鈞府賜准加撥，函本案工款，經照包價編造表付款

等八、五卷軍政部撥付補助二分之一工款五千五百四十四元貳角貳分，已如數解庫在案。按決算數各半負担，應由軍政部補撥洋七百八十五元五角另分，茲定于十二月二十日上午九時在本局召集前往驗收，除檢同決算書及該工圖樣各二份，代

鈞府擬稿呈請

軍事委員會派員會驗並加撥工款外，理合檢同決算書及該工圖樣各二份，連同請撥臨時費通知單一份，具文呈送，仰祈

鑒核，俯賜派員屆時蒞局會同前往驗收，並請轉飭

財政局加撥工款，以資結束。

謹呈

市長馬

附呈 決算書二份

圖樣二份

請撥臨時費通知單一份

全銜

中華民國 年 月 日

監印 章微英

校對 周伯愷

南京市工務局

214

漢中門城樓過橋 工事決算書

（共　頁）

字第　號　　　　　　第　頁

合同號數	C1024號	規定限期	90天
承包人	華中公司	雨雪冰凍	39天
開工日期	24年10月12日	核准延期	天
全部分/一部分 工竣日期	25年2月17日	逾期日數	天

預算		決算	
原來預算或原合同所訂總價	11088.45	承包人實做工程費額	12659.41
第一次追加	720.45		
第二次追加	980.20		
共計	12789.10	淨付承包人	12659.41

附註　第一次追加奉市府令7761号核准
　　　〃二〃〃〃8553〃〃

實做工程詳細表

種類	形狀	單位	數量	單價（元）	總價（元）	備考
混凝土	1:2:4	立公	85	37.00	3145.00	
鋼筋		公斤	10400	.135	1404.00	
鋼架		〃	3400	.30	1020.00	
1:3:6混凝土		立公	40	24.00	960.00	
磚墩		〃	98	9.00	882.00	
砌城墻及鋪城磚等		〃	191.5	7.50	1436.25	
水泥假石粉刷（磚面上）		平公	122	3.00	366.00	
水泥假石粉刷（混凝土上）		〃	124	3.00	372.00	
1:2水泥漿		立公	2.7	30.00	81.00	
土方		〃	447	.85	379.95	
整理城牙					400.00	
伸縮縫設備					100.00	
二五十青磚		立公	186	6.20	1153.20	
拆遷廁所照原式修復					120.00	
修理舊城门					35.00	[illegible]
鋼筋混凝土		立公	11.41	53.60	611.57	
砌磚石墻心		〃	60	4.50	270.00	
查扣拆城墻工		〃	255	.30	−76.50	
					12659.47元	

25年10月3日　　計算　　主任　　科長/技正　　局長

鋼筋甲
鋼筋乙
鋼筋丙
剖面甲-甲
剖面乙-乙
生鐵滾輪橫剖面圖
橋板內鋼筋圖
平面
大樣
橋家基牆
楔頭
水泥漿
新民門城樓過橋伸縮縫
暨及橋板內鋼筋詳圖

修理水西門水巷與南灣子轉角處城墻

（一）市工務局爲修理水西門水巷與南灣子轉角處城墻飭撥工款致市政府的呈文（附件：工程賬單）（一九三六年七月二十三日）

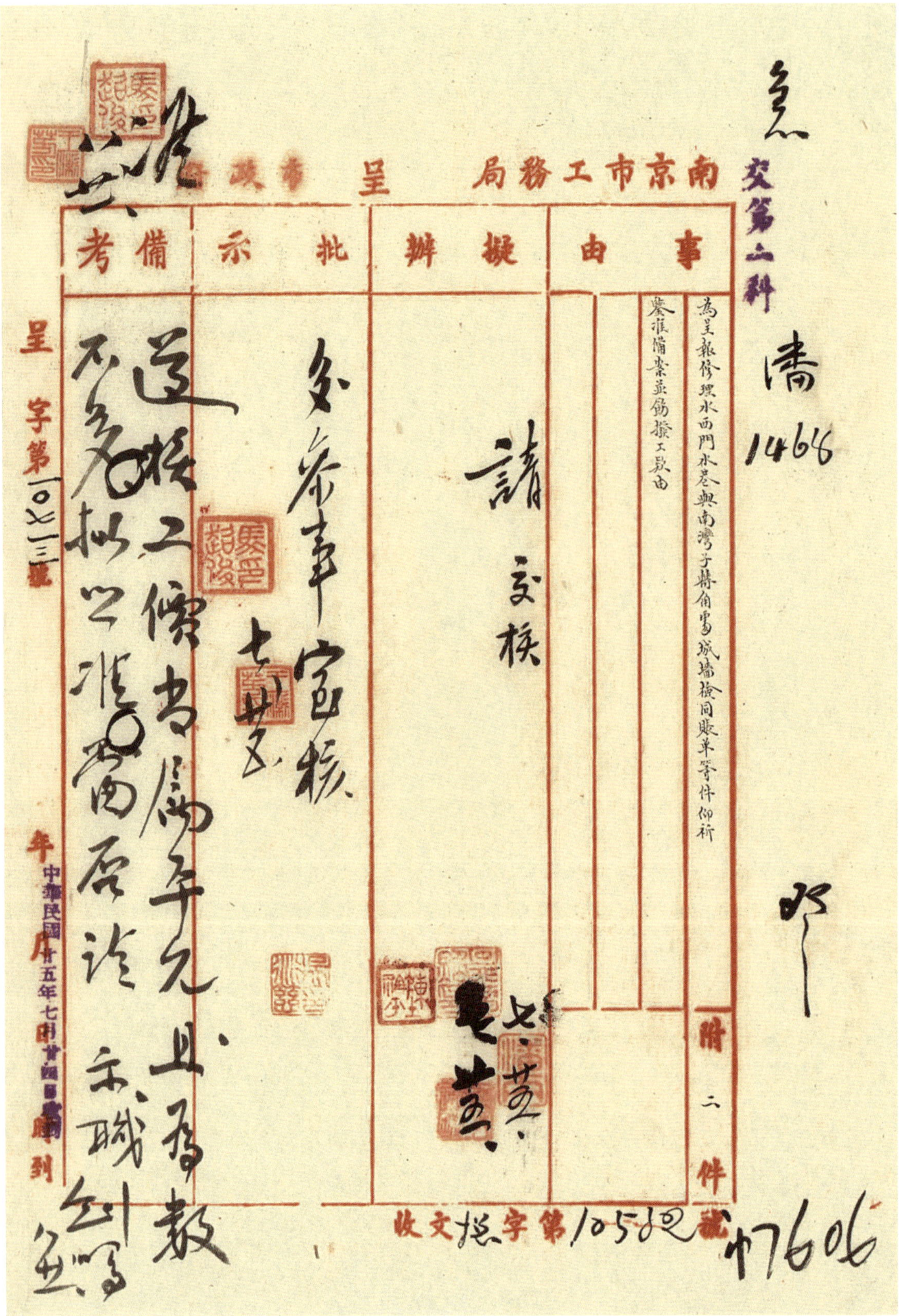
南京市工務局 呈 市政府

交第二科

事由	擬辦	批示	備考
為呈報修理水西門水巷與南灣子轉角處城墻檢同賬單等件仰祈鑒准備案並飭撥工款由	請 交核		

附 二 件

呈 字第一〇七一三號

中華民國廿五年七月廿四日到

收文 字第 號

據報水西門水巷與南灣子轉角處城牆突然裂開，牆腳倒塌等情，經查該處適在通行要道之旁，確屬危險，自應提前修理，以策安全，飭據尹祥記營造廠開賬前來，計需修理費貳百拾玖元陸角，經核修理城牆單價，尚屬翔實，惟砌工稍昂，減為每立公方壹元，即以核減後總價壹百捌拾元交其承辦，限三天完工，除俟工竣再按實支數量結算外，理合檢同賬單一份，連同請撥臨時費通知單一紙，具文呈送，仰祈

鑒准備案，並請轉飭財政局發撥工款，以應支付。

謹呈

市長馬

附呈賬單一份（仍乞發還）請撥臨時費通知單一紙

工務局局長宋希尚

中華民國二十五

七月二十三日

監印章存真
校對周伯[illegible]

拆工料減为
每立公壹元

修城墻單价
六元七元以上料

照給

所估数量与將
来实做并全有
係完工時再丈量
實給

计開

水西门南湾子月城角倒塌

拆工高约九公尺两角宽三公尺厚一公尺又南邊

上口拆墻共计三十七立公 每立公工洋伉 计洋七十四元

砌墻高九公尺宽三公尺厚四十公分連南边上口砌墻

在内 共计弍拾立公〇八 每立公洋坑 计洋壹佰四十五元六

總計洋弍百拾玖元六角 照呈

工務局 鈞核

尹祥記營造廠 廿五七廿、

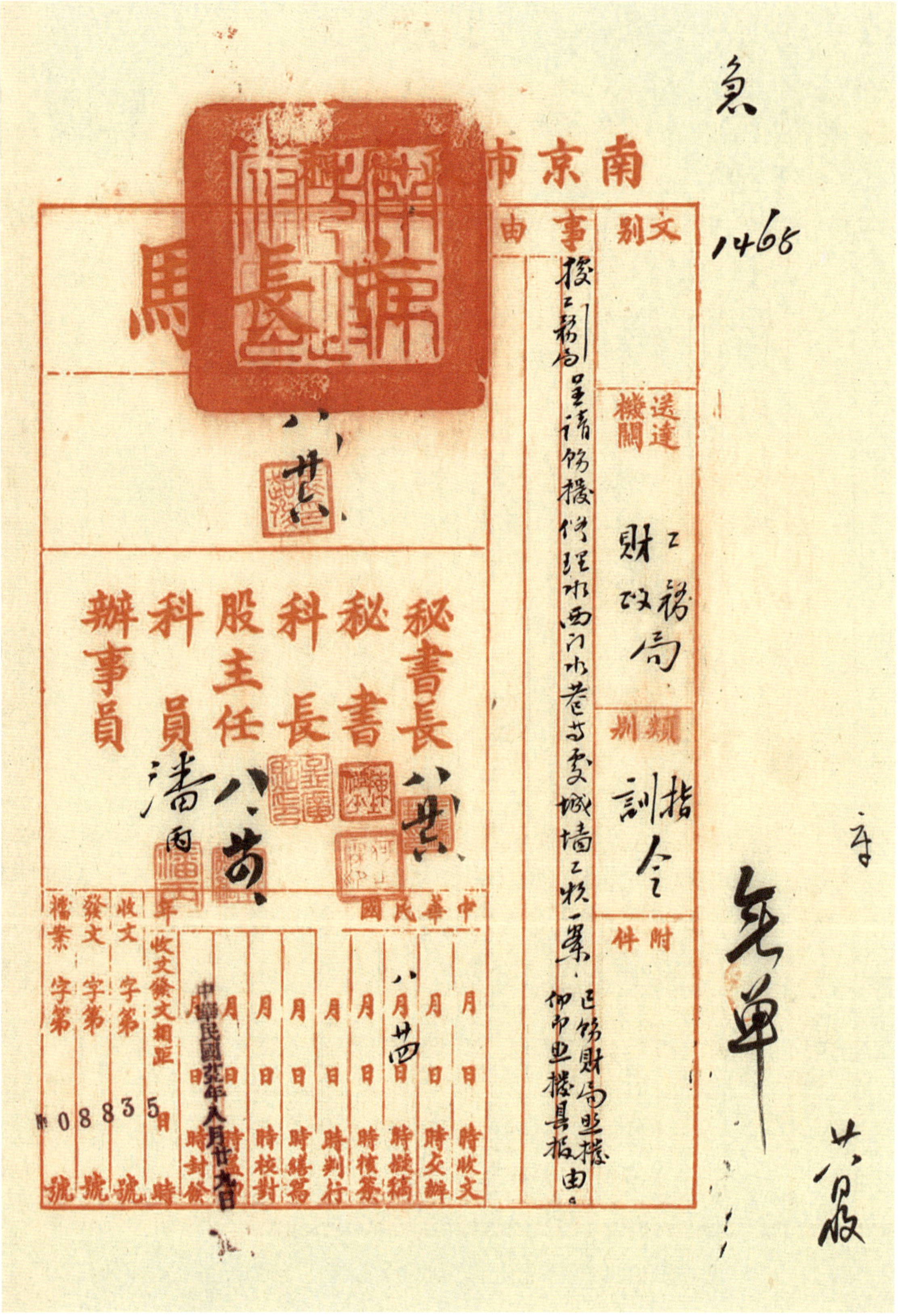

（二一）市政府爲飭撥修理水西門水巷與南灣子轉角處城墻工款致市工務局的指令及致市財政局的訓令（一九三六年八月二十九日）

指令

令工務局

本年七月二十三日第一零七一三號呈一件。為呈報修理水西門水巷與南灣子轉角處城墻，檢同賬單等件，祈鑒准備案，并飭撥工款由。

呈件均悉。准照核減後，總價交尸祥記承辦，所需工款，已飭財政局照撥，仰並該局本年度臨時費預算第一款一項一目一節款內，編造支付預算，逕送財政局請領應用，事竣，呈請驗收并造送報銷，仰即遵照。賬單發還，件存。此令。

發還賬單一份

賬單抄一份
存查

訓令

令財政局

案據工務局呈請飭撥修理水西門水巷與南灣子轉角處城墻工程費百捌拾元，應用等情，附呈賬單等件到府。據此。除指令：「呈件均悉。照前稿核至此令。」印發外，合行令仰該局遵照撥發具報。此令。

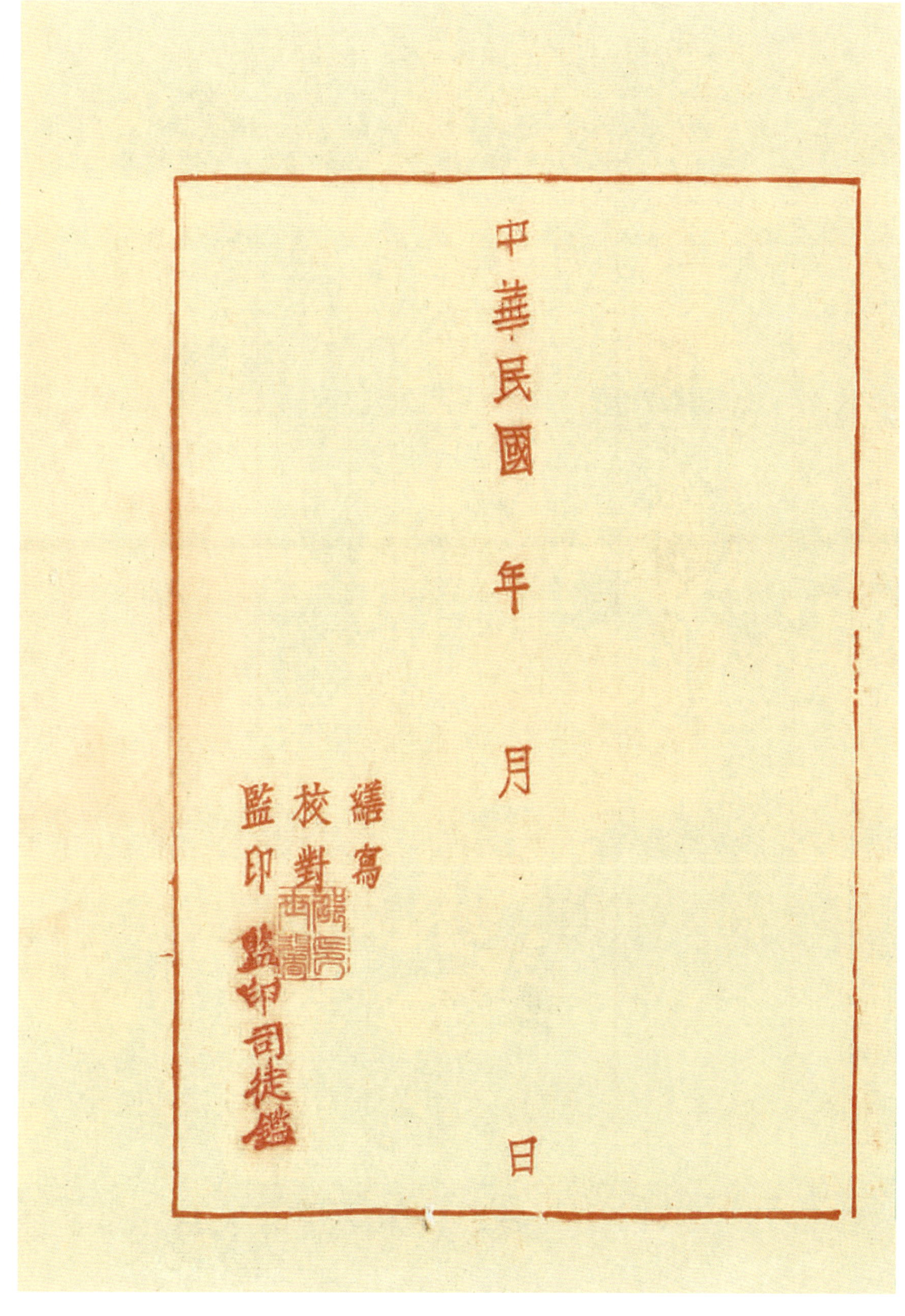

中華民國　年　月　日

繕寫

校對

監印

監印司徒鑑

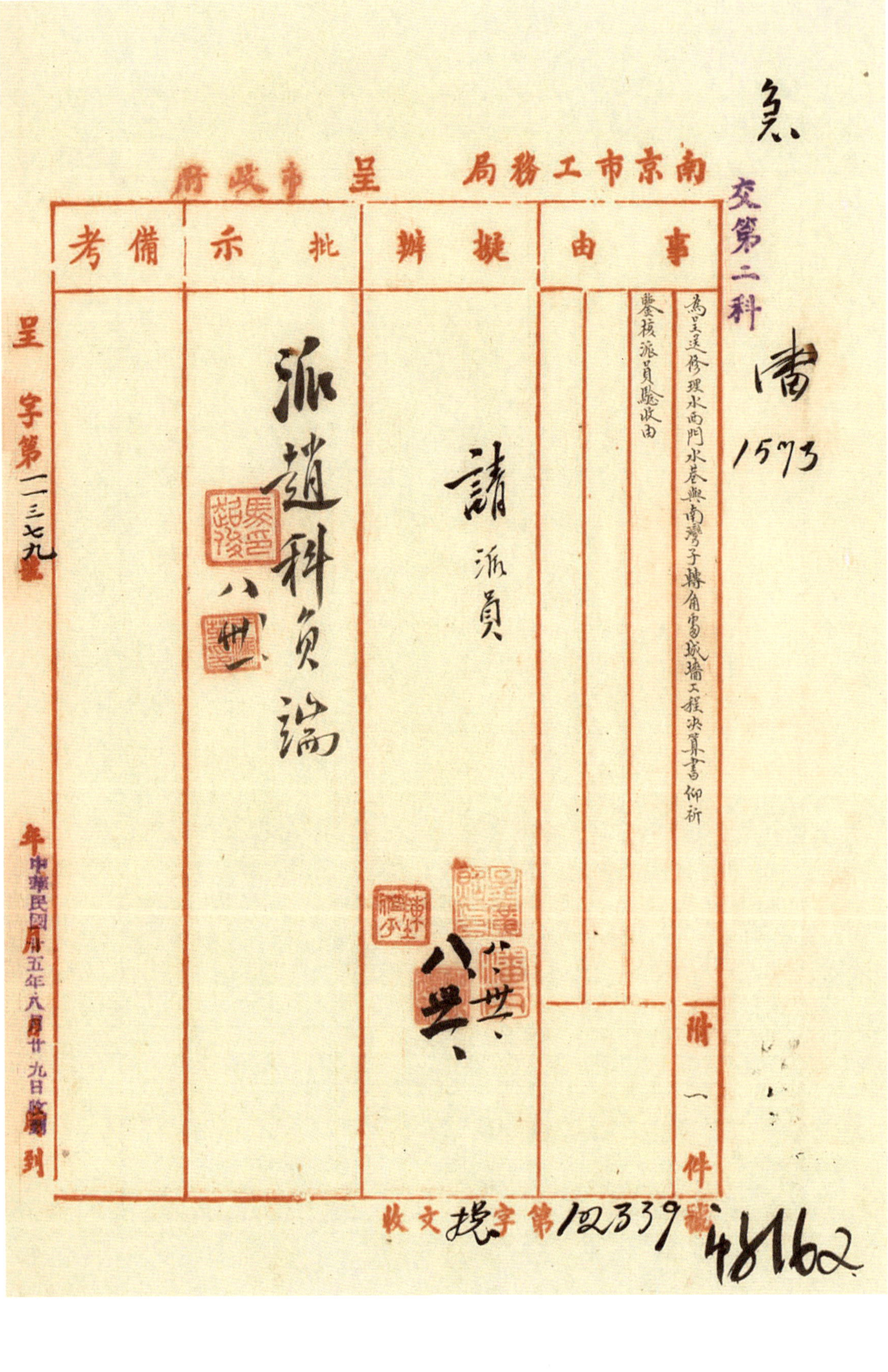

急

南京市工務局 呈 市政府

交第二科

審 1573

事由	擬辦	批示	備考
爲呈送修理水西門水巷與南灣子轉角處城墻工程決算書仰祈鑒核派員驗收由	請派員 八卅	派趙科員端 八卅一	

附一件

呈 字第一一三七九號

中華民國廿五年八月廿九日收到

收文提字第102339號

48162

（三）市工務局爲送修理水西門水巷與南灣子轉角處城墻工程決算書祈驗收致市政府的呈文（附件：工事決算書）

（一九三六年八月二十八日）

案查修理水西門水巷與南灣子轉角處城墻一案，前經本府交由尹祥記營造廠承包，
計包價壹百捌拾元正，因該處適在通行要道之旁，為策安全計，當飭趕工，一面檢同賬單
等件，呈請
鑒核備案在案。茲查是項工程，已依限完工，經派員檢驗，尚無不合，按照實用數量，計應
實支工款壹百陸拾貳元零肆分，較原包價壹百捌拾元，減少洋拾柒元玖角陸分，所有餘
款，除奉指令另案結束外，理合編造決算書，具文呈送，仰祈
鑒核俯賜派員驗收，用昭核實。

謹呈

市長 馬

附呈決算書一份

工務局局長宋希尚

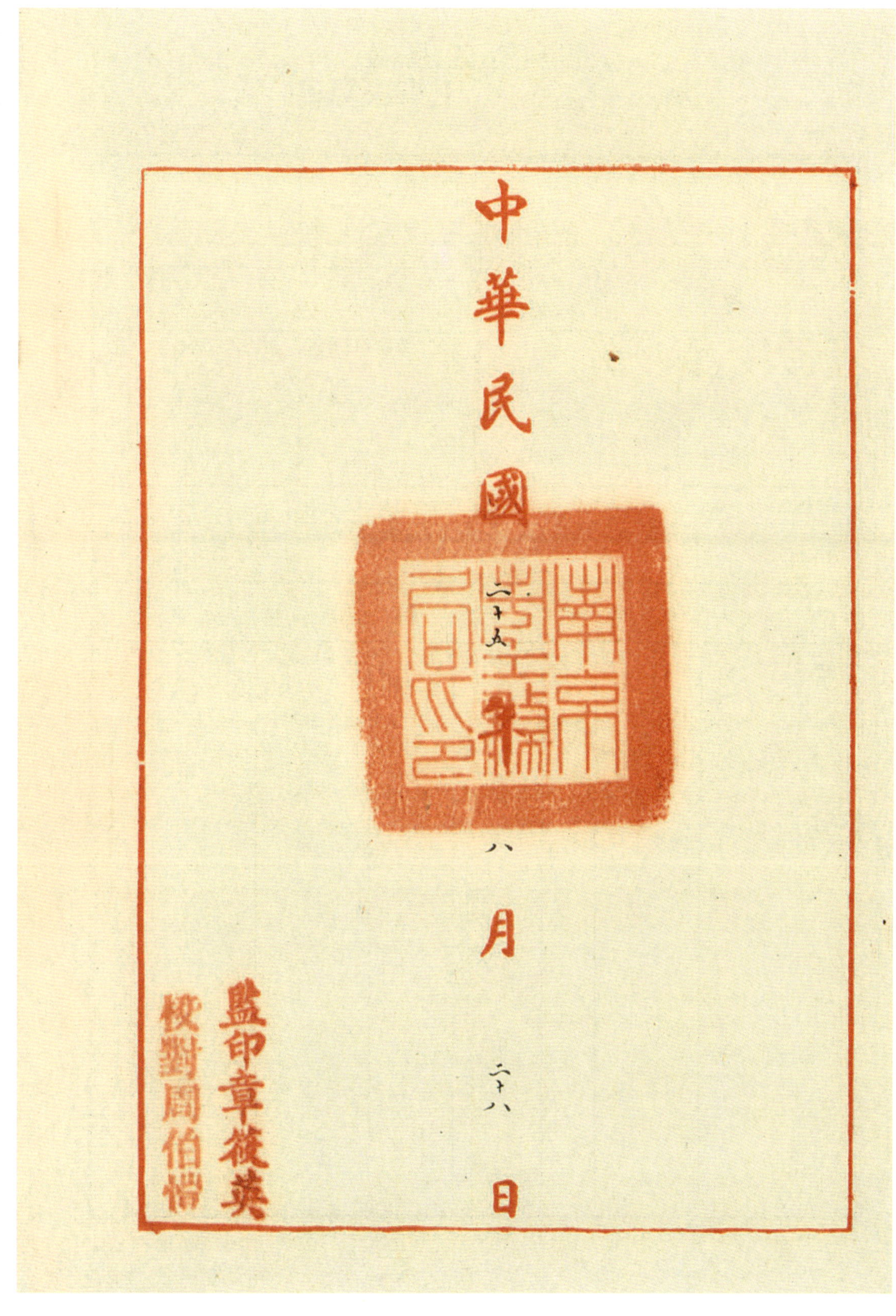

中華民國二十五八月二十八日

監印章筱英

校對周伯愷

南京市工務局

修理水西門水巷與南京邦補城牆工事決算書　（共　頁）

字第　號　　　　　　　　　　第　頁

合同號數	賬單	規定限期	3天
承包人	尹祥記營造廠	雨雪冰凍	天
開工日期	25年7月21日	核准延期	0天
全部分/一部分 工竣日期	25年7月23日	逾期日數	0天

預算		決算	
~~原来預算或~~原合同所訂總價	180.00元	承包人實做工程費額	162.04元
第一次追加		領款1796	
第二次追加			
共計	180.00元	淨付承包人	162.04元

附註

實做工程詳細表

種類	形狀	單位	數量	單價（元）	總價（元）	備考
拆除城墻		立公	23.5	1.00	23.50	
砌城墻	石灰白沙漿	〃	17.22	7.00	120.54	
修補城墻		平公	60.0	0.30	18.00	
					162.04元	

25年8月19日　計算　主任　科長/技正　局長

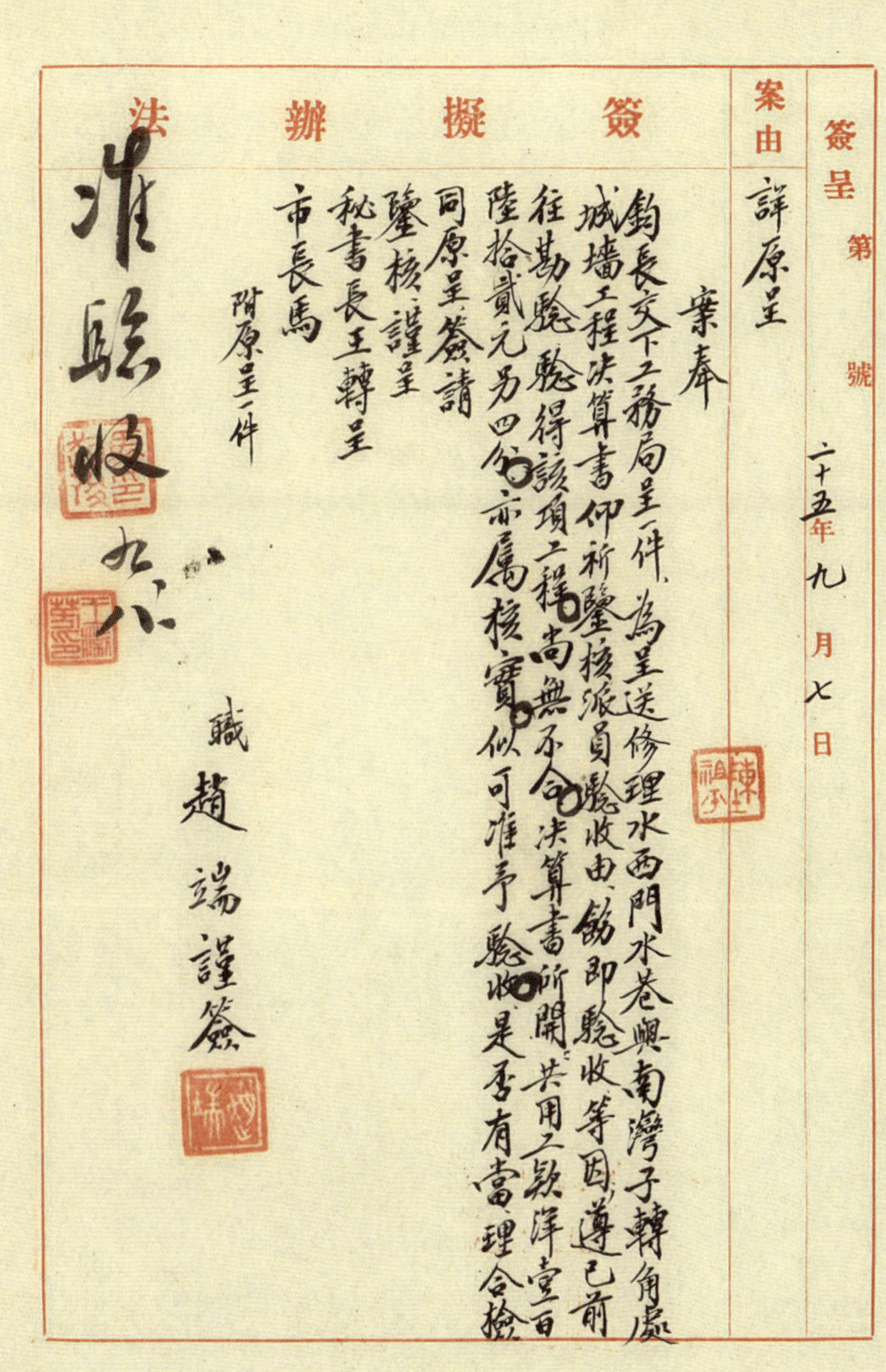

簽呈第　號

二十五年九月七日

案由：詳原呈

簽擬辦法

案奉

鈞長交下工務局呈一件，為呈送修理水西門水巷與南灣子轉角處城墻工程決算書仰祈鑒核派員驗收由，飭即驗收等因，遵已前往勘驗。驗得該項工程尚無不合。決算書所開，共用工款洋壹百陸拾貳元另四分，亦屬核實，似可准予驗收。是否有當，理合檢同原呈，簽請

鑒核。謹呈

秘書長王轉呈

市長馬

附原呈一件

職　趙　端　謹簽

准驗收　九、八

批示	簽擬辦法

（四）市政府爲修理水西門水巷與南灣子轉角處城墻經驗收準予備案致市工務局的指令（一九三六年九月十一日）

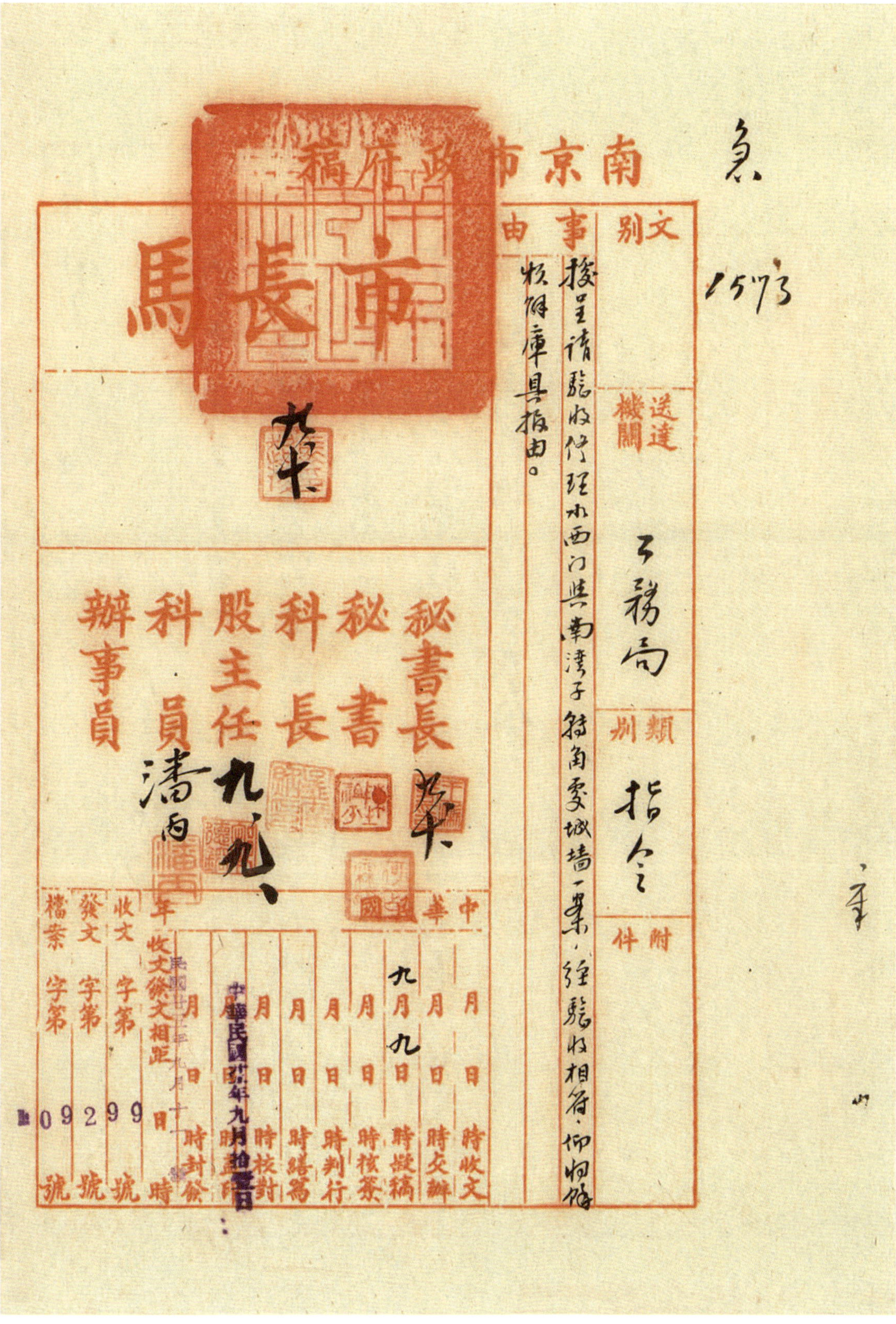
急

15773

南京市政府稿

文别	指令
送達機關	工務局
事由	據呈請驗收修理水西門與南灣子轉角處城墻一案，經驗收相符，仰將保固切結具報由。

市長 馬

秘書長

秘書

科長

股主任 九、九

科員 濤

辦事員

中華民國廿五年九月拾壹日

09299

指令

令工務局

本年八月二十八日第一三七九號呈一件，爲呈送修理水西門水巷與南灣子轉角處城墻工程決算書，仰祈鑒核派員驗收由。

呈件均悉。案經派員前往驗收完畢，准予備案，仰將餘款解庫具報。件存。此令。

409299

監印司徒鑑

校對鄧世麟

（五）市工務局爲修理水西門水巷與南灣子轉角處城墻工程餘款已解庫致市政府的呈文（一九三六年九月二十五日）

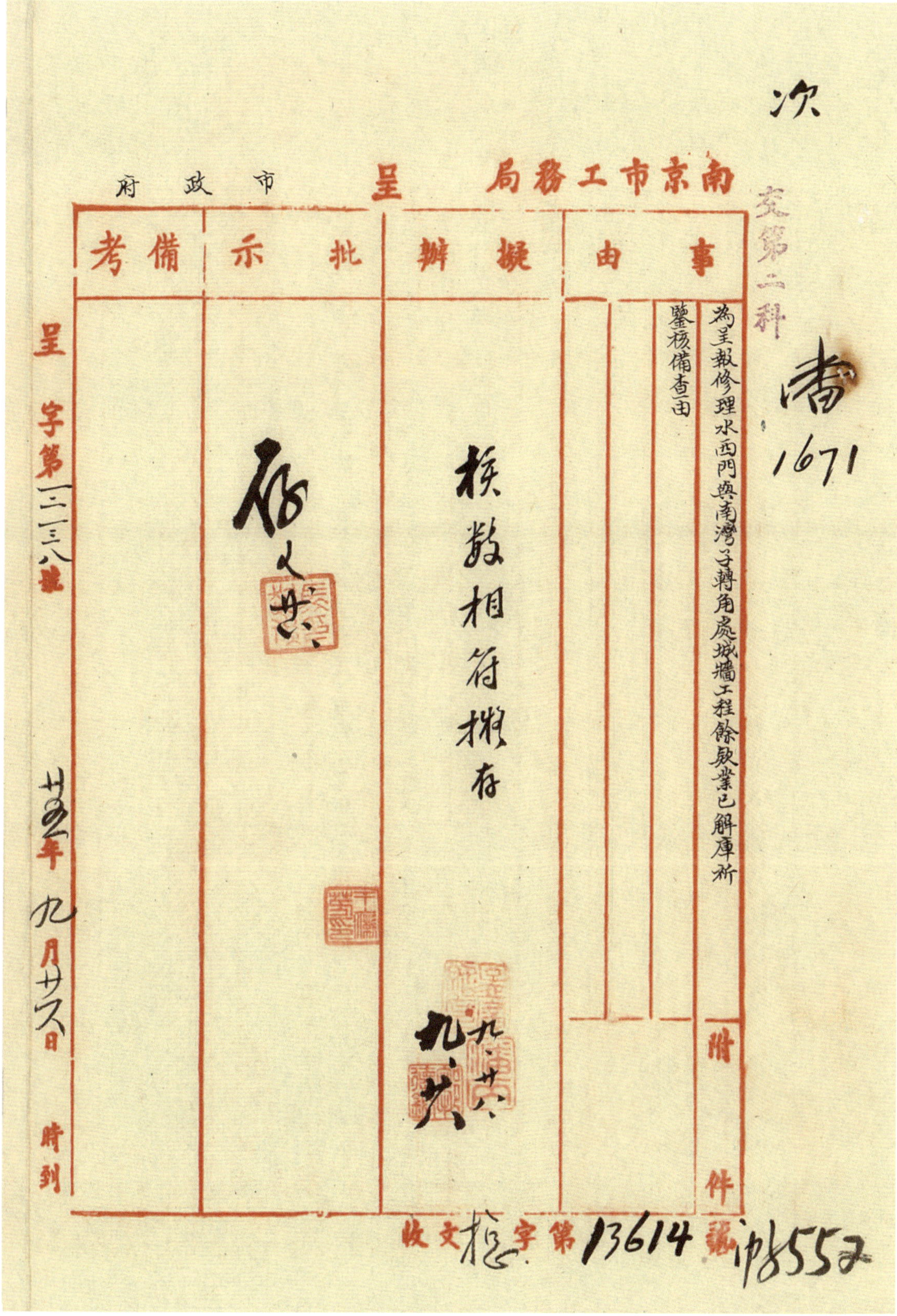

次

工第二科

審 1671

南京市工務局 呈 市政府

呈 字第一三一三八號

事由	擬辦	批示	備考
爲呈報修理水西門與南灣子轉角處城墻工程餘款業已解庫祈鑒核備查由	核數相符擬存 九廿六	存 文 廿六	

附件

廿五年九月廿五日 時到

收文總字第13614號

案奉

鈞府本年九月十一日第九二九九號指令本局呈一件為呈送修理水西門水巷與南灣子轉角處城牆工程決算書仰

祈鑒核派員驗收由內開：

「呈件均悉案經派員前往驗收完畢准予備案仰將餘款解庫具報」

等因奉此查上項工程計餘工款壹拾柒元玖角陸分自應掃數解庫以清款目除將上款填具解款單咨送財政局

核收外理合具文呈報仰祈

鑒核備查

謹呈

市長馬

工務局局長宋希尚

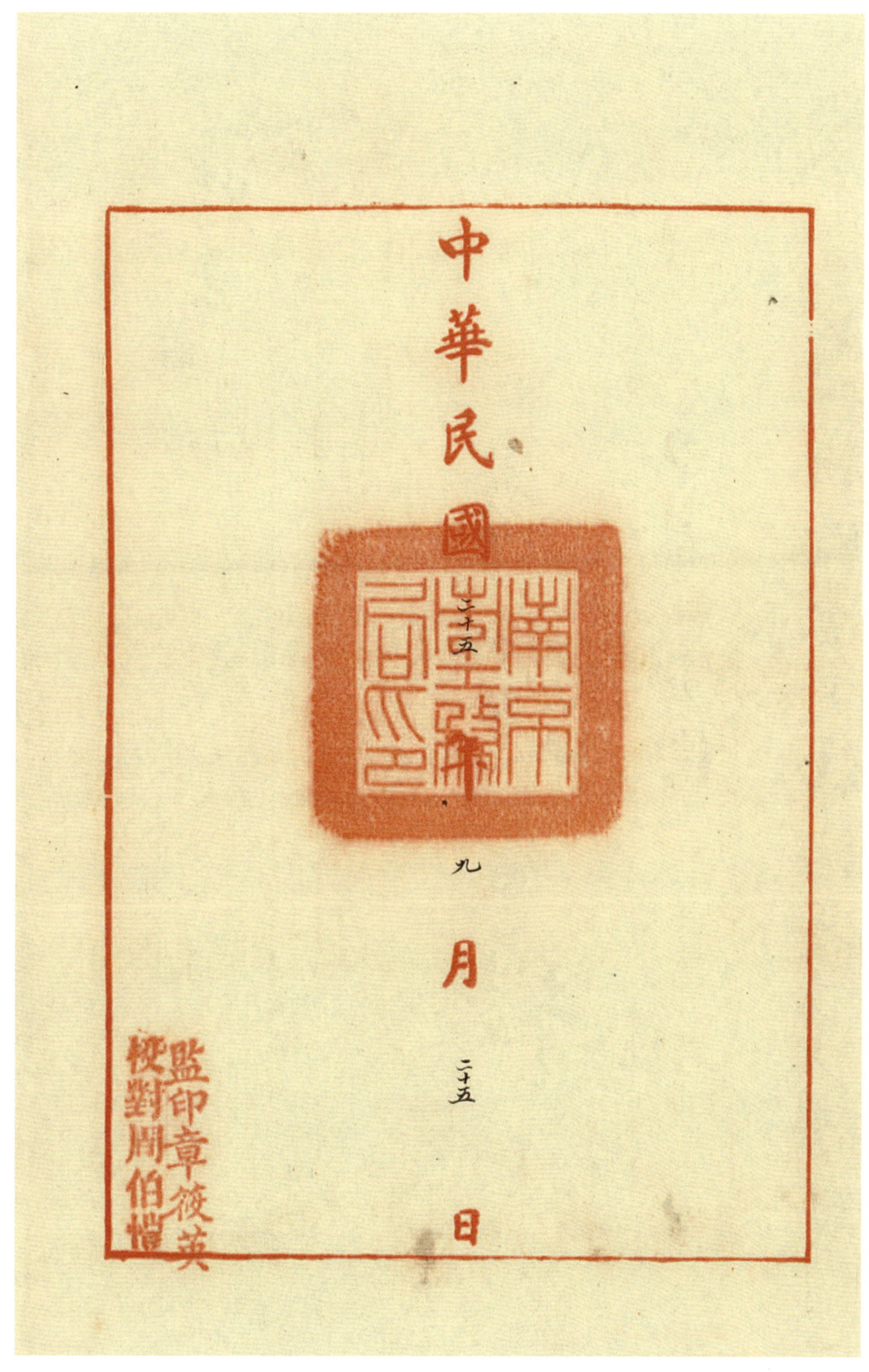

中華民國二十五年九月二十五日

監印章筱英

校對周伯愷

修理太平門至中山門城墻

（一）市工務局爲修理太平門至中山門段城墻請備案并飭撥工款致市政府的呈文（附件：工程合同及價目表）

（一九三六年十一月二日）

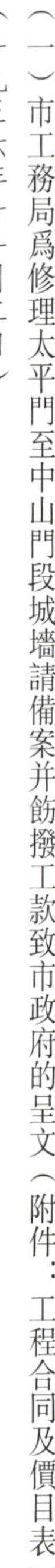

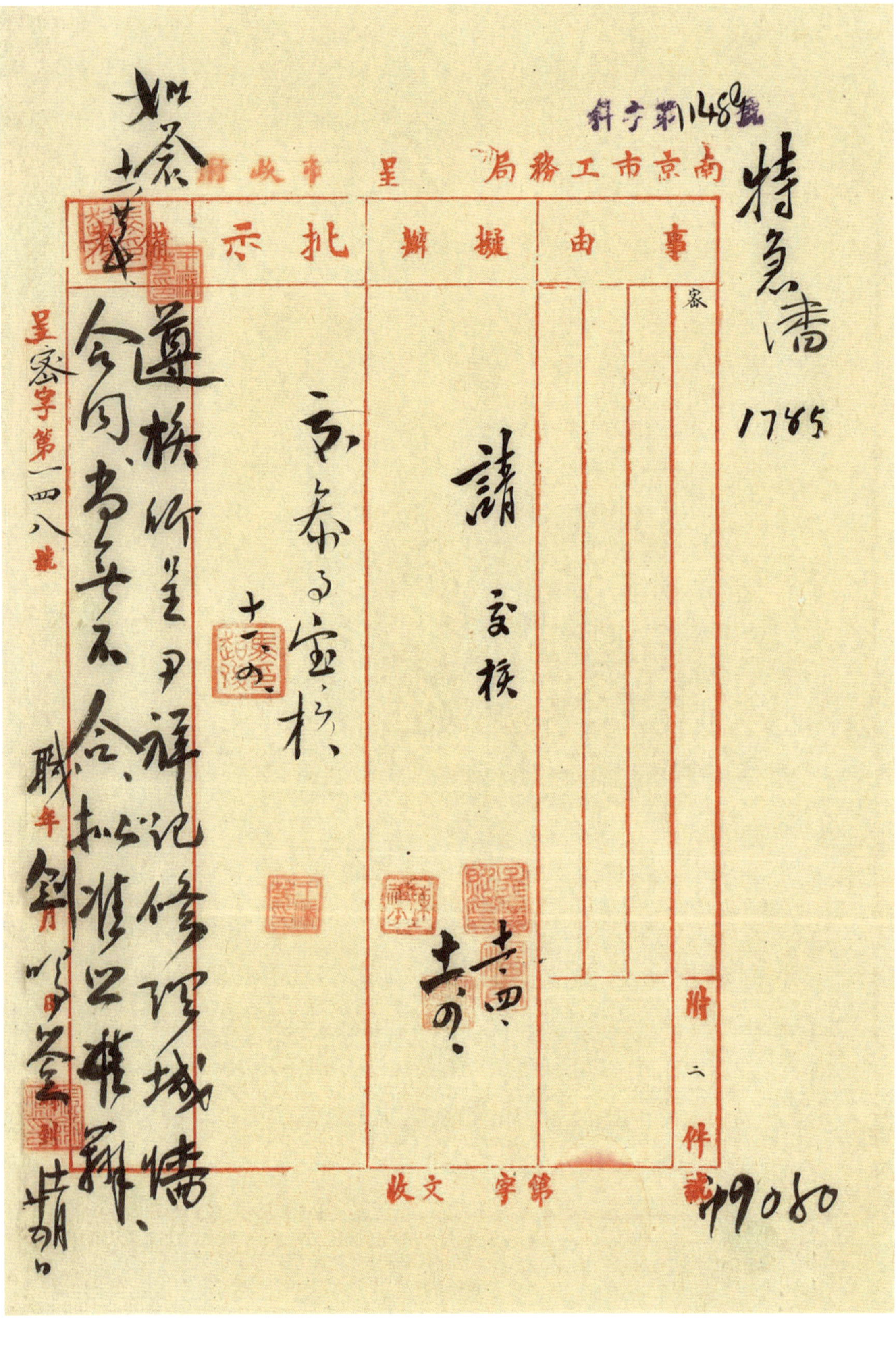

案查前奉
鈞府交下
軍事委員會辦公廳函，請修理太平門至中山門一帶城堞，及太平門至台城一帶城墻一案，
下局，即經本局擬具預算，代擬府稿，呈請
軍事委員會轉飭軍政部軍需署撥款，以利進行，嗣於本年九月三十日奉
鈞府交下軍政部本年九月二十五日豐丁字第三三九號咨函一件，為奉 軍事委員會
交下貴府請將承修太平門至中山門一帶城墻費用，由軍費支付一案，奉批派員實地
調查，將緊要地點，先行修復，等因，請查照迅辦由。奉
批密交工務局迅速辦理，等因。奉經遵照，由局會同參謀本部，及警備司令部派員詳細
查勘，商定先將太平門至中山門一帶城墻，招工承修，預算約需工款伍千叁百伍拾玖元

玖角肆分，並照數造具補助費直式預算書，代擬府稿，於本年十月六日，以工密字第五八號

公函，送請

軍政部查照核撥各在案。惟查此項工程，關係緊要，且奉

飭迅辦，而工款已准 軍政部函知由部支給，為從速施工起見，爰經由局招由包工尹祥記承

包，計包價伍千貳百捌拾肆元玖角捌分，核在所估預算之內，經簽訂合同，繕具分期付款

表，並請財政局會核，發記簽章，並請該局派員赴部領款轉給。茲准該局將合同會核蓋

章送局，除由局督促包工積極進行外，理合檢同合同一份，請撥臨時費通知單一紙，具文

呈送，仰祈

鈞府鑒核，俯准備案，並飭財政局核撥工款，以資應付。

謹呈

市長馬

計呈送合同一份　請撥臨時費通知單一紙

工務局局長宋希尚

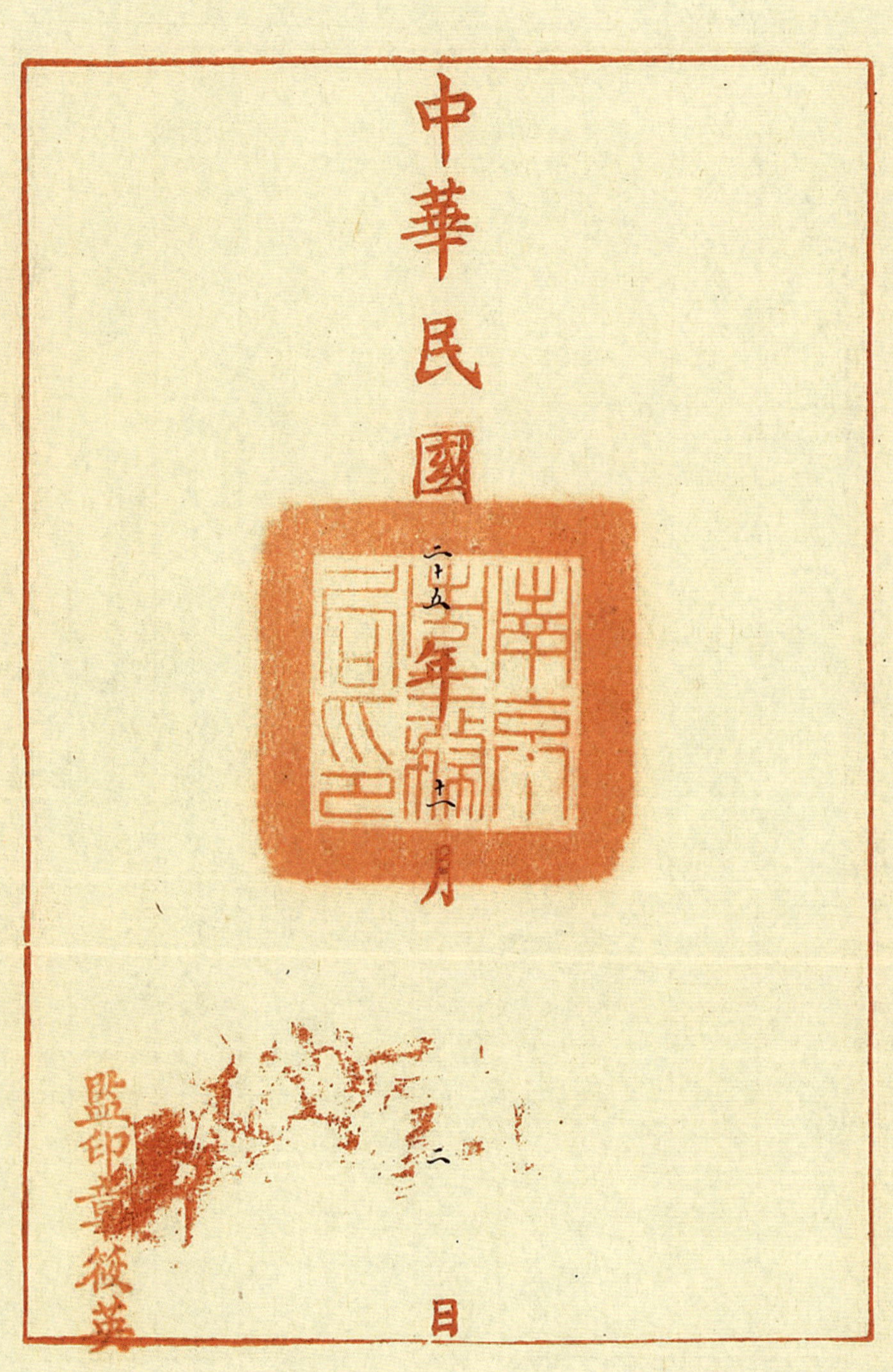

中華民國二十五年十二月二日

監印章筱英

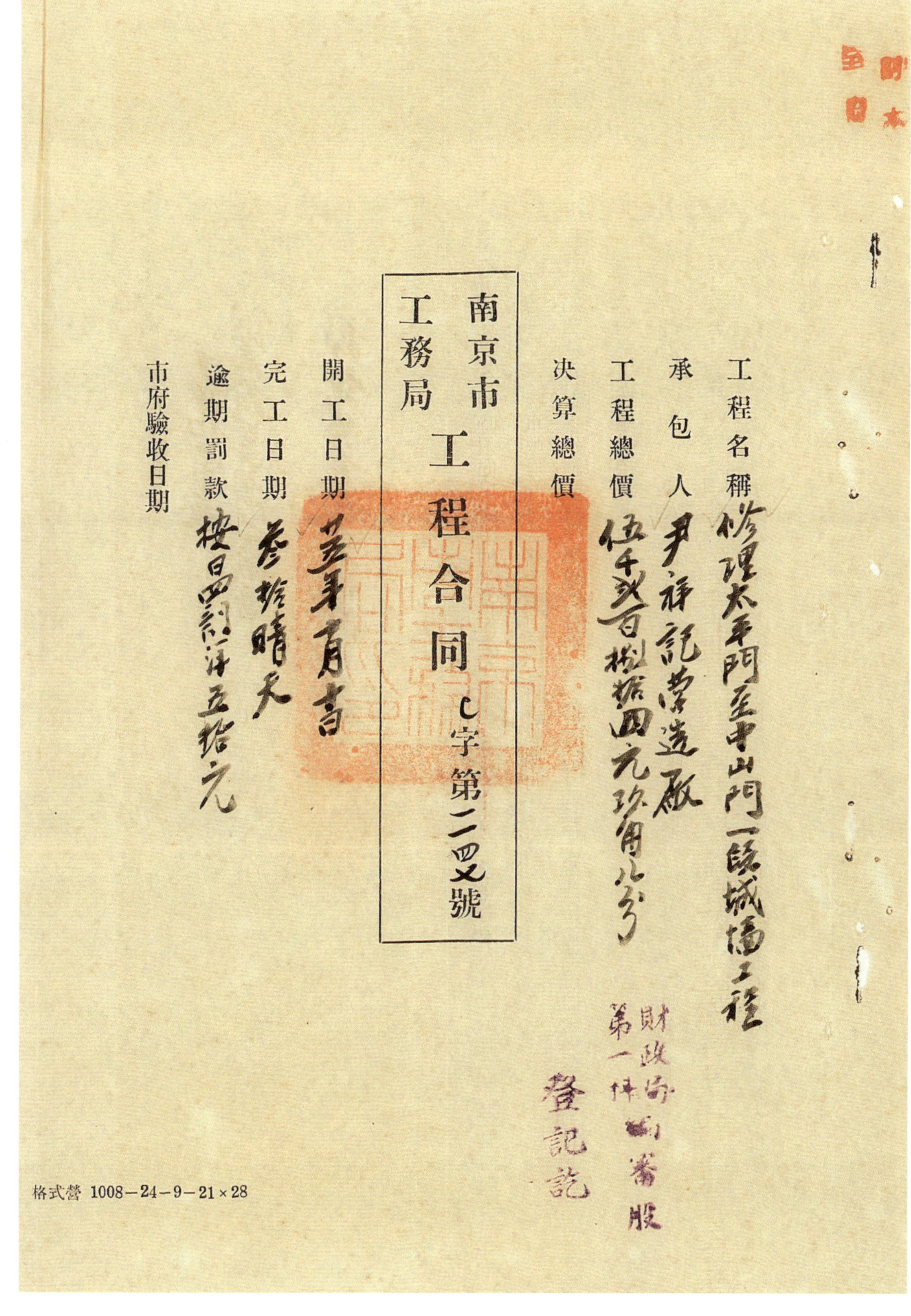

工程名稱　修理太平門至中山門一段城墻工程

承包人　尹祥記營造廠

工程總價　伍千叁百捌拾四元玖角八分

決算總價

南京市工務局　工程合同　乙字第二一四叉號

開工日期　廿年八月吉

完工日期　叁拾晴天

逾期罰款　按日罰洋五拾元

市府驗收日期

財政局第一科[illegible]審股第一件

登記

格式營 1008－24－9－21×28

南京市工務局（以下簡稱甲方）與

承　包　人尹祥記營造廠（以下簡稱乙方）

茲爲建築修理太平門至中山門一段城墻工程經雙方同意訂立合同如左

一、工程範圍

詳說明書及單位價目表

二、乙方於簽訂合同時須向甲方繳納工程保證金叁百五拾元領取收據俟本合同所規定之工程全部完竣毫無貽誤並經市政府驗收合格後六月乙方得憑收據向甲方將該項工程保證金領回

三、本工程之設計圖樣及施工細則係屬本合同之一部份乙方均已了解清楚並無疑問不明之處均願切實遵照辦理絕不藉端推諉請求加賬

四、本工程進行期中所需一切人工材料機器工具及一切設備等除另有規定者外均由乙方供給之

五、本工程進行期中所有詳細施工圖樣均由甲方隨時補充乙方均應遵照辦理如乙方對於補充詳圖上所規定之工料有認爲不應包括於本合同之內者應在該項工程未進行之先以書面向甲方磋商允可後方爲有效

六、本工程詳細價目另表開列爲本合同之一部份

七、本工程進行期中如經甲方認爲在設計上或工作上必須變更工程設計圖樣或施工細則時得於事前通知乙方遵照辦理凡因變更設計圖樣或施工細則以致工料數量有增減時其增減工料價格應按照詳細價目表內所開之單位價格計算於工程總包價內分別增加或減除之

八、本工程所有細微之處未能盡載明於圖樣及施工細則中而爲工程上所必要者乙方均應照甲方監工人員指示做全不得推諉并另索造價

九、乙方非得甲方之書面允許不得以本工程之任何部份轉包他人

十、本工程自簽訂合同之日起乙方卽須將人工材料工具運往工次自通知開工之日起限叁拾晴天內完工不得逾限如逾限期乙方願按日罰洋伍拾元甲方得由應付工款或工程保證金內扣除之但遇風雨冰雪天災地變實在不能工作之日經甲方之監工人員書面證明呈由甲方批准展期者不在此限

十一、本市有關工程之章程及建築規則乙方均應遵照辦理

十二、本工程造價之付款標準規定如左

本工程造價共計國幣伍千貳百捌拾四元九角八分共分四期付款

第一期開工十日後照已成工程及到工材料估價以八成計算付款

第二期開工二十日後照已成工程及到工材料估價以八成計算除已付數付款

第三期全部完竣經市府專員驗無誤後照實做工程以九成計算除已付數付款

第四期市府驗收合格後掃數付清

十三、每次領款時乙方須先報請驗收經由甲方派員查驗合格後發給領款收據三聯單由乙方持向本局總務股領取之

十四、乙方須派遣富有本工程經驗之監工人員常川在工督察並須服從甲方監工人員之指揮如乙方監工人員有[redacted]不稱職時甲方得通知乙方卽時撤換之

十五、本工程所用各種材料應先由乙方將樣品送呈甲方查驗認爲合格後方得採用所有乙方運到工次之材料經甲方查覺與呈驗合格樣品之材料不符時乙方卽須全數運出工場另辦合格新料呈驗應用

十六、本工程在進行期間如經甲方查出工料與設計圖樣或施工細則不相符合時乙方應立卽拆卸並依照設計圖樣或施工細則重行建造所有時間及金錢之損失概歸乙方負担

十七、本工程施工期內如需斷絕交通或需借用公地堆積材料時乙方應先期以書面請求甲方核准

十八、乙方在工作地點日間應設置紅旗夜間應懸掛紅燈以保行人安全倘因疎忽以致發生任何意外之事均由乙方自行負責處理之

十九、本工程進行中倘損及人畜或公私建築物由乙方負責賠償

二十、凡遇不適宜工作之天時乙方應遵照甲方監工人員之指示將工程全部或一部暫停工作並須設法保護已成之工程以免損壞

二十一、本工程在開工以後市政府驗收以前所有一切已成工程均由乙方負責保護倘因天災人事等不測事故工程一部或全部發生損壞時乙方應負責修理或重行建築

二十二、所有乙方之工匠人等之食宿等事皆由乙方自行處理乙方并應約束工人不得有軌外行動倘有滋生事故應由乙方自行負責處理之

二十三、全部工程經市政府派員驗收無誤後乙方應立具保固切結保固壹年〇月倘於保固期內本工程發現裂縫或傾陷等情事經甲方查明係由材料不佳或工作不善所致者乙方應負責出資修理不得藉詞推諉

二十四、本工程進行期間乙方因故停止工作或不履行合同時經甲方書面通知後三日內仍不遵照工作者得由甲方一面通知保證人一面另雇他人工作所有場內之材料器具及一切設備等概歸甲方使用所有甲方因雇工續造工程之費用及延期損失等仍歸乙方負担由甲方於工程造價及保證金內扣除之不足之數應由保證人賠償

二十五、乙方遇有意外事故不能負責完工時本合同之責任應由保證人負担所有甲方另雇他人續造之工

價及一切損失均由保證人賠償

二十六、本合同及附件共繕成同樣四份一份呈送　南京市政府備案其餘二份由甲乙兩方各執一份爲

憑

二十七、本合同之附件計開

設計圖樣　0份計　0張

施工細則　一份計　一張

詳細價目表　一份計　一張

其他附件

中華民國二十五年十月九日

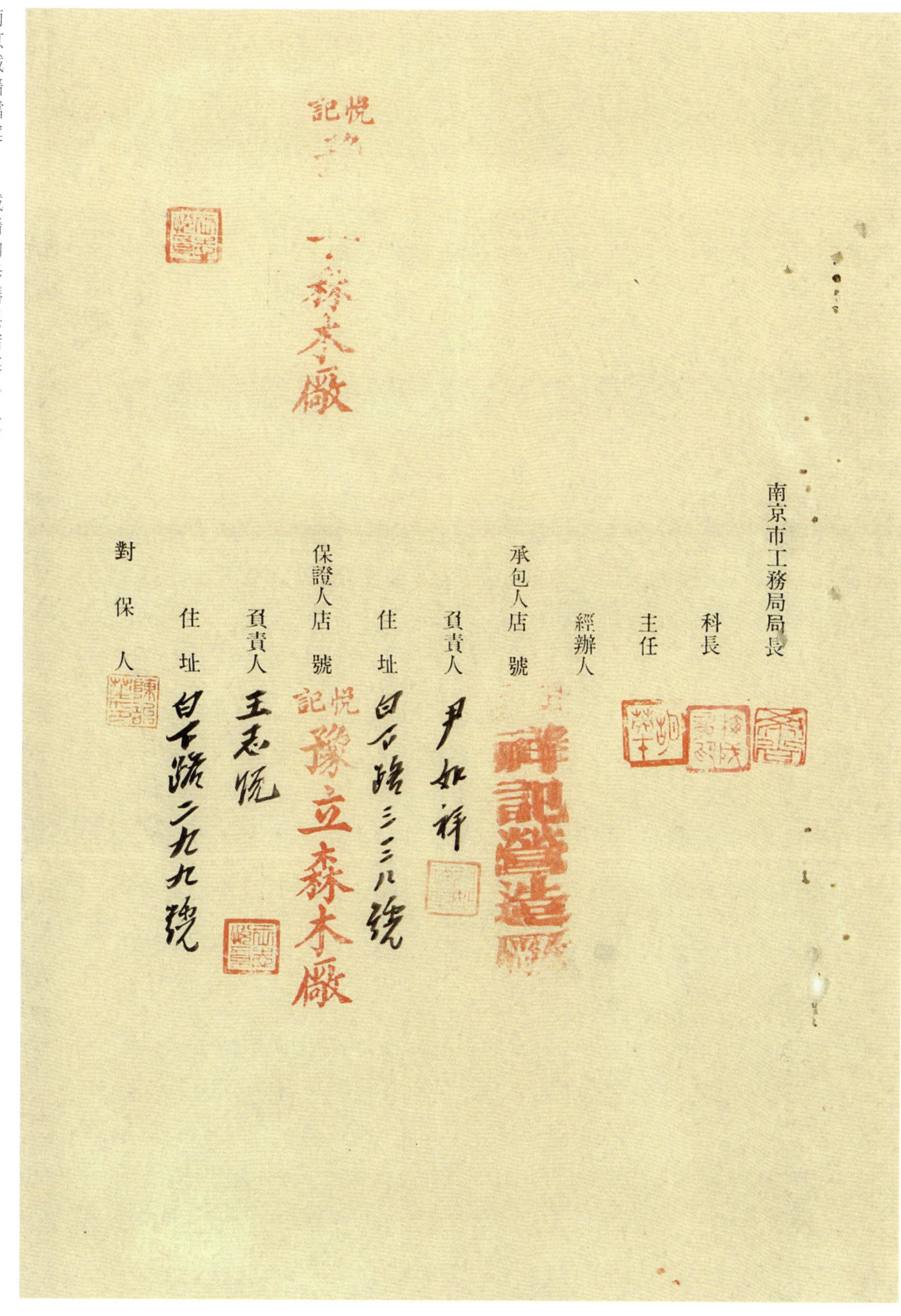

南京市工務局局長

科長

主任

經辦人

承包人店　號　□記營造廠

負責人　尹如祥

住　址　白下路三三八號

保證人店　號　悅記豫立森木廠

負責人　王志悅

住　址　白下路二九九號

對　保　人

悅記□□木廠

修理城墻施工細則

一、砌城堞及城墻時，俱用一比二石灰黄沙，並將内部空隙全行灌滿。

一、在崩塌缺口處及附近三百公尺内，承包人應儘量收集零散城磚運到工作地点應用，不給磚價及運費。

一、承包人向民間收買之城磚，所有地点及数目須先行報告本局，再由本局請憲兵司令部派員檢驗後始准起運應用。

一、承包人將收買之城磚，運到城上時，應請本局監工員復点後，再行運去應用。

一、承包人向民間收買之城磚及各項應用材料，准由本局發給旗幟，以資認識，而便通行。

一、崩塌處所需搭鷹架等設備，由承包人自行辦理，不另給價。

一、承包人須遵守本局其他一切工程規則。

南京市工務局

修理太平门至中山门一段城墙工程單位價目表

第　　頁

種類	形狀	單位	數量	單價（元）	總價（元）	備考
城堞		立公	263	7.00	1841.00	用1:2石灰黄沙砌
添城磚		塊	25511	0.135	3443.98	磚价連運費
				共計	5284.98	元

填寫　　　　　　校對

（二一）市工務局爲請派員驗收太平門至中山門段城墻工程并飭撥工款致市政府的呈文（附件：工事決算書）

（一九三六年十一月十九日）

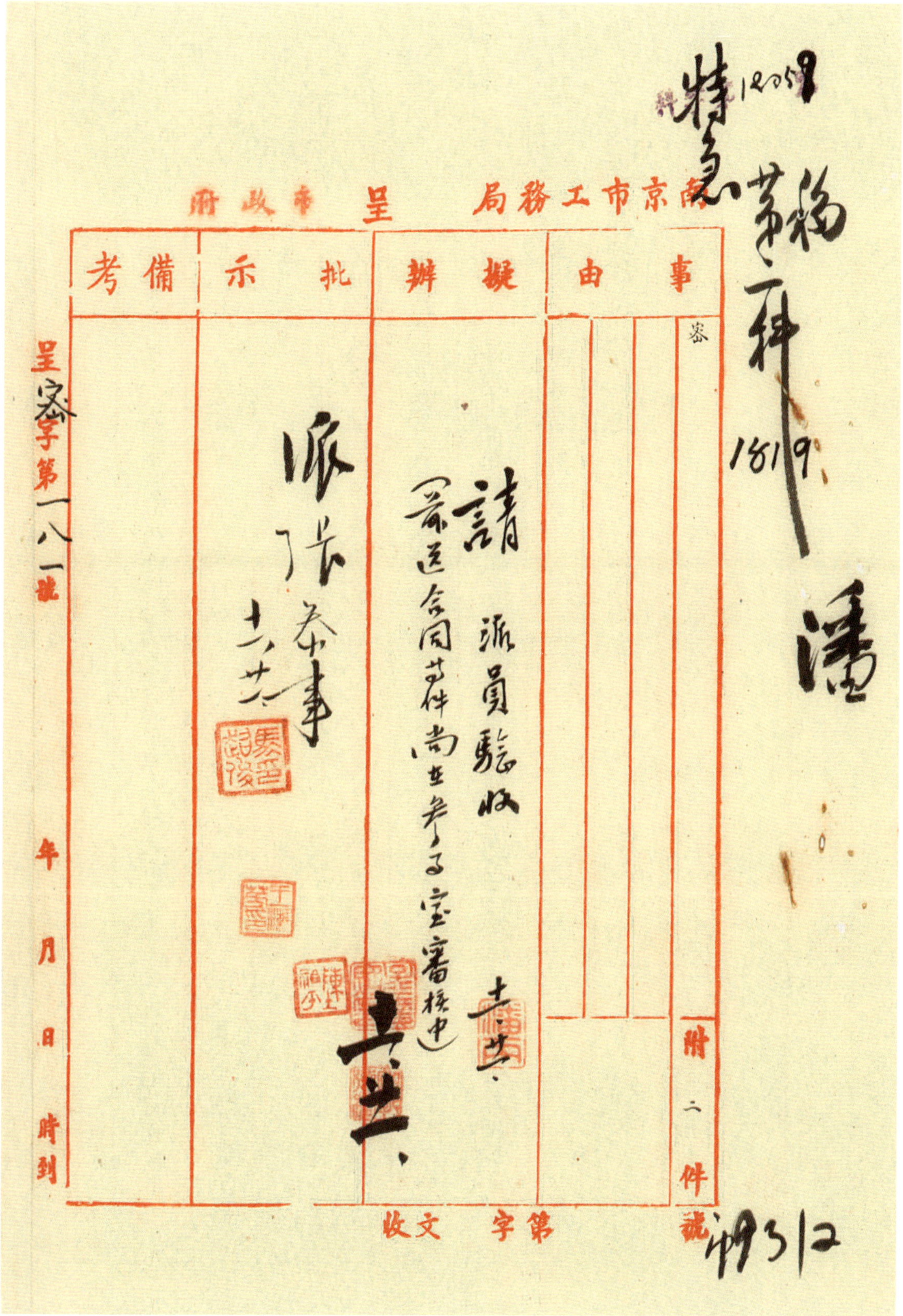

南京市工務局 呈 市政府

呈密字第一八一一號

年 月 日 時到

事由	擬辦	批示	備考
密	請派員驗收（附送合同等件尚在參事室審核中）十一廿六	派張參事 十一廿六	

附二件

收文 字第 號 49312

案查修理太平門至中山門一段城牆工程，前經本局交由尹祥記承包，計包價洋伍千貳百捌拾肆元玖角捌分，並與簽訂合同，送經財政局會核，登記該事，連同請撥臨時費通知單，呈請

鈞府鑒核，備案在案。茲查是項工程，已於十月三十日先期完成，經派員檢驗，大致尚無不合，計修理城堞二六三五方公尺，并添城磚二五五一一塊，應實支工款伍千貳百捌拾肆元玖角捌分，適與原包價數目相符，至本案工款，曾經照預算額伍千叁百伍拾玖元玖角肆分，造具補助費直式預算書，代

鈞府擬稿，於本年十月六日以工密字第五八號函送軍政部查照核撥，并函請財政局派員赴部具領在案。茲定于十二月八日上午九時在本局齊集前往驗收，除檢同決算書及施工細則各三份，代

鈞府秋稿，呈請

軍事委員會會驗外，理合檢同決算書一份，及施工細則一份，具文呈送，仰祈

鑒核，俯賜派員屆時蒞局會同前往驗收，用昭核實，並請將前者請撥臨時費呈迅賜指令

暨轉飭財政局核撥工款，以應支付。

謹呈

市長馬

附呈決算書及施工細則各一份

工務局局長宋希尚

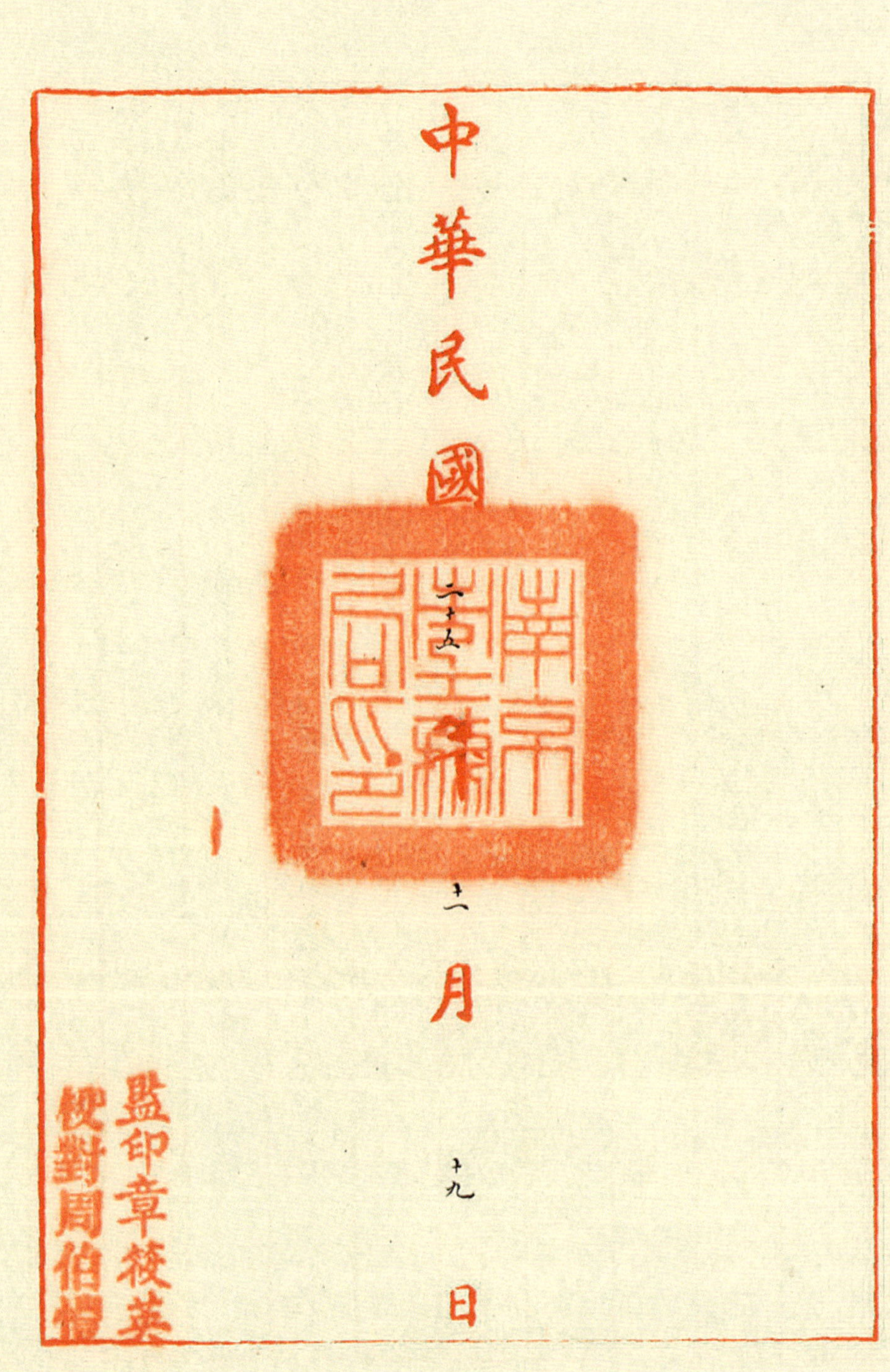

中華民國二十五年十一月十九日

監印章稜英
校對周伯愷

南京市工務局

修理太平門至中山門一段城墻工事決算書　（共 1 頁）

字第　號　　第 1 頁

合同號數	C 1147 號	規定限期	30 天
承包人	尹祥記	雨雪冰凍	天
開工日期	25年10月10日	核准延期	天
全部分/一部分 工竣日期	25年10月30日	逾期日數	天

預算		決算	
原案預算或原合同所訂總價	5284.98元	承包人實做工程費額	5284.98元
第一次追加			
第二次追加			
共計	5284.98元	淨付承包人	5284.98元

附註

實做工程詳細表

種類	形狀	單位	數量	單價（元）	總價（元）	備考
城土業		立方	263	7.00	1841.00	
疏城磚		塊	25511	.135	3443.98	
					5284.98元	

25年11月3日　計算　主任　科長/技正　局長

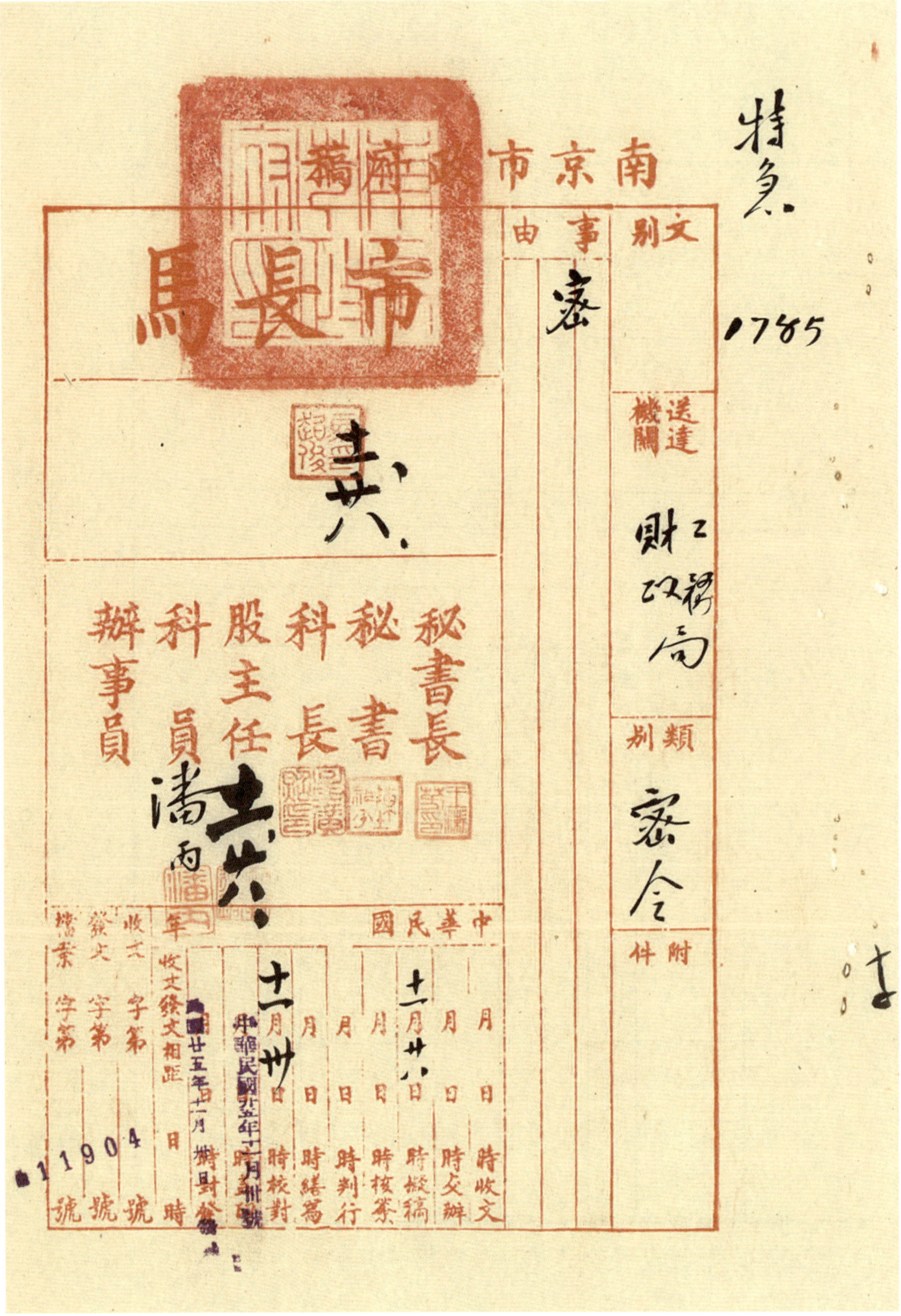

（三）市政府爲飭撥修理太平門至中山門段城墻工程款致市工務局的密指令及致市財政局的密令（一九三六年十一月三十日）

密指令

令工務局

本年十一月二日密字第一四八號密呈一件。呈送修理太平門至中山門一帶城墻合同等件，祈鑒核撥款由。

呈件均悉。據呈合同等件，察核尚無不合，應准照辦。所需工款，已飭財政局如數籌撥，仰即編造支付預算，并逕函領用，事竣，呈請驗收并逕案造報。件存。此令。

#11904

密令

令財政局

#11904

案據工務局呈請飭撥修理太平門至中山門一帶城堞工料伍千弍百捌拾肆元玖角捌分應用等情，附呈合同等件到府。據此。查此項工程，經丞准軍政部担任全部工料，去年由部工程處經辦訖竣，所呈合同亦經該局前事登記，應毋庸照撥，余指令外，由該局支付外，合行令仰該局遵照此數籌撥具報，此令。

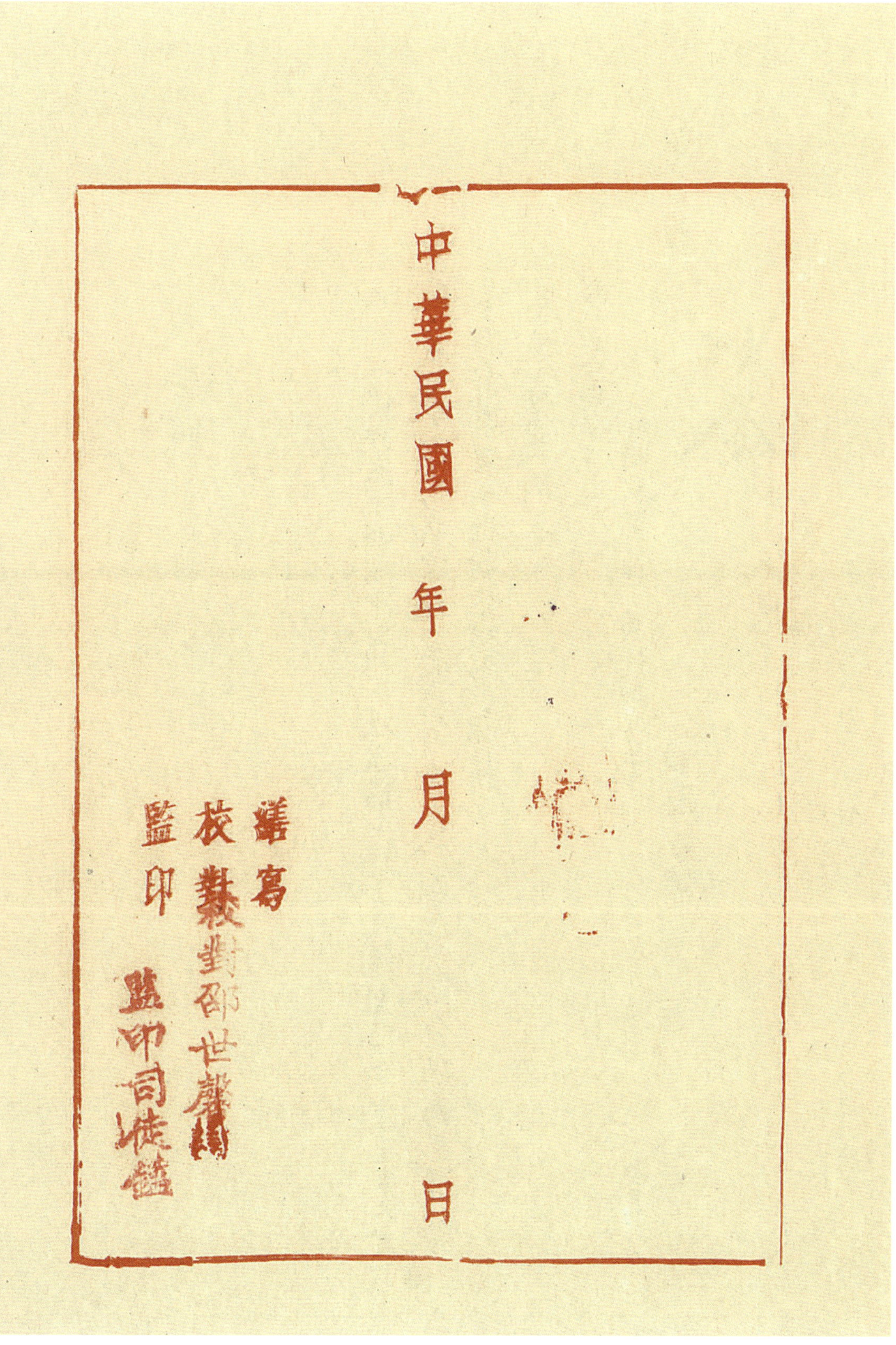

中華民國　年　月　日

繕寫

校對　校對邵世聲

監印　監印司徒鎰

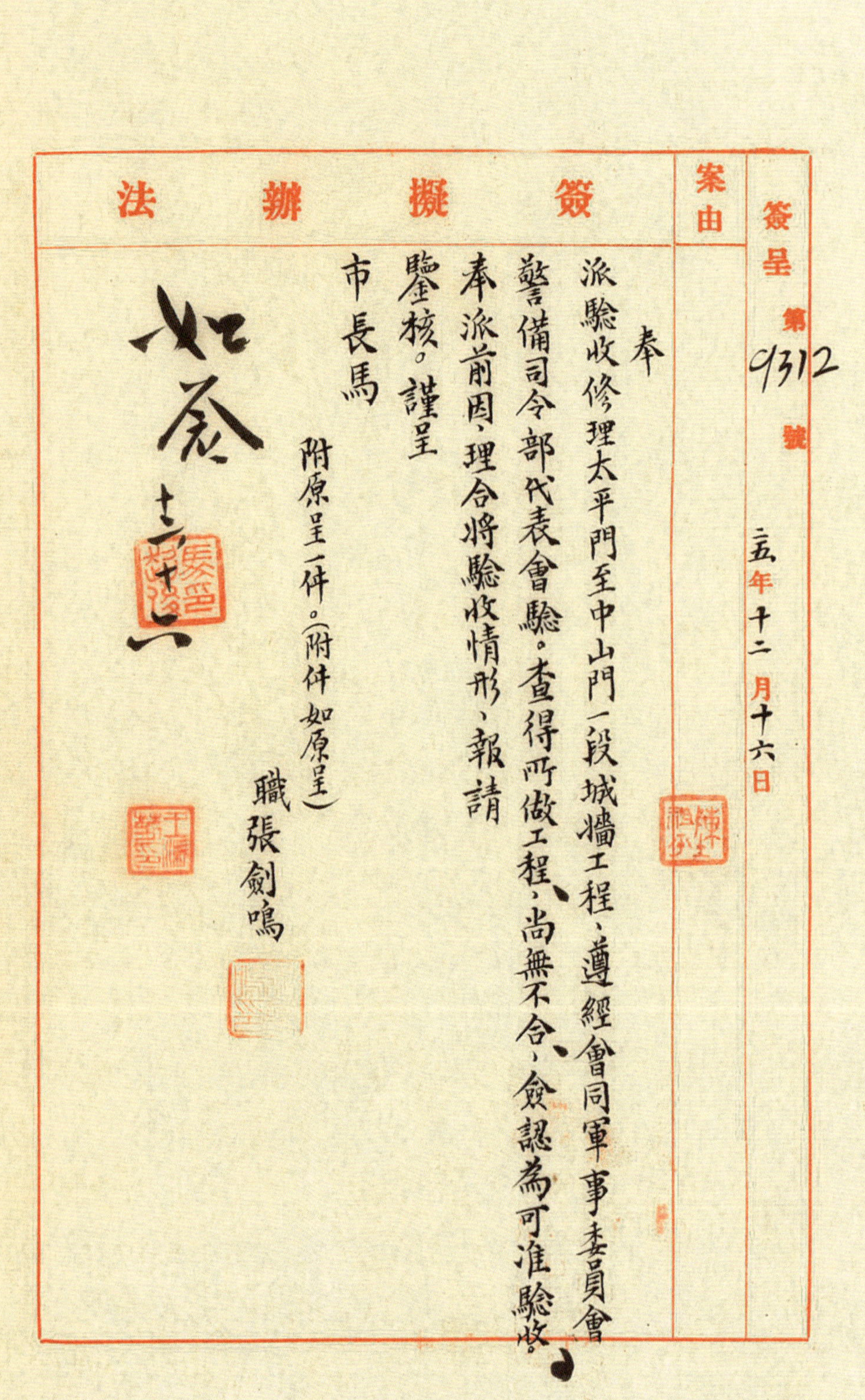

簽呈第9312號

二五年十二月十六日

案由

奉

派驗收修理太平門至中山門一段城牆工程，遵經會同軍事委員會警備司令部代表會驗。查得所做工程，尚無不合，僉認爲可准驗收。奉派前因，理合將驗收情形，報請

鑒核。謹呈

市長馬

附原呈一件。（附件如原呈）

職張劍鳴

擬辦法

簽

如签

十二、十八

批示	簽擬辦法

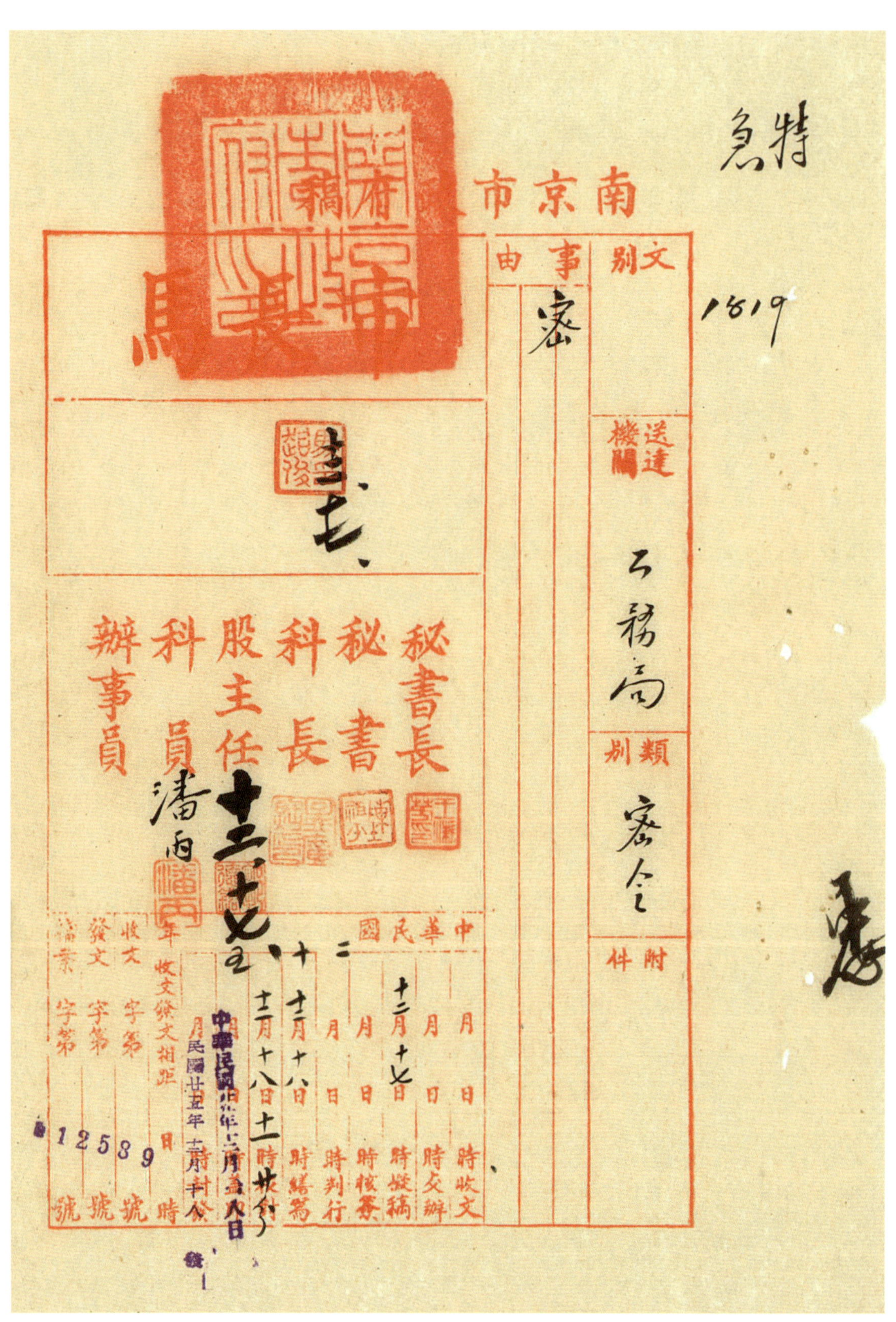

特急

南京市政府稿

1819

文別

事由　密

送達機關　工務局

類別　密令

附件

市長　馬

十二、十七、

秘書長
秘書
科長
股主任
科員
辦事員　潘丙

十二、十七

中華民國　年

十二月十七日　時擬稿

月　日　時收文

月　日　時交辦

月　日　時核簽

月　日　時判行

十二月十八日　時繕寫

十二月十八日十一時卅分

中華民國廿五年十二月十八日

收文發文相距　年　月　日　時

收文　字第　號

發文　字第　號

檔案　字第　號

民國廿五年十二月十八日十一時卅分　發

12589

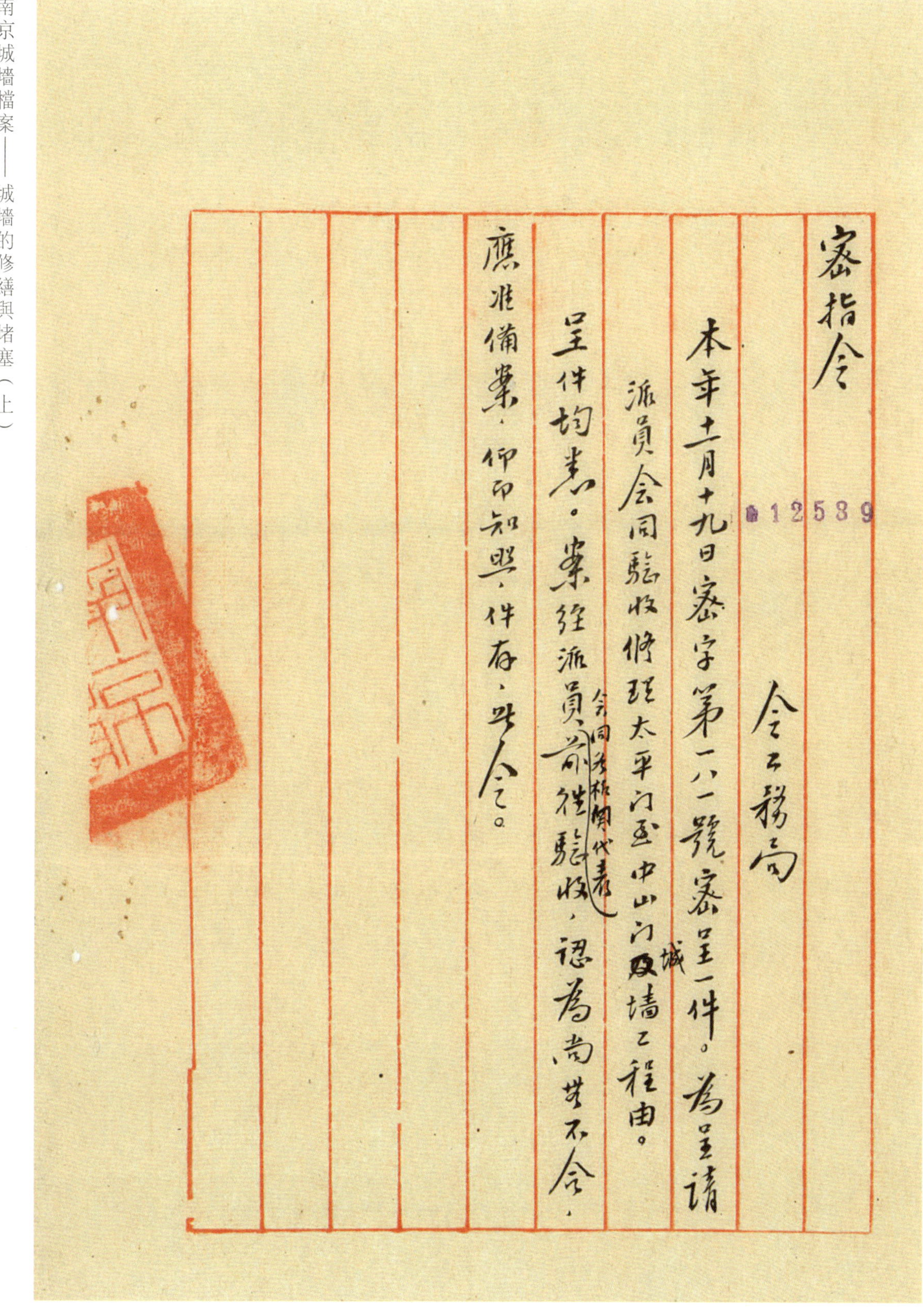

密指令

12589

令工務局

本年十一月十九日密字第一八一號密呈一件。為呈請

派員會同驗收修理太平門至中山門城墻工程由。

呈件均悉。案經派員（會同參機關代表）前往驗收，認為尚無不合，

應准備案。仰即知照。件存。此令。

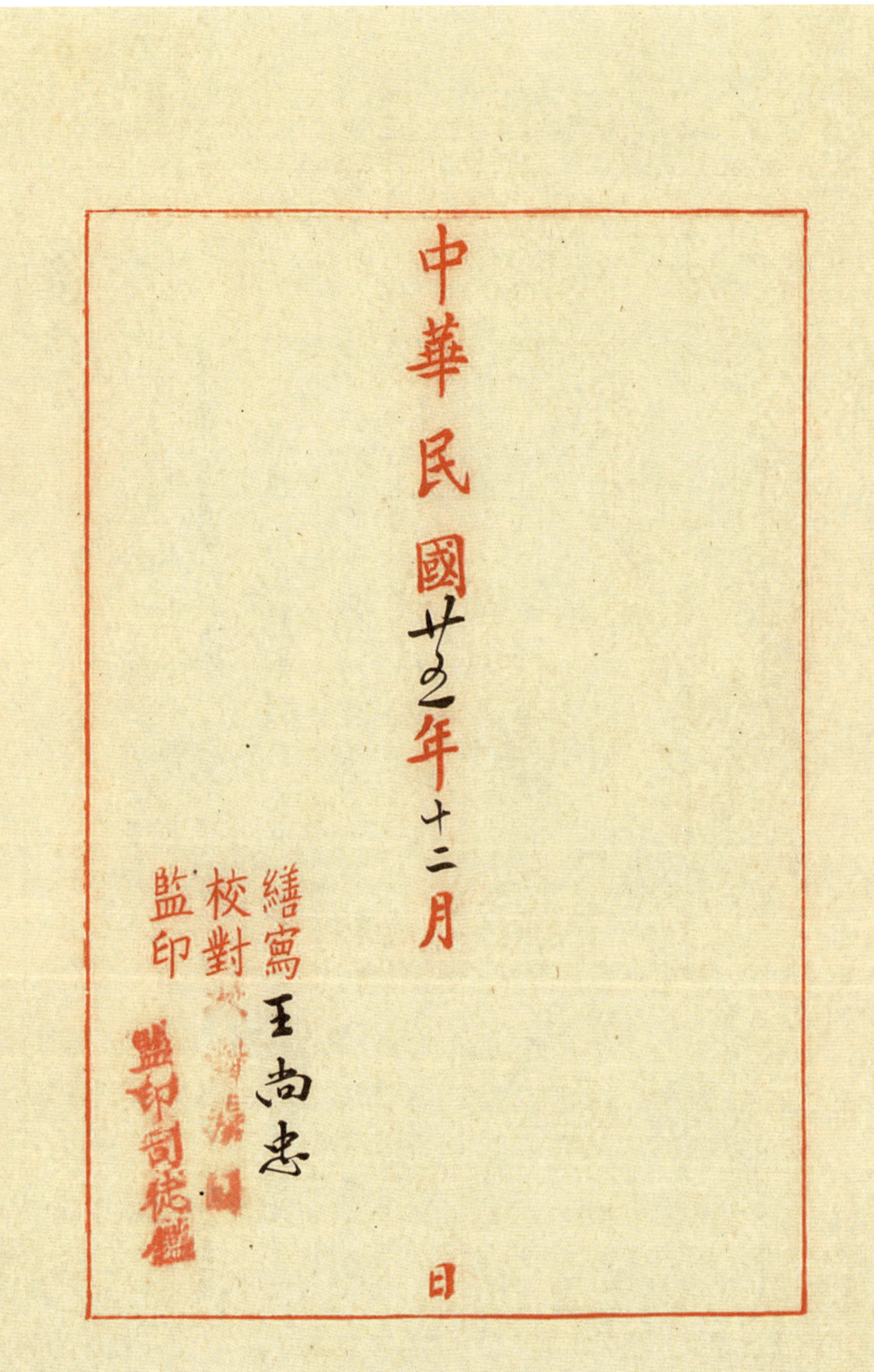

中華民國廿七年十二月　日

繕寫　王尚忠

校對

監印　監印司徒鑑

市工務局修理城墻門樓價目表（一九三六年十二月二日）

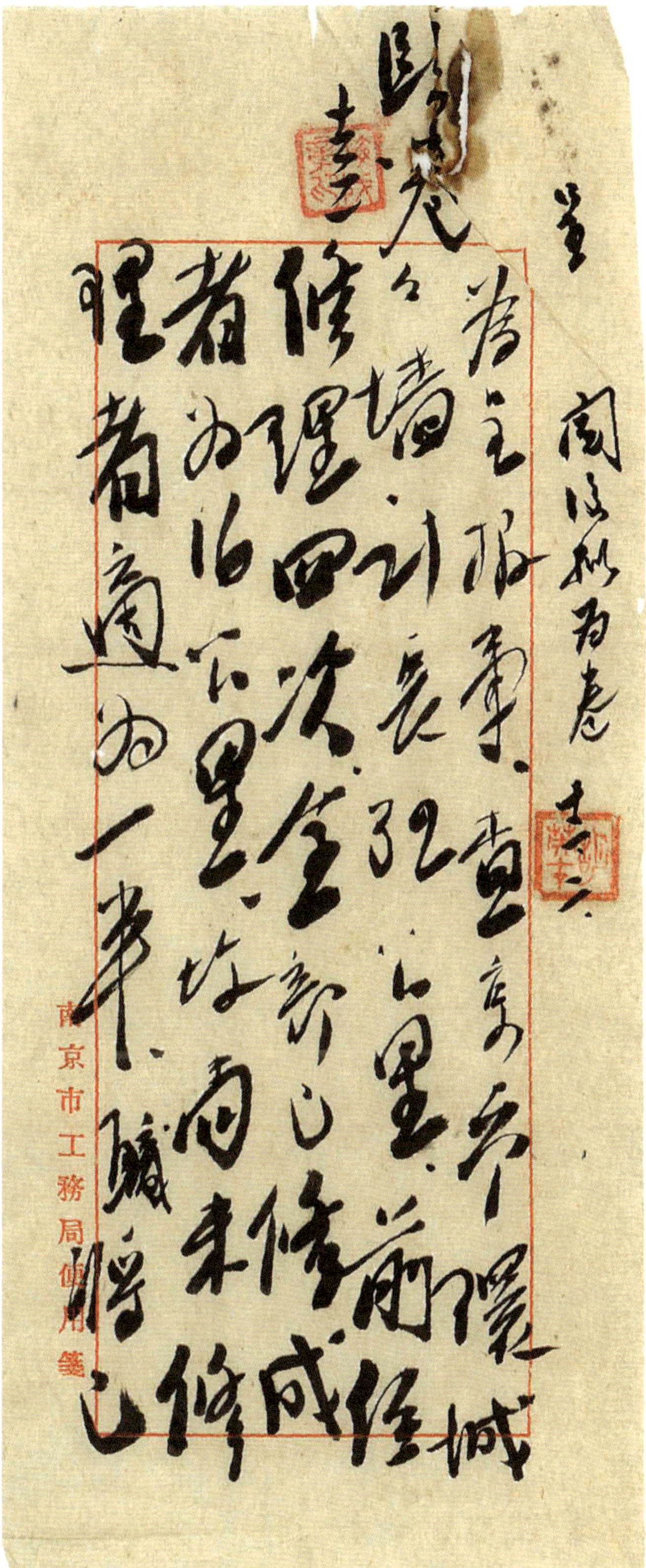

修理城墻

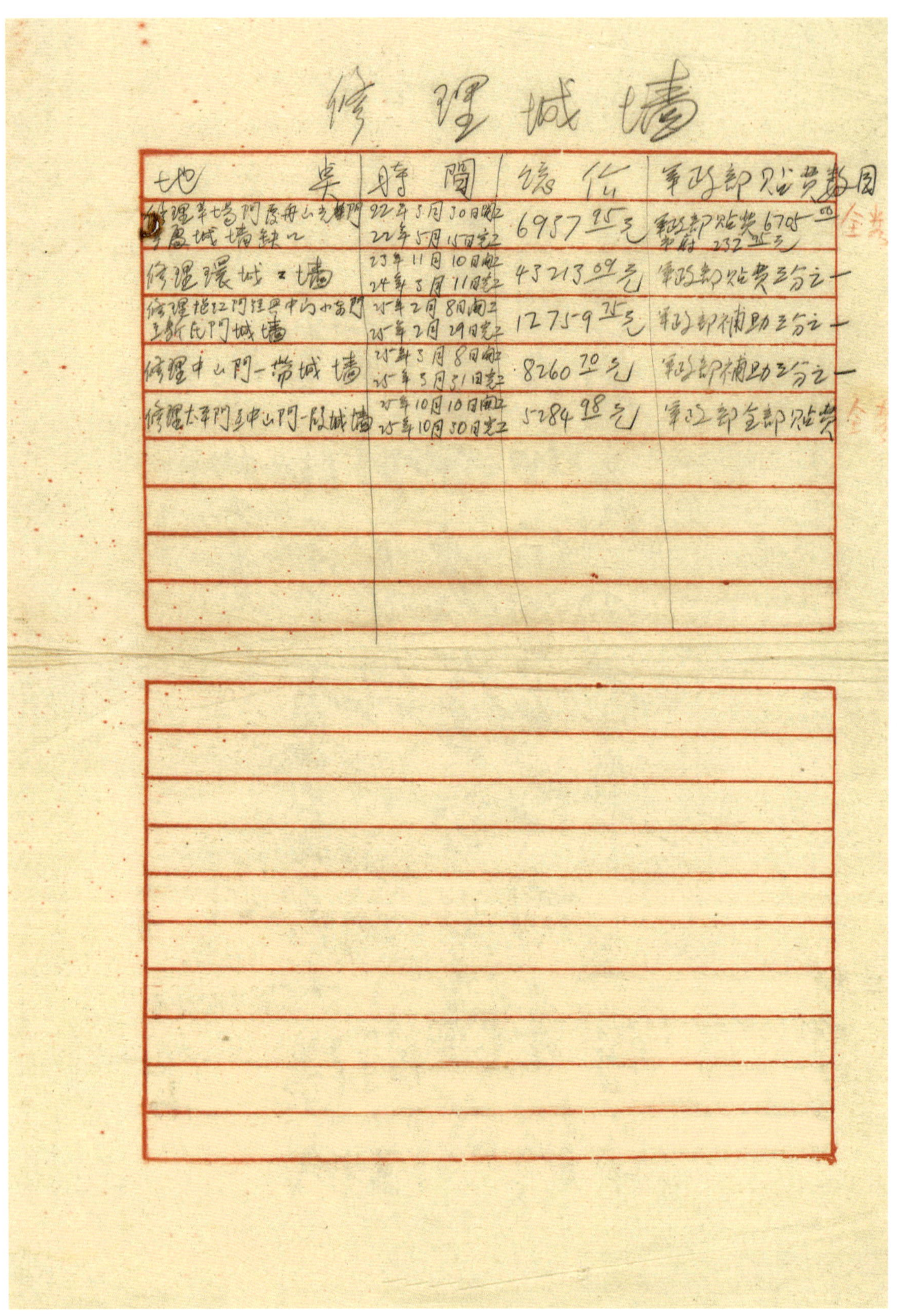

地點	時間	總價	軍政部貼費數目
修理草場門[illegible]山光華門一帶城墻缺口	22年3月30日開工 22年5月15日完工	6957.95元	軍政部貼費6705.00 市府232.95元
修理環城城墻	23年11月10日開工 24年3月11日完工	43213.09元	軍政部貼費三分之一
修理挹江門經興中門小東門至新民門城墻	25年2月8日開工 25年2月29日完工	12759.75元	軍政部補助三分之一
修理中山門一帶城墻	25年3月8日開工 25年3月31日完工	8260.70元	軍政部補助三分之一
修理太平門至中山門一段城墻	25年10月10日開工 25年10月30日完工	5284.98元	軍政部全部貼費

~~新建~~修理門樓

地點	時間	總價	軍政部貼費數目
新民門城樓過樓	24年5月27日開工 24年9月8日完工	12260.40元	軍政部補助二分之一
□中門城樓過樓	24年10月12日開工 25年2月17日完工	12659.47元	軍政部補助二分之一
武定門城樓過樓	25年4月5日開工 25年7月15日完工	42132.60元	軍政部補助三分之一
和平門城樓	已修		
中華門城樓			
興中門城樓			
水西门			

新

舊

修理挹江門至漢西門間城墻

（一）市工務局爲勘估挹江門至漢西門間城墻工程致市政府的呈文

（附件：工事預算書及國民政府軍事委員會爲修理挹江門至漢西門間城墻致南京市市長馬超俊的密令）（一九三七年五月十四日）

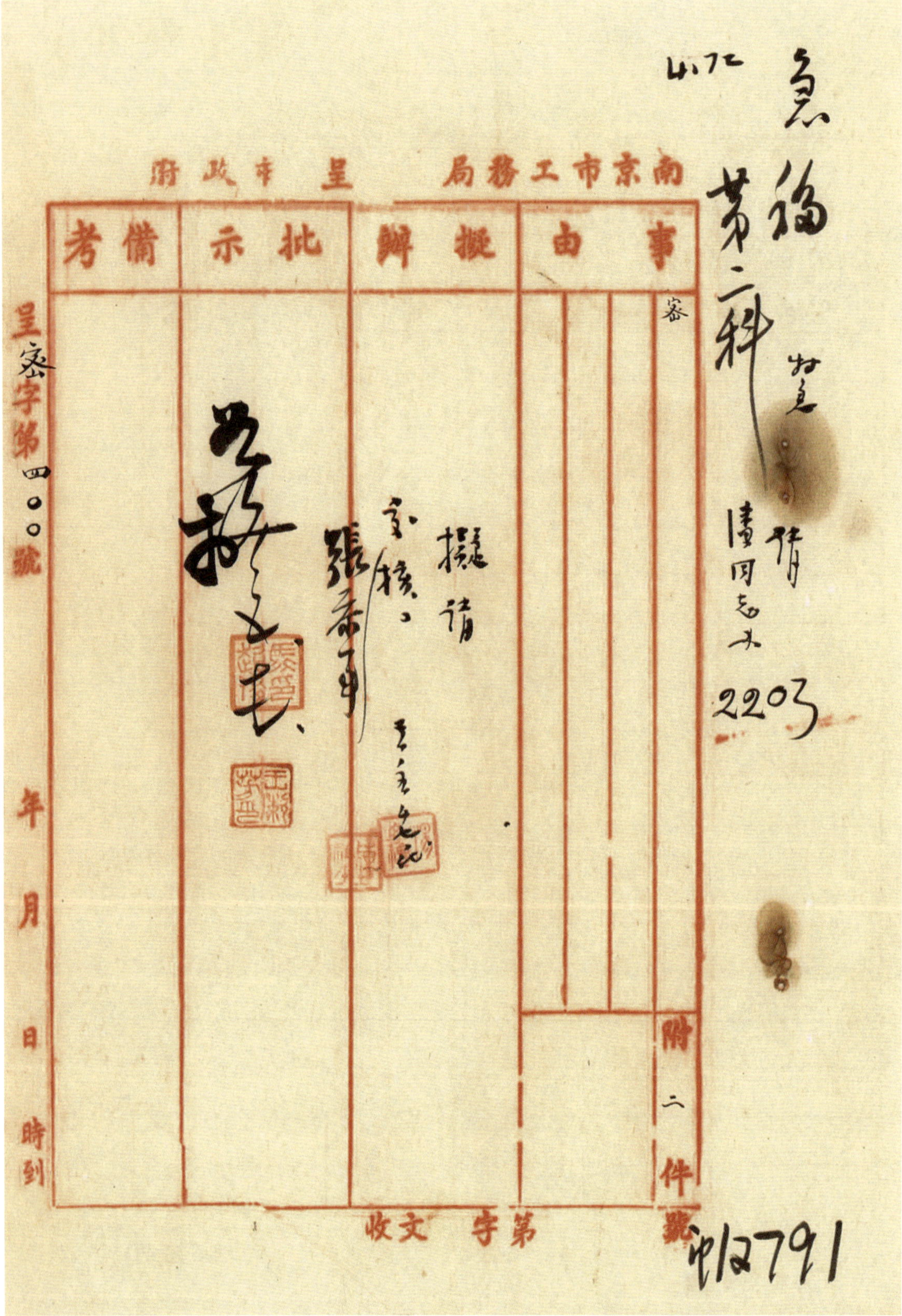

南京市工務局　呈　市政府

事由	擬辦	批示	備考
密	擬請		
附二件			

呈密字第四〇〇號

年　月　日　時到

收文第　字第　號

案奉
鈞府本年四月二十一日交下
軍事委員會二十六年四月十四日執一字第四八一號密令一件，為挹江門至漢西門間
城牆上之女牆，均已倒塌，城牆各處發現挖掘陷洞，飭迅速飭辦具復由。奉
批交工務局遵辦具復，等因。奉經派員前往勘估，自挹江門至漢西門一段城牆丈
量為六三〇〇公尺，除前已修好一〇〇公尺及應留全部瞭望口四〇〇公尺外，計需修
理女牆五八〇〇公尺，惟該段女牆僅留有一小部份，其餘已全部被拆，須重新建造，
估計共約需經費七萬二千五百零八元八角，除檢同預算書一份，代
鈞府擬稿呈復
軍事委員會鑒核並請按照修理中山門至太平門城牆先例飭撥全部工款外，

理合將勘估情形，檢同工事預算及原令，具文呈復，仰祈

鑒核並乞

指令祇遵。

謹呈

市長馬

附呈預算書一份 原令一件

工務局局長宋希尚

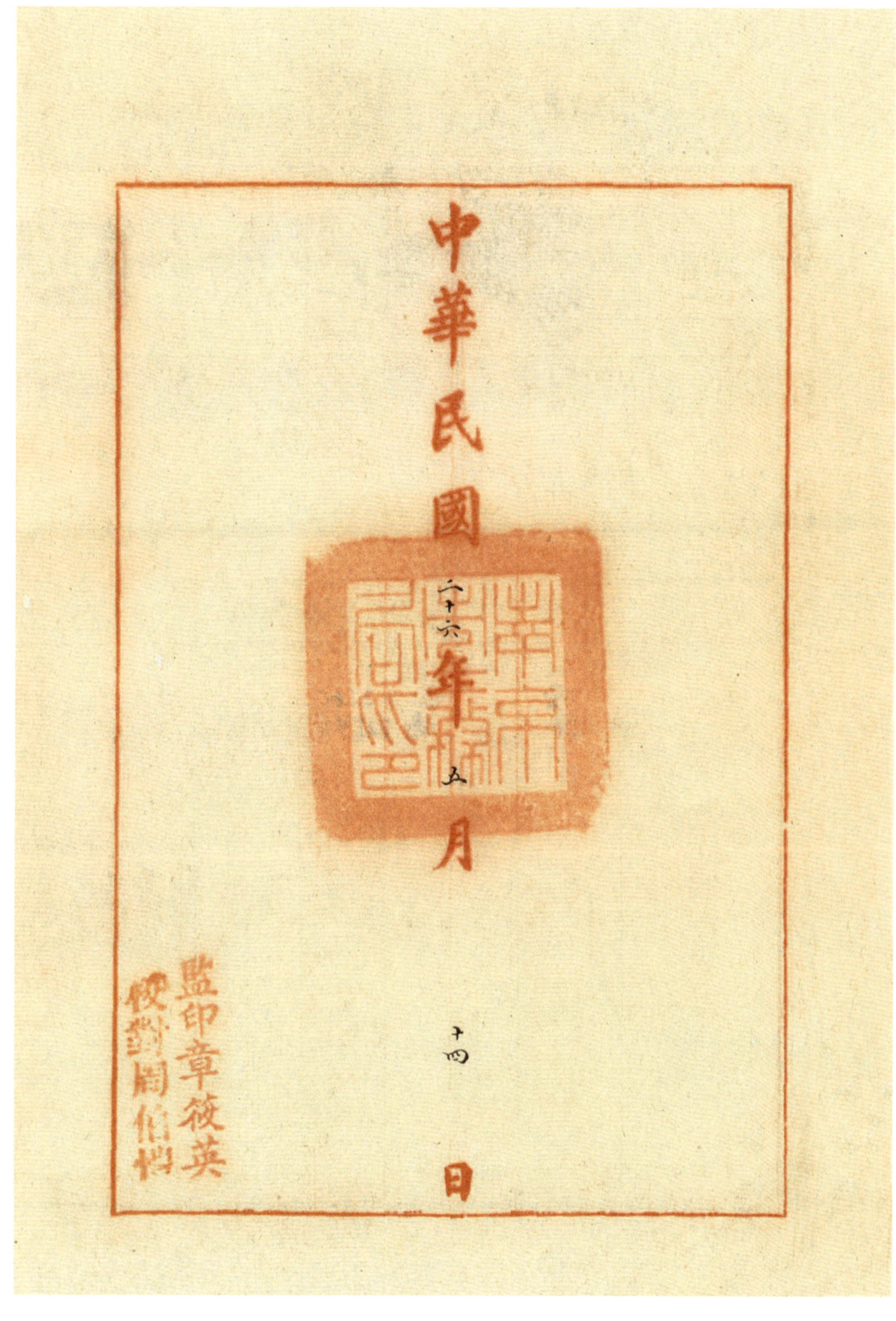

中華民國二十六年五月十四日

監印章筱英

校對周伯樹

南京市工務局　　　　工計A.

修理挹江門至漢西門女墻工事預算書（共2頁）

字第　號　　　　第1頁

地點	挹江門至漢西門
工程撮要	挹江門至漢西門長6300公尺，前已修好100公尺，並留全部瞭望口計400公尺，故尚需修理女墻5[illegible] 公尺，至該段女墻僅留存一小部分，其餘已全部被[illegible]
總價	72,508.80元　平均單價
起案原委及施工方法	1. 奉軍事委員会令執一字481號 2. 見施工細則
附件	

預算詳細表

種類	形狀	單位	數量	單價（元）		總價（元）		備考
女墻		立公	3360	8	00	26880	00	用1:2石灰黄砂石[illegible]
緣城磚		塊	325,920		14	45628	80	磚價運送費
						72508	80	元
								附註：在城墻附 收集之城磚不另 磚價每整塊酌給 運費.02元。

26年5月3日　　計算　　校對　　審核　　複核

南京市工務局

修理挹江門至儀鳳門女墻工事計算書 （共2頁）

字第 號 第2頁

挹江門至儀鳳門

女墻 1. 1.7×.4×3000＝ 2040立公
2. 1.5×.4×1000＝ 600 〃
3. 1.3×.4×700＝ 364 〃
4. 1.0×.4×500＝ 200 〃
5. .8×.4×300＝ 96 〃
6. .5×.4×300＝ 60 〃

3360立公

添城磚 每立公以添城磚97塊計算，

共需城磚3360×97＝325,920塊。

26年5月3日 計算 校對 審核 複核

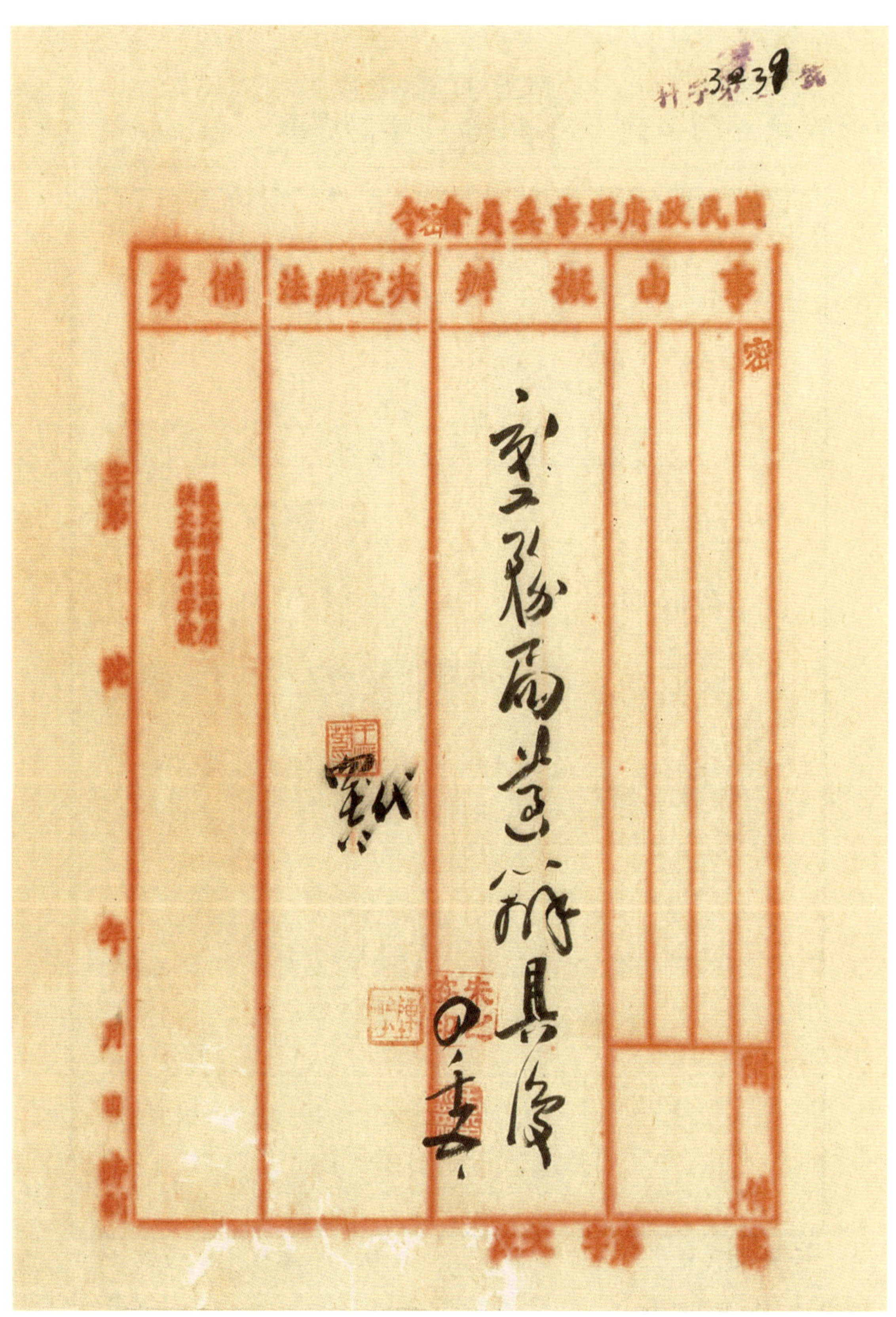

科字3939號

國民政府軍事委員會簽

事由	擬辦	決定辦法	備考
密	交工務局簽辦具復		[illegible]

附件

文 字第 號

字第 號 年 月 日 時到

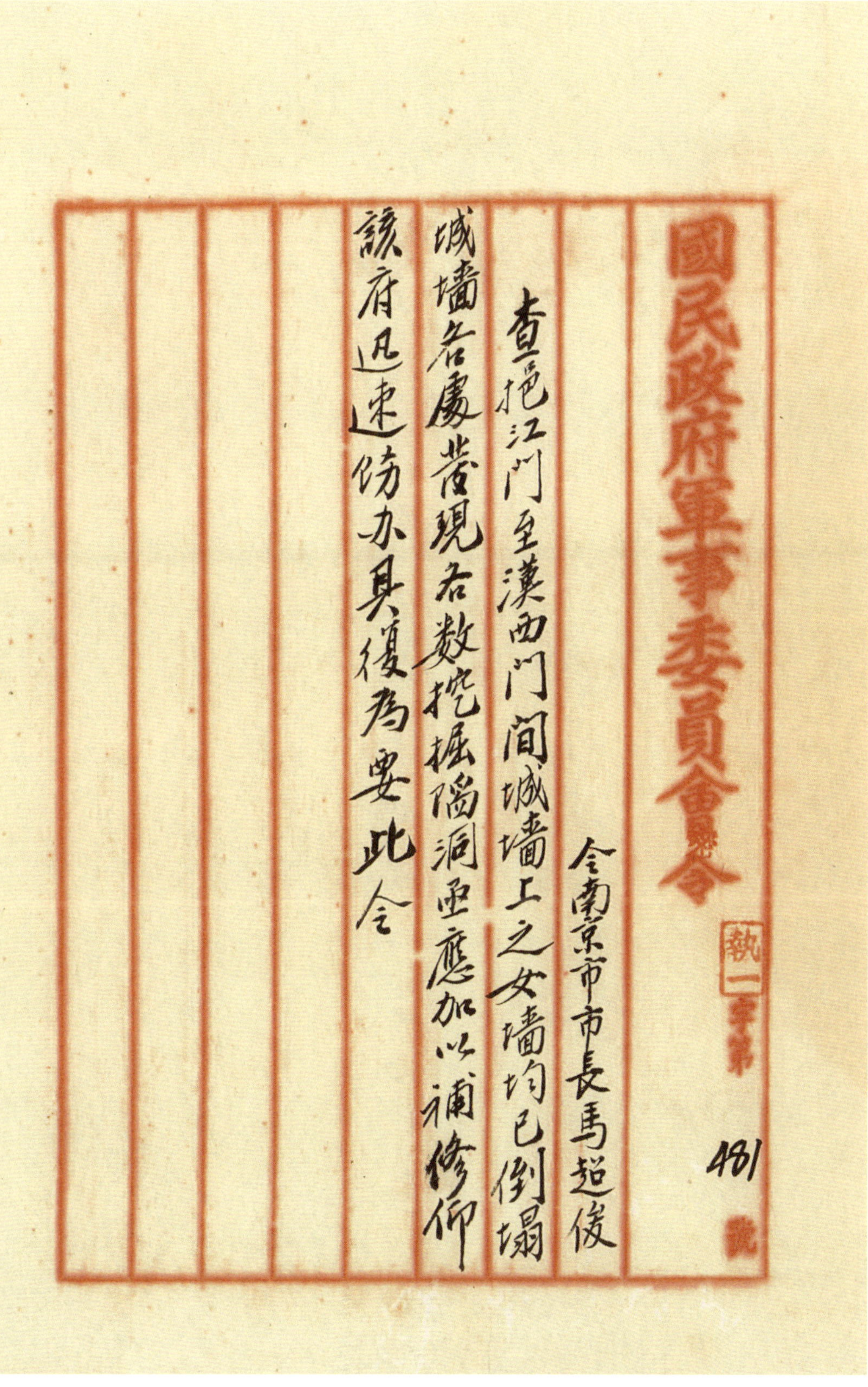

國民政府軍事委員會訓令

執一字第481號

令南京市市長馬超俊

查挹江门至漢西门間城墻上之女墻均已倒塌城墻各處皆現各数挖掘陷洞亟應加以補修仰該府迅速飭办具復爲要此令

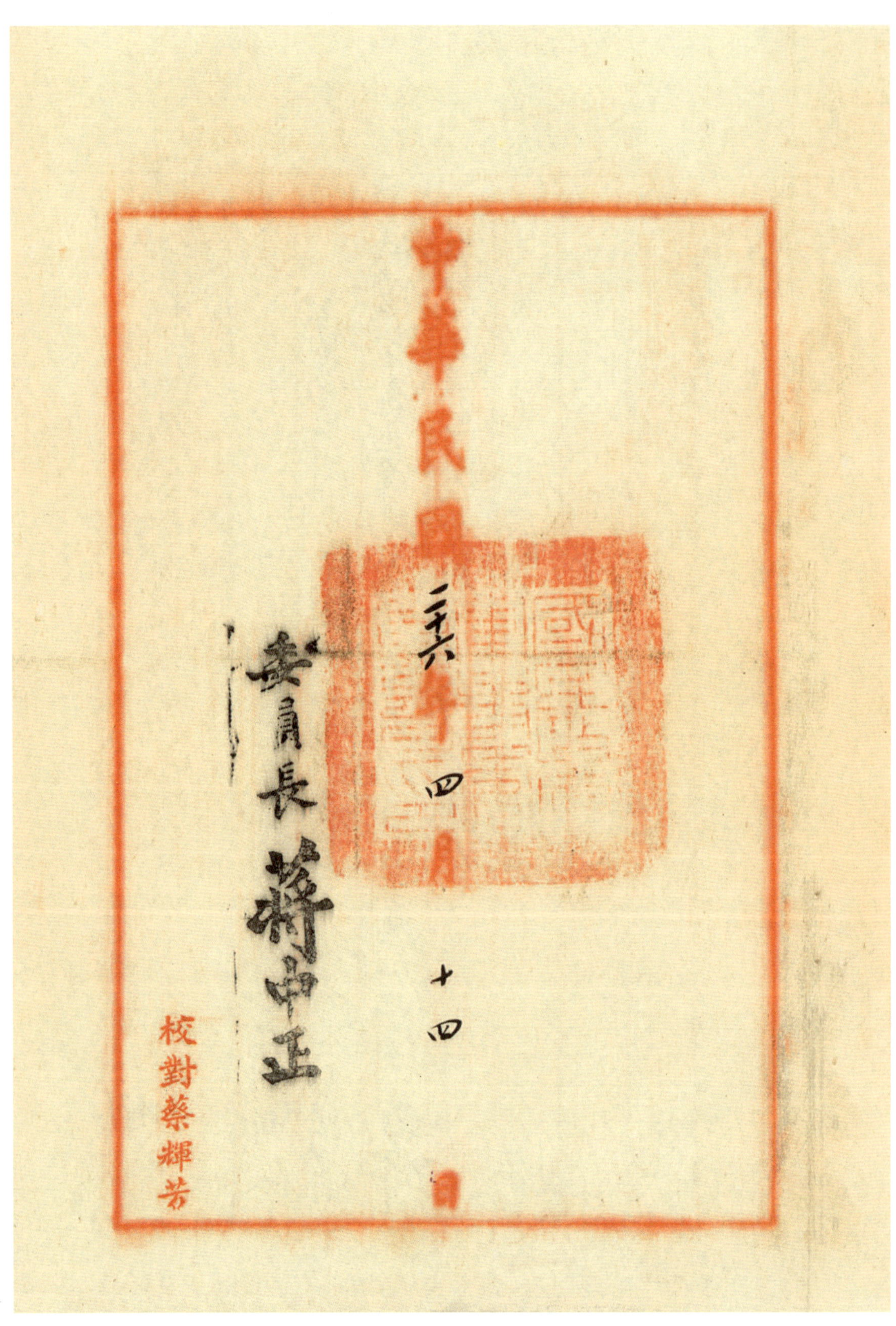

中華民國二十六年四月十四日

委員長蔣中正

校對蔡耀芳

（二）市政府爲挹江門至漢西門間城墻工程待軍事委員會撥款到後施工致市工務局的密令（一九三七年五月二十七日）

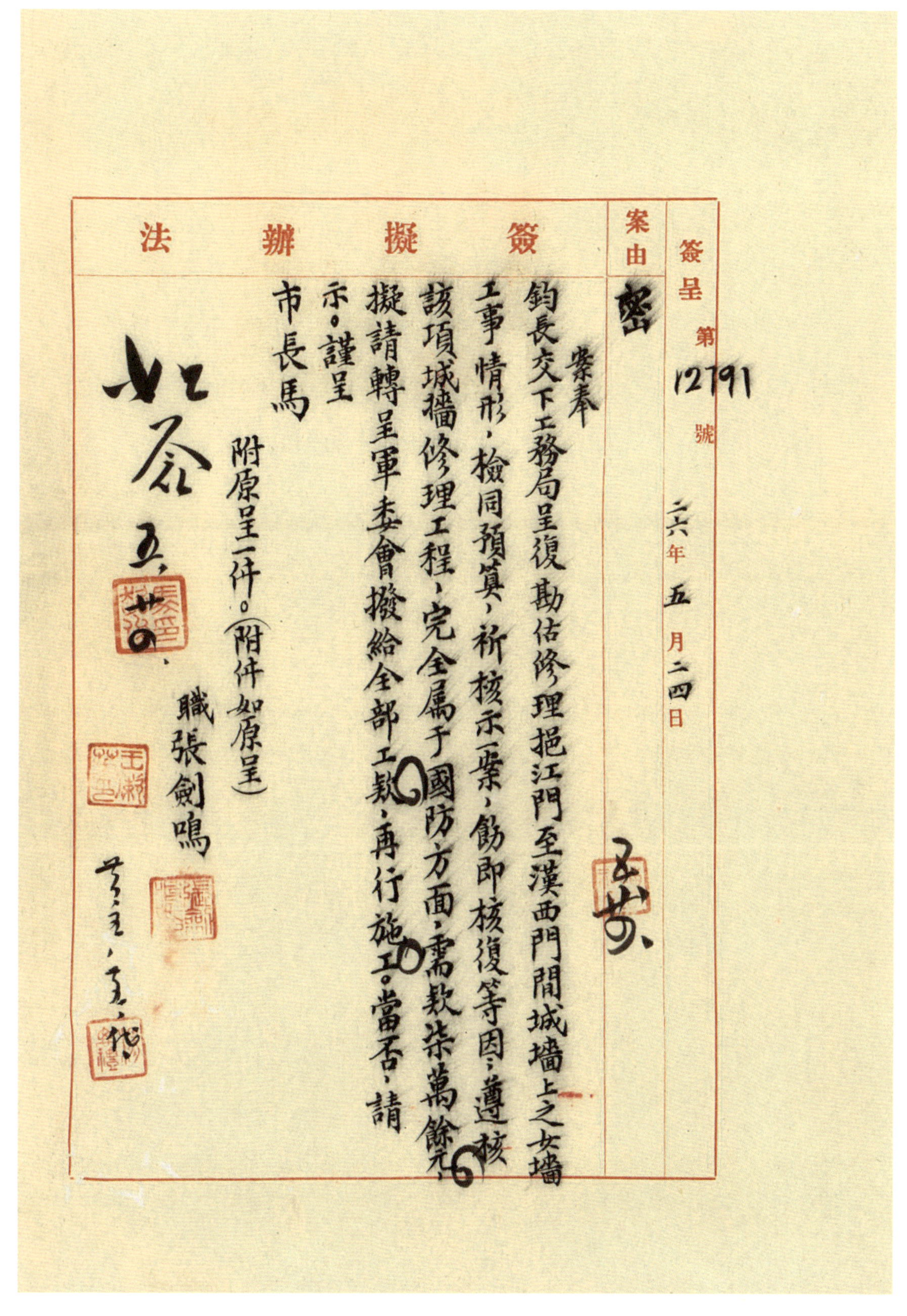

簽呈 第12791號

二六年五月二四日

案由 密

簽擬辦法

案奉

鈞長交下工務局呈復勘估修理挹江門至漢西門間城墻上之女墻工事情形，檢同預算，祈核示一案，飭即核復等因，遵核該項城墻修理工程，完全屬于國防方面，需款柒萬餘元，擬請轉呈軍委會撥給全部工款，再行施工。當否，請

示。謹呈

市長馬

附原呈一件。（附件如原呈）

職張劍鳴

如擬 五、廿四、

簽擬辦法	批示

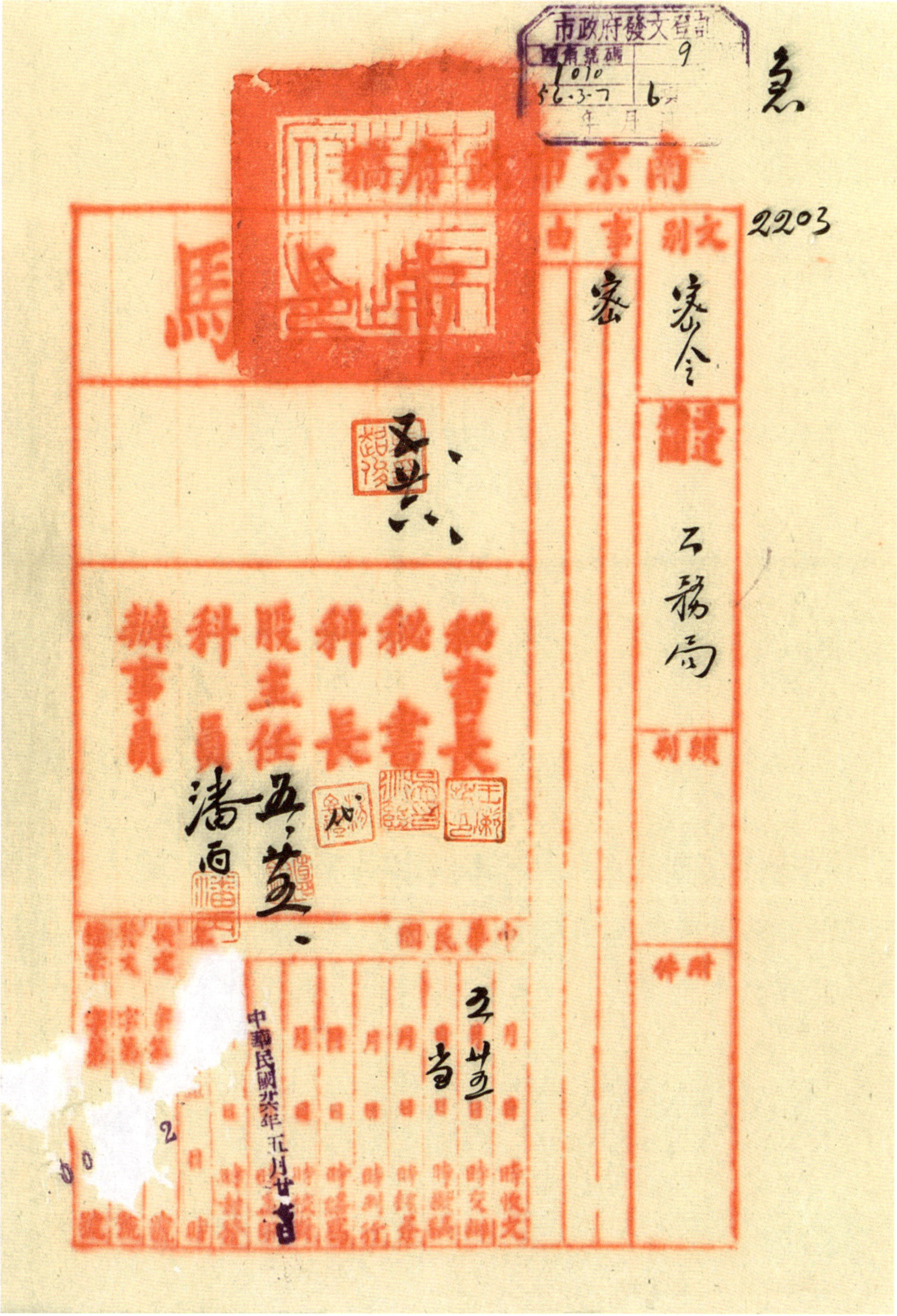
急

2203

市政府發文登記

南京市政府稿

文別 咨令

事由 密

送達機關 工務局

類別

附件

市長 馬

五、卅六

秘書長

秘書

科長

股主任

科員

辦事員

潘…

五廿五

中華民國卅六年五月廿…

簽令

令工務局

本年五月十四日簽字第四零零零號簽呈一件。為呈送修理挹江门至漢西门城墻之女墻預算，祈核示由。

呈件均悉。查此項工程，關係首都城防，亟應修理，惟本府財力有限，既經該局代擬府稿呈復軍事委員會飭撥全部工款，應俟復到准撥後，再行施工，仰即遵照。件存。此令。

監印司徒書

校對十良閱

修理武定門南城墻坍塌

（一）首都警察廳爲飭修武定門南首城墻致市政府的公函（一九三七年四月三十日）

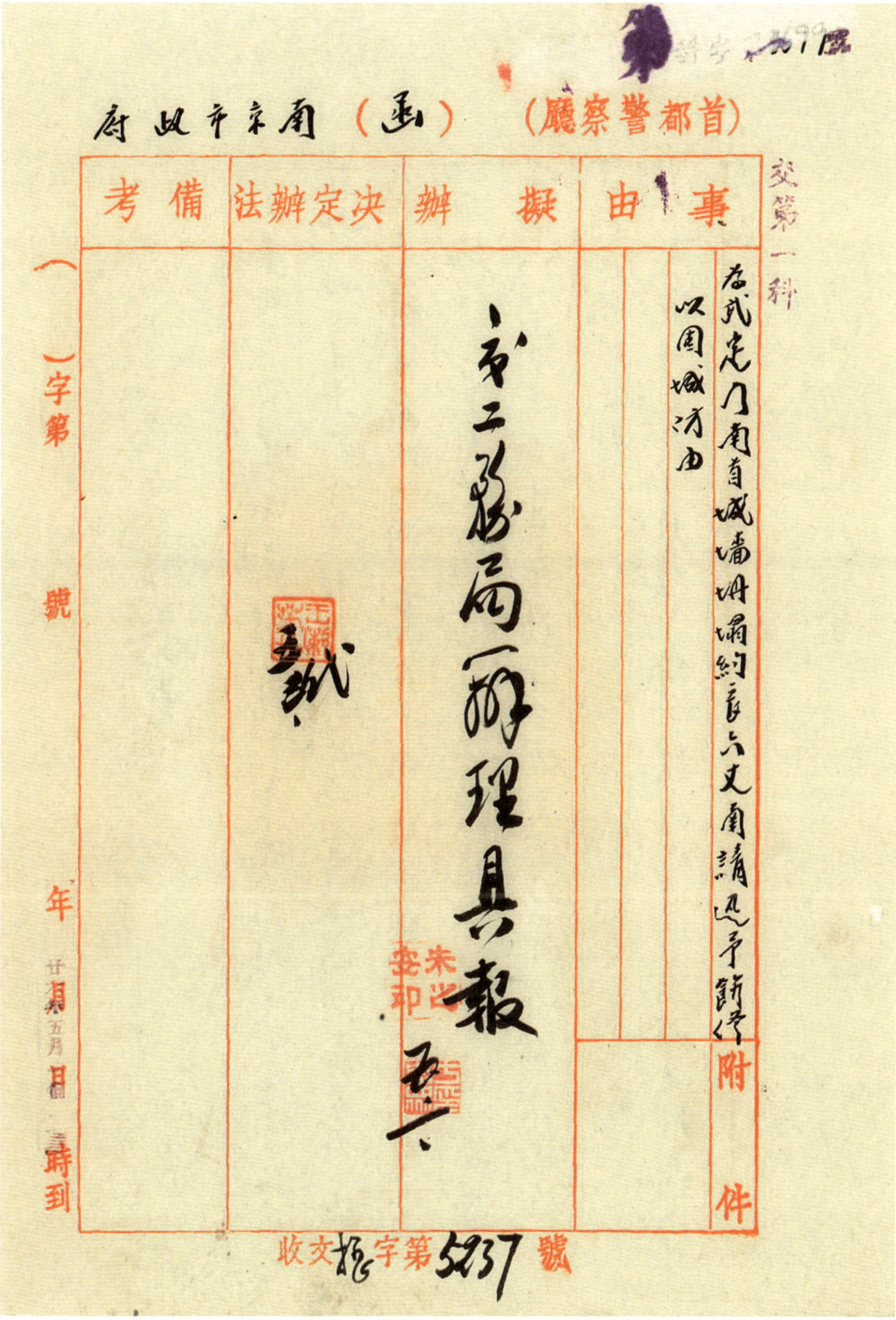
首都警察廳（函）南京市政府

事由	擬辦	決定辦法	備考
本武定門南首城墻坍塌約長六丈，請迅予飭修以固城防由	交工務局辦理具報		

附件

交第一科

（　）字第　號

廿六年五月一日　時到

收文總字第5237號

首都警察廳公函

安字第一〇六一號

案據本廳第二警察局呈稱：「案據共和門分駐所巡官王振家報稱：據警長吳雲慶報稱：武定門南首城墻，突於本月二十六日下午三時許，向外坍塌，長約六丈，幸該處係屬荒地，并無其他損傷，經巡官前往查明屬實，理合報請鑒核等情。據此，除電報南京警備司令部外，理合備文呈報，仰祈鑒核施行。」等情。據此，除呈報南京警備司令部鑒核并指令該局適時注意城防外，相應函達，即希

貴府查照迅予飭修，以固城防為荷！此致

南京市政府

廳長王固磐

中華民國二十六年四月卅日

校對張鑫臣

（二）國民政府軍事委員會爲修理武定門南城墻致南京市市長馬超俊的密令（一九三七年五月五日）

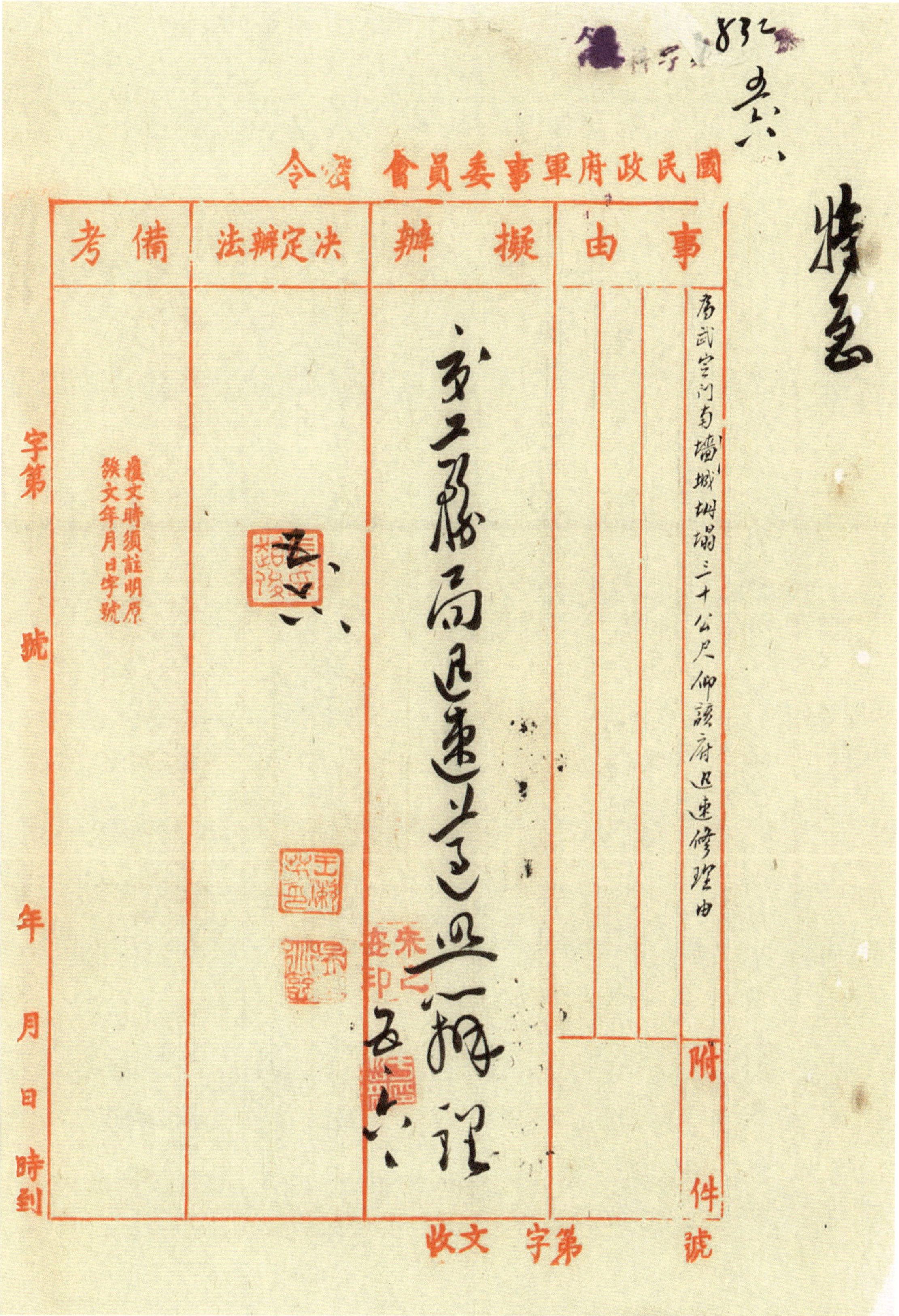
832
五、六
特急

國民政府軍事委員會密令

事由	擬辦	決定辦法	備考
南武定門南墻城垣坍塌三十公尺仰該府迅速修理由	交工務局迅速遵照辦理　五、六	五、六	覆文時須註明原發文年月日字號

附件

第　字　號　收文

字第　號　年　月　日　時到

國民政府軍事委員會密令 執一字第585號

令南京市市政府市長馬超俊

案據南京警備司令谷正倫二十六年四月二十九日參二字第五七一號呈稱：

「案據武定門城防憲兵報稱：『本月二十五日午後四時，該門直南約二百公尺處之城牆坍塌約十公尺』等情，當經派員趕赴實地勘察：『據查武定門南城牆倒塌部份，長約三十公尺，寬約佔城牆面積三分之二，連根坍塌於城外，其原因係城根土質鬆軟，更加連日陰雨，以致坍塌，又查武定门北側上城坡路附近城墻發現裂紋，恐有倒塌之虞，擬請工務局迅速修理，以固城防。等情；據此，除函請市府工務局趕速修復外，理合備文呈請鑒核，並懇飭令市府即日、動工，以固城防。

等情；據此。除指令外，合行令仰該府照辦為要！

此令。

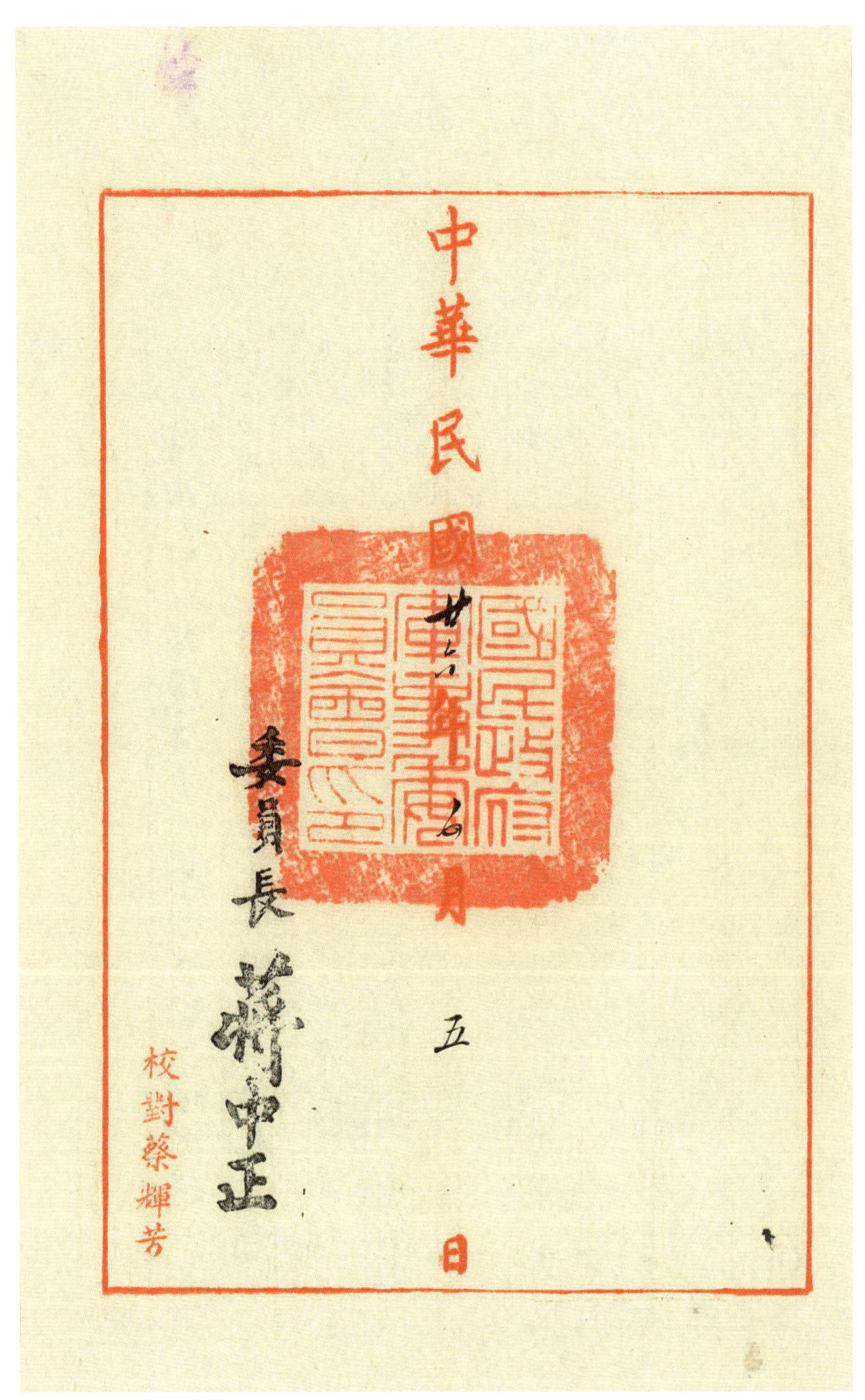

中華民國廿六年五月五日

國民政府軍事委員會之印

委員長蔣中正

校對蔡輝芳

（三）市工務局爲請飭市財政局籌墊武定門城墻工款致市政府的呈文（一九三七年五月十四日）

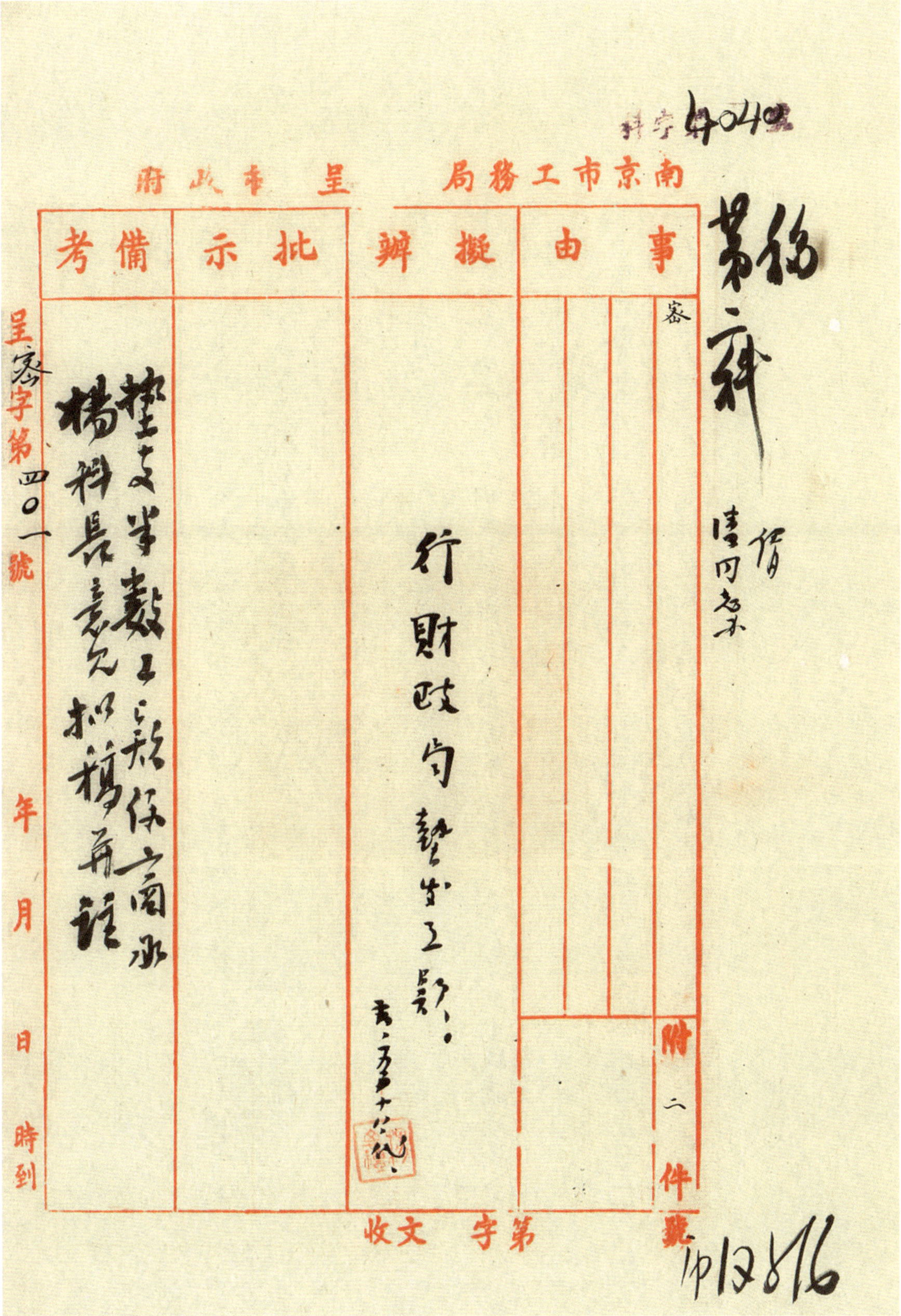
南京市工務局 呈 市政府

事由	擬辦	批示	備考
簽	行財政局墊出工款。		

附 二 件

收文 第 字 號

呈簽字第四〇一號

年 月 日 時到

案奉

鈞府本年五月四日交下首都警察廳本年四月三十日安字第一零八一號公函一件

為請迅飭修理武定門南首城牆，以固城防由。奉

批交工務局辦理具報，等因。正擬呈復間，又奉

鈞府同年五月六日交下

軍事委員會本年五月五日執一字第五八五號密令一件，為武定門南城牆坍塌三十

公尺一案，飭迅速修理由。奉

批交工務局迅速遵照辦理，等因。奉此，遵查此案准南京警備司令部四月二十九

日參二字第五七一號函請趕速修復到局，當經派員勘估，擬具預算共約需經費

一萬三千七百十六元，於五月一日備文呈請

鑒核，並經面陳

鈞座，應請先行墊撥工款，一面函請軍政部補助，以速進行在案。茲查該項工程

已奉

鈞府核准照辦，並咨交經理委員會招工比賬中，除代

鈞府擬稿將辦理情形呈復

軍事委員會並函請軍政部援照修理中山門至太平門城牆先例補助全部工款，

暨函復首都警察廳查照外，一俟經理委員會發包後，自應提前興工，理合檢

同原文各件，具文呈復，仰祈

鑒核，俯賜令飭財政局先行籌墊工款，以利要工，實為公便。謹呈

市 長 馬

計呈繳原令原函各一件

工務局局長宋希尚

中華民國二十六年五月十四日

監印章筱英

校對周伯耑

（四）市政府爲令市財政局籌墊武定門城墻工款致市工務局的密指令及致市財政局的密訓令（一九三七年五月二十日）

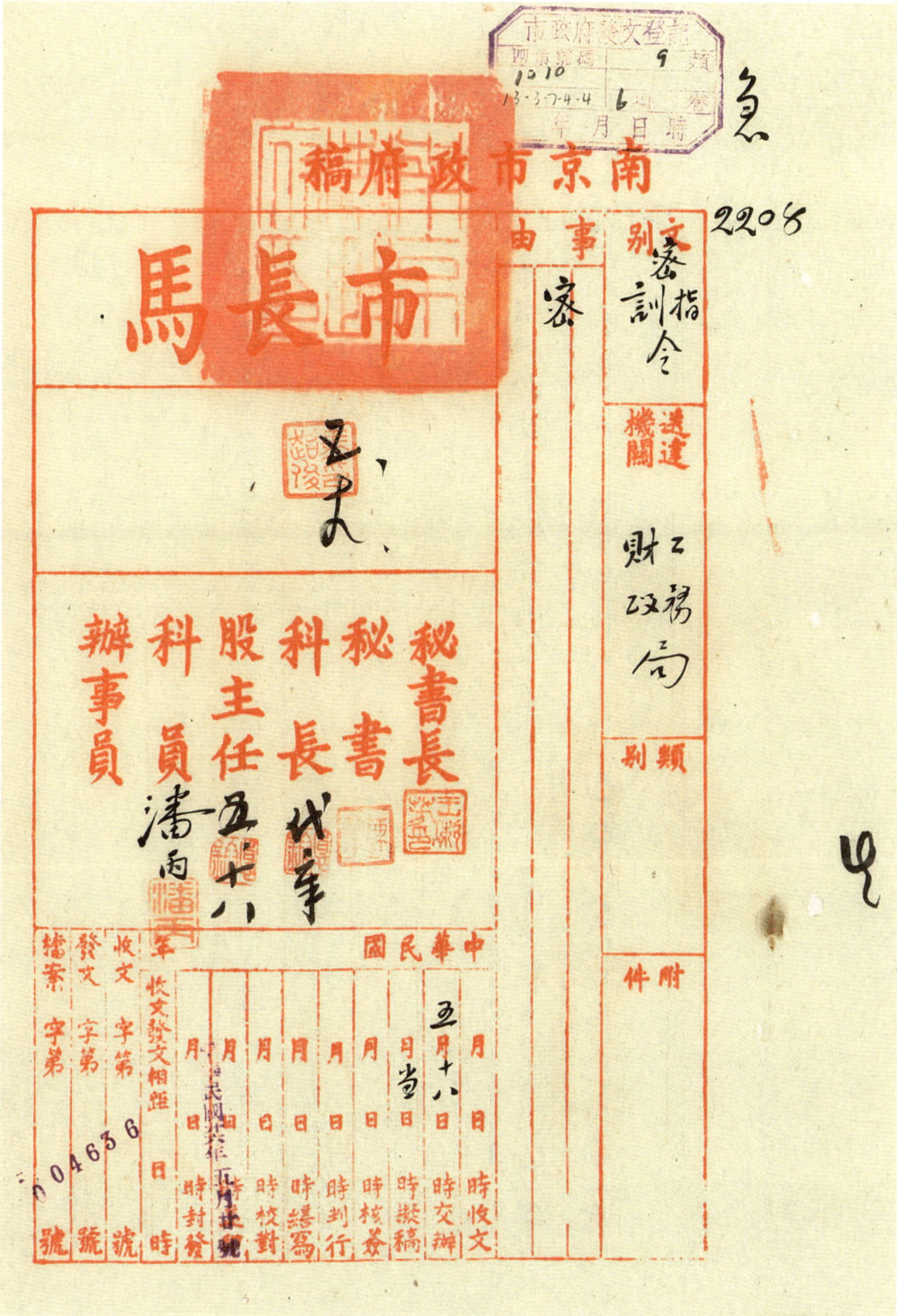

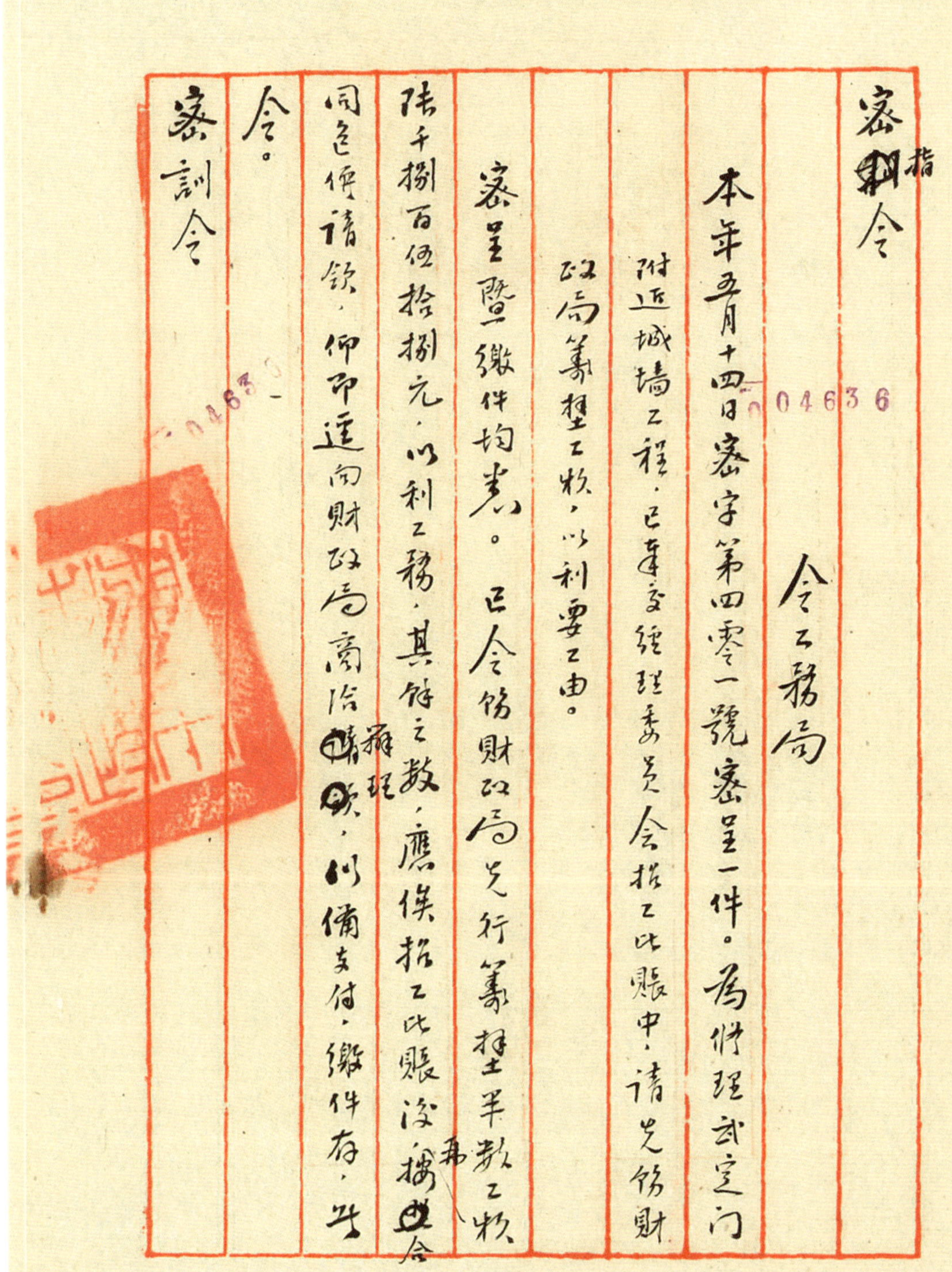

密指令

令工務局

本年五月十四日密字第四零一號密呈一件。為修理武定門附近城墙工程，已奉交經理委員會指工比賑中，請先飭財政局籌墊工款，以利要工由。

密呈暨繳件均悉。已令飭財政局先行籌墊半數工款陸千捌百伍拾捌元，以利工務。其餘之數，應俟指工比賑後再撥。合令同色便請領，仰即逕向財政局商洽辦理，以備支付。繳件存。此令。

密訓令

令財政局

案據工務局本年五月十四日第四〇一號簽呈稱：「案奉鈞府本年五月四日交下　照呈核示　以利要工」等情，據此，查核該項工程至為重要，應准先行籌墊半數工款，以利進行，除指令：「簽呈暨繳件均悉。照前核示。此令」，即錄外，合行令仰該局即便遵照暫就項下籌墊具報，此令。

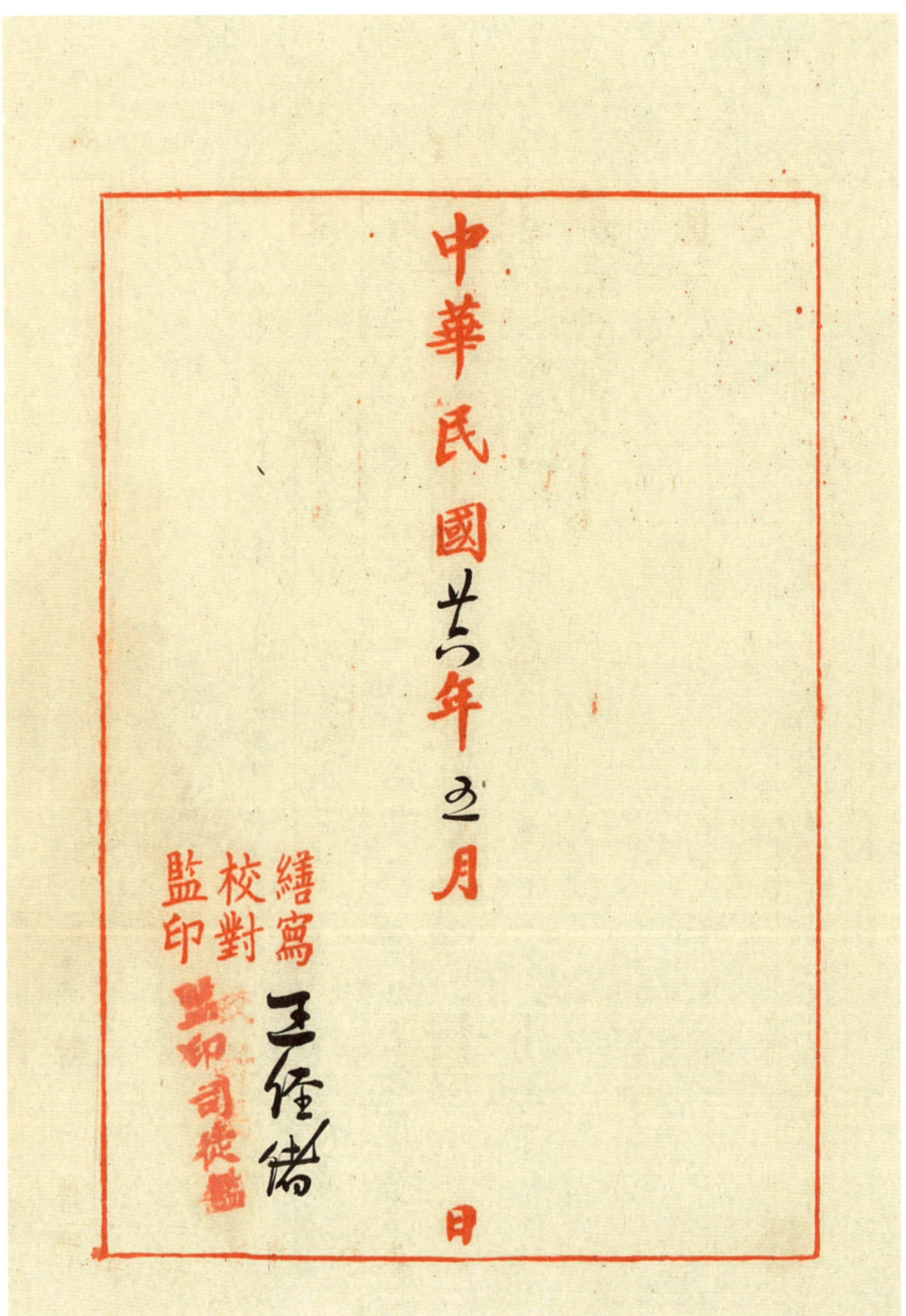

中華民國廿六年五月　日

繕寫　王經緒

校對

監印　監印司徒鑑

（五）市經理委員會爲武定門城墻工程密召包商比賬情形致市政府的呈文（附件：市工務局爲武定門城墻工程祈交經理委員會密召包商比賬致市政府的呈文及修理武定門南城墻工程合同）（一九三七年五月二十日）

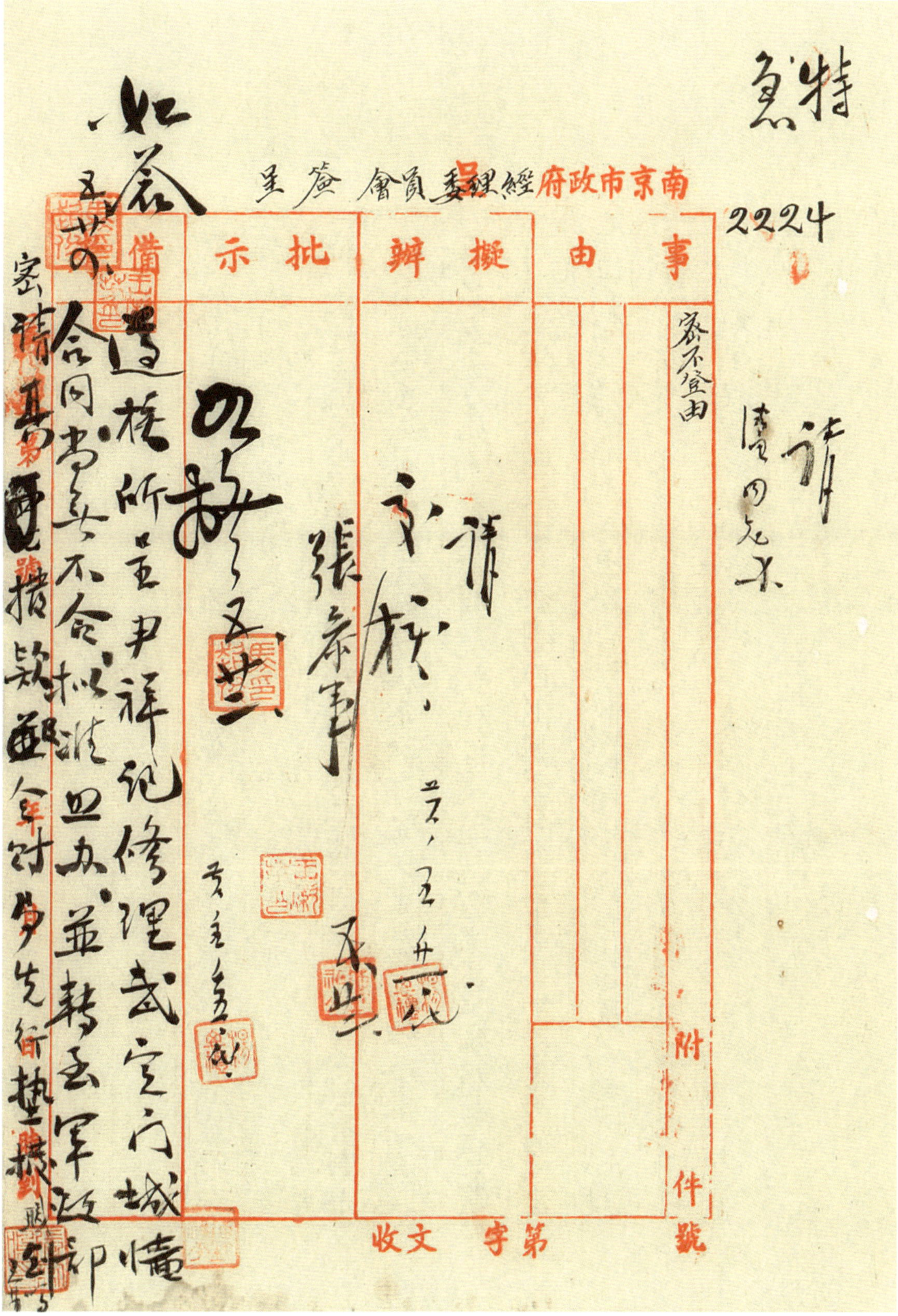
特急
南京市政府經理委員會簽呈
2224
事由
擬辦
批示
備
附件號
第　字　收文

案奉

鈞府發下工務局呈一件為准南京警備司令部函請修理武定門城墻一案檢同預算祈核准由奉

批「交經委會迅予照辦」等因奉此查該項工程事關機密未便登報招標當經密召包商比賬計到張裕泰尹祥記裕康三家以張裕泰開價一六〇一五、〇〇元為最低尹祥記開價一三、六一一、六〇元次之經復核張裕泰所開總價完全錯誤不予攷慮惟次標尹祥記又多列附註另有別項要求又經商同尹祥記同意取銷附註以開價一三、六一一、六〇元為標準俟工程完竣時按實作丈量其數量多增少減以原訂單價計算擬即交其承包以期迅捷理合檢同合同暨奉交原件具文簽請

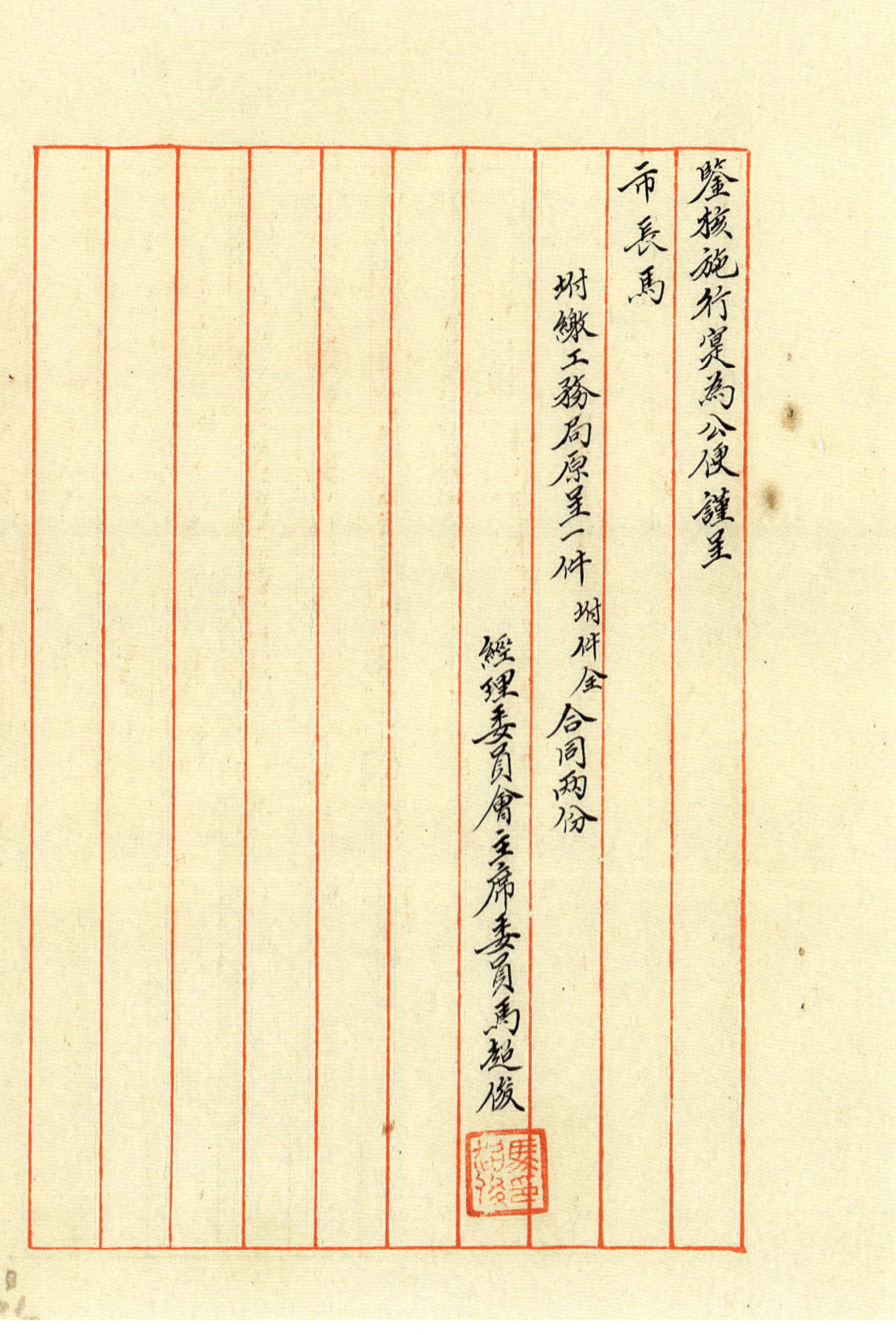

鑒核施行，實爲公便。謹呈

市長馬

附繳工務局原呈一件 附件全 合同兩份

經理委員會主席委員馬超俊

中華民國二十六年五月二十日

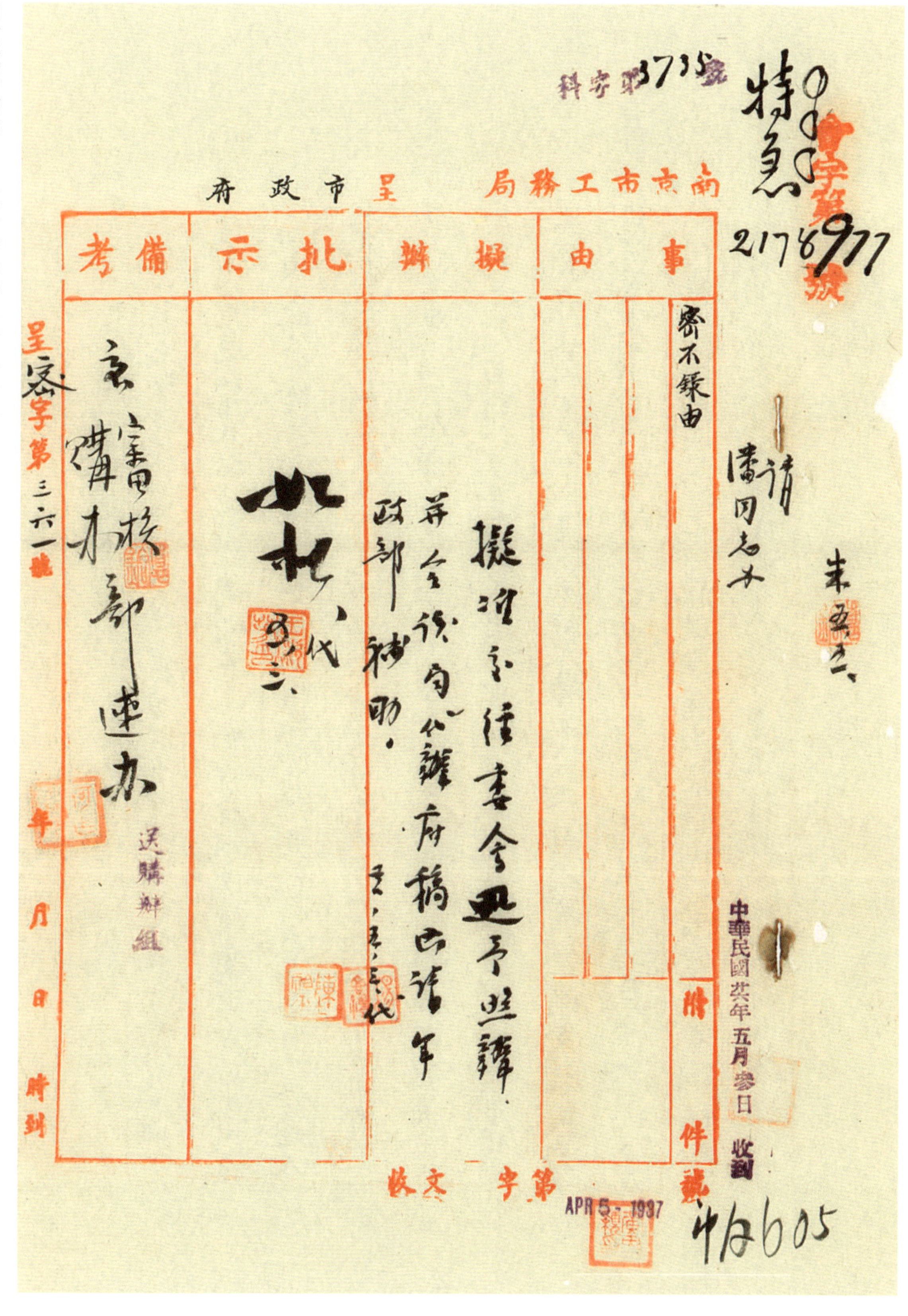

科字第3735號

特急

呈字第2176977號

南京市工務局　呈　市政府

事由	擬辦	批示	備考
密不錄由	擬准予備案，令迅予照辦、并分令該會從速辦府稿並請軍政部補助。 五、三、	如擬 代 五、三	交審核購料部速办 采購辦組

請 同志办

未五三

呈密字第三六一號

年　月　日　時到

中華民國廿六年五月參日收到

附件

收文　第　字　第　號

APR 5 1937

中14605

案准南京警備司令部朱參謀主任昌本年四月二十八日箋函略以武定門內一百五十公尺處城牆外部向城外倒塌其未倒部份現成絕壁形狀如不從速防止則殘餘部份勢必不久即要倒塌以後修繕更加困難囑迅予修理又武定門北側上城之坡路附近城牆亦請一併設法預防倒塌等由同時並准南京警備司令部同月廿九日參字第五七一號函請到局准經派員前往勘得該門南約一百五十公尺因下部凸出上部下壓致自牆頂至根倒塌一段計長三十二公尺高十六公尺厚四公尺經擬將倒塌及裂損部份照原建築方法修復估計共需經費一萬三千七百十六元至該門北側上城踏步旁之城牆現雖發生裂縫而一時尚不致倒塌除拆除重砌外別無預防辦法似可暫不修理至倒塌部份應速加修

復以免擴大且事關城防極為重要業已面陳
鈞座應請先由
鈞府墊撥工款一面函請軍政部補助以速進行理合檢同預算書
一份具文呈送仰祈
核准逕交經理委員會密召包商比賬以資迅速
謹呈
市長馬
附呈預算書一份
工務局局長宋希尚

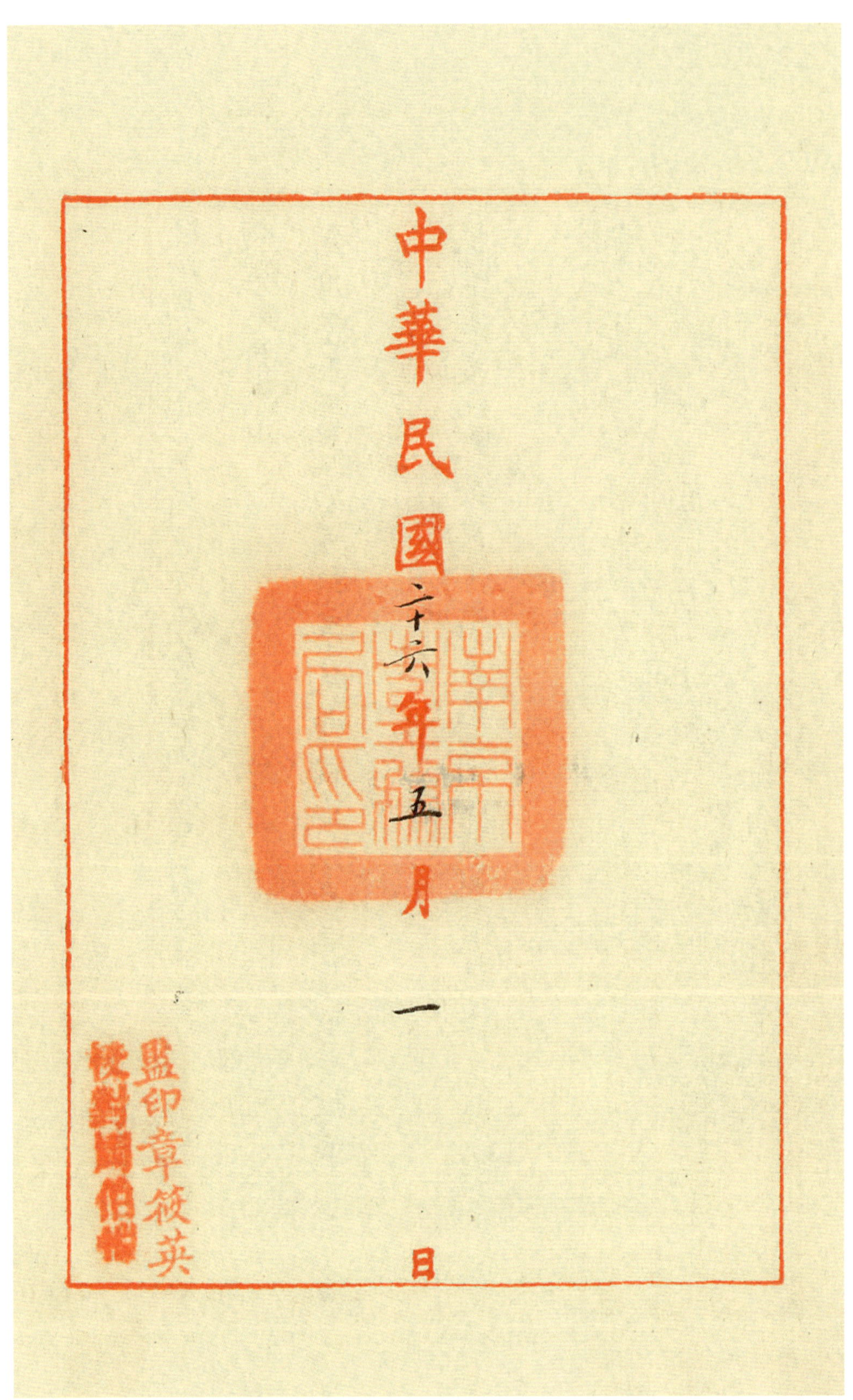

中華民國二十六年五月一日

監印章筱英

校對閻伯楷

南京市工務局

工計A.1(甲)

修理武定門南城墻 工事預算書 (共 頁)

字第 號　　　　　　　　　　　　　　　第 頁

地點	武定門南約一百五十公尺
工程撮要	將倒塌及梨損部份照原建築修復，外砌石条城磚牆，内填灰漿石块
總價	13716.00元　　平均單價
起案原委及施工方法	該處由牆頂至根倒塌一块，長32公尺，高16公尺，厚4公尺，經警備司令部朱參謀主任函請修理以重城防兼免擴大。
附件	

預算詳細表

種類	形狀	單位	數量	單價 元	總價 元	備考
修砌城磚石条牆	1:2石灰黄沙砌	立公	1152	8.00	9216.00	石条城磚將原有者清理用，石条牆面及城垛修成原有形式
填灰漿石块	1:3石灰沙泥漿	立公	900	5.00	4500.00	石块用原有者
					13716.00	元

26年4月30日　　計算　　校對　　審核　　複核

府存

工程名稱 修理武定門南城牆

承包人 尹祥記營造廠

工程總價 壹萬叁仟陸佰拾壹元陸角

決算總價

南京市工務局 工程合同 乙字第一一〤五號

開工日期 通知之日起

完工日期 玖拾晴天

逾期罰款 壹百貳拾元

市府驗收日期

1008－24－9－21×28

南京市工務局（以下簡稱甲方）與

承　包　人　尹祥記营造廠（以下簡稱乙方）

茲爲建築修理武定門南城墻　　工程經雙方同意訂立合同如左

一、工程範圍

詳單位價目表及施工細則

二、乙方於簽訂合同時須向甲方繳納工程保證金陸百伍拾元領取收據俟本合同所規定之工程全部完竣毫無貽誤並經市政府驗收合格後陸月乙方得憑收據向甲方將該項工程保證金領回

三、本工程之設計圖樣及施工細則係屬本合同之一部份乙方均已了解清楚並無疑問不明之處均願切實遵照辦理絕不藉端推諉請求加賬

四、本工程進行期中所需一切人工材料機器工具及一切設備等除另有規定者外均由乙方供給之

五、本工程進行期中所有詳細施工圖樣均由甲方隨時補充乙方均應遵照辦理如乙方對於補充詳圖上所規定之工料有認爲不應包括於本合同之內者應在該項工程未進行之先以書面向甲方磋商允可後方爲有效

六、本工程詳細價目另表開列爲本合同之一部份

七、本工程進行期中如經甲方認爲在設計上或工作上必須變更工程設計圖樣或施工細則時得於事前通知乙方遵照辦理凡因變更設計圖樣或施工細則以致工料數量有增減時其增減工料價格應按照詳細價目表內所開之單位價格計算於工程總包價內分別增加或減除之

八、本工程所有細微之處未能盡載明於圖樣及施工細則中而爲工程上所必要者乙方均應照甲方監工人員指示做全不得推諉并另索造價

九、乙方非得甲方之書面允許不得以本工程之任何部份轉包他人

十、本工程自簽訂合同之日起乙方卽須將人工材料工具運往工次自通知開工之日起限玖拾晴天內完工不得逾限如逾限期乙方願按日罰洋壹百拾元甲方得由應付工款或工程保證金內扣除之但遇風雨冰雪天災地變實在不能工作之日經甲方之監工人員書面證明呈由甲方批准展期者不在此限

十一、本市有關工程之章程及建築規則乙方均應遵照辦理

十二、本工程造價之付款標準規定如左

本工程造價計洋壹萬叁仟陸百拾壹元陸角正共分陸期付款

第一期　開工十五日後照已成工程及到工材料估價以八成計算付款

第二期　開工三十日後照已成工程及到工材料估價以八成計算除去已付款付款

第三期　開工五十日後照已成工程及到工材料估價以八成計算除已付款付款

第四期　開工七十日後照已成工程及到工材料估價以八成計算除已付款付款

第五期　全部完工經本局查驗無誤照實做工程以九成計算除已付數付訖

第六期　市府驗收合格後掃數付清

十三、每次領款時乙方須先報請驗收經由甲方派員查驗合格後發給領款收據三聯單由乙方持向本局總務股領取之

十四、乙方須派遣富有本工程經驗之監工人員常川在工督察並須服從甲方監工人員之指揮如乙方監工人員有[redacted]不稱職時甲方得通知乙方即時撤換之

十五、本工程所用各種材料應先由乙方將樣品送呈甲方查驗認為合格後方得採用所有乙方運到工次之材料經甲方查覺與呈驗合格樣品之材料不符時乙方即須全數運出工場另辦合格新料呈驗應用

十六、本工程在進行期間如經甲方查出工料與設計圖樣或施工細則不相符合時乙方應立即拆卸並依照設計圖樣或施工細則重行建造所有時間及金錢之損失概歸乙方負担

十七、本工程施工期內如需斷絕交通或需借用公地堆積材料時乙方應先期以書面請求甲方核准

十八、乙方在工作地點日間應設置紅旗夜間應懸掛紅燈以保行人安全倘因疏忽以致發生任何意外之事均由乙方自行負責處理之

十九、本工程進行中倘損及人畜或公私建築物由乙方負責賠償

二十、凡遇不適宜工作之天時乙方應遵照甲方監工人員之指示將工程全部或一部暫停工作並須設法保護已成之工程以免損壞

二十一、本工程在開工以後市政府驗收以前所有一切已成工程均由乙方負責保護倘因天災人事等不測事故工程一部或全部發生損壞時乙方應負責修理或重行建築

二十二、所有乙方之工匠人等之食宿等事皆由乙方自行處理乙方并應約束工人不得有軌外行動倘有滋生事故應由乙方自行負責處理之

二十三、全部工程經市政府派員驗收無誤後乙方應立具保固切結保固壹年0月倘於保固期內本工程發現裂縫或傾陷等情事經甲方查明係由材料不佳或工作不善所致者乙方應負責出資修理不得藉詞推諉

二十四、本工程進行期間乙方因故停止工作或不履行合同時經甲方書面通知後三日內仍不遵照工作者得由甲方一面通知保證人一面另雇他人工作所有場內之材料器具及一切設備等概歸甲方使用所有甲方因雇工續造工程之費用及延期損失等仍歸乙方負担由甲方於工程造價及保證金內扣除之不足之數應由保證人賠償

二十五、乙方遇有意外事故不能負責完工時本合同之責任應由保證人負担所有甲方另雇他人續造之工

價及一切損失均由保證人賠償

二十六、本合同及附件共繕成同樣四份二份呈送　南京市政府備案其餘二份由甲乙兩方各執一份爲

憑

二十七、本合同之附件計開

設計圖樣　0　份計　0　張

施工細則　0　份計　0　張

詳細價目表　一　份計　一　張

其他附件

中華民國二十六年五月　日

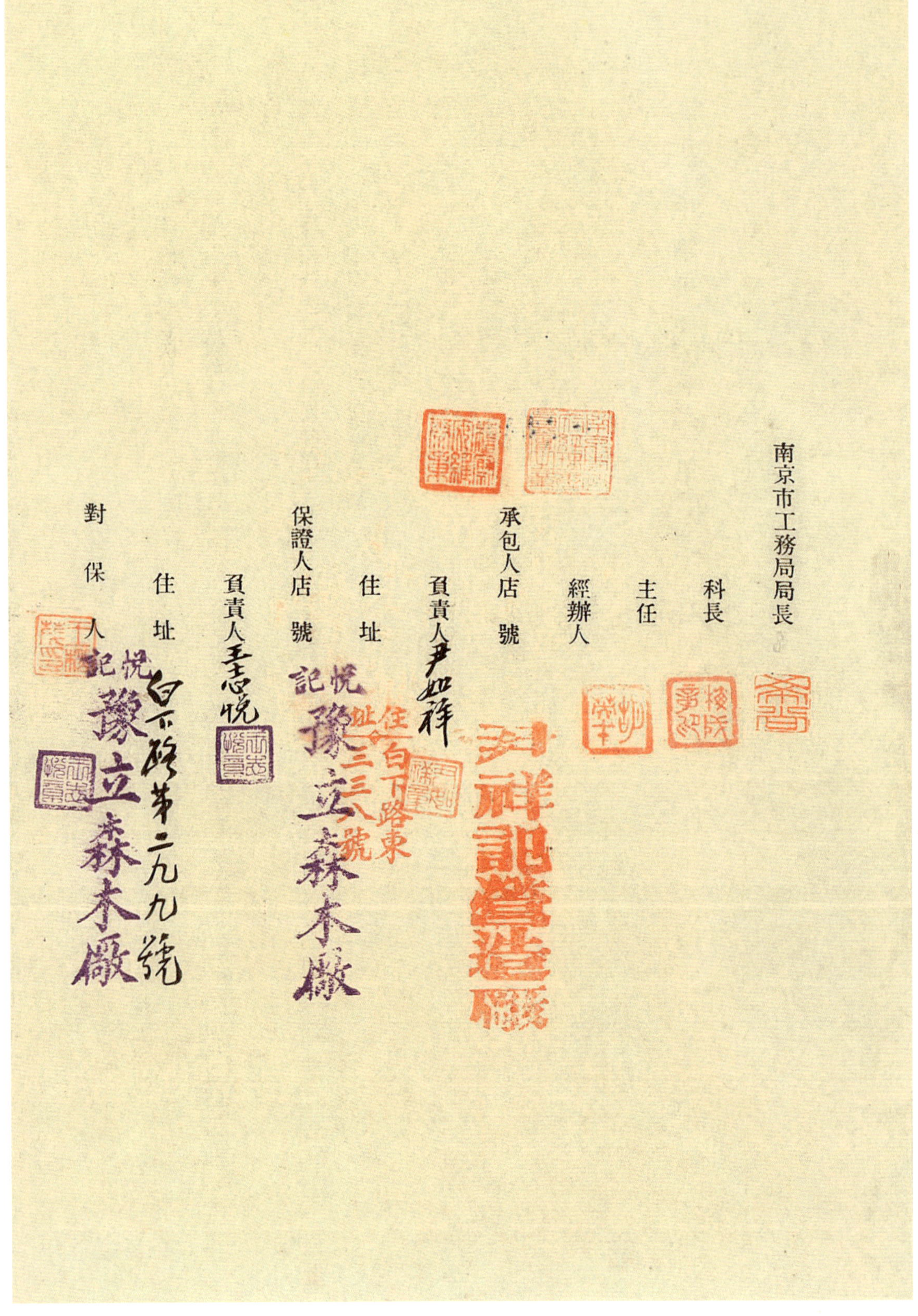

南京市工務局局長

科長

主任

經辦人

承包人店號 尹祥記營造廠

負責人尹如祥

住址 住址白下路東三三八號

保證人店號 悅記豫立森木廠

負責人王志悅

住址 白下路第二九九號

對保人 悅記豫立森木廠

南京市工務局

修理武營內南城墻工程單位價目表

第　　頁

種類	形狀	單位	數量	單價（元）	總價（元）	備考
修理城磚石條墻	1:2灰漿[illegible]	立方	1152	8.30	9561.60	
填灰漿石块	1:3石灰沙漿	〃	900	4.50	4050.00	
				共計	13611.60元	

註：1.石条城磚將原有者清出應用
2.石条墻面及城頂修成原有形狀
3.石块用原有者

填寫　　　　校對

（六）市政府爲訂立武定門城墻工程合同請審計部查照致市工務局的密令及致審計部的密函（一九三七年五月二十六日）

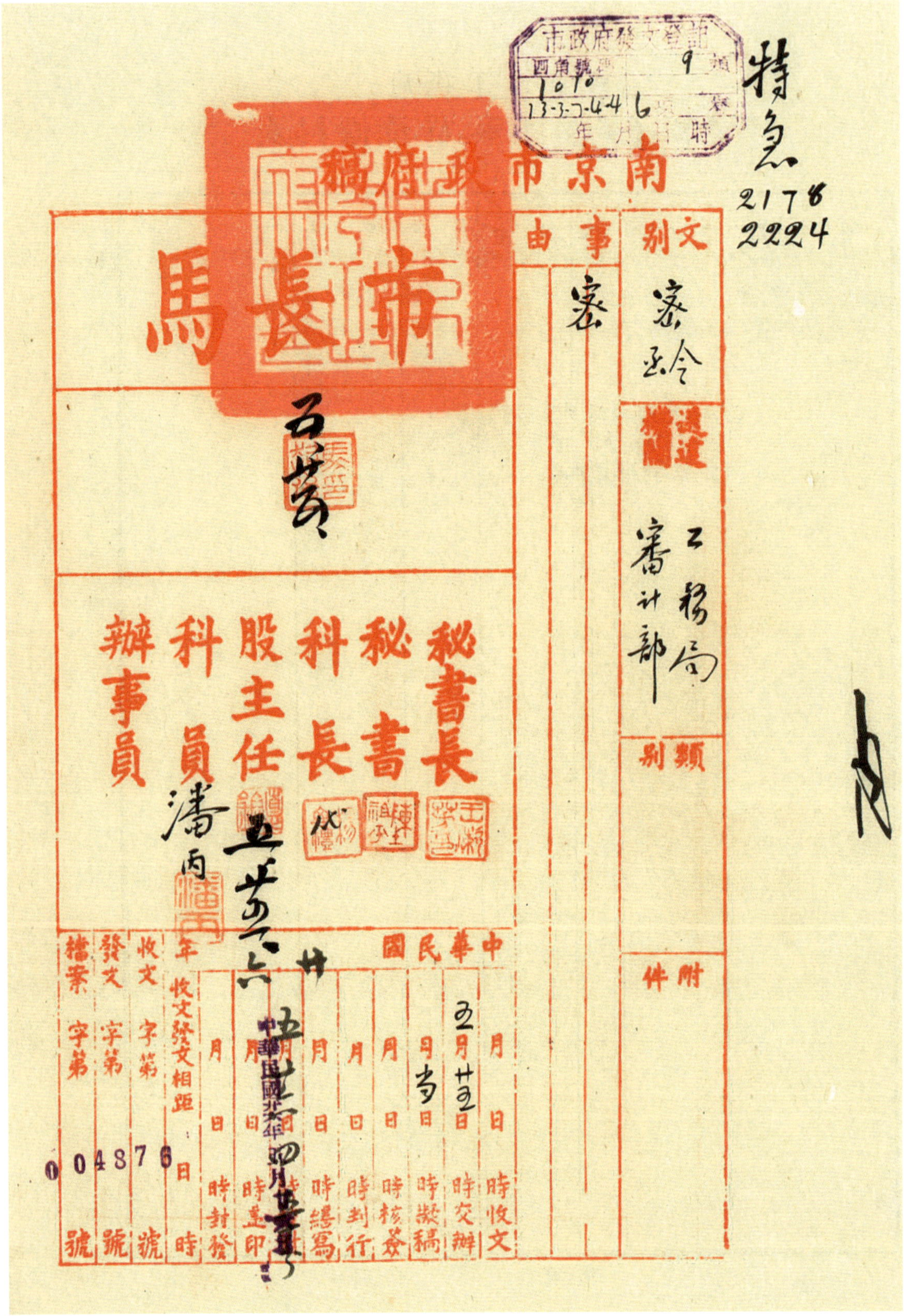
南京市政府稿

市長馬

特急

2178

2224

文別：密令、函

事由：密

送達機關：工務局、審計部

類別

附件

秘書長　秘書　科長　股主任　科員　辦事員

中華民國　年　月　日

時收文　時交辦　時擬稿　時核簽　時封行　時繕寫　時校對　時蓋印　時封發

收文發文相距　日　時

收文　字第　號

發文　字第　號

檔案　字第　號

004876

密指令

令工務局

本年五月一日密字第三六一號密呈一件。呈送修理武定门内附近倒塌城墻預算，并密交經理委員會招商比賬由。

呈件均悉。業經飭交經理委員會招工比賬，去後，茲據呈稱：

「查該項工程，事關机密，照呈抄呈鑒核施行。」

等情，附呈合同暨繳件到府，據此，除將原合同抽存一份備查，并检送一份函請審計部查照外，仰即遵向經理委員會商飭其餘合同轉飭包商送府。此令。附件存。

又此代拟府稿函請審計部[illegible]查照備案

案呈，

案據本市工務局本年五月一日簽字第三六一號簽呈稱：

案准南京警備司令部（函工局呈核玉）以資迅速。等情，附工事預算一份到府，據此，當經發交本府經理委員會招工比賬，以尹祥記營造廠（開價）壹萬叁千陆百拾壹元陆角為最低，尚未超出預算範圍，（並已訂立合同，定期開工）自應准予照辦，除指令外，相應檢同原合同一份，函請

貴部查照見復為荷，此致

審計部

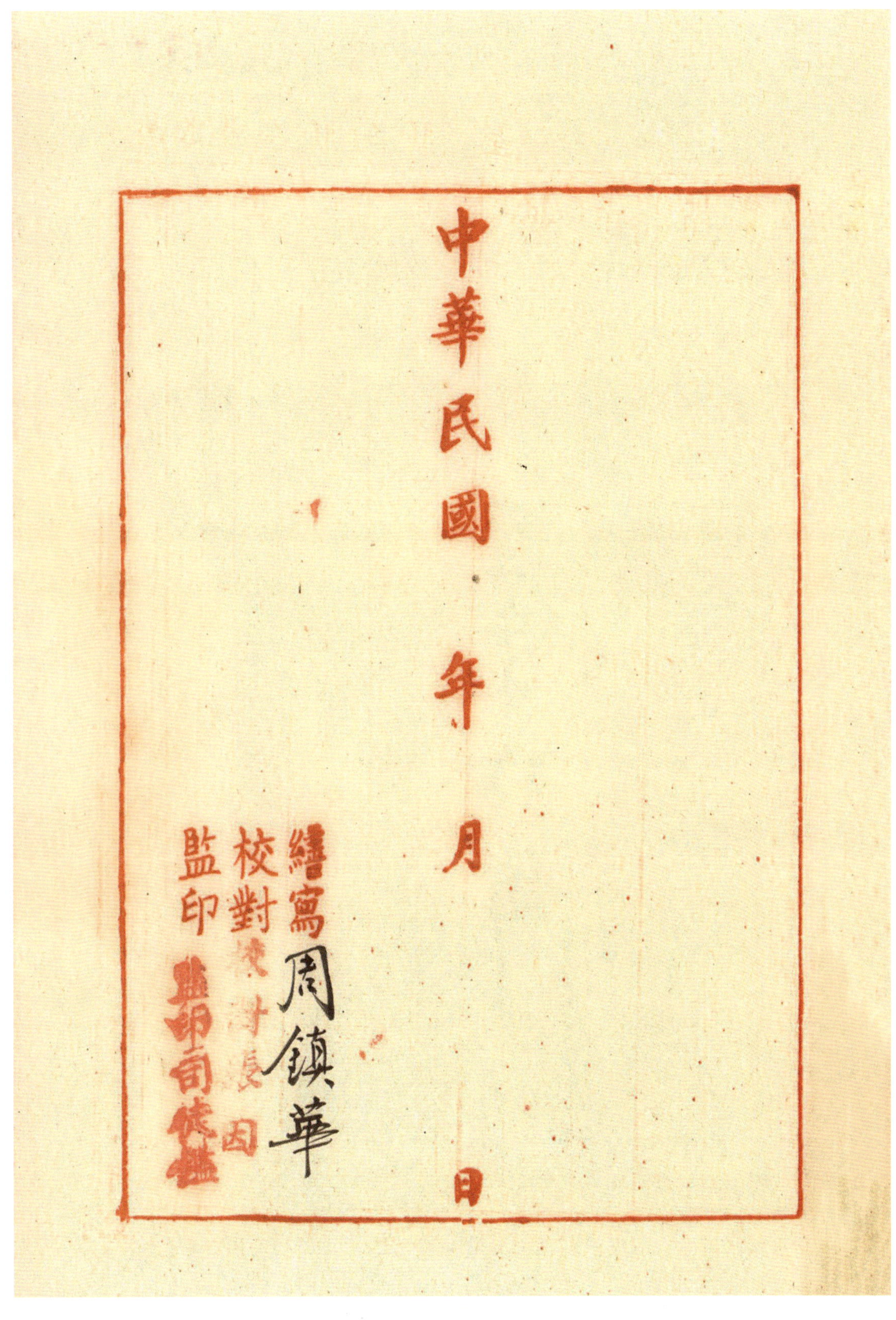

中華民國　年　月　日

繕寫　周鎮華

校對　校對長因

監印　監印司徒鑑

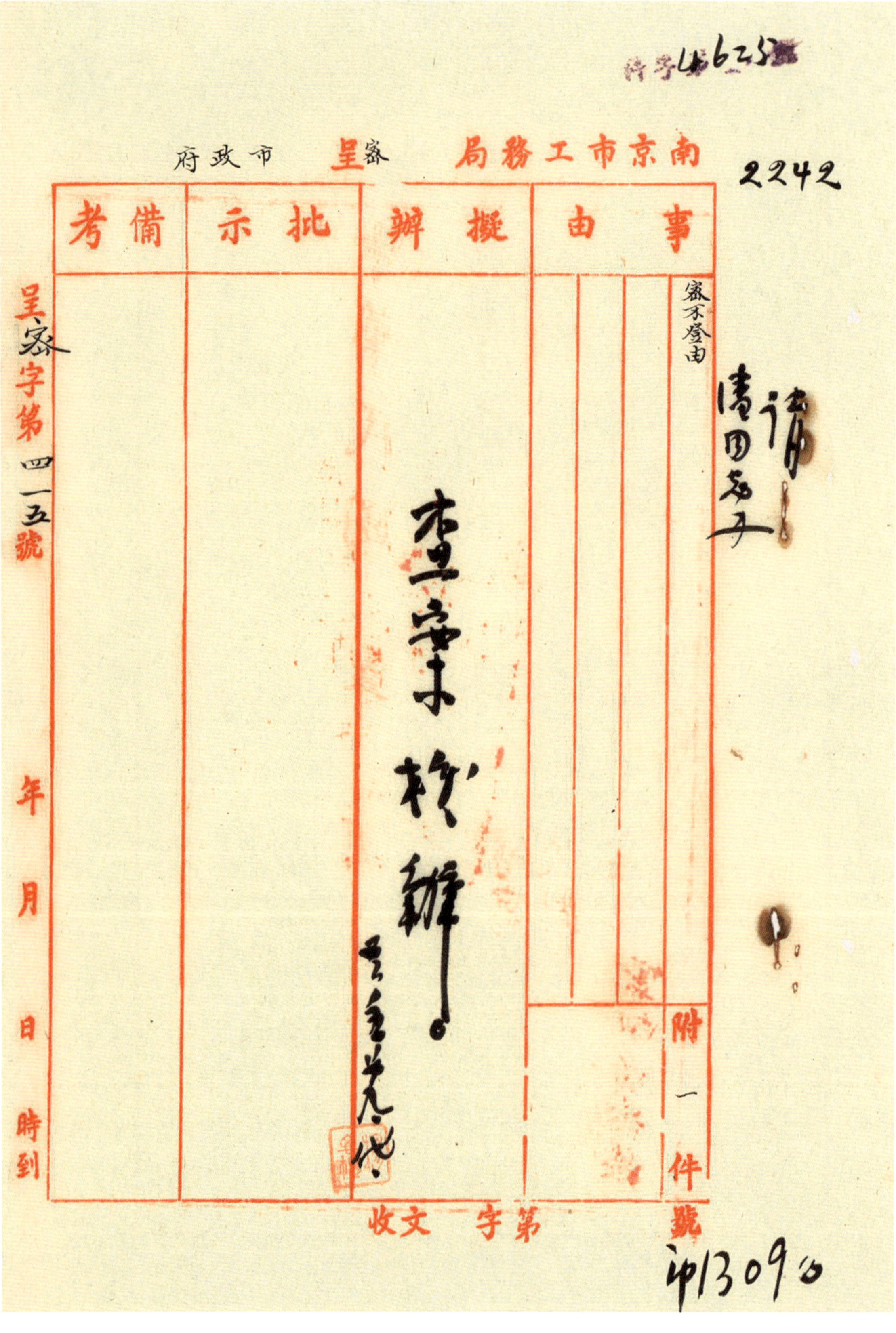

府字46625

南京市工務局 密呈 市政府

2242

事由	擬辦	批示	備考
密不登由	查案核辦。		

附一件

呈密字第四一五號

年 月 日 時到

收文 字第 號

市13090

案奉
鈞府本年五月二十一日第四六三六號密指令本局本年五月十四日密字第四零一號簽呈一件為修理武定門附近城墻工程已奉交經理委員會招工比賬中請先飭財政局籌撥工款以利要工由內開「簽呈暨繳件均悉已令飭財政局先行籌墊半數工款六千八百五十八元以利工務其餘之數應俟招工比賬後再按合同包價請領仰即逕向財政局商洽辦理以備支付繳件存」等因奉此查此項工程業經經理委員會交由尹祥記營造廠承包計包價洋一萬三千六百一十一元六角並會同與該商簽訂合同由會呈送
鈞府鑒核并送審計部備案在案除以事關城防要工並為防止城墻缺口繼續坍毀起見已督促包商於本月十五日積極施工依限完成外所需工款亟待按數請領理合將辦理情形連同請撥臨時費通知單一紙具文呈報仰祈

鑒核飭撥以應支付

謹呈

市長馮

計呈送第一四八號請撥通知單一紙

工務局局長宋希尚

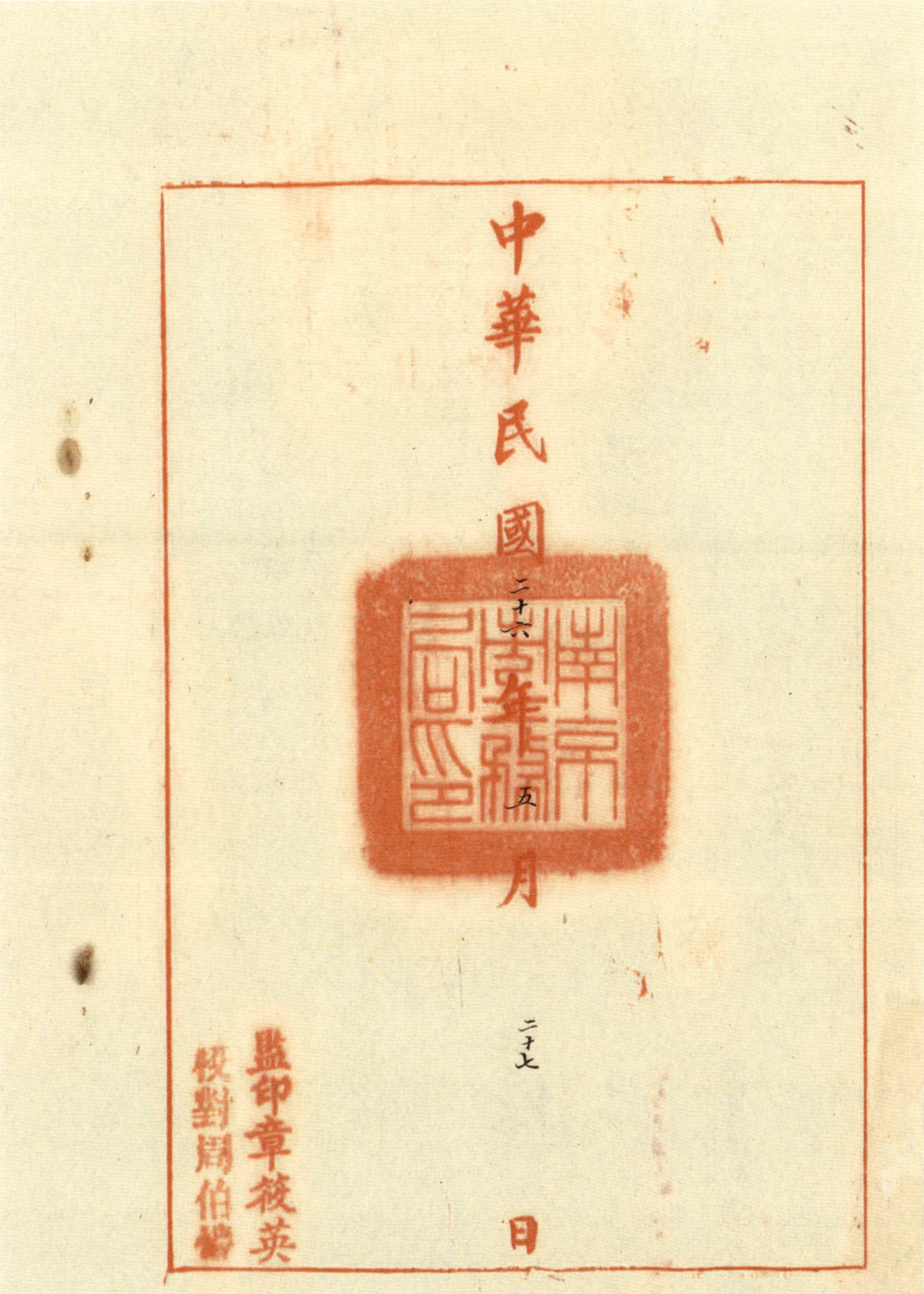

中華民國二十六年五月二十七日

監印章筱英
校對周伯[illegible]

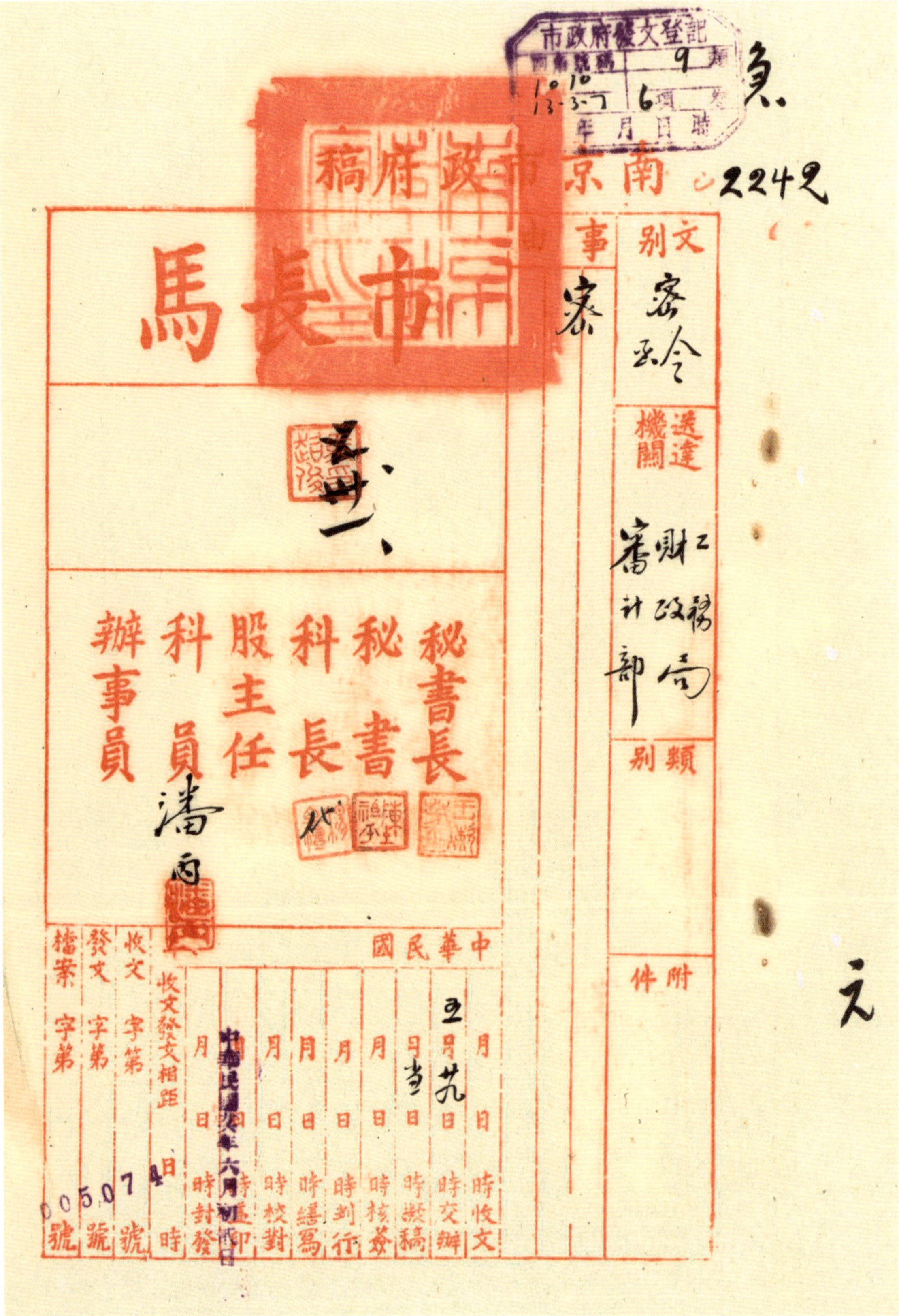
南京市政府稿 2242

市長馬

文別	密令 密函
事由	密
送達機關	工務局 財政局 審計部
類別	
附件	

秘書長 秘書 科長 股主任 科員 辦事員

中華民國 月 日 時收文；五月廿九日 時交辦；五月卅一日 時擬稿；月 日 時核簽；月 日 時判行；月 日 時繕寫；月 日 時校對；月 日 時蓋印；月 日 時封發

收文發文相距 日 時

收文 字第 號　發文 字第 號　檔案 字第 號

0050741

中華民國廿六年六月二日

市政府發文登記

（八）市政府爲核撥武定門城墻工程款致市工務局、市財政局的密令及致審計部的密函（一九三七年六月二日）

審指令

令工務局

本年五月二十七日審字第四一五號審呈一件。請撥修理

武定門附近城墻工款由。

呈件均悉。業經令飭財政局特賬核撥，仰即編造支付

預算，并將上次借支工款洋千捌百伍拾捌之填單前往解款特賬，以清手續。

事竣，呈請會同驗收，并送本造報，件存。此令。

審訓令

函審計部

令財政局

案據本市工務局本年五月二十七日審字第四一五號審

005074

呈稱：

「案奉本年五月二十一日照呈抄函以應支付」。

等情，附請撥單到府，據此，除指令：「呈件均悉，照簽稿抄函此令。」印發暨照分函令外，合行令仰該局即便遵照轉賬核撥具報，此令。

相應函請

貴部查照為荷，此致

審計部

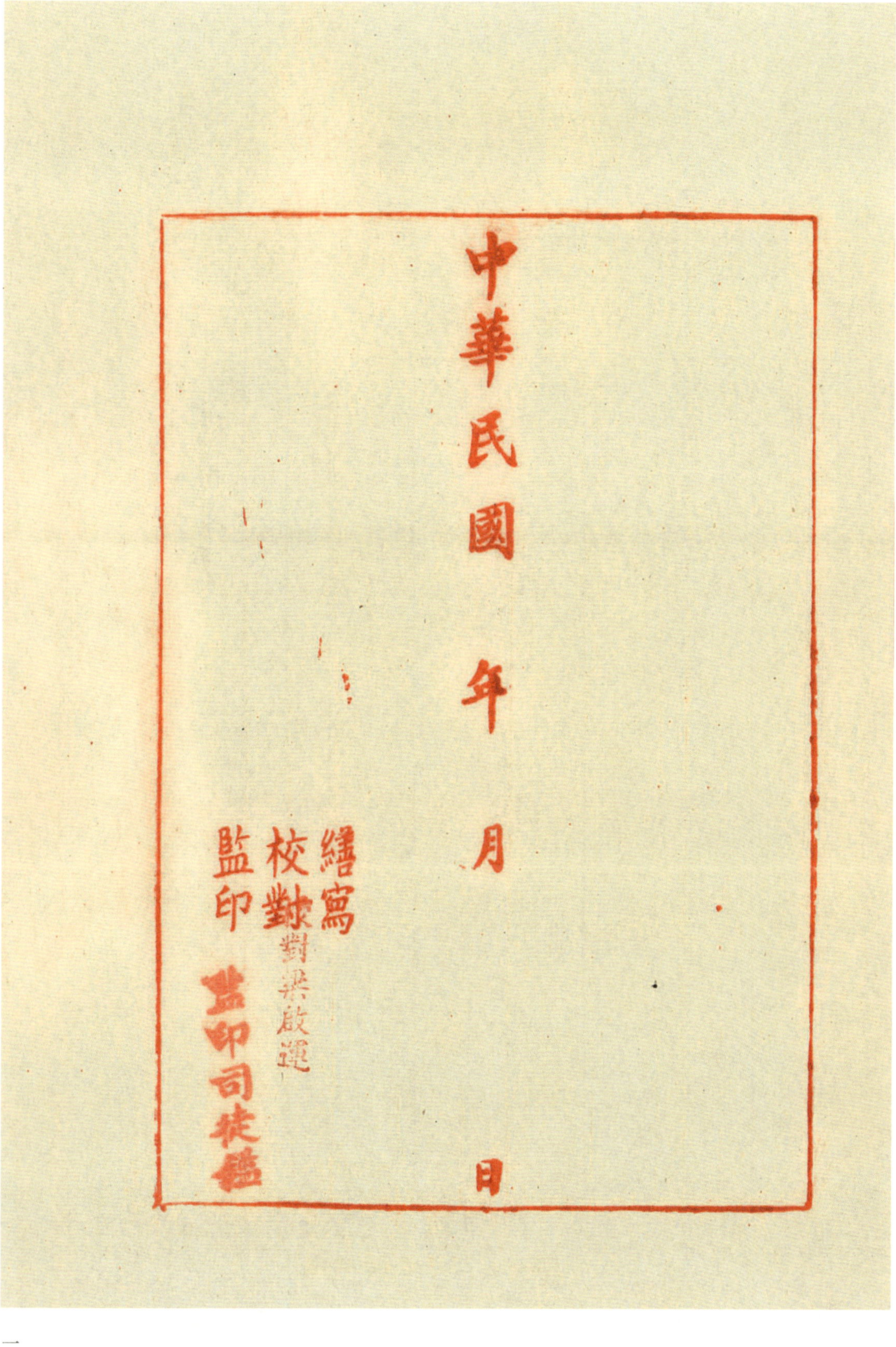

中華民國　年　月　日

繕寫

校對　對梁啟運

監印　監印司徒鑑

（九）審計部爲準修理武定門南城墻工程合同致市政府的公函（一九三七年六月二日）

急

2250

審計部公函

交第二科

事由	擬辦	批示	備攷
密	轉。		
附件			

公函 字第 號

年 月 日 時到

收文 字第6834號

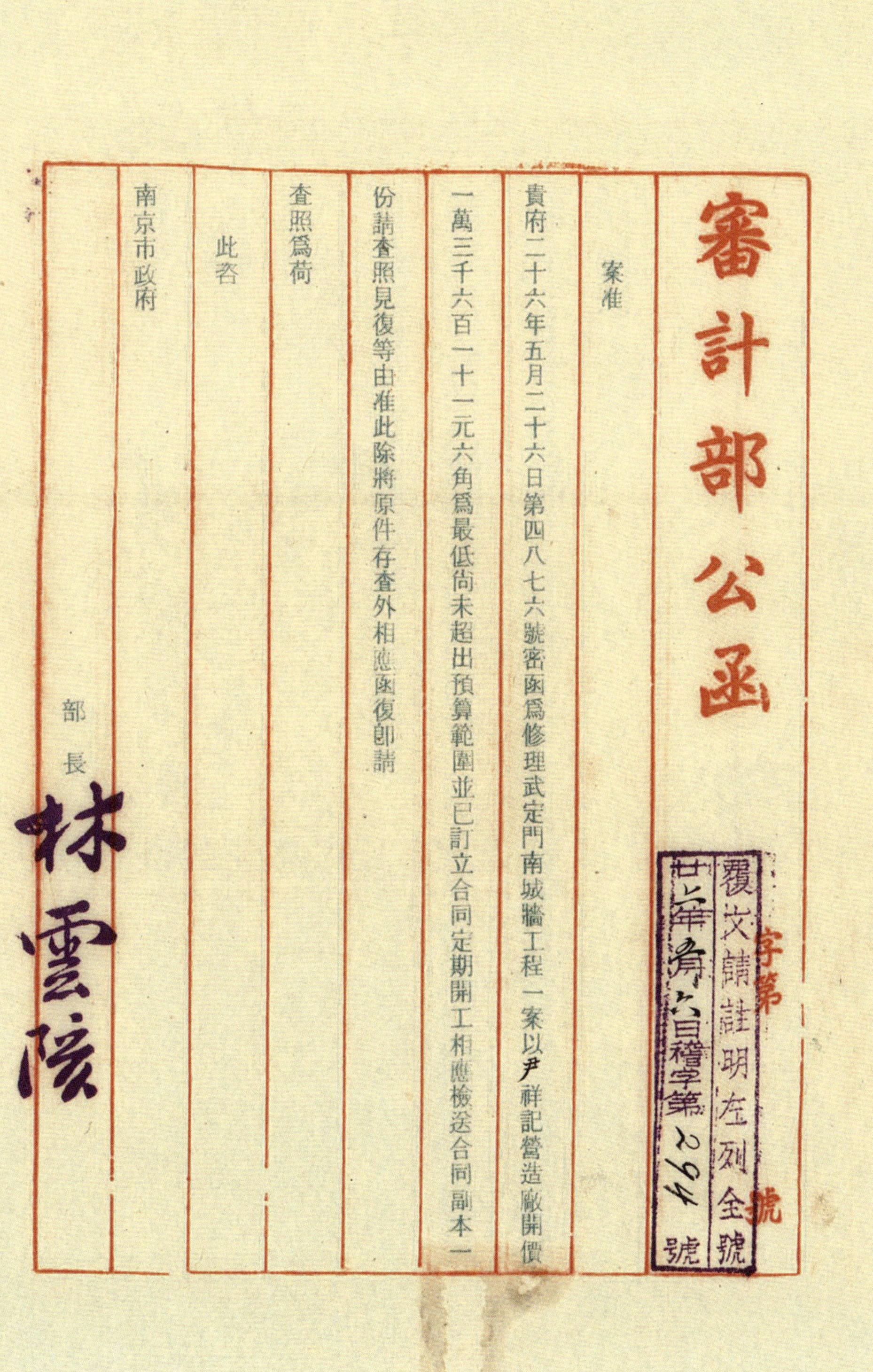

審計部公函

字第　號

覆文請註明左列全號

廿六年月六日稽字第294號

案准

貴府二十六年五月二十六日第四八七六號密函爲修理武定門南城牆工程一案以尹祥記營造廠開價一萬三千六百一十一元六角爲最低尚未超出預算範圍並已訂立合同定期開工相應檢送合同副本一份請查照見復等由准此除將原件存查外相應函復即請

查照爲荷

此咨

南京市政府

部長 林雲陔

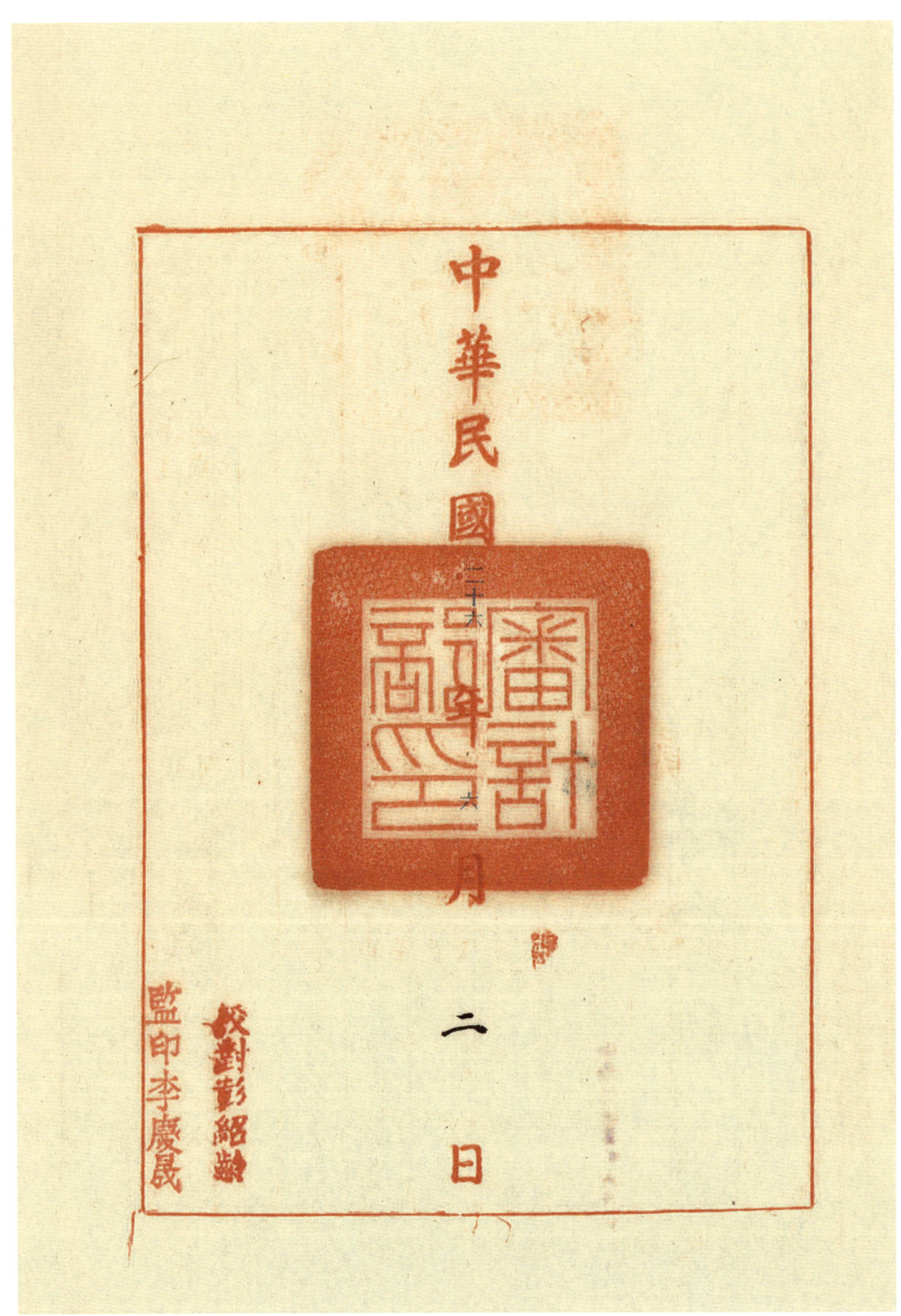

中華民國二十六年六月二日

審計部印

校對彭紹齡

監印李慶晟

市工務局關于修理全部未修環城城墻工事預算書（一九三七年六月八日）

南京市工務局　　　　工計A.1(甲)

修理全部未修環城城墻 工事預算書（共 1 頁）

字第　號　　　　第 1 頁

地點	京市
工程撮要	修理部分全部計長16080公尺
總價	174,085.06元　平均單價
起案原委及施工方法	④ 寬.3×長3300×高.3＝495立公　，495×21＝10395元 ⑤ .4×2000×.3＝240〃　，240×21＝5040元 ⑥ .4×800×.3＝96　，96×21＝2016元 ⑦ .4×1300×.6＝312　，312×21＝6552元 ⑧ .4×1.6×200＝128　，128×21＝2688元
附件	

預算詳細表

	種類	形狀	單位	數量	單價 元		總價 元		備考
①	太平門至台城	2180公尺					71926	76	見密17號代府核並案表
②	挹江門至漢西門	6300公尺					72508	80	見密128號　〃
③	金川門至鍾阜門	局部					2949	50	見密81號　〃
④	新民門至中央門	約3300公尺					10400	00	
⑤	和平門至玄武門	約2000公尺					5000	00	
⑥	光華門向東一段	約800公尺					2000	00	
⑦	武定門向南一段	約1300公尺					6600	00	
⑧	中華門向西一段	約200公尺					2700	00	
							174085	06	元

26年6月8日　計算［印］　校對　審核　複核

南京城墻檔案

城墻的修繕與堵塞（上）

貳

一九三八年至一九四五年

修理萬竹園西南城角城墻

（一）僞市警察廳爲請勘修萬竹園西南城角城墻致僞督辦市政公署的呈文（一九三八年十月十七日）

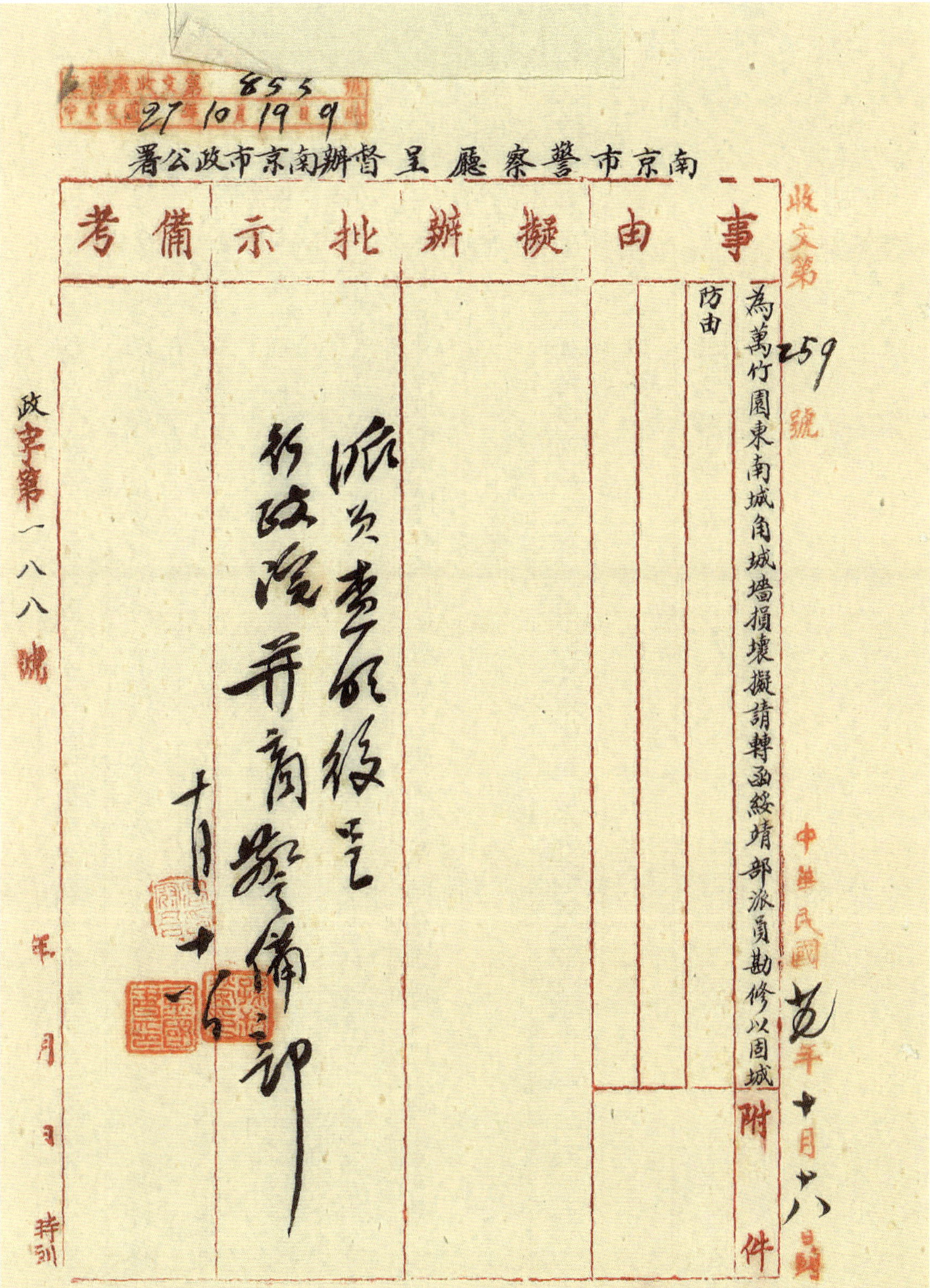

收文第855
27 10 19
南京市警察廳 呈 督辦南京市政公署
事由
擬辦
批示
備考
收文第259號
爲萬竹園東南城角城墻損壞擬請轉函綏靖部派員勘修以固城
防由
中華民國廿七年十月十八日
附件
派員查明後呈
行政院并商警備部
政字第一八八八號
年 月 日
收文 字第 號

為呈請事竊查職廳前以萬竹園地方西南城角城墻損壞有礙防務治安經令飭該
管第二警察局詳查具報以憑轉請勘修去後茲據該局局長陸長齡呈稱遵往
查勘該處原有土馬坡道一座下面即係萬竹園附近多菜園荒地居民稀少牆外距
賽虹橋約五十米達該處城墻外面于去歲兵變時被炮擊燬兩處一約寬三米達
一約寬六米達其破口處均用蔴袋鐵絲網遮攔未能通行繪具畧圖復請鑒核等
情查該處城墻損壞現用蔴袋鐵絲網遮攔既不堅固究難持久理合附送畧圖具文
呈請
鈞署鑒核俯賜函商綏靖部派員勘修以固城防實為公便謹呈
督辦南京市政高
計呈略圖一紙

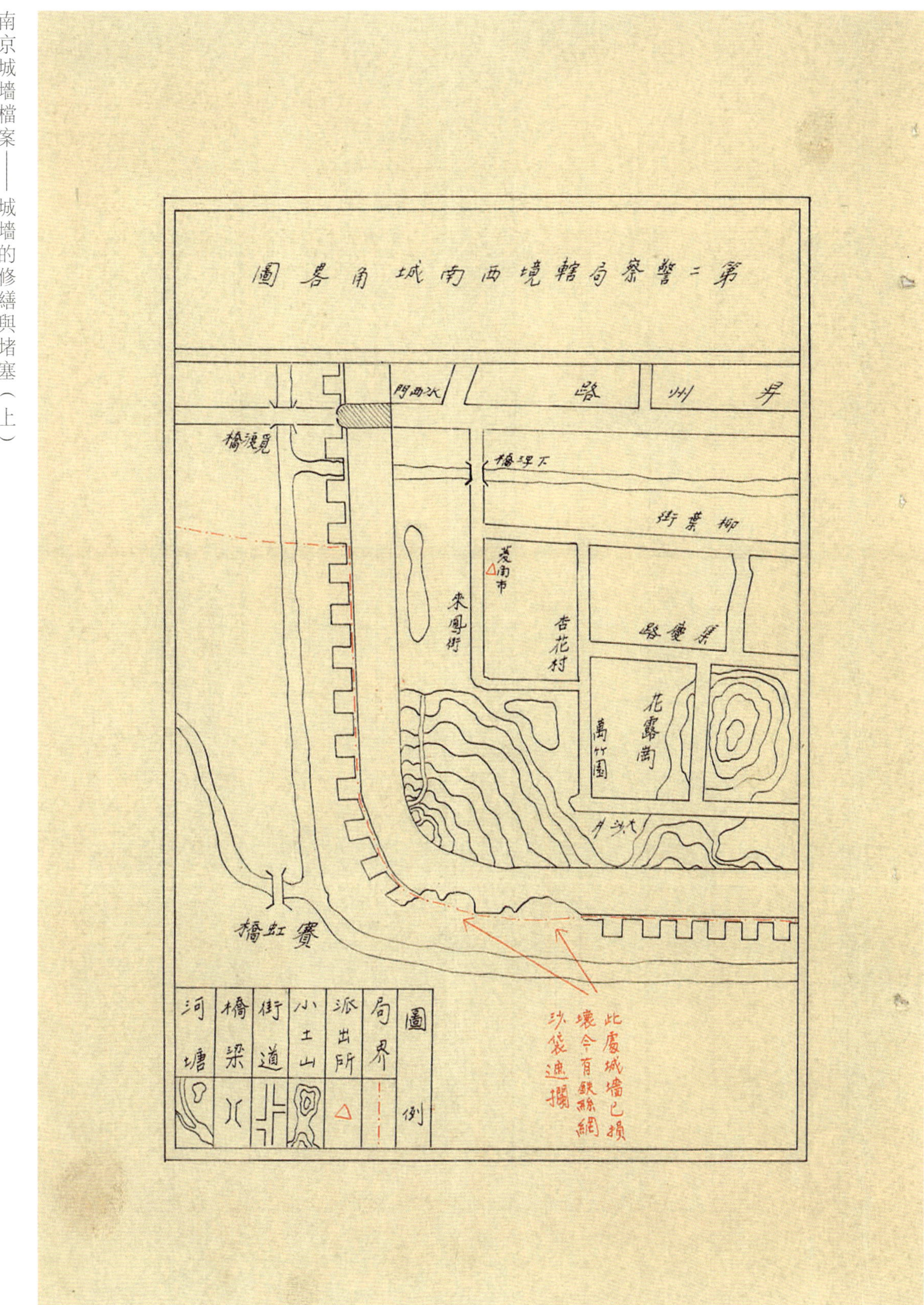

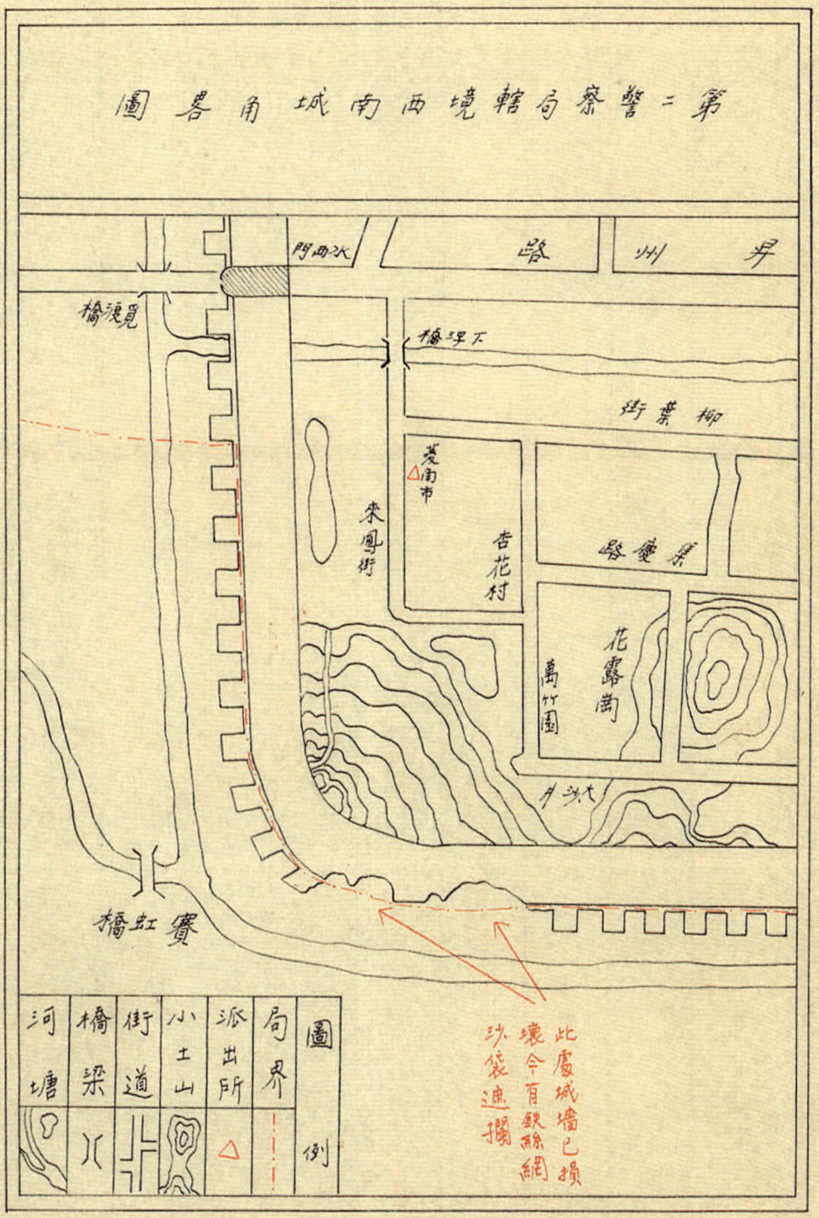
第二警察局轄境西南城角略圖
昇州路
水西門
覓渡橋
下浮橋
柳葉街
菱角市
來鳳街
杏花村
集慶路
花露崗
萬竹園
賽虹橋
此處城墻已損壞今有鐵絲網沙袋遮攔
圖例
局界
派出所
小土山
街道
橋梁
河塘

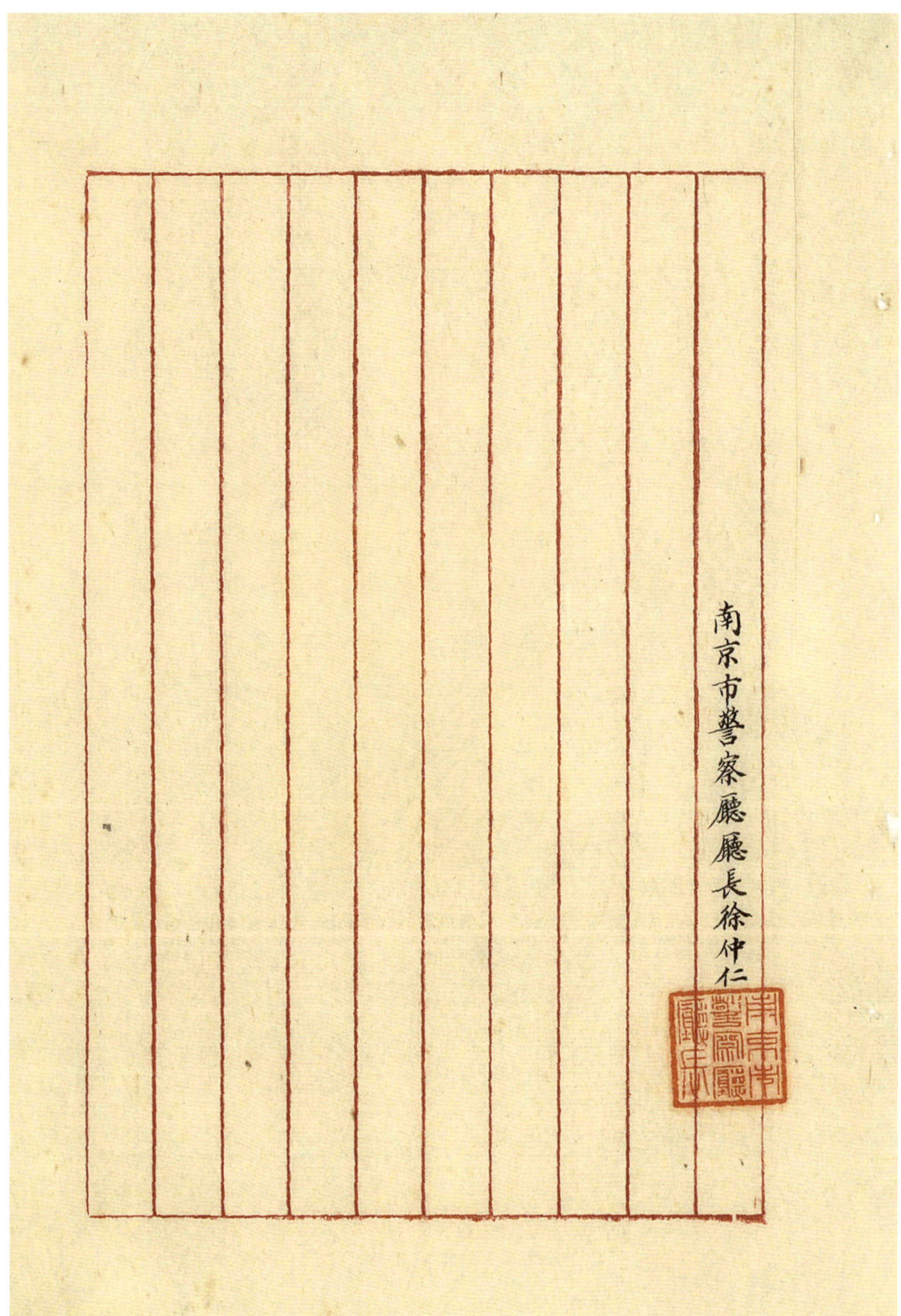

南京市警察廳廳長徐仲仁

中華民國二十七年十月十七日

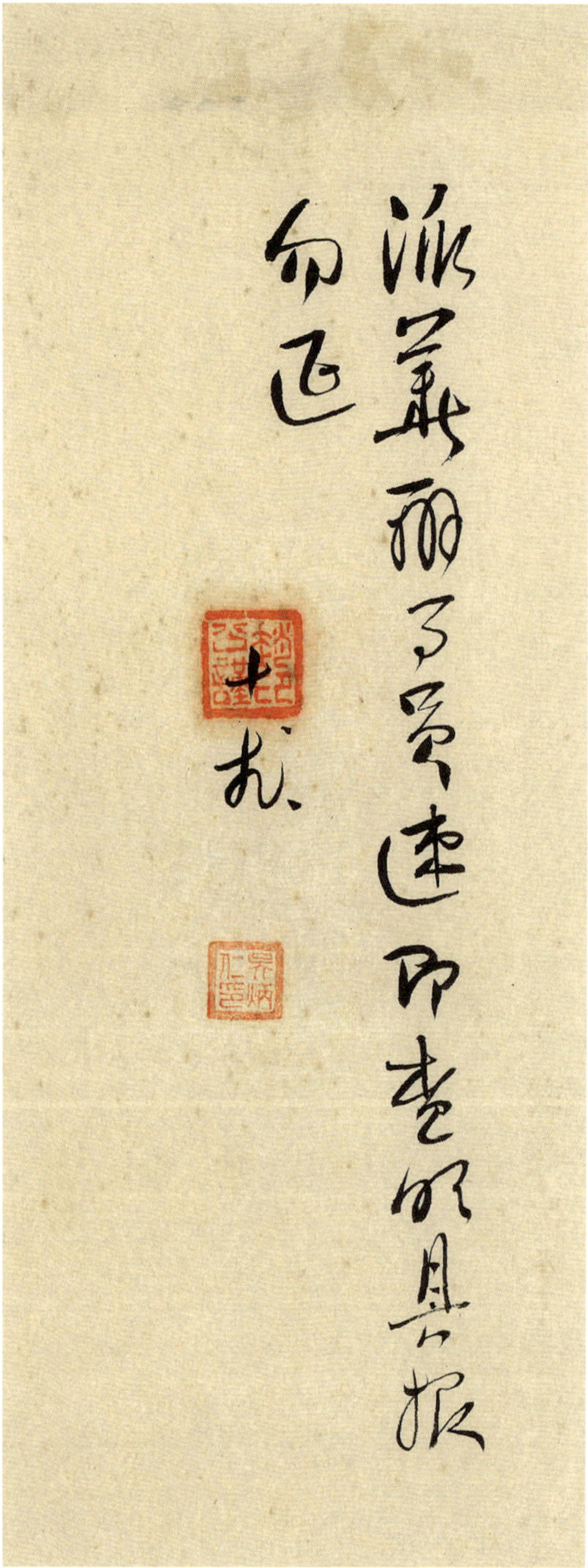

關于修理城門一件與圖估單
請廳又催詢新建送函
交
工務局
秘書處啓 五三

速件

簽請核办 十廿

呈爲呈報查勘萬竹園處城垣損燬情形並繪製草圖擬具估價單
請予核轉事竊查該處城垣在南市西門事變時戰爭最爲劇烈故
城垣轟燬甚鉅現雖有鐵絲網攔阻但亦無際於事似應加以修
築以重城防茲繪製草圖一幅擬具估價單一紙呈請
鑒核是否有當謹呈
局長趙

附 南市西南角城墻損燬情形草圖一幅
修築城墻工程估價單一紙

職 萬竹所 謹呈

十月二十二日

（二一）僞市工務局爲送萬竹園西南城角城墻損毀草圖和修築估價單致僞督辦市政公署的簽呈（一九三八年十月二十三日）

張秘書長分别核稿 十廿三

急要件 第35號

分送周司長核示

簽呈 十月二十三日

為簽復事竊奉

鈞座交下南京市警察廳呈一件為萬竹園東南城角城墻損壞請予派員勘修以固城防一案奉

批派員查明後呈行政院並商警備部等因奉此遵經派本局辦事員華竹筠前往查勘具報去後

茲據報稱遵查該處城垣在南京門西因事變時戰況劇烈故城垣轟燬甚鉅現雖有鐵絲網攔阻但

亦無濟於事似應加以修築以重城防繪製損燬草圖及估價单報請鑒核等情前來查該處城墻既

據查明損燬過鉅擬請

俯准招工承修以重城防是否有當理合檢同損燬草圖及估價单備文簽請

鈞座鑒核示遵謹呈

督辦南京市政高

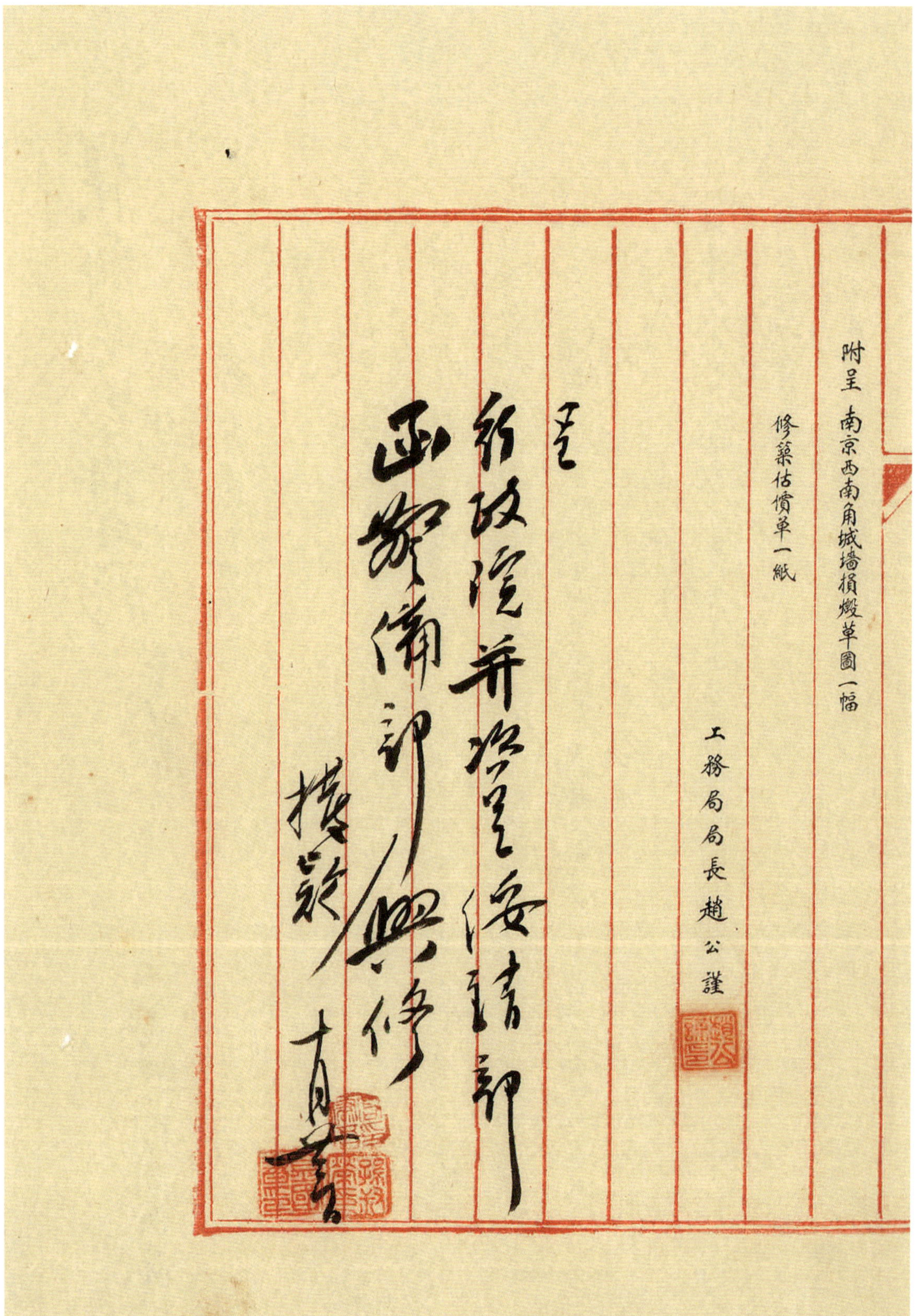

附呈 南京西南角城墻損毀草圖一幅
修築估價單一紙

工務局局長趙 公謹

呈
行政院并抄送後勤總部
函警備司令部興修
核辦
十月[illegible]

修築城牆估價單

1. 填土　720.30立公方　@$0.30　計$216.09

2. 牆城　235.95立公方

　　每立公方需陰坯磚480塊　共用磚480×235.95=113256.00塊

　　　每萬塊以180.0元計算需$2038.61元

　　每立公方需石灰約40斤　共需用石灰40×235.95=9438斤

　　　　　　　　　　　　合94.38担

　　　每担以2.00元計算需$94.38×2=188.76元

　　每立公方需黄沙0.04英方　共需用黄沙0.04×235.95=9.438英方

　　　每英方以20.0元計算需9.438×20=188.76元

　　每立公方人工及脚手以4.0元計算需4×235.95=943.80元

　　　總計牆城一項需3359.93元

3. 出清城根磚泥　約需100.00元

全部工程總計3676.02元　倘用舊磚砌築僅出運費約可省去1500.00元之譜

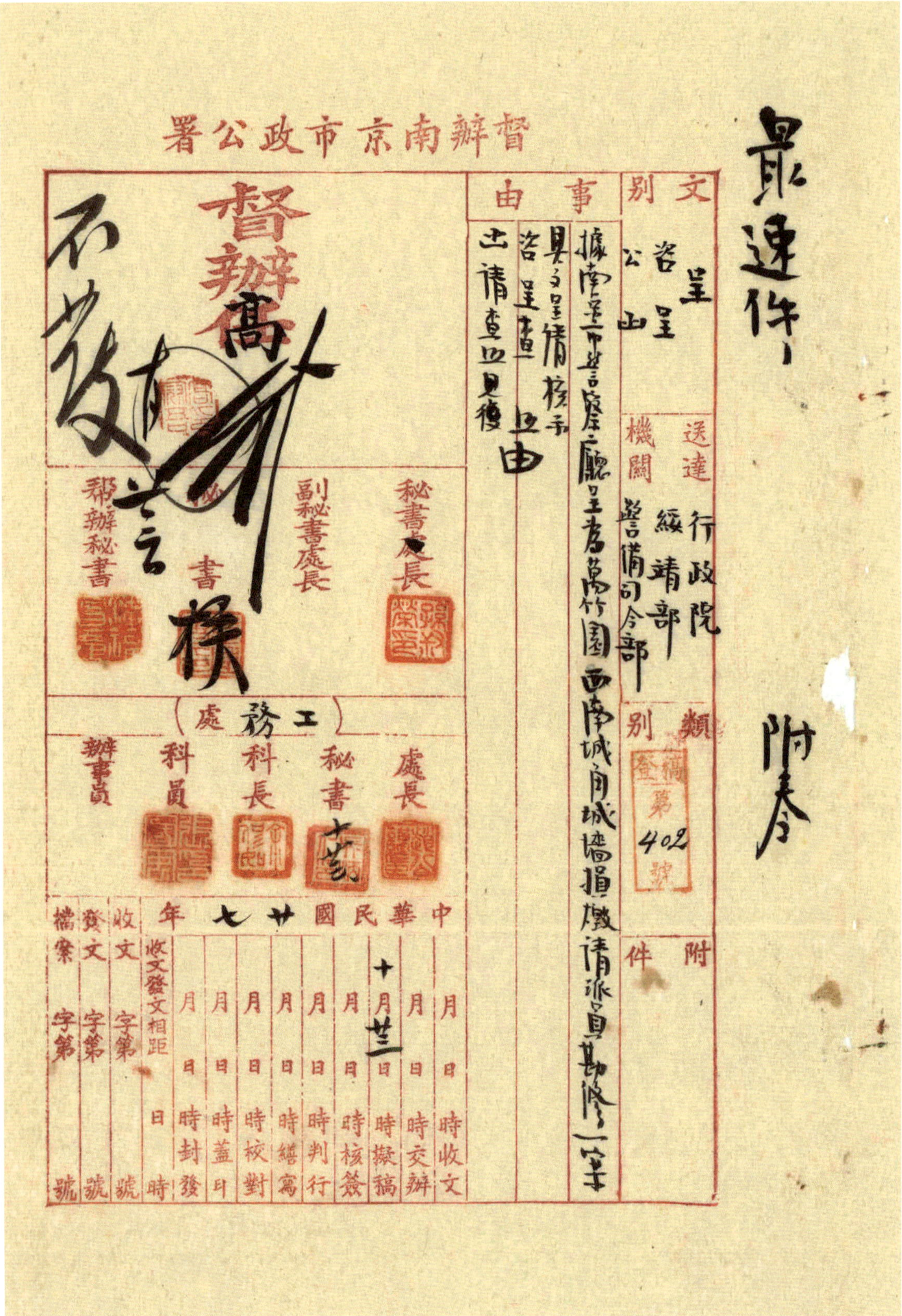

最速件

附奉

督辦南京市政公署

文別	呈 咨呈 公函
送達機關	行政院 綏靖部 警備司令部
類別	發稿第402號
附件	

事由：據南京市警察廳呈爲萬竹園西南城角城墻損燬請派員勘修一案具文呈請核示並咨呈請查照見復由

督辦 高

不必發文

秘書長　副秘書處長　秘書　幫辦秘書

工務處：處長　秘書　科長　科員　辦事員

中華民國廿七年

收文	交辦	擬稿	核簽	判行	繕寫	校對	蓋印	封發	收文發文相距
月日時	月日時	十月廿二日時	月日時	月日時	月日時	月日時	月日時	月日時	日時

收文字第號　發文字第號　檔案字第號

呈行政院文稿

為呈請事。案據南京市警察廳廳長徐仲仁呈稱：竊查本廳前以萬竹園地方西南城角城墻損壞，业經錄案呈請鈞署鑒核，俯賜派員勘修，以固城防等情。據此，當經本署飭據工務局派員查明，復稱：查該城墻因事變時戰況劇烈，被燬甚鉅，現雖有鐵絲網攔阻，但終無濟於事，似應加以修築，以重城防。檢同損燬草圖及估價單，轉請鑒核等情前來。據此，查該處城墻既據該局查明損燬過鉅，擬請俯准撥款興修，以重城防。茲據前情，除分別咨函綏靖部及警備部外，理合檢同損燬草圖及估價單，具文呈請，仰祈

鈞院鑒核示遵謹呈

行政院院長梁

附呈擬修草圖及估價單各一紙

督辦南京市政高○○

署　　銜咨呈　工字第　　號

為咨呈事、案據南京市警察廳廳長徐仲仁呈稱以正朙文

鈞署等情前來除呈請

行政院撥款興修並函請警備部查照外相應檢同擬修

草圖及估價單、備文咨呈

鈞部查照謹咨呈

綏靖部部長任

附檢同草圖及估價單各一紙

督办　高〇〇

署銜公出　工字第　號　〇〇

逕啟者：案據南京市警察廳廳長徐仲仁呈稱：四前又經至

等情前來，除呈請

行政院撥款興修並咨呈綏靖部查照外，相應檢同損

壞草圖及估價單函請

貴部查照為荷。此致

警備司令部

附檢同草圖及估價單各一紙

書業萬〇〇

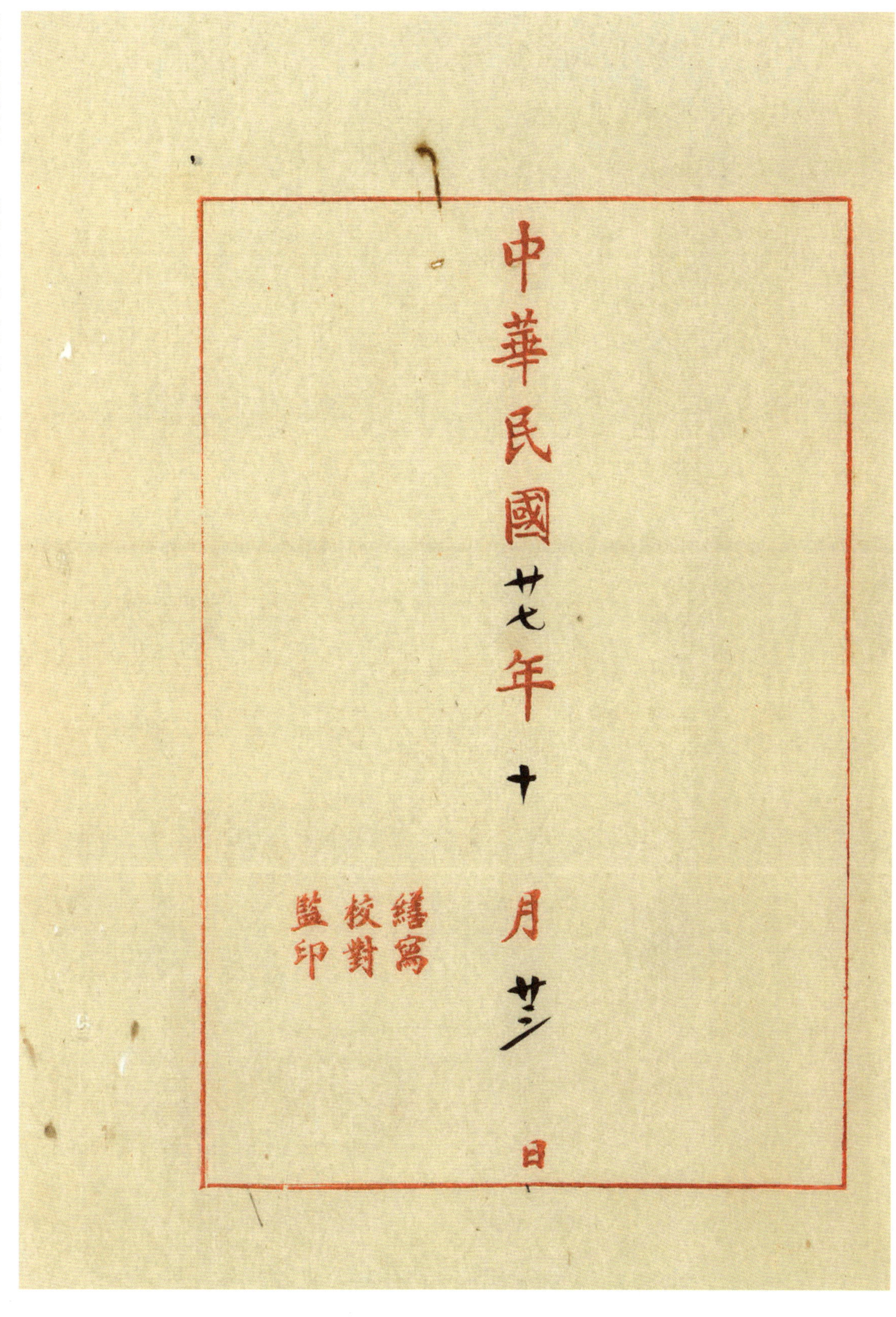

中華民國廿七年十月廿三日

繕寫
校對
監印

路
东
山
中華路
要修
城隍保存不必修理

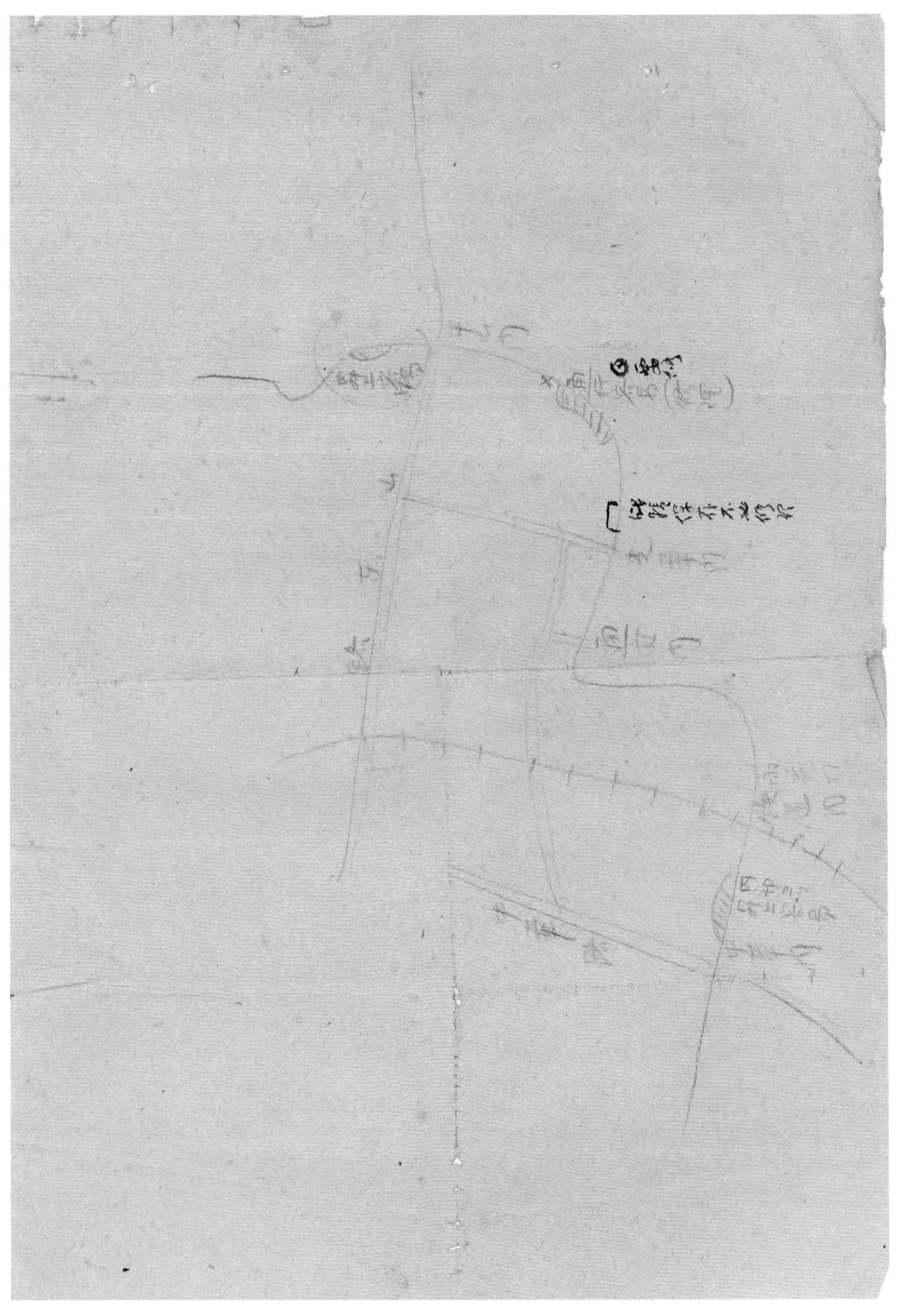

修築城牆工程估價單

I. 出清城根碎泥　約計50.0方　@＄0.60　計＄30.00

II. 填土　約計150.0方　@＄0.60　計＄90.00

III. 修築城牆

a. 汗西門　$\frac{28+16}{2}\times26\times2=22\times26\times2=11.44$方

b. 老華门至中山门间三處

1. $\frac{65+20}{2}\times25\times2=42.5\times25\times2=21.25$方
2. $\frac{50+16}{2}\times45\times2=33\times45\times2=29.70$方
3. $\frac{88+24}{2}\times43\times2=56\times43\times2=48.16$方

總計應修築城牆110.55方

C. 城牆估價（照110.55方計算）

1. 每方需用陰坯磚1400塊　共需用磚110.55×1400=154770塊
   每萬塊連運費以120元計算需＄1857.24
2. 每方需用石灰1担　共須用石灰110.55×1=110.55担
   每担連運費以2.00元計算需＄221.10
3. 每方需用黄沙0.12方　共需用黄沙110.55×0.12=13.27方
   每方連運費以20.00計算需＄265.40
4. 每方人工及脚手以9.0元計算需＄994.95

共計城牆一項需＄3338.69

全部工程費總計3458.69

廿七日晨偵報今敵（漢奸）在西門迤南去高五十公尺處城
牆毀壞寬約六公尺高約七公尺~~[illegible]~~由工
務局修理其因著華發之光川查勘具報
又光華門中山門之間城牆損壞處亦要修理著併查報
吉廿

修復興中門城墻漏洞

（一）市民張榮炳等爲修復興中門城墻漏洞致日軍南京特務機關的呈文（一九三八年十月十九日）

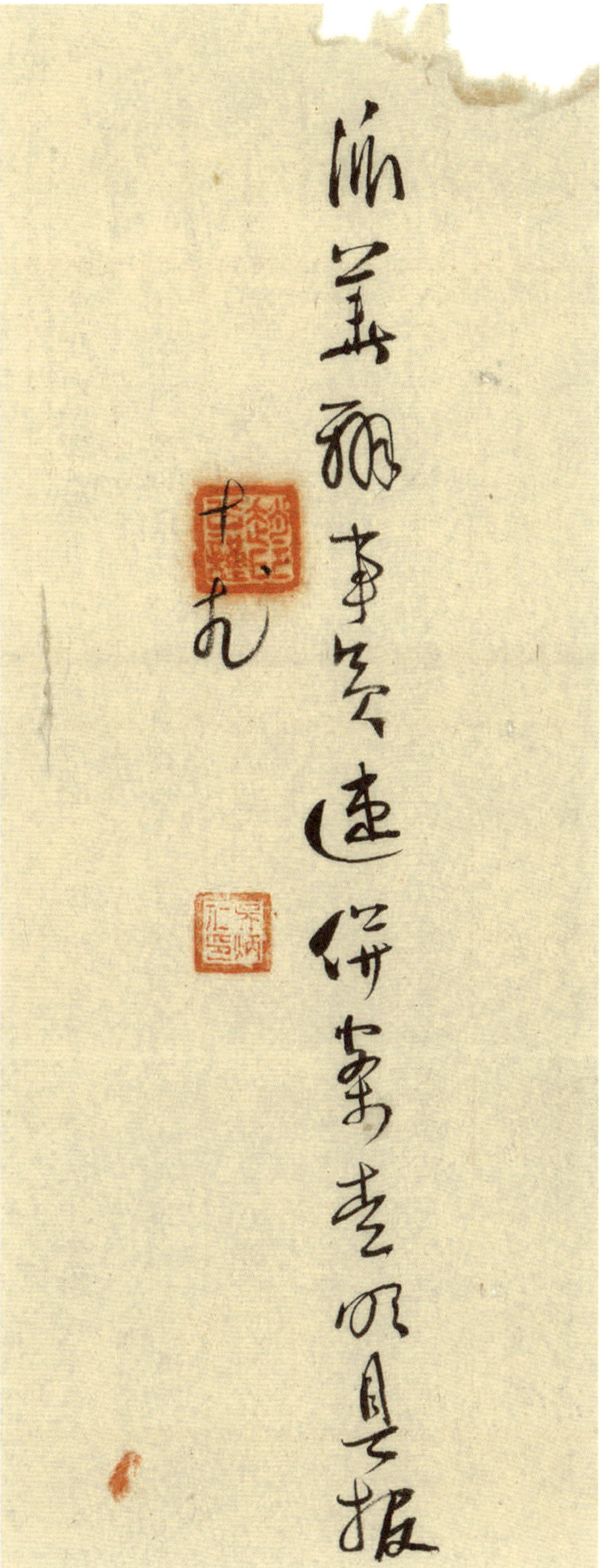

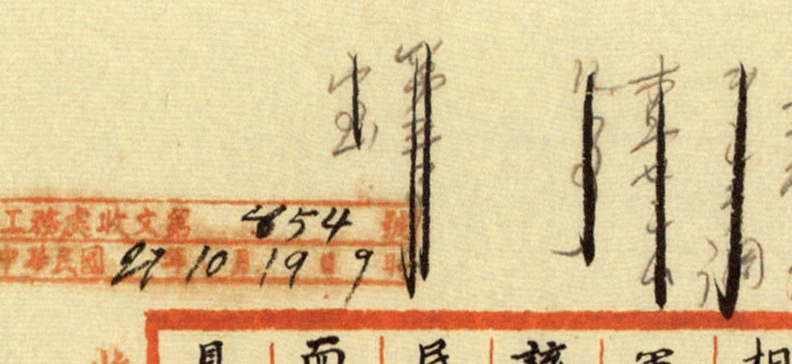

工務處收文第 854 號
中華民國 27 10 19

呈為請求派工修復興中門城墻漏洞以保治安事竊民等均係居住興中門內一帶歷有年所茲以市面日趨安定所有避居在外之難民大半相率歸里以圖安居惟查興中門城垣現有漏洞一處原係前中央軍所遺之軍事設備茲因該城門尚未啟放通行仍在關閉中所以該處無有軍警守衛近以該城內附近居民時有被不法之徒闖入民宅施行強奸情事或無人居住之空屋常為不良份子拆除盜賣而此般宵小之徒多係利用該城墻漏洞處所以為出入之徑為此聯名具文呈請

收文第 299 號

中華民國 廿七年 十月 十九日

鈞部迅賜派工即將該漏洞處所堵塞修復以弭盜患而保治安實為

德便謹呈

特務機關

薛振發 押

魏以仁 十

中華民國二十七年八月二十六日 南京市興中門內公民 地保謝泰

張榮炳 淦堯傑十 陳選瑞押 黄金臣押

胡家佑十 朱世泉十 張家章十 祁懷柱十

陳世英十 淦孝春十 張金貴押 李寶全十

杜國煥 王鴻鈞十 韓章德十 陳國安

柏殿黄十 朱祥明十 毛明山十 孫長源十

陳永鵬十 毛明祿十 刘金祿十

徐復盛十 江學義十 毛明有十 汪有才

任在貴十 吳寶珊十 賴興淦十 王培根十

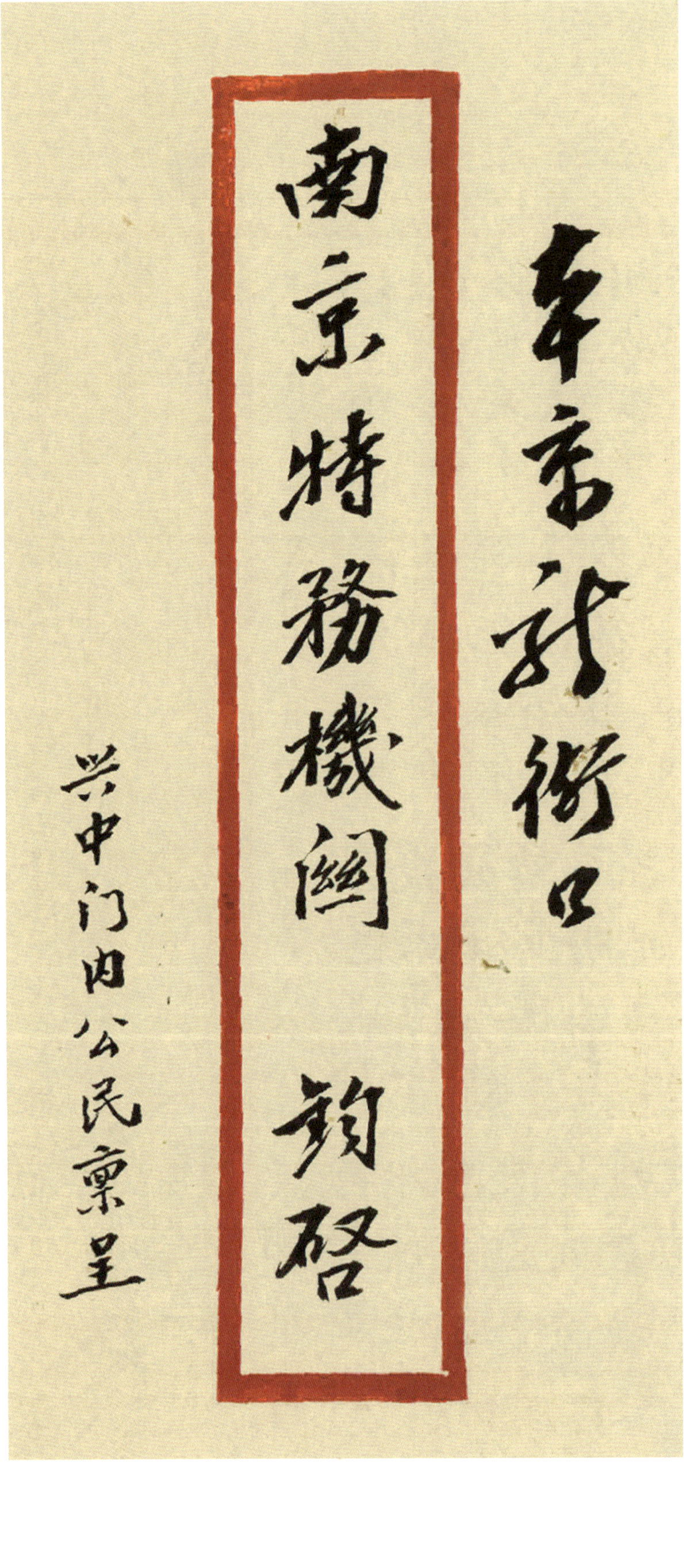

本市新街口

南京特務機關　鈞啓

兴中门内公民禀呈

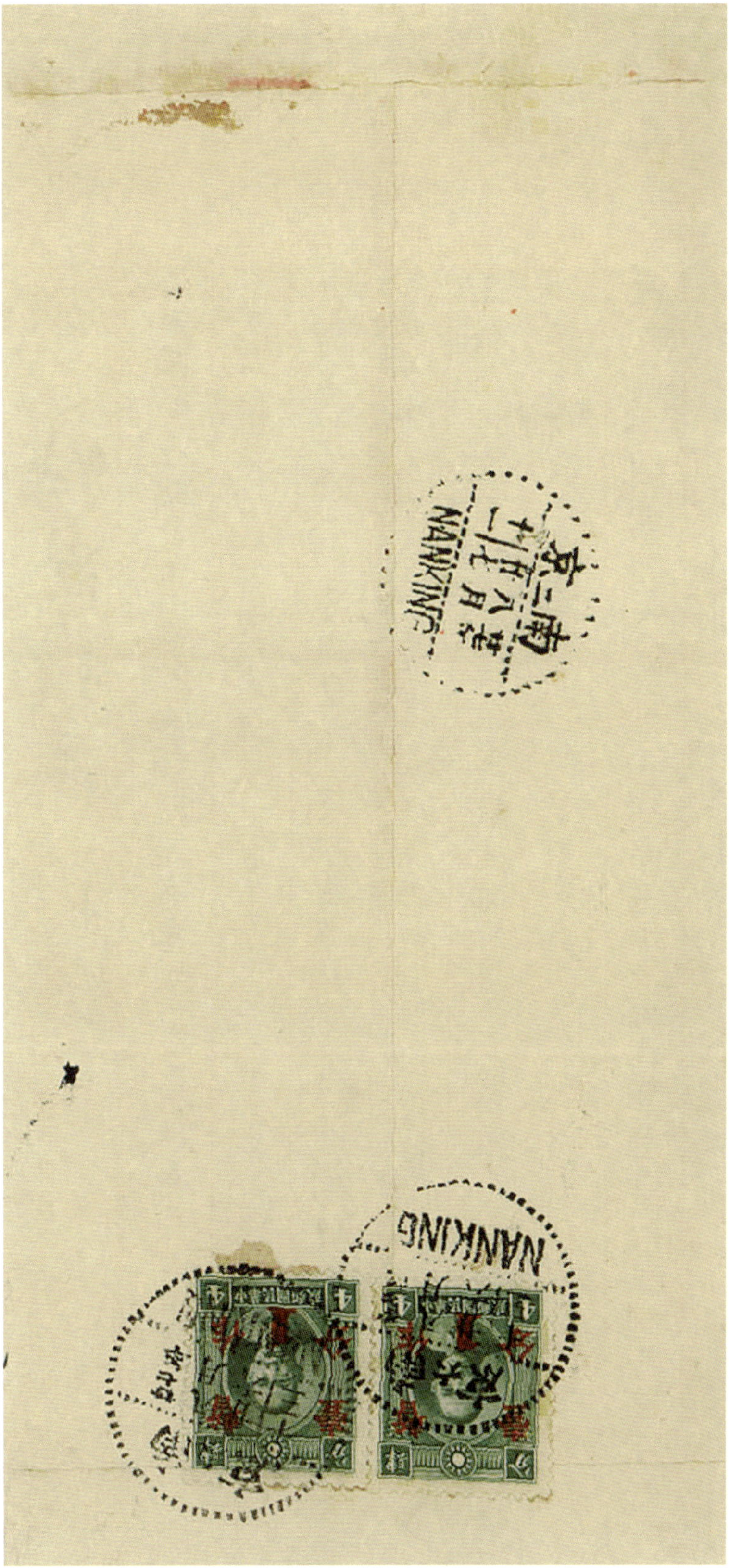

特洽撿正 十廿

呈爲呈報查勘興中門城地漏洞請予堵塞事。竊查該漏洞係城防工程之地窖機槍陣地射擊處，據該處居民云，現已由憲兵隊堵塞。職當即請其引導入地窖內察看，見該地窖深約二丈許，係鋼筋混凝土建築，堅固異常，入內黑暗無光，後用洋火照明，該射擊處確以麻袋填塞，惟並不堅固，故城外宵小尚能循地窖而至城內。現於該地窖口砌築一磚墻（該墻〇·九一公尺闊，二·七四公尺高，〇·三〇公尺厚），頂面再以原有鐵門閘塞，門上填以泥土雜物堆置，如此似可避免宵小再行闖入。茲將應用材料人工估價單呈候

核奪。又該地窖內尚有尸体一具，似應轉函衛生局設法掩埋，以重衛生。理合將查勘實情報祈

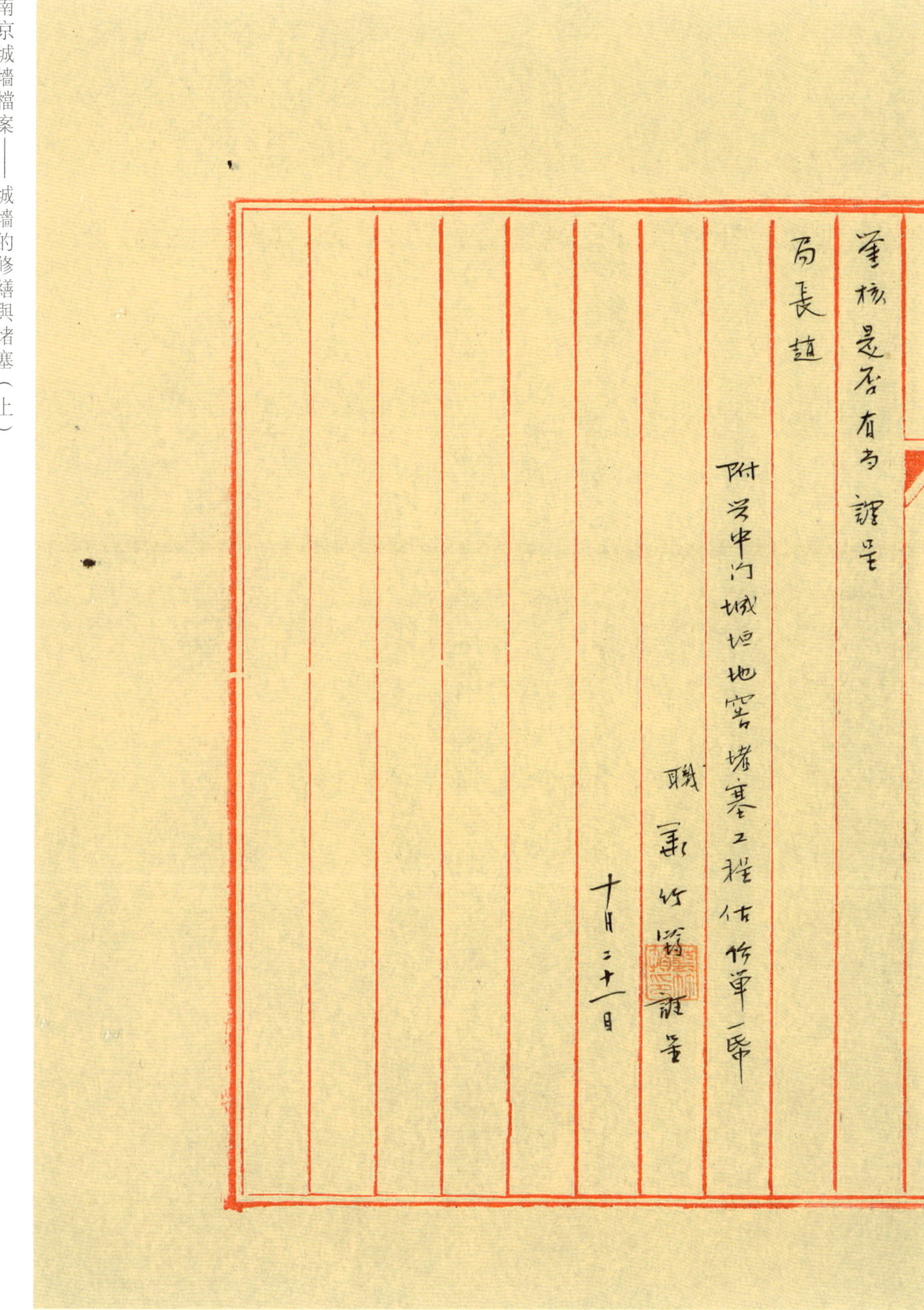

鑒核是否有當，謹呈

局長趙

附呈中門城垣地窖堵塞工程估價單一紙

職 龔竹埼 謹呈

十月二十一日

第　號　簽呈稿

爲簽復事案奉

鈞座面下興中門內公民薛振榮等呈請派工修復興中

門城墻漏洞以保治安等情一案，遵經飭派辦事員葉竹筠查

明具報去後，茲據復稱：查該漏洞係城防工程之地窖機槍

陣地射擊處，詢據該處居民云：該地窖由軍吾緣堵塞，賊寇即入地窖

內察看（云云照抄）如此似可避免宵小直行闖入，茲將應用材料

人工估價單呈候核奪；又該地窖內尚有屍體一具，似應掘出

衛生局設法撥埋以重衛生等情，據此，除函衛生局迅予將該屍體

撥埋以重衛生外，理合檢同估價單并派員查勘情形具簽請

十六

抄呈　六　廿六

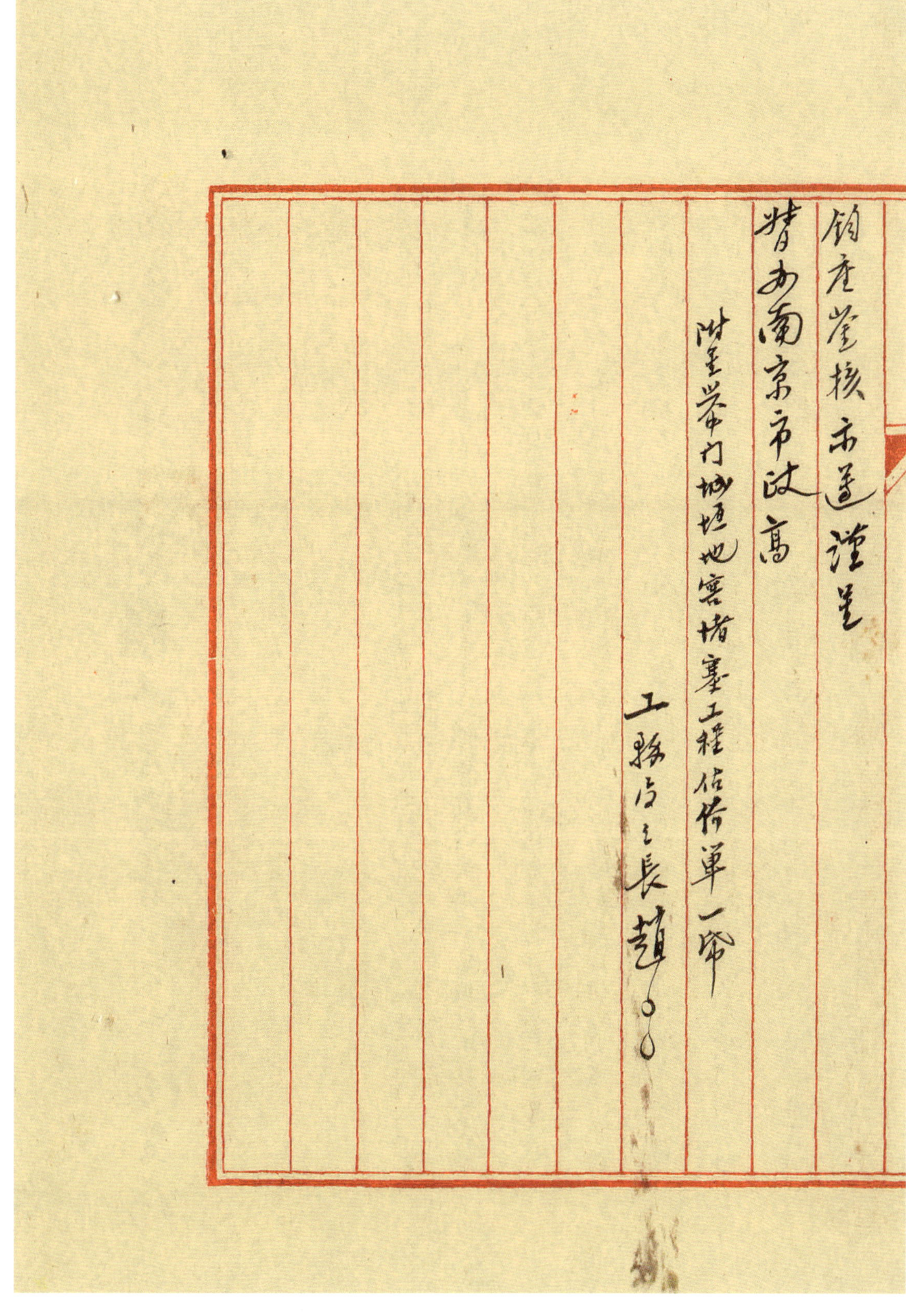

鈞座鑒核示遵，謹呈
督辦南京市政局
附呈草鞋門城垣地窖堵塞工程估價單一份
工務局局長趙〇〇

魯办

急要件 第36號

交華竹筠標工承辦并一面函衛生局 十廿三

簽呈 十月二十三日

為簽復事案奉

鈞座交下興中門內公民薛振發等呈請派工修復興中門城牆漏洞以保治安等情一案遵經飭派辦事員華竹筠查明具報去後茲據復稱查該漏洞係城防工程地窖機槍陣地射擊處詢據該地居民云該地窖暫由憲兵隊堵塞職當即入地窖內察看見該地窖深約二丈許係鋼筋混凝土建築堅固異常入內黑暗無光後用洋火照明該射擊處確以蔴袋填塞惟並不堅固設城外宵小尚能循地窖而至城內現擬在地窖口砌築一磚牆（該牆〇．九一公尺濶二．七四公尺高〇．三〇公尺厚）頂面再以原有鐵門關塞門上填以泥土雜物堆置如此似可避免宵小再行闖入茲將應用材料人工估價單呈候核奪又該地窖內尚有屍體一具似應轉函衛生局設法掩埋以重衛生等情據此除

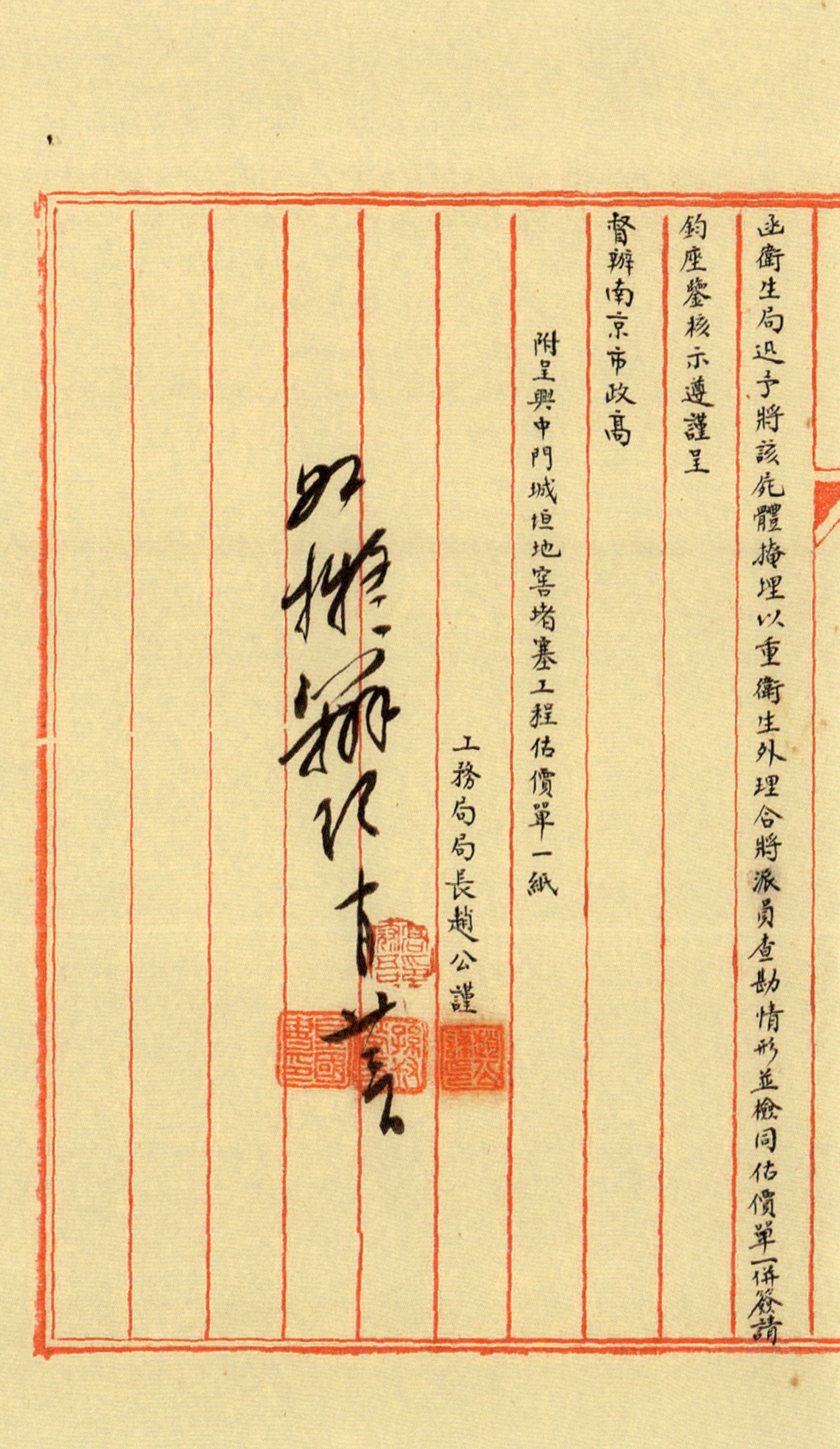

函衛生局迅予將該屍體掩埋以重衛生外理合將派員查勘情形並檢同估價單一併簽請

鈞座鑒核示遵謹呈

督辦南京市政高

附呈興中門城垣地窖堵塞工程估價單一紙

工務局局長趙公謹

如擬辦 紀文

興中門城垣地窖堵塞工程估價

1. 砌墻一座（0.91m×2.74m×0.30m） 計12.00元

（磚由該處瓦礫中選用 砌用黃沙石灰 因工程太小
不能作方數單價計算 上列12.00元係包括黃沙石
灰人工及運費等）

2. 填地窖口鐵门 計1.20元

（以泥土雜物填設鐵门約人工二工 每工以0.6元計
如上數）

共計 13.20元

（三）僞市工務局爲派工堵塞興中門城墻地窖遭士兵阻止致僞督辦市政公署的呈文（一九三八年十月二十五日）

工務處收文第8918號
中華民國27年10月25日11時

查案簽報

十六、

呈爲呈報奉派招工堵塞興中門地窖口困難情形事。竊職今晨九時率工前往堵塞興中門地窖，正欲工作之際，忽來兵士數名加以阻止，職不得已只可暫行停工。務查該地窖漏洞晝夜時有兵士出入，據該處居民云，前晚又有士兵數名循地窖入城，淘入民居，該居民等情敬。此地窖漏洞係兵士出入之孔道，倘派工堵塞，勢必遭兵士之憤恨，予工人以危害。事實上似應會同憲兵監視工作，方可直至完工爲止。究應如何辦理之處，謹祈

鑒核示遵。謹呈

局長趙

職 蕭昭同 謹呈

十月二十五日

照准 十六

第45號簽呈稿

爲簽請事案查前奉

鈞座交下吳中行內薛振發等呈爲城牆漏洞請派工堵塞以免

宵小混入而維治安等情一案當經飭派辦事員華竹筠查勘具報

並擬具預算擬予堵塞業經簽奉

核示如擬辦理等因當即飭該辦事員華竹筠招工前往堵塞去後茲

據報稱遵即率工前往吳中行地窖口擬從事堵塞工作之際忽

來兵士數名加以阻止不得已祇可暫行停工竊查該地窖漏洞

無論晝夜時有兵士出入據該處兵民云前晚又有士兵數名

循地窖入城內闖入民居該地窖實係兵士出入之孔道倘

擬 十 廿五

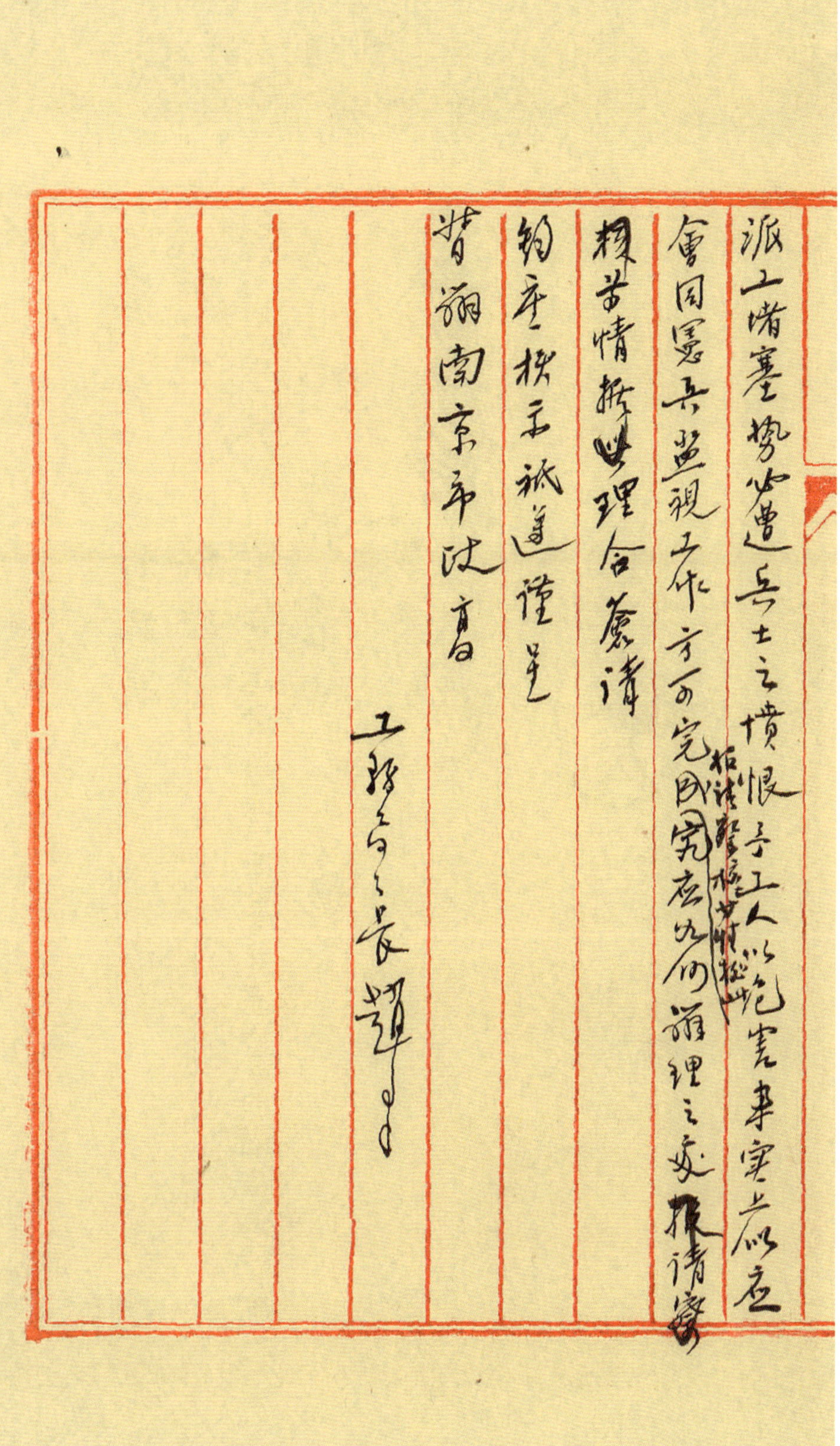

派工堵塞勢必遭兵士之憤恨予工人以危害事實所在
會同憲兵監視工作方可完成擬請警廳派員協助完成此項辦理之處據請察
核其情形既理合簽請
鈞座核示祇遵謹呈
督辦南京市政 高

工務處處長 [signature]

修築漢西門、光華門、中山門等處破損城墻

（一一）僞督辦市政公署爲即日動工修築漢西門、光華門、中山門等處破損城墻與僞行政院、綏靖部的往來公文

（一九三九年一月十三日至一月十九日）

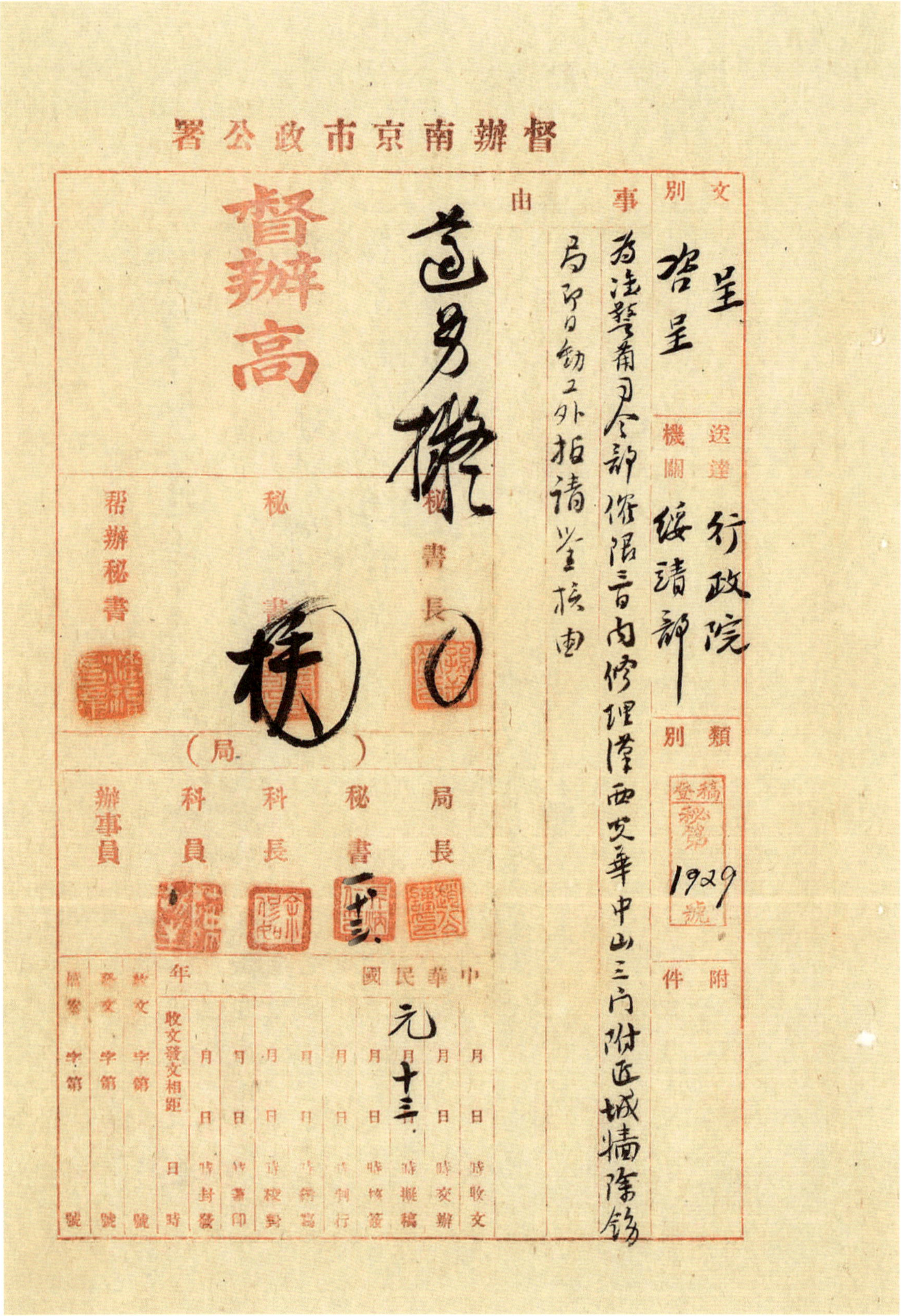

督辦南京市政公署

文別	呈 / 咨呈
送達機關	行政院 / 綏靖部
類別	稿 發秘第1929號
附件	
事由	為遵整肅月令飭修理漢西光華中山三門附近城牆除飭局即日動工外抑請鑒核由

督辦高

秘書長　秘書　幫辦秘書

（　局　）

局長　秘書　科長　科員　辦事員

中華民國　年　元月十三日

為呈報/咨呈事案查本京中華門城垣自經兵燹以後損壞甚多，茲准南京警備司令部會議決定從速修理漢西門、光華門、中山門三處附近城墻損壞各處，並限三日內即行動工等由。當經轉飭工務局派技士華竹筠前赴該城門附近詳細查勘去後，茲據稱：遵經前往實地丈量，該三處城墻係在事變時被炮火轟燬，所殘誠有修理必要，計三處約一百十餘方，需工程費三千三百三十八元六角九分，當經覆核等情前來。查修理城墻因係城防至鉅，除轉飭工務局即日派員依照前往修理外，理合具文呈請

鈞院/部 鑒核備案。謹呈/咨呈

行政院院長梁
綏靖部部長任

仝 衛高〇〇

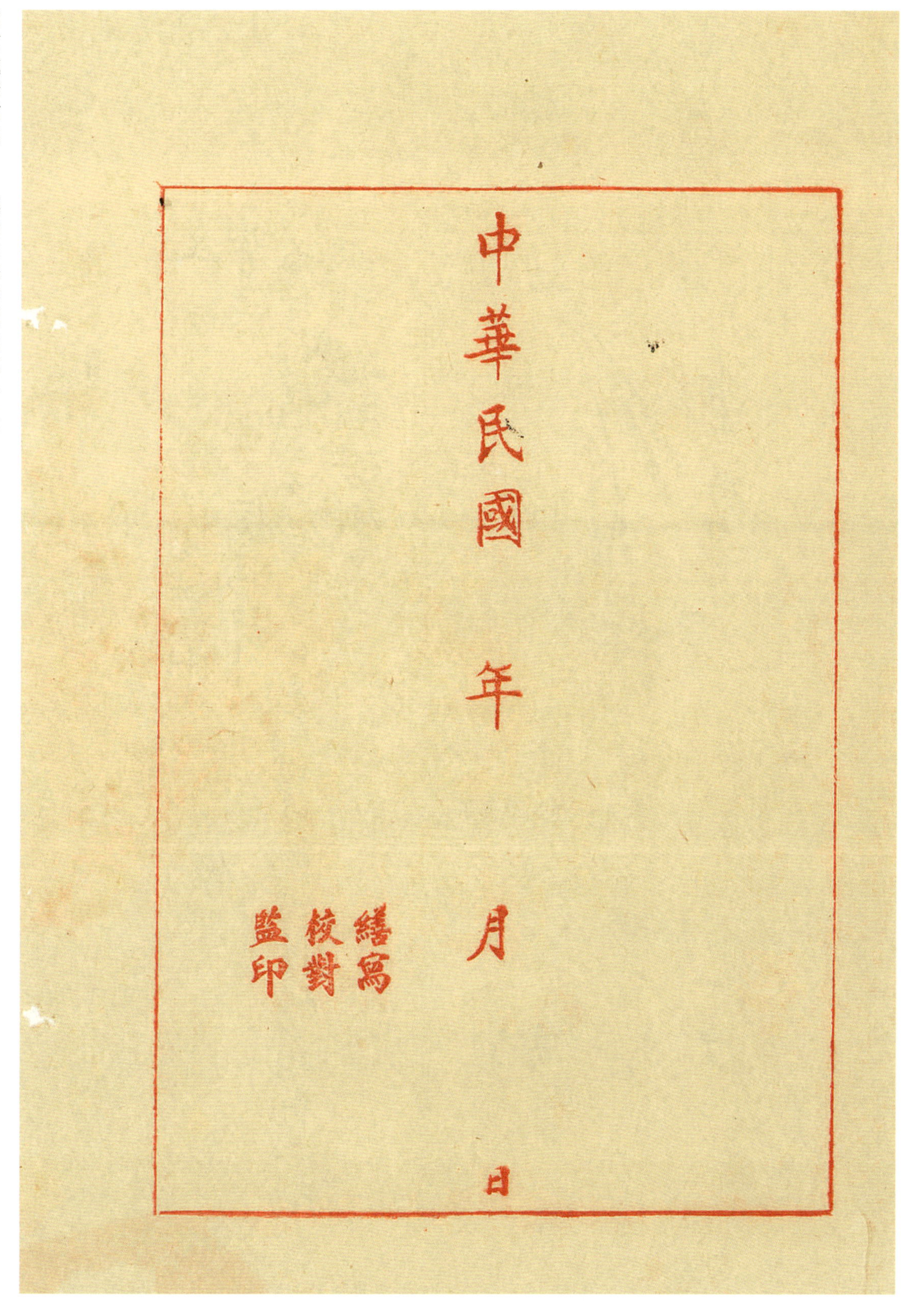

中華民國　年　月　日

繕寫
校對
監印

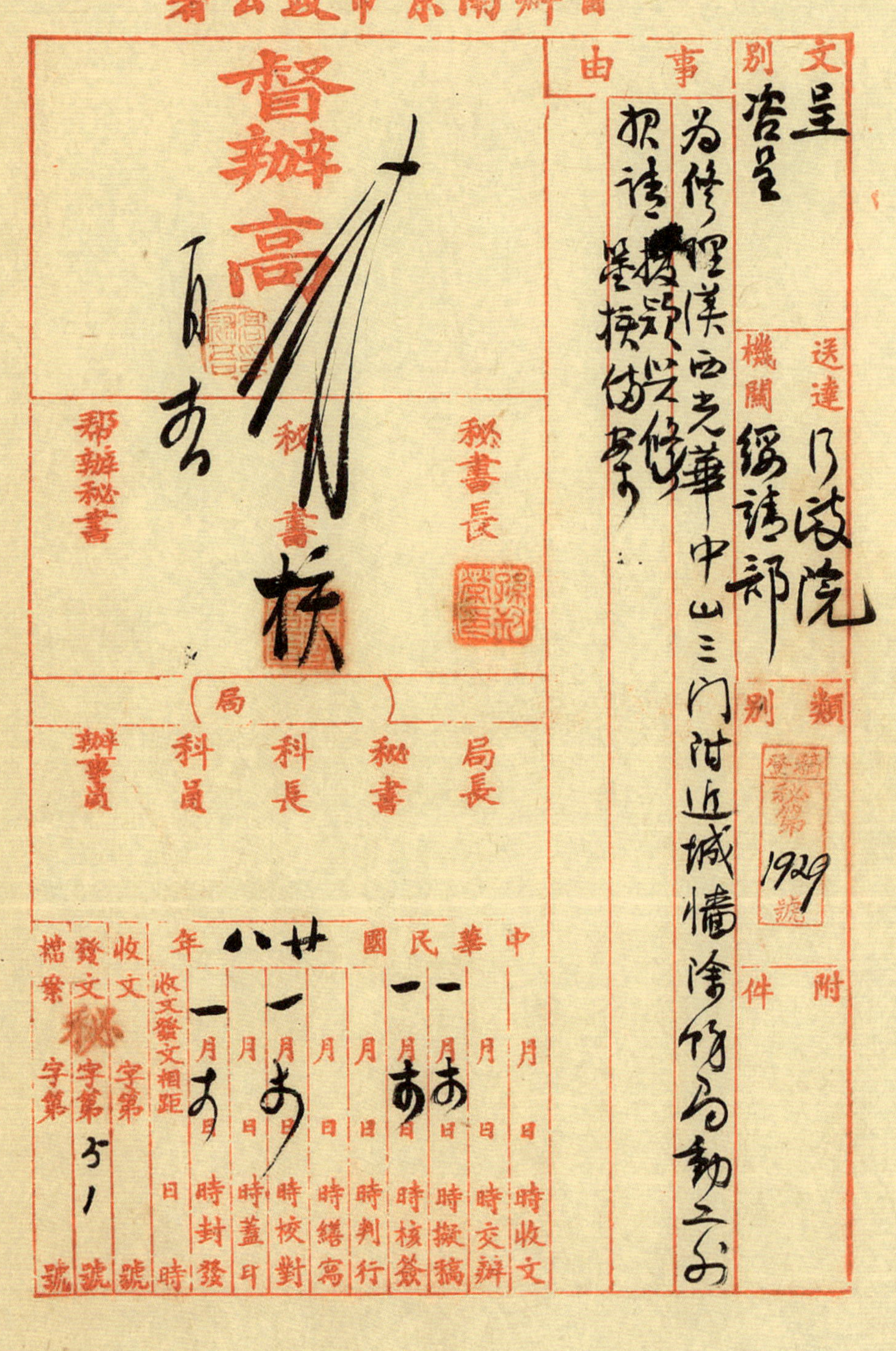

督辦南京市政公署

文別：呈　咨呈

送達機關：行政院　鐵道部

事由：為修理漢西光華中山三門附近城牆，塗修局勤之，擬請核發，以修理呈核備案。

類別：稿發 秘第1929號

附件

督辦：高（印）　可　行　百　查

秘書長（印）

秘書　楨（印）

幫辦秘書

局

局長　秘書　科長　科員　辦事員

中華民國十八年

收文	擬稿	核簽	判行	繕寫	校對	蓋印	封發	收文發文相距
月日時	一月廿日時	一月廿日時	月日時	月日時	一月廿日時	月日時	一月廿日時	日時

收文　字第　號
發文　秘字第51號
檔案　字第　號

為呈報事查南京為畿輔重地而鞏固城防即所以捍衛畿輔本京市城垣自經事變毀於兵燹者不止一處若不設法修理非獨有礙觀瞻且於防務亦有影響經本署派委技士華竹筠詳細察勘並與警備司令部會商決定除有關戰跡應予保存及次要等處暫緩置議外擇其尤關緊要之漢西光華中山三門附近損壞城牆之亟待修復者約計一百十餘方估需工程費三千三百三十八元六角九分應即剋日動工興修

以重城防等情由工務局呈請撥款籌辦本年除

飭令工務局尅即派員催工修理並外理合

具文呈請咨呈

鈞院鑒核准予撥款興修實為公便謹呈備案實為德便

鈞部鑒核備案謹咨呈

行政院長梁

綏靖部長任

職名

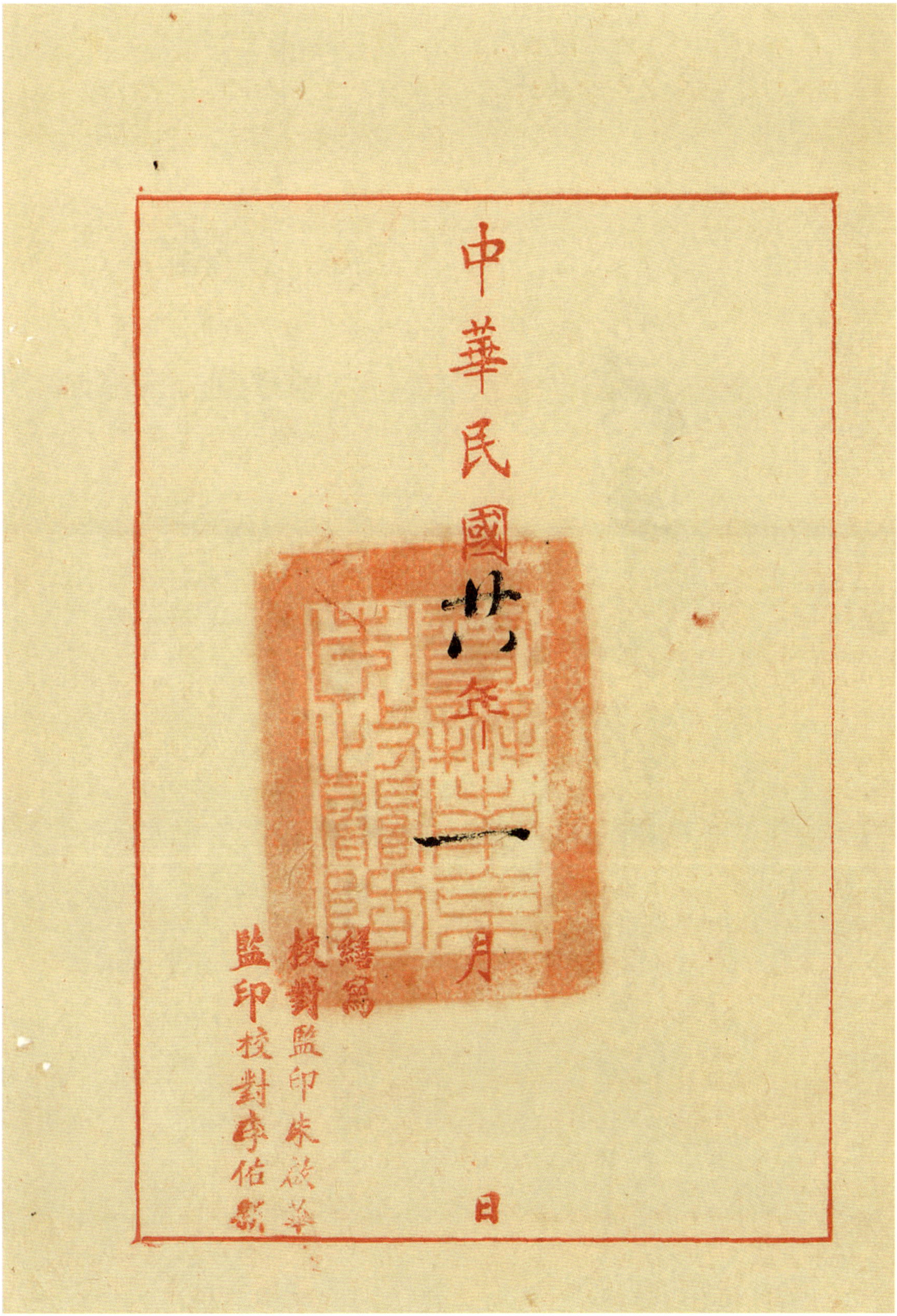

中華民國廿六年一月　日

繕寫

校對監印朱啟華

監印校對李佑熙

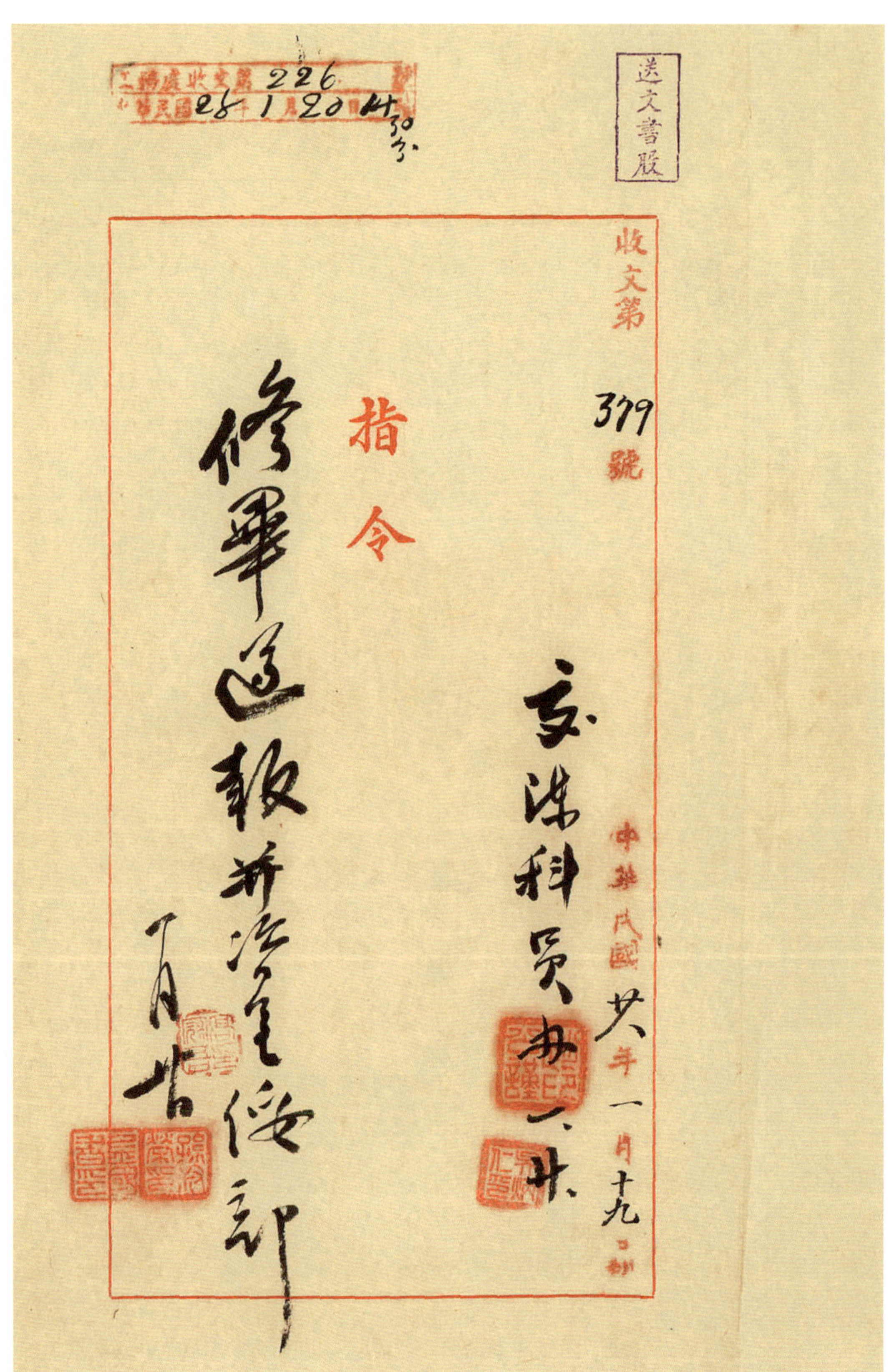

送文書股

工務處收文第226號
中華民國28年1月20日4時30分

收文第379號

交涉科員冊八卅

中華民國廿八年一月十九日

指令

修畢遵報并洽電經部

月 日

中華民國維新政府行政院指令　字第497號

令督辦南京市政高冠吾

呈一件為南京漢西光華中山三門附近損壞城墻亟待修復應即動工興修以重城防呈請鑒核備案由

為指令事據呈已悉應准備案仍將估工確數暨修理情形報告本院及主管部仰即

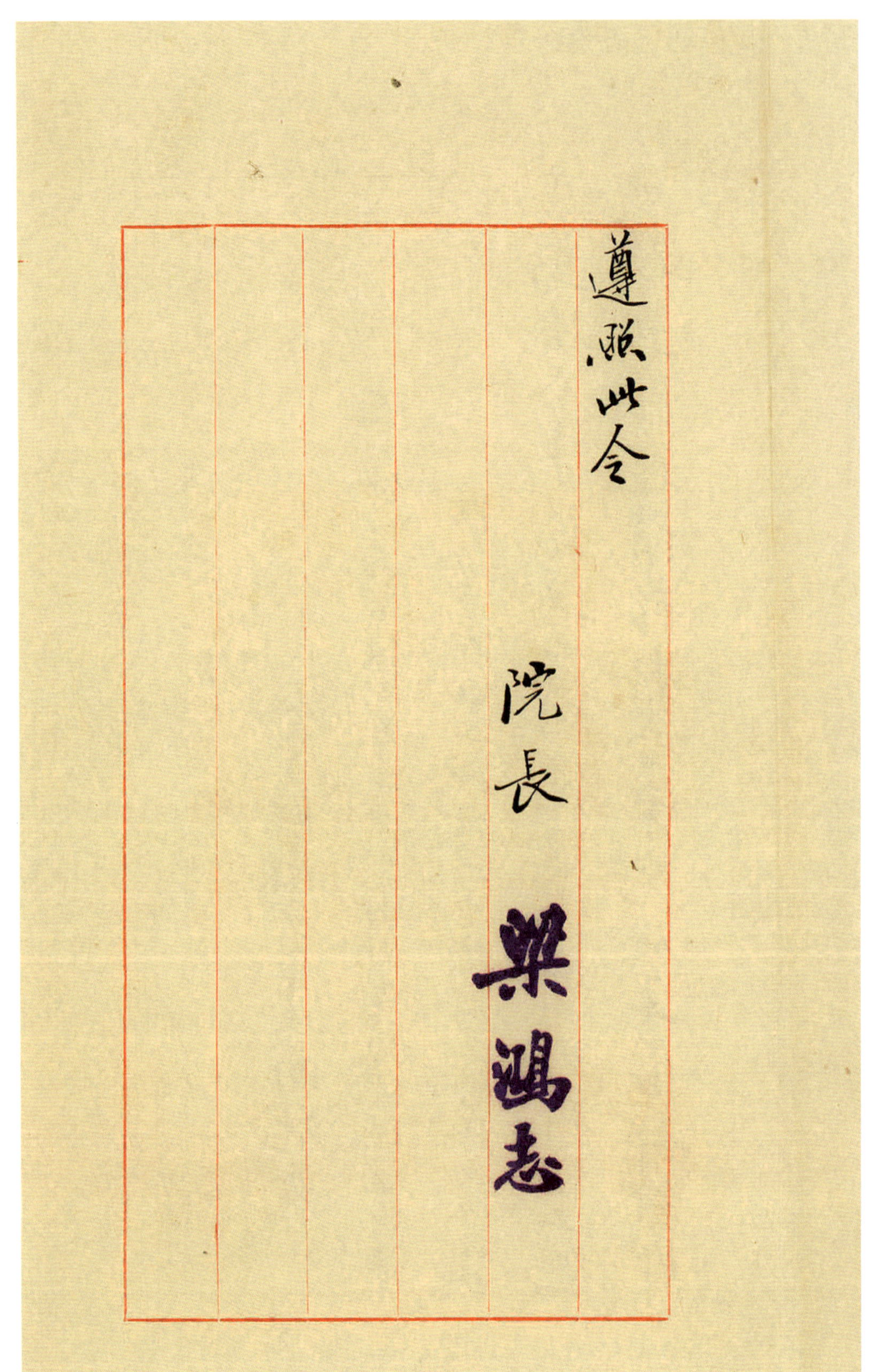

遵照此令

院長　梁鴻志

中華民國廿八年一月十九日

監印 鄒杞

校對 李毅

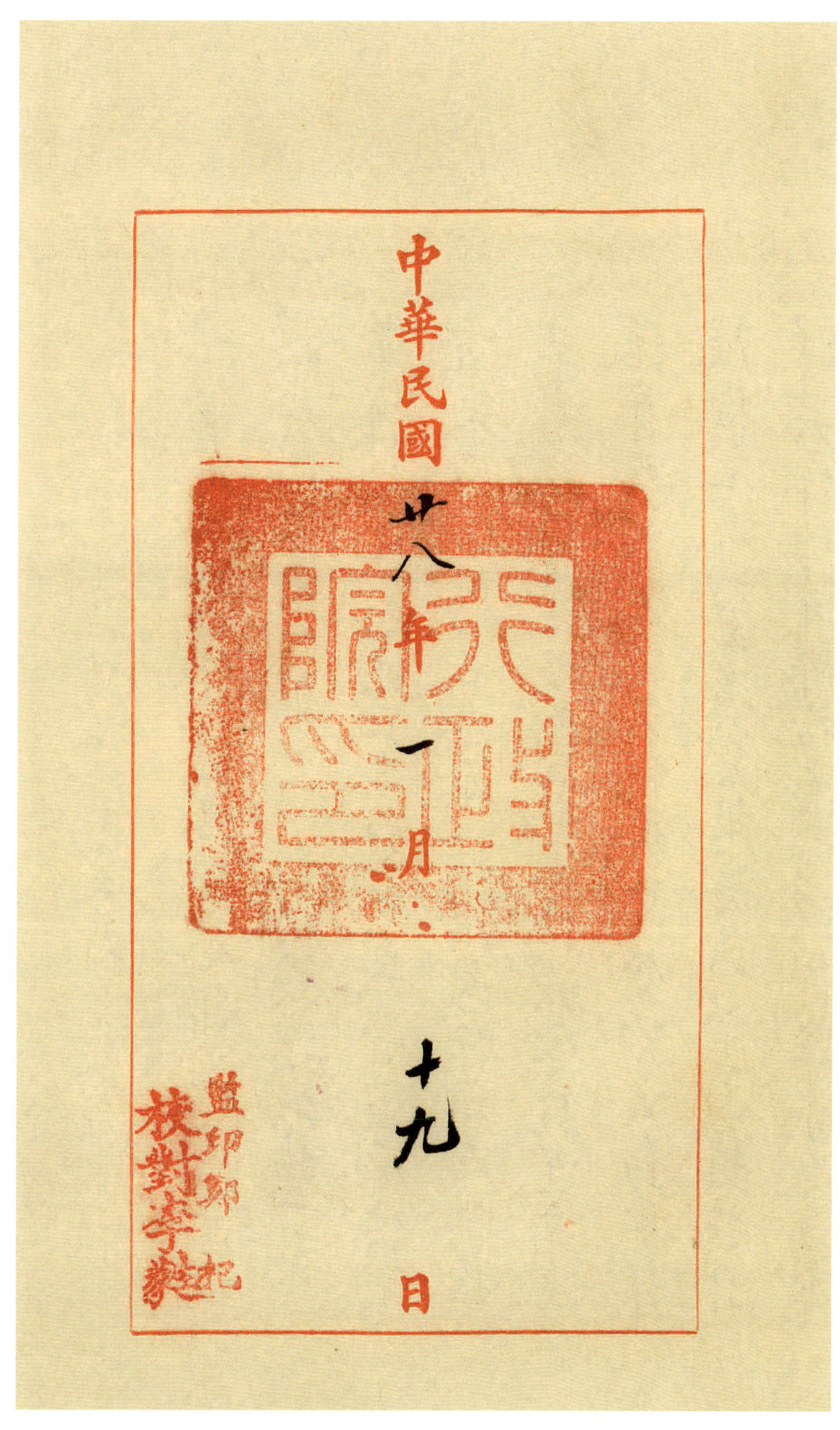

（二）僞市工務局爲請撥付修築漢西門、光華門、中山門等處城墻工程費用與僞市財政局的往來公函（一九三九年一月十四日至一月十七日）

審核股

交第一科

中華民國廿八年一月十六日
財政局收文第一九五號

一、十五、到

督辦南京市政公署工務局用箋

逕啓者案查關於警備司令部議決修築漢西門光華門中山門之間毀壞城墻一案業經呈准照修在卷現有各營造廠估價前來以協記營造廠標價叁仟叁百捌拾柒元玖角肆分爲最低惟該處路途遙遠派員監工往返不便擬請發給出勤費洋陸拾元俟完工後實報實銷以上兩項共計洋叁仟肆百肆拾柒元玖角肆分除另掣

督辦南京市政公署工務局用箋

收條派員趨前具領外相應檢同原呈一件估價單一紙隨函奉達即請
查照撥發後將附件擲還並希
見復為荷此致
財政局

附原呈一件　估價單一紙

督辦南京市政公署工務局啟　元月十四日

照發　百壽

天六

函　箋函

逕復者、案准

貴局函以警備司令部議決修築漢西門光華門中山門等處城墻、業經簽呈奉批照修在案、現以協記營造廠標價三千三佰捌拾柒元九角四分為最低、惟派監工人員往返遥遠、擬請發給出勤費陸拾元、俟完工后實報實銷、以上兩項、共計洋叁千四佰四拾七元九角四分、相應檢附原呈估單、請予查照撥發等由、到局准查此項修築經費第一期壹千元、業經撥發在案、准函前由、檢還原件、函覆

字第 196 號

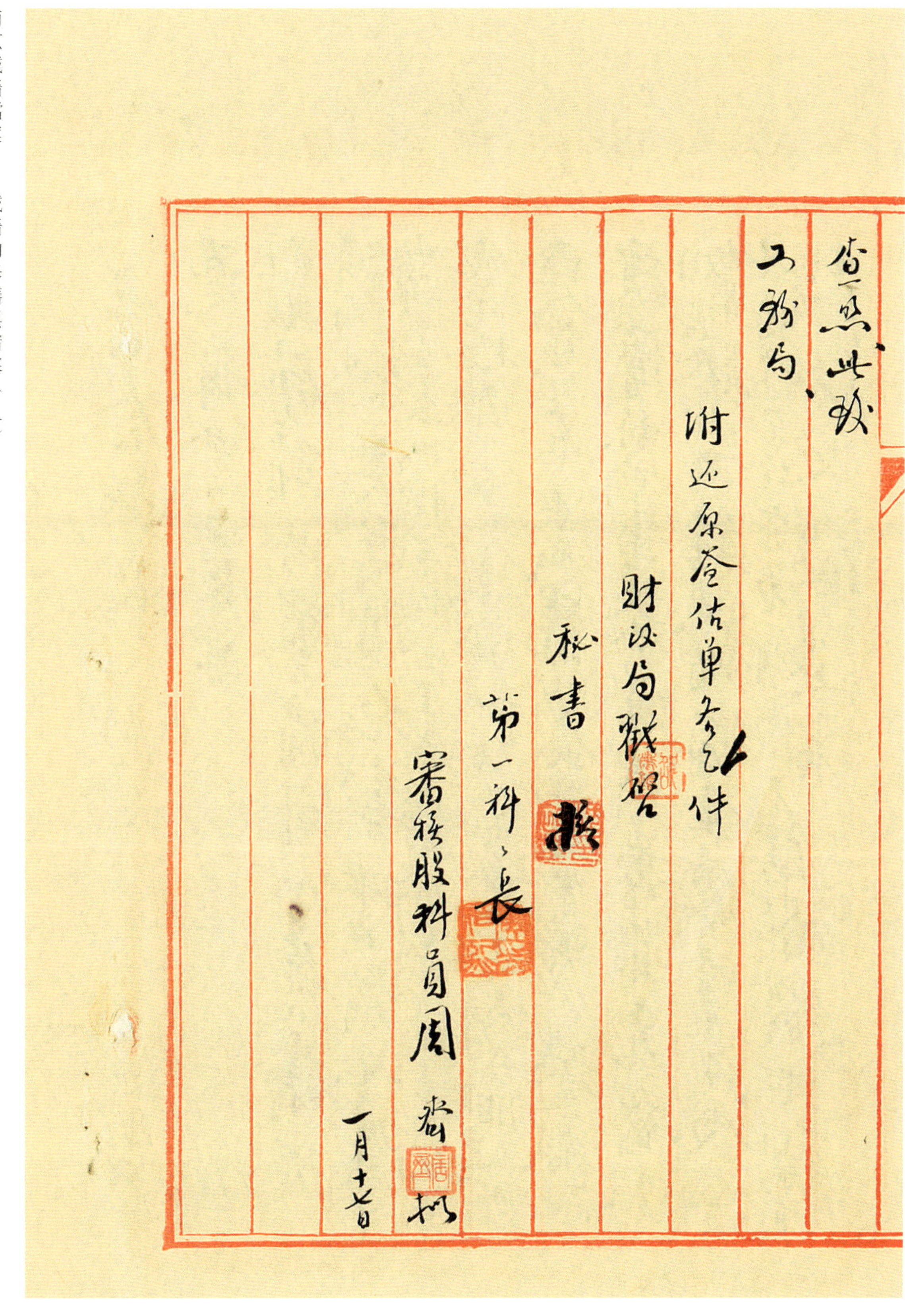

查照此致
工务局、

附还原呈估单各乙件

财政局戳启

秘书

第一科科长

审核股科员周

一月十七日

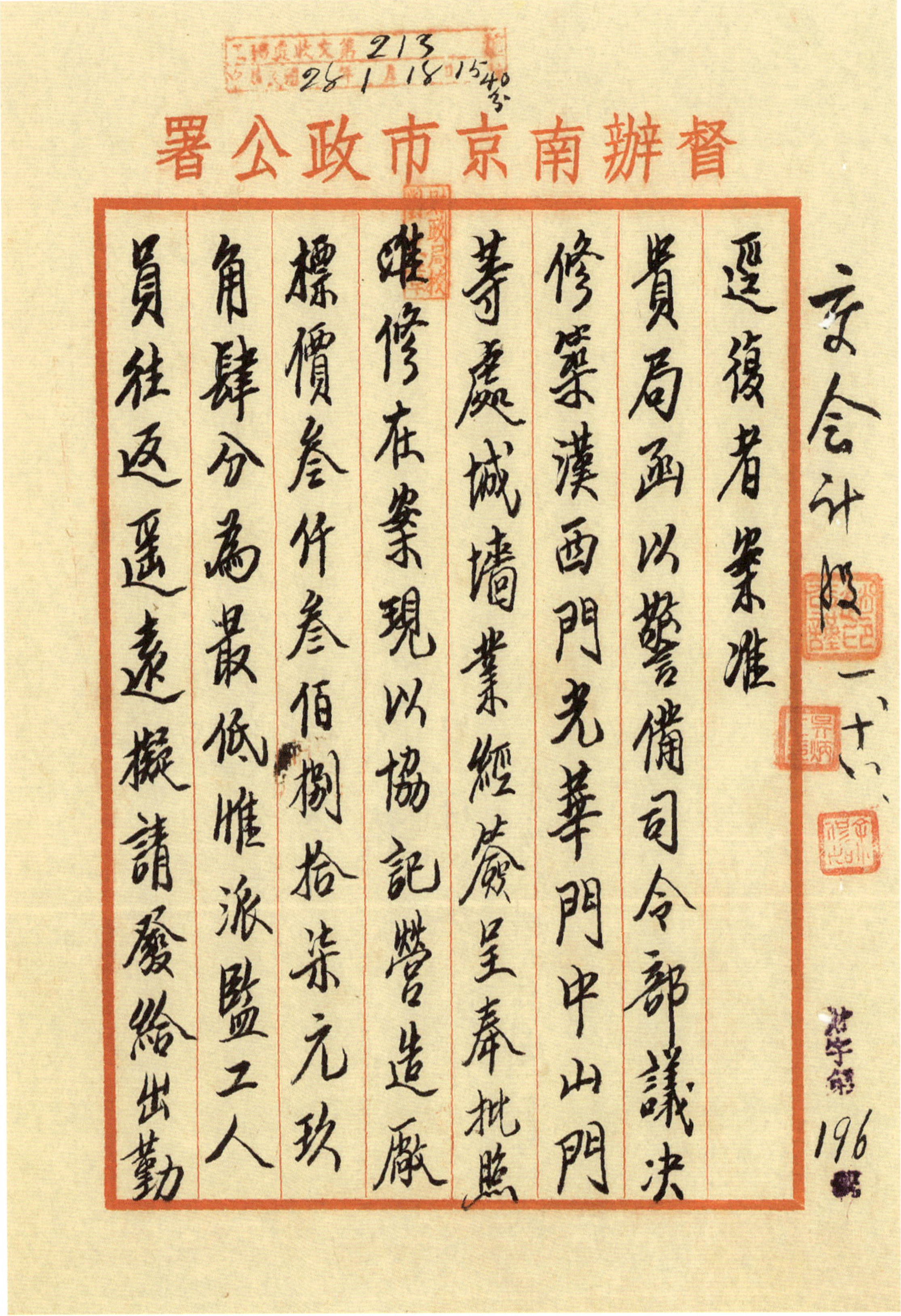

督辦南京市政公署

逕復者案准
貴局函以警備司令部議決
修築漢西門光華門中山門
等處城墻業經簽呈奉批照
准修在案現以協記營造廠
標價叁仟叁佰捌拾柒元玖
角肆分爲最低准派監工人
員往返遥遠擬請發給出勤

（三一）僞市財政局爲準撥修築漢西門、光華門、中山門等處城墻經費致僞市工務局的公函（一九三九年一月十八日）

督辦南京市政公署

費陸拾元俟完工後實報實
銷以上兩項共計洋叁仟肆
佰肆拾柒元玖角肆分相應
檢附原呈估單請予查照撥
發等由過局准查此項修築
經費第一期壹仟元業經撥
發在案准函前由檢還原件
函覆查照此致

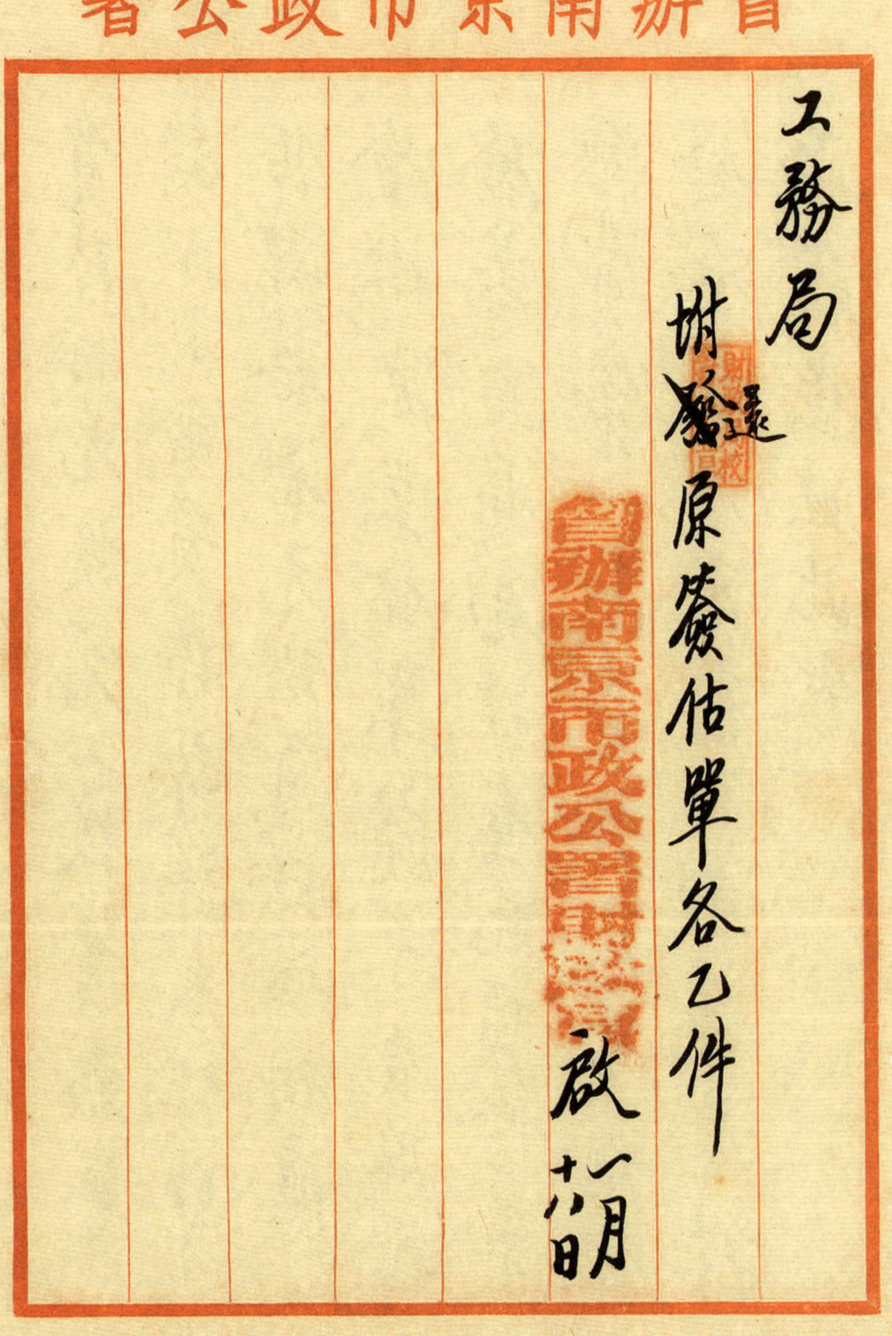

督辦南京市政公署

工務局

附還原發估單各乙件

啟 八月十八日

（四）僞第一區公所爲光華東街工程車輛輾毀青苗請予救濟與僞督辦市政公署的往來公文

（一九三九年二月九日至二月二十四日）

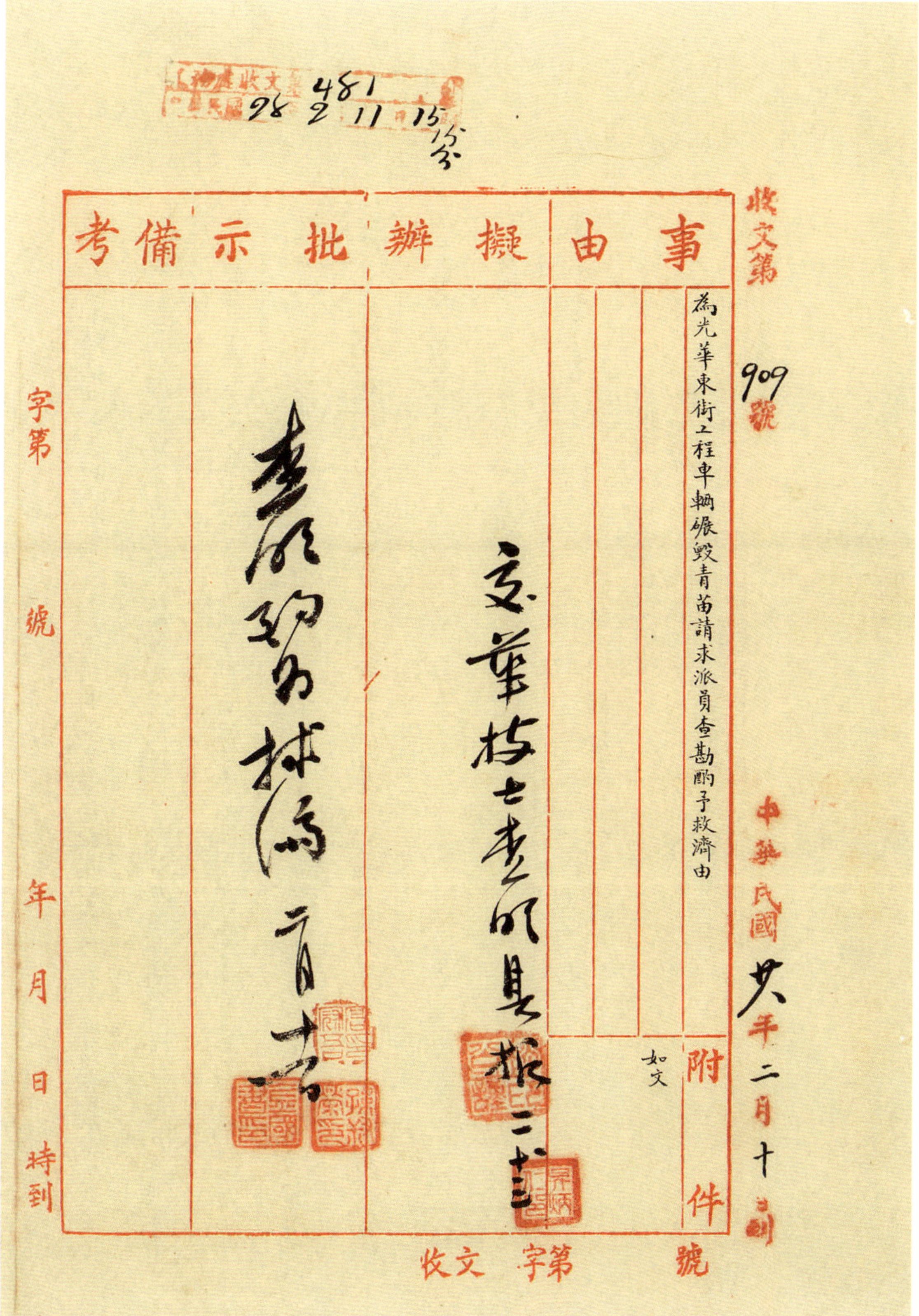

收文第909號

中華民國廿八年二月十日

事由：爲光華東街工程車輛輾毀青苗請求派員查勘酌予救濟由

擬辦

批示

備考

附件：如文

字第　號　年　月　日　時到

收文　字第　號

呈為呈請事竊據職區農民王振禧等五戶呈稱竊農民等播種光華門內東街兩傍之地歷數十年素守本分不事妄求今因 鈞署招商修理此段城墻於一月間開工修理逐日騾車運輸城磚絡繹不絕況光華東街原本偏狹致車非經民地不能通過運磚堆積全卸地內碾壓青苗泥濫難生民等向前理論均係工人況伊等亦維生活起見祇圖自身便利不顧他人養命之源置之不理民等思此受變以後原氣未復加之青苗被毀春收決已絕望民之生活何堪設想惟求區長轉呈 督署派員查勘被毀青苗設法救濟等情經該管坊保甲長查明屬實理合抄具各戶住址及地積備文呈請

鑒核俯賜派員查勘酌予救濟謹呈

督辦南京市政高

附抄呈王振禧等住址等項清單

南京市第一區區長王松亭

抄呈被毀青苗畝數姓名住址清單

姓名	青苗畝數	住址門牌	附註
王振禧	約伍畝	光華東街八之一	草房被炮毀
劉文全	約壹畝伍分	標營十二	
倪汝勤	約伍分	標營三	
趙有發	約伍分	光華東街八	
李長海	約伍分	光華東街四	

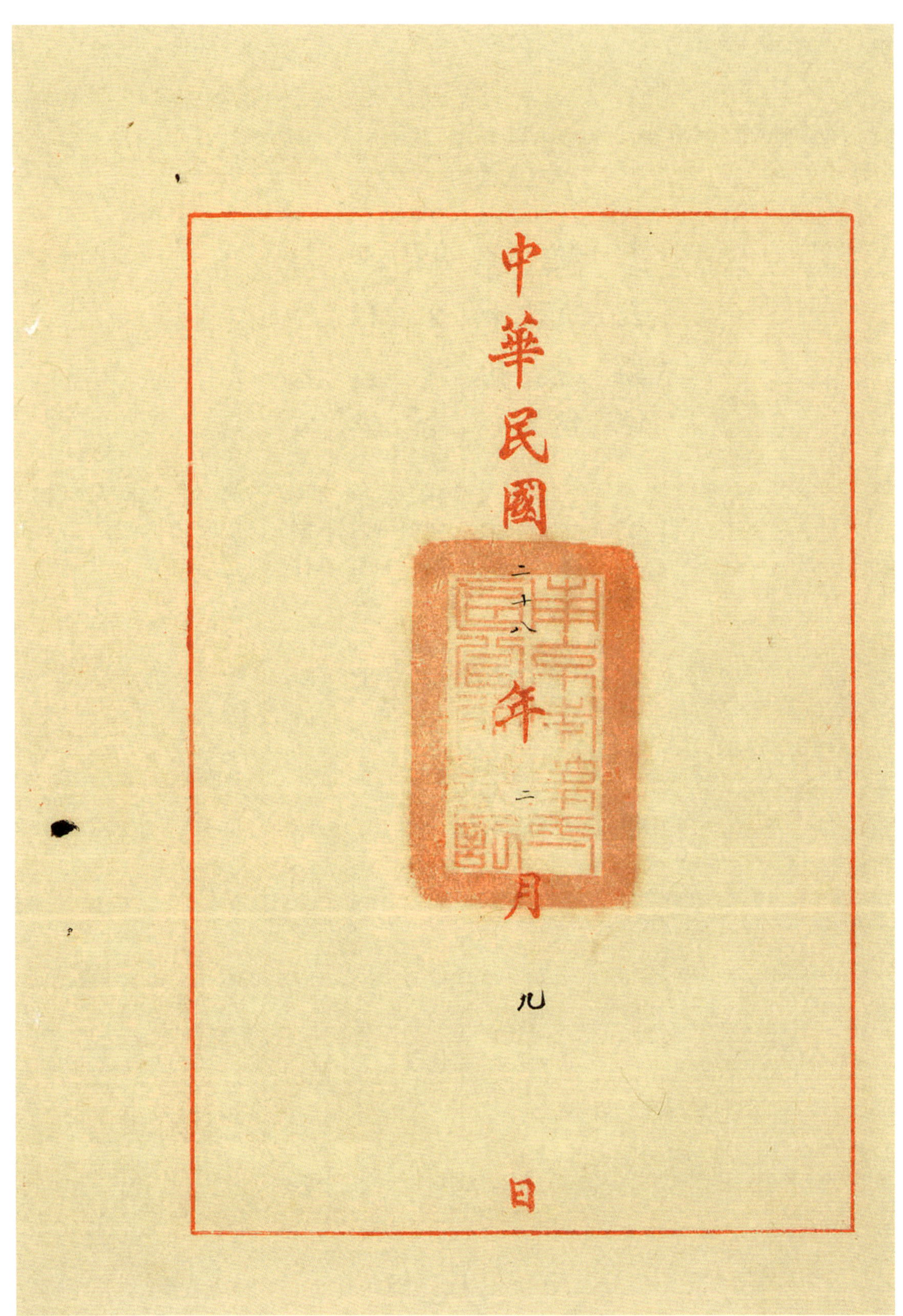

中華民國二十八年二月九日

擬請簽發核准 二、一五

呈為呈報查勘光華門内東街居民王振禧等田畝因本局修築城牆運輸材料以致碾压青苗請予救濟事竊查光華門内東街本為絕道自本局修築城牆工程後該段街道專為運輸材料必經之地惟因該街東段接近接近城牆並無道路僅寬約二尺餘之田岸騾車不足行駛故承包人商同該處農民酌予放寬所有兩旁寄蠶至碎係碾压無遺然為數甚少至堆積材料及工作之地亦不過二畝許目下所種青苗雖被压没至明春时尚能復活故兩項損失極微既經該處居民呈請救濟除承包人自願賠償伍元外本局可酌給十元以示體恤是否有當理合將查勘實情呈請

鑒核謹呈

局長趙

職 蕭竹符 謹呈

二月十五日

指令王一區公所長領 二、一八

第98號

簽呈 二月十七日

為簽請事案奉

鈞座交下第一區王區長呈據農民王振禧等為修理光華門東

街城墻工程車輛碾毀青苗請求派員查勘酌予救濟一案奉

批查明酌為救濟等因奉此當經轉飭技士華竹筠前往查勘去

後茲據復稱查光華門東街本為絕道自經修築城墻工程該處

遂為運輸材料必經之地且無道路可尋僅有寬約二尺之田岸驟

車不能行駛故承包人商同該地農民酌予放寬以致田岸兩旁之

蠶豆碾去無遺然為數甚少其餘堆積材料及工作之地亦僅佔

地二畝故農民損失比較尚微現既經該處農民呈請救濟除承

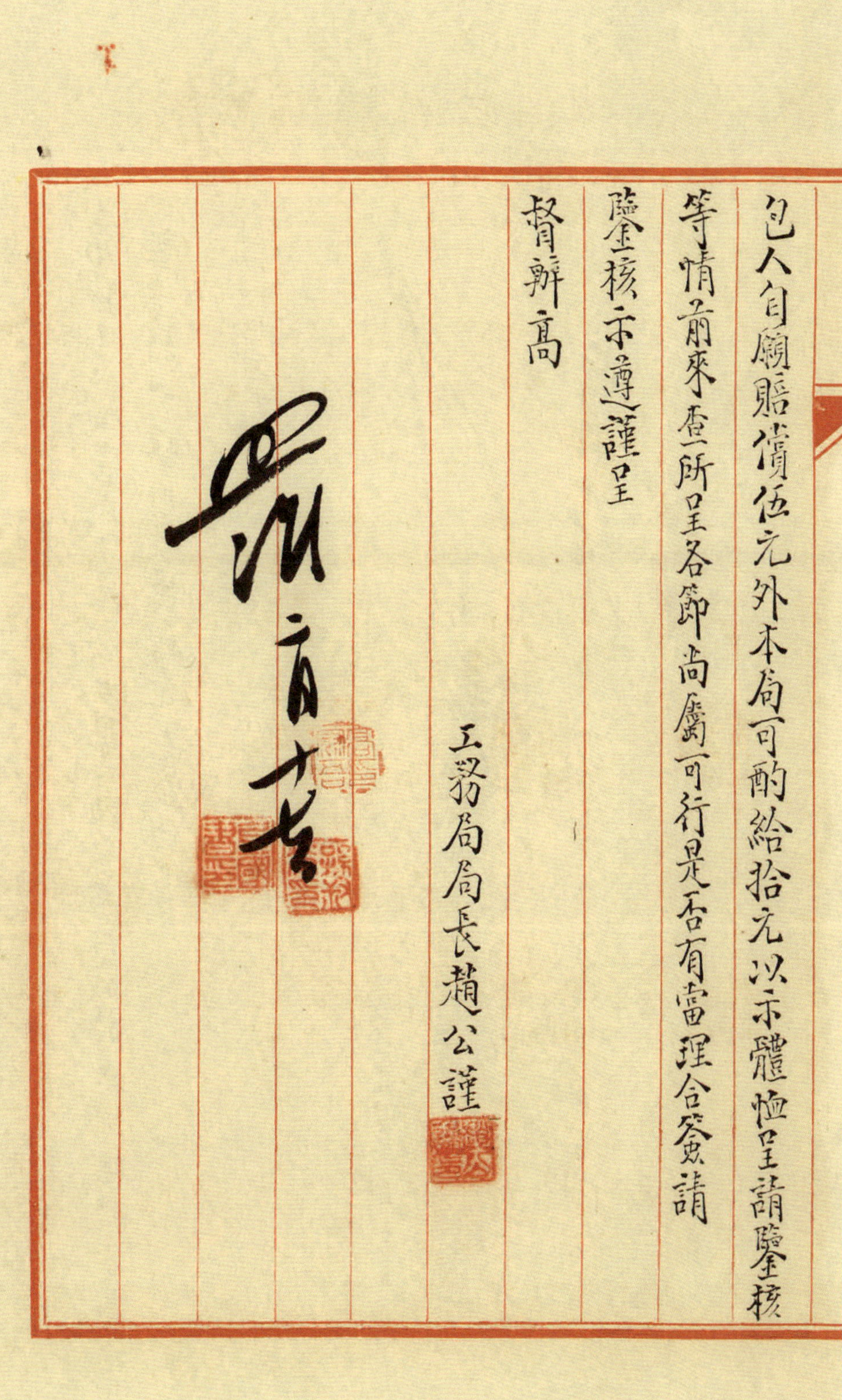

包人自願賠償伍元外本局可酌給拾元以示體恤呈請鑒核
等情前來查所呈各節尚屬可行是否有當理合簽請
鑒核示遵謹呈
督辦高
工務局局長趙公謹
吳國楨

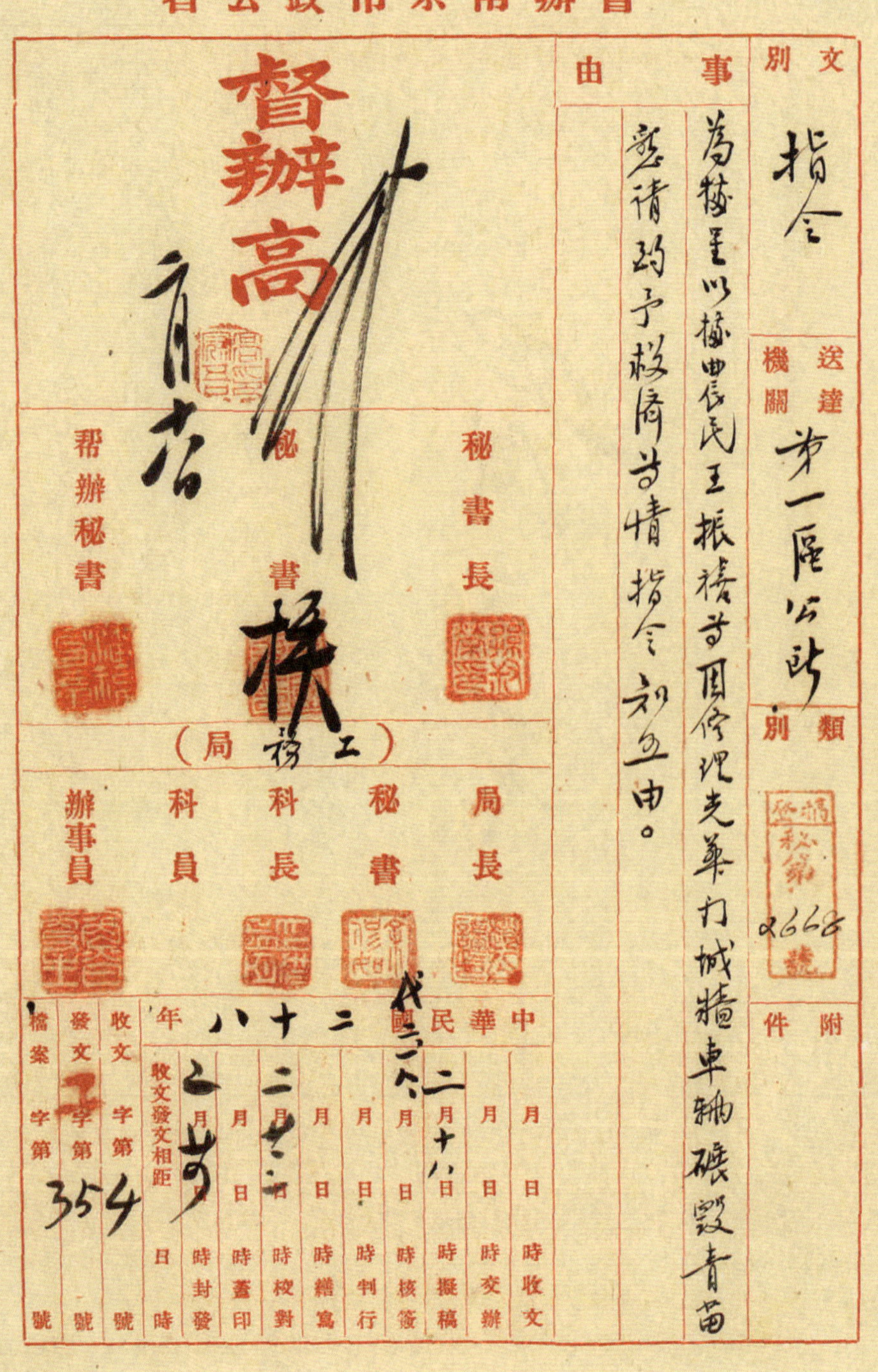

督辦南京市政公署

文別	指令
送達機關	第一區公所
類別	
附件	

事由：為據呈以據農民王振標等因修理光華門城牆車輛碾毁青苗懇請酌予救濟等情指令知照由。

督辦 高

（工務局）

收文	月 日 時
交辦	月 日 時
擬稿	二月十八日 時
核簽	月 日 時
判行	月 日 時
繕寫	月 日 時
校對	二十二 日 時
蓋印	月 日 時
封發	二廿 日 時
收文發文相距	日 時

中華民國二十八年

收文 字第 號
發文 工字第 354 號
檔案 字第 號

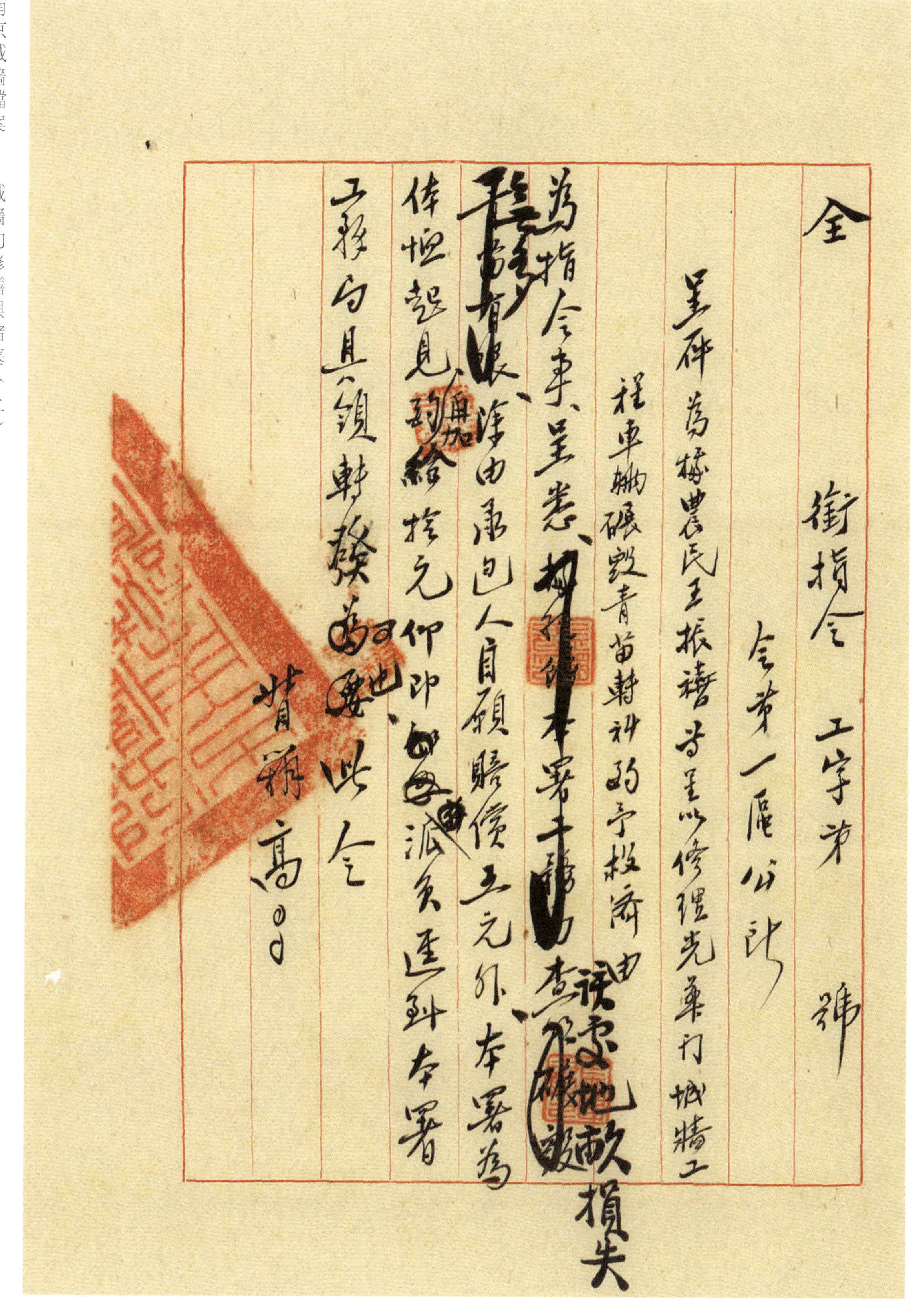

令
衙指令　工字第　號
令第一區公所
呈件為據農民王振禧等呈以修理光華門城牆工程車輛碾毀青苗轉請酌予救濟由
為指令事、呈悉、查該受地畝損失、除由承包人負責賠償五元外、本署為體恤起見、再加給撫元、仰即派員逕赴本署工務局具領轉發可也、此令
督辦　高〇〇

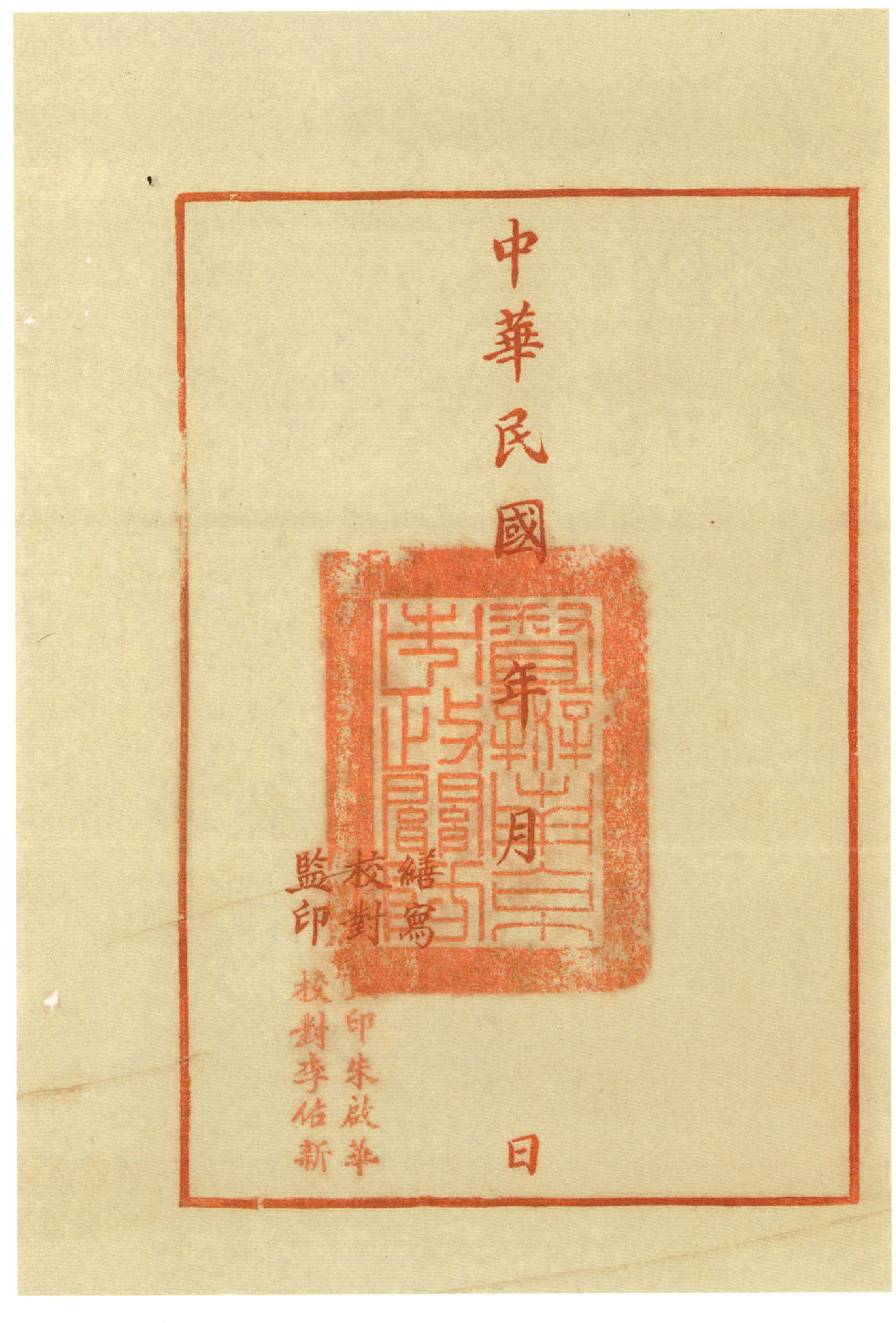

中華民國　　年　　月　　日

繕寫
校對
監印

監印朱啟華
校對李佑新

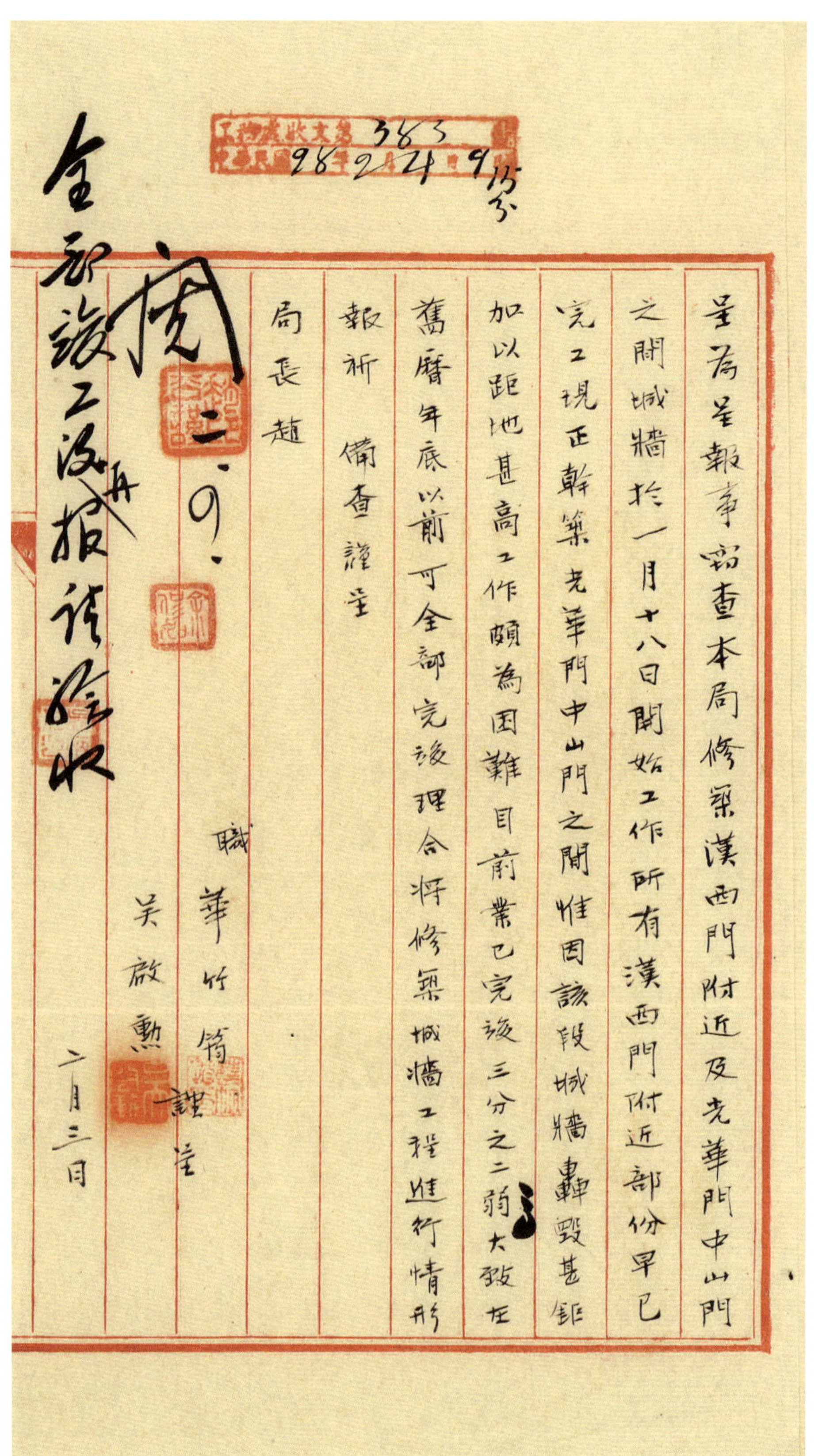

（五）僞市工務局爲請派員驗收修理漢西門、光華門、中山門城墻致僞督辦市政公署的簽呈（一九三九年二月十五日）

呈爲呈報事竊查本局修築漢西門附近及光華門中山門之間城牆於一月十八日開始工作所有漢西門附近部份早已完工現正趕築光華門中山門之間惟因該段城牆轟毀甚鉅加以距地甚高工作頗爲困難目前業已完竣三分之二弱大致在舊曆年底以前可全部完竣後理合將修築城牆工程進行情形報祈　備查謹呈

局長趙

職　華竹筠　謹呈

吴啟勳

二月三日

全部竣工後再報請驗收

第一頁

謹具報告書人協記營造廠查敝廠前承包到
貴局修理本市『漢西門南首』及『光華門東圓角處』等四處城墻工程查承攬書内註明上開工程限期四十晴天全部修理完竣（自民國二十八年一月十七日至廿八年二月二十五日）敝廠自經
上項工程開始動工後因迫於年關在即工人生活胥賴工資維持因之加工趕造業已於本月九日全部修理完成依照工程承攬期限先期完工十六天所做工程無毫差錯
印祈
貴局派員驗收並查得承攬工程書（第四期）應付款項計國幣伍佰捌拾元正理合具呈

第二頁

悉請照數撥付以便維持工人生活實為德便謹呈

南京市工務局

局長趙

具報告書人　協盛營造廠

中華民國二十八年二月十日

示華揚士查所呈是否完工俟

具報派員驗收後照數撥付

二十

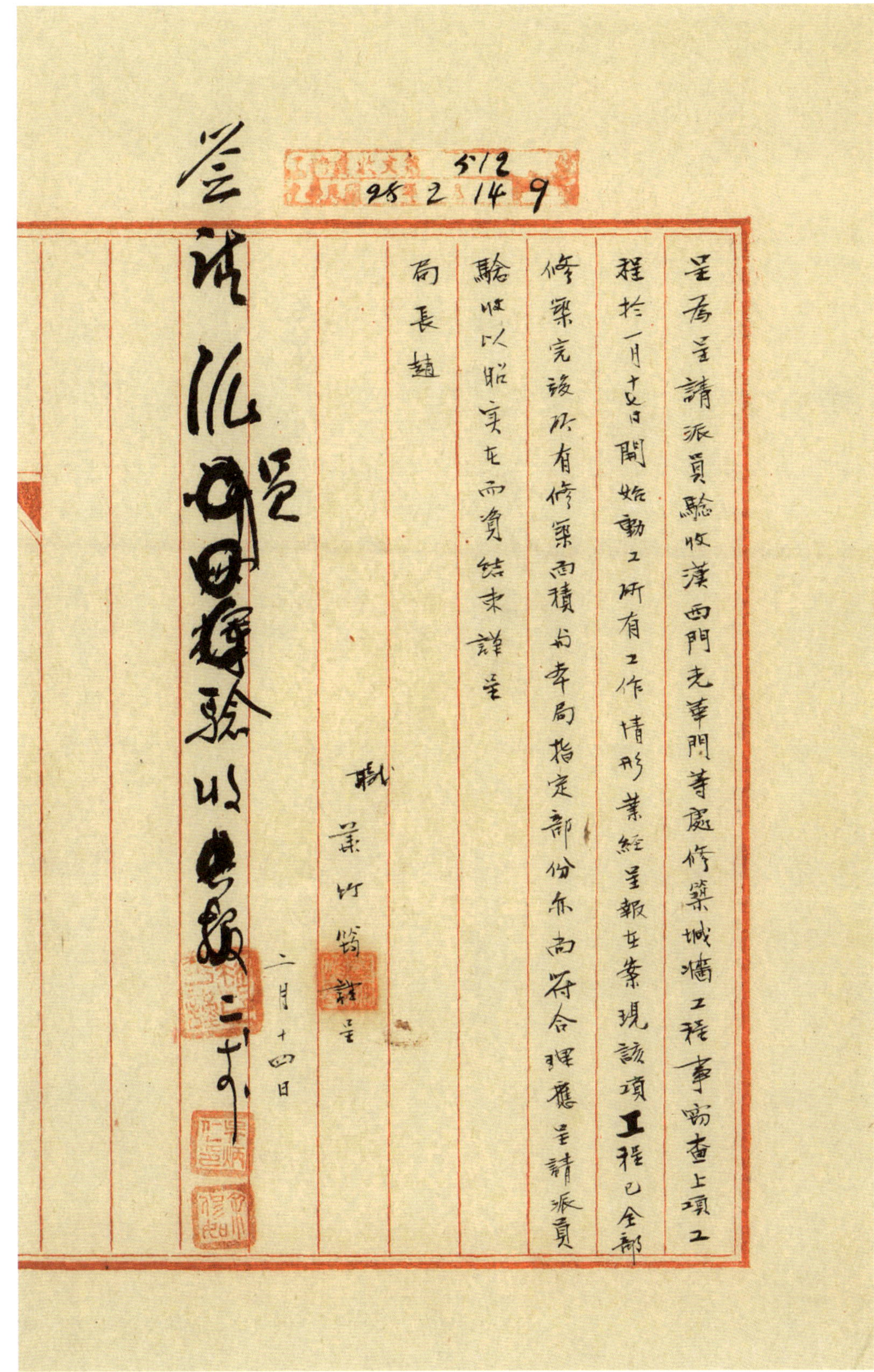

收文 512
25 2 14 9

呈為呈請派員驗收漢西門光華門等處修築城牆工程事竊查上項工程於一月十五日開始動工所有工作情形業經呈報在案現該項工程已全部修築完竣所有修築面積均本局指定部份亦尚符合理應呈請派員驗收以昭實在而資結束謹呈

局長趙

職 葉竹筠 謹呈

二月十四日

簽請派汪昭、吳田輝驗收

吳毅 二、十六

督辦南京市政公署工務處

文別	送達機關	類別	附件	事由
簽呈	督辦			為簽請派員驗收修理漢西光華兩門城墻以昭實在由

處長趙（印）
可 二、二五

秘書（印） 科長 科員（印） 辦事員 僱員

中華民國二十五年

收文	交辦	擬稿	核簽	判行	繕寫	校對	蓋印	封發	收文發文相距
月日時	月日時	二月十三日時	月日時	月日時	月日時	月日時	月日時	二月十五日時	日時

收文字第 號　發文字第97號　檔案字第 號

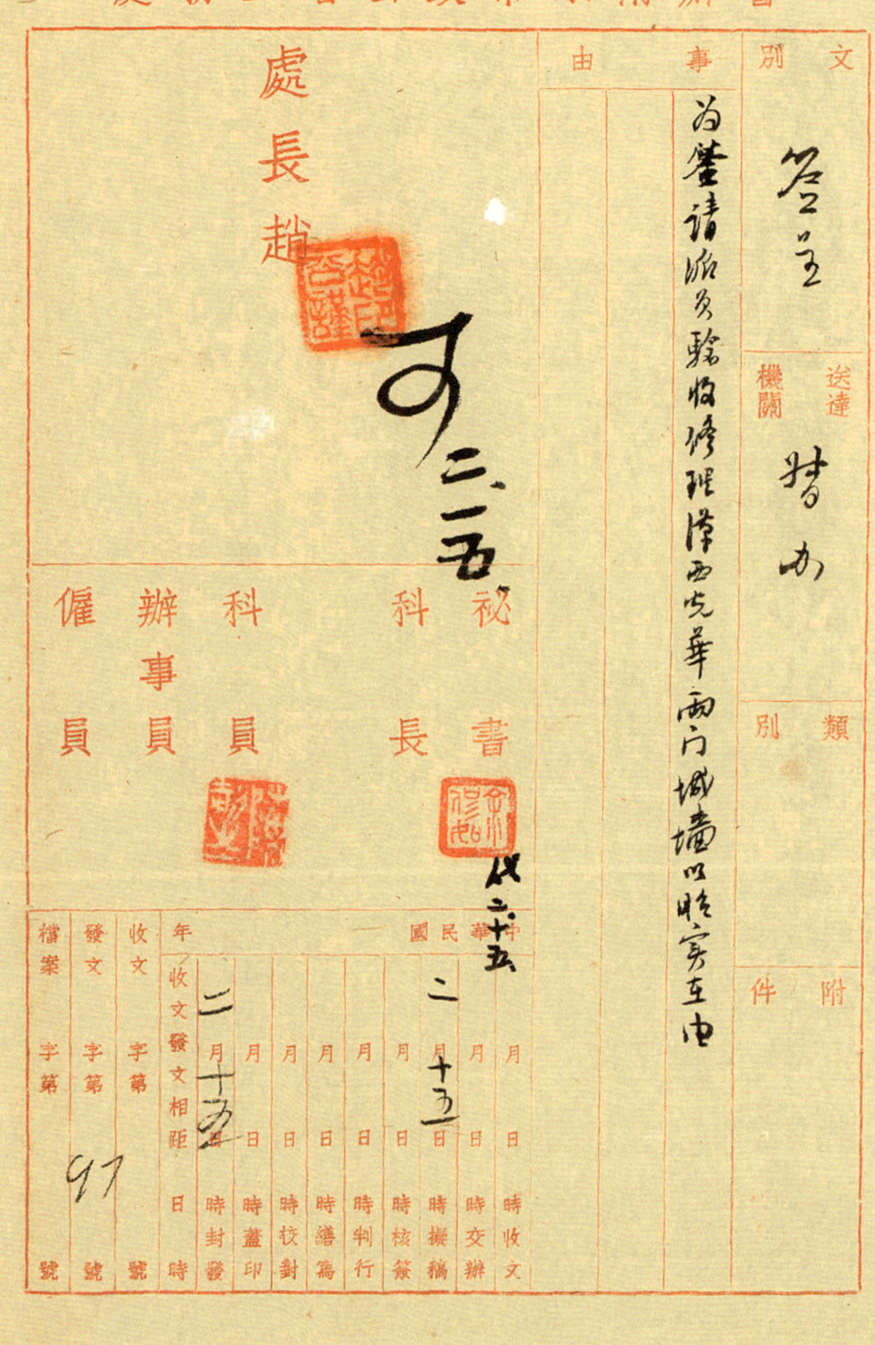

簽呈

為簽請事案查前因城防關係所有漢西門南首及光華
門東閘角處被燬之處急待修理業經
准修理在案並據監工員技士華竹筠報稱是項工程於一月十七日
開始動工至二月十日完工所有修築面積尺寸與指定部份亦尚相符
並因加工趕造先期完竣尤屬可嘉理合呈請驗收等情前來查該項
工程既經修理竣事自應予以驗收俾資結束而竟手續自專
理合簽請
鑒核即日派員驗收以重城防而昭實在謹呈
督辦高

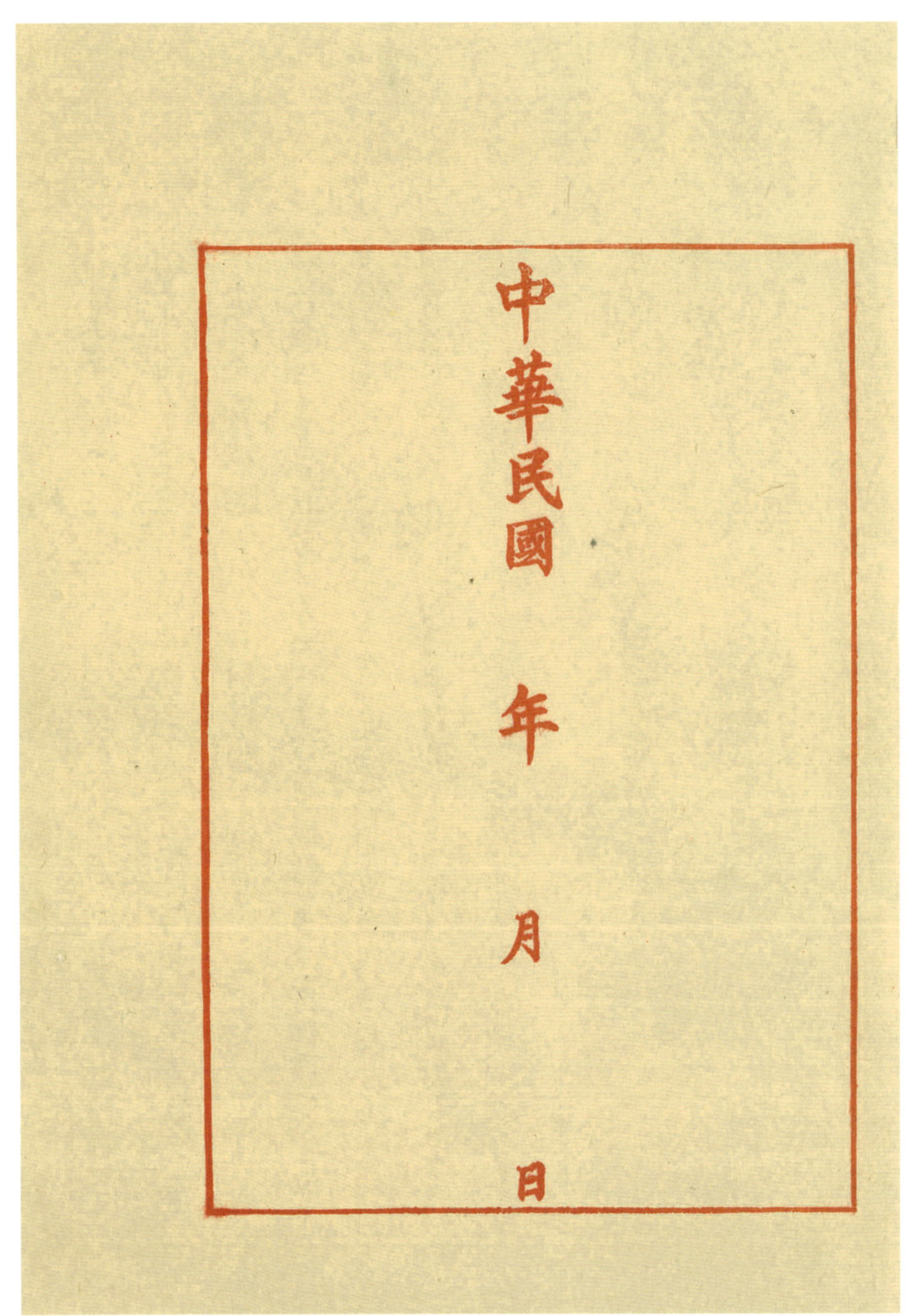

中華民國　年　月　日

督辦公署秘書處收文第1783號 28年2月15日11時

第97號

派技師許炳輝會同秘二科徐□收

二、二五、

簽呈 二月十五日

為簽請事案查前因城防關係所有漢西門南首及光華門東圓角被燬之處急待修葺業經奉准修理在案茲據監工員技士華竹筠報稱是項工程於一月十七日開始動工至二月十日完工所有修築面積與本局指定部份亦尚相符呈請驗收等情前來查該項工程既經修理竣事自應予以驗收俾資結束局長未敢自專理合簽請

鑒核即日派員驗收以重城防而昭實在謹呈

督辦高

工務局局長趙公謹

工局、二科會同派員驗收

工務處收文第599號
中華民國28年2月27日10時

呈為呈復驗收修築漢西門及光華門城牆工程事竊職等奉派驗收城牆修築工事當即會同華技士前往勘驗漢西門所修築之牆身雖用城磚修建完竣當砌用之石灰甚輕拌合成份石灰較黃沙若一四之比光華門修築之牆身最大處高若二十三米達寬上若三十米達下若十米達雖經修築完畢在破燬修築面積大處中段及兩側尚有為砲彈擊燬破洞數個及裂痕多處均未修竣當高處修築之牆身係由直砌而上毫無坡度其牆身之所砌厚度新舊牆之結構及原應拆除部份均無修築設計圖案查驗該工程察此牆身修築部份上實下虛石灰漿成份較黃沙少已失去凝堅性加之二十三米達高牆本身重量壓力式甚危險職等當即命承包人協記營造廠從速將破洞修補未堅部份拆除重築裂痕處用石灰漿灌入修竣後再行驗收

隨已屬責令嚴技士嚴督包工隨即修理
射根 二、芯

忽於十九日大雨該段牆身全部坍塌職等聞訊後當即前往查勘情形實

於最高處坍塌其原因所填浮土經水下沉及上項各節不良之故該工程未

能驗收理合將勘驗情形呈請

鑒核謹呈

局長趙

職許炳輝
秘二科徐仲雲

呈 二月廿四日

附原簽呈一份

督辦南京市政公署工務處

文別	送達機關	類別	附件	事由
簽呈	督辦			為呈報光華門城墻未及驗收全部坍塌情形請鑒核示遵由

處長趙	
秘書	二七、
科長	
科員	
辦事員	
僱員	

中華民國 二十 年

收文	交辦	擬稿	核簽	判行	繕寫	校對	蓋印	封發	收文發文相距
月 日 時	月 日 時	二月 廿七日 時	月 日 時	月 日 時	月 日 時	月 日 時	月 日 時	二月 廿六日 時	日 時

收文	發文	檔案
字第 號	字第 109 號	字第 號

签呈

为呈报事案查修理漢西门至華门城墙工程業竣经职报请

钧座派员前往验收

批工务局二科会同派员验收等因当即转饬技士许炳辉会同二

科职员徐仲雲前往实地查勘兹据该员等复称职等奉派后当即

會同原监修人華竹筠前往勘验漢西门工事该處墙身系用城

磚修築並砌用之石灰甚稀而拌合之成份石灰较黄泥約一與四之比

實難堅固至華门修築之墙身最大處高約二十三米達上寬約

三十米達下約十米達且兩側尚有破洞及裂痕多處均未修竣

該墙身由上而下所砌毫無坡度上寬下窄所用石灰亦较黄沙為

可失去堅凝性且此次底砌墻身之厚度與新舊墻之如何結構
及應需拆除之新砌墻身設計圖等職等當即飭承包人協記營造
廠併速修改補充堅固並加足石灰漿再行驗收忽於十九日大雨該段墻
身全部坍塌職等聞訊即往馳勘其原因皆為上項所述不良之故故非俟
查該項工程不良全由於承包人偷工減料而監工員華竹筠亦有失察之嫌
該項工程另行全部改修後再行驗收等情前來除責令監工員華竹筠
廠飭其加工修理限期完竣再行驗收外理合據情報請
鑒核示遵謹呈
督辦高
工務局局長趙〇〇

中華民國　年　月　日

繕寫
校對
監印

簽呈 二月二十八日

為呈報事案查修理漢西門光華門城墻工程一案遵奉
鈞座批開工局秘二科會同派員驗收等因當即轉飭技士許炳輝
會同秘二科職員徐仲雲前往實地查勘去後茲據該員等復稱
職等奉派後當即會同原監修人華竹筠前往勘驗漢西門工事該
處墻身雖用城磚修築然砌用之石灰甚輕而拌合之成份石灰較黃
泥約一與四之比實難堅固至光華門修築之墻身最大處高約二
十三米達上寬約三十米達下約十米達且兩側尚有破洞及裂痕多
處均未修竣又墻身由上而下所砌毫無坡度上實下虛所用石灰
亦較黃沙為少失去堅凝性且此次應砌墻身之厚度新舊墻之

如何結構及應需拆除之部份均無設計圖案職等當即飭承包
人物記營造廠從速修改補充堅固並加足石灰灌漿再行驗收忽
於十九日大雨該段墻身全部坍塌職等聞訊即往馳勘其原因皆
如上項所述不良之故非俟該項工程另行全部改修後再行驗收等
情前來查該項工程不良雖全由包工人偷工減料所致而監工員華
竹筠亦有失察之嫌除責令華監工員竹筠嚴飭包工另行加工
修理限期完竣再行驗收外理合據情報請
鑒核示遵謹呈
督辦高

工務局局長趙公謹

8

責令修復
華竹筠着記小過一次
高

687
28 3 6 15

督辦南京市政公署

逕啓者查本科職員徐仲雲会同
貴局許技士奉
督辦批令察勘光華門倒坍城墻是否准
該承建廠商請求加價復修一案嗣據該員
呈復略稱前次奉派会同工務局許華兩技士
驗收漢西門光華門兩處城墻工程當以該項工
程泥多灰少牆身過薄并無坡度偶遭雨水必
有透漏毁坍之虞所以當時未便驗收業已分別呈報

交華技士 三六

督辦南京市政公署

茲奉察勘光華門現倒缺口高寬均約四丈拔尺致倒原因實以墻身過薄而內部原有城磚不知何去全係用土填培致使雨水流入以致倒坍核與前勘情形相同應按營造業向例在工程尚未驗收發生倒坍事件即由承建廠商負責繕修以符成例并免申請加價後修理由當情查經附具說呈簽呈鈞座核示辦理現奉批開責令修復可也奉應函請

督辦南京市政公署

貴局敬煩
查照轉飭責令該承建廠商協記營造廠速為修
護倒坍墻工以重城防為荷此致
工務局

督辦南京市政公署秘書處第二科啓

三月六日

（八）僞市工務局爲修理光華門城墻倒塌後擬定加築工程預算致僞市財政局的公函
（附件：加築城墻預算表及僞市工務局致僞市政府的簽呈）（一九三九年三月十日）

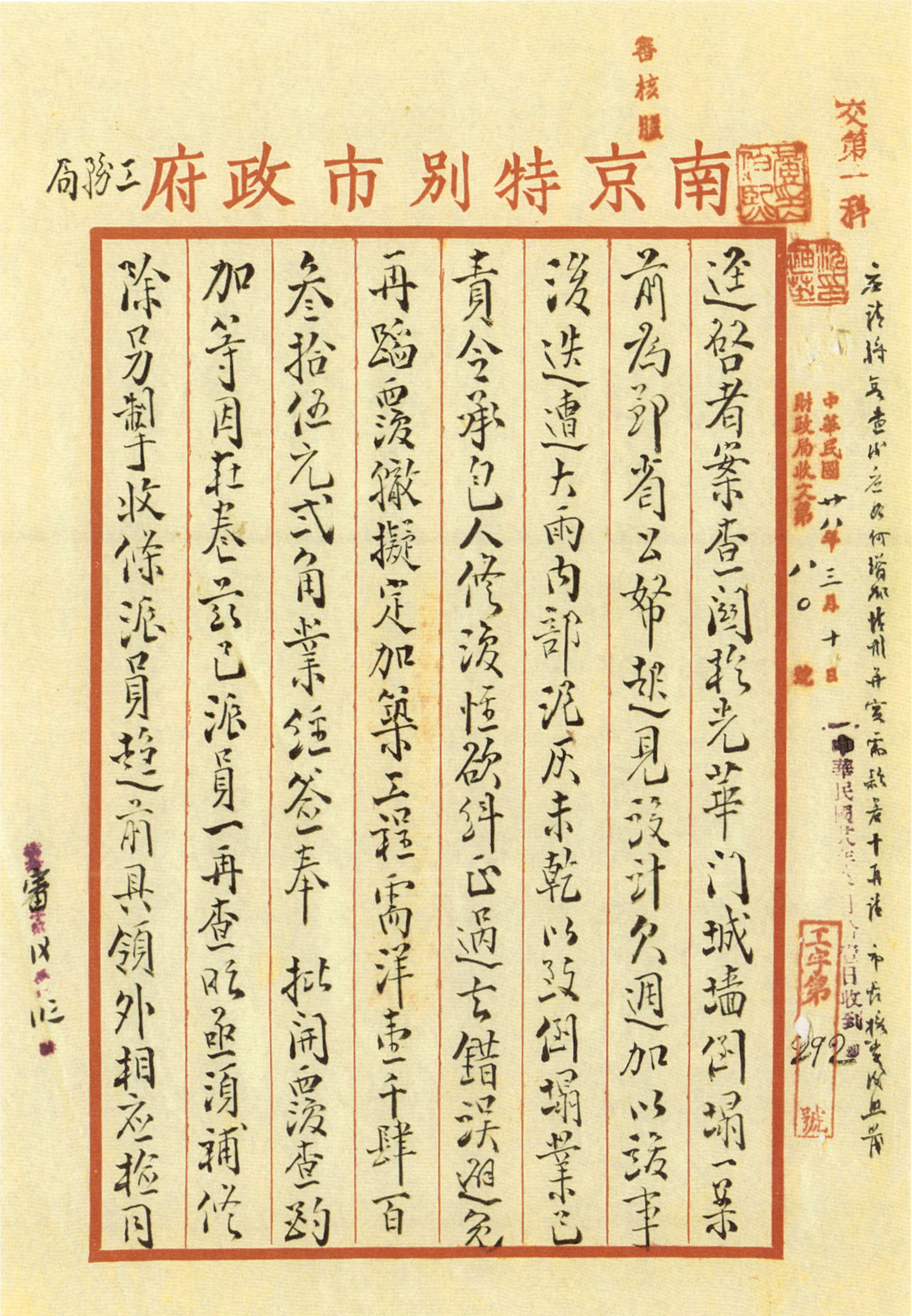
南京特別市政府 工務局

逕啓者案查關於光華門城墻倒塌一案前為節省公帑起見設計欠週加以該事後迭遭大雨內部泥灰未乾以致倒塌業已責令承包人修復惟欲糾正過去錯誤避免再蹈覆轍擬定加築工程需洋壹千肆百叁拾伍元弍角業經簽奉 批開應准覆查酌加等因在卷茲已派員一再查明亟須補修除另製收條派員赴前具領外相應檢同

南京特別市政府 工務局

原呈二件加築預算表一紙隨函送達即請

查照辦理並希見復為荷此致

財政局

附原呈二件加築預算表一紙

南京特別市政府工務局 啟 三月十日

工程既未驗收應令包工修補此（仕）

市庫支付即加築者併念商人

酌予補加三四百元簽呈

核示 三月

第99號

派許技師會同秘二科派員道

示辦理 二、廿三

七十五

呈為呈報修築城牆坍塌原因請予鑒分並擬具重修辦法草案及預算一份仰祈
鑒核示遵事竊查南京城牆建築於明太祖定鼎江南之後工程之巨含北京鮮有堪與倫比者城週百餘里高
六七十尺不等最闊處有四十餘尺最狹處亦有十二尺均以城磚砌築頗為堅固此次事變時轟毀數十處較大者為
光華門、中山門之間最近本府業已修築完竣四處內一處即為較大中之一忽於本月二十日下午六時全部坍塌
職聞訊後當於翌日上午八時馳車前往實勘除飭令該承包人協記營造廠即日僱工重行修築並擬具重修
辦法草案及預算一份附呈外謹將坍塌原因分呈於下
一、原有城牆全部均係城磚砌築該因南京經事變後磚料缺乏倘轟毀部份全部以城磚砌築所費需增五倍
現築僅二尺厚所餘空隙以泥土夯填結實此本所以節省公帑之計而未顧及南京城牆巍峨轟毀部份進深有
十二尺所填泥土數量過多核定築二尺厚之牆城不足以抵抗泥土擠壓力此坍塌原因一也
二、此次修築城牆均以石灰黃沙砌築此項灰沙雖不及水泥之易於乾硬但經一二月後其堅固性亦不在水泥之下然其

價格相差甚遠現該處城牆係從地砌起且完竣未久適逢十九日整天大雨致所填新土積水下注無處宣洩加以城基距頂有六十尺之高而砌築用之灰沙尚未堅固不勝負重此坍塌原因二也

三、職因內外工作極繁異常且城牆工程地處遼遠實難常川監視故承包人不免有取巧之處坍塌後始發現磚料中雜有少數斷磚而灰沙拌和不勻成份不合此坍塌原因三也

總之最大原因城牆厚度不足職事前疏忽未能顧及泥土擠壓力之設計而專為節省公帑似應請予處分至加築辦法事實上極為切要是否有當理合將以上實情呈請

鑒核示遵謹呈

局長趙 轉呈

督辦高

附重修辦法草案及預算一件

職華竹筠謹呈

二月二十三日

二科會同工務局實地查勘應否增加力

首山 云

附加築城牆預算表

1. 坍塌正面面積　高60'-0" 寬46'-0" 合27.60方

2. 加築厚度（平均計算）$\frac{4'0" + 3'-4" + 2'-8" + 2'0" + 1'-4" + 0}{7} = 2'-0"$

3. 加築數量　60'-0"×46'0"×2'0" = 55.20英方

4. 應需工程費　照原預算平均每方除脚手外應計每英方 $26.00 共需大洋1435.20元

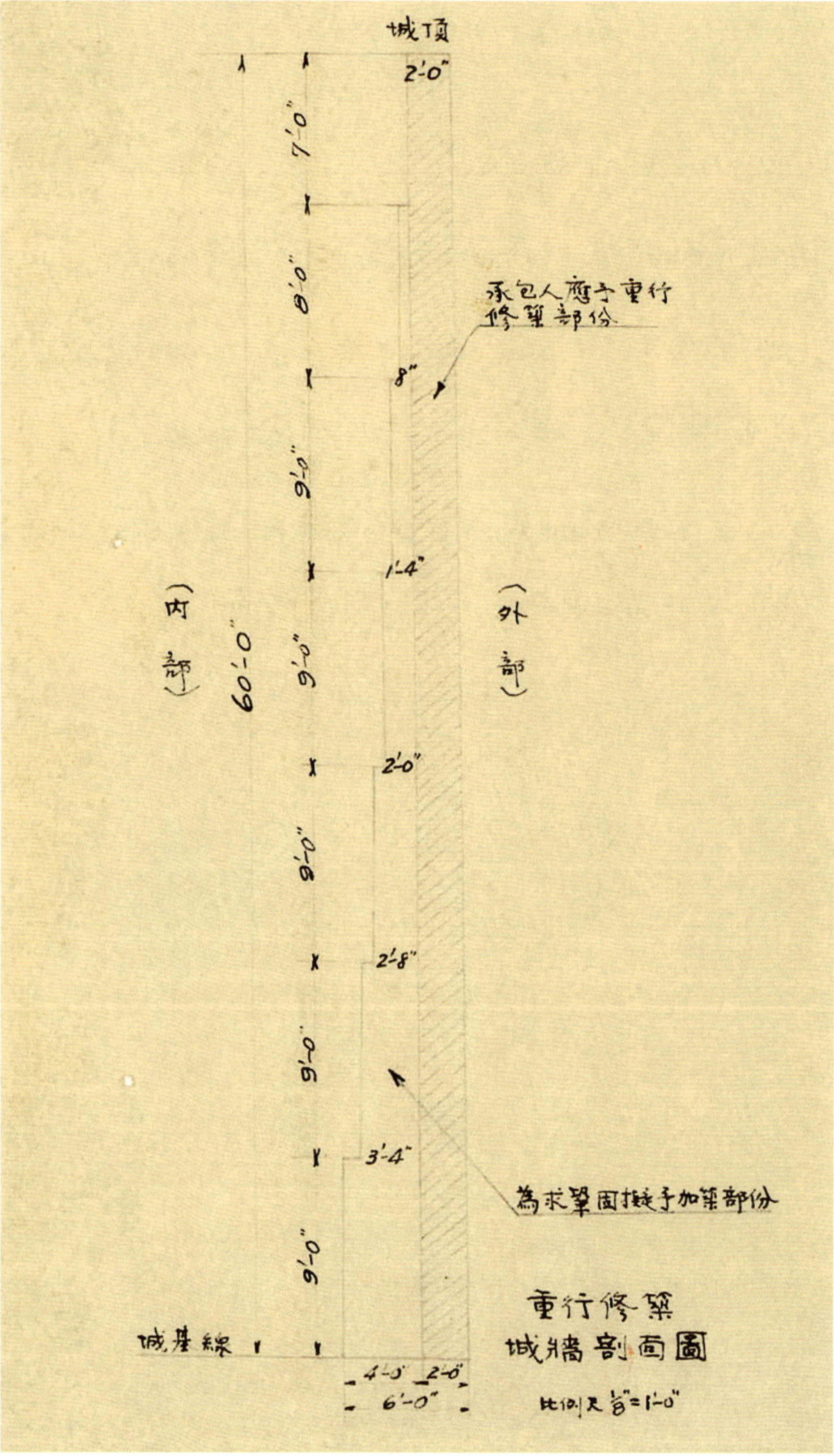
城顶
2'-0"
7'-0"
8'-0"
8"
承包人應予重行
修築部份
9'-0"
1'-4"
(內部)
60'-0"
(外部)
9'-0"
2'-0"
9'-0"
2'-8"
9'-0"
3'-4"
為求鞏固擬予加築部份
9'-0"
城基線
4'-0"
2'-6"
6'-0"
重行修築
城牆剖面圖
比例尺 1/8"=1'-0"

秘書處 第秘府文收 40 號 28年3月8日

第127號

簽呈 三月八日

為簽復事竊查光華門一部份城墻坍塌一案前經本局技士華竹筠
申述原由並擬具加築重修辦法轉請
鈞座核示奉
批「二科會同工務局實地查勘應否增加」等因遵經指派本局技
士許炳輝會同二科派員徐仲雲前往查勘去後茲據復稱目下
坍塌處泥土已挖掘清楚城基亦顯露可見估計除城基高度十
英尺外尚有五十英尺（原預算高度六十英尺係由城底量起當時
城基被泥土遮盖故城基高度亦算在內）寬有四十五英尺進深有
十二英尺倘仍依照前築二英尺厚重行修理恐須再度坍塌至華

交華股 三.九

已一再查明亟須補修

呈常會討論 財局請示

須與鄰初兄派員來估價 李 十日

技士呈請加築平均二英尺厚之設計尚屬切要惟內部應增添丁字形之仲牆每隔十英尺做一牆如此做法似屬更為堅固所有該項仲牆工料價格可以原預算列入城基十英尺高度扣除相抵以資平衡等情前來正核辦間復准秘書科來函以前次奉派會同工務局許華兩技士驗收漢西門光華門兩處城牆工程當以該項工程泥多灰少、牆身過薄、並無坡度、偶遭雨水、必有透漏毀坍之險、所以當時未便驗收、業已分別呈報茲奉察勘光華門現倒缺口高寬均約四丈數尺致倒原因實以牆身過薄而內部原有城磚、不知何去。全係用土填培、致使雨水流入、以致倒坍、核與前勘情形相同應 按營造業向例在工程尚未驗收發生倒坍事件即

由承建廠商負責賠修以符成例並無申請加價復修理或業
經轉呈
鈞座責令修復等由查此案經辦人華竹筠前為節省公帑設
計未能周詳加以竣工之後迭遭大雨致有坍塌情事而承包人從
中取巧亦為原因之一現華技士監工疏忽已受處分實咎有應得
惟目前若仍照原計劃責令承包人修復固屬極易辦理但恐二
尺厚度難保不再度發生坍塌為糾正過去錯誤避免再蹈覆轍
起見前次華技士所擬加築辦法事實上確屬切要擬請
鈞座如擬辦理俾以後不致再有前項情事發生刻因警備司令
部催促甚急應如何趕速辦理之處局長未敢擅專理合簽請

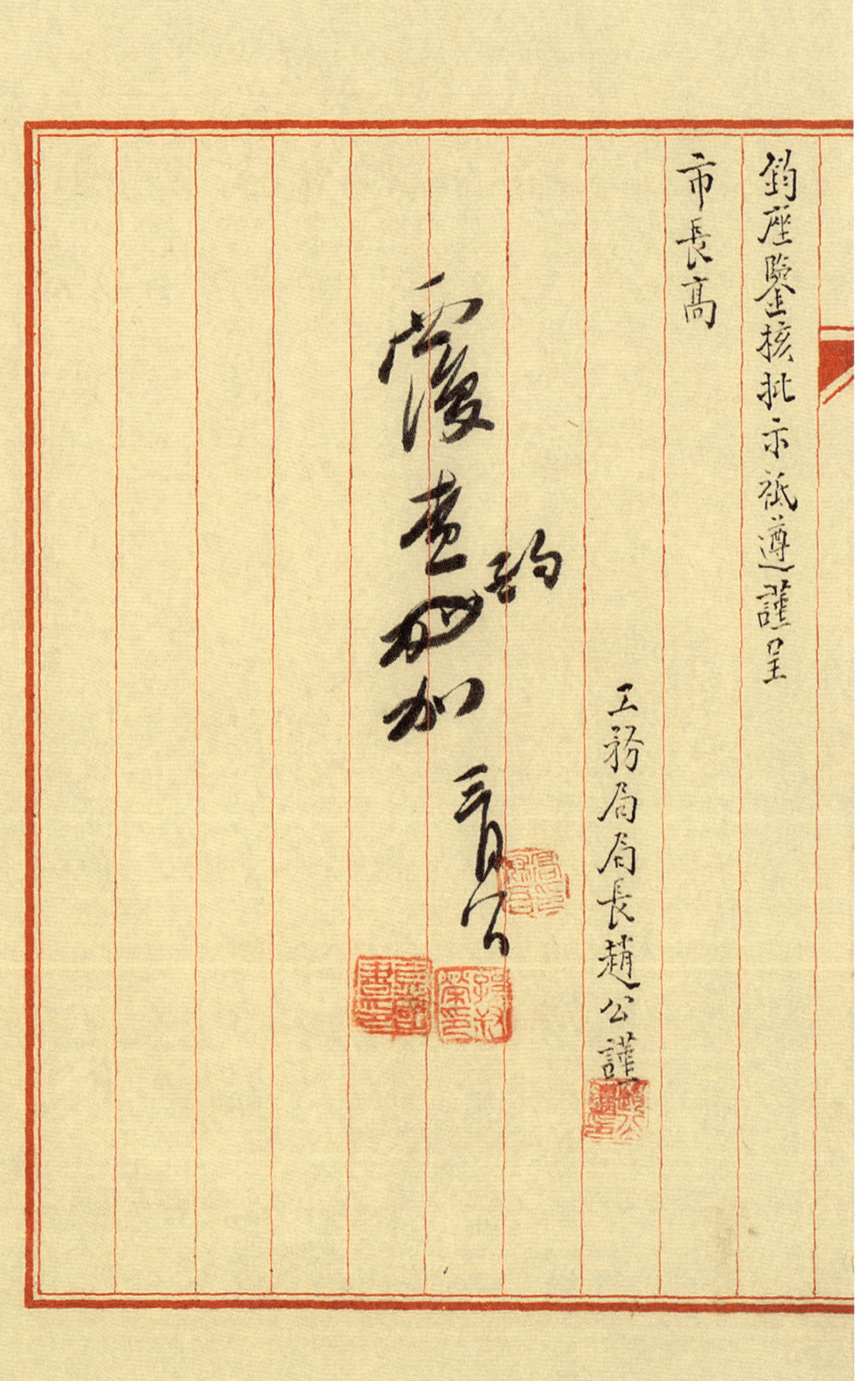

鈞座鑒核批示祇遵謹呈

市長高

工務局局長趙公謹

雲庵　鈞　照加　言賓

（九）協記營造廠爲請補修城墻工程致僞市工務局的呈文（一九三九年三月十六日）

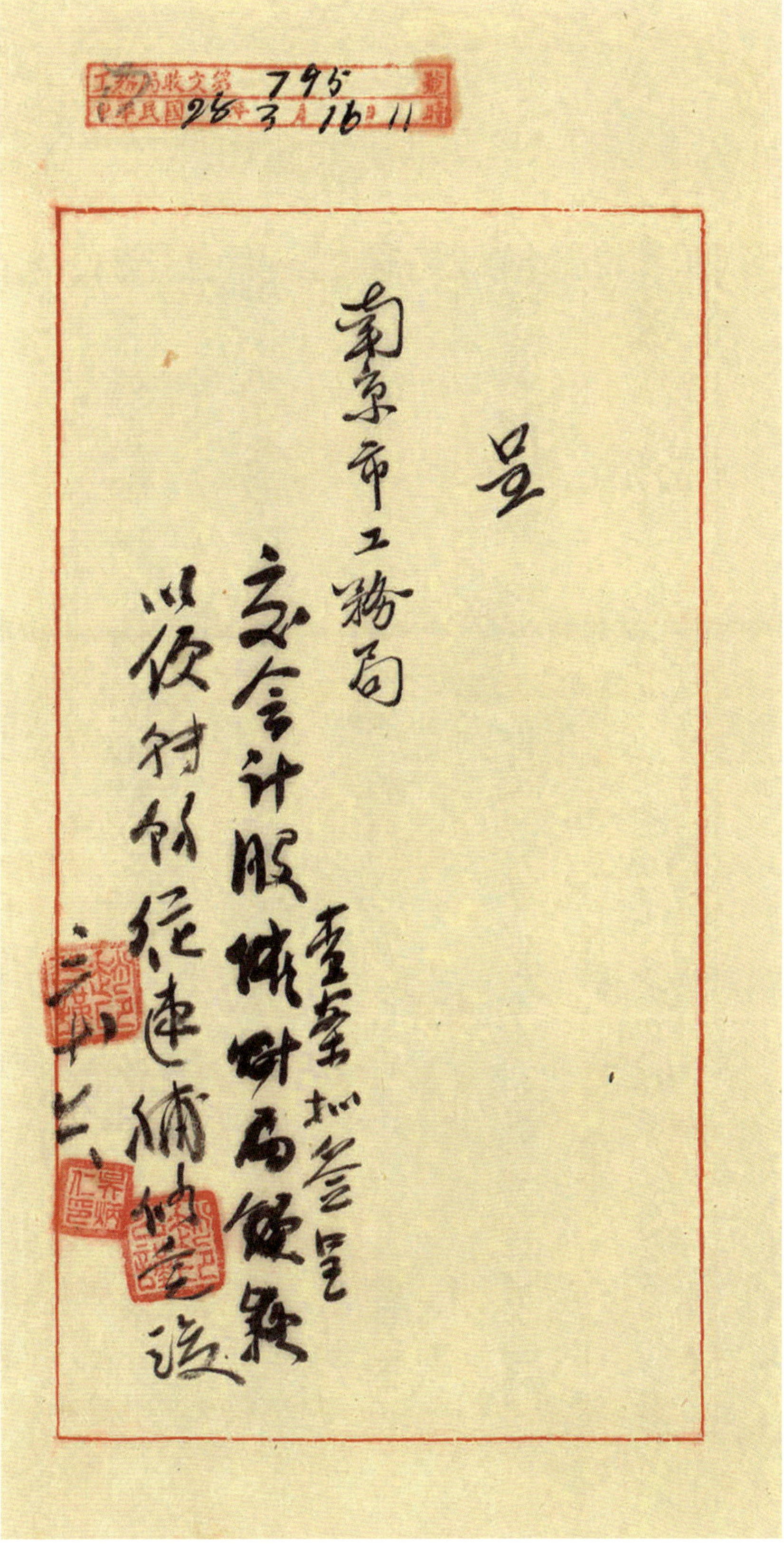

工務局收文第795號
中華民國28年3月16日11時

呈

南京市工務局

查案擬合呈
文令會計股轉財局撥款
以便材料從速補修爲禱

三、十六

為呈請迅即指示補修城墻工程辦法暨計劃事查 敝廠
曾已於本月六日 呈文聲請
貴局示命以得早日開工 詎料時隔多日未蒙 貴局
批示查如此躭延 敝廠所負損失實爲匪輕且友軍時
至應修工程之處催促興工修繕并於昨天（三月十五日）上午

更有友軍二人到達該處囑令即刻動工視其言語及
舉動均頗急烈爲此理合呈請迅即指示補修城墻工程
辦法暨計劃以便早日完工而了手續實爲德便謹
呈
南京市工務局

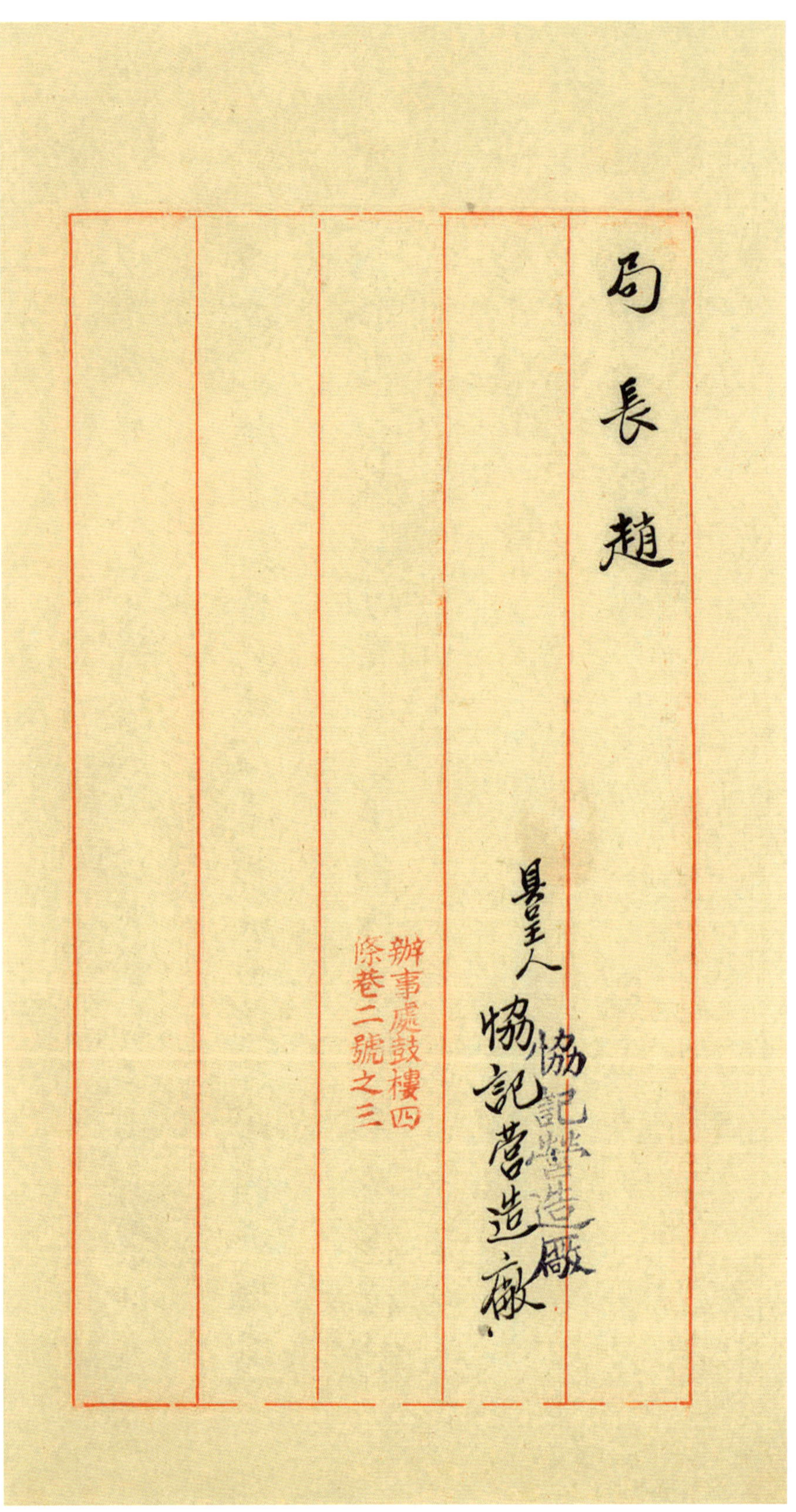

局長趙

呈

協記營造廠

協記營造廠

辦事處鼓樓四條巷二號之三

中華民國二十八年三月十六日

（十）偽市財政局為修築光華門城牆倒塌擬增加工程補助致偽市政府的呈文（一九三九年三月十六日）

交第一科

中華民國廿八年三月　日

財政局收文第一號

財字第151號

為簽呈事案准工務局函以修築光華門城牆設計欠周以致倒塌業已

責令承包人修復惟欲糾正過去錯誤避免再蹈覆轍擬定增加工程

費壹千肆百叁拾伍元弍角業經簽呈奉批覆查酌加等因相應檢同

原件即請查照辦理等由過局查此項工程既未驗收發生倒塌照章應

責令該承包商協記營造廠修復令工務局並未按照承攬合同保固年

限辦理自認華技士當初設計疏畧遽請修復費至壹千肆百叁拾餘

元之鉅而將偷減工料之協記承造廠輕輕放過似欠允當況查附送二月

十三日華技士原簽奉批二科會同工務局實地查勘應否增加等示而三

月八日工務局簽復二科並未會銜然內叙二科意見亦經明言應由承造

商負責賠修以符成例並無申請加價修復理由云云迨奉批復查酌加等

因又未遵照復查及應如何酌加、經請增加經費壹千肆百叁拾餘元前
來手續亦殊欠完備、在職局既無核准根據當然未便貿然照撥、是否
由職局函復應遵
鈞批再行復查、擬具酌加數目呈請
核定抑姑念城防緊要、警備部又催修甚急、不宜展轉遷延、姑予補
助肆百元由工務局責令該原承包廠限期修竣、以示格外體恤之處、
伏候
鑒核示遵、謹呈
南京特別市市長高

財政局局長鄔鴻鑄謹簽
三月十六日

姑予補助四百元
函修竣工

函知工務局

秘書處收文 府秘第286號 28年3月29日13時

派葉技士負責監工 三卅

第167號

簽呈 三月二十九日

為簽請事關於修築光華門坍塌城墻一案前經擬具
加築預算簽奉
批准補助肆百元迅修完工等因遵飭華技士竹筠轉飭
原包工人遵照補發之數增添材料仍照二英尺厚度妥
慎修復茲查該項工程行將動工理合簽請
鑒核派員監視施工以昭鄭重謹呈
市長高

工務局局長趙公謹

即由會派員可也 三月廿九

（十一）僞市工務局爲補修光華門坍塌城墻請派員監工致僞市政府的簽呈（一九三九年三月二十九日）

（十二）僞市工務局爲請撥付技士華竹筠監修光華門城墻出勤費致僞市政府的簽呈（一九三九年四月十一日）

秘書處收文府字第432號 28年4月11日10時

第187號

簽呈 四月十一日

為簽請事關於修復光華門坍塌城牆經派本局技士華竹筠責成原承造人安慎修理前據該員報稱此項工程行將開工約二十天即可完成惟光華門路途距離本府較遠每日前往監工所費不貲擬請按日發給出勤費二元共計四十元以便督修當經簽請

核示昨准秘一科來函以似難照准

奉

批轉知過局伏查該項工程原係該技士監工此次復修責任甚重不能不按日前往視察可否准予支付二十元作為出勤費用以免遺悮理合簽請

鑒核示遵謹呈

市長高

工務局局長趙公謹

[illegible] 竹筠

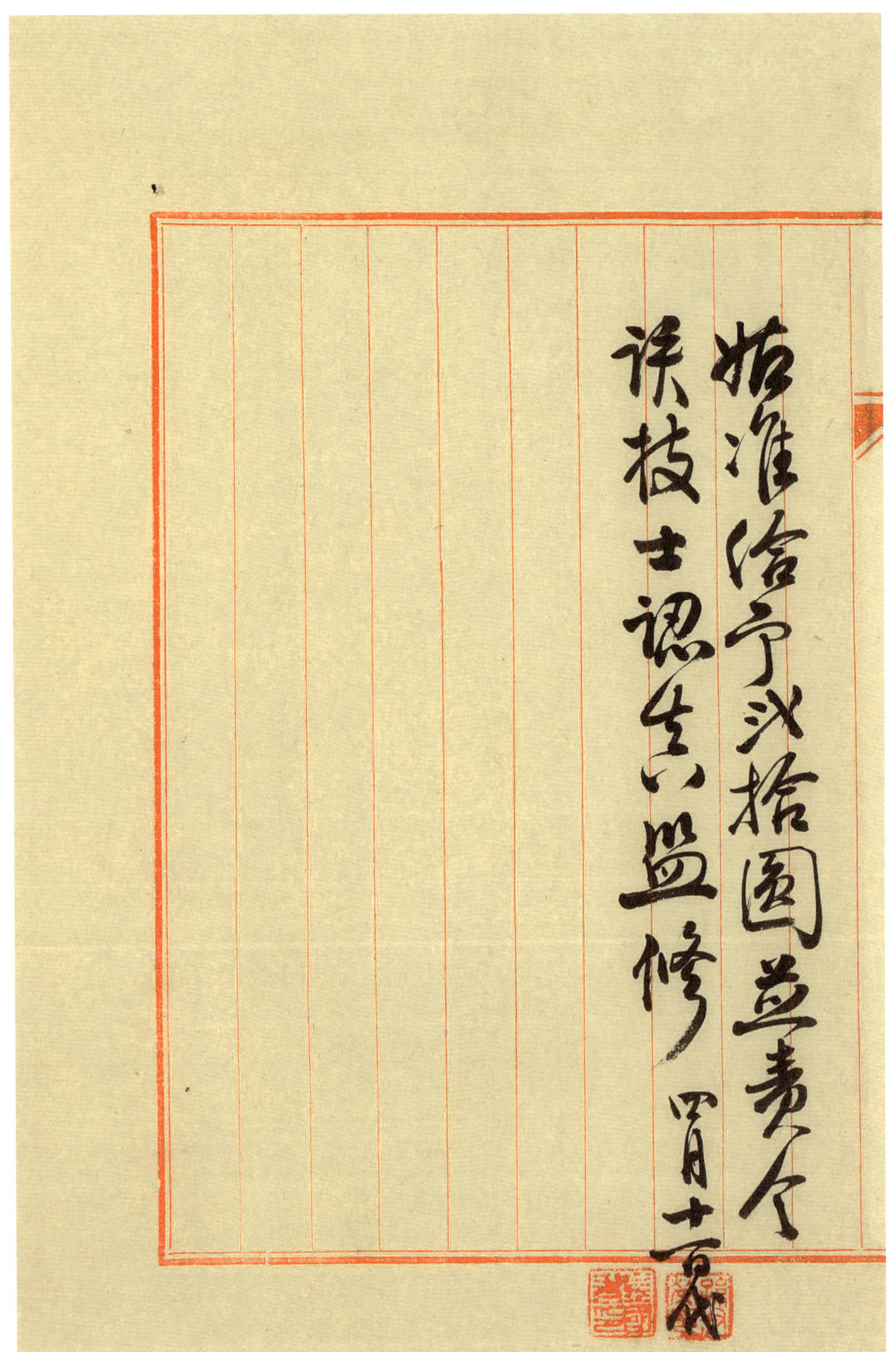

姑准給予洋拾圓並責令
該技士認真監修　四月十日戴

（十三）僞市工務局爲修理光華門附近城墻完工驗收與僞市政府的往來公文（一九三九年五月十日至五月二十二日）

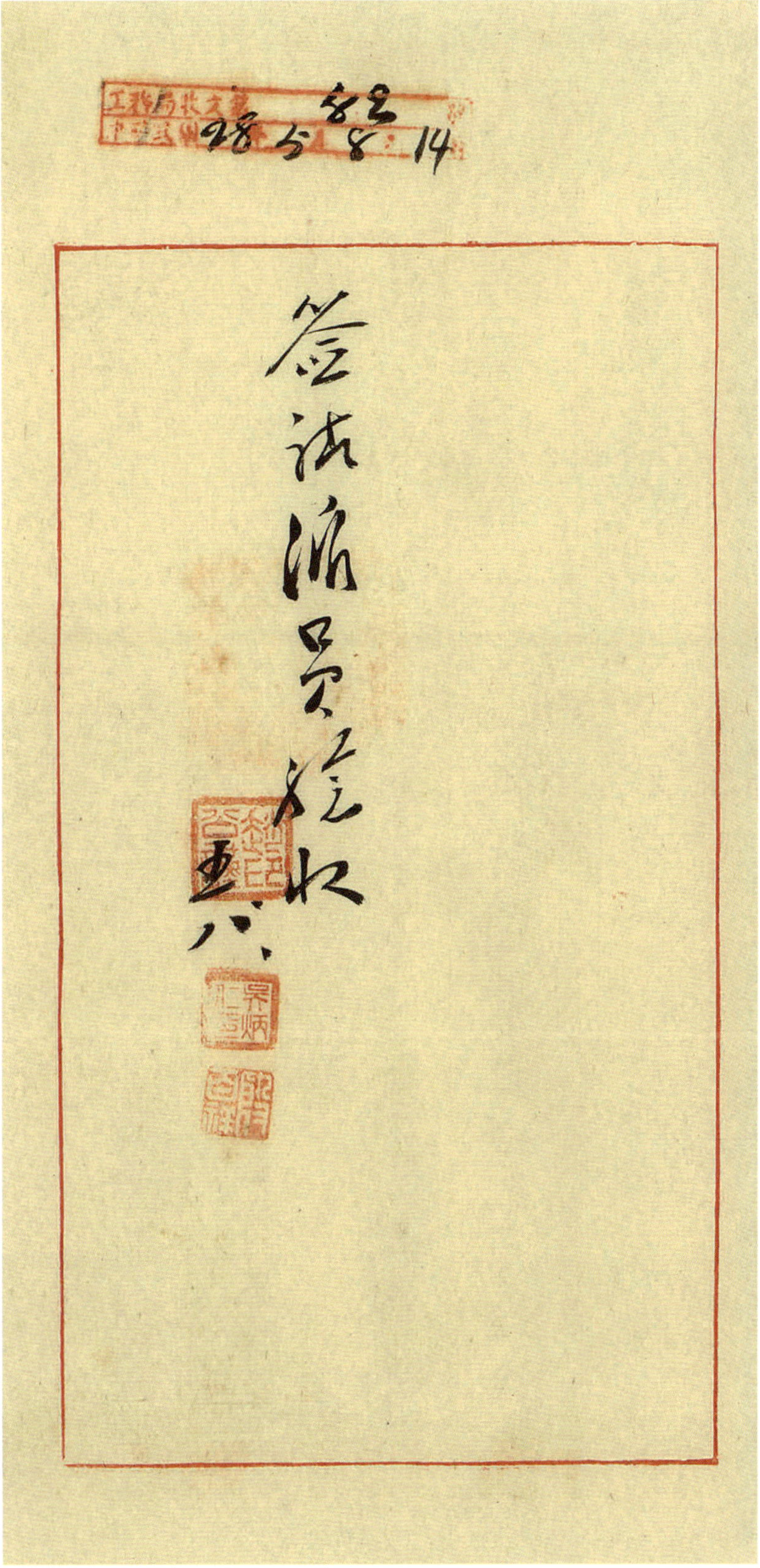

簽請派員驗收

謹具報告書人協記營造廠查敝廠遵　諭修

復光華門附近城墻坍塌部份業已於本月六

日全部修繕完竣即祈　貴局派員驗收查

此次修復尚餘工款計國幣壹伯元正理合懇

請照數撥付以便維持工人生活實為德便

謹呈
南京市工務局
局長趙

協記營造廠具呈

協記營造廠
辦事處鼓樓四條巷二號之三

中華民國廿八年五月八日

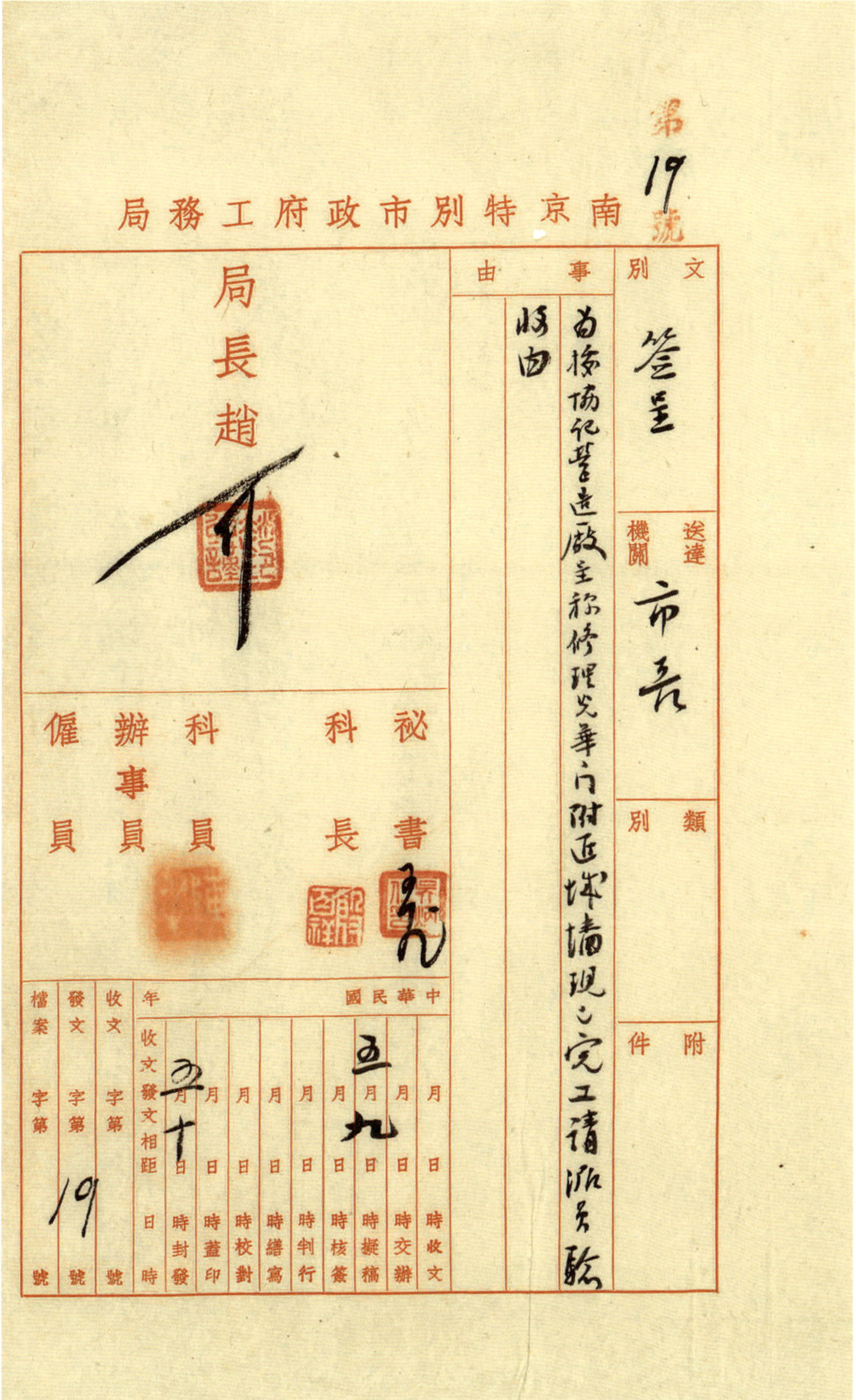

第19號

南京特別市政府工務局

文別	簽呈
送達機關	市長
類別	
附件	

事由：為據協記營造廠呈稱修理光華門附近城墻現已完工請派員驗收由

局長趙

祕書

科長

科員

辦事員

僱員

中華民國　年

收文	交辦	擬稿	核簽	判行	繕寫	校對	蓋印	封發	收文發文相距
月日時	月日時	五月九日時	月日時	月日時	月日時	月日時	月日時	五月十日時	日時

收文　字第　號

發文　字第19號

檔案　字第　號

簽呈　月　日

為簽請事案據協記營造廠呈稱遵諭修復光華門附近城墻坍塌部份業於本月六日全部修繕完竣即請派員驗收並尚餘工款壹佰元如數一併發下等情理合簽請

（旁批：查所是否完工承包）

鈞座派員前往實地驗收俾資結束謹呈

市長高

工務局局長趙○○

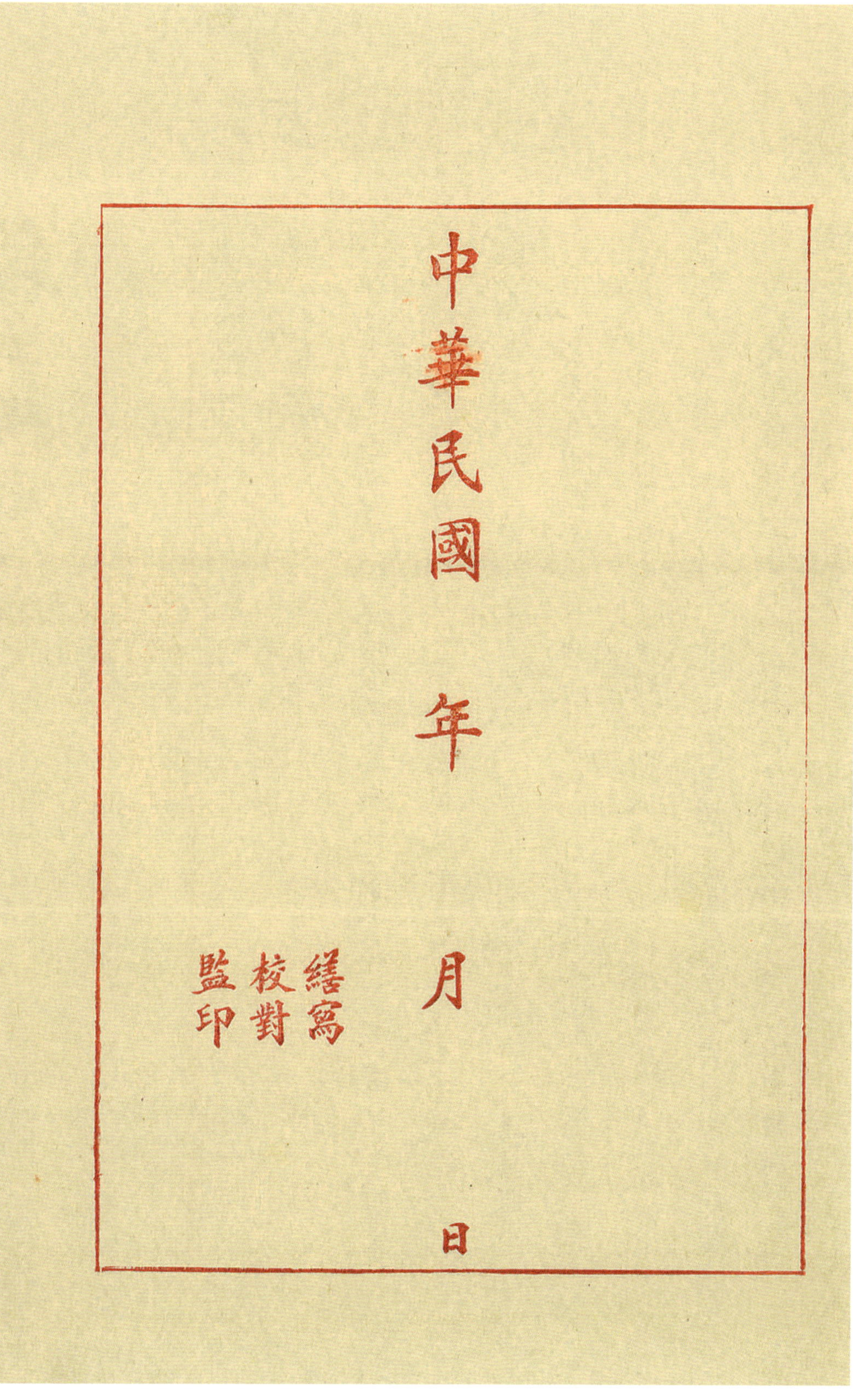

中華民國　年　月　日

繕寫

校對

監印

秘工務局

簽呈 五月二十二日 於秘二科

為簽呈事竊奉

令飭調查光華門坍塌城牆重修築工程一案當經轉飭書記徐仲雲前往查勘據復稱遵同技士華竹筠協記營造廠王茂生等赴該工程地點勘驗所用灰沙成份尚無不合而填補之斜坡與原有完善城牆並不相比參差且增加拉樁六擋（均用六寸徑圓木以水泥嵌砌）尚屬堅固至該工程內部皆係碎磚和泥土填夯即被雨沖刷似亦難透等情據此職復於本月二十一日上午與熟習工程之馮德棠前往查勘與該書記所報情形大致相符似尚可予驗收奉令前因理合將奉 派查勘情形簽請

核示祇遵實為公便謹呈

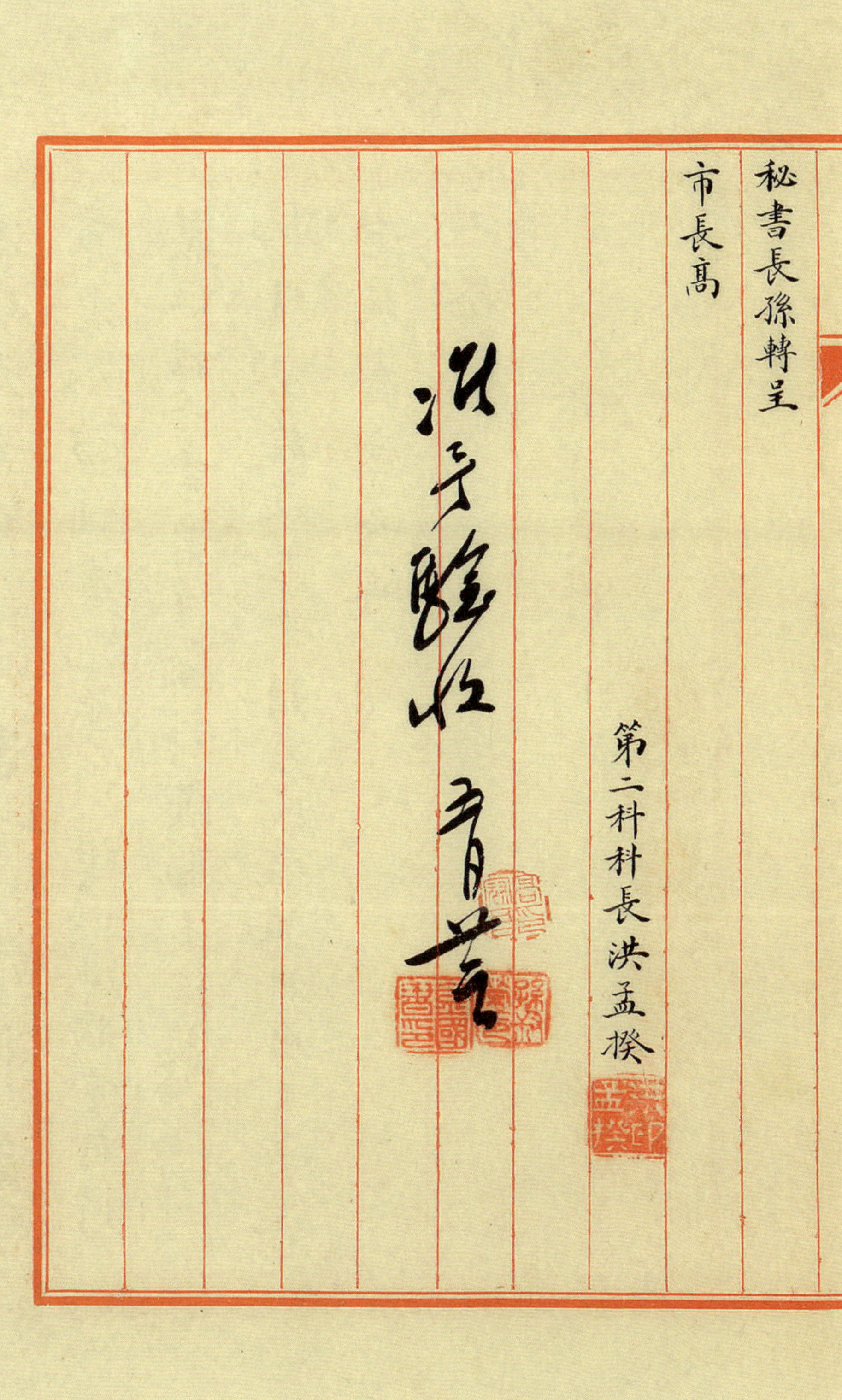

秘書長孫轉呈
市長高

第二科科長洪孟揆

准予驗收
冠吾

南京特別市政府

逕啓者案奉

市長令飭調查光華門坍塌城墻重行修

築工程一案業經敝科復勘呈報奉

批准予驗收在案相應檢同敝科原呈函達

查照爲荷此致

工務局

附原呈一件

南京特別市政府秘書處第三科 啓 五月廿三日

交事務股

修理中山門城墻

（一）僞市工務局爲續修中山門城墻工程計劃圖與預算致僞市政府的呈文（一九三九年三月十五日）

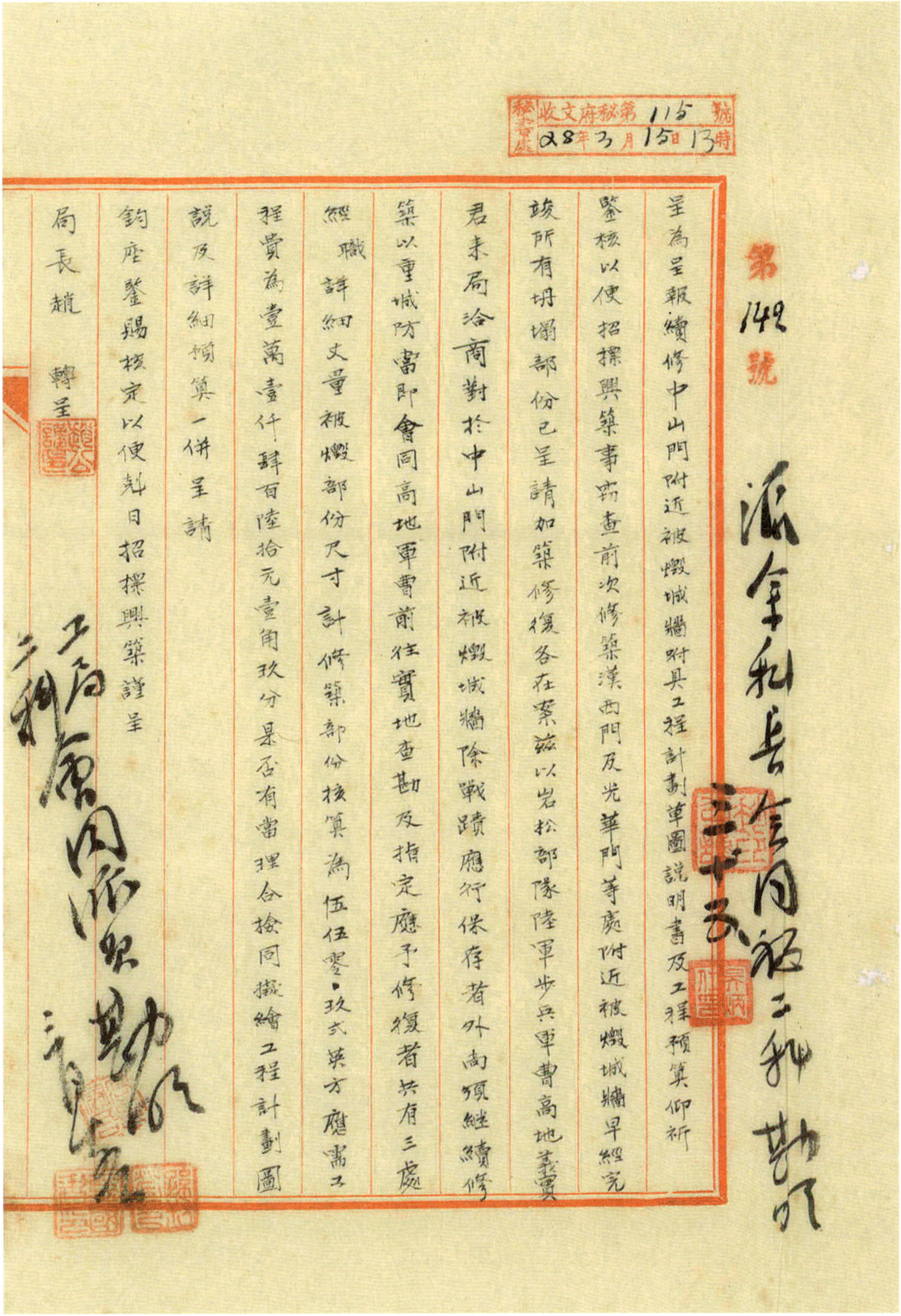

秘書處 收文府秘第115號 28年3月15日13時

第142號

呈爲呈報續修中山門附近被燬城牆附具工程計劃圖說明書及工程預算仰祈
鑒核以便招標興築事竊查前次修築漢西門及光華門等處附近被燬城牆早經完竣所有坍塌部份已呈請加築修復各在案茲以岩松部隊陸軍步兵軍曹高地義貫
君來局洽商對於中山門附近被燬城牆除戰蹟應行保存者外尚須繼續修築以重城防當即會同高地軍曹前往實地查勘及指定應予修復者共有三處經　職詳細丈量被燬部份尺寸計修築部份核算爲伍伍零·玖式英方應需工程費爲壹萬壹仟肆百陸拾元壹角玖分是否有當理合檢同擬繪工程計劃圖說及詳細預算一併呈請
鈞座鑒賜核定以便剋日招標興築謹呈
局長　轉呈

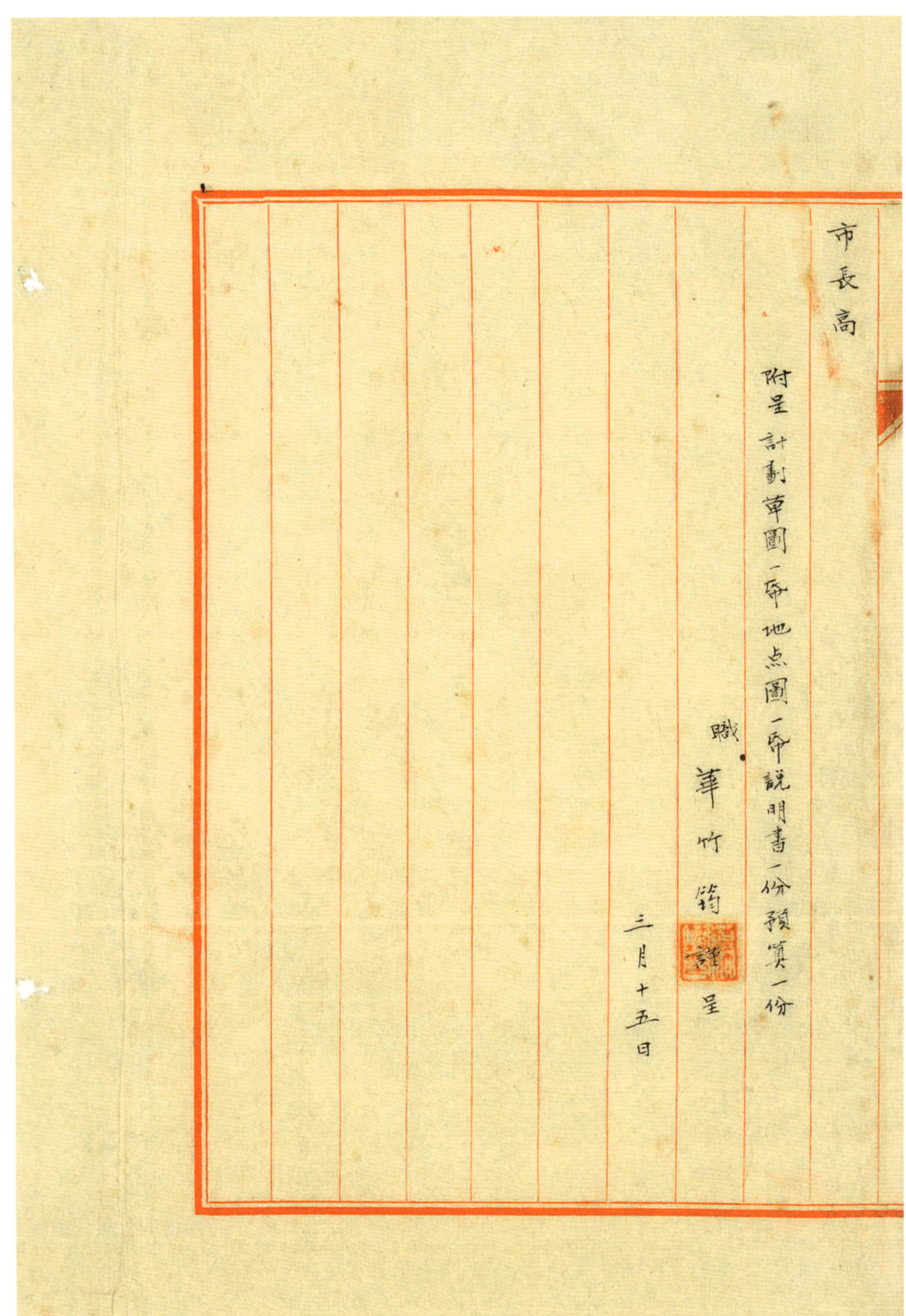

市長高

附呈　計劃草圖一份　地点圖一份　說明書一份　預算一份

職　華竹筠謹呈

三月十五日

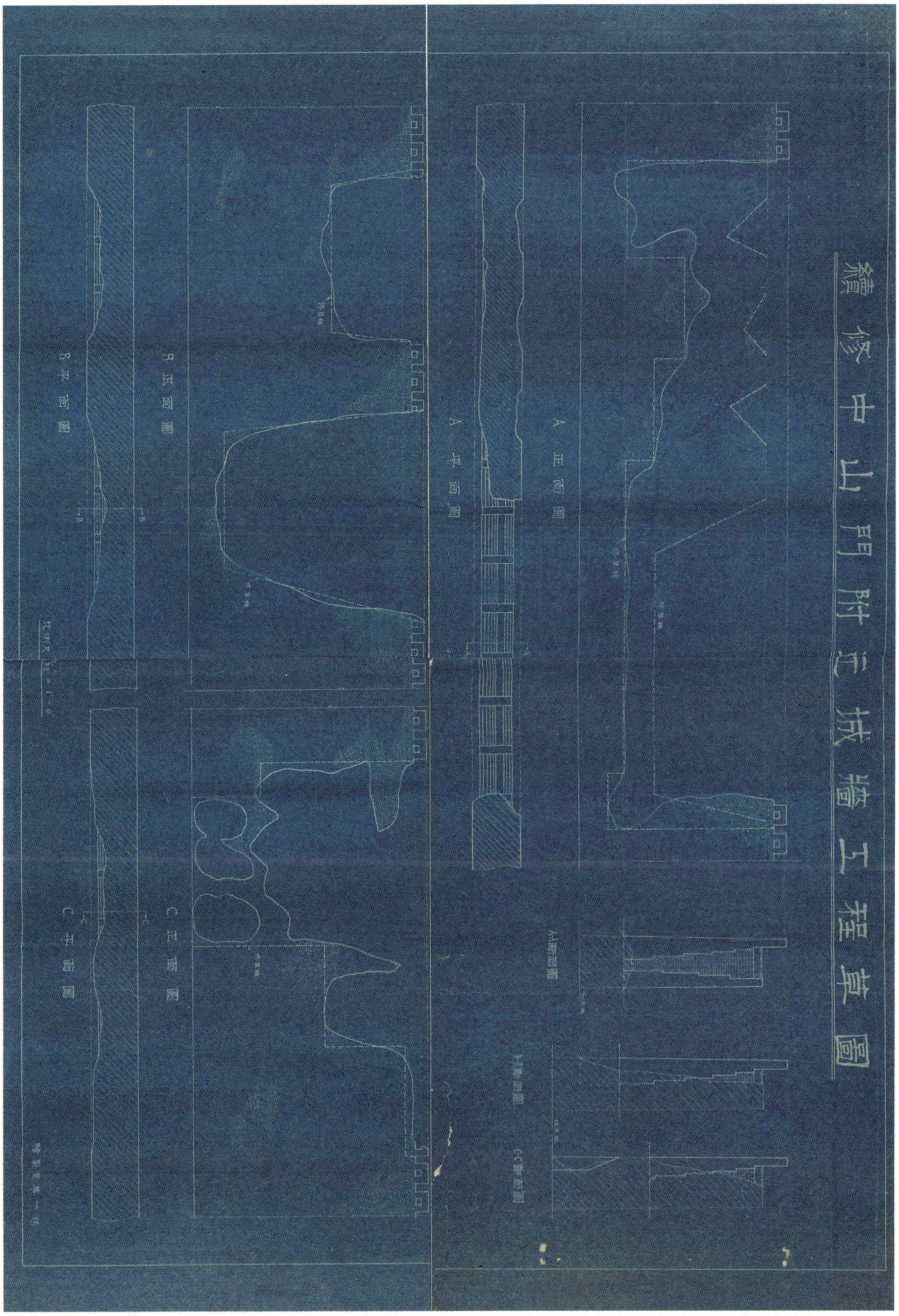
續修中山門附近城牆工程草圖
A正面圖
A平面圖
B正面圖
B平面圖
C正面圖
C平面圖
AA斷面圖
BB斷面圖
CC斷面圖

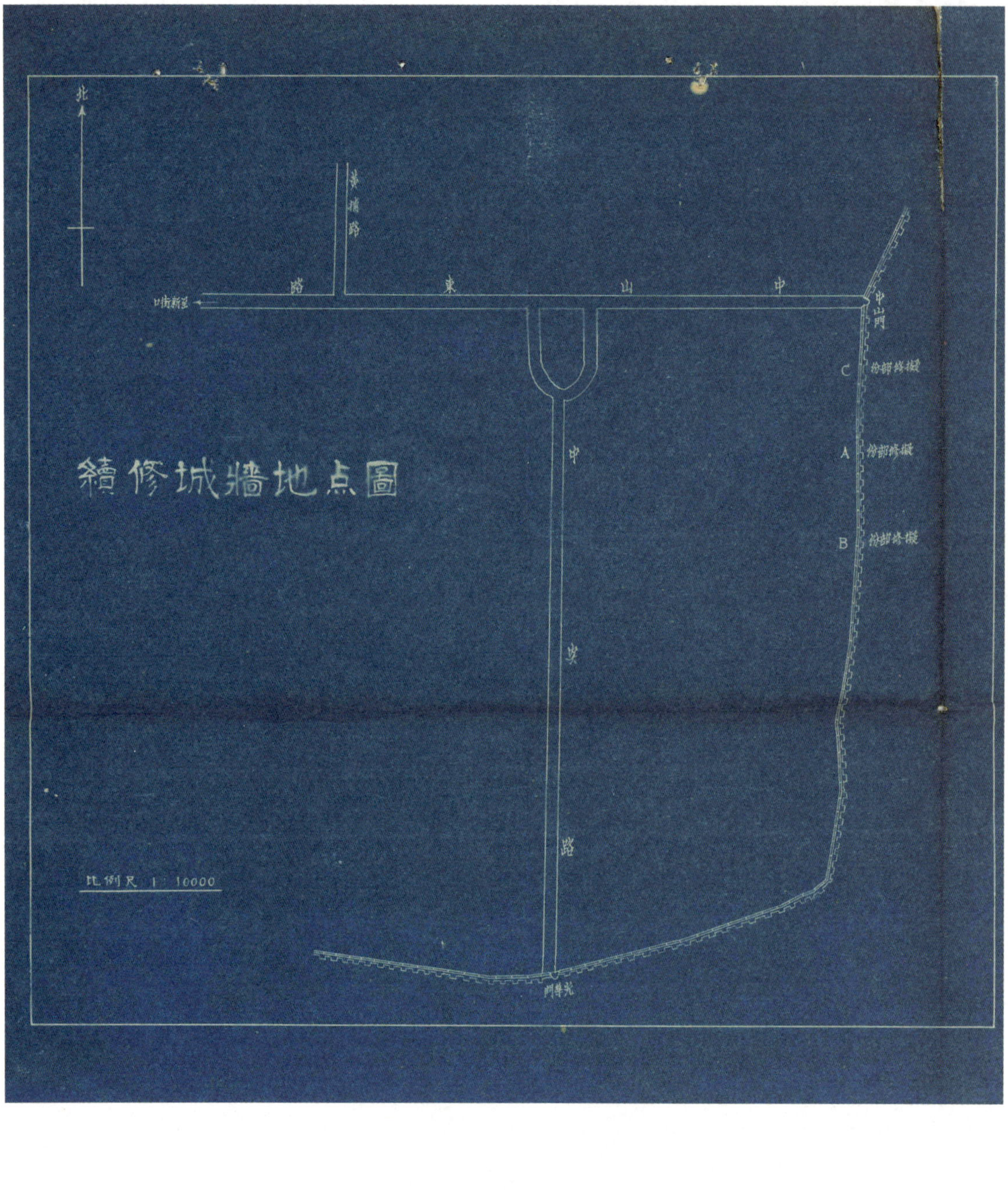

續修城牆地点圖
北
黃埔路
中山東路
至新街口
中山門
C 擬修部份
A 擬修部份
B 擬修部份
中央路
光華門
比例尺 1 : 10000

南京特別市政府工務局續修中山門附近城墻工程說明書

一、施工地點　施工地點在本京中山門坿近（另附圖）

二、工程範圍　中山門附近城墻炸燬部份共計三處（另附圖）

三、圖樣尺寸　本工程所定之圖樣尺寸係用比例英尺三十二之一繪製

四、承包人之責任　承包人對於所包工程須負完全責任材料方面倘有意外損失或毀壞時務須自費修復

五、出清碎磚泥土　承包人應在動工前先將炸燬部份拆除至修築線然後將基地上碎磚泥土出清至與圖樣符合為止

六、城　墻　本工程所用城磚為五寸八寸十六寸該項城磚由工務局調查後指定地點並發給搬運證由承包人負責運至工程地點應用

七、砌　墻　本工程所有墻身厚度均照圖樣所有墻身坡度應照原有城墻合縫不得稍有參差

八、灰　沙　本工程所有墻身均以灰沙砌築其成份為一比二即一份石灰二份黃沙加水淘和石灰須用頭號塊灰黃沙不得混有泥土及雜物

九、填　土　本工程所填土方下面部份應三英尺填足夯結後再行逐步上填至全城每墻高度一半為止上面部份應俟灰沙硬固後再行鋪填

十、附　註　本工程說明書如有未盡事宜而為工程上所必需者隨時請示本局飭派負責工程人員辦理之

續修中山門附近城牆工程預算

甲 方數計算

A處 I. 外部牆面面積 1. 41'-6" × 24'-0" = 9.96 平方

2. 27'-0" × 25'-0" = 6.75 平方

3. 35'-0" × 25'-6" = 8.93 平方

4. 42'-0" × 79'-0" = 33.18 平方

5. 46'-0" × 14'-0" = 6.44 平方

65.26 平方

II. 內部牆面面積 1. $\frac{10'0" \times 10'0"}{2} + \frac{5'0" \times 10'0"}{2}$ = 0.75 平方

2. $\frac{9'0" \times 5'6"}{2} + \frac{6'6" \times 5'6"}{2}$ = 0.61 平方

3. $\frac{6'0" \times 9'0"}{2} + \frac{9'0" \times 9'0"}{2}$ = 0.67 平方

4. 28'-6" × 14'-0" = 3.99 平方

5. 28'-6" × 61'-0" = 17.38 平方

6. 28'-6" × 7'-0" = 1.99 平方

21.29 平方

III. 外部斷面平均厚度 $\frac{2'0"+2'8"+3'4"+4'0"+4'8"+5'4"}{6}$ = 3'-8"

IV. 內部斷面平均厚度 $\frac{2'0"+2'8"+3'4"+4'0"}{4}$ = 3'-0"

故A處應修方数為 65.26 × 3'-8" + 21.29 × 3'-0" = 65.26 × $3\frac{2}{3}$ + 64.17 = 239.23 + 64.17 = 303.40 英方

B處 I. 外部牆面面積 1. $\frac{42'0" + 37'0"}{2}$ × 23'0" = 4.60 平方

2. 5'0" × 50'-6" = 2.52 平方

3. 33'-6" × 50'-6" = 16.92 平方

4. 14'0" × 50'-6" = 7.07 平方

31.11 平方

II. 外部斷面平均厚度 $\frac{2'0"+2'8"+3'4"+4'0"+4'8"+5'4"}{6}$ = 3'-8

故B處應修方數為 31.11 × 3'-8" = 31.11 × $3\frac{2}{3}$ = 114.04 英方

C處 I. 外部牆面面積 1. 42'-6" × 45'-6" = 19.34 平方
2. 17'-0" × 37'-6" = 6.37 平方
3. 26'-0" × 25'-0" = 6.50 平方
4. 5'-0" × 27'-0" = 1.35 平方
33.56 平方

II. 外部斷面平均厚度 $\frac{2'0"+2'-8"+3'-4"+4'0"+4'-8"}{5}$ = 3'-4"

故C處應修方數為 33.56 × 3'-4" = 33.56 × $3\frac{1}{3}$ = 111.90 英方

仲牆 I. A處. $\frac{8'-0"+3'-0"}{2}$ × 33'-0" = $\frac{11}{2}$ × 33 = 1.61 平方
1.61 × 2'-0"(厚) × 6(檔) = 19.30 英方

II. B處 $\frac{2'-6"+1'-0"}{2}$ × 12'-0" = 1'-9" × 12 = 0.21 平方
0.21 × 2'-0"(厚) × 4(檔) = 1.68 英方

III. C處 $\frac{3'-0"+0}{2}$ × 10'-0" = 1.5 × 10 = 0.15 平方
0.15 × 2'-0"(厚) × 2(檔) = 0.60 英方

總計應修方數為 303.40 + 114.04 + 111.90 + 19.30
+ 1.68 + 0.60 = 550.92 英方

乙. 工程預算

I. 城磚 城磚每塊尺寸為 8" × 16" × 4" 或 5" 及 6（平均以5"計算）
闊 長 厚

則每塊城磚之體積為 640 立方英寸重四十斤
1 英方 = 172800 立方英寸
故每英方需用城磚為 $\frac{172800}{640}$ = 270
內除灰沙容積約計 15 立方尺 故每方需用城
磚 250 塊
全部工程共需用 550.92 × 250 = 137,730 塊
所用城磚擬由通濟門及皇城附近收集備計

算拆運費每塊大洋三分

計城磚拆運費為137730×0.03=4131.90元

II. 石灰　每方需用石灰3担　共用550.92×3=1652.76担

@$1.80　共為1652.76×1.80=2974.97元

III. 黃沙　每方需用黃沙0.12方　共用550.92×0.12=66.11方

@$14.00　共為66.11×14=925.54元

IV. 人工連脚手　@$5.00　共為550.92×5.0=2754.60元

V. 挖土　A處　600工　@$0.50　共為600×0.50=300.00元

B處　250工　@$0.50　共為250×0.50=125.00元

C處　100工　@$0.50　共為100×0.50=50.00元

VI. 填土　A.處　1.61×60'0"=96.6方　@$1.80　計173.88元

B處　0.21×50'=　10.50方　@$1.80　計　18.90元

C處　0.15×20=　3.00方　@$1.80　計　5.40元

總計工程預算為壹萬壹仟肆百陸拾元壹角玖分

($11460.19)

（一一）僞市工務局爲招標修理中山門城墻請分期撥款致僞市政府的簽呈（一九三九年三月二十九日）

秘書處 收文 府秘第292號 28年3月29日15時

第168號

交涉科會核呈文

簽呈 三月二十九日

爲呈請事。前准岩松部隊步兵軍曹高地義賀來局洽商修理中山門附近被燬城墻，經飭技士華竹筠會同前往指定地點實地查勘。照所指定應予修復者共有三處，綜計爲伍伍零、玖貳英方，應需工程費爲壹萬壹仟肆百陸拾元壹角玖分，並經檢同工程計劃圖呈奉

鈞批：工局二科會同派員勘明等因。當經本局派科長余侃如會同秘二科書記徐仲雲前往復勘，並經秘二科洪科長根據徐仲雲報告簽陳意見，又奉

批交工務局核辦等因。下局查華竹筠前呈工程計劃均屬實在，刻因城防重要，亟需招標承包，擬請准予轉飭財局按所擬之壹萬壹

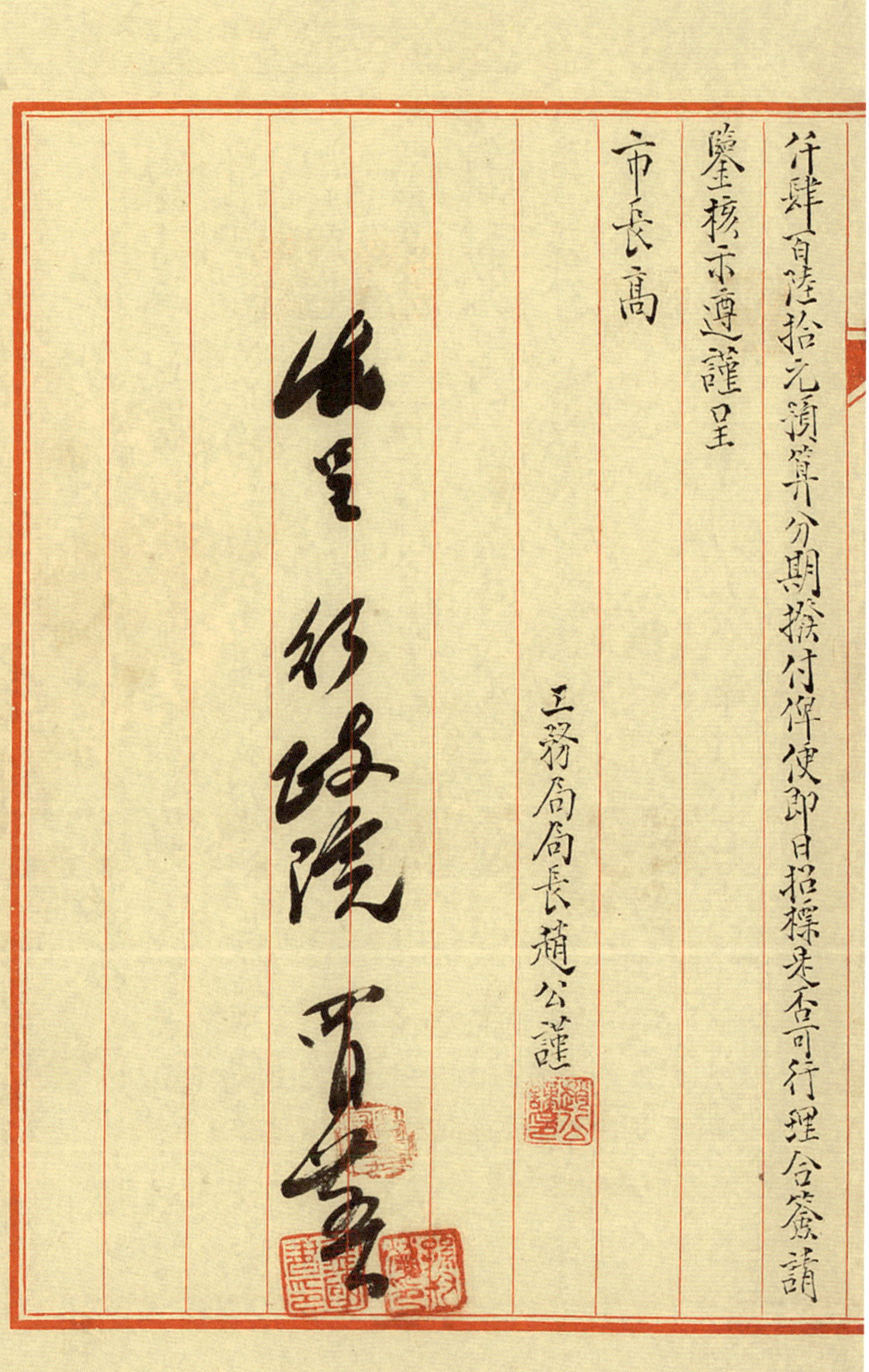

仟肆百陸拾元預算分期撥付俾便即日招標是否可行理合簽請

鑒核示遵謹呈

市長高

工務局局長趙公謹

准呈 行政院 [illegible]

（三）僞市政府爲呈送續修中山門城墻工程説明等件與僞行政院、綏靖部的往來公文（一九三九年五月七日至五月十二日）

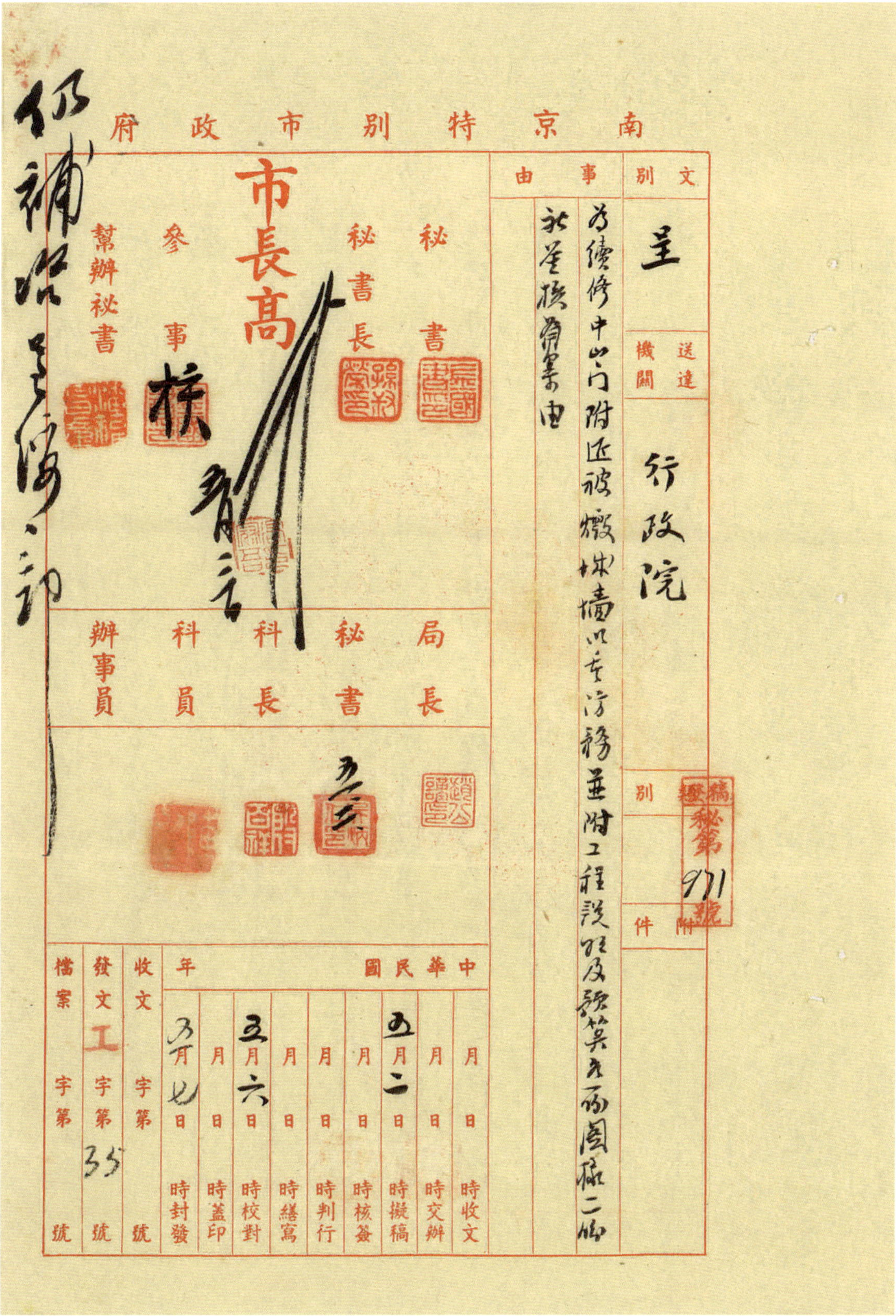

南京特別市政府

文別	呈
送達機關	行政院
事由	爲續修中山門附近被燬城墻以重防務并附工程説明及預算表兩圖樣二份祈鑒核備案由
附件別	秘第971號

市長高

秘書　　秘書長　　參事　　幫辦秘書

仍補呈綏靖部

局長　　秘書　　科長　　科員　　辦事員

中華民國　年

收文	交辦	擬稿	核簽	判行	繕寫	校對	蓋印	封發
月　日　時	月　日　時	五月二日　時	月　日　時	月　日　時	月　日　時	五月六日　時	月　日　時	五月七日　時

收文　字第　號
發文工字第35號
檔案　字第　號

為呈報事案查前因城防內係亟須修理光華漢西中山三
門附近被燬城牆俾資鞏固曾經具呈報請
鈞院第四九七號指令准予備案仍將估工飭發隆修理情形
報告等因奉此正在復派駐京岩松部隊派員來
府面商因于中山門附近被燬之處除前號修理之東南角
一部外現在東北角仍須加以堅固修理
經飭由工務局派技士會同前往實地查勘
按照指定應予修理者共有三處計為伍伍零、玖貳英
方應需工程費為壹萬壹仟捌百陸拾元壹角玖分擬具工程計
劃圖樣暨預算說明書呈請核示前來查所估尚屬實在除

餘[illegible]提印招標派員監修外理合檢同圖樣及工程說明
預算書一併備文呈請
鈞院鑒核備案實為公便謹呈
行政院長梁
附呈工程預算暨說明計畫書一份圖樣二份
南京特別市市長高〇〇

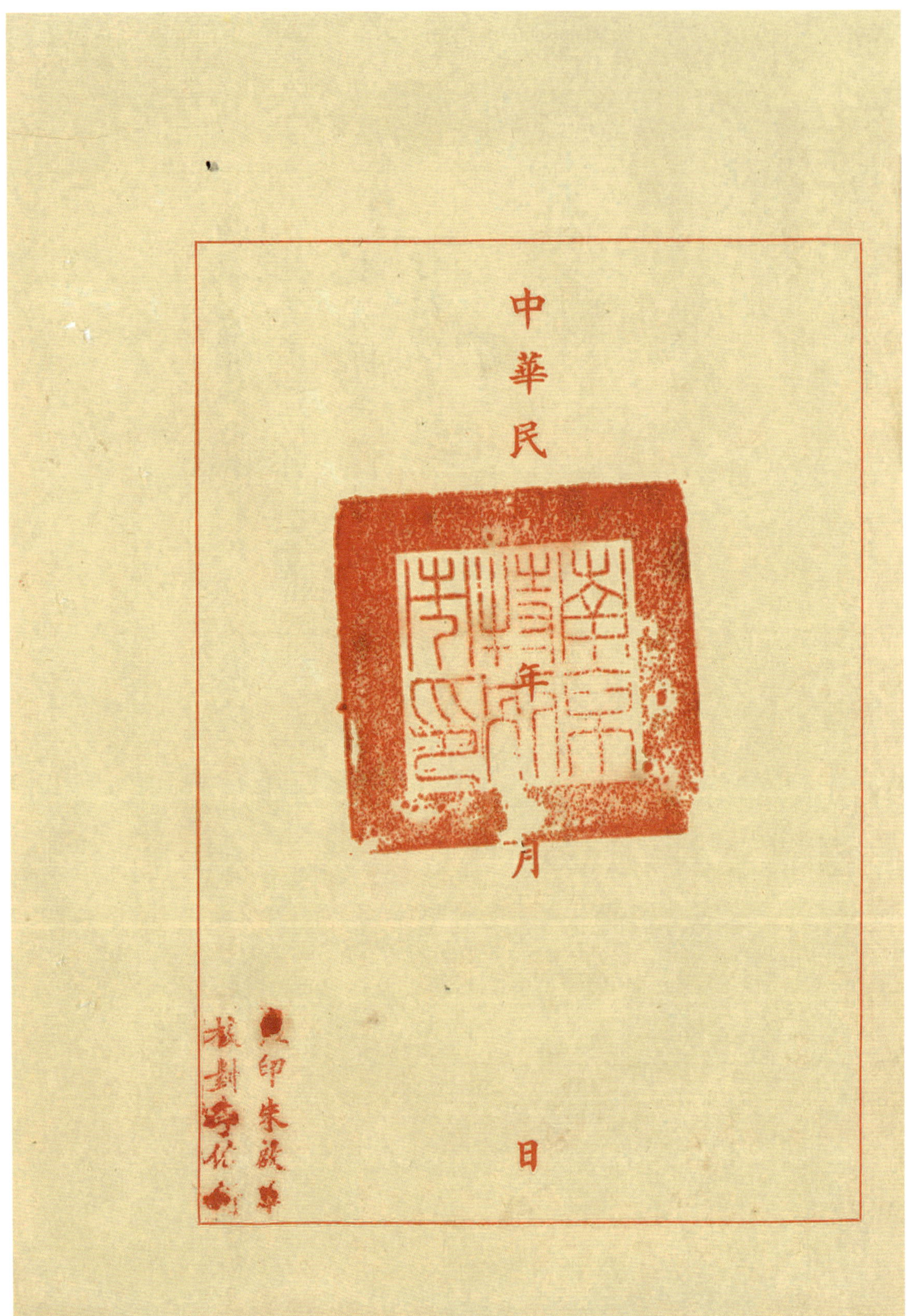

中華民　年　月　日

監印朱啟華
校對李佑[illegible]

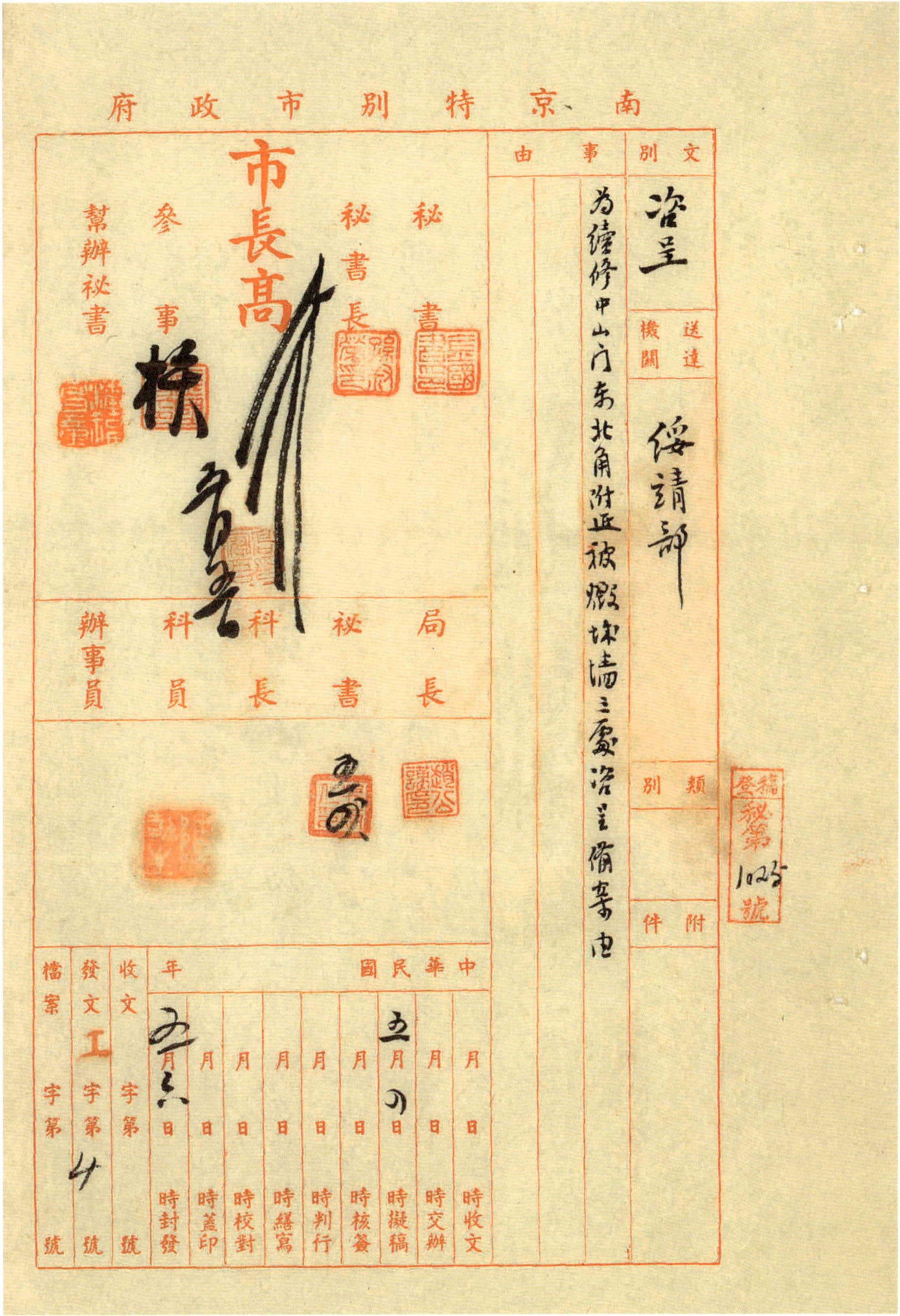

南京特別市政府

文別：咨呈

送達機關：綏靖部

事由：為續修中山門東北角附近被燬城牆三處咨呈備案由

類別：

附件：

稿 登秘第1025號

市長高

秘書　秘書長　參事　幫辦秘書

局長　秘書　科長　科員　辦事員

中華民國　年　月　日

收文　時　擬稿　時　核簽　時　判行　時　繕寫　時　校對　時　蓋印　時　封發

收文　字第　號

發文工字第4號

檔案　字第　號

為咨呈事。案查前因城防圖係亟須修理光華漢西中山三門附近被燬城牆，俾資鞏固，曾經咨呈大部備案在卷。近復准駐京岩松部隊派員來府面商，關于中山門附近被燬之處，前修理東南角一部，現在東北角附近之處仍須加以堅強修理，經飭由工務局派技士會同前往實地查勘，據並指定應予修理者共有三處，計為伍伍叁、玖貳英方，應需工程費為壹萬壹仟捌佰陸拾元壹角玖分，擬具工程計劃圖樣暨預算說明書，呈請核示前來。查所請尚屬實在，除飭工務局趕即招標派員監修外，理合備文咨請呈

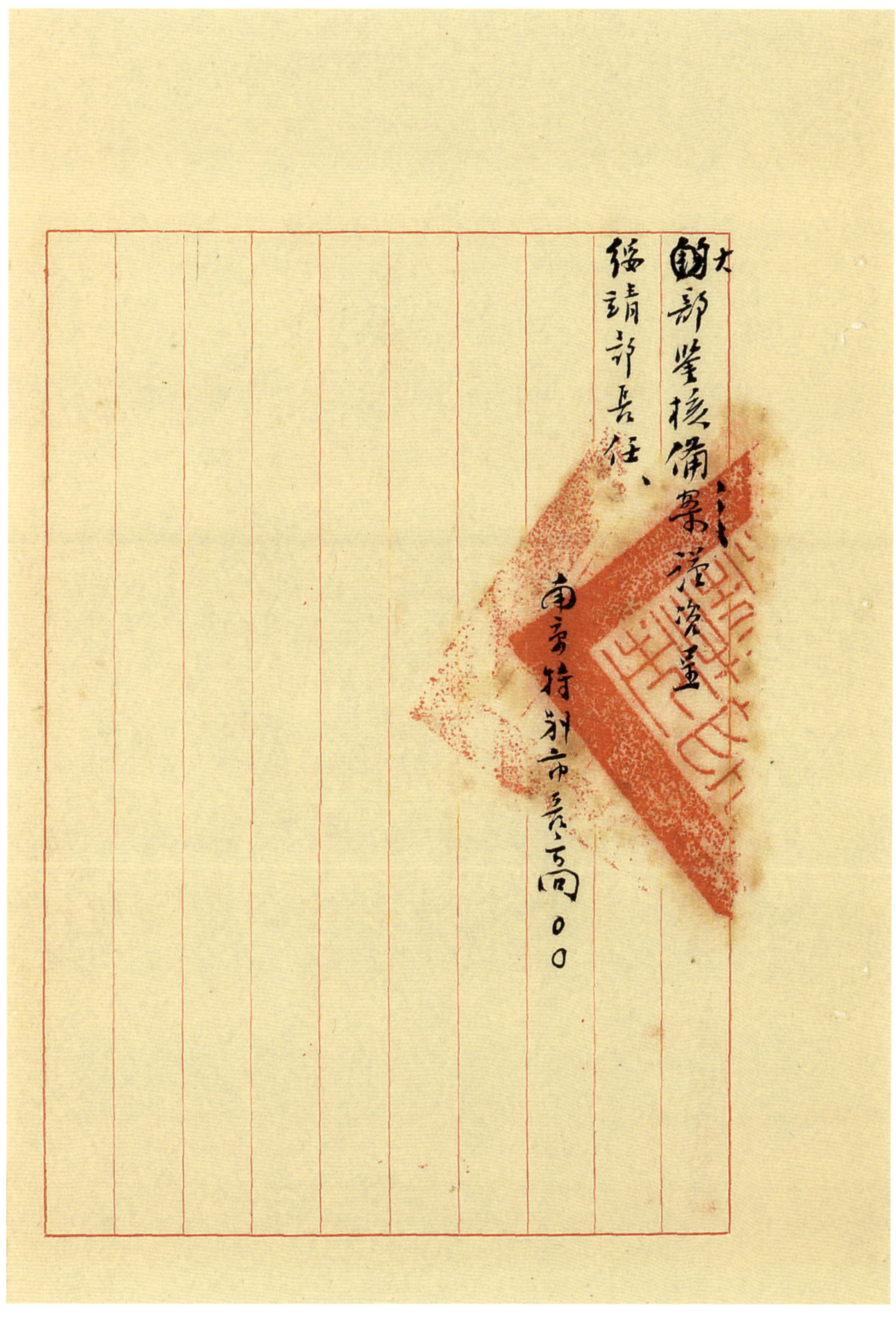

大鈞部鑒核備案，謹呈

綏靖部長任、

南京特別市長高〇〇

中華民國　　　　　　月　　　　日

[illegible]印朱龍

校對李佑

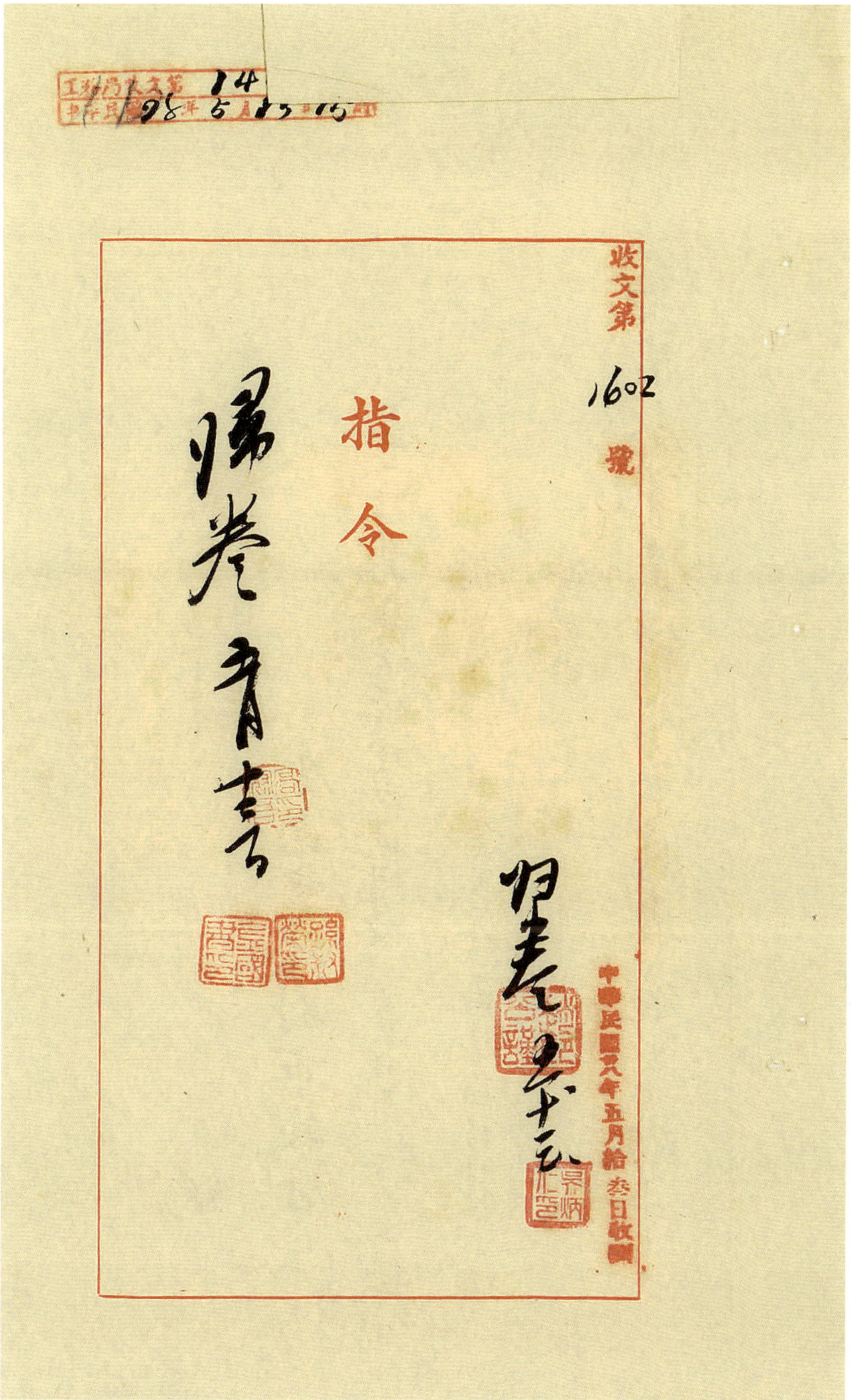

收文第1602號

指令

中華民國卅八年五月拾叁日收到

中華民國維新政府行政院指令

字第963號

令南京特別市政府

呈一件爲呈送修理中山門附近東北角三處工程預算及說明書各一份圖樣兩份祈鑒核備案由

呈件均悉，應准備案。附件存。

此令

院長　梁鴻志

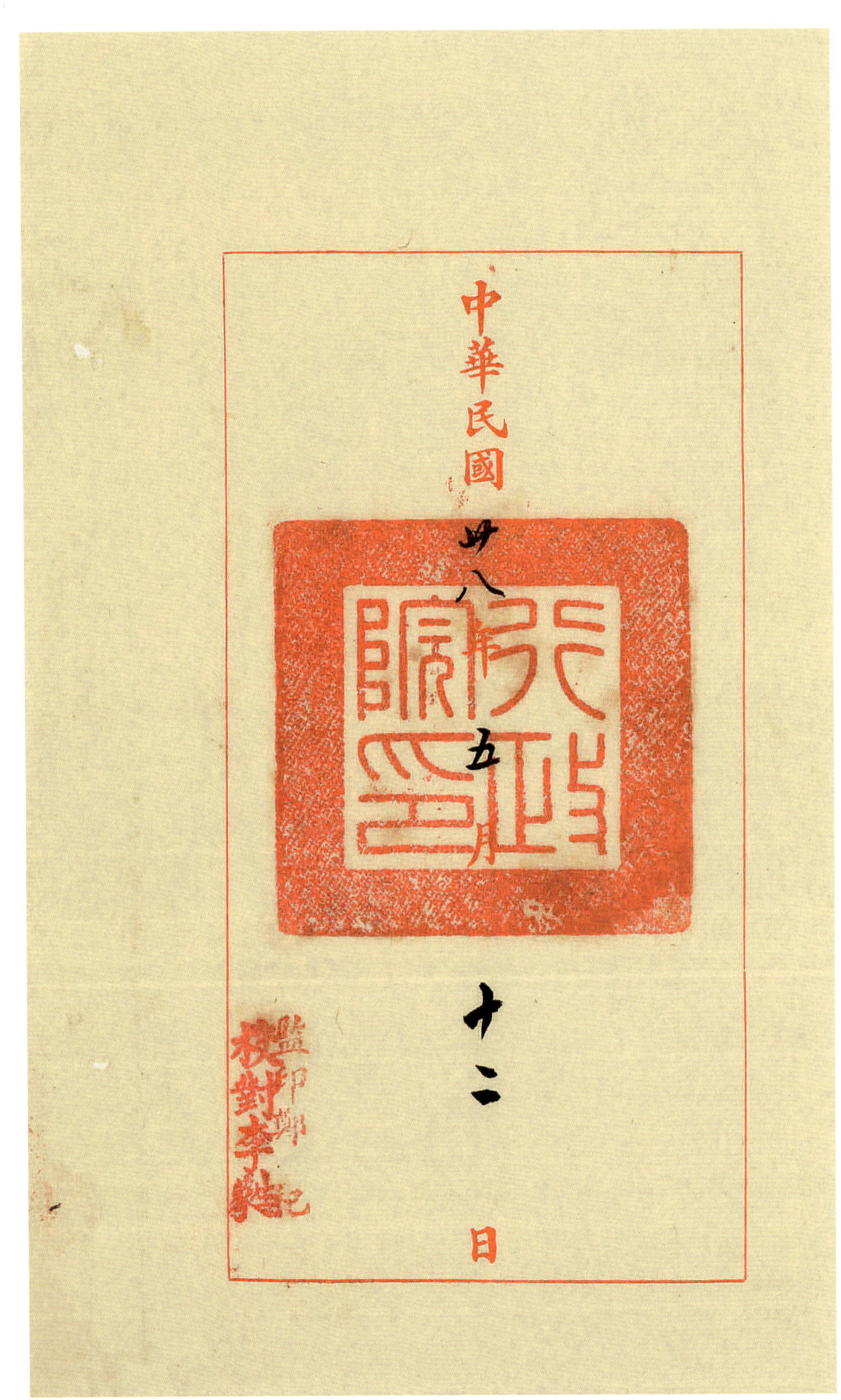

中華民國卅八年五月十二日

行政院印

監印鄭記

校對李[illegible]

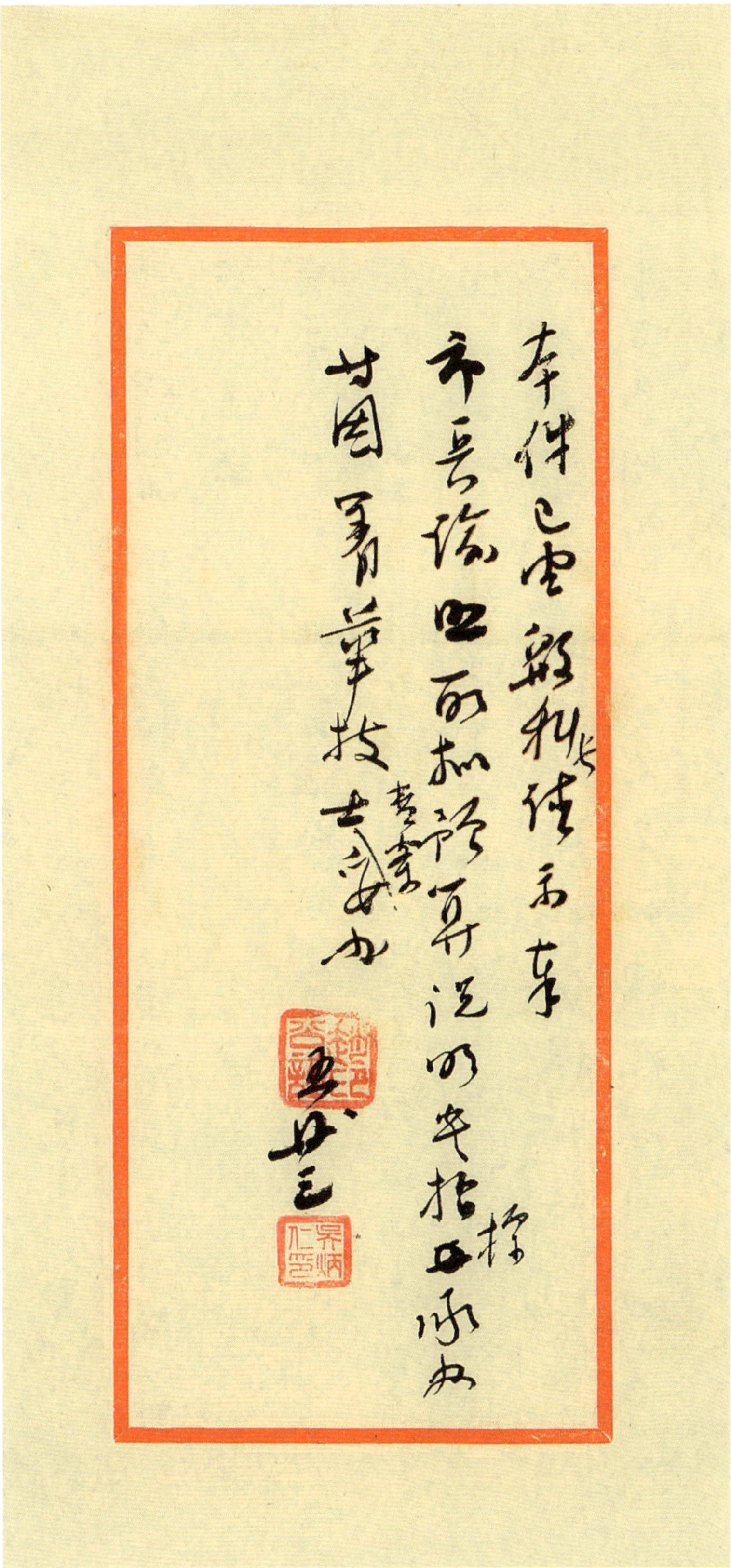

本件已電錄秘長傳示東
市長請照所擬詳算說明先指擇母承办
甘園[illegible][illegible]技士查案妥办
吴炳三

南京特别市政府工務局修築中山门附近城墻工程招標通告

案奉

南京特别市政府令飭修築中山门附近三處城墻所有工程業經製備完竣仰本局換領甲乙種營造業登記之營造廠商如有意承修者可於五月廿五日起携帶證件及保証金洋壹百元圖樣費洋三元來局領標並准於五月卅一日截止六月一日在本府大礼堂當眾開標其未得標及審查資格不合者在開標後三日內將保証金發還特此通告

抄送林安祝登南京新報

自廿五日起至卅一日止一星期

請印刻通知

逕啟者本局第二次招商承修城牆定於本日上午十時在本府大禮堂開標

敬祈

準時出席監視以昭慎重爲荷此致

孫秘書長　知

王局長　知

衛局長　知

楊局長　知

馬局長　知

鄒局長　知

南京特別市政府工務局　啟　六月一日

簽呈 六月三日

呈爲呈報審核中山門城墻修築工程標價並請核定以何家得標承修事竊查上項工程預算早經洪科長余參議勘明並呈行政院備案業於上月二十五日登報招標各在案昨日爲開標之期到華興等營造廠十三家各局監標人員等結果合格者僅裕康應美記東華等三家當時並經馬局長王局長洪科長三監標員評定以東華計算方數及材料人工最爲詳細而準確其餘均以計算差誤而不合格本可以最低標予以承修對於公家樂得便宜但城墻工程浩大稍有工程不到之處即有坍塌之虞

謹附呈標價審核比較表一紙呈請

鑒核究以何家營造廠得標承修謹俟

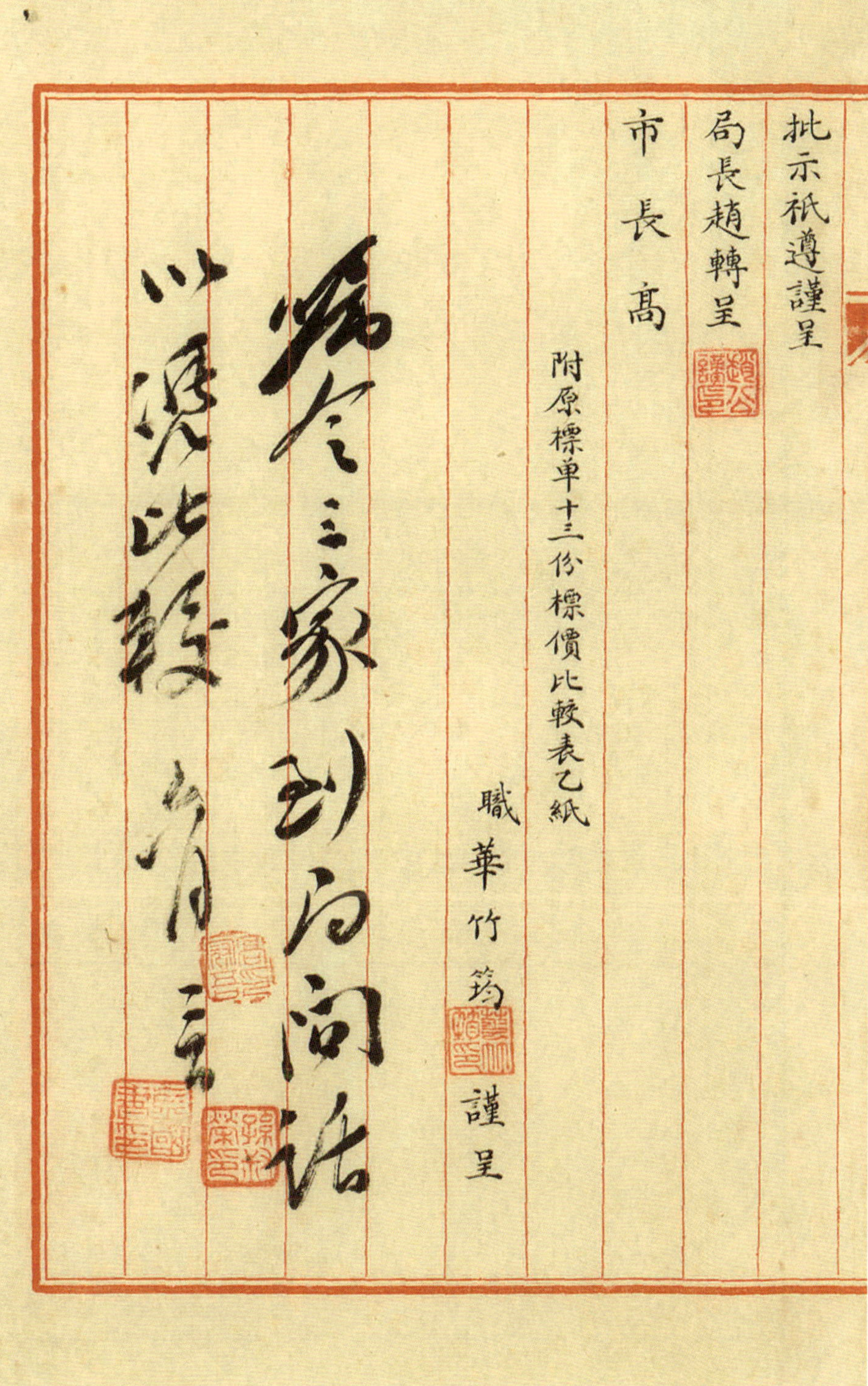

批示祗遵謹呈

局長趙轉呈

市長高

附原標单十三份標價比較表乙紙

職華竹筠謹呈

飭令三家到局問話以憑比較 [illegible]

南京特別市工務局

招標修築中山門附近城牆工程標價審核比較表

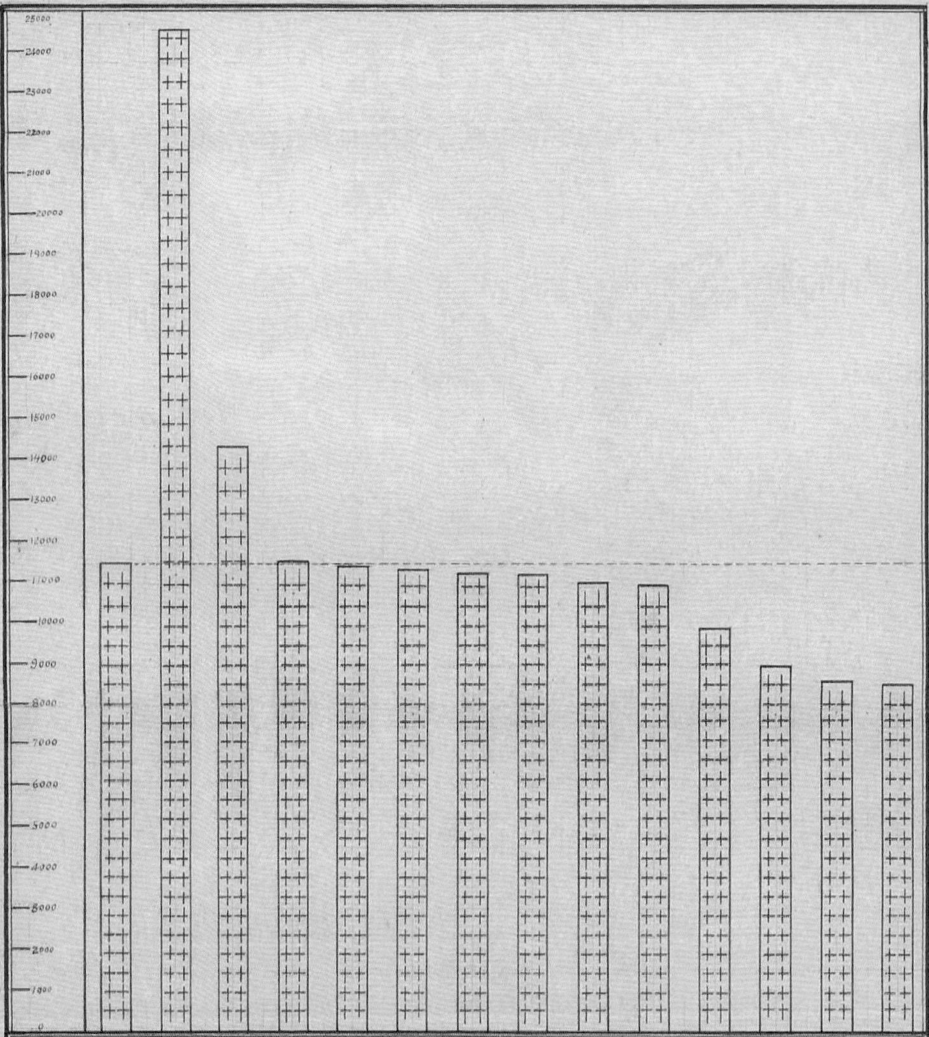

第次		1	2	3	4	5	6	7	8	9	10	11	12	13
營造廠名	本局預算	華興	王源興	東華	繆貴記	尹祥記	葛永記	應美記	中新	裕康	濮義興	繆順興	正隆	新泰源
標價數目	11460.19	24520.18	14231.09	11488.40	11406.00	11350.00	11190.96	11105.00	10902.64	10890.00	9882.64	8966.50	8585.49	8454.56
附註		超出本局預算一倍以上 不合格	超出本局預算而黃沙仍改用青沙 不合格	計算城墻方數及材料人工最爲詳細而準確惟超出本局預算銀元	城墻方數多算四[illegible]方而總價並不超出預算顯係計算差誤 不合格	日期過久（壹百伍天） 不合格	所有計算方數材料完全差誤 取消資格	所開材料數量大致尚合惟城墻方數並未開未知從何計算	城墻方數少算一百餘方石灰少算一千四百餘担 不合格	黃沙改用青沙且城磚運力三分之一[illegible]工程地點附近者而言否則勢必加價	石灰少算五五六担黃沙改用青沙 不合格	石灰少算陸百担城磚少算七萬九千塊 不合格	黃沙改用青沙城磚少算九萬塊 不合格	黃沙改用青沙城磚少算玖萬餘塊 不合格

南京特别市政府工務局

修築中山門附近城墻工程估價標單

項目	名稱	詳情	數量	單位	單價	總價	備考
1.	A處應修方數	外墻厚度48" 内 " " " 40" 腰 " " " 24"	104.90	方			
2	B處應修方數	外墻厚度48"	34.57	"	174.00方		
3.	C處應修方數	仝上	34.53	"			
4.	石灰	每方用灰15担	2610.00	担	3.00	7830.00	
5.	黃沙	每方用沙70斗	121.80	方	24.00	2923.20	
6.	城磚	每方48"用920塊 40" " 760" 24" " 460"	149623.00	塊	.06	8977.38	
7.	人工	瓦匠8202每方均14工計算	2436.	工	1.00	2436.00	
8.	脚手	每方照墻計算	174.	方	1.40	243.60	
9.	挖土	A.B.C.三處合計	250.	方	1.00	250.00	
10.	填土	仝上	330.	方	2.00	660.00	
11.	其他	搭料廠工人住所及一切雜工				1200.00	
		總計工程費洋弍萬四千五百弍拾元零壹角八分				24520.18	
		限七十晴天完工					

中華民國28年6月1日 投標者廠名 華興營造廠

店主或經理姓名 陳松蓀

南京特別市政府工務局

修築中山門附近城墻工程估價標單

項目	名稱	詳情	數量	单位	单價	總價	備考
1.	A處應修方數		410.65方				
2.	B處應修方數		119.52方				
3.	C處應修方數		95.95方				
4.	石灰		3005.37担	4.80担	1.80	5409.66	
5.	黃沙	黃砂來源已斷，商用中山陵園附近山黃砂代替，另請發給護照	125.24方	0.20方	8.16	1021.95	
6.	城磚	每塊拆工九厘運工壹分八厘撿工壹分貳厘又四厘	100000.00塊	220.0塊	0.043	4300.00	城磚由敵局供給，商負拆運責任
7.	人工		3130.60工	5.0工	0.80	2504.48	
8.	脚手		ABC	1處		500.00	
	挖土		300.00方	1.0方	0.70	210.00	
	填土		150.00方	1.0方	0.50	075.00	
11.	其他	工蓬	ABC	1處	70.00	210.00	
	總計	工程費				14231.09	
	限	100晴天完工				壹萬肆仟貳佰叁拾壹元另玖分	

中華民國二十八年六月 一 日　投標者廠名 王源興營造廠

店主或經理姓名 王興福

南京特別市政府工務局

中山門附近城墻工程估價標單

項目	名稱	詳情	數量	單位	單價	總價	備考
1	A處應修方數	外部墻厚平均38" 内部墻厚平均30"	212.50				
2	B處應修方數	外部墻厚平均38"	112.00				
3	C處應修方數	外部墻厚平均38"	121.50				
4	石灰	每英方用三担	1638.00	担	1.80	2948.40	
5	黃沙	每英方用黃沙15L	81.90	方	15.00	1228.50	
6	城磚	每英方用250	136.500	千	29.00	3958.50	
7	人工		546.00	方	5.00	2730.00	
8	脚手	連上				連上	
9	挖土	三處挖土工	900	工	0.55	495.00	
10	填土	三處填土方	80.00	方	1.60	128.00	
11	其他						
	總計	工程費法幣	壹萬壹千肆百捌拾捌元肆角			11488.40	
	限期	五十晴天完工					

中華民國二十八年六月一日

投標者廠名　東華營造廠

店主或經理姓名　馮德棠

注明取運城磚地點南至大光路北至中山東路東至本工程城墻西至第一公園為限　另附詳細標單

謹將南京特別市政府工務局在中山門坿近修復城墻三段其築法均照圖樣其用材料均照施工細則修復完成坿開詳細數量標单敬乞鑒核

工程名稱	形狀	数量	單位	單價	總價
A處應修城墻	外部平面68.60厚平均3.8" 內部平面20.50厚平均3.0"	312.50	方		
A處應挖土方	並拆所壞碎磚	500	工		
A處應填土方	填時分層夯實	55.00	方		
B處應修城墻	外部平面30.60厚平均3.8"	112.00	方		
B處應挖土方	並拆所壞碎磚	160	工		
B處應填土方	填時分層夯實	10.00	方		
C處應修城墻	外部平面33.20厚平均3.8"	121.50	方		
C處應挖土方	並拆所壞碎磚	240	工		
C處應填土方	填時分層夯實	15.00	方		
	計開包工料總價標单				
三處應用石灰	每英方用塊灰三担	1638.00	担	1.80	2948.40
三處應用黄沙	每英方用細黄砂15尺	81.90	方	15.00	1228.50
三處應用城墻磚	每英方用舊城磚250塊	1365.00	千	29.00	39585.0
三處人工 脚手		546.00	方	5.00	2730.00
三處挖土	並拆碎磚	900	工	0.55	495.00
三處填土	分層夯實	80.00	方	1.60	128.00

總共计包價法幣11488.40

中華民國二十八年六月一日

投標者 東華營造廠

廠主 馮德崇

註明取運城磚東至本工程城墻 南至大光路 西至第一公園 北至中山東路為界此批

此稿甚為詳細設稟抽籤樣

六月廿日

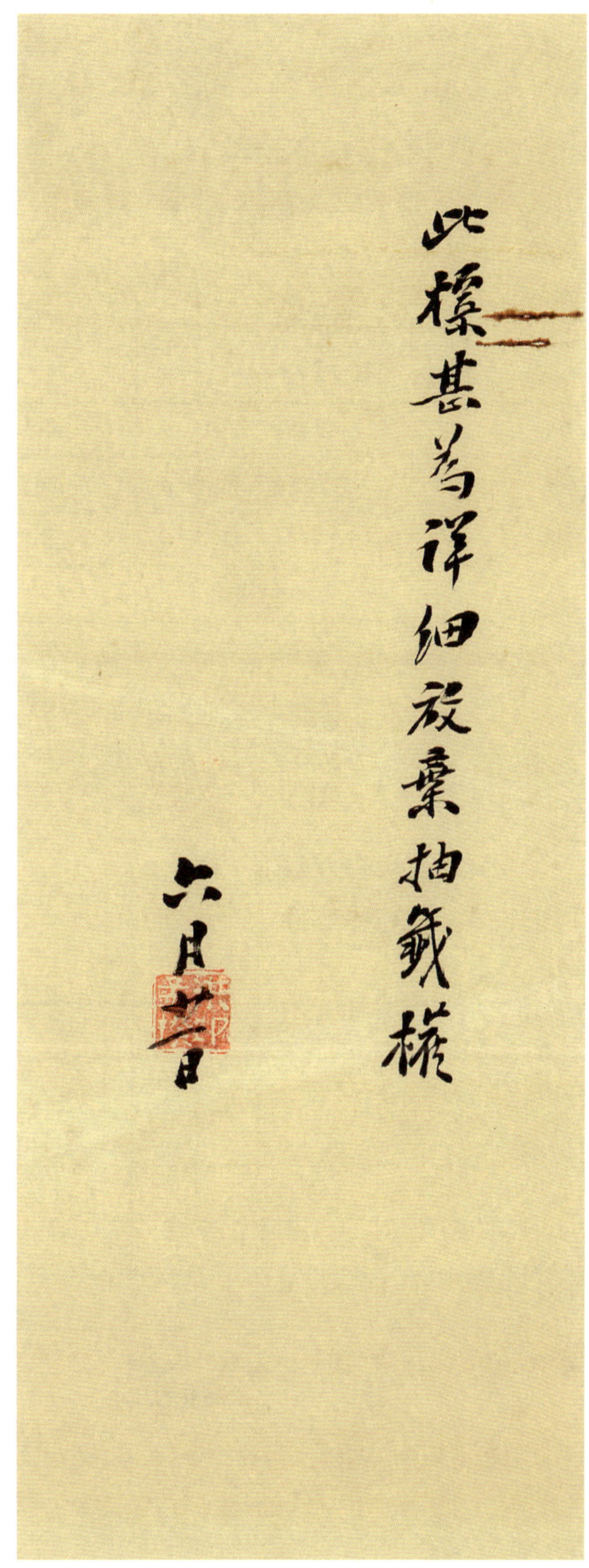

南京特别市政府工務局

修築中山門附近城墻工程估價標單

項目	名稱	詳情	數量	單位	單價		總價		備考
1.	A處應修方數	共約折	575英方						
2.	B處應修方數	共約折	282英方						
3.	C處應修方數	共約折	94英方						
4.	石灰		1100石	每石	2	元	2200	元	
5.	黄沙		290英方	每方	4	元	1160	元	用本地沙
6.	城磚		600方	每方	3.8		2280	元	
7.	人工		6340工	每工	7	角	4438	元	
8.	脚手		900元				900	元	
9.	挖土		270方	每方	4	角	108	元	
10.	填土		200方	每方	1.6	角	320	元	
11.	其他								
	總計	工程費大洋	11406元正						
	限	八十日晴天完工							

（中）華民國二十八年六月一日

投標者廠名 紹賓記營造廠

店主或經理姓名

南京特別市政府工務局

修築中山門附近城墻工程估價標單

項目	名稱	詳情	數量	单位	单價	總價	備考
1.	A處應修方數		294方	共553方			
2.	B處應修方數		121方				
3.	C處應修方數		138方				
4.	石灰		1500石		2.	3000.00	此為用山砂之價 如用黄砂照市加價
5.	黄沙		100方		8.5	850.00	
6.	城磚		130000塊		.035	4550.00	祇運力無拆工之價 遇有拆墻者另外給價
7.	人工		3000工		.700	2100.00	
8.	脚手					100.00	
9.	挖土		800工		.600	480.00	
10.	填土		450工		.600	270.00	
11.	其他						

總計工程費洋壹萬壹仟叁百五拾圓正

限壹百壹拾晴天完工

附注：

一、修築工程地方或附近挖出城磚者均照運力六分半計算

一、城墻做成後其數目若有增減者照實做數量計算

一、撒做應包城墻工程多并均有證明文件需要呈驗者逕示呈驗

中華民國二十八年六月一日

投標者厰名

店主或經理姓名 尹如祥

南京特别市政府工務局

修築中山門附近城墻工程估價標單

項目	名稱	詳情	數量	单位	单價	總價	備考
1、	A處應修方數	裡外式面修砌城	135方	每方工食	14元	1890元	
2、	B處應修方數	磚在外	3636吋	〃	〃	509元	单面
3、	C處應修方數		3447吋	〃	〃	482.56分	单面
4、	石灰	用大塊淨灰	620担	每担	2元	1240元	
5、	黄沙		105方	每方	16元	1680元	
6、	城磚	運費搬力	計2058呎	〃	4元	823.2角	運費路程出三華里以外運力潽加折工在外另算
7、	人工	盤運人工抬力	600名	每名	7角	420元	
8、	脚手	應用脚手木料泥杓繩索損失折耗				300元	
9、	挖土		450方	每方	2元	900元	
10、	填土		8134呎	〃	27角	21962角	
11、	其他	修理部份内城墻上面做洋泥凝土並砌墻垛子合計				750元	如不做照扣除
	總計	工程費壹萬壹仟壹百玖拾圓零九分六厘					
	限	四拾 晴天完工					

中華民國28年6月1日

投標者厰名 葛永記

店主或經理姓名 葛永章

南京特別市政府工務局

修築中山門附近城墻工程估價標單

項目	名稱	詳情	數量	單位	單價	總價	備考
1.	A處應修方數	照圖					
2.	B處應修方數	仝上					
3.	C處應修方數	仝上					
4.	石灰	壹仟肆佰五拾担			弍元	弍仟九百元	
5.	黄沙	陸拾方			拾五元	玖佰元	
6.	城磚	拾三萬壹仟塊			三分	叁仟九百三十元	
7.	人工	弍仟三百元				弍仟三百元	
8.	脚手	四百五十元				四百五十元	
9.	挖土	陸佰元				陸佰元	
10.	填土	二十五元				二十五元	
11.	其他						
	總計工程費						
	限	五十晴天完工					

總共估價[illegible]壹萬壹仟壹佰另五元

南京應美記建築廠

中華民國二十八年六月一日　投標者廠名　應美記營造廠

店主或經理姓名

南京特別市政府工務局

修築中山門附近城墻工程估價標單

	名稱	詳情	數量	単位	単價	総價	備考
1.	A處應修方數		274.00	方			
2.	B處應修方數		98.98	"			
3.	C處應修方數		91.452	"			
4.	石灰		1,100.0	担	1.90	2,090.00	
5.	黃沙		110.0	担	17.50	1,945.00	
6.	城磚		92,880	塊	0.03	2,786.64	
7	人工		464.40	方	5.00	2,322.00	
8.	脚手				500.00	500.00	
9.	挖土		250.00	方	1.05	262.50	
10.	填土		268.38	方	1.85	496.54	
11.	其他				500.00	500.00	
	總計工程費	壹萬零玖百零貳元陸角捌分					
	限	晴天完工					

中新營造廠

花市大街二八三號

中華民國 年 月 日

投標者 廠名

店主或經理姓名

南京特別市政府工務局
修築中山門附近城墻工程估價標單

	名稱	詳情	數量	單價	單價	總價	
1.	A處應修方數	如圖	290.立方	19.80	550.立方	10890.00	分列于下
2.	B處應修方數	仝上	120.立方	19.80			
3.	C處應修方數	仝上	140.立方	19.80			
4.	石灰		1400.石	2.		2800.00	
5.	黃沙		110.方	8.		880.00	改用山砂或沙泥
6.	城磚		140000.塊	.03		4200.00	無拆工車錢運力一項
7.	人工		3100.工	.70		2170.00	
8.	脚手					90.00	
9.	挖土		700.工	.60		420.00	
10.	填土		500.工	.60		300.00	
11.	其他					30.00	

總計工程費 $10890.00

限壹百晴天完工

附註：
1. 運城磚如遇整墻須拆者應請另給拆工之價
2. 黃砂因購辦困難擬請改用山砂或沙泥以資節省如仍用黃砂另行加價
3. 城墻數量按照實做數量計算增减之
4. 現修工程地點及附近如挖出或尋覓城磚者每塊均以三分計算
5. 敝廠已往歷包修建城墻工程並有正式証明文件可隨時呈驗

中華民國二十八年六月一日

投標者廠名 □□康營造廠
店主或經理姓名 徐迺鈞

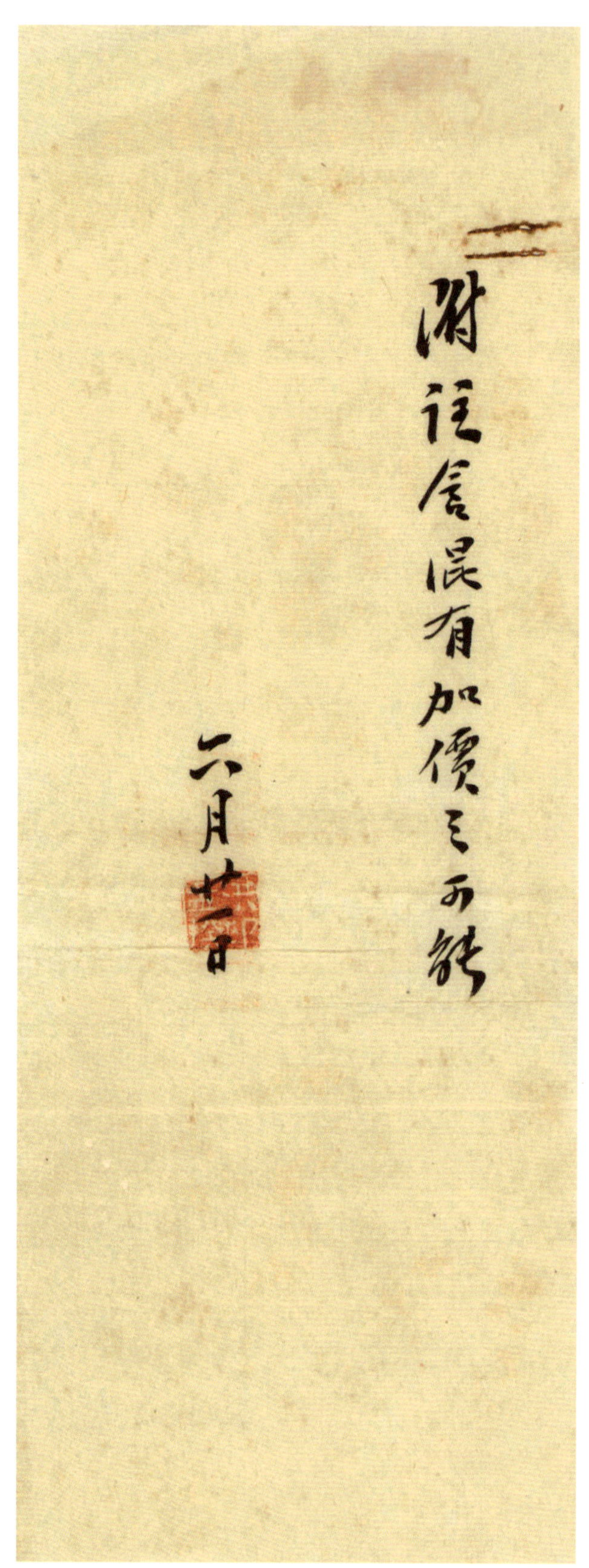

二

附註舍昆有加價之可能

六月廿一日

南京特別市政府工務局

修築中山門附近城墻工程估價標单

項目	名稱	詳情	數量	單位	單價	總價	備考
1.	A處應修方數	外部墻厚平均3.8' 内部墻厚平均3.0'	310.	方			
2.	B處應修方數	外部墻厚平均3.8'	113.60	方			
3.	C處應修方數	外部墻厚平均3.8'	124.40	方			
4.	石灰	每英方用石灰弍担	1096.	担	1.80	1972.80	
5.	黃沙	現無正式細黃沙改用青沙每英方1.5	82.20	方	7.00	575.40	
6.	城磚	每英方用舊城磚260塊由舊王城内取用	142480	塊	0.028	3989.44	
7.	人工	連搭脚手並用熟手瓦工	548.	方	5.00	2740.00	
8.	脚手						
9.	挖土	三處挖土	1000	工	0.50	500.00	連拆碎磚
10.	填土	三處填土	70.00	方	1.50	105.00	並用木人打實
11.	其他						
	總計	工程費法幣玖仟捌佰捌拾弍元六角四分				9882.64	
	限	六十晴天完工					

中華民國二八年六月一日

投標者廠名 濮義興營造廠

店主或經理姓名 濮玉桃

考校各殿標價除指定東華三家抽籤外

以濮義興標價最爲合格務請詳加審查

簽呈　市長鑒定此致

總主任　擬如

八月廿一日

南京特別市政府工務局

[illegible]中山門附近城墻工程估價標單

[illegible]	[illegible]	詳情	數量	単位	単價		總價		[illegible]
[illegible]	[illegible]方數		280英方						
2.	[illegible]修方數		138.30英方						
[illegible]	[illegible]修方數		125英方						
[illegible]	[illegible]灰		1000	担	2	00	2000	00	
5.	黄沙		60	英方	16	00	960	00	
6.	城磚		220	〃	7	00	1540	00	
7.	人工		543.30	〃	5	00	2716	50	
8.	[illegible]手						400.	00	
9.	挖土						350.	00	
10.	填土						700	00	
11.	其他	房賬棚廠費					300	00	
	總計	工程費捌仟玖佰六拾六元五角							
	限	六拾晴天完工							

中華民國28年6月1日 投標者 廠名

店主或經理姓名

繆順興營造廠

南京特別市政府工務局

修築中山門附近城墻工程估價標單

項目	名稱	詳情	數量	單位	單價	總價(元)	備考
1.	A處應修方數	城墻	343.42	英方	4.00	1373.68	
2.	B處應修方數	〃 〃	123.45	〃	4.00	493.80	
3.	C處應修方數	〃 〃	91.92	〃	4.00	367.68	
4.	石灰		1676.37	担	1.90	3185.103	
5.	黃沙		139.69	英方	6.00	838.14	用本地山黃沙石灰做如用外來黃沙須加价
6.	城磚		40660.00	塊	0.02	813.20	沿城搬運力
7.	人工	城墻毀處拆工	558.79	英方	1.00	558.79	係松板木頭及毛竹等料
8.	脚手	搭架子	558.79	〃	1.03	575.554	
9.	挖土		156.85	〃	1.00	156.85	
10.	填土		202.45	〃	1.10	222.695	連打夯在內
11.	其他						
	總計	工程費				＄8585.492	
	限	六十個晴天完工					附註所有拆下整破城磚及新添城磚一律換用

中華民國廿八年六月一日

投標者廠名 上海正隆營造廠

店主或經理姓名 朱敎寒

南京特別市政府工務局

修築中山門附近城墻工程估價標單

項目	名稱	詳情	數量	單位	單價		總價		備考
[illegible]	[illegible]方數	城墻	345.68	每方	3.9	5	1365.4	32	
2	[illegible]修方數	〃 〃	140.35	每方	3.9	5	554.3	82	
3	[illegible]修方數	〃 〃	89.74	每方	3.9	5	354.4	73	
4.	石灰		1698.92	每担	1.9	5	3312.8	94	
5.	黃沙		151.52	每方	5.70		863.6	64	本地山黃砂石切做
6.	城磚		39540.	每塊	00.	2	790.80		沿城運用
7.	人工	城墻破處拆工	575.77	每方	0.95		546.9	81	
8.	脚手	搭架子連木料	575.77	每方	0.70		403.039		用松板木料及毛竹等料
9.	挖土		142.80	每方	0.70		99.96		
10.	填土		203.67	每方	0.80		162.936		連打夯在内
11.	其他								
	總計	工程費					84545.5	61	
	限	六十晴天完工							
									並所有折下
									整破城磚
									及新添城磚
									一律摻用

中華民國二十八年六月一日

投標者廠名 新泰源營造廠

店主或經理姓名 周金庸

周金庸章

呈為呈報中山門修築工程審核標價問話情形仰祈
鑒核示遵事竊職奉
諭後當即通知裕康應美記東華等三家來局問話謹將問話情
形簡述如下

一、裕康

問、黄砂改用青砂價格相差八百餘元倘以八百餘元加上已超出本局
預算你所投標價似有朦混性質

答、小廠自願遵照說明書辦法不予加價

問、城墻方數既已計算確實何得附註照實做數量計算增減之
可見你未至工程地點親自查勘

答、小廠自願遵照圖樣方數修築倘有超出決不加價

問、城塼運力三分當色括拆卸搬運在内何得附註另給拆工所開

標價似不切實

答、小廠自願將附註一律取消

問、一百晴天完工似乎太久

答、可減少四十天以六十晴天完工

二、應美記

問、你方數未有註明何以材料計算尚合

答、方數算出後未填僅寫照圖二字以為一樣

問　你有計算方數底紙可以證明否

答、有（當即檢出底簿呈閱）

問、你所開總價比裕康大二百十五元倘交你承修應照裕康標價願意否

答、可以

三、東華

問、你在投標前親到工程地點詳勘否

答 去過三次業經詳細查勘

問 你所計算的方數材料人工最為詳細準確惜超出本局預算二十八元二角一分倘交你承包你願減少若干

答 願照裕康最低價一〇八九〇元承包

問、你於五十晴天能如期完工否

答　可以倘超出時期願按照合同章則處罰

總觀以上問話情形裕康標單所載附註跡近朦混而表明所開標價不獨不切實而捉摸不定其餘應美記東華二家較為合格究以何家得標承修理應將問話簡略情形呈請

鑒核批示祇遵謹呈

局長趙　轉呈

市長高

職　華竹筠謹呈

六月八日

秘二科

準備抽籤

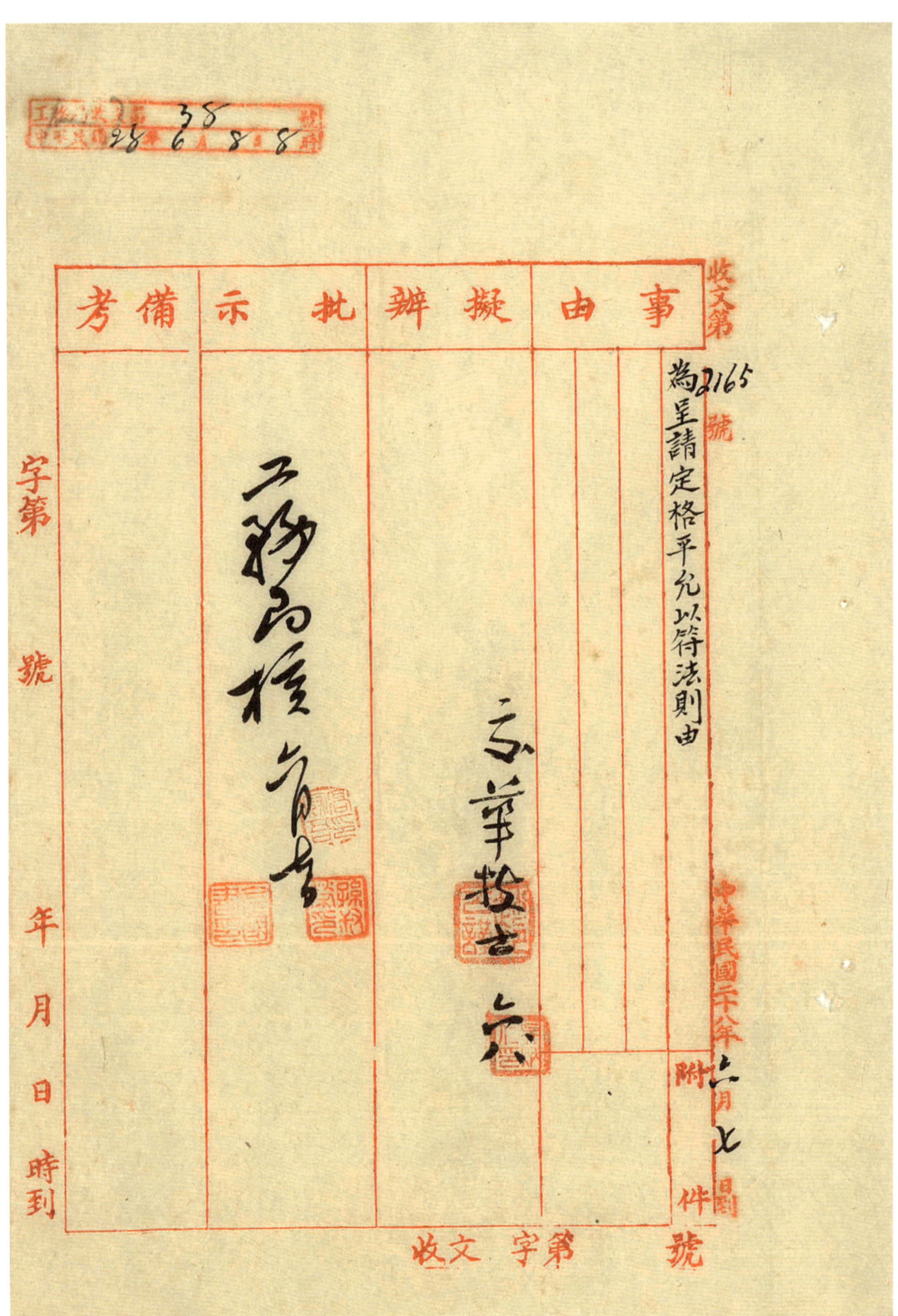

工務局收文 38 號
中華民國 28 年 6 月 8 日 8 時

收文第2165號
中華民國二十八年六月七日到

事由	擬辦	批示	備考
為呈請定格平允以符法則由	交葉牧吉 六	工務局核 [illegible]	

附件

收文　字第　號

字第　號　年　月　日　時到

呈為呈請定格平允以符法則事竊奉
鈞府工務局明令招標修理光華門城牆是以各營造廠商估算料價紛投票函於本(六)月一日當衆開標以商民之新泰源廠估價為八千四百五十四元五角六分最低應取一標而承造商民正擬開工以期早日告竣用副
鈞長之治望詎料前(四)日實業新報新聞欄內特載修理光華門城牆計投標之營造廠共有廠商十三家其合格者為裕康應美記東華三家查東華已超預算當不合格應美記與夫裕康之標價均較商民之標價高出二千餘元之多夫招標原以取諸估價低廉為合格
鈞府今取貴而去賤價者實所不解至謂應美記所開材料數量相符民廠城磚少算

九萬餘塊一節此係商民預算原有城磚有可用者而核減是有益於公修理之時果不
敷用當由民敝負責車運而無害於公若以改用青沙裕康亦用青沙且裕康估標
額出民敝四分之一而民敝並無其他不合之處今
鈞府反以該已超預算及出額民敝之標價裕康應美記東華三家為合格傳府
問話不能無疑如不以估價高下為取捨似可無須招標而承建再商民此次標價之低廉實
為利心之淡薄稍盡國民之天職取捨
鈞長自有權衡商民又何敢嘵瀆但求平允不特商民心感衆心亦當悅服也所陳畧
概如蒙採納或有疑問亦可傳喚商民詳情必當上達如何之處伏乞
批示祗遵謹呈
南京市政府市長高

具呈人新泰源周金庸（金記新泰源營造廠）（周金庸章）謹呈

中華民國二十八年六月七日

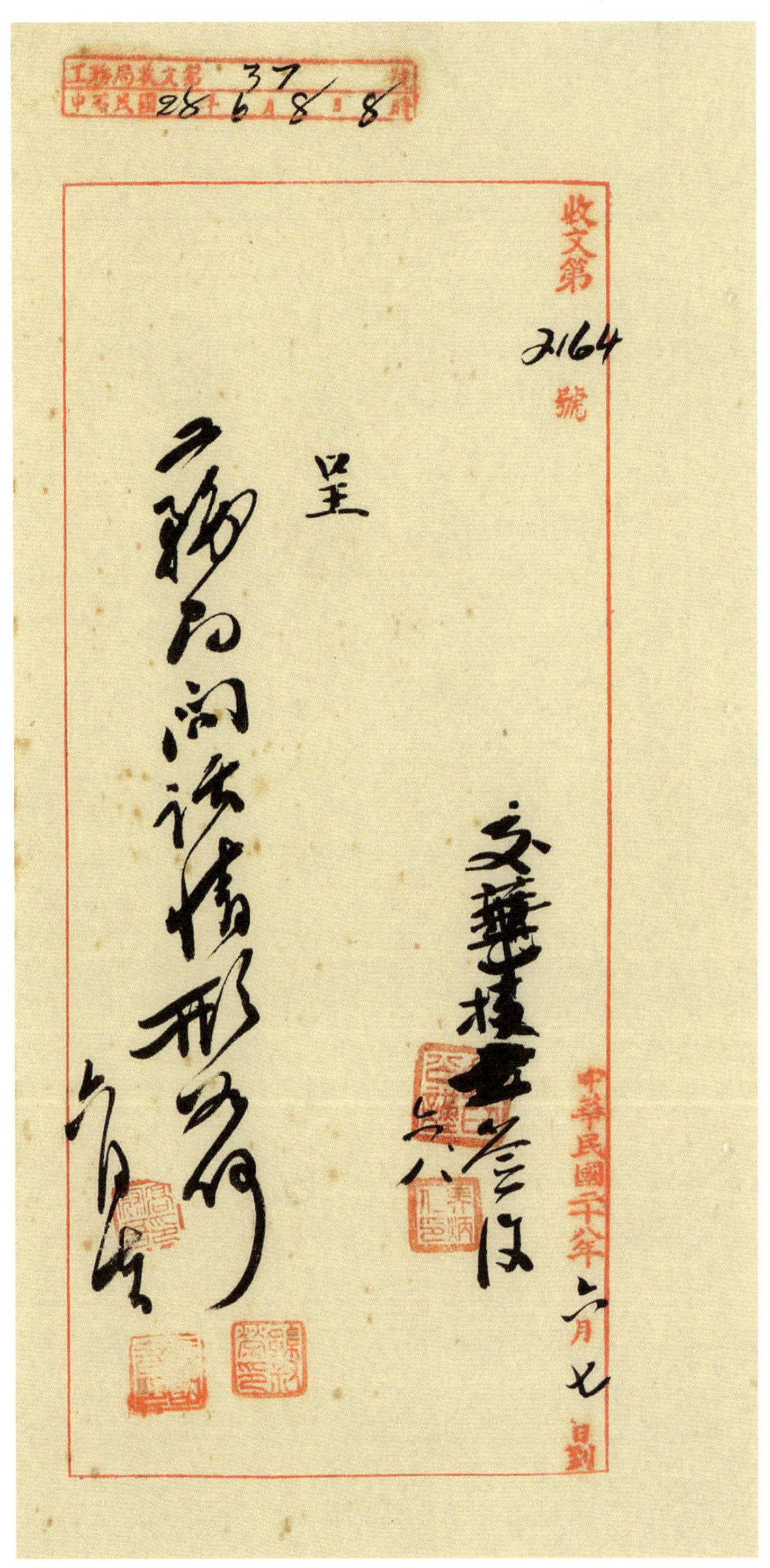

工務局收文第 37 號
中華民國 28 年 6 月 8 日 8 時

收文第 2164 號

呈

工務局詢問詳情形啓

局長

文華樓主人啓

六八

中華民國二十八年六月七日到

具呈人 裕康營造廠　住秦狀元巷二十一號

為申述城墻工程関要事竊敝廠於六月一日遵章投標修築中山門城墻工程揭標後業經工務局慎密審查旋即公告以敝廠所開各項材料數量及標價較預算價目為最低認定合格列為第一家餘兩家次之等因按敝廠已往除承造鋼筋水泥橋樑道路及房舍外並經包前市府修

建城墻工程有十數萬元之數目尤以城墻一項而言祇有尹祥記牌號承

修兩小部份餘均由敝廠承包非敢自誇頗蒙當局贊許並有確實證明文

件可隨時呈驗絕非揑造朦蔽茲爲憑已往之經驗個人之精神努力于建設

願効勞於

市長台前此非敝廠爲營業謀利益而競爭實爲城墻工程工作重要以歷來

修築城墻之經驗熟手投効駑駘之勞爲此揣冒披瀝呈明仰求

鈞長鑒核是否之處敬乞

示遵謹呈

南京特別市市政府市長高

南京裕康營造廠

謹呈

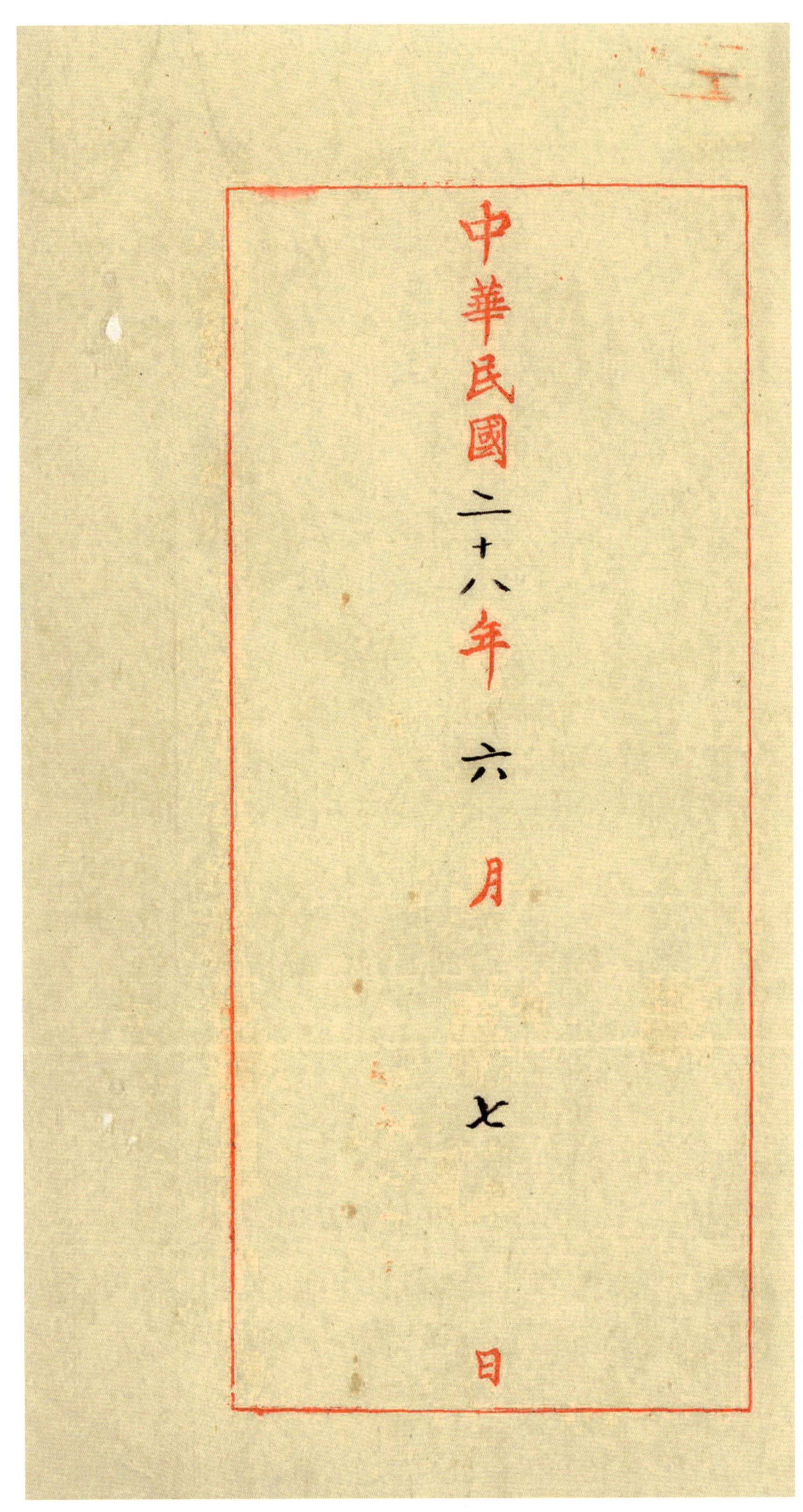

中華民國二十八年六月七日

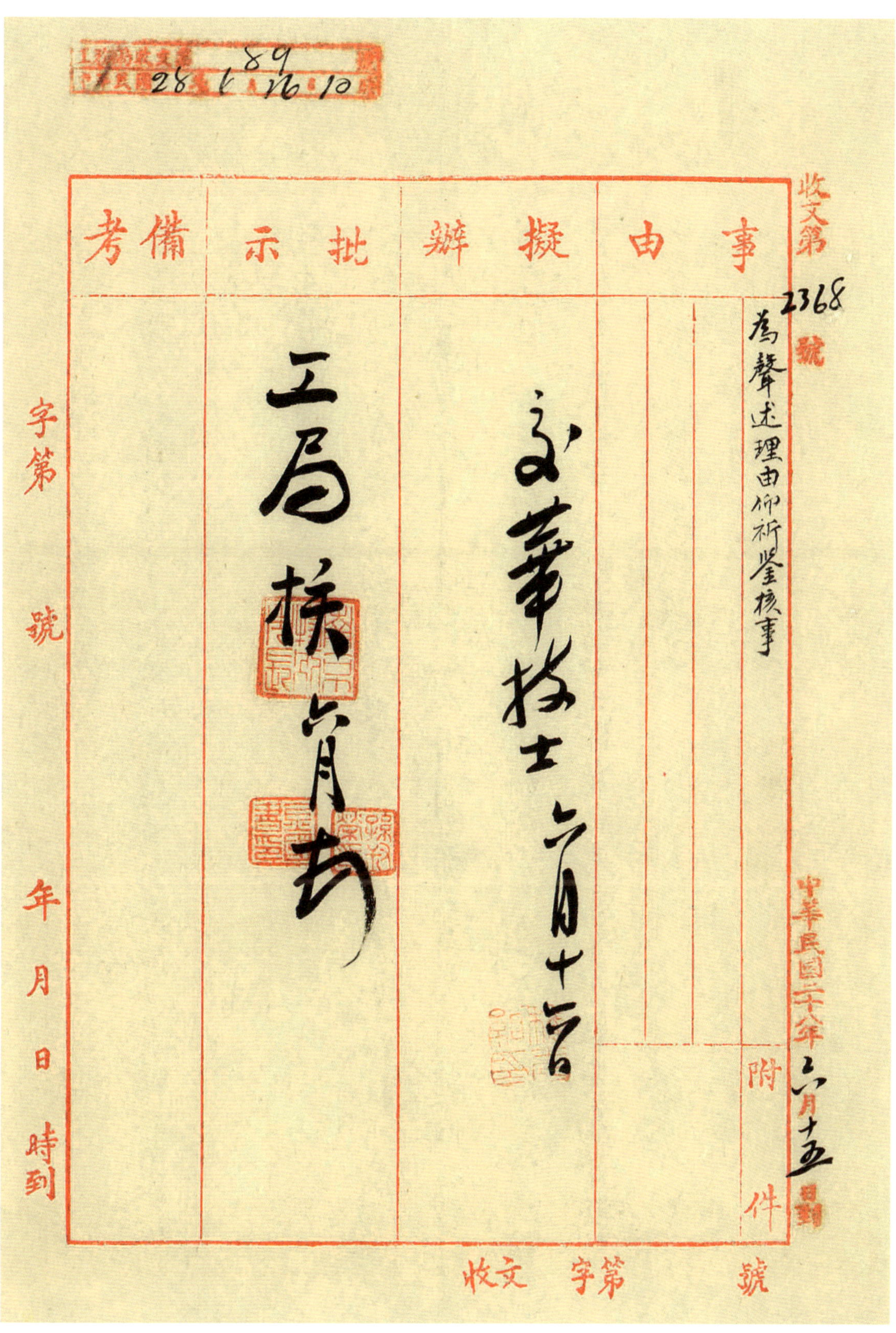

89
28 6 16 10

收文第2368號

事由	擬辦	批示	備考
為聲述理由仰祈鑒核事	交華林士 六月十六日	工局核 六月十六	
附件			

中華民國二十八年六月十五日到

字第 號 年 月 日 時到

收文 字第 號

為聲述理由，仰祈鑒核事。竊
鈞府工務局指標修理中山門城墻，曾經敝廠等聯合呈請，並公舉代
表晉謁
鈞府，發表意見，蒙面
諭飭所具呈各家，分别單獨聲述理由，據實業新報所載敝廠
所開之標單，應修方數，甚為合格，標價亦不過高，其缺點惟黃砂改
用青砂耳。若改正仍用黃砂，照市價加洋六百五十六元，合總標價為法
幣壹萬另五百三十八元四角四分，標價既未高昂，方數甚為合格，敬
陳理由如上述，仰祈鑒核，謹呈
市長 高 鈞 鑒

濮義興營造廠具

濮玉桃

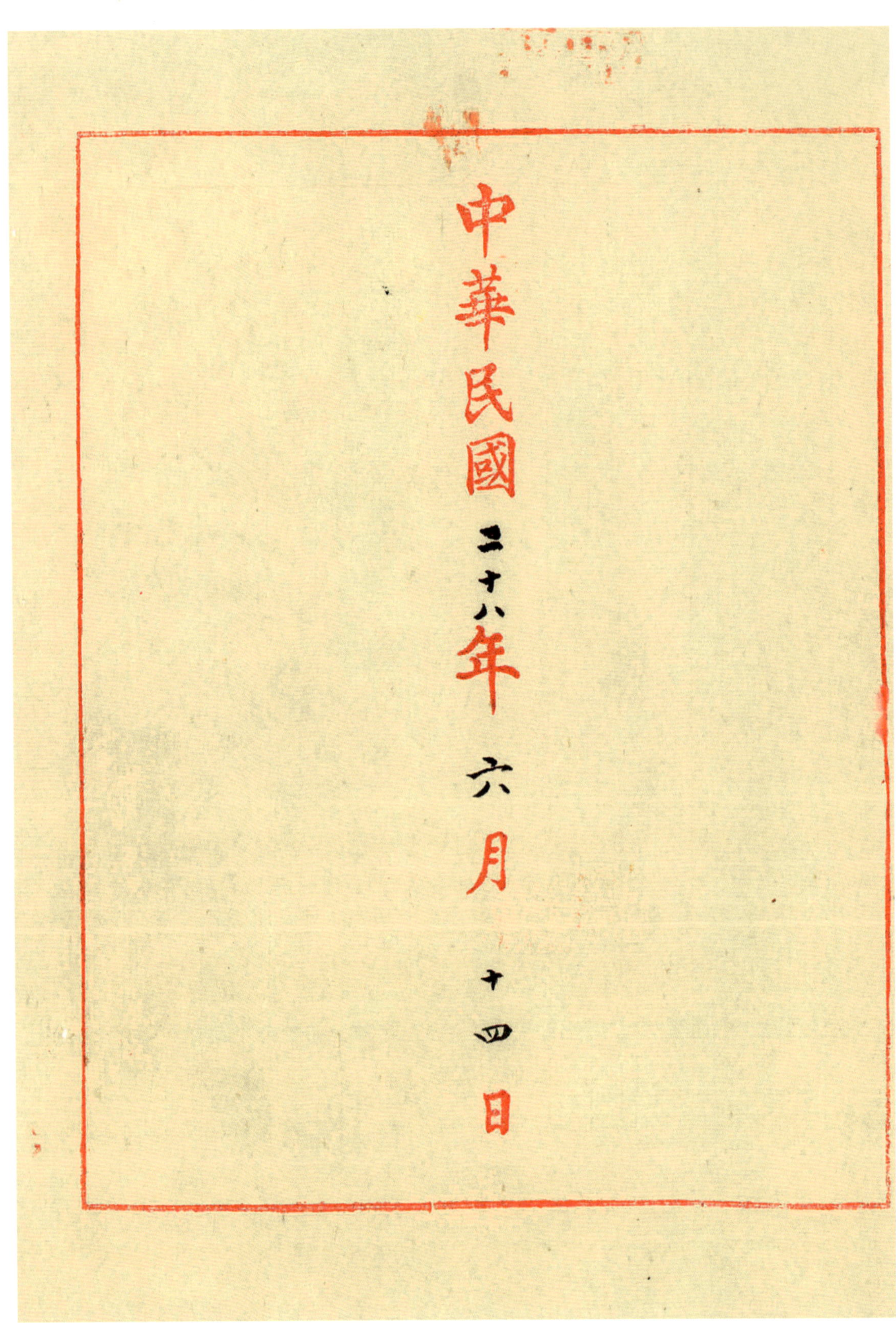

中華民國二十八年六月十四日

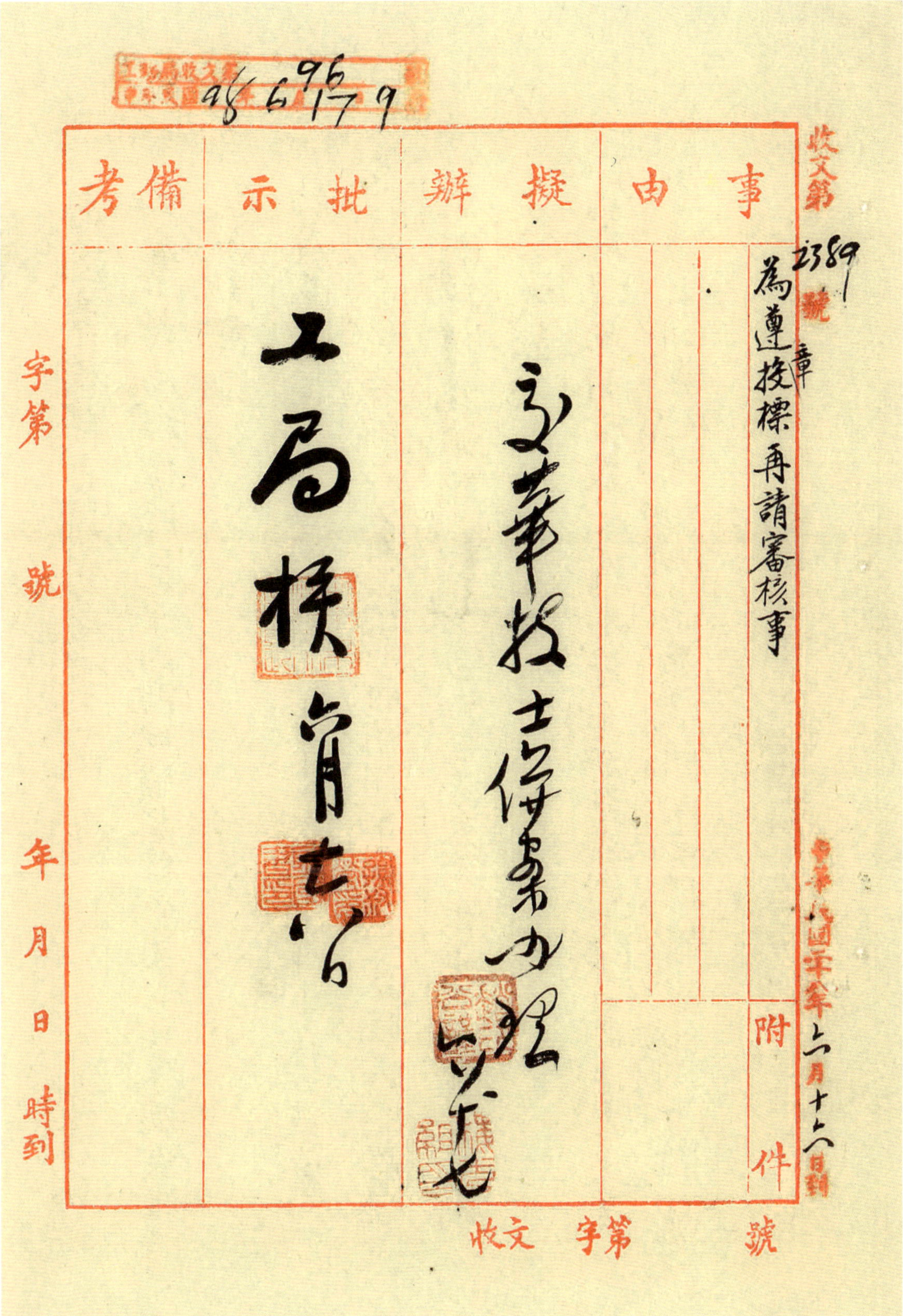

收文第23891號

事由	擬辦	批示	備考
為遵章投標再請審核事	[illegible]	工局核覆 六、十六	

附件

中華民國 年六月十八日到

收文 字第 號

字第 號 年 月 日 時到

為遵章投標、再請審核事、竊

鈞府工務局、招標修建中山門城墻、開標後、未蒙採納、後經

聯合呈請

鈞府、並公推代表、當面詳陳理由、承蒙接受、再事考慮、足見

鈞府虛懷若谷、大公無私、商所開標單、均照章程、又未改變

材料、標價為法幣壹萬另九百另弍元六角四分、與預算相

比較、尚少洋五百六拾元、自忖可稱完璧、

鈞府謂所開方數似有未符、敝廠照比例尺計算、決不至有

霄壤之別、茲姑不論、如果照商所開之標價、準予承做、一切

均照

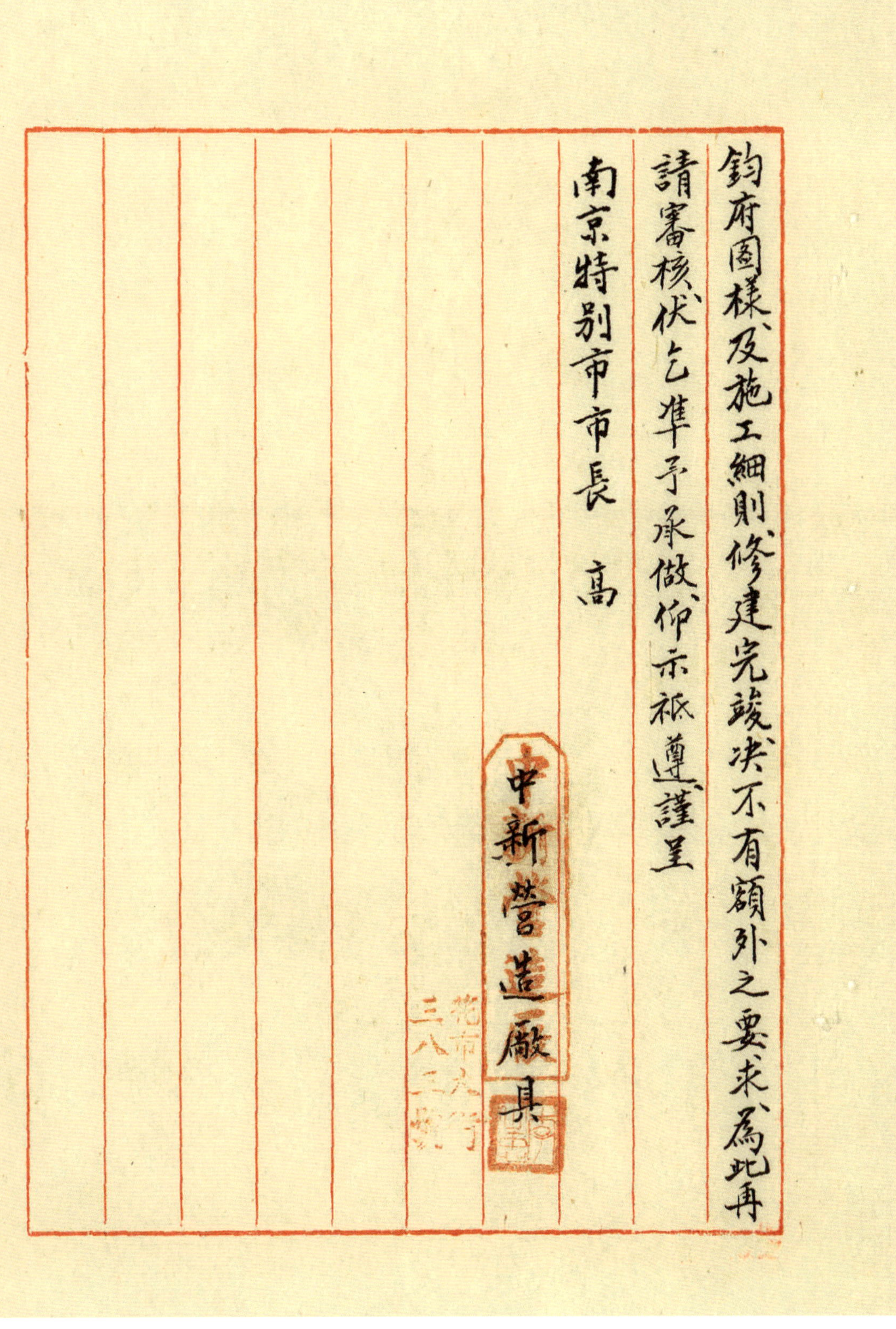

鈞府圖樣、及施工細則、修建完竣、決不有額外之要求、爲此再
請審核、伏乞準予承做、仰示祇遵、謹呈
南京特别市市長 高
中新營造廠具
地址 大行宫三八二號

中華民國二十八年六月十五日

28.6.20 14

交華技士保棠如呈 六 廿六

敬呈者，頃聞得
鈞局修築中山門城墻工程，自開標後經填重審查認定
之裕康、立美記、安華等三家合格，載諸報端，宣告各
界。其修築標之廠商，均因材料數量、預算錯誤，未將
清標及說明書辦理，擅自變更、縮減數量，以及價格
較低，供備不合格等情。公民等親諗此項城墻工程，事
關城防，重要異常，必須信實可靠之廠家及有經驗者，
不能承造。例如前次修築光華門城墻缺口工程，完工

不久、左端未乾、即告生傾側之禍、事實俱在、絕非捏詞批評、市民等有鑒于斯、為城防鞏固免再傾塌、及為住居城墻附近人民性命計、懇請選擇上述合格之家中、富有經驗之廠商承建、核為妥善、以免覆蹈前轍、但最近外間議論紛紜、有不合格之廠商將聯合一起、在當轄詞要求承包、明則為營業競爭、陰則為蓄意擾亂、以遂要挾私衷、市民等素仰

鈞長德高望重、廉潔從公、對于城防治安、尤為關

懷。詎予向受不合格之廠家巧言所誘惑而免

妨害公家，戕政之威信，貽笑友邦，責難紛起，

時所不免。故敢直言相陳，敬獻芻見，仰祈

垂察，是為公幸。謹呈

工務局長趙

中山門公民代表蕭世英謹呈

昨
市長交涉後得中山門城墻一段
以校務處商有合校址之空地
擬令准許加入撥會共圖籌辦
校址情（此次校務）合校務處商問報
石 廿六

工務局收文第 132 號
民國 28年 6月 26日

呈為呈報事竊查中山門城墻修築工程早經開標事隔近月尚未決定

頃奉

鈞長交下

市長面諭上項工程仍以投標合格者抽簽等因並將廠商牌號開報奉此

查該項合格廠商當仍以呈准之東華應美記裕康等三家為准許加入

抽簽其餘新泰源等五家計算錯誤似不能因其呈請之詞而予加入

且與本局威信攸關應予駁斥至上列東華等三家應請即日通知來局

抽簽以資決定而重城防是否有當謹呈

局長趙

職華竹筠謹呈

如擬通知三家廿七上午十時在大禮堂抽籤

六月二十六日

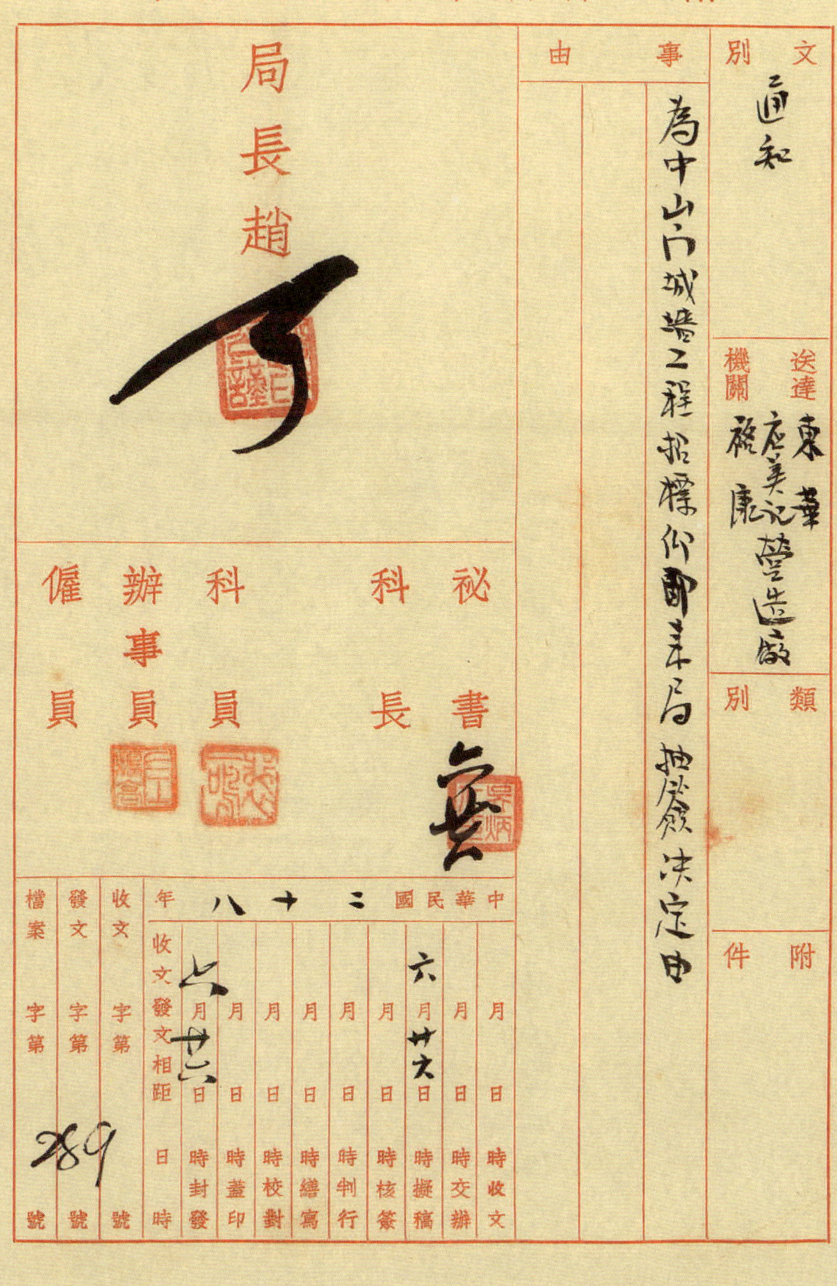

速印

本日發出。

南京特別市政府工務局

文別：通知

事由：為中山門城墻工程招標仰即來局抽籤決定由

送達機關：東華、慶美記營造廠、稀康

類別：

附件：

局長趙

秘書

科長

科員

辦事員

僱員

中華民國二十八年

收文	交辦	擬稿	核簽	判行	繕寫	校對	蓋印	封發	收文發文相距
月　日　時	月　日　時	六月廿六日　時	月　日　時	月　日　時	月　日　時	月　日　時	月　日　時	七月廿六日　時	日　時

收文　字第　號

發文　字第289號

檔案　字第　號

局　　衔通知　　字第　號

為通知事查本局修築中山门城墻工程招標一案經本局審查
結果計有合格廠商
計東華應美記裕康等三家仰該廠于本月二十七日上
午十時前來本府大禮堂抽簽決定幸勿自誤特此通知

右通知　東華營造廠

應美記建築廠

裕康營造廠

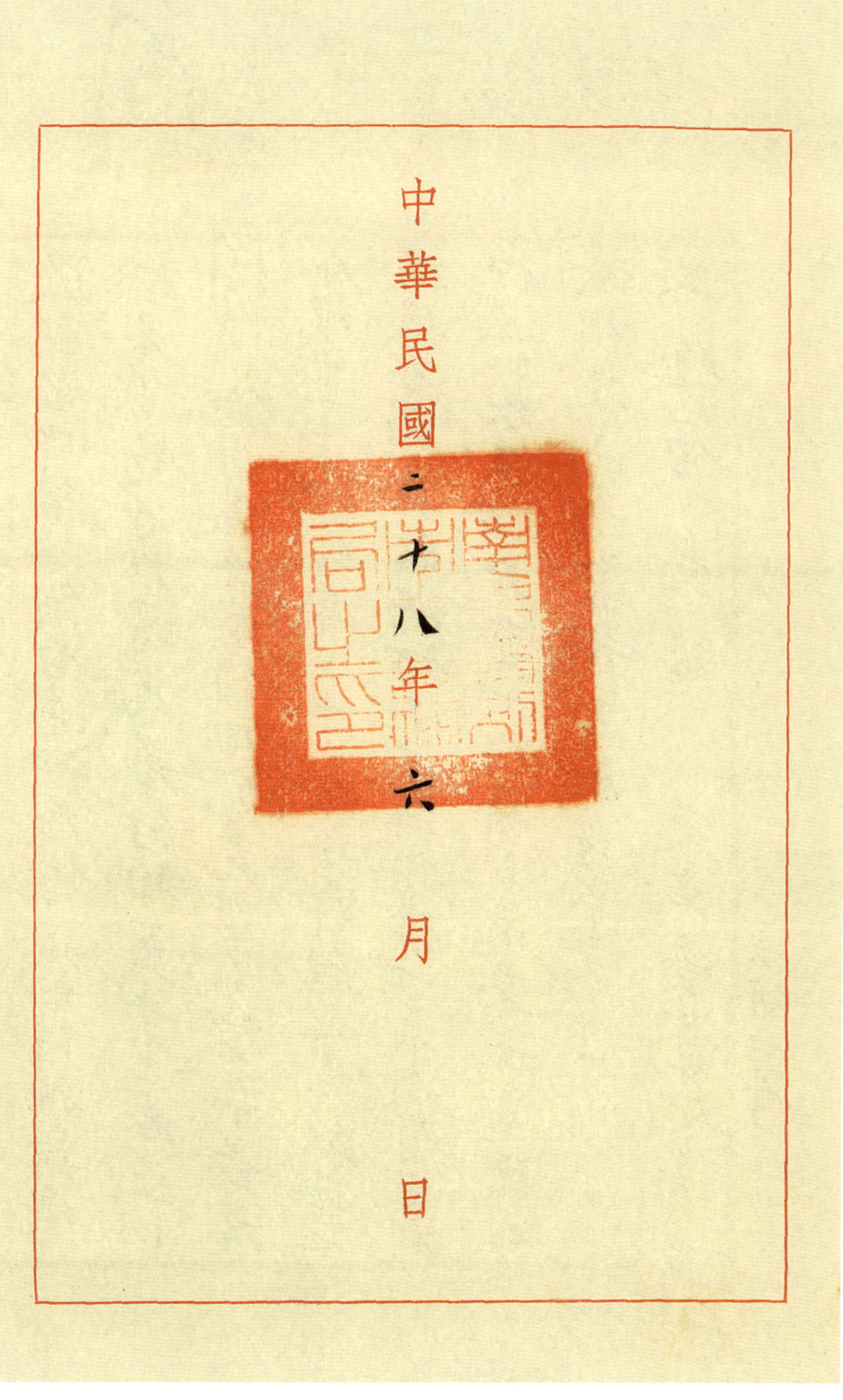

中華民國二十八年六月　日

工務局收文第135號
中華民國28年6月27日9時

敬啟者昨接 鈞局通知為修建城墙抽籤決
標等次 鈞府秘書處舉行抽籤業已奉函諭
絶惟 鈞局為吾業領袖究竟誰家標單最為
合理豈三家標單之中毫無軒輊之分取捨之
權儘可獨裁取決何必開此拈標以來未有之創
例且此次投標者有十餘家之衆豈無遺珠之
憾相應函復敬請不敏謹呈
工務局局長 趙
東華營造廠具
六月二十七日

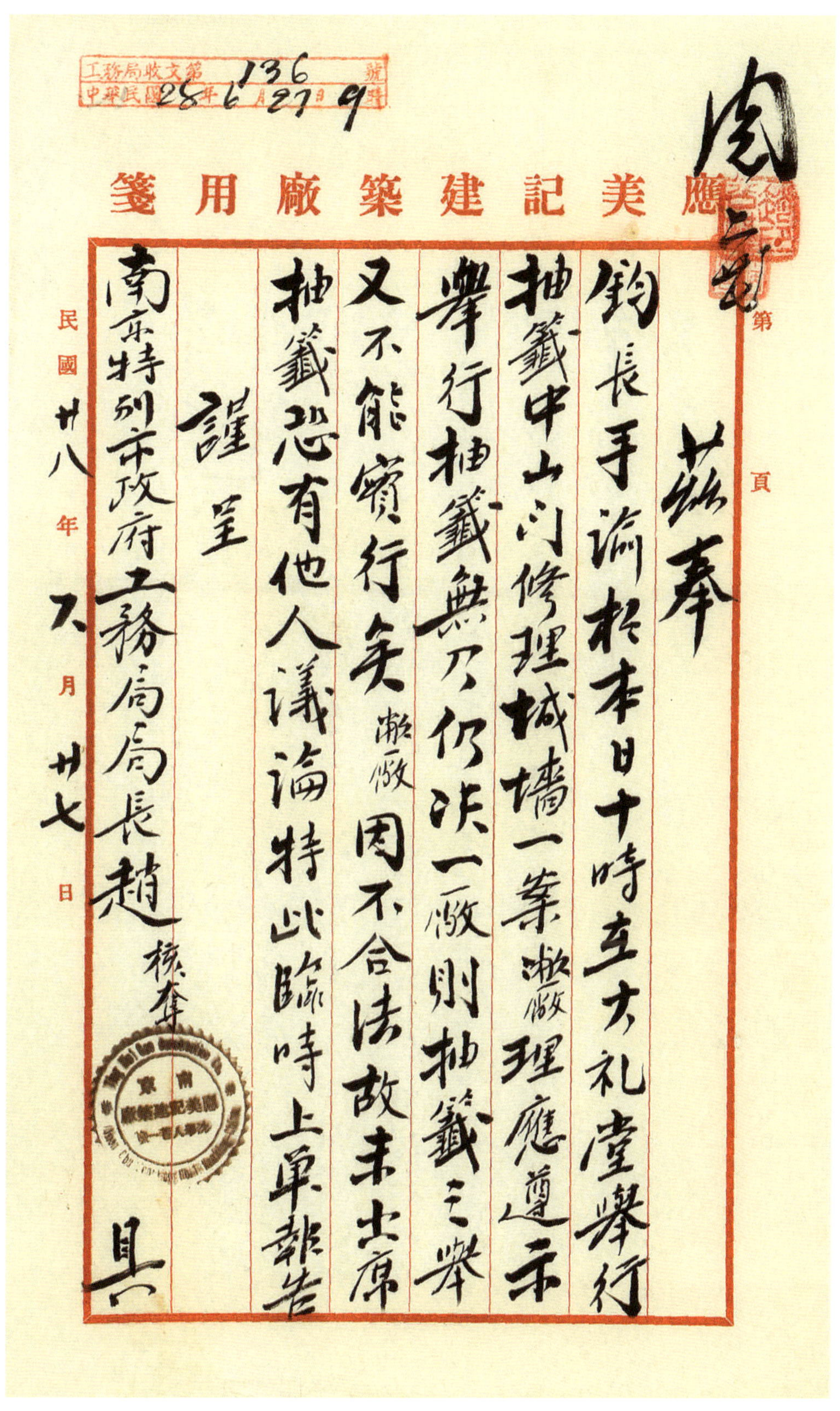

工務局收文第136號
中華民國28年6月27日9時

閱

應美記建築廠用箋

第　頁

茲奉
鈞長手諭於本日十時在大礼堂舉行
抽籤中山門修理城墻一案敝廠理應遵示
舉行抽籤抽籤無乃仍決一敝則抽籤之舉
又不能實行矣敝廠因不合法故未出席
抽籤恐有他人議論特此臨時上單報告
謹呈
南京特別市政府工務局局長趙　核奪
南京應美記建築廠
具
民國廿八年六月廿七日

速件

上務局發文第295號

六芝鑒：

查修築中山門城墻工程招標經本局審查合格廠商計有彥美記、東華、裕泰等三家，昨經通知於今日上午來府抽簽決定，迄未到局，茲改於明日（二十八日）下午二時仍在本府大禮堂抽簽，如再不到，即作為放棄論，幸勿自誤為要。此致

彥美記營造廠

東華營造廠

弟[illegible] 六芝

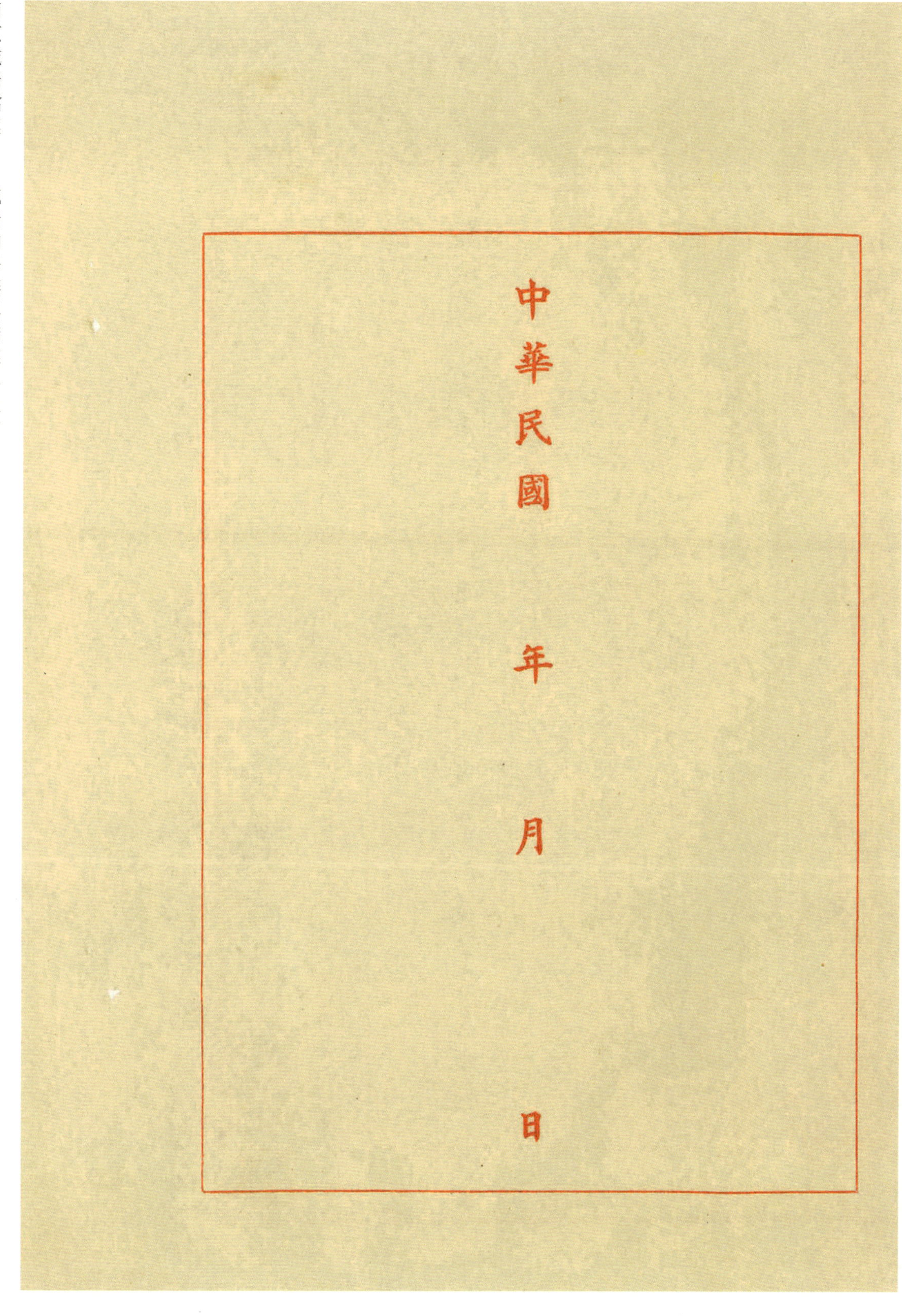

中華民國　　年　　月　　日

收文 秘府第1619號 28年6月28日15時

交設計股轉知裕康來局面詢後再予承包

第130號

簽呈 六月二十七日

為簽請事竊查修理中山門城牆工程招標一案經審查結果計有合格廠商裕康東華應美記等三家奉
諭定期抽籤、各該廠商一再遷延未到、復定于本月二十七日在本府大禮堂抽籤臨時秘二科洪科長言奉
市座諭准許濮義興加入計到裕康應美記東華濮義興四家除裕康營造廠未表示意見外其餘應美記三家均不願抽籤、可否即將該項工程交由裕康廠承包、抑應如何辦理之處理合簽請
鑒示遵行謹呈
市長高

即交裕源承包迅即趕

查其資本是否充實

工務局局長趙公謹

[illegible]

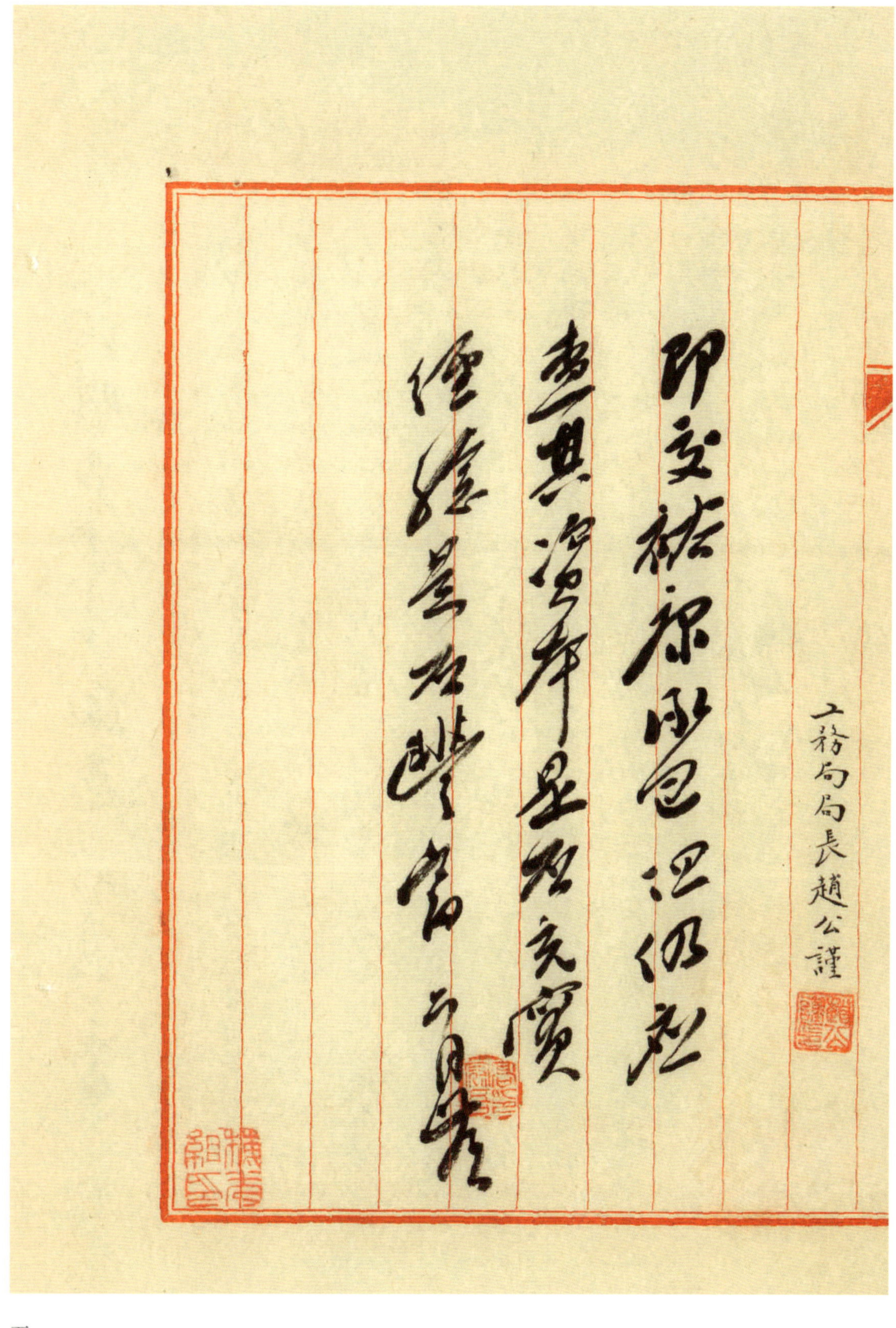

証明文件發還 七月三日

第141號

呈為呈報奉派調查裕康營造廠資本是否充實經驗是否豐富事竊職遵飭該營造廠負責人前來問詢據云敝廠在前市工務局時期曾承包橋樑房屋城墻等工程為數甚鉅但經事變後損失殆盡故於資本當不如事變前充實現已由鈞局准予登記甲等營造業執照事實上即准許在市上營造伍萬元以上之工程當時並檢出前市工務局修築城墻合同及營業稅收據等證明文件等情查該廠經驗尚屬豐富理合將調查情形並檢同証明文件呈請

鑒核謹呈

局長趙轉呈

市長高

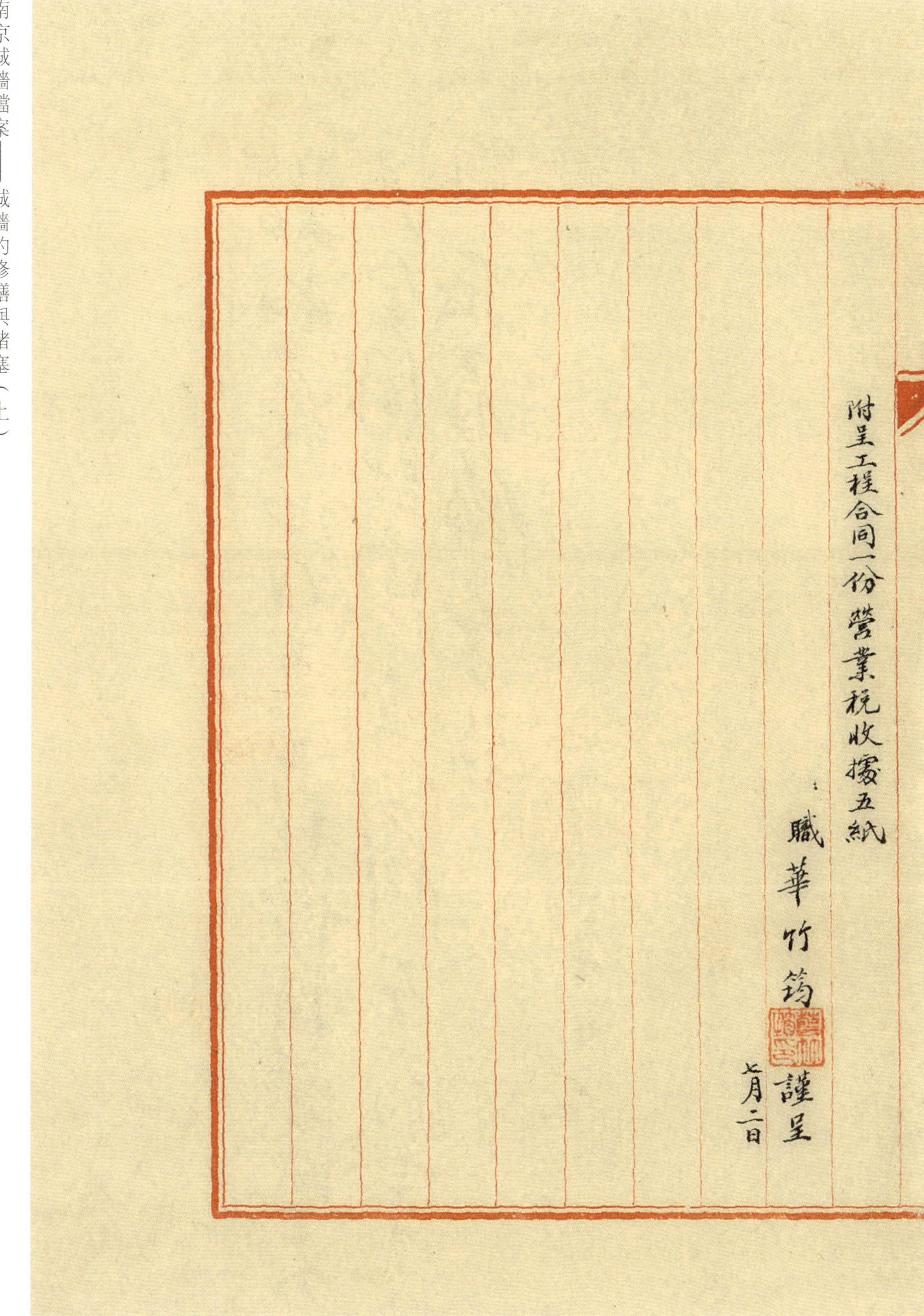

附呈工程合同一份營業税收據五紙

職華竹筠謹呈

七月二日

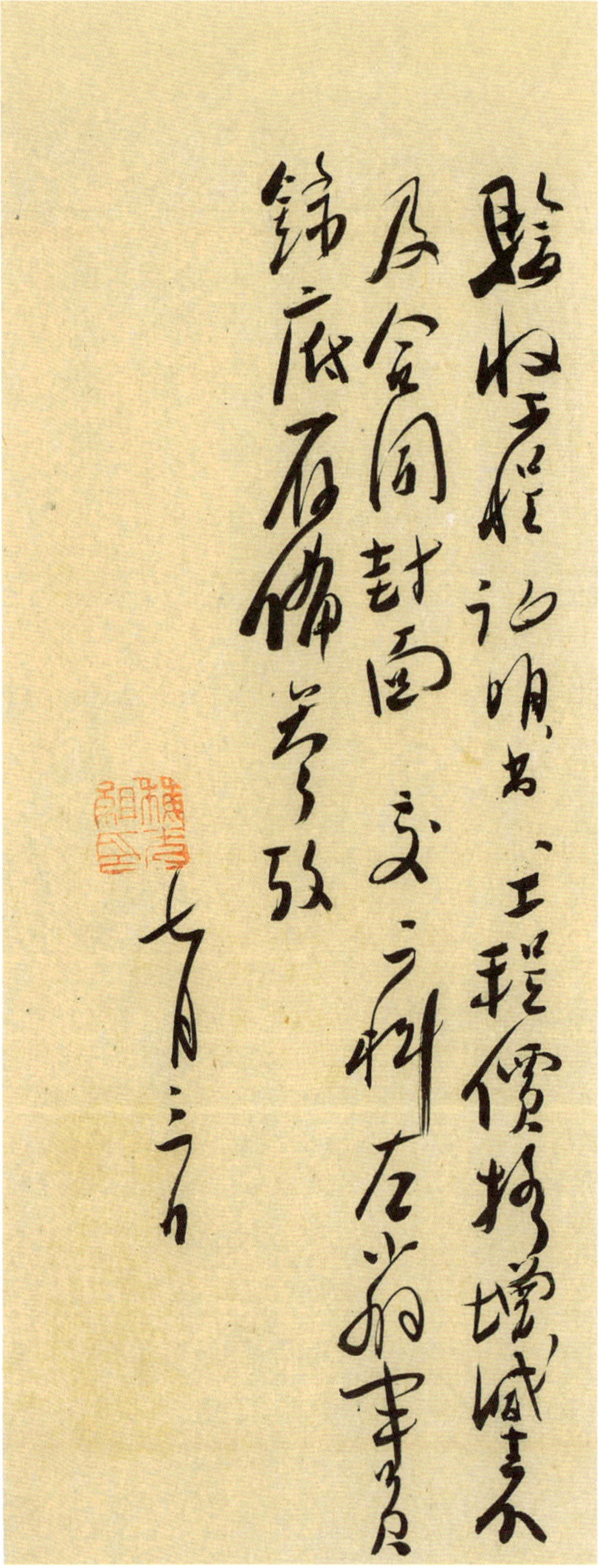
驗收章程、說明書、工程價格增減表，
及合同、封面、受文二科，右前寄貴
錄底存備案
致
七月二日

（八）僞市工務局爲招標修築中山門附近城墻請撥第一期工費與僞市財政局的往來公函（一九三九年七月七日至七月十四日）

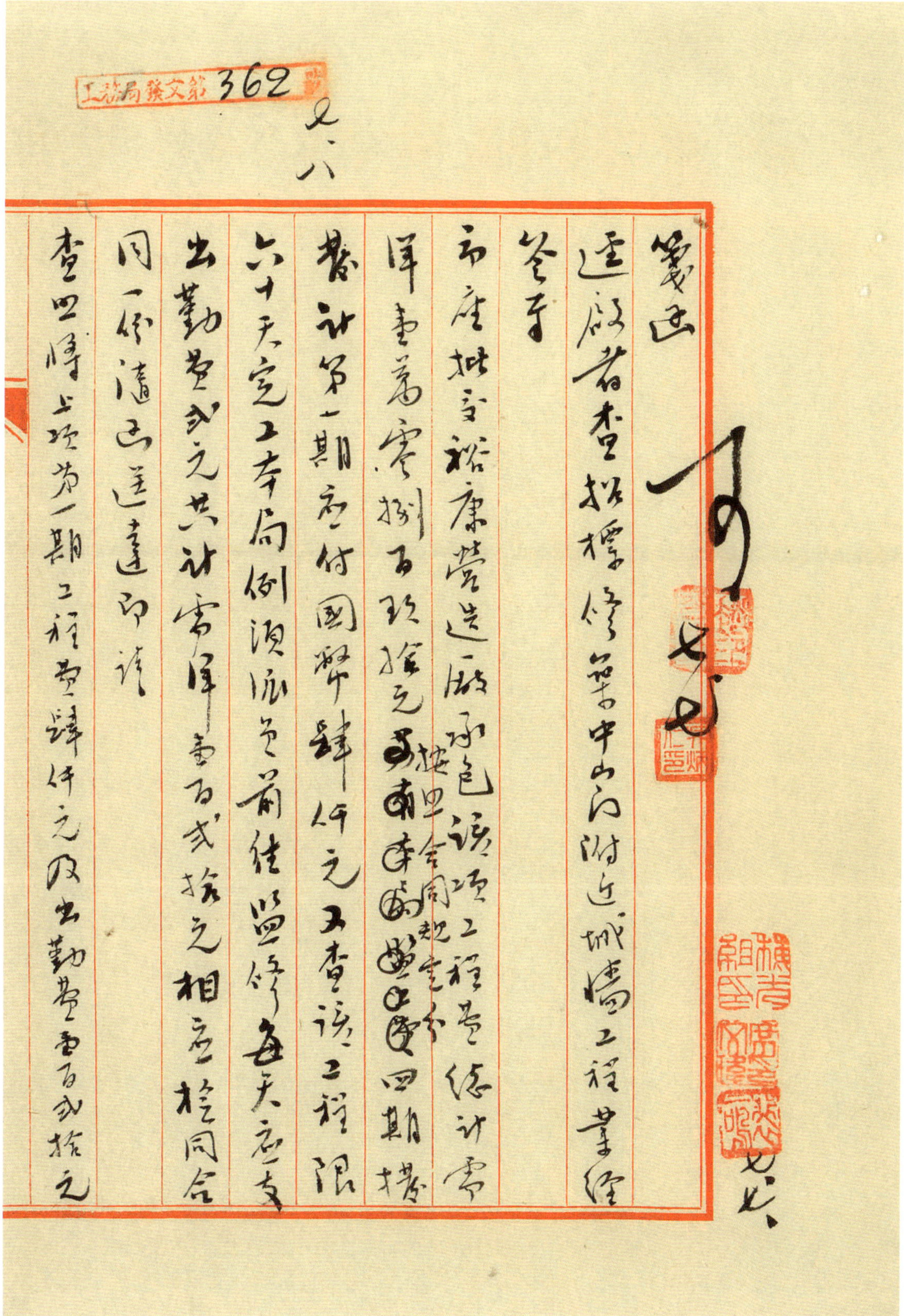

工務局發文第362號

七、八

箋函

逕啓者查招標修築中山門附近城墻工程業經

簽奉

市座批交裕康營造廠承包該項工程費總計需

洋壹萬零捌百玖拾元伍角肆分按照合同規定分四期撥

發計第一期應付國幣肆仟元茲查該工程限

六十天完工本局例須派員前往監修每天應支

出勤費貳元共計需洋壹百貳拾元相應檢同合

同一份隨函送達即請

查照將上項第一期工程費肆仟元及出勤費壹百貳拾元

如數撥發俾便轉付為荷此致

財政局

附合同份

局長羅[illegible]

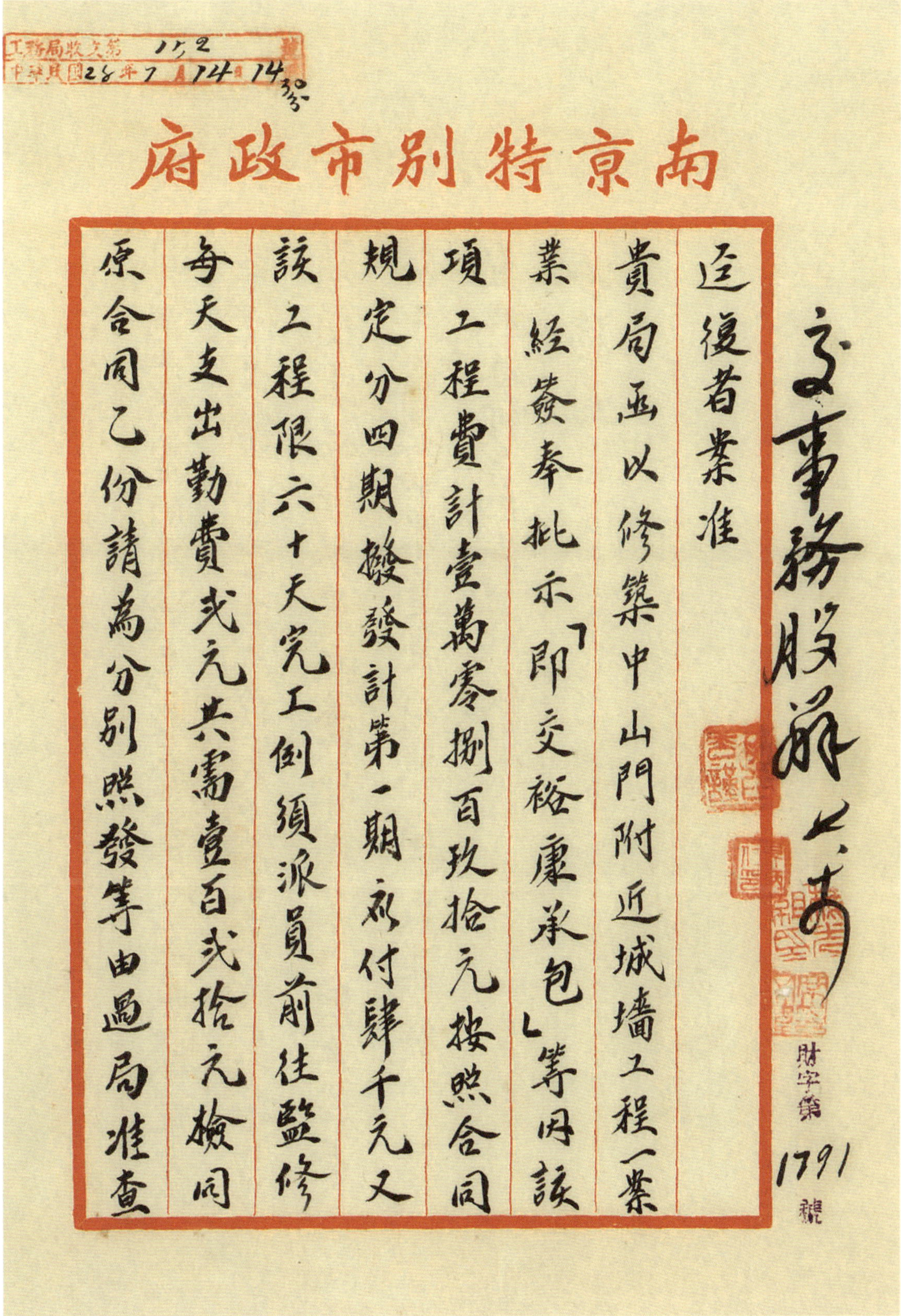

工務局收文第 1152 號
中華民國 28 年 7 月 14 日 14 時 30 分

南京特別市政府

逕復者案准
貴局函以修築中山門附近城墻工程一案
業經簽奉批示「即交裕康承包」等因該
項工程費計壹萬零捌百玖拾元按照合同
規定分四期撥發計第一期應付肆千元又
該工程限六十天完工例須派員前往監修
每天支出勤費貳元共需壹百貳拾元檢同
原合同乙份請為分別照發等由過局准查

交事務股辦 六.十五

財字第 1791 號

南京特別市政府

此項工程費用既經呈准有案自應照撥惟查
監修出勤費壹百弍拾元原簽未經呈報應
請補呈核准以憑照發除將第一期工程費
肆千元交由來員具領外相應函復
查照办理為荷此致
工務局

南京特別市政府
啟 七、六

（九）僞市工務局爲請准支監修中山門城牆工程出勤費與僞市政府、市財政局的往來函件

（一九三九年七月十三日至七月二十一日）

府秘書處文書股 第1885號 28年7月14日

第175號

交事務股 七月十四日

簽呈 七月十三日

爲簽請事案據技士華竹筠許炳輝呈稱查修建中山門城牆工程業於本月十二日開工在修建期内職等須逐日前往監工該項工程預定六十晴天完成擬請准支監工出勤費每日貳元計洋壹百貳拾元等情前來可否准予照支之處仰祈鑒賜核示祇遵謹呈

市長高

工務局局長趙公謹

該局出勤費向有規定否

交財局核復 七月十五日

工務局發文第413號

十六日

簽呈

逕啟者本局技士華竹筠許炳輝監修中山門城牆

工程請准支出勤費一案經簽奉

市座批示「該局出勤費向有規定查例辦理可也」等

因查本局所有往各處監工人員向例城外日支出勤費式元城內是支一元此項

地點在中山門外

工程預定六十天完工共計應支出勤費壹百式拾元相應檢

同原簽呈請

查照核發為荷此致

財政局

附原簽呈一件 仍請送還

局戳啟

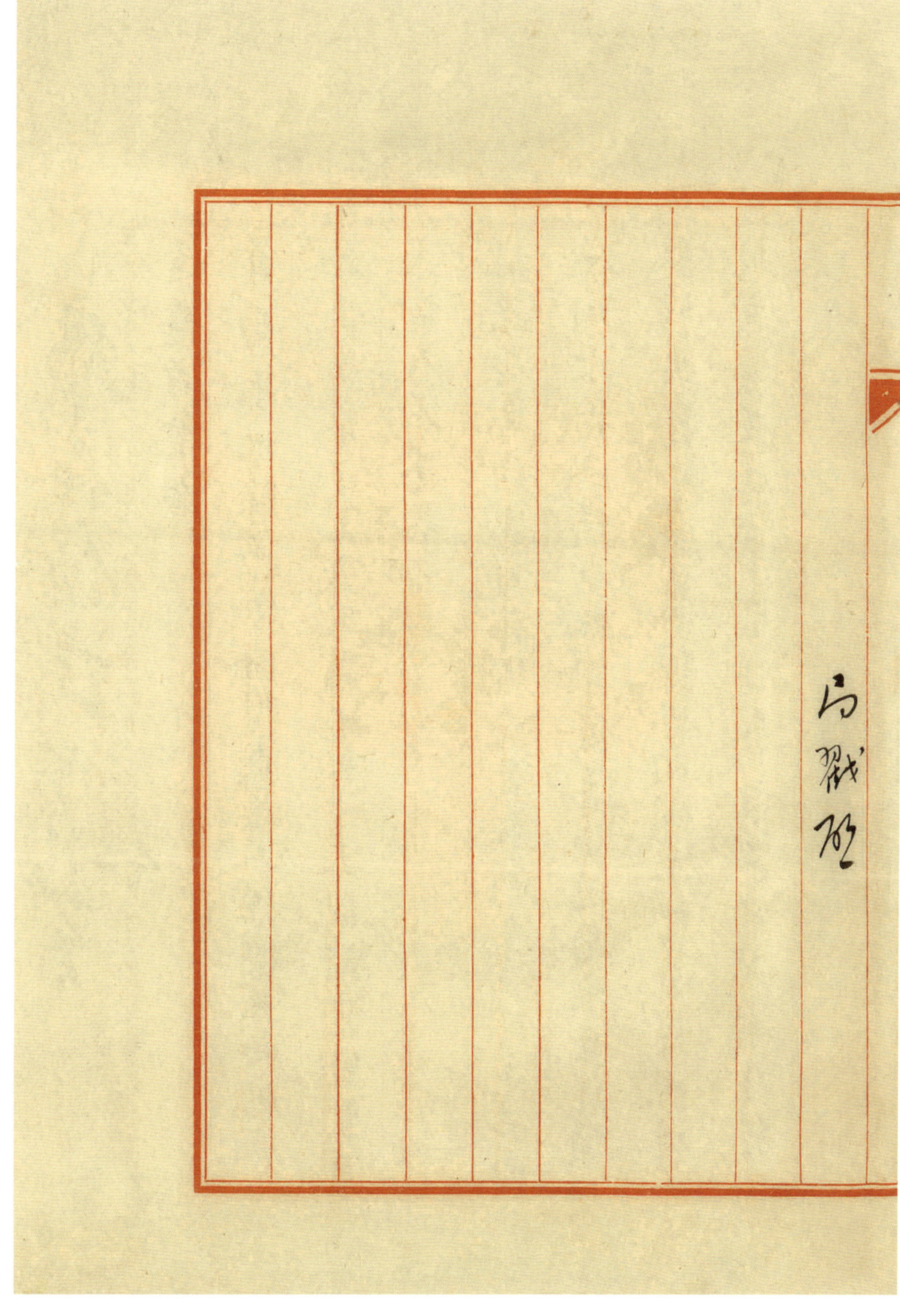

南京特別市政府

席主任領發有案仁

財字第1459號

逕覆者案准
貴局函以監修中山門城墻工程按照向例城外出勤費日支弍元預定六十天擬請發給壹百弍拾元經簽奉
批該局出勤費向有規定否查例辦理可也等因檢同原簽函請查照撥發等由過局准查此項監修出勤費既屬按照向例辦理自應照發相應檢還原件并附奉市字第弍捌陸號

南京特別市政府

發款通知壹紙即希
查照繕據具領爲荷此致
工務局
附發款通知乙紙並送還原件
啟　七月廿一日

第301號

簽呈 九月四日

爲簽請事案據裕康營造廠呈稱竊商承築中山門附近城墻工程自施工以來積極進行加固趕造B、C兩處城墻缺口不日即將完成A處缺口現已完成三百方有奇按照標單所載承包A B C三處缺口數量均已滿數惟查A處應修之外毗連城墻前被炸彈炸損日久被狂風暴雨冲刮崩潰若不同時修築實與現修城墻有關商爲有益城墻鞏固城防計已將規定之外倒塌部份督工修築與現修城墻同時做起以免脚接裂縫不堅之虞是故增加修築數量約有二百八十方之譜嗣於八月六日已無城磚應用停工俟待迄今仰懇迅予供給城磚以利工作至增加工程數量之並請派員實地勘丈後按照標之單價提前給價以示體恤等情經派技士華竹筠前往詳勘去後茲據報稱查該處所需城磚材料因最近始領到搬運遲延以致工程延擱現查已已兩處城牆缺口日內即可竣工A處坍塌面積較為廣大又因城磚缺乏尚未完成毗連之處前被炸彈震損業經崩潰若不同時修築勢必繼續坍塌經詳細查勘丈量確有超出本局預算數量為鄭重起見擬請派員會同查勘再行計算增加修築方數等情前來查核尚無不合理合據情簽請

鈞座鑒核派員會同實地查勘以昭實在謹呈

市長高

工務局局長趙公謹

從前何以不切實查報 九月五

國民政府文官處秘書處收文第3264號 28年9月6日10時

第306號 附卷

簽呈 九月六日

敬呈者案查前據裕康營造廠呈以承築中山門附近損壞城牆工程其六處缺口毗連處城牆前被炸彈炸傷經風雨冲刷茲已崩潰必予同時修復其增加工程數量應請派員勘丈按照標單價給價以示體恤一案經飭主辦人華竹筠查勘屬實簽奉鈞座批諭從前何不切實查明等因奉此遵經轉飭主辦人華竹筠遵照去後茲據該員報稱前項工程係於本年三月五日前往丈量其時毗連六處缺口之損傷部份表面尚無損傷痕跡故未計入該項工程旋以種種問題直至七月十二日始行動工其間相距四月之久經過霉雨時期損傷之處纔繼續坍塌致超出本局預

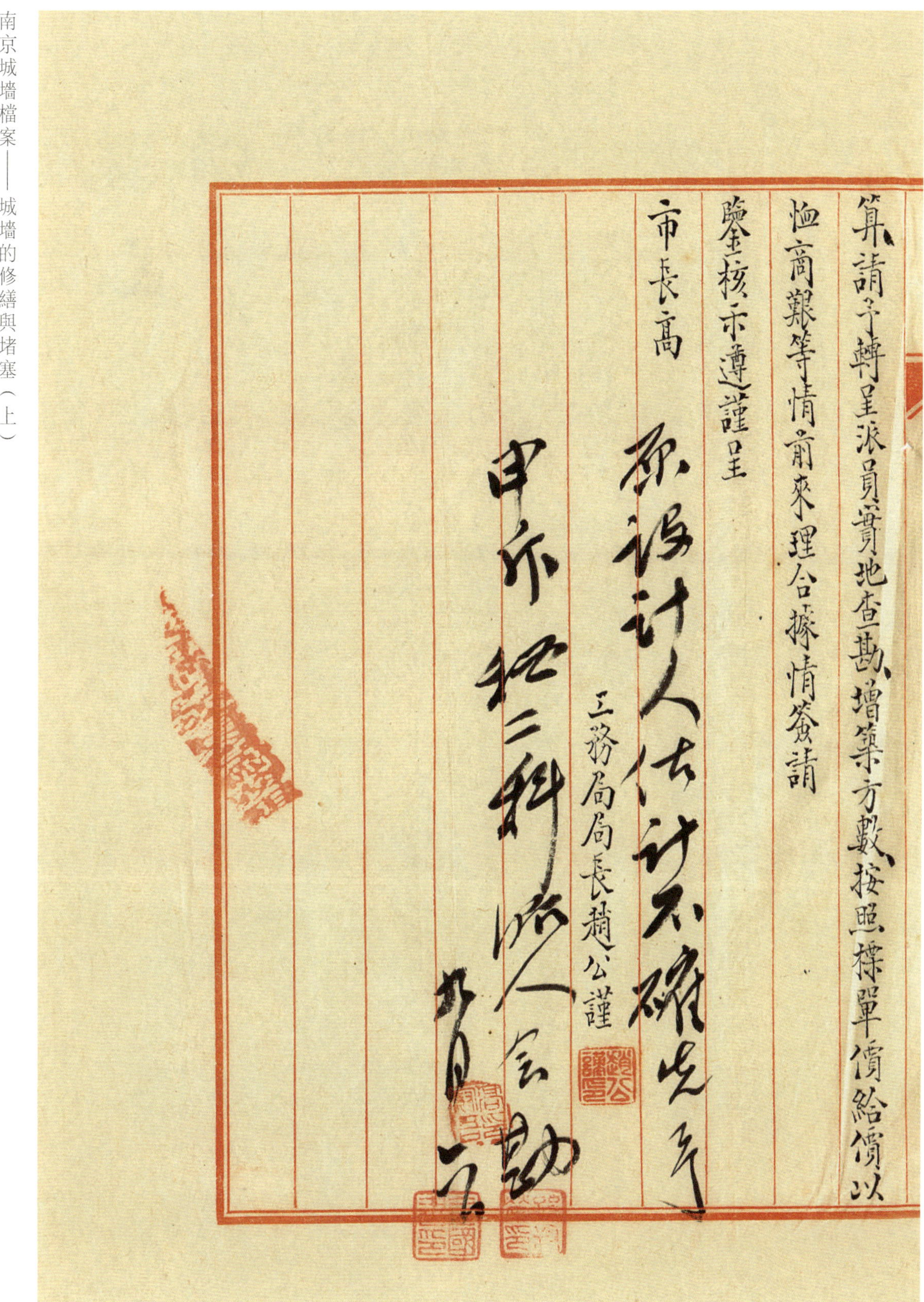

算，請予轉呈派員實地查勘，增築方數，按照標單價給價，以
恤商艱等情前來，理合據情簽請
鑒核示遵。謹呈
市長高
工務局局長趙[illegible]公謹

原設計人估計不確，先予
由所技二科派人會勘
卅日 [illegible]

送
購委會 九、九、

簽呈 九月十八日 於秘二科

為簽呈事竊查裕康營造廠呈以承築中山門損壞城牆工程A處缺口毘連之城牆前被彈雨損潰請派員勘丈加價修復一案奉

派職科會勘等因奉此遵率職科職員徐仲雲會同工務局技士華竹筠前往按圖丈量其損潰之處計南部坍塌長十六英尺、北部長二十三英尺、中部六十五英尺、連厚度坍塌在內總計為一六二、四二英方、據華技士云現姑以一六二、四二英方照該營造廠標價每方十九元八角計算需增加工程費叁仟弍百拾五元九角二分等語、理合檢同增加坍塌部份之圖樣及估算表一併呈請

鑒核示遵實為公便謹呈

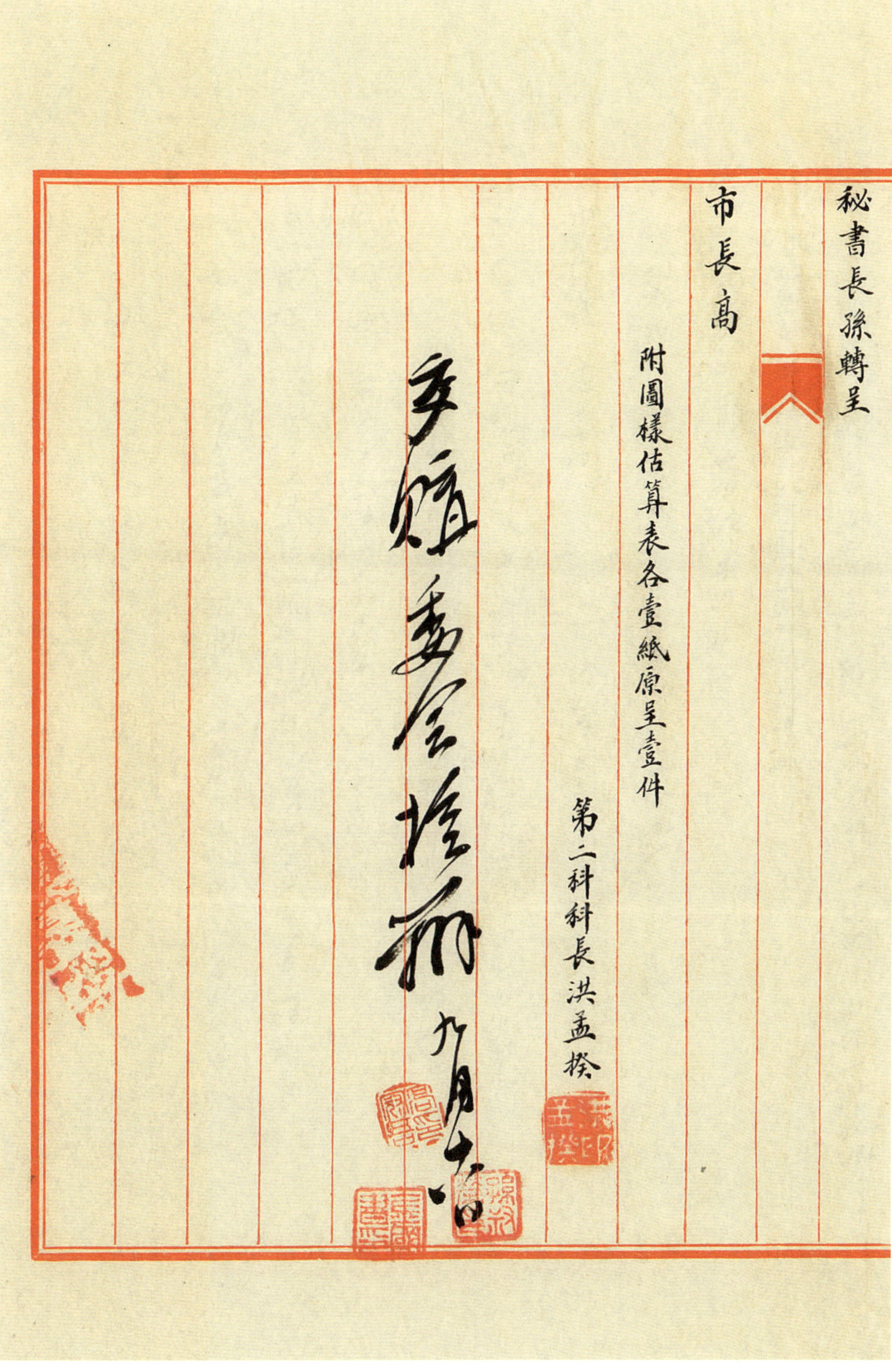

秘書長孫轉呈

市長高

附圖樣估算表各壹紙原呈壹件

第二科科長洪孟揆

交賑委會核辦

九月六日

中山門城墻增加工程估算表

1. A處 $16'0'' \times 41'6'' \times \frac{3'+1'6''}{2} = 6.64 \times 2.25 = 14.94$ 英方

2. B處 $24'0'' \times 42'0'' \times \frac{2'6''+1'6''}{2} = 10.08 \times 2 = 20.16$ 英方

3. C處 $(16'0'' \times 25'0'' + 8.5' \times 24.5') \times \frac{6'+4.5'+3.5'}{3}$

$= (4.0 + 2.08) \times \frac{14}{3} = 6.08 \times 4.7 = 28.58$ 英方

4. C_1處 $42'0'' \times 50'0'' \times \frac{4.5'+3'+2.5'}{3} = 21.0 \times 3.3' = 69.30$ 英方

5. D處 $16' \times 46'0'' \times \frac{5'+3'}{2} = 7.36 \times 4 = 29.44$ 英方

總計為 $14.94 + 20.16 + 28.58 + 69.30 + 29.44$

$= 162.42$ 英方

每英方單價照標價19.8元計算

共應增加工程費為 $162.42 \times 19.8 = 3215.92$ 元

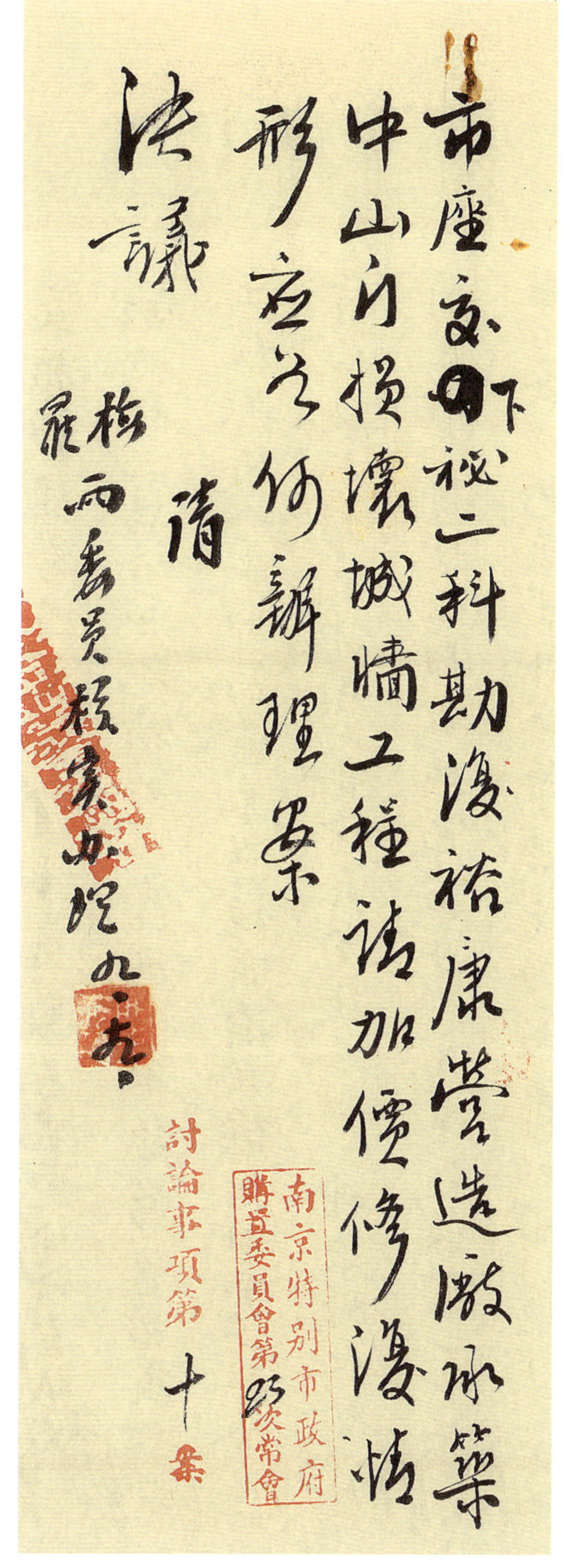

市座交下祕二科勘復褚康營造廠承築中山門損壞城墻工程請加價修復情形應如何辦理案

請

決議

梅羅兩委員核案如擬 九.十五

南京特別市政府購置委員會第23次常會

討論事項第十案

奉
交核裕康營造廠呈請派員勘丈毘連中山門A處
缺口新近坦坍之城墻加價修復一案經飭原包商及
工程主辦人華炳筠前来詳細商詢僉稱該項坦坍部份
前據廠商丈量計有二百餘英方旋經秘二科洪科長會
同主辦人前往復勘並與包商再三商量核減為一六二、
四二英方已無可再減等語核尚屬實似可
准予照一六二、四二英方計算並照標價每方以十九

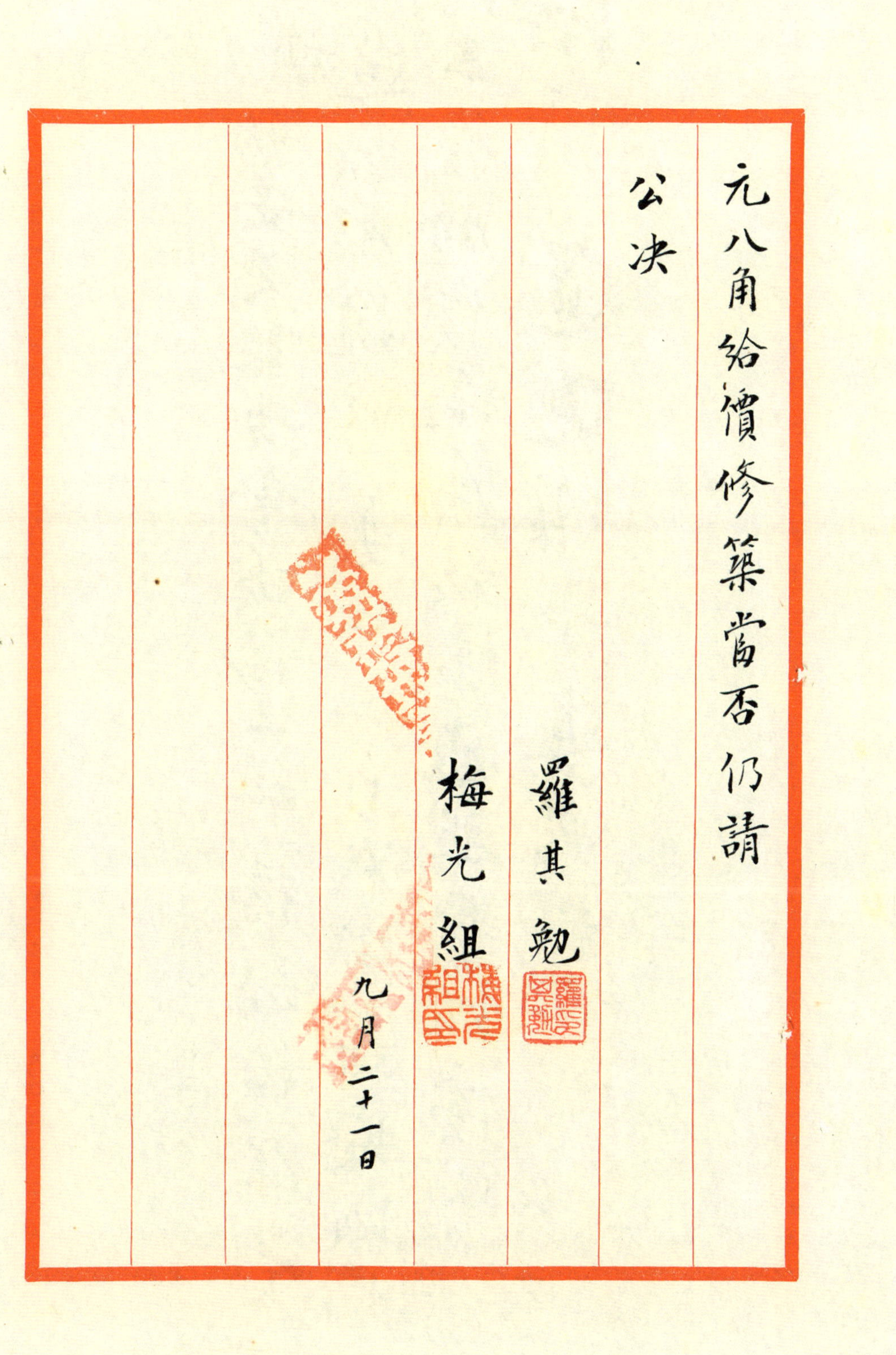

元八角給價修築當否仍請

公決

羅其勉

梅光組

九月二十一日

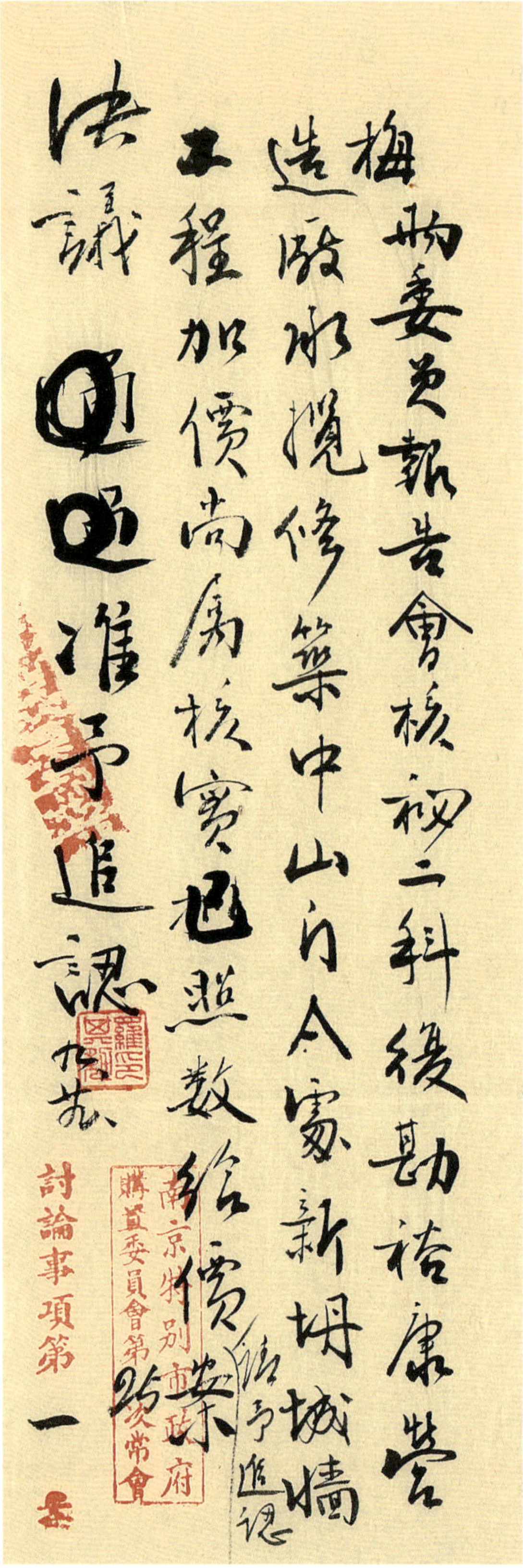
梅勒委員報告會核初二科後勘稽康營造廠承攬修築中山門人家新坍城牆工程加價尚屬核實，照數給價請予追認案

決議　通過　准予追認

討論事項第一

南京特別市政府購置委員會第26次常會

（十一）僞市工務局爲修築中山門附近城墻工程完竣請派員驗收致僞市政府的簽呈（一九三九年十月十二日）

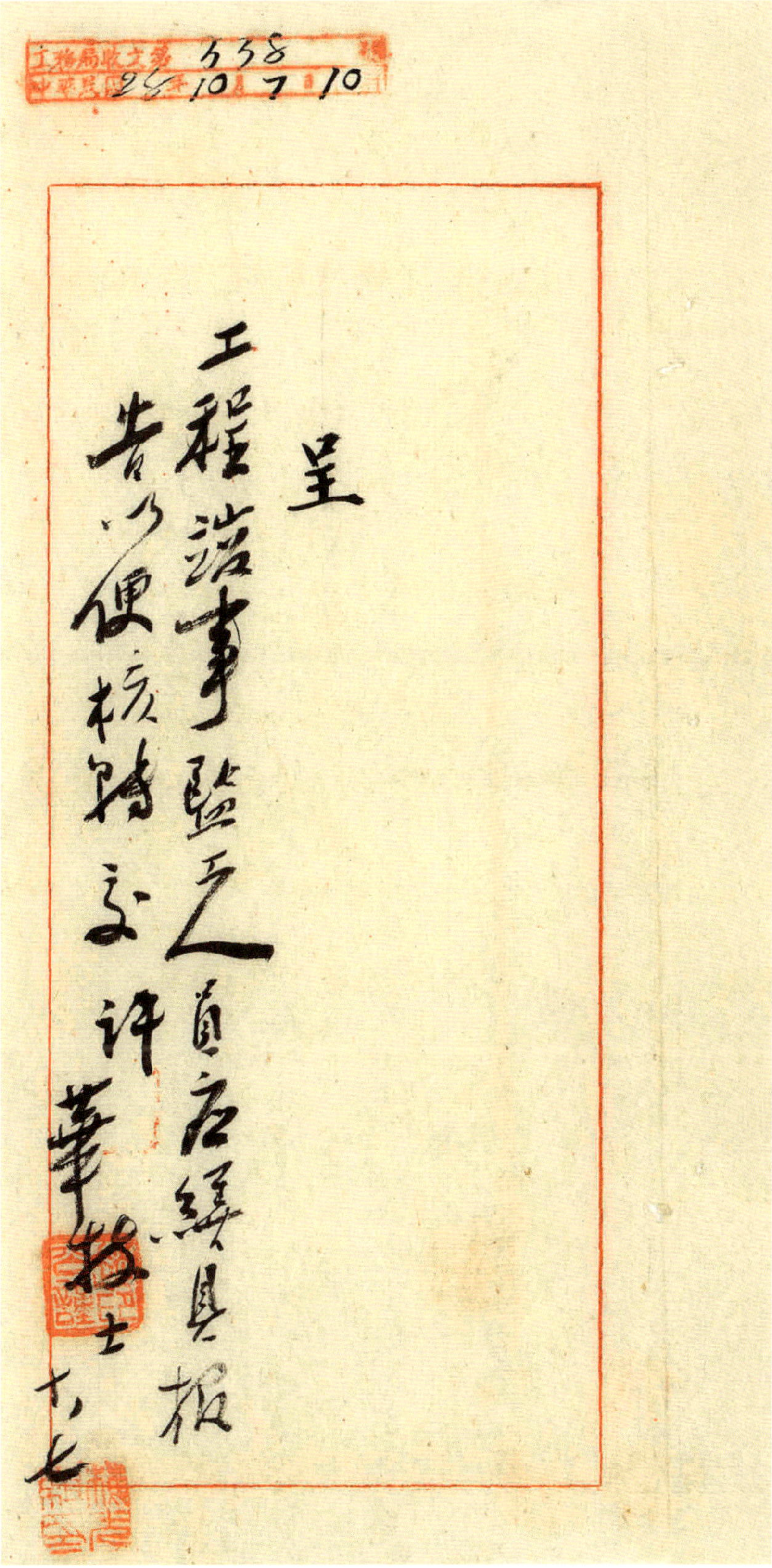
工務局收文第538
中華民國28年10 7 10

呈

工程諸事監工之人員居繕具報
告以便核轉交許
華[illegible]
十七

具呈人裕康營造廠　　　　住秦狀元巷二十一號

呈爲工程完竣請求派員驗收以便結束事竊敝廠承築中山門附近城墻自興工以還積極進行而BC兩處城墻缺口於九月十二日告竣曾經呈報在案惟A處缺口因毗連原有老墻崩潰奉　諭同時進行裨益城防其數量增多以致工作擴大不無需時在工作期間內因受落雨不能工作停工十八天復因

貴局無城磚供給致使停工候磚有二十餘天影響及此諒早在洞悉之中勿須瑣述嗣蒙指定准運城磚地点、商即加工監運督率趕造幸于十月六日A處全部完竣理合將先後完成情形具文呈請

鈞長鑒核准予派員驗收乞即結束以恤工艱實為公德兩便謹呈

南京特別市政府工務局局長趙

南京裕康營造廠具

中華民國二十八年十月七日

工務局收文第544號
中華民國28年10月11日14

簽請
市座派員驗收

簽呈　十月十一日

呈為呈報事竊查中山門附近城墻修築工程自興工以來積極進行後因城磚缺少加以城墻數量增加等問題以致遲延迄今目前該項工程於十月六日全部完工並經職等親往查勘尚屬實在理合呈請

鈞長簽呈

市座派員驗收以資結束是否有當謹呈

局長趙

職　華竹筠
　　許炳輝　同呈

秘書處收文 府秘第4046號 24年10月12日16時

第344號

簽呈 十月十二日

為簽請事案據裕康營造廠呈稱竊商承包中山門附近城牆修築工程業於本月六日完全竣工請予派員驗收等情並據監工員華竹筠許炳輝報同前情理合據情簽請

鈞座鑒核派員驗收實為公便謹呈

市長高

工務局局長趙公謹

請秘二科派員會同驗收

秘二科派員會同驗

（十二）僞市工務局爲核銷修築中山門附近城墻工程經費與僞市政府、市財政局的往來公文（一九三九年六月十九日至七月十三日）

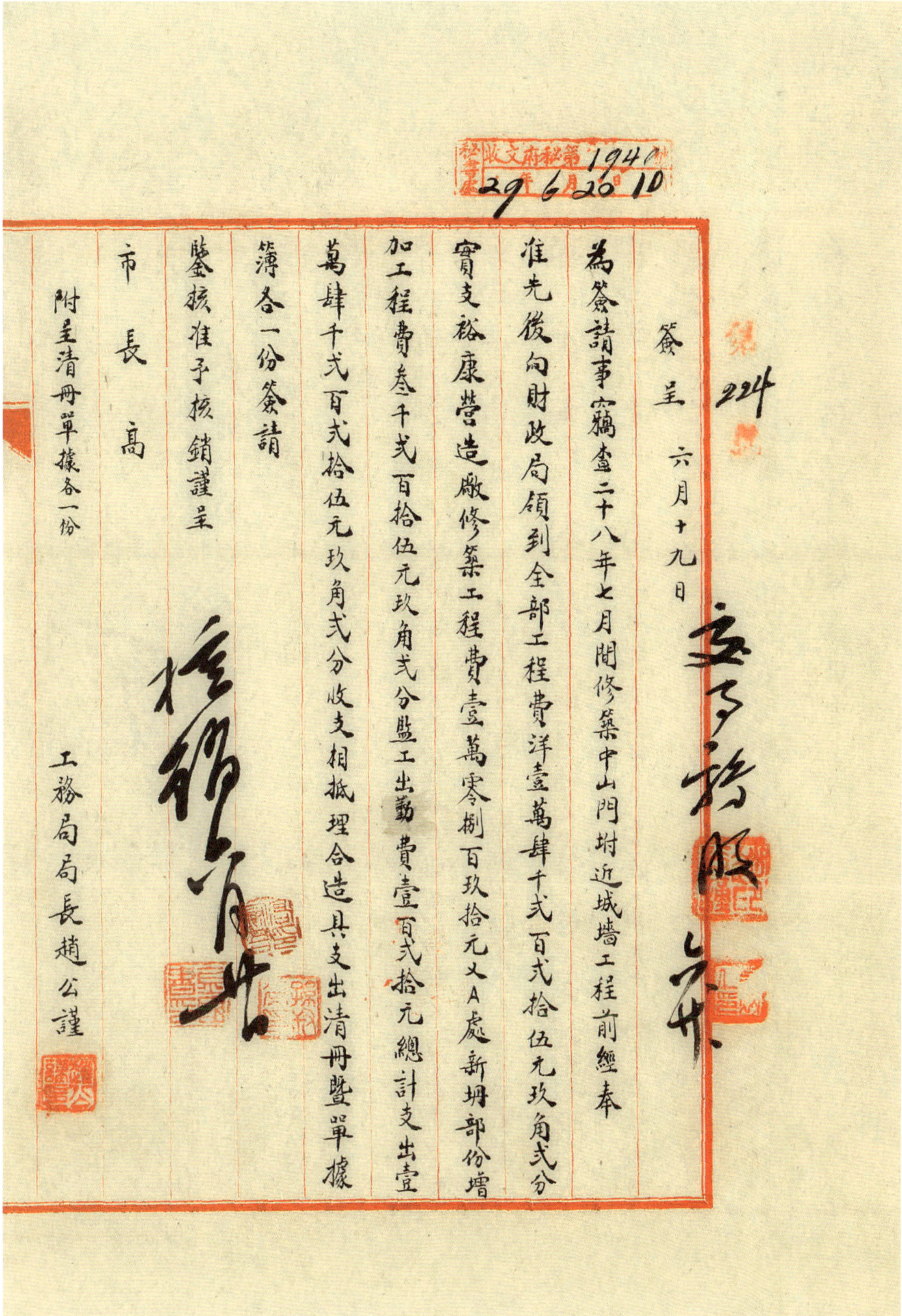
1940
29 6 20 10
224

簽呈 六月十九日

為簽請事竊查二十八年七月間修築中山門坿近城墻工程前經奉
准先後向財政局領到全部工程費洋壹萬肆千弍百弍拾伍元玖角弍分
實支裕康營造廠修築工程費壹萬零捌百玖拾元又A處新坍部份增
加工程費叁千弍百拾伍元玖角弍分監工出勤費壹百弍拾元總計支出壹
萬肆千弍百弍拾伍元玖角弍分收支相抵理合造具支出清冊暨單據
簿各一份簽請
鑒核准予核銷謹呈
市長高

附呈清冊單據各一份

工務局局長趙公謹

發

可也

逕啟者：案查廿八年七月間修築中山门附近城墻工程，前經奉
致財政局箋函 六月廿日
准先後向
貴局領到全部工程費洋壹萬肆千貳百貳拾伍元玖角貳分，實
支裕康營造廠修築工程費壹萬零捌百玖拾元又A案新增
部份增加工程費叁千貳百拾伍元玖角貳分，監工出勤費壹百貳
拾元，總計支出壹萬肆千貳百貳拾伍元玖角貳分，收支兩數相抵。
茲經造具支出清冊、憑單、核銷表一併簽奉
市座批示核銷等因，相應檢同冊據等件函請
查照轉送秘二科核銷為荷。

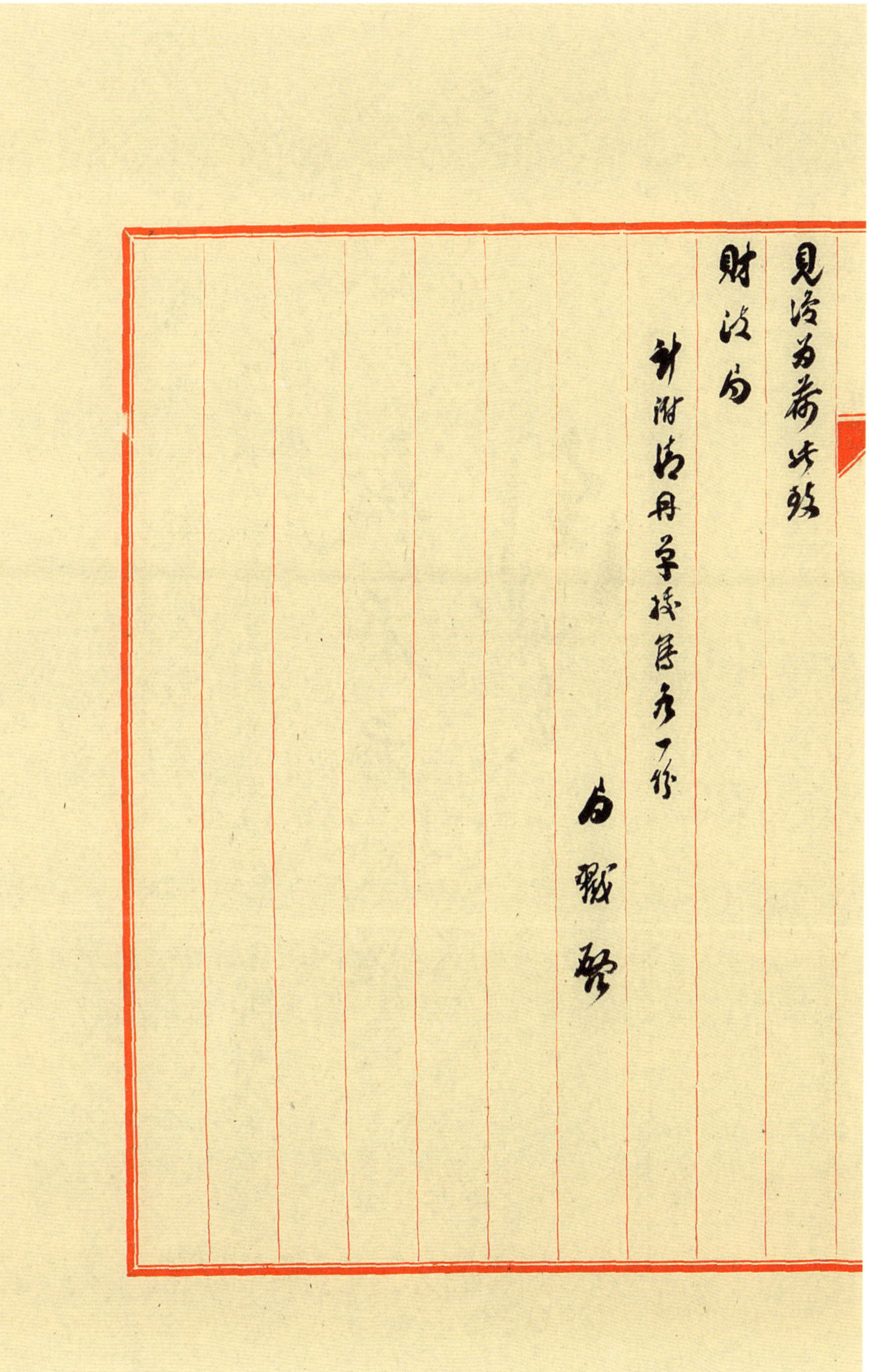

見復為荷此致

財政局

計附清冊單據等各一份

局戳發

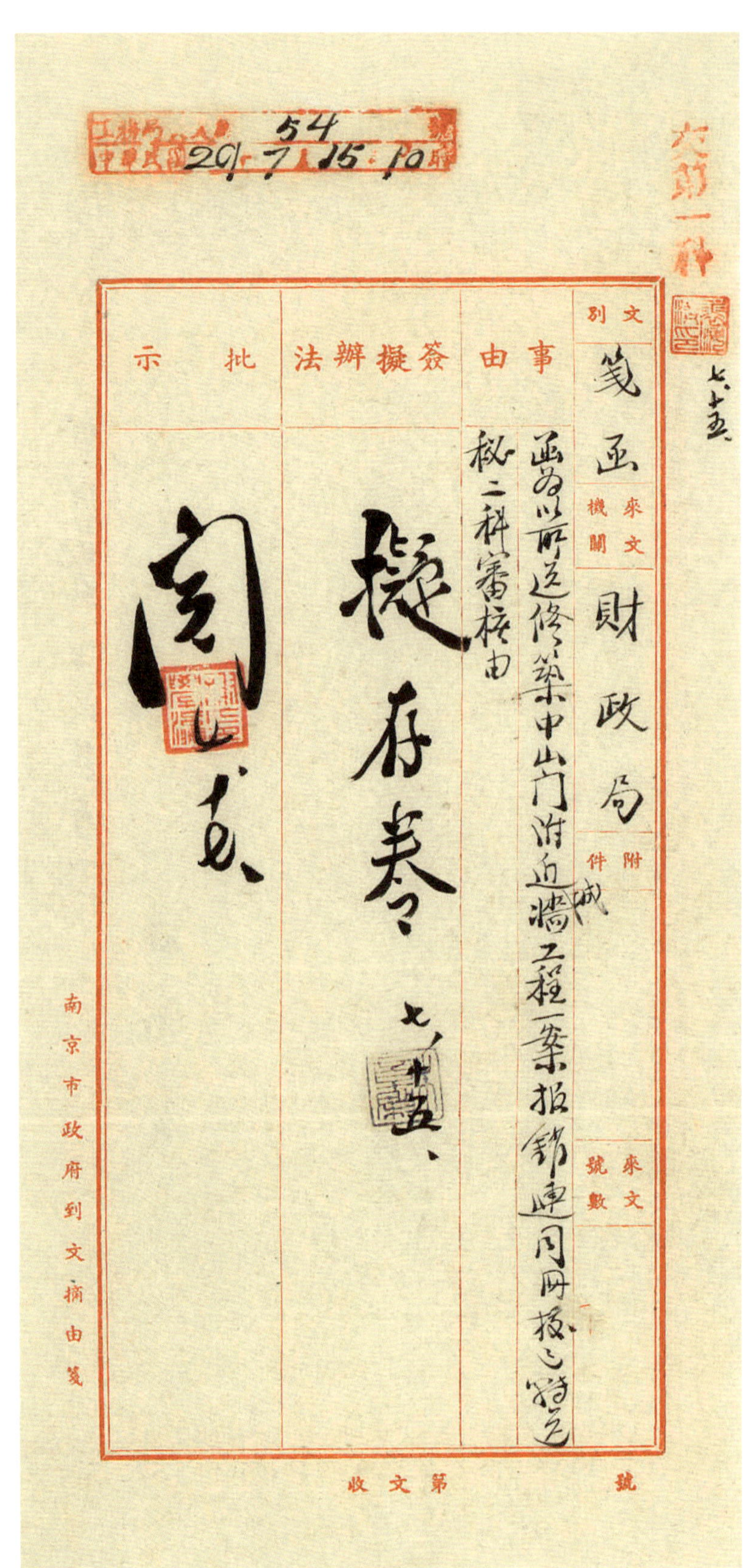

工務局收文 第54號
中華民國 29.7.15.10

文第一科
七、十五、

文別	箋函
來文機關	財政局
附件	
來文號數	
事由	函為以前送修築中山門附近城牆工程一案報銷連同冊核已轉送
	秘二科審核由
擬辦法	擬存參 七、十五、
批示	閱 十五、

南京市政府到文摘由箋

收文第　號

逕復者案准

大函以修築中山門附近城牆工程一案前由裕康營造廠包修收支數目為乙萬四千弍百弍拾伍元玖角弍分兩抵無餘茲經造具清冊暨單據各壹份簽奉

市座批示核銷等因檢同冊據等件函請

查照轉送秋二科核銷等由過局除將冊據等件函轉

南京市政府用箋

秘二科審核外相應函復

查照此致

工務局

南京市政府財政局啟

七十三、

南京市政府用箋

修理萬竹園城墻

（一）僞市政府爲請轉飭第二團第一營將萬竹園城墻坍下城磚退還原處與僞警衛旅司令部的往來公函

（一九四一年五月六日至五月二十一日）

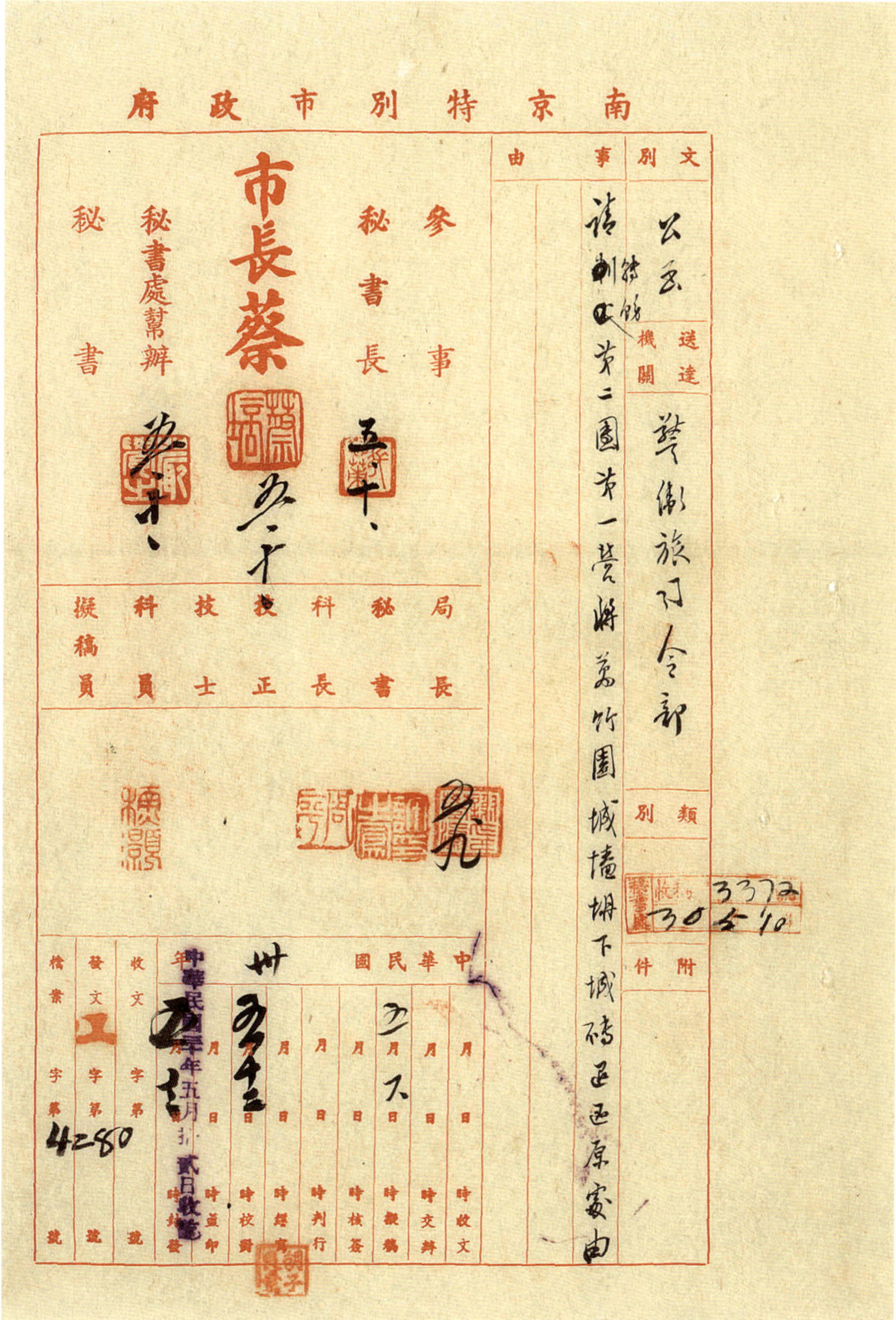

南京特別市政府

文別：公函

送達機關：警衛旅司令部

事由：請轉飭第二團第一營將萬竹園城墻坍下城磚退還原處由

類別

附件

市長蔡

參事

秘書長

秘書處幫辦

秘書

局長 秘書 科長 技正 技士 科員 擬稿員

中華民國 年 月 日

收文 月 日 時

交辦 月 日 時

擬稿 月 日 時

核簽 月 日 時

判行 月 日 時

繕寫 月 日 時

校對 月 日 時

蓋印 月 日 時

封發 月 日 時

收文 字第 號

發文 字第 號

檔案 字第 4280 號

中華民國卅年五月拾貳日收訖

公函工字第　號

案准警政部政治警察署函開：案據京西林陽云云以維治安等由。准經特派工務局查勘，去後茲據報告：該處城墻云云。現尚在陸續搬運中，此時若需修復，則此項城磚缺少頗鉅，且尔後急須購置，應請設法阻止搬運等情。據此，查此該處城墻亟須修復，此項城磚均需應用，相應函請查照，希即轉飭該警部勿再搬運，並將已運部份運還原處，以便修復，並希見復為荷。此致

警衛旅司令部

市長蔡

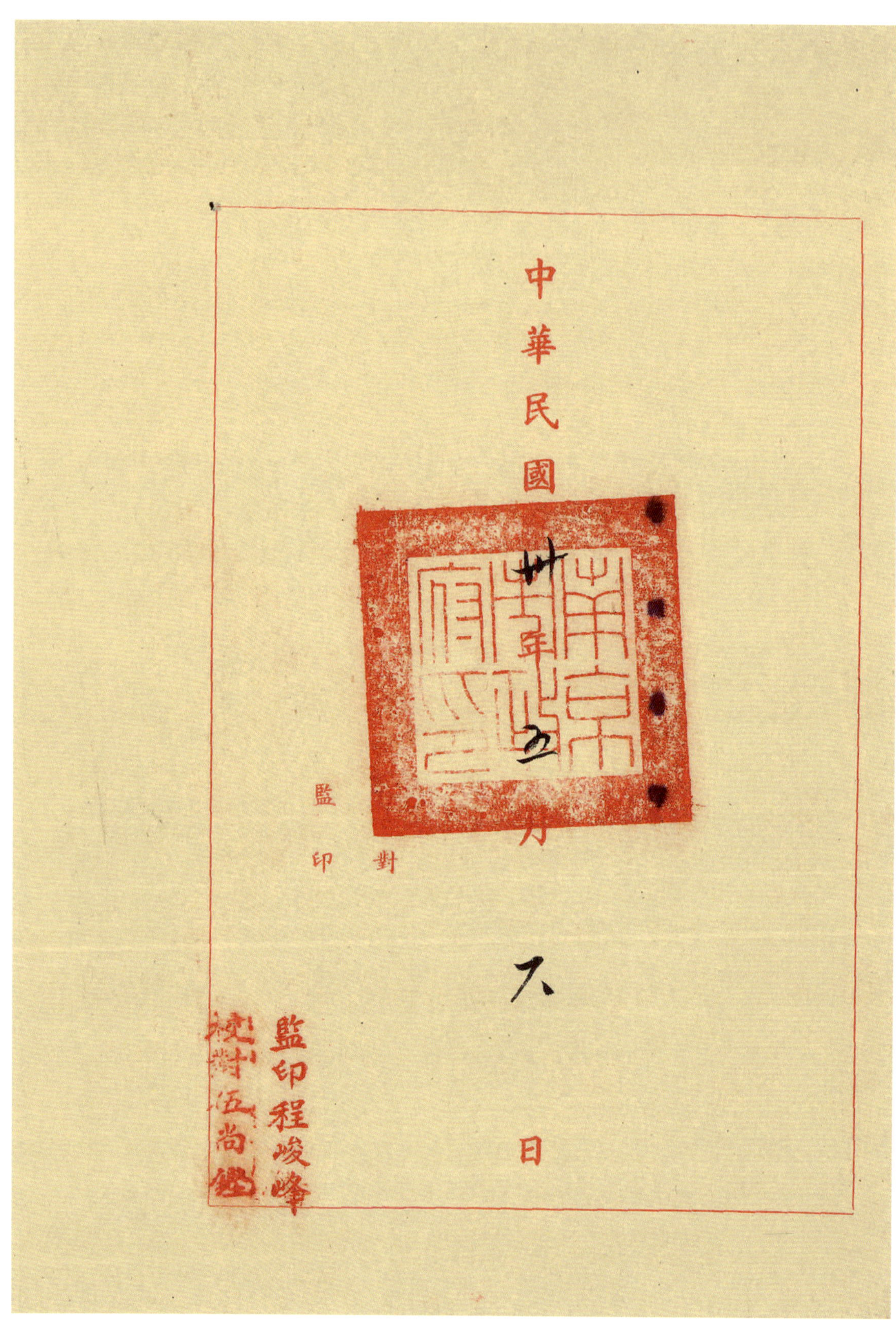

中華民國卅年五月六日

監印　對

監印程峻峰

校對伍尚鏗

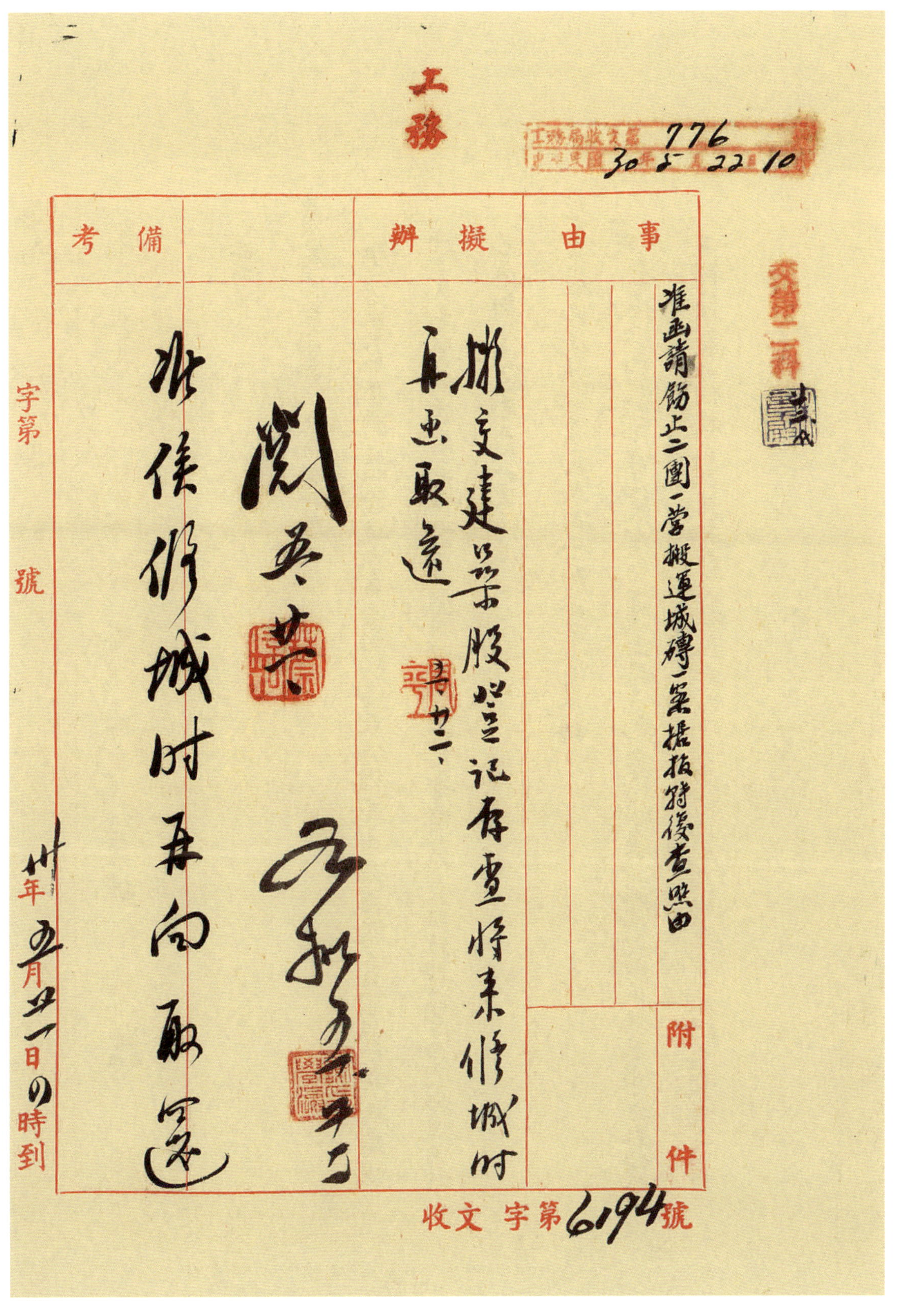

工務

工務局收文第776號 中華民國30年5月22日10時

交第二科

事由	擬辦	備考
准函請飭止二團一營搬運城磚一案據報特復查照由	擬交建築股照記存查將來修城時再函取還 五廿二 劉英士 五廿二	此係修城時再向取還

卅年五月廿一日〇時到

收文 字第6194號

附件

警衛旅司令部公函　副字第拾號

案准

貴府工字第四二八〇號公函略開：

「准政治警察署函「請修建本市西南隅塌毀城墻」等由；經飭據工務局勘報「該處城磚多為警衛旅第二團第一營搬用，請設法阻止」等情；請查照轉飭該營勿再搬運，並將已運部分退還原處，以便修復」

等由；准此。當經派員勘驗制止，嗣據該營復稱：

「職營移駐花露岡前庇寒所原址時，因該屋地板破損無存，地面凹陷，不堪駐用，經報請招工勘修，僉以修復此項地板殊為耗時誤事，旋查附近城關堆棄前被砲火擊毀之城磚

廢置滿地，坿近居民，難免搬動，職爲利用廢物，節省公帑計，暫將上項廢磚，搬用千餘
塊，權作舖地之用，自四月二十三日完工後，實無續搬情事，惟此項城磚，一經挖出送還，
即須立將地板修復，爲此擬懇轉請市府予以通融，在城關未興修以前，暫爲借用，
一俟興工，即當退還，
等情，據呈到師，查該營既未繼續搬運，其已運部分若俟動工修城時退還，似尚可
行，所請暫予通融，准函前由，相應函復，即希
查照示復，爲荷，此致
南京特別市政府

師長 鄒太平

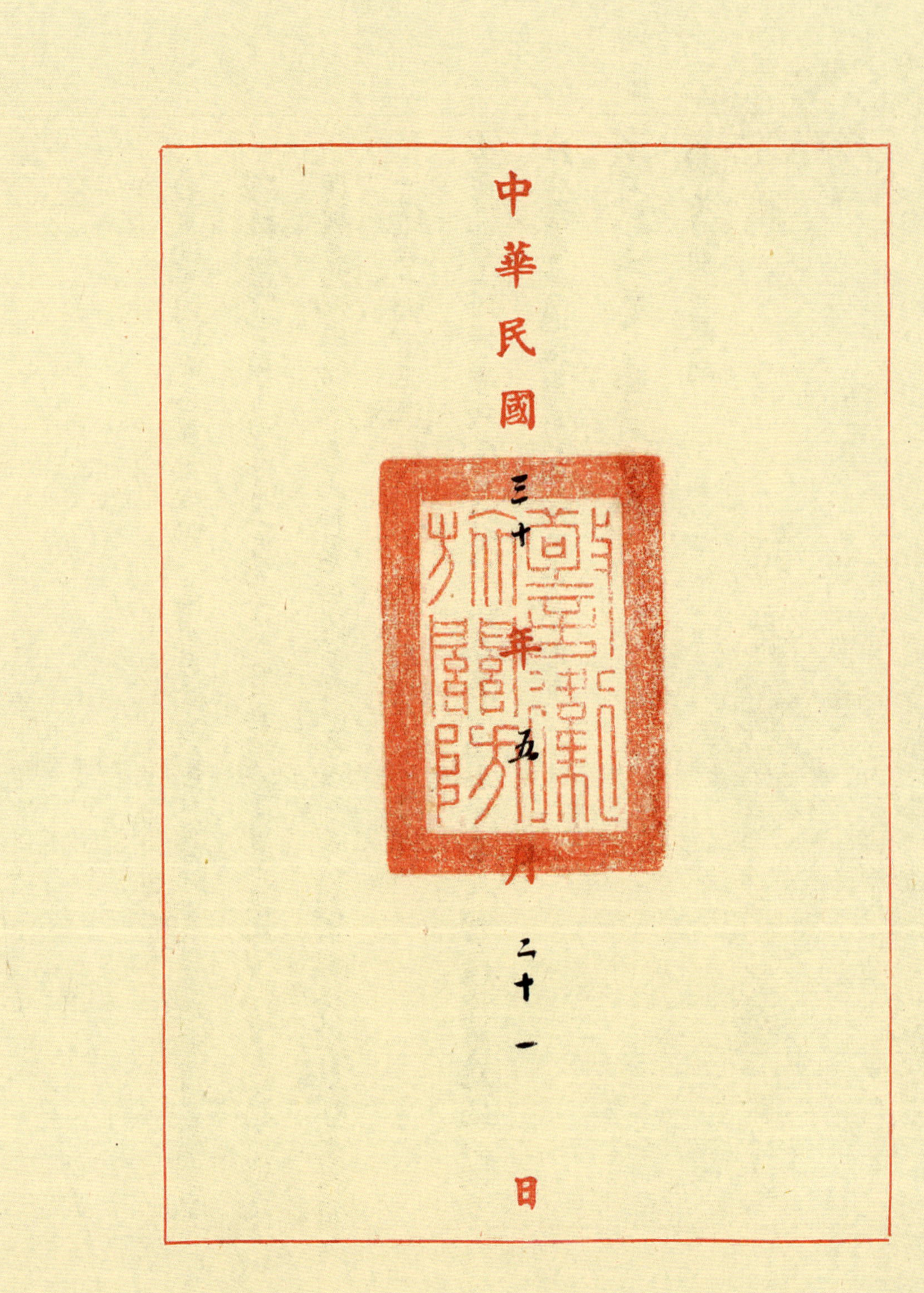

中華民國三十年五月二十一日

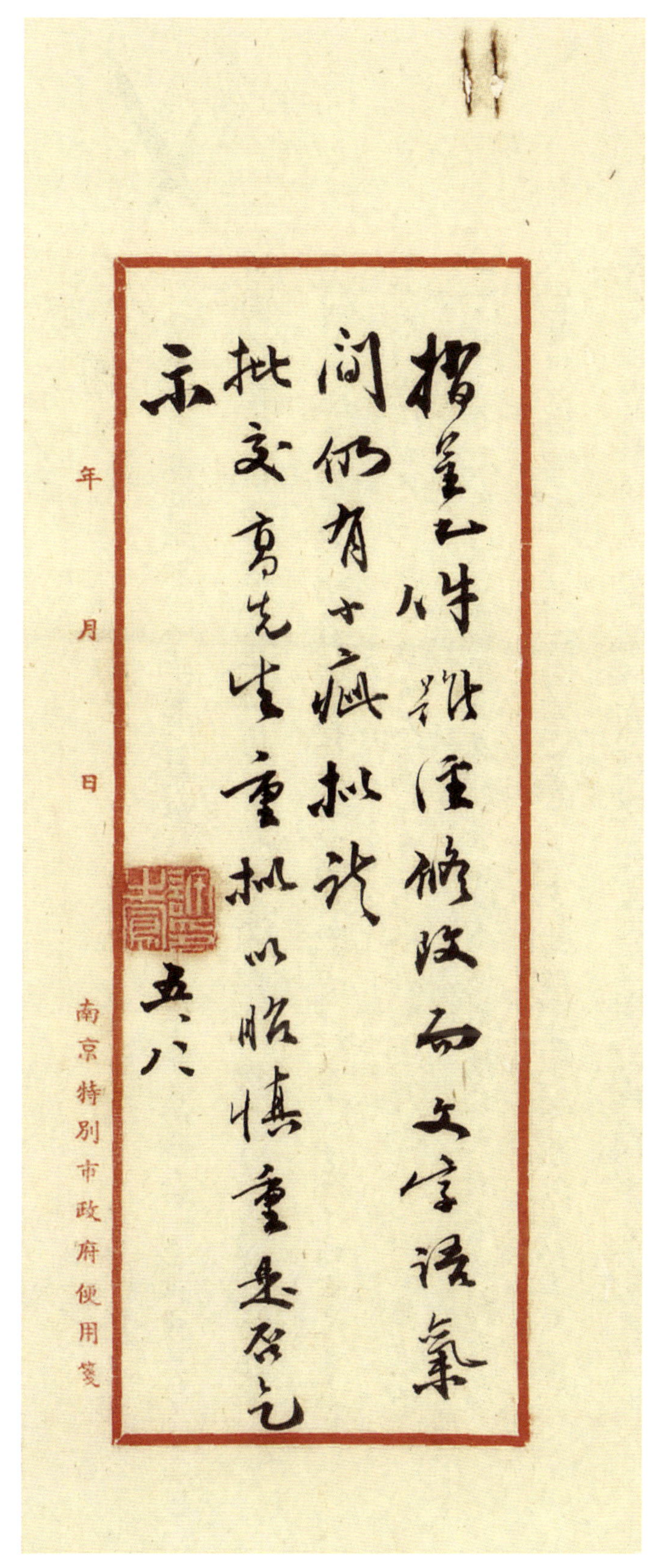

檔呈七八件雖經修改而文字語氣

間仍有未妥擬請

批交禹先生重擬以昭慎重是否乞

示

五、八

年　月　日

南京特別市政府便用箋

摺呈

案准警政部改治警察署函請修理本京西南隅堯道第

竹園城牆一案當經交工務局查勘去後茲據報告該處城牆係事

變時被炮火所轟坍計有缺口三處其毀壞程度(一)長十六公尺高

十公尺深九公尺(二)長十五公尺高十五公尺深七公尺(三)寬四公尺高四

公尺深三公尺又缺口處現由友邦軍隊圍以刺鉄絲至坍下城磚有完

整者現被警衛旅第二團第一營運去砌築營部已經搬去大半

尚在陸續搬運中查該項城磚現在無從購辦如缺少過多日後若

難修復擬請函知警衛旅轉飭停止搬取并將已運用之磚照數

退回以便應用並估計此項工料費用共需銀貳萬玖千壹百貳

南京特別市政府

拾貳元陸角伍分，祈核示等情，附呈預算書一份。據此，查首都重地，防務極應嚴密，城牆倒塌，不惟影響治安，抑且觀瞻有繫，值茲各項工程均在積極復興之際，對此有關本京治安之城牆，似應亟加修復，以杜禍患而固城防。惟市庫奇絀，無款可以動支，此項修理城牆費用，擬請鈞座賜予指撥，以便施工。除函警衛旅司令部轉飭遵照外，理合檢同預算書一份，備文呈

鑒核示遵。謹呈

主席汪

計呈預算書一份

銜名

南京中華印刷所

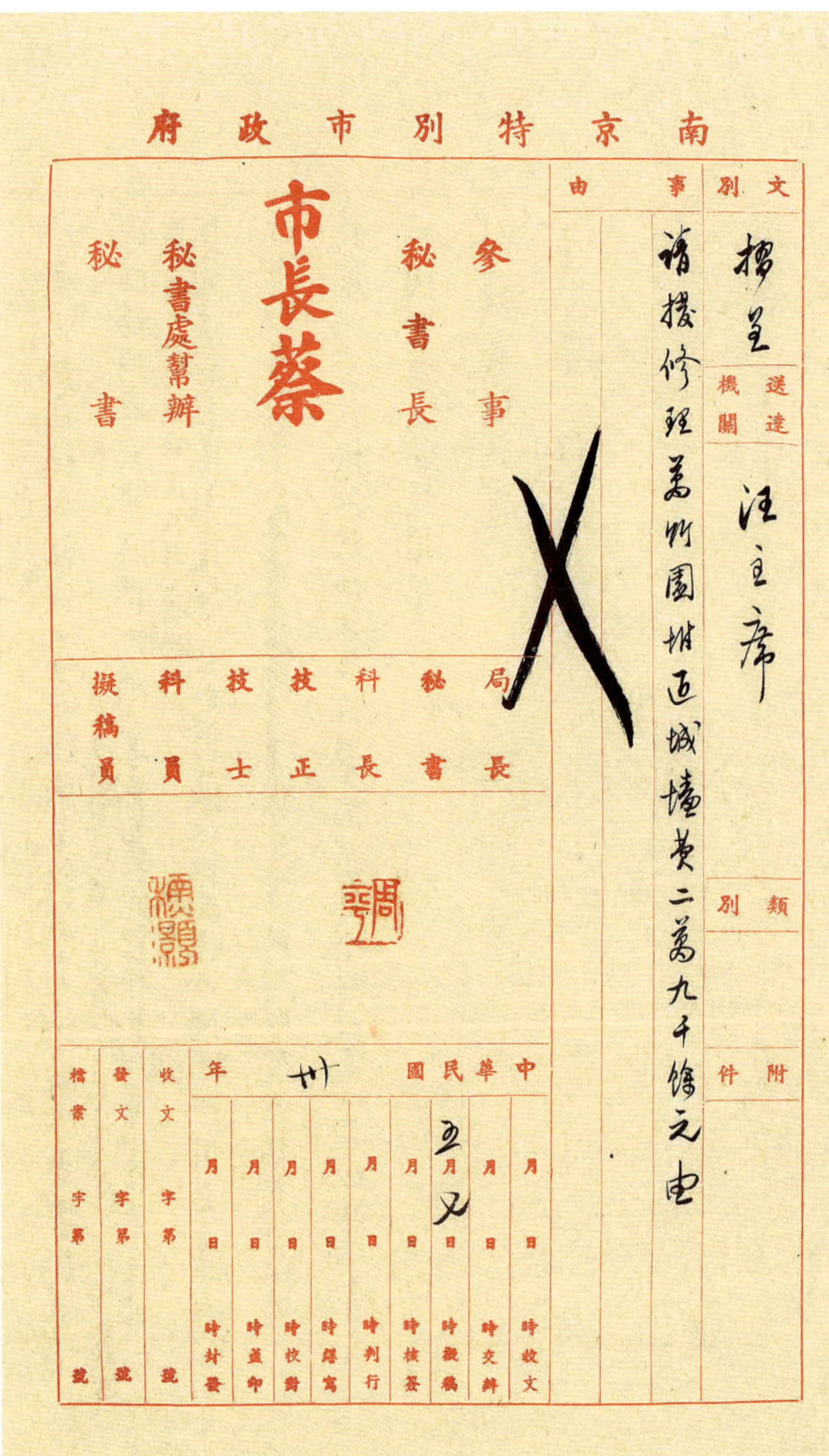

南京特別市政府

文別：簽呈

送達機關：汪主席

事由：請撥修理萬竹園附近城墻費二萬九千餘元由

類別

附件

市長蔡

參事

秘書長

秘書處幫辦

秘書

局長 秘書 科長 技正 技士 科員 擬稿員

調

中華民國卅年

收文 月 日 時

交辦 月 日 時

擬稿 五月八日 時

核簽 月 日 時

判行 月 日 時

繕寫 月 日 時

校對 月 日 時

蓋印 月 日 時

封發 月 日 時

收文 字第 號

發文 字第 號

檔案 字第 號

簽呈

案准警政部汪治警察署函請修理本京西南隅藏匠營竹園之城墻一案，當經交工務局查勘去後，茲據報告該處城墻係事變時被炮火轟坍，計有三處缺口，其損毀程度：（一）長十六公尺，半高十公尺，深九公尺；（二）長十五公尺，高十五公尺，深七公尺；（三）寬四公尺，高四公尺，深三公尺。各缺口處現由友邦軍隊圍以刺鐵絲，其坍下城磚多有完整者，現被警衛旅第二團第一營將完整者運去砌築營部，計已搬去大半，尚在陸續搬運中。將來修復，用共需磚方甚鉅，且須紮搭篷置，估計此項現需工料費貳萬九千壹百貳拾

查該項城磚購辦太難，如能少過多，對於日後修復時極感困難，擬請函知警衛旅，轉飭停止搬取，並將已運用之磚一律退還

回以便應
用爲

貳元叁角伍分等情據此查該處城墻關係國防亟應
修復惟市庫支絀萬分對此項工程費用擬請
鈞座賜予指撥以便施工除函警衛旅司令部轉飭
遵照將城磚分理合檢同預算書一份呈請
鑒核示遵謹呈
主席汪
計呈預算書一份
衛 蔡 〇

中華民國卅年五月 又 日

南京中華印刷所

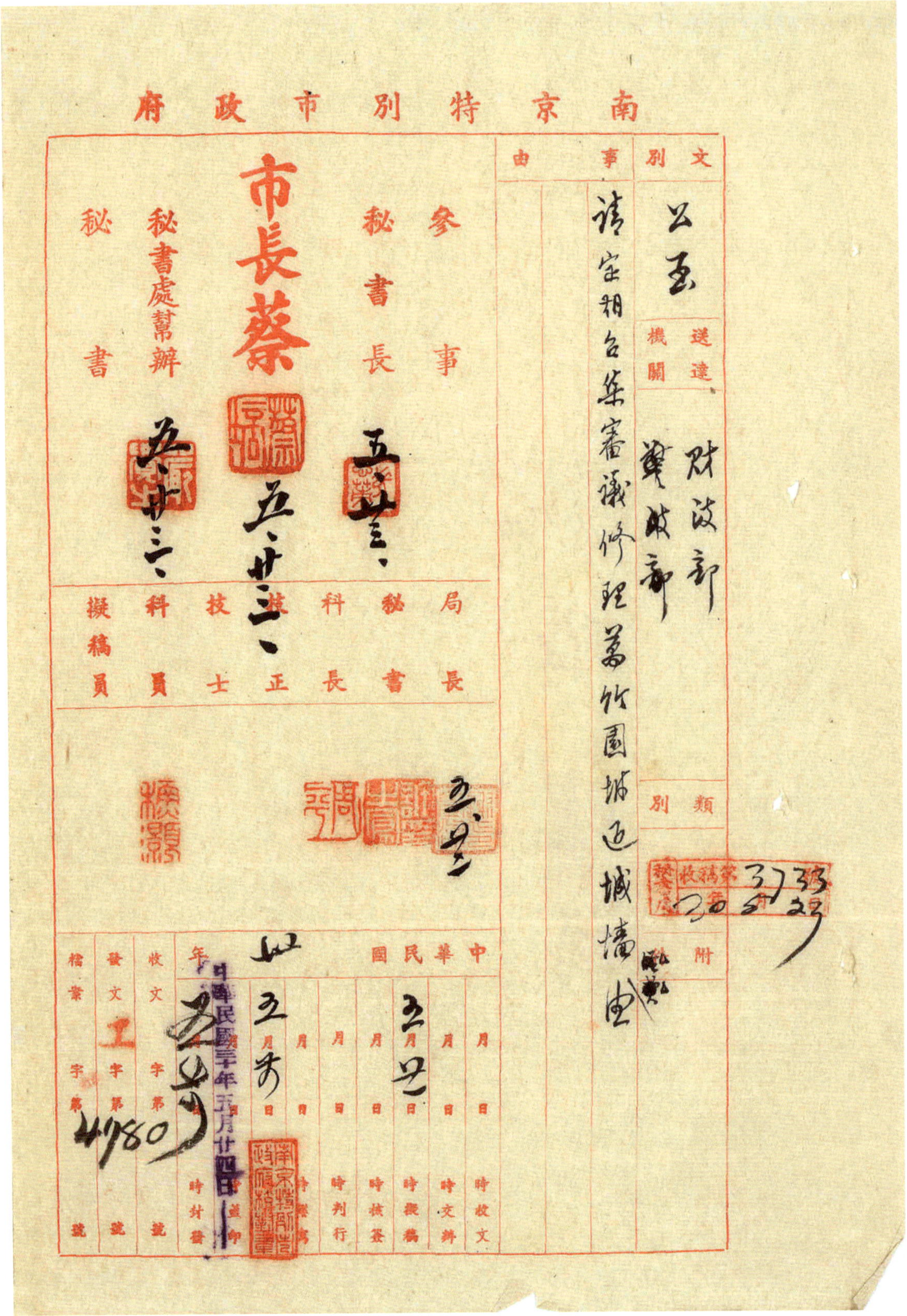

南京特別市政府

文別	公函
送達機關	財政部
事由	請定期召集審議修理萬竹園附近城墻費

市長蔡

參事

秘書長

秘書處幫辦

秘書

局長　秘書　科長　技正　技士　科員　擬稿員

中華民國三十年五月 日

公函第　　号

案查（本府）前准军政部政治军参谋署函请修理

万竹园附近城墙，即经派员查勘，估计需用工料费

二万九千一百二十二元八角五分，当以此项（城防）工程不特与首

都治安攸关，且系观瞻所系，值此各项工程均在□

兴之时，除财内有关国防之城墙亟应加以修浚，惟市

库奇绌，实无余款可以动支，（检同预算）曾经呈请

行政院赐予指拨去案，兹奉指令行字第二九八五

号内开：“呈件均悉，……云云。”此令附还在案，因奉此，除分

函军政部、财政部请定期召集审议（具体）外，相应函请

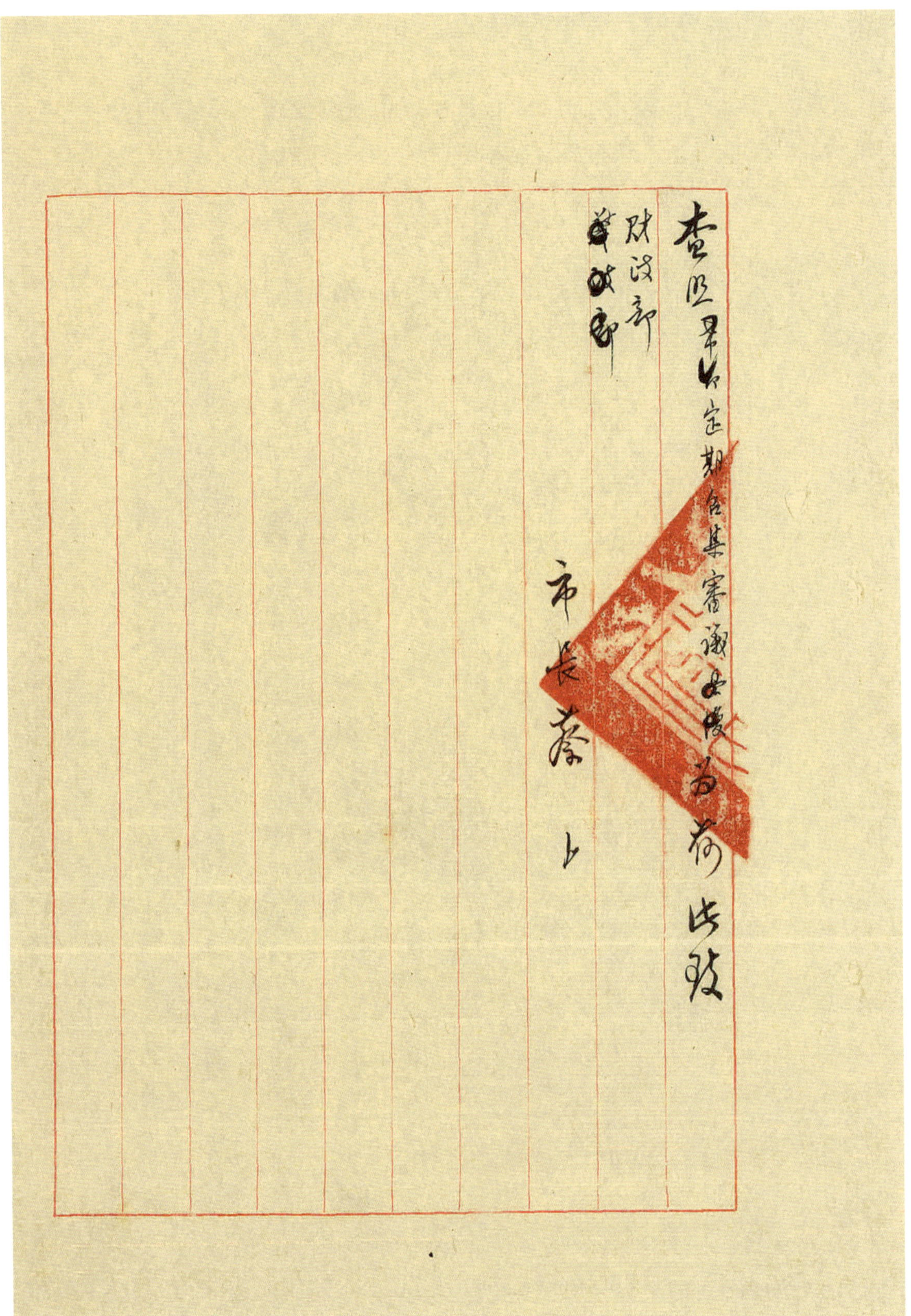

查照呈院定期召集審議公佈爲荷　此致

財政部

警政部

市長蔡　上

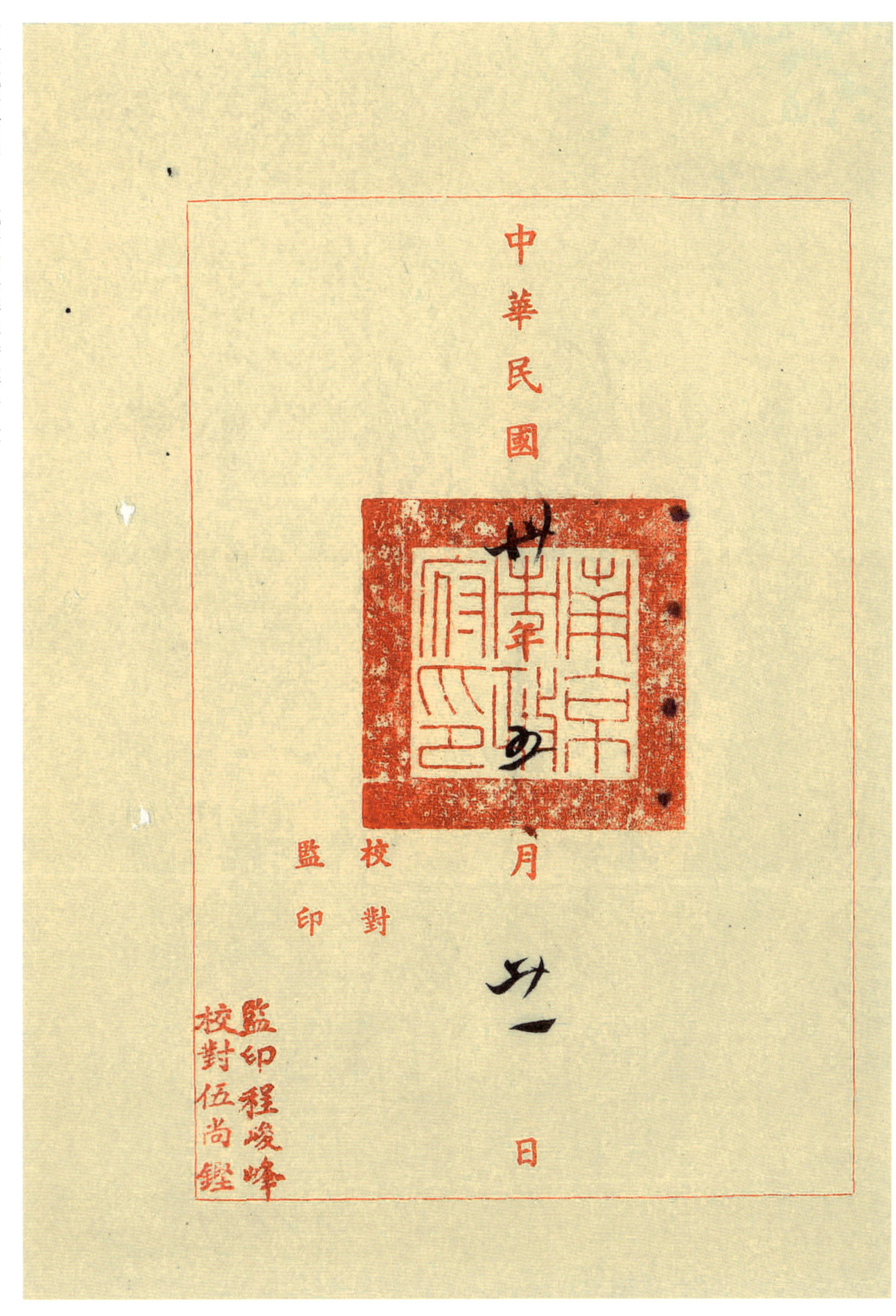

中華民國卅五年　月廿一日

（印：南京市政府印）

校對

監印

監印程峻峰

校對伍尚鏗

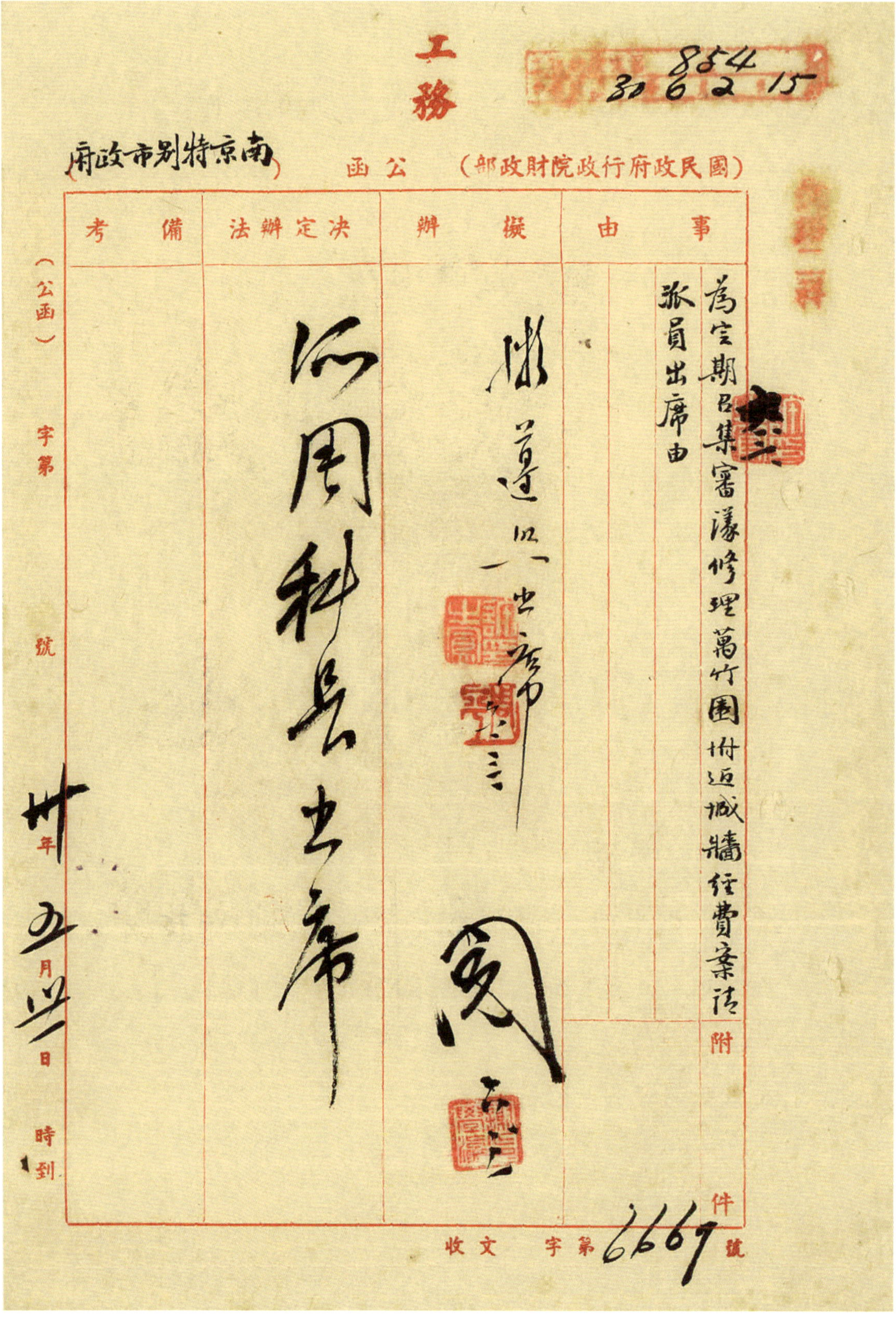

工務

854
30 6 2 15

南京特別市政府（公函）國民政府行政院財政部

事由	擬辦	決定辦法	備考
為定期召集審議修理萬竹園附近城牆經費案請派員出席由 附件	擬遵派一出席 三 閱	派周科長出席	

（公函）字第　號

卅年五月廿一日　時到

收文　字第6667號

國民政府行政院財政部公函　會巳字第2479號

案奉

行政院行字第二二九三號訓令略開

據南京特別市政府呈稱准警政部政治警察署函請修理萬竹園附近城牆即經派員查勘估計工料費弍萬玖千壹百弍拾弍元六角五分惟以市庫奇絀檢同預算呈請賜予指撥等情據此當經指令「呈件均悉所請各節應交財政部會同警政部及該市府審議具復以憑核辦除分令外仰即遵照此令

等因奉此並准

貴府函請定期召集審議等由茲定於六月五日上午十

時在本部舉行會議除分函外相應函達即希

查照屆時派員出席為荷此致

南京特別市政府

陳羣

中華民國二十年五月三十日

監印蕭少通
校對李志宏

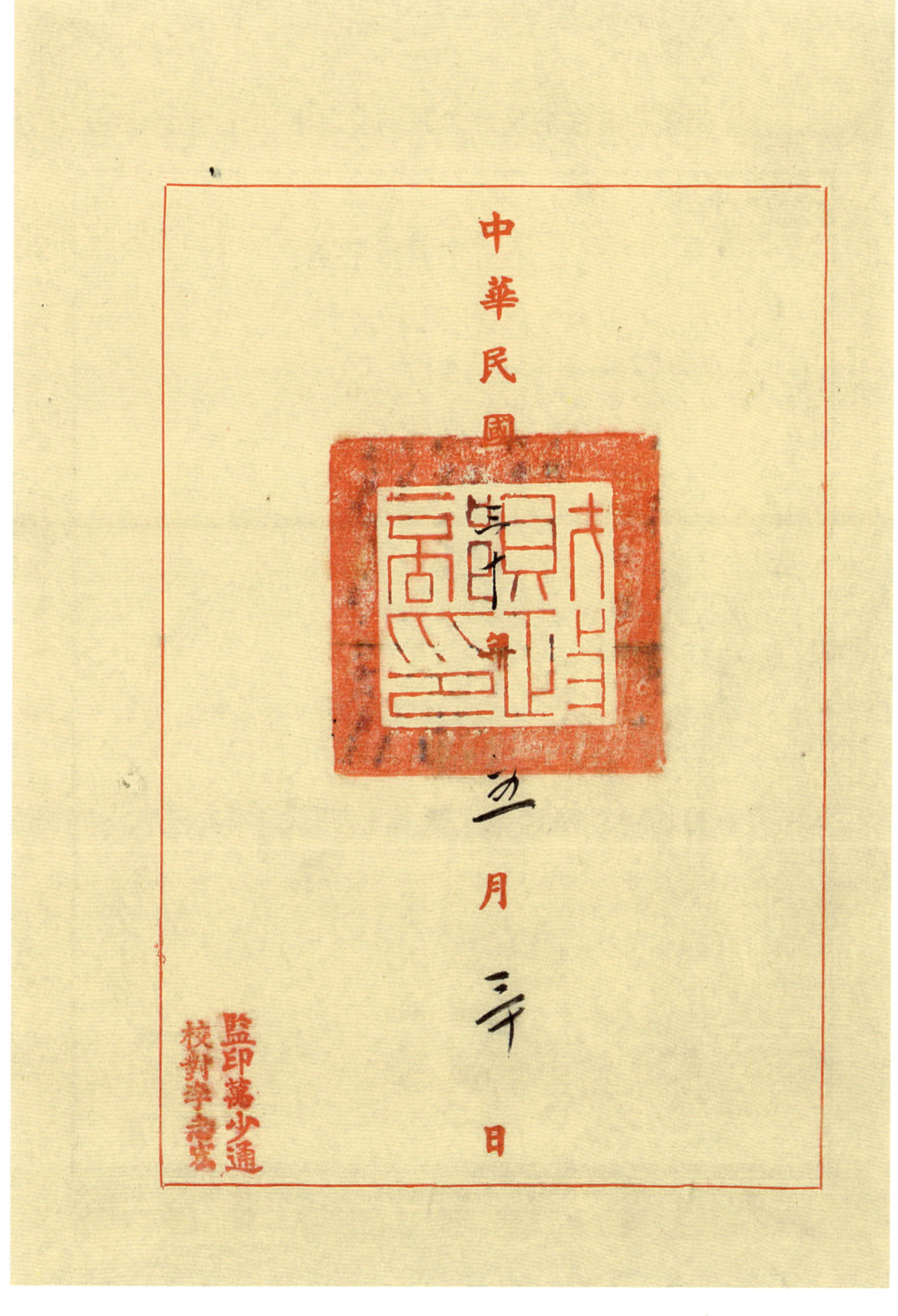

南京市政府工務局預概算書

字第　　號
第　　頁

工料種類	說明	單位	數量	單價（元）	複價（元）	備註

萬竹園損壞城牆

1. $16.50^{m} \times 10.00^{m} \times 3.00^{m} = 495.00^{m^3}$
2. $15.00^{m} \times 15.00^{m} \times 3.00^{m} = 675.00^{m^3}$
3. $4.00^{m} \times 4.00^{m} \times 3.00^{m} = 48.00^{m^3}$

共計損壞城墻數量為

1218.00立公＝429.80華方

429.80×60＝25788元

應填土方

1. $16.50^{m} \times 10.00^{m} \times 600^{m} = 990^{m^3}$
2. $15.00^{m} \times 15.00^{m} \times 400^{m} = 900^{m^3}$

應填土方總數

1890.00立公＝666.93華方

666.93×5＝3334.65元

總計修理損壞城墻及應填土方為29,122.65元

經會議緩辦

總計

鑒定　　審核　　校對　　計算

中華民國　　年　　月　　日

僞市工務局關於派工修理中華門、水西門等處城墻的新聞稿（一九四二年四月二十八日）

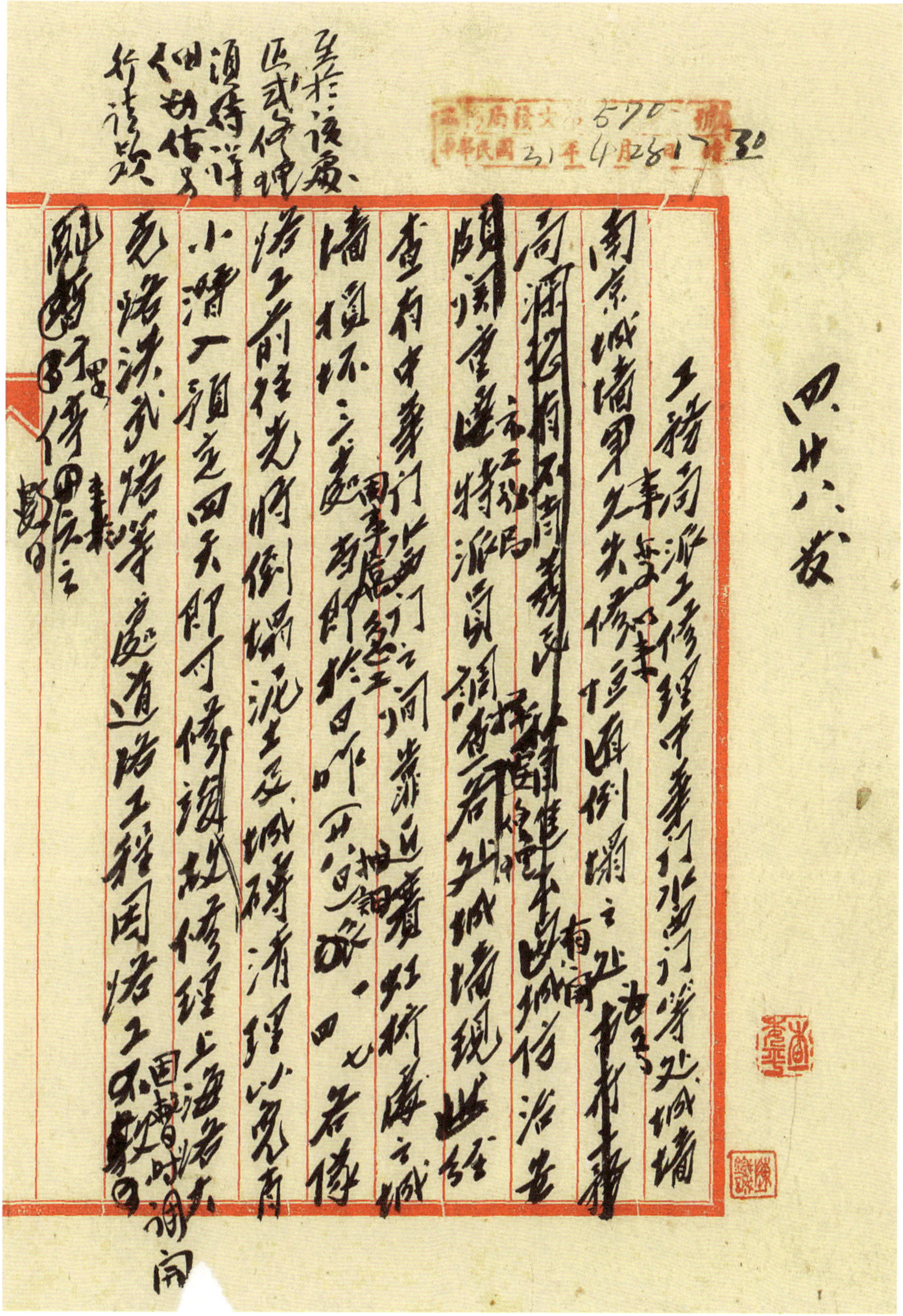
四廿八發
工務局派工修理中華門水西門等處城墻
南京城墻因年久失修，往往有倒塌之處，[illegible]
[illegible]特派員調查，各處城墻現經[illegible]
查有中華門水西門之間[illegible]城
墻損壞之處，即於日昨（廿六日）[illegible]四七名，僱
路工前往，先將倒塌泥土及城磚清理，以免有
[illegible]，須四天即可修竣，[illegible]修理上海路
先路洪武路等處道路工程因路工不敷[illegible]
至於該處[illegible]須待詳[illegible]勘估[illegible]

（一）僞市工務局爲送修理鷄鳴寺與玄武門間城墻工程估算書和圖樣致僞市政府的簽呈（一九四二年十月六日）

工務

2261
31 10 7 10

1903

簽呈 為修理鷄鳴寺與玄武門啣接處損壞之城牆工程估計需款壹百玖拾捌元五角檢同估算書等件簽請 示遵由 十月六日

竊查前准防衛司令部派員面請勘修鷄鳴寺及玄武門間之損壞城牆一事當經派員會同首都警備司令部首都警察總監署前往調查茲據報稱查鷄鳴寺與玄武門啣接處之城牆業已損壞該段原以三角刺鉛絲網釘於損壞之處藉資防範現查該刺鉛網損壞孔洞高約八呎寬約十四呎擬仍照原來情形用三角刺鉛絲網補釘完好又查玄武門城牆因前砌時牆角厚度凸出約六吋形如拾級高度約二十四呎茲擬將該凸出部份敲平至五呎高以免宵小攀登估計共需款壹百玖拾捌元五角檢具略圖暨估算書報請鑒核等情查核所稱尚無不合似可准予照辦該款并請准在本局經常事業費內動支是否有當理合檢同估算書暨圖樣各一份簽請

鑒核示遵謹呈

抄示二科核並令計室向財局領撥 十七

市長周

附呈估算書暨圖樣各一份

工務局長朱浩元

南京市政府工務局預概算書

字第　號
第　頁

修理鷄鳴寺及玄武門城牆

工料種類	說明	單位	數量	單價（元）	複價（元）	備註
三角刺鉛絲	4'×7+9'×3	英尺	55.00	0.30	16.50	所應用各料或向材料庫領取應用.
木料	3-3"φ×4'	根	3.00	12.00	36.00	
木料	1-4"φ×9'	根	1.00	20.00	20.00	
洋釘		斤	1.50	20.00	30.00	
人工		個	8.00	12.00	96.00	
總計					198.50	

鑒定　審核　校對　計算

中華民國 31 年 9 月 10 日

南京市政府工務局計算紙　　　字第　　號

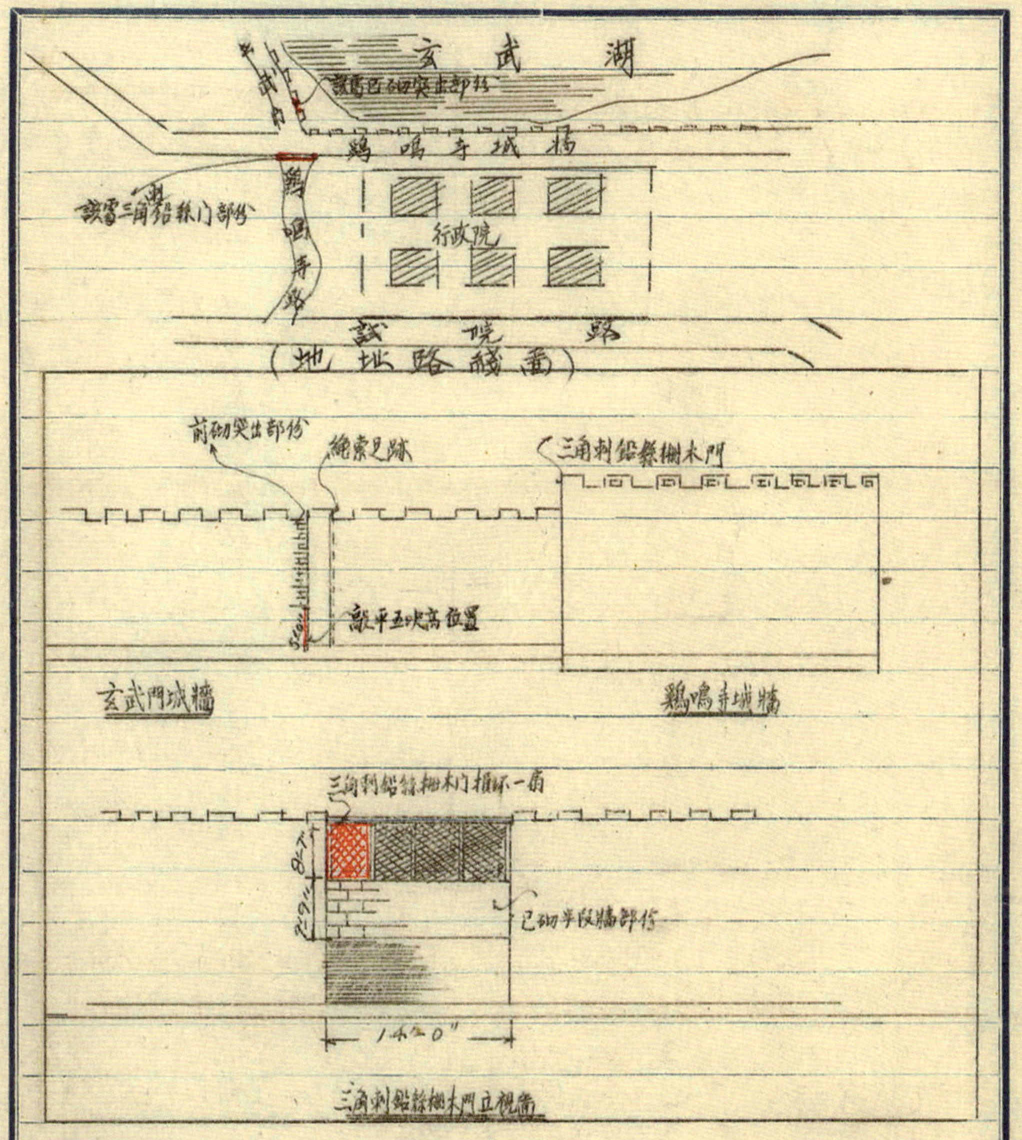

鑒定　審核　校對　計算

中華民國　年　月　日

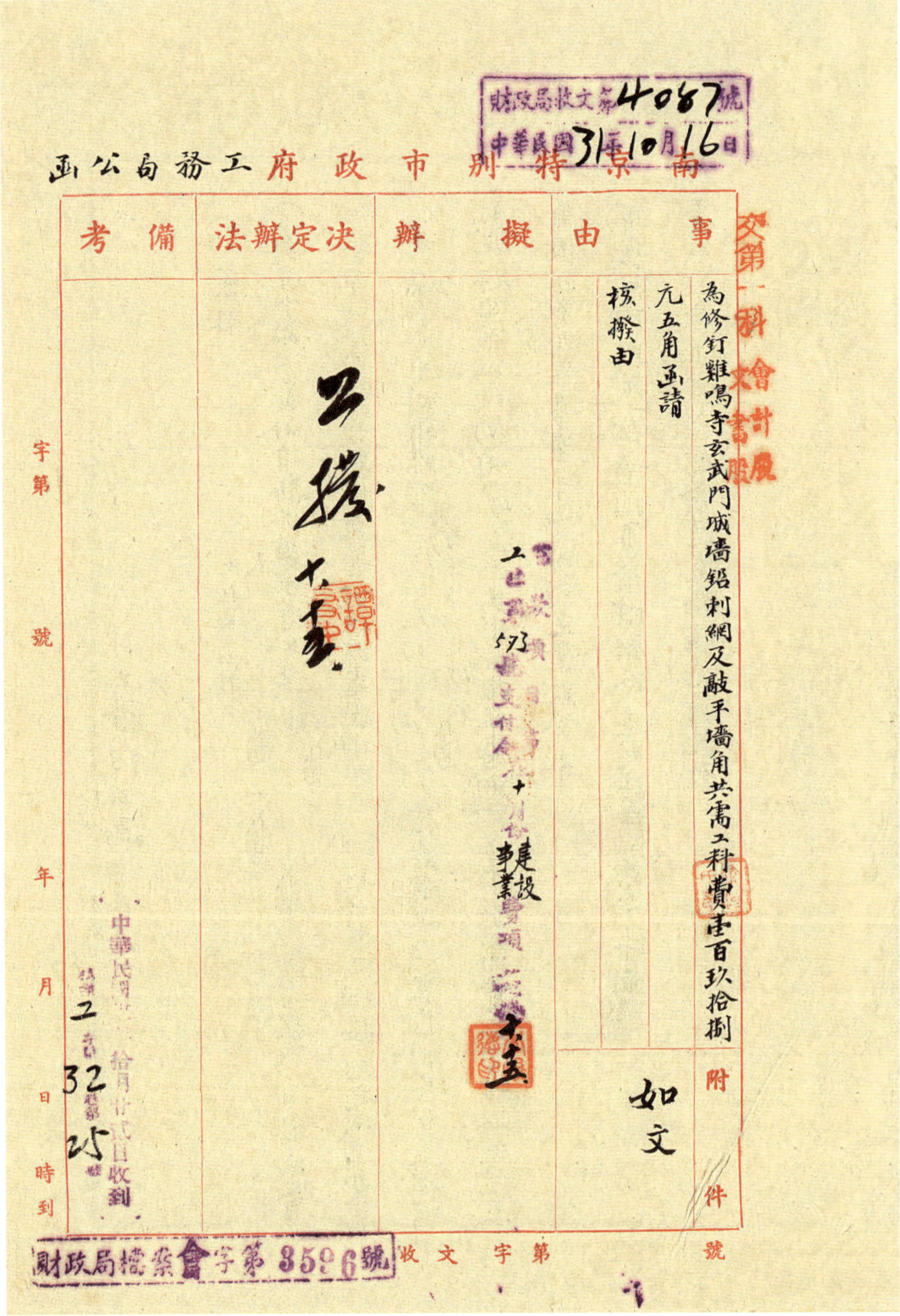

財政局收文第4087號
中華民國31年10月16日

南京特別市政府工務局公函

事由	附件	擬辦	決定辦法	備考
為修釘雞鳴寺玄武門城墻鉛刺網及敲平墻角共需工料費壹百玖拾捌元五角函請核撥由	如文	已發工字第573號支付令 十月廿 建設事業費項	照撥	中華民國卅一年拾月廿日收到

會計處文書股 交第一科

財政局檔案會字第3596號

南京特別市政府工務局公函 工字第 1943 號

案准

防衛司令部派員面請勘修雞鳴寺與玄武門間之損壞城墻一案當經派員會同首都警備司令部暨警察總監署前往該處查得雞鳴寺與玄武門啣接處之城墻業已損壞原以三角刺鉛絲網釘於損壞之處藉資防範茲該網損壞孔洞甚多亟須補釘完好又玄武門墻角厚度凸出形如拾級應即敲平共計需費壹百玖拾捌元五角擬在本局經常事業費内動支業經簽奉

市座批示「照辦」在案相應檢附原簽連同請款書等件函請

查照核撥並希將原簽送還歸檔為荷此致

財政局

附原發一件請款書一紙統計表一紙

局長

朱浩元

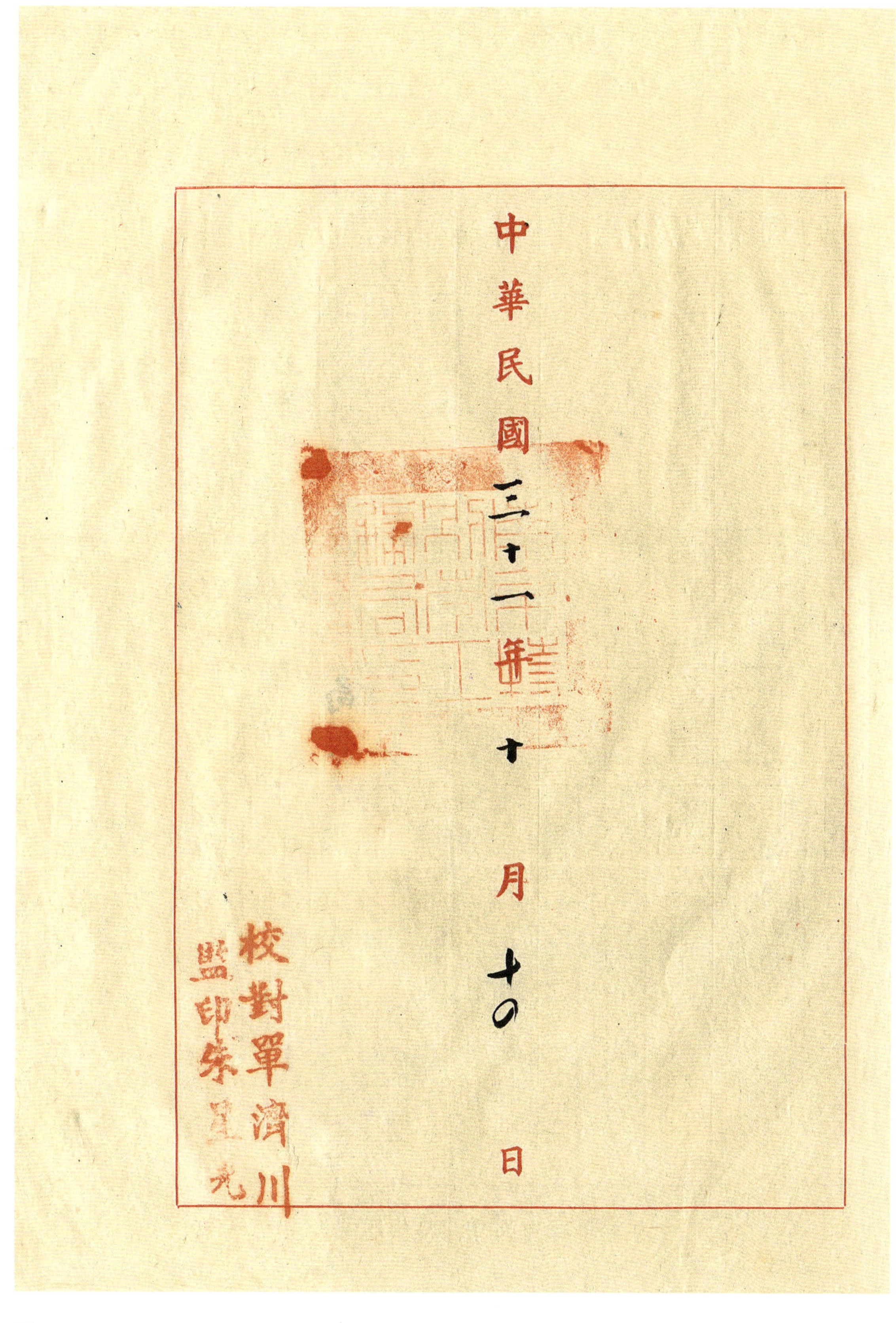

中華民國三十一年十月十四日

校對單濟川

監印朱星九

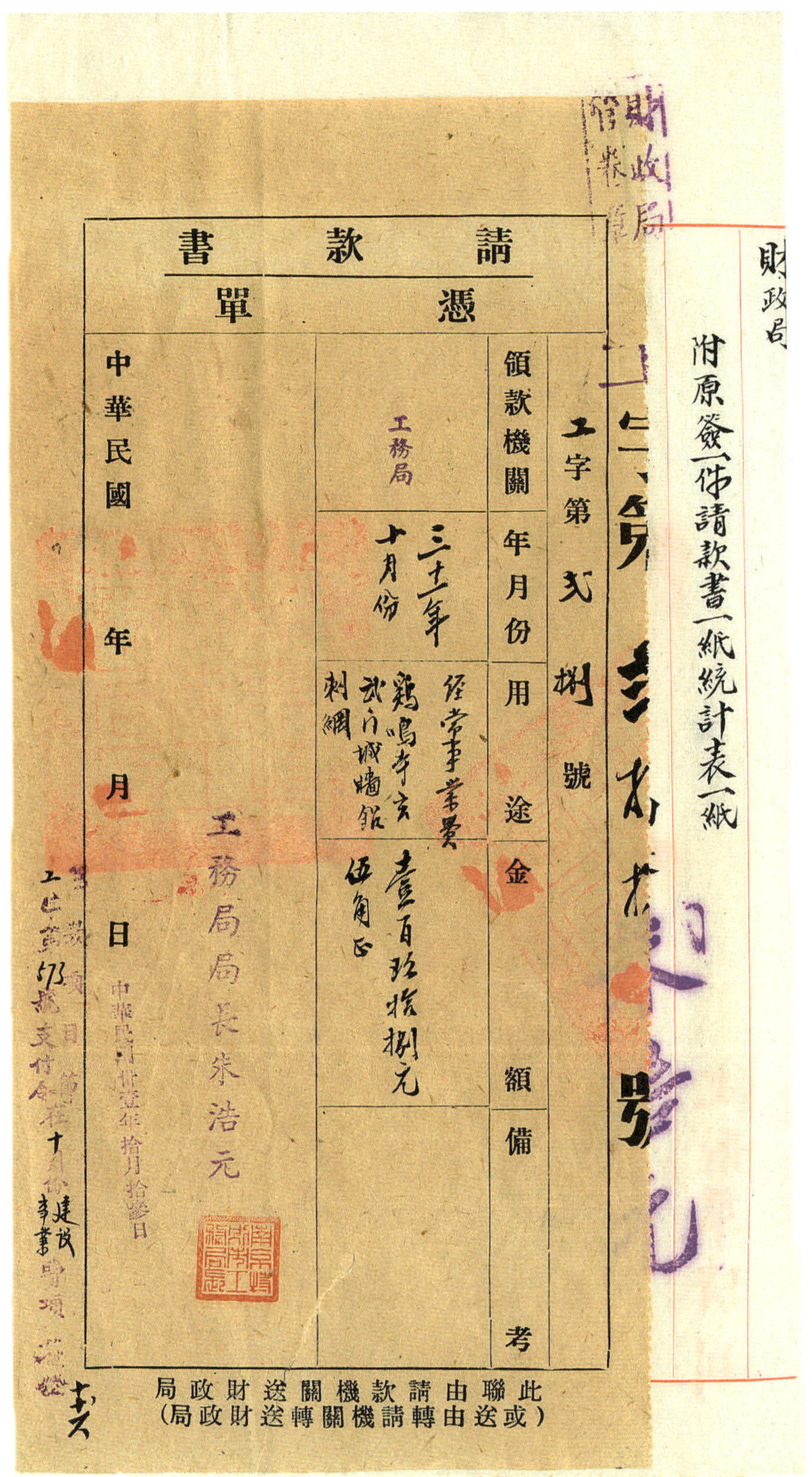

財政局

附原發一件請款書一紙統計表一紙

請款書

憑單

工字第弍捌號

領款機關	工務局
年月份	三十一年十月份
用途	經常事業費 鷄鳴寺至武门城牆鋪料網
金額	壹百玖拾捌元伍角正
備考	

工務局局長朱浩元

南京特別市工務局局長

中華民國 年 月 日

中華民國卅壹年拾月拾參日

工萬573號支付令在十月份建設事業費項下

十六

此聯由請款機關送財政局（或由轉請機關轉送財政局）

南京特別市政府工務局呈請核發三十一年下半年度經常事業費統計表

比照三十年下半年度概算核定數	一四〇〇〇〇〇
業已動支數	五九七三〇
另文呈請尚未奉准發數	一四五九六二三
餘額	七八七五四五七
擬請動支事業費用途	鷄鳴寺亭 亭內鐵刹閣
擬請核發金額	一九八五〇
動支後餘額	七八五五六〇七
備攷	

中華民國卅壹年拾月拾五日

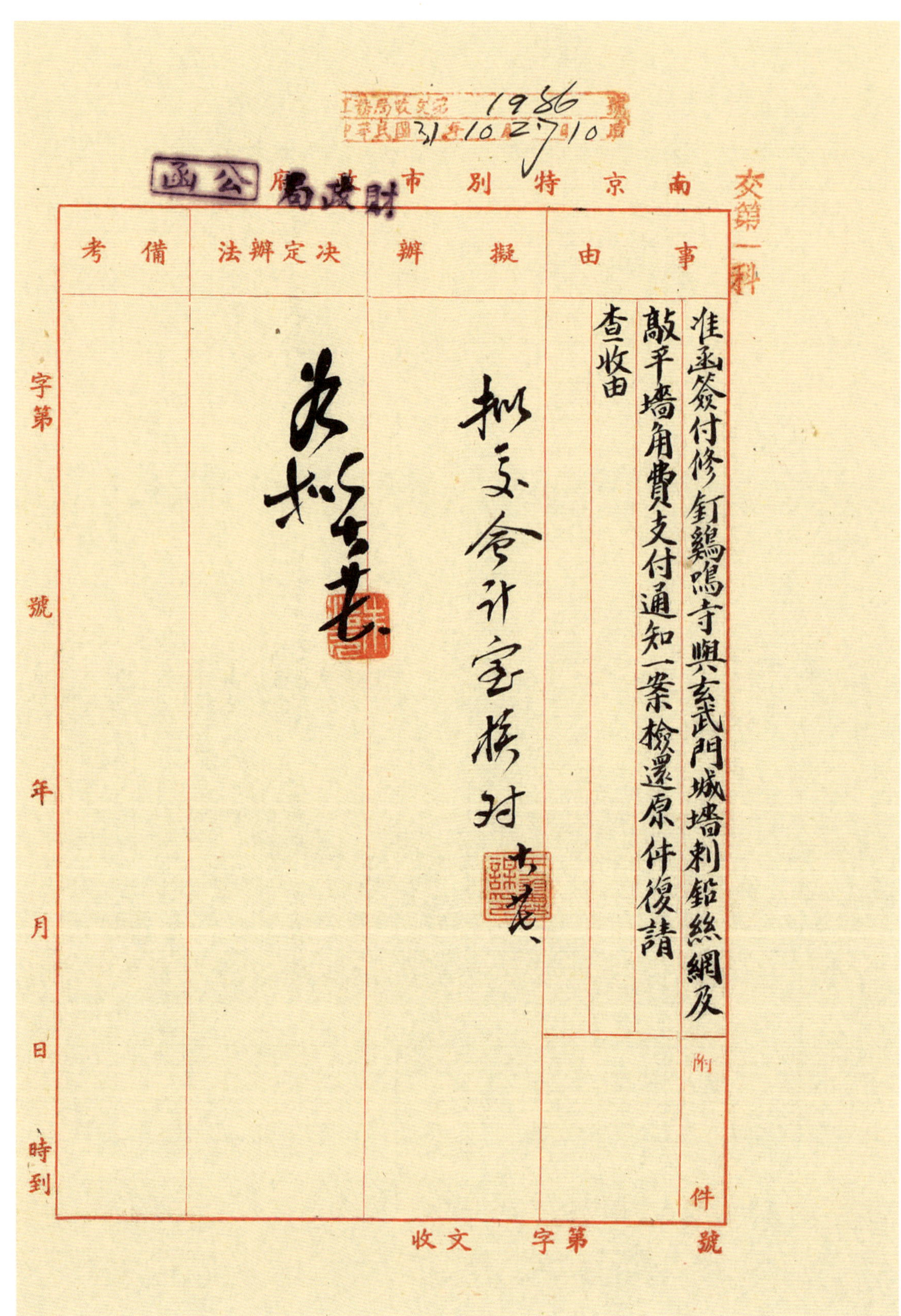

工務局收文第1986號
中華民國31年10月27日10時

交第一科

南京特別市政府 財政局 公函

事由	擬辦	決定辦法	備考
准函簽付修釘雞鳴寺與玄武門城墻刺鉛絲網及敲平墻角費用支付通知一案檢還原件復請查收由	擬交會計室核付	如擬	

附件

收文　字第　號

字第　號　年　月　日　時到

南京特別市政府公函（財政局）

財字第9562號

案准

貴局工字第一九四三號函囑撥付修補鷄鳴寺玄武門城墻刺鉛絲網及敲平墻角費壹百玖拾捌元伍角等由附原發等件過局准此除在建設事業費項下發具工字第五七三號支付通知一紙業由貴局派員領回並將統計表抽存外相應檢還原發乙件復請查收為荷

此致

工務局

附送還原簽呈一件　附件全

局長譚友仲

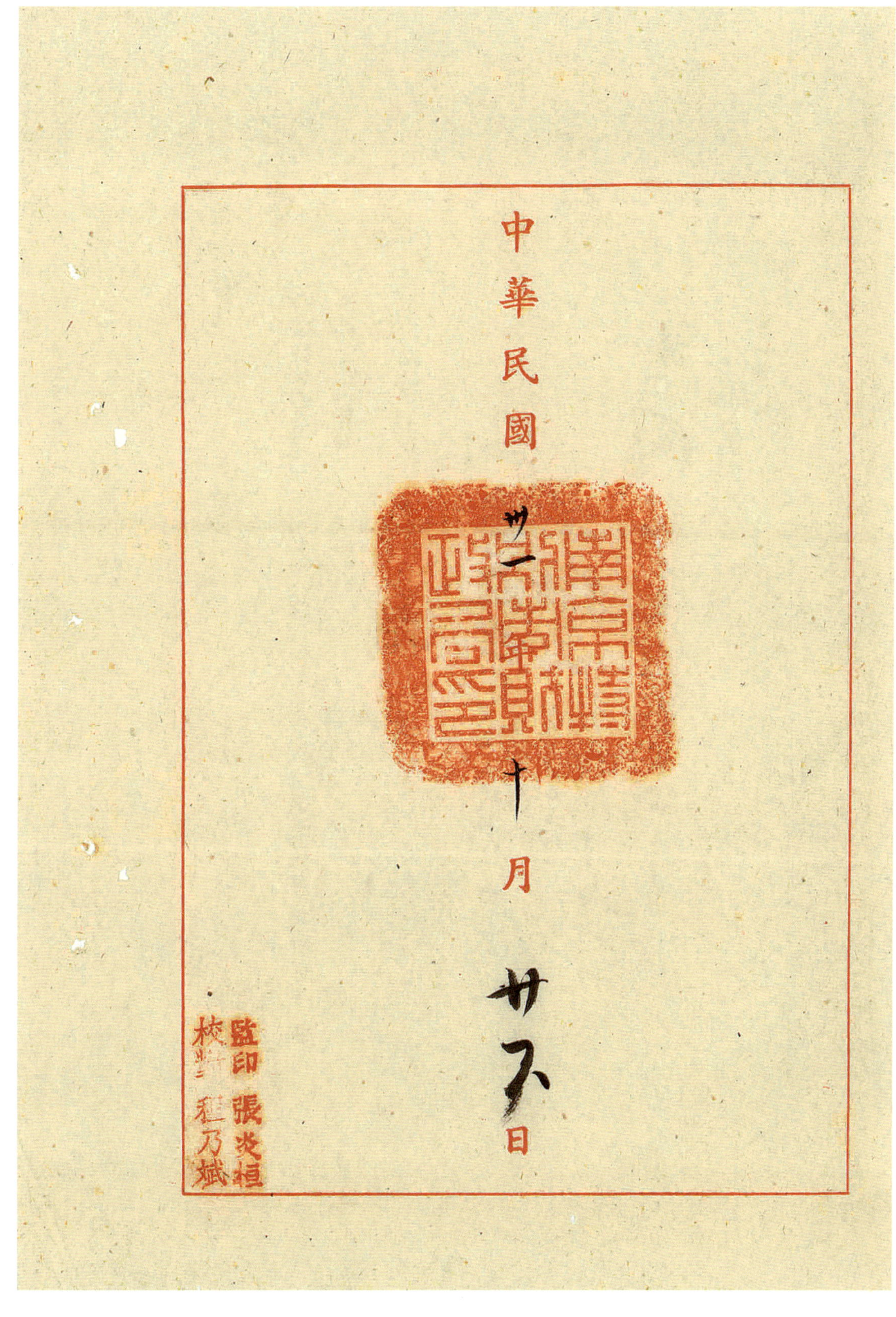

中華民國卅二年十月廿八日

監印 張炎桓
校對 程乃斌

堵塞鐵窗欞城墻涵洞

（一一）僞警察總監署爲請堵塞鐵窗欞城墻涵洞致僞市政府的公函（一九四二年十月三十日）

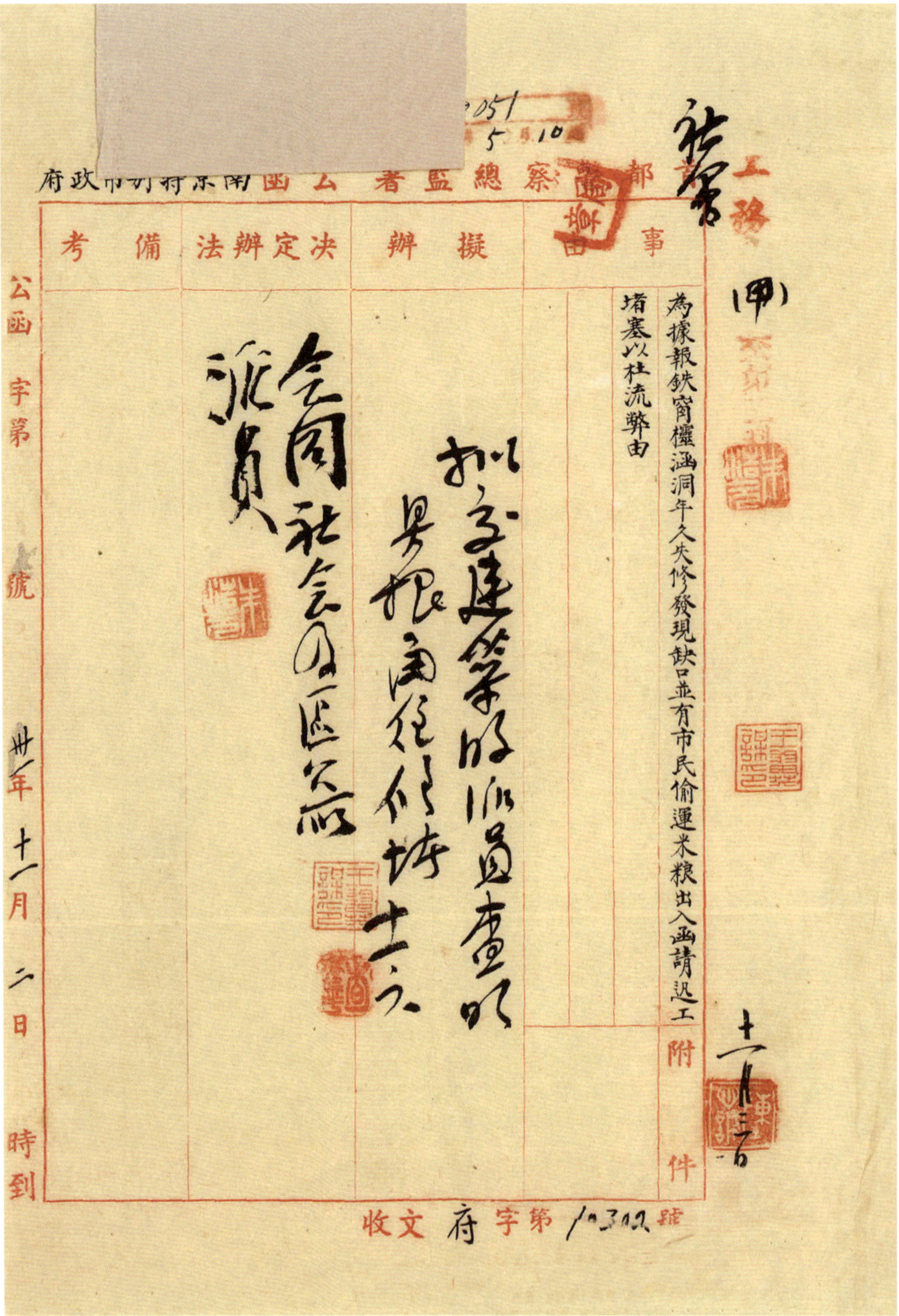
南京特別市政府 公函 警察總監署

事由	擬辦	決定辦法	備考
為據報鉄窗欞涵洞年久失修發現缺口並有市民偷運米粮出入函請迅工堵塞以杜流弊由	擬交建築股派員查明具報再行核辦 十一六	會同社會局一區公所派員	

附件

公函 字第 號

卅一年十一月二日 時到

府字第10302號 收文

首都警察總監署公函

政一字第 220 號

案據西區警察局呈以據管界市民哈恭義張華富等連名報稱因水西門迤北城墻鐵窗欞涵洞年久失修磚石倒塌近有市民從缺口處私運米糧出入報請設法防止等情據經轉飭該管明瓦廊分駐所巡官費昌銓前往詳查並設法堵緝防止據報稱畧以查得止馬營貧民因城內無法購米故往城外購得少許以資充飢因城關不准運進適不得已由涵洞缺口處偷運進城當經飭知並勸告附近居民嗣後不准再有同樣情事致干法紀并飭止馬營派出所隨時派警前往查察取締理合報請鑒核等情轉呈前來查鐵窗欞涵洞年久失修磚石倒塌發現缺口有關城防及私運情弊除飭該管局妥予防守外相應據情函達即希

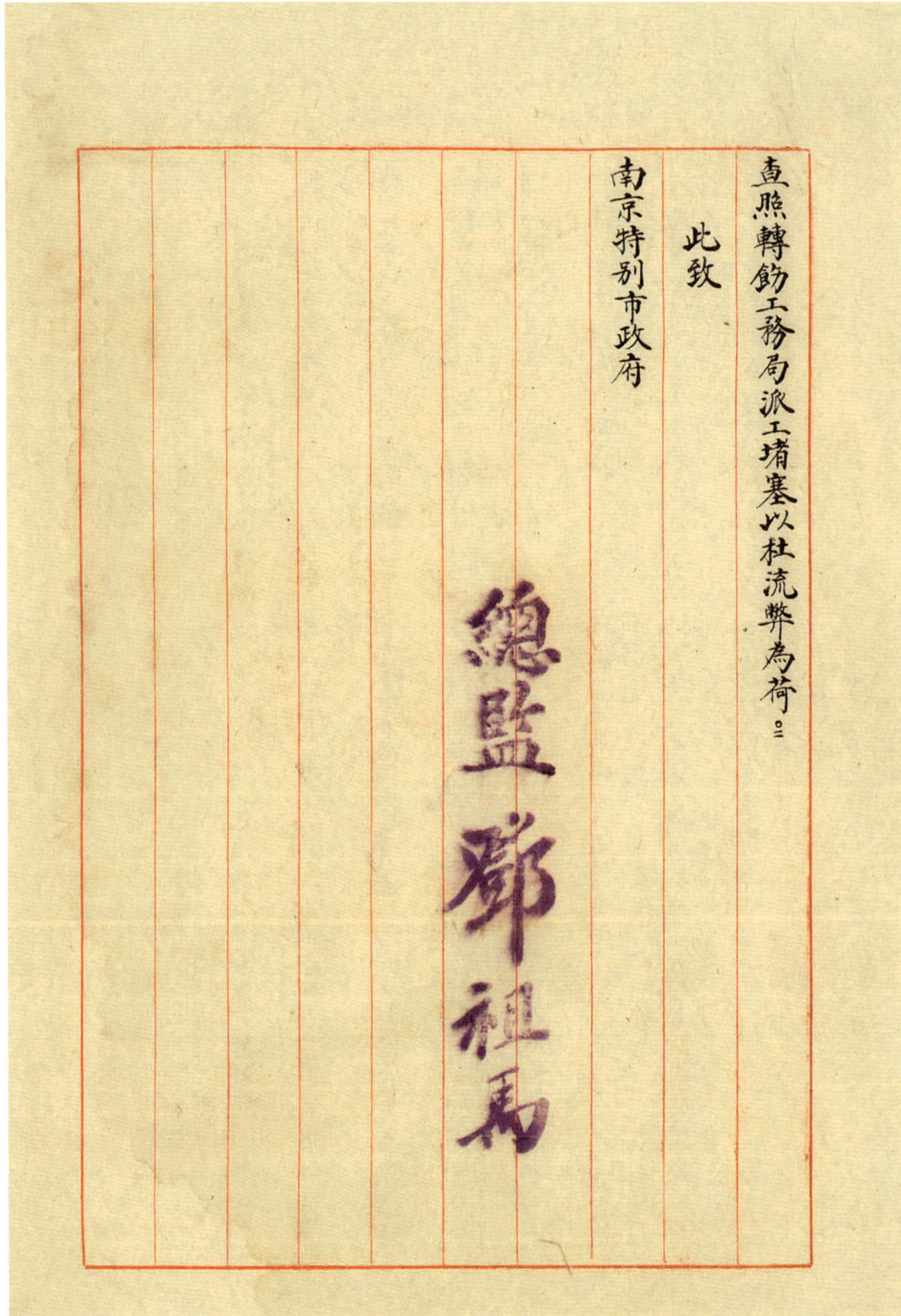

查照轉飭工務局派工堵塞以杜流弊為荷。。

此致

南京特別市政府

總監鄧祖禹

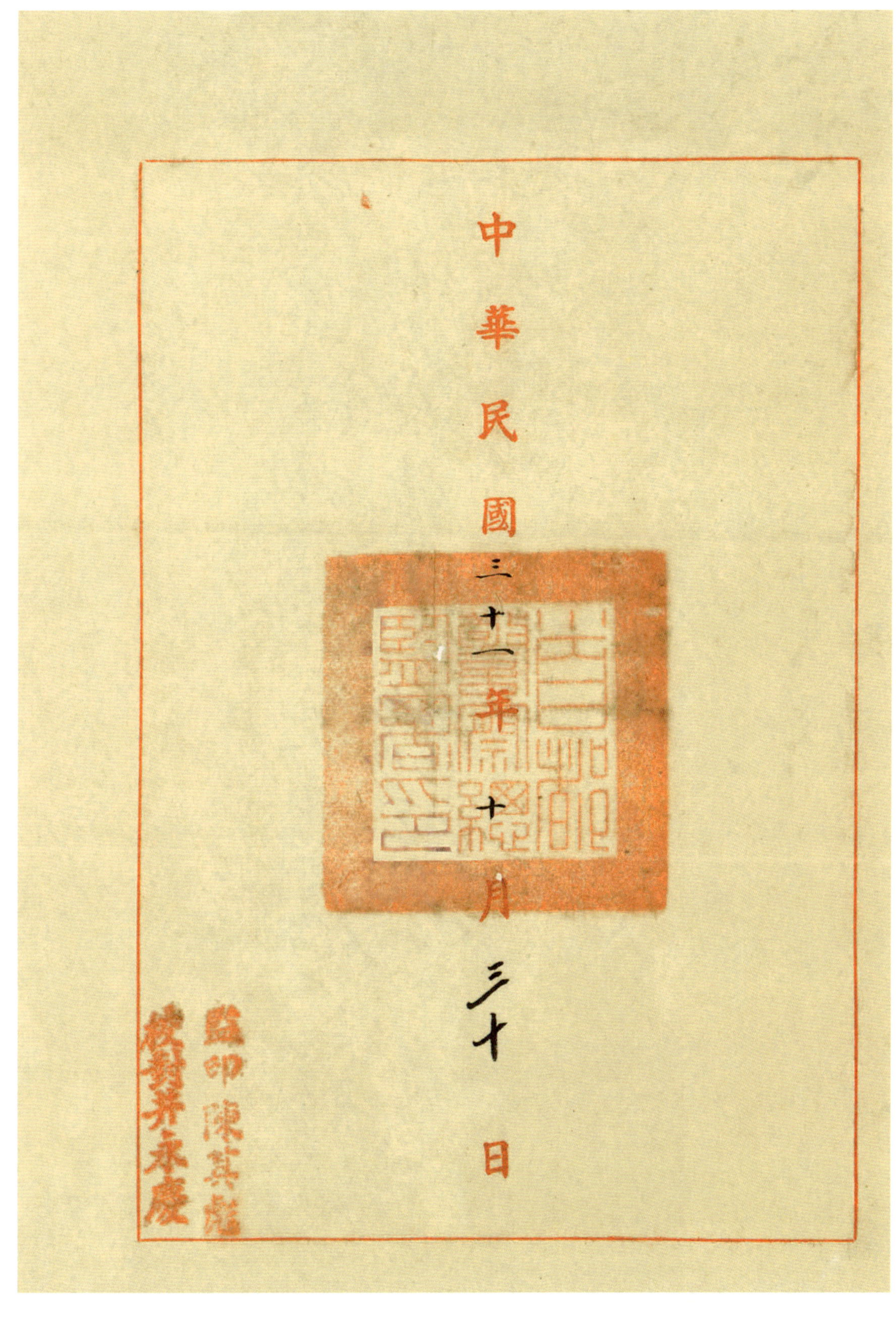

中華民國三十一年十一月三十日

監印 陳其彪

校對 井永慶

鉄窗櫺城內洞有人由此偷運物品
乃派徐揆佑与吉地警察署派員
前往洞查去根

簽呈　十一月十七日

為簽呈事竊奉

派調查鐵窗櫺涵洞年久失修磚石倒塌近有市民從缺口私運米糧等事　職　遵即馳往實地調查向鐵窗櫺嚴保長陪同前往查該處閘門出水不大其涵洞平面前積碎磚碎片露出查該水閘情形前上部有鐵蓋板經事變之時被誘民偷拆經防汎開始該處之畧加修理閘門　職　又至水西門外電廠街出水處詳查歸濱江鄉陳保長陪同查勘據陳保長云前數日有過路小販深夜偷運私米由城外涵洞入城經當地具呈至分駐所派警守望并憲兵隊知照附近嚴進等語擬提前速修辦法先行重做堅固柵拉（木門）一道外釘刺鉛絲一

併估計預算書乙份草圖一併呈閱理合簽請

鑒核，謹呈

主任陳　轉呈

科長查

局長朱

附呈原文乙件）預算書乙份）草圖乙份）

技佐徐樹　謹呈

此處甚為重要，擬速配料前往裝釘。

十一、十六

先用城磚砌堵，以應急工，以後再行查明其址，是否堅固，再加木柵以[illegible]

南京市政府工務局計算紙

字第　　　號

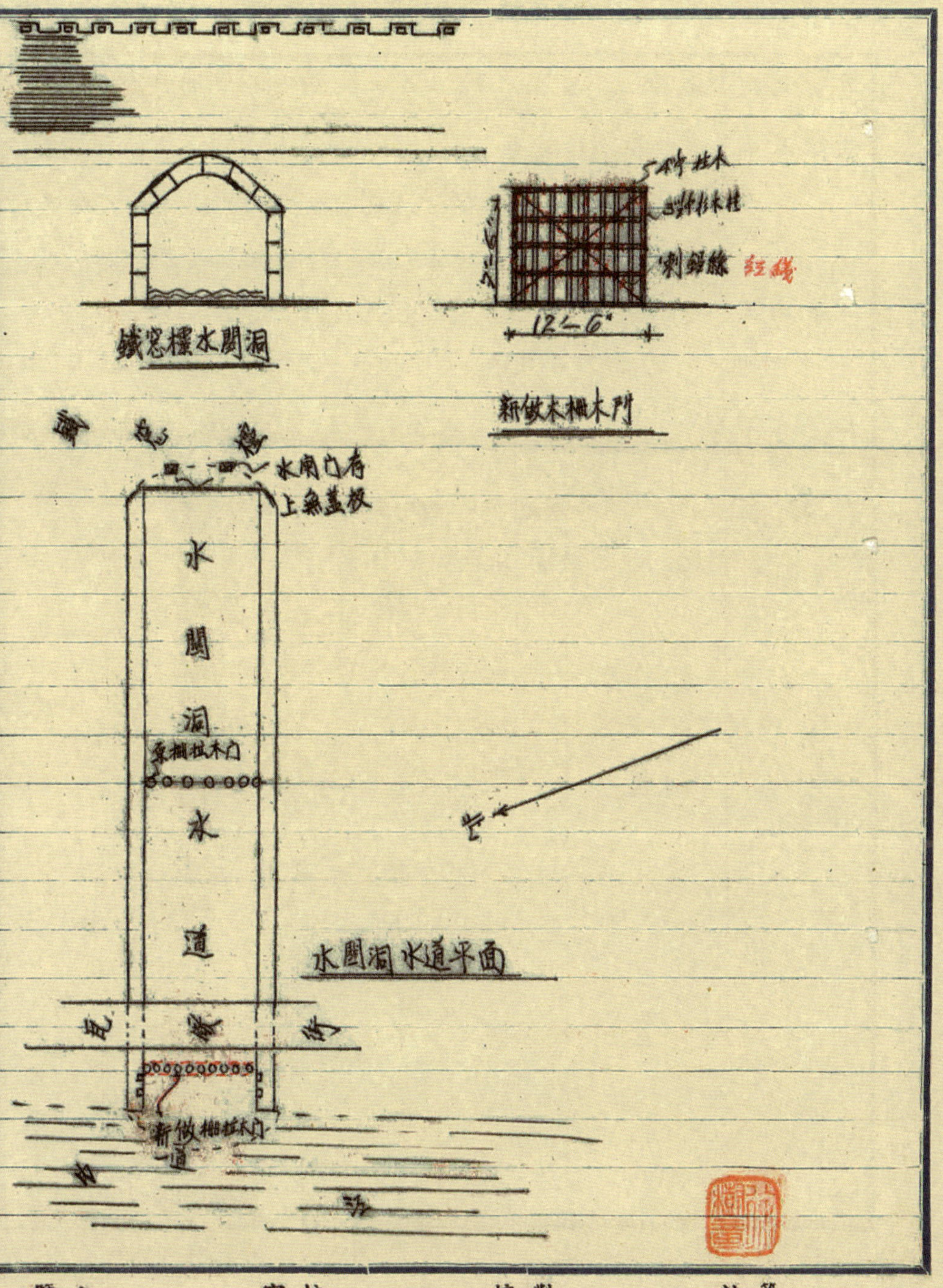

鑒定　　審核　　校對　　計算

中華民國　　年　　月　　日

南京市政府工務局概算書

字第　　號
第　　頁

工程名稱	新做柵拉门	施工地點	水西门外尾廠街
起案原委	首都警察總監署		
施工範圍	鐵窗欞與尾廠街相接水關洞中部前有木柵被誘民拆壞二根前次誘民在此處利用机會偷運私米故在重建堅固木柵门		
工程總價	共國幣壹仟零零弍元		

工料種類	說明	單位	數量	單價(元)	複價(元)	備註
杉木短柱	7'-6" X 3"φ	根	10.00	30.00	300.00	
杉木橫柱	12'-6" X 4"φ	〃	5.00	100.00	500.00	
刺鉛線		丈	10.00	3.00	30.00	
洋丁	2"	磅	2.00	26.00	52.00	
人工		工	8.00	15.00	120.00	
合計					1002.00	

鑒定　　審核　　校對　　計算

中華民國 31 年 11 月 17 日

（三）僞市政府爲防止鐵窗櫺城墻涵洞再被挖掘與僞警察總監署的往來公函（一九四二年十一月三十日至十二月二十四日）

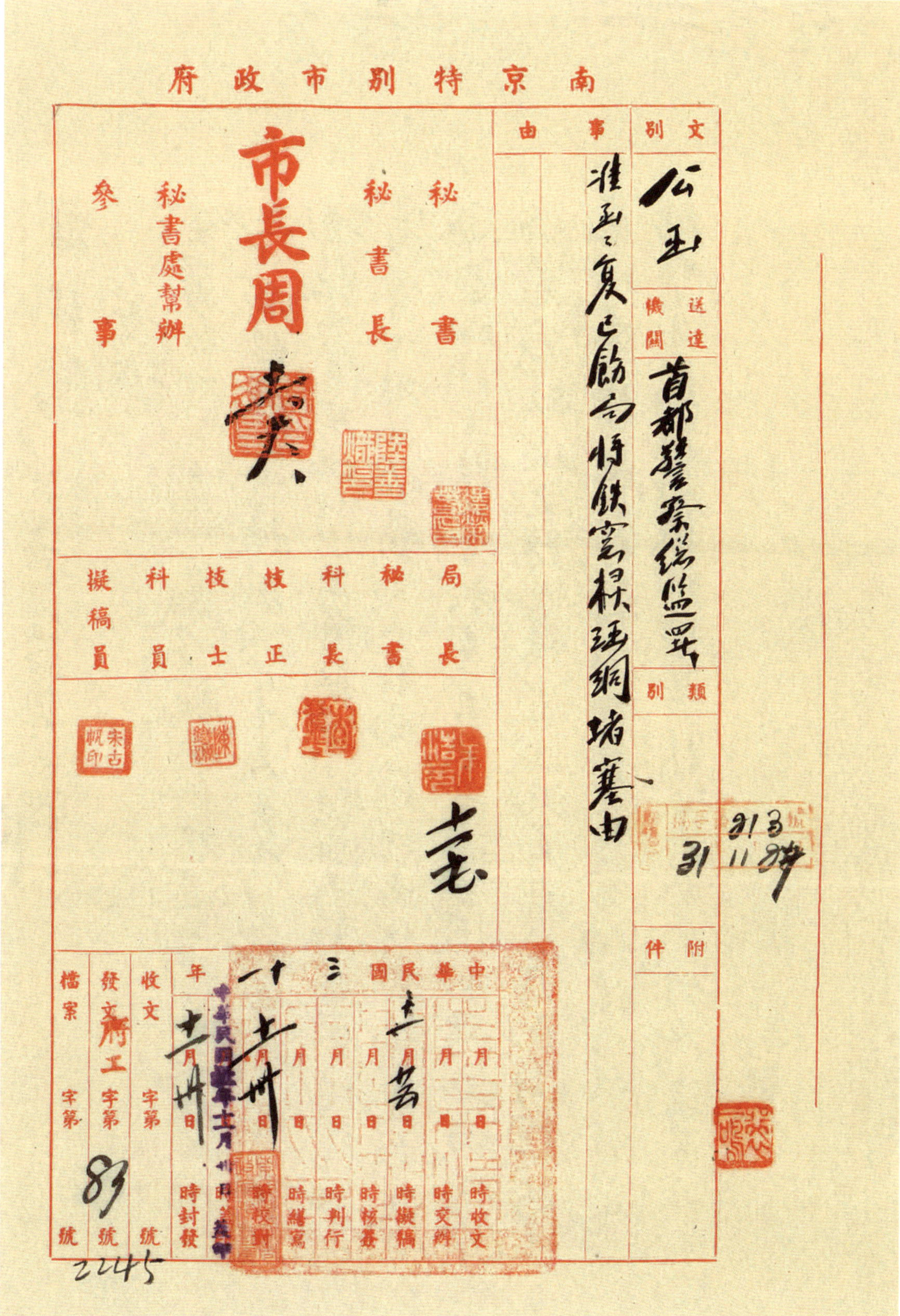
南京特別市政府

文別：公函

送達機關：首都警察總監署

事由：准函復已飭局將鐵窗櫺涵洞堵塞由

市長周

秘書長　秘書　秘書處幫辦　參事

局長　秘書　科長　技正　技士　科員　擬稿員

中華民國三十一年　十二月　日

收文　月　日　時
交辦　月　日　時
擬稿　月　日　時
核簽　月　日　時
判行　月　日　時
繕寫　月　日　時
校對　月　日　時
封發　月　日　時

收文　字第　號
發文　府工字第　號
檔案　字第　號

府稿公函

案准

府工字第　號

貴署啟一二二〇號公函以據西區警察局呈報西門迤北城墻鐵窗樓涵洞年久失修磚石倒塌並現缺口有碍城防並有私運情弊請轉飭派工堵塞等由准此經飭交工務局以辦理去後茲據覆稱該處迤城外之缺口已於本月廿三日派工用城磚砌堵那次堵塞完竣惟為防止該處涵洞再被莠民偷挖起見函請貴署轉飭西區警察局隨時派警巡視以資周密而固城防等情查核所稱尚無不合

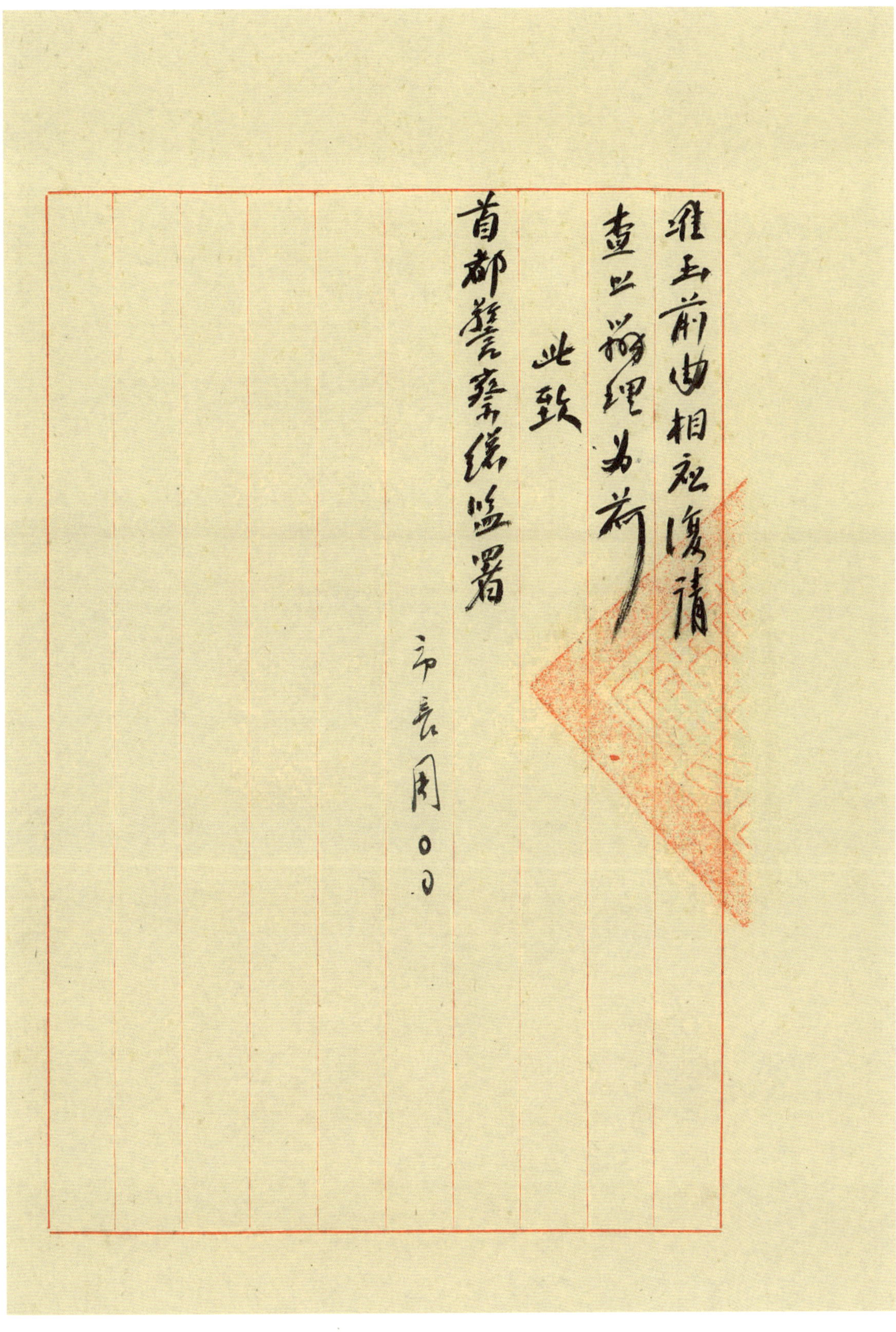

准予前由相應復請

查照辦理爲荷

此致

首都警察總監署

市長周○○

中華民國　年　月　日

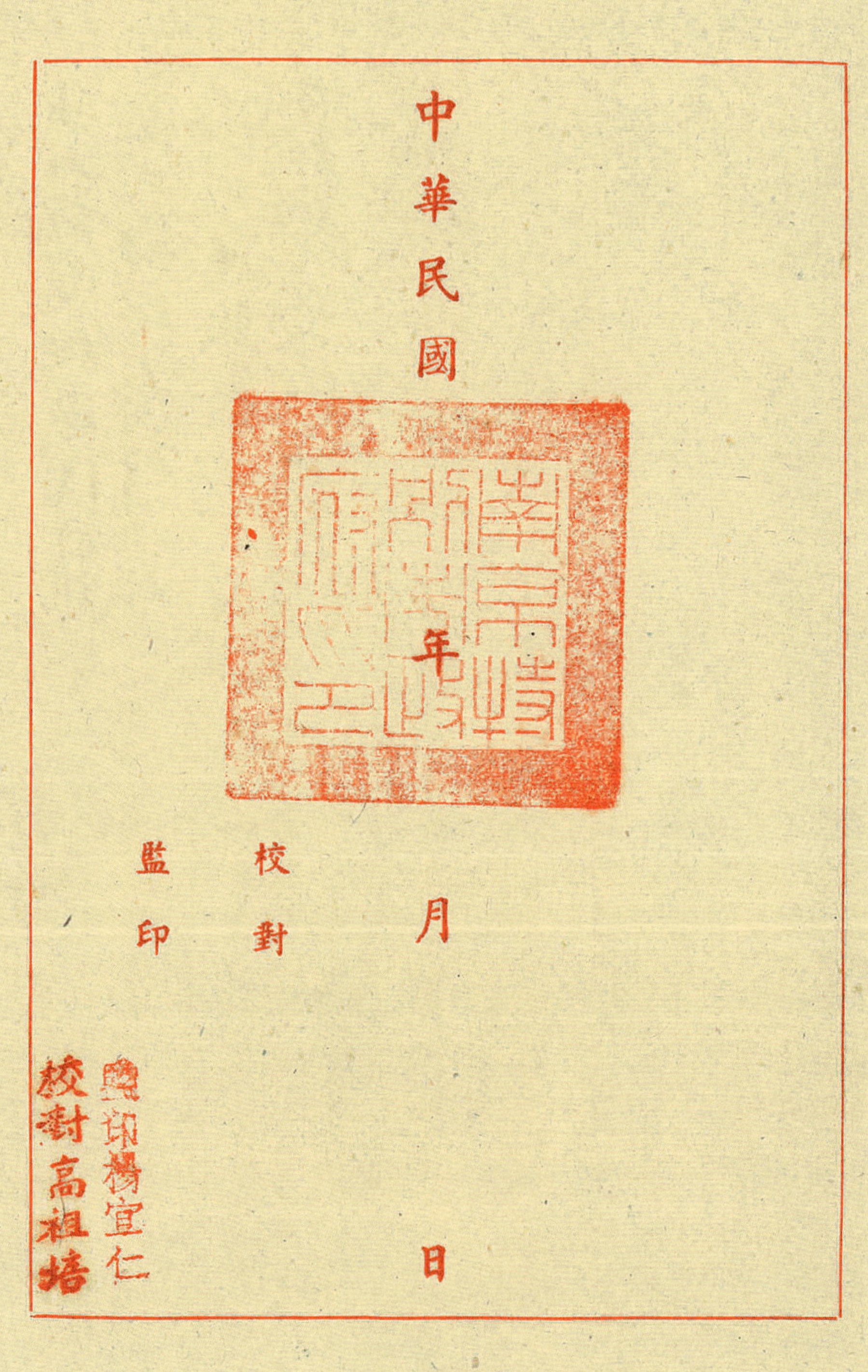

校對

監印

監印楊宣仁

校對高祖培

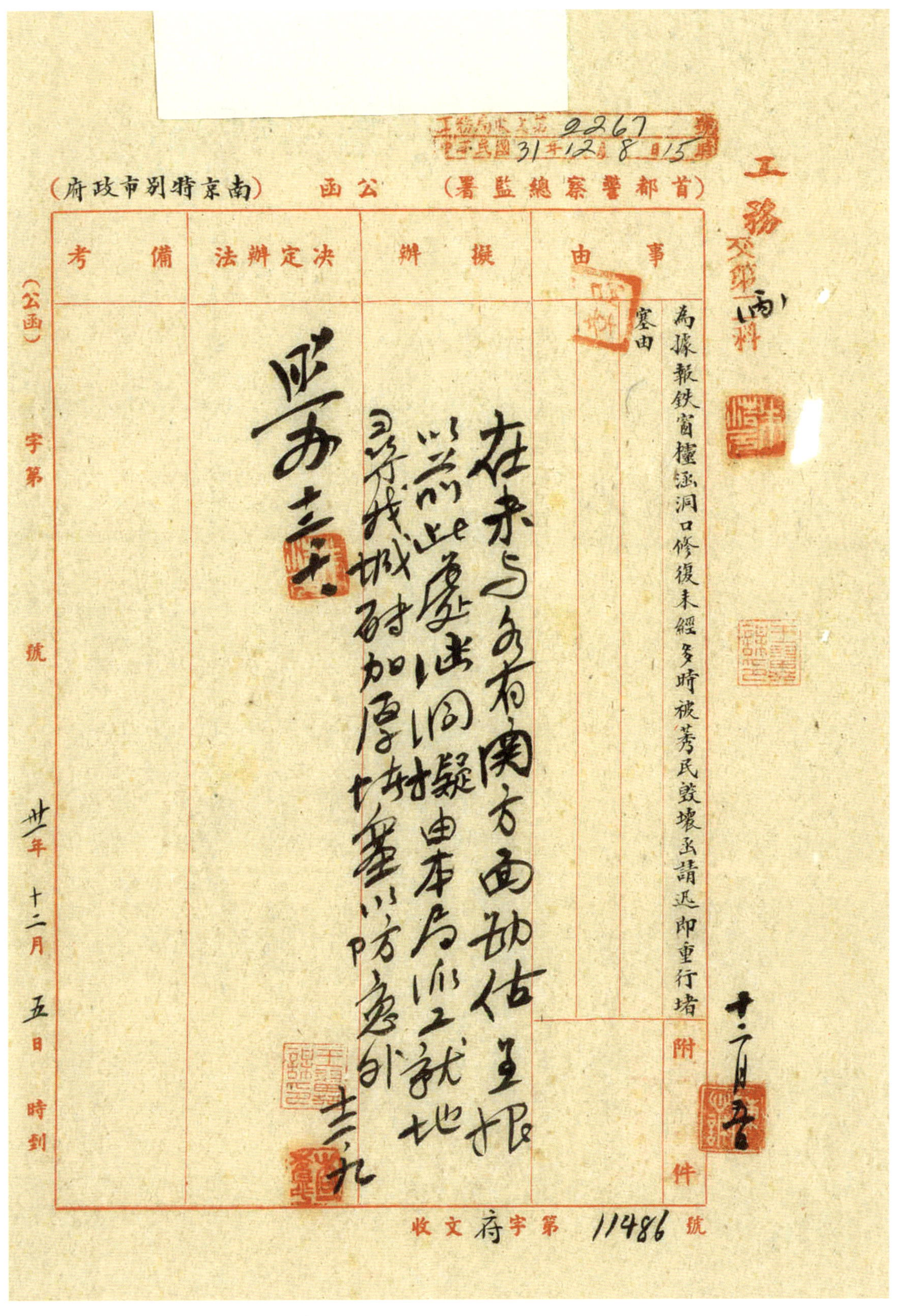

工務局收文第 2267 號
中華民國 31 年 12 月 8 日 15 時

（首都警察總監署）公函（南京特別市政府）

工務
交第一科

事由：為據報鉄窗欞涵洞口修復未經多時被莠民毀壞函請迅即重行堵塞由

擬辦：存來函有關方面勘估呈報以前此處涵洞擬由本局派工就地尋找城磚加厚堵塞以防意外 十二．九

決定辦法：照办 十二．十

備考：

附件

十二月五

（公函）字第　號

卅一年十二月五日　時到

收文府字第 11486 號

首都警察總監署公函

政一字第309號

案據西區警察局呈稱：

「案據明瓦廊分所巡官費昌銓呈據止馬營派出所警長李兆祥報稱：近據鐵窗欞涵洞口附近居民聲稱，涵洞口前因墻洞損壞曾經工務局派工堵塞，二十七日清晨發覺新堵塞之處，不知何時被莠民復挖成洞等語，當經派警前往查明涵洞口新堵塞之處，確被莠民由涵洞外口將新堵之處毀壞，除督屬對於該處嚴予防範外，報請鑒核等情；據此，查涵洞口復被莠民毀壞，自應用堅厚材料，重行堵塞，以免發生流弊，並請再由城外堵塞，以清本源，除飭該管分所隨時派警前往查察防範外，為此據情轉報、擬懇鑒賜轉函工務局派員會同本局查勘辦理、以資根本解決。」
等情、據此、查此案前據該局呈報以年久失修、發現缺口、業經函請
貴府轉飭工務局派工堵塞在卷、據呈前情、經本署派員會同工務局派員前往
查勘去後、茲據面稱、以該涵洞前雖堵塞、僅在城內缺口處修復、對於城外洞口損
壞部份、並未注意、以致未隔多時、又被莠民毀壞、等語、業閱城防值此冬防期內
尤不可稍予忽視、相應據情函達、即希
查照轉行工務局迅即遴派妥員於城牆內外兩面、選用堅實材料、重行堵塞、以資鞏
固而免意外、並盼
見復為荷。此致
南京特別市政府

總監鄧祖禹

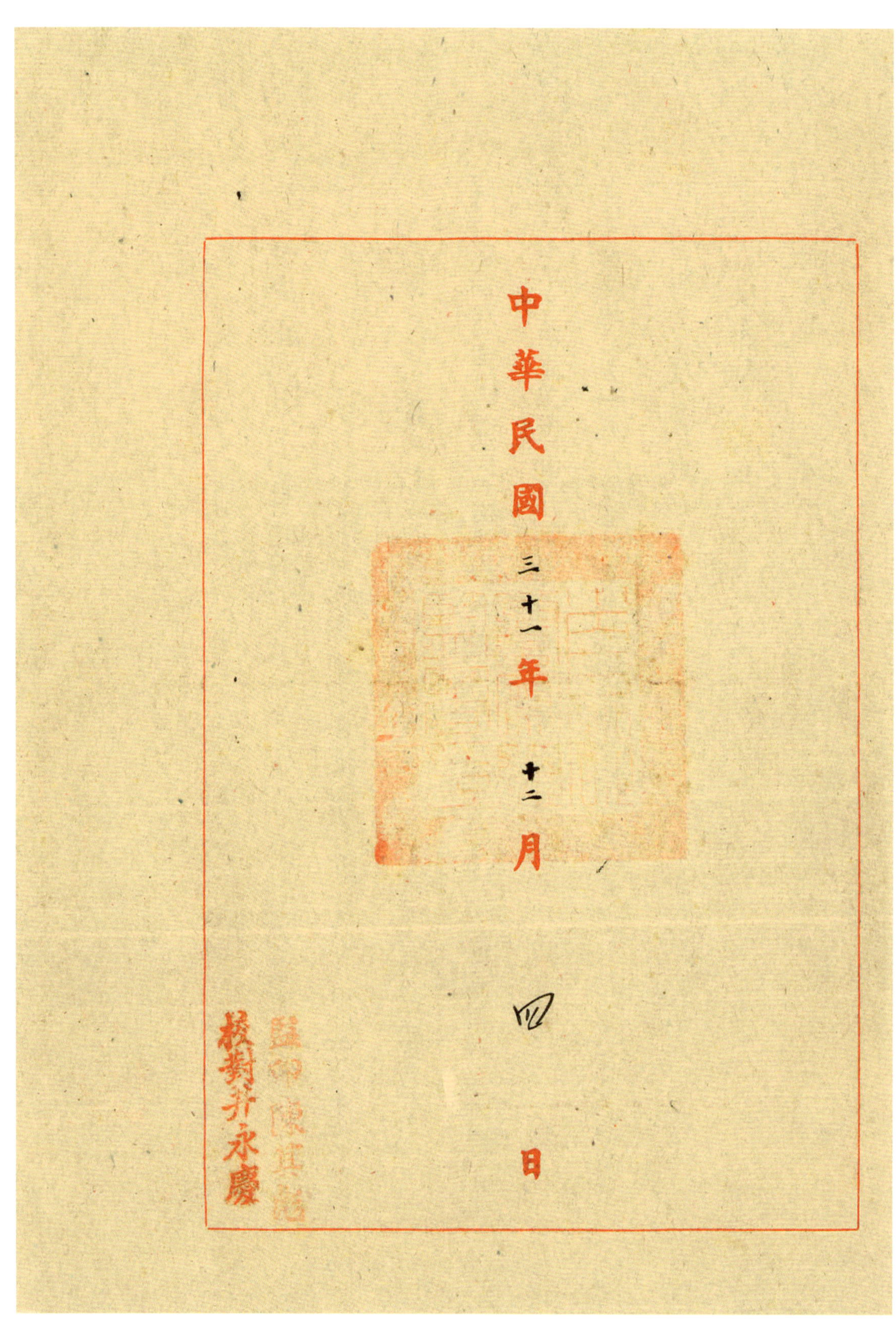

中華民國三十一年十二月四日

監印陳其銘

校對井永慶

簽呈（十二月十六日）

為簽呈事竊職奉
派查勘鐵窗欞涵洞口早經調派路工實地尋找城磚加厚堵
塞經職復查又被莠民毀壞小洞口比即報告主任　又派工人
堵塞前堵塞由鐵窗欞內口涵洞砌城磚壹道莠民仍然由城
外涵洞竄入又調派工人在城外涵洞口加砌城磚堵塞而防意外
所堵涵洞口至今未毀理合報請
鑒核謹呈
主任陳　轉呈
科長查

如擬　十六

以前各口據言係監
本局已派工將洞外口
用城磚堵塞仍請保管
城磚保管處隨時注意　十六

局長朱

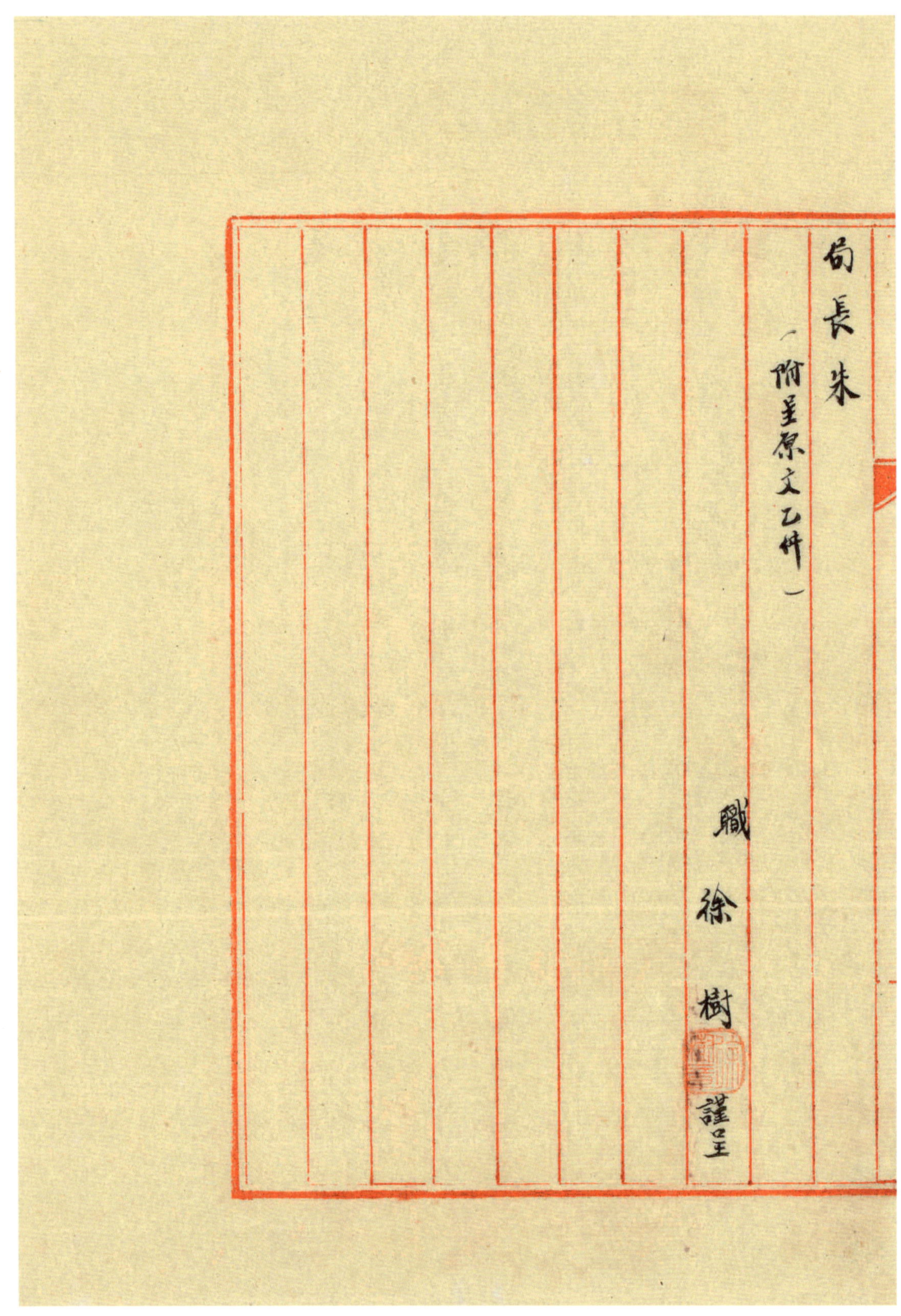

（附呈原文乙件）

職徐樹謹呈

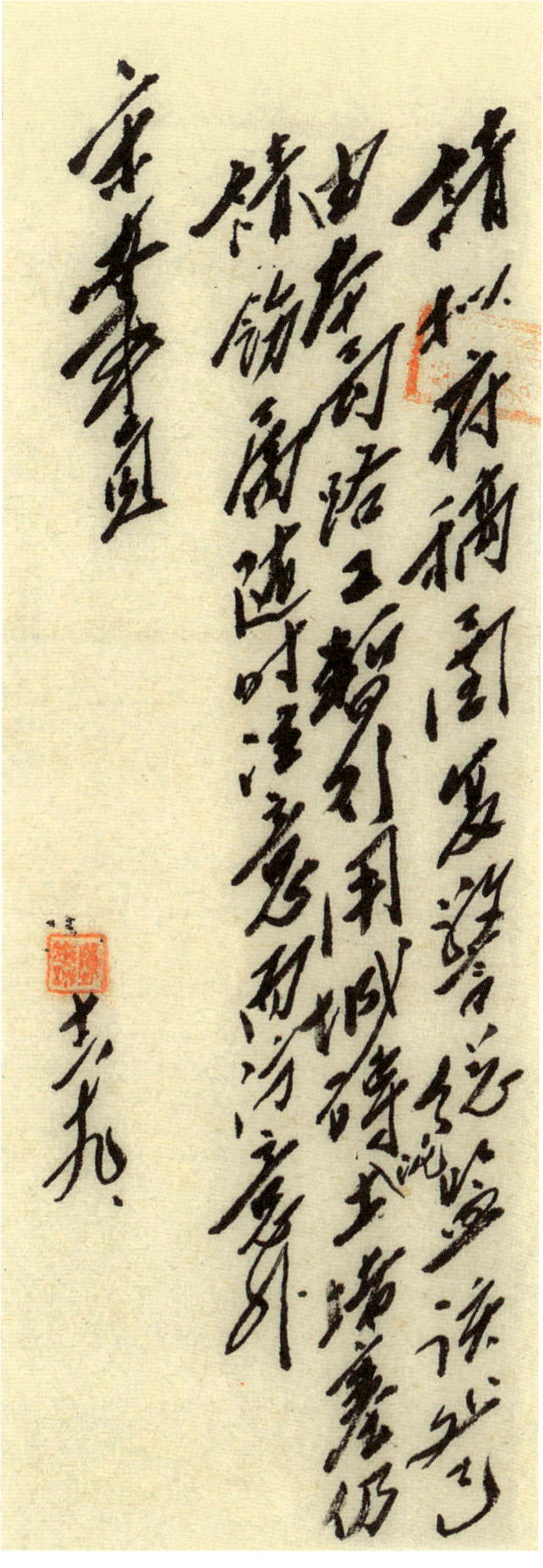

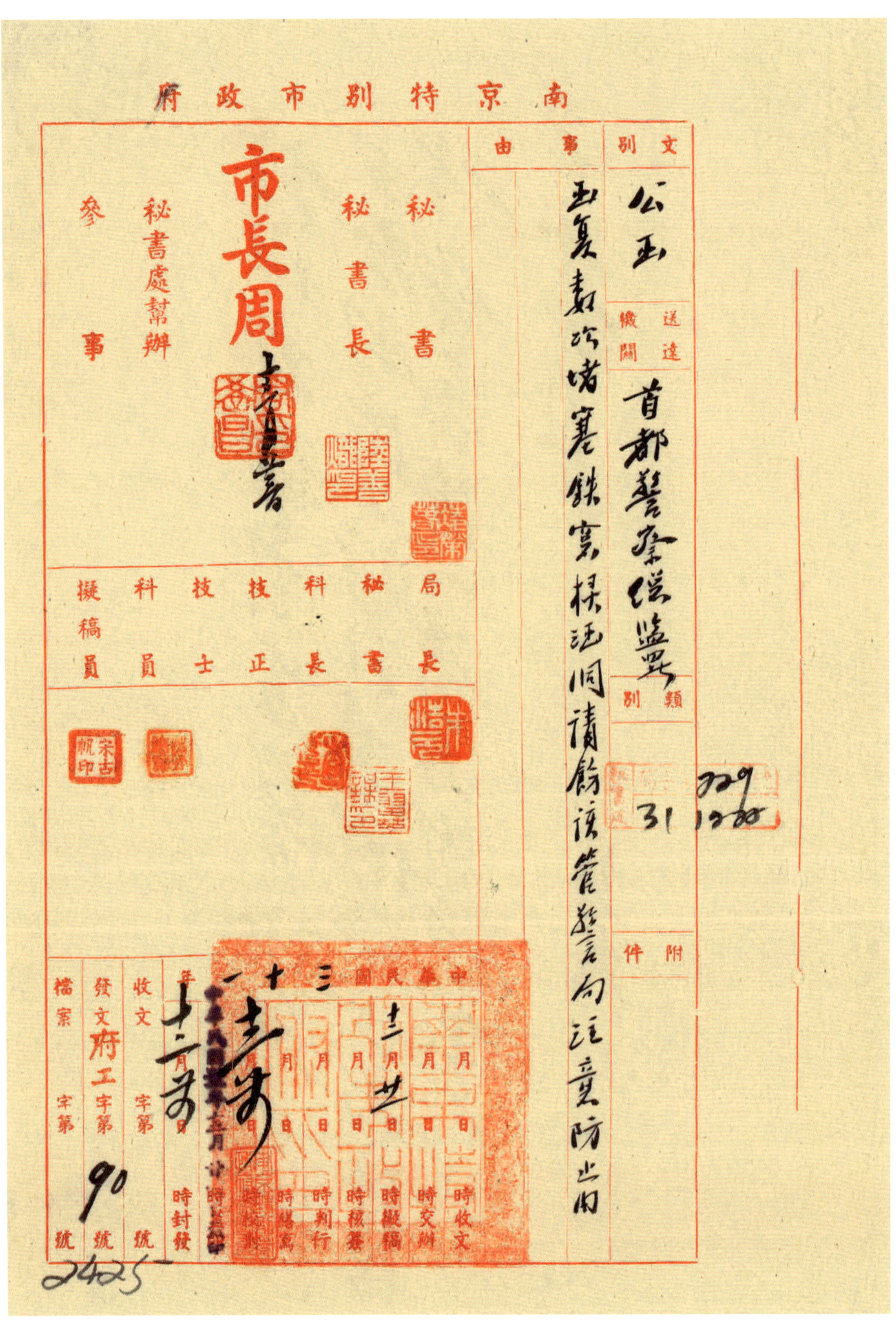

南京特別市政府

文別	送達機關	事由
公函	首都警察總監署	函復嘉於堵塞鐵窗樣式問請飭該管警局注意防止由

類別

附件

市長周

秘書長

秘書

參事

秘書處幫辦

局長	秘書	科長	技正	技士	科員	擬稿員

中華民國三十一年

收文	交辦	擬稿	核簽	判行	繕寫	校對	蓋印	封發
月 日 時	月 日 時	十二月廿 日 時	月 日 時	月 日 時	月 日 時	月 日 時	月 日 時	十二月 日 時

收文 字第 號

發文 府工字第90號

檔案 字第 號

2425

府稿公函　　字第　　號

案准

貴署政一字第三〇九號公函以鐵窗橋涵洞前因墻洞損壞曾經工務局派工堵塞不知何時被鄉民復挖成洞囑重行堵塞以免發生流弊等由准此經交工務局辦理去後茲據復稱該處西城外之涵洞業經派工加厚堵塞完成請轉函保監署飭屬防止等情前來相應函復

查照轉飭該管警局隨時注意為荷此致

首都警察總監署

市長周〇〇

堵塞草場門西北城頭地窟

（一）僞城區自治實驗區公所爲請堵塞草場門及定淮門城墻地窟致僞市政府的呈文（一九四二年十月十二日至十月二十三日）

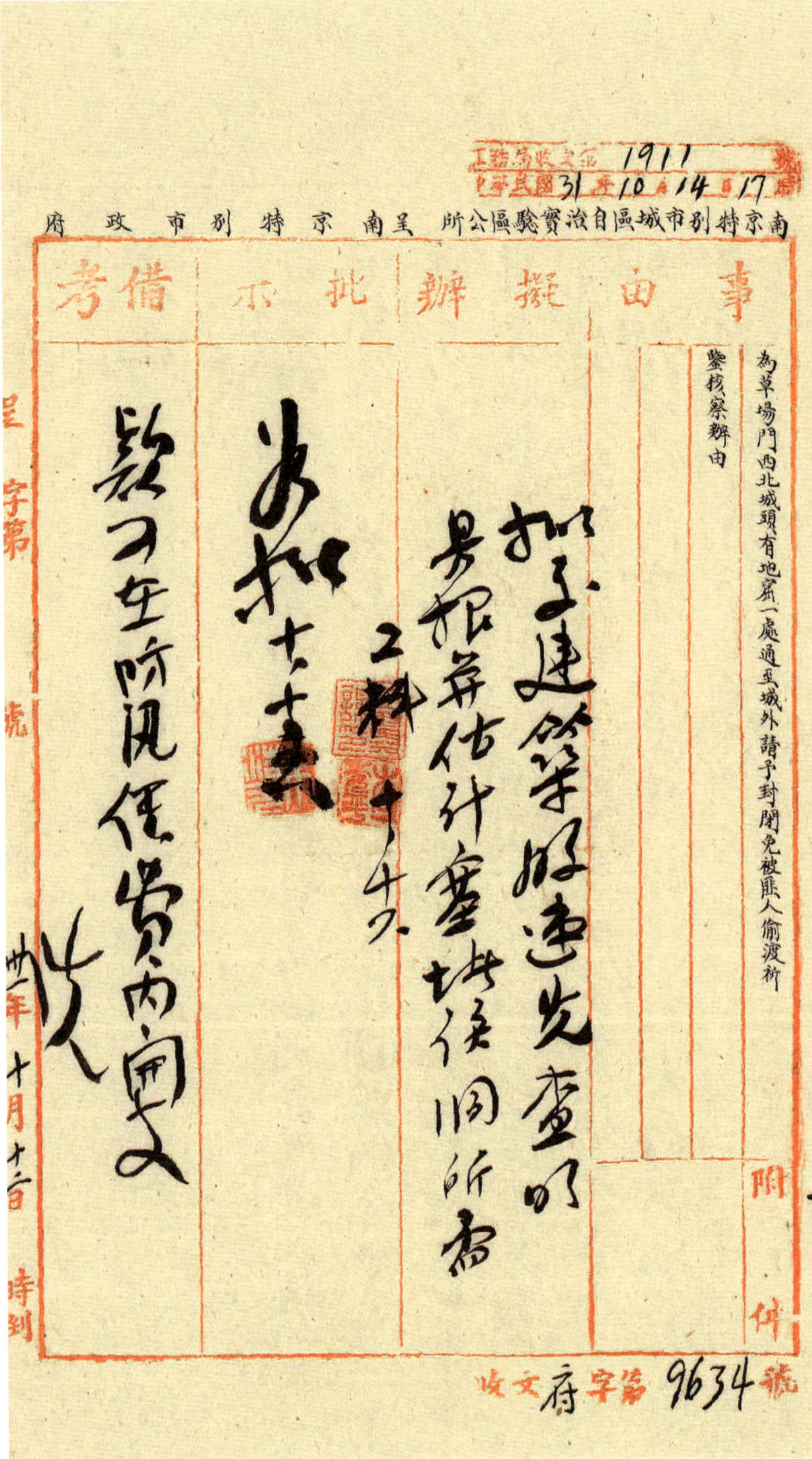

南京特別市政府收文 1911 民國31年10月14日17時

南京特別市城區自治實驗區公所 呈 南京特別市政府

事由：為草場門西北城頭有地窟一處通至城外請予封閉免被匪人偷渡祈鑒核察辦由

擬辦：擬令建築科速先查明具報并估計塞填經費所需 工科 十月十六

批示：[illegible] 擬 十六

備考：[illegible]

附件

工務局 科

十三

呈 字第 號 卅一年十月十二日 時到

府收文字第9634號

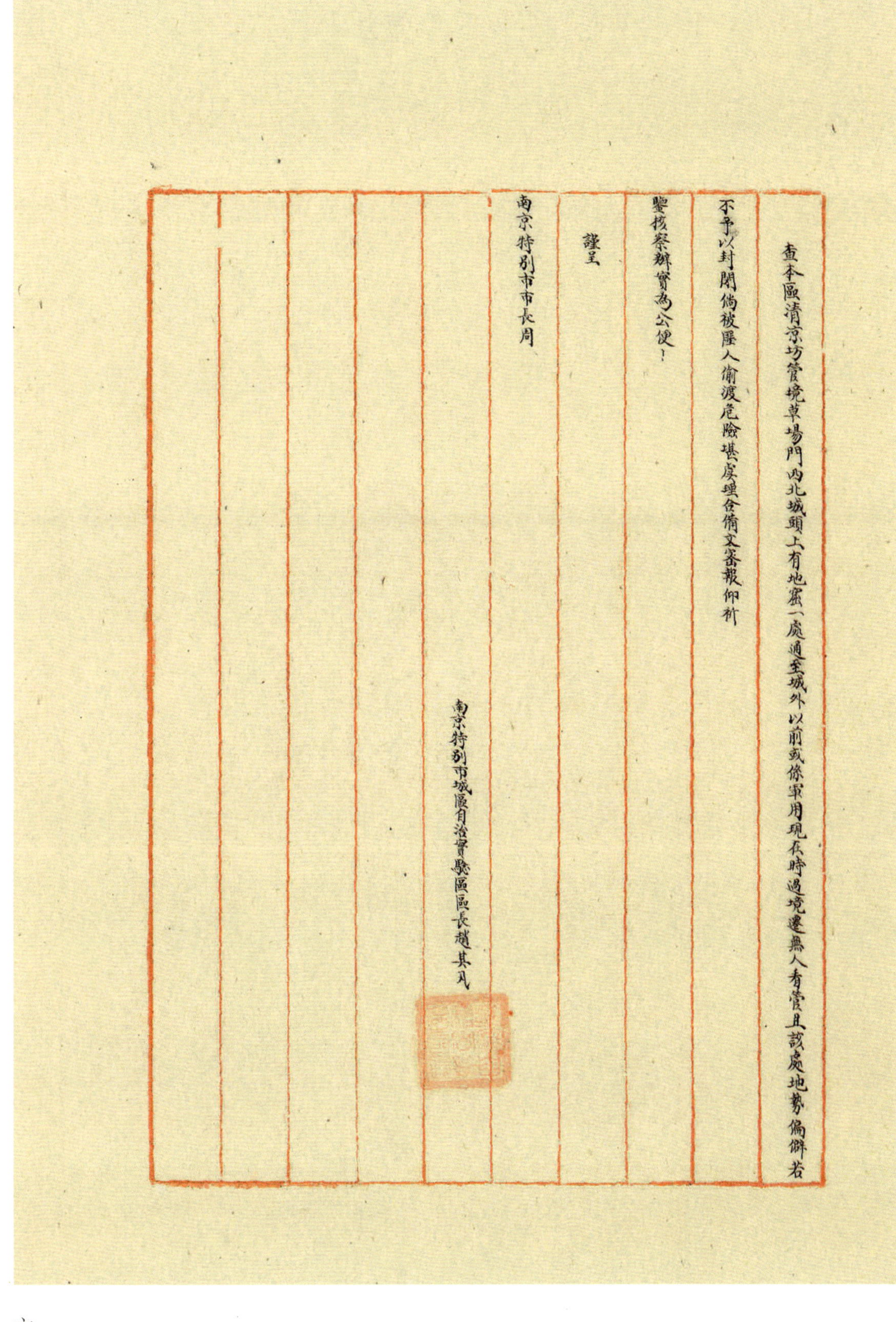

查本區清涼坊管境草場門西北城頭上有地窟一處通至城外以前或係軍用現在時過境遷無人看管且該處地勢偏僻若不予以封閉倘被匪人偷渡危險堪虞理合備文簽報仰祈

鑒核察辦實為公便！

謹呈

南京特別市市長周

南京特別市城區自治實驗區區長趙其凡

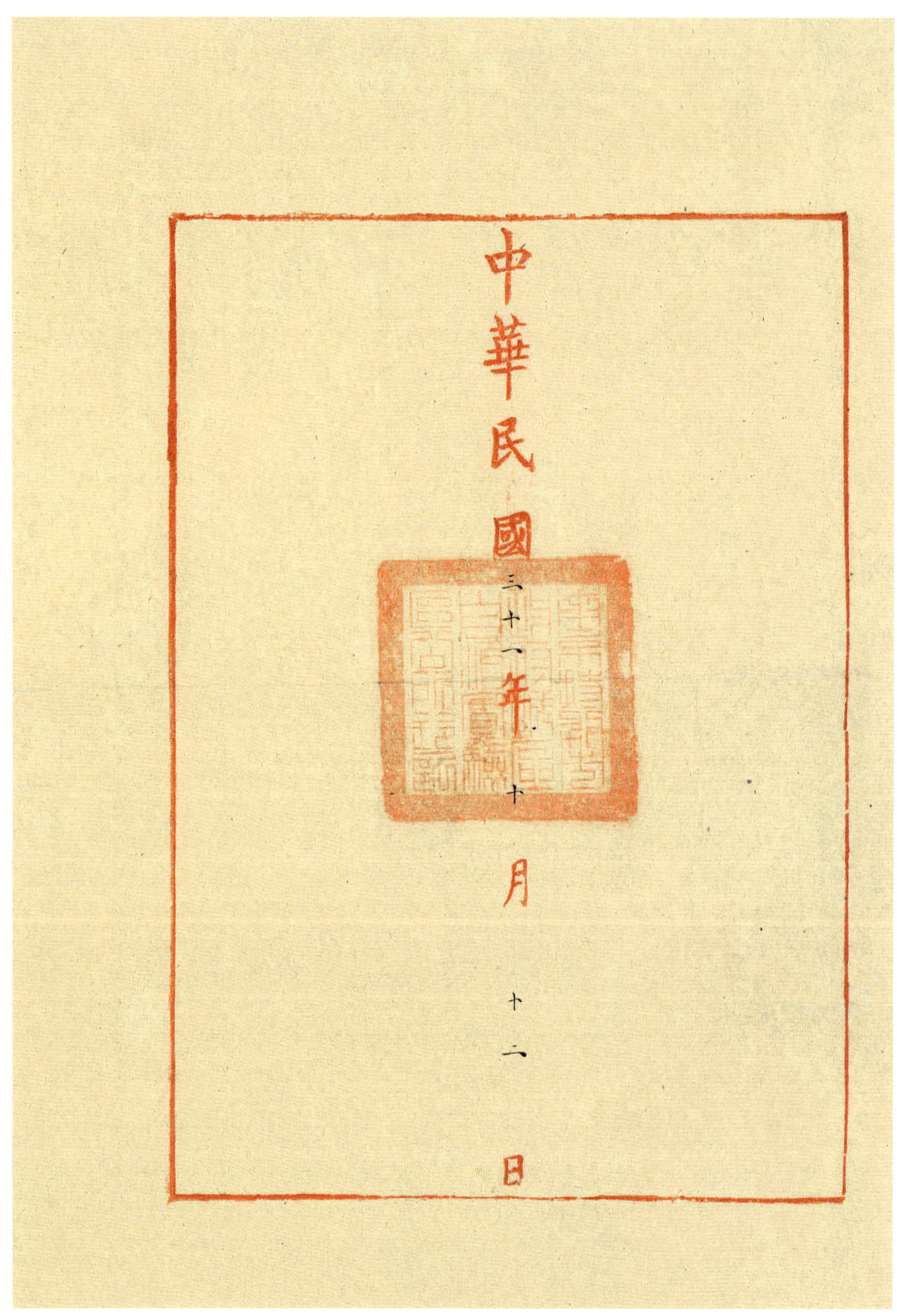

中華民國三十一年十月十二日

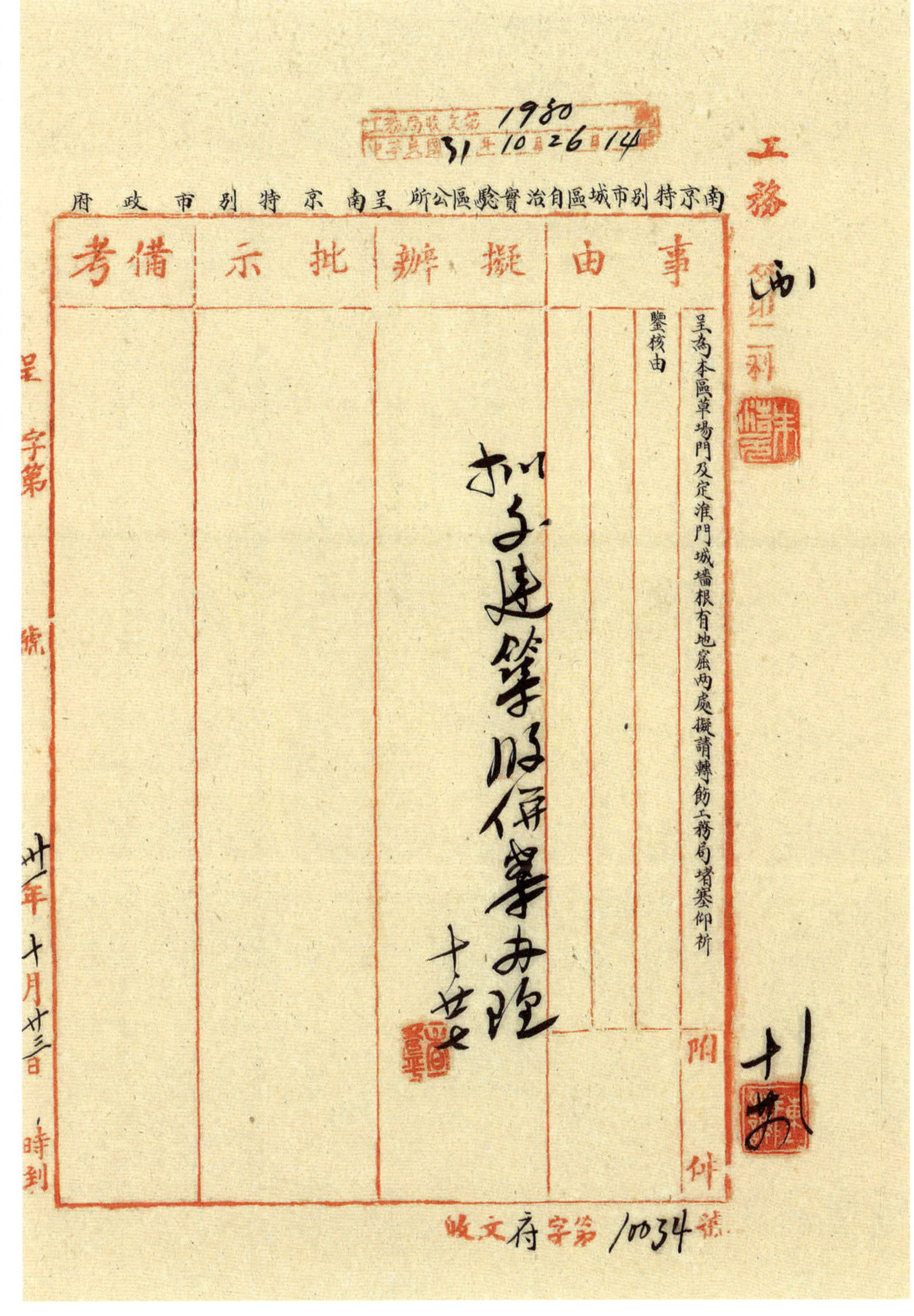

工務局收文第 1980 號
中華民國 31 年 10 月 26 日 14 時

南京特別市城區自治實驗區公所呈南京特別市政府

事由	擬辦	批示	備考
呈為本區草場門及定淮門城墻根有地窟兩處擬請轉飭工務局堵塞仰祈鑒核由	擬令建築股併案辦理 十、廿七		

附件

呈 字第 號

卅一年十月廿三日 時到

工務局 二科

收文府字第 10034 號

案據本區清凉坊坊長侯子範呈以草場門及定淮門等處城墻根有地窟三處擬請轉呈堵塞等情前來查草場門一處業經呈報並函請北區警察局就近防範在案至定淮門一處經派助理員殷少星前往詳查據復稱定淮門城墻根之窟可容人出入老虎洞南首何家山西邊山脚下之窟尚小雖不能自由出入但違禁物品仍可秘密輸入危險實深等語查該處地在本市西北行人稀少難免奸人藉此擾亂本市治安除再函警局設法防堵外理合據情備文呈報仰祈

鑒核迅飭工務局即日察勘堵塞以備不虞實為公便！

謹呈

南京特别市市長周

南京特别市城區自治實驗區區長趙其凡

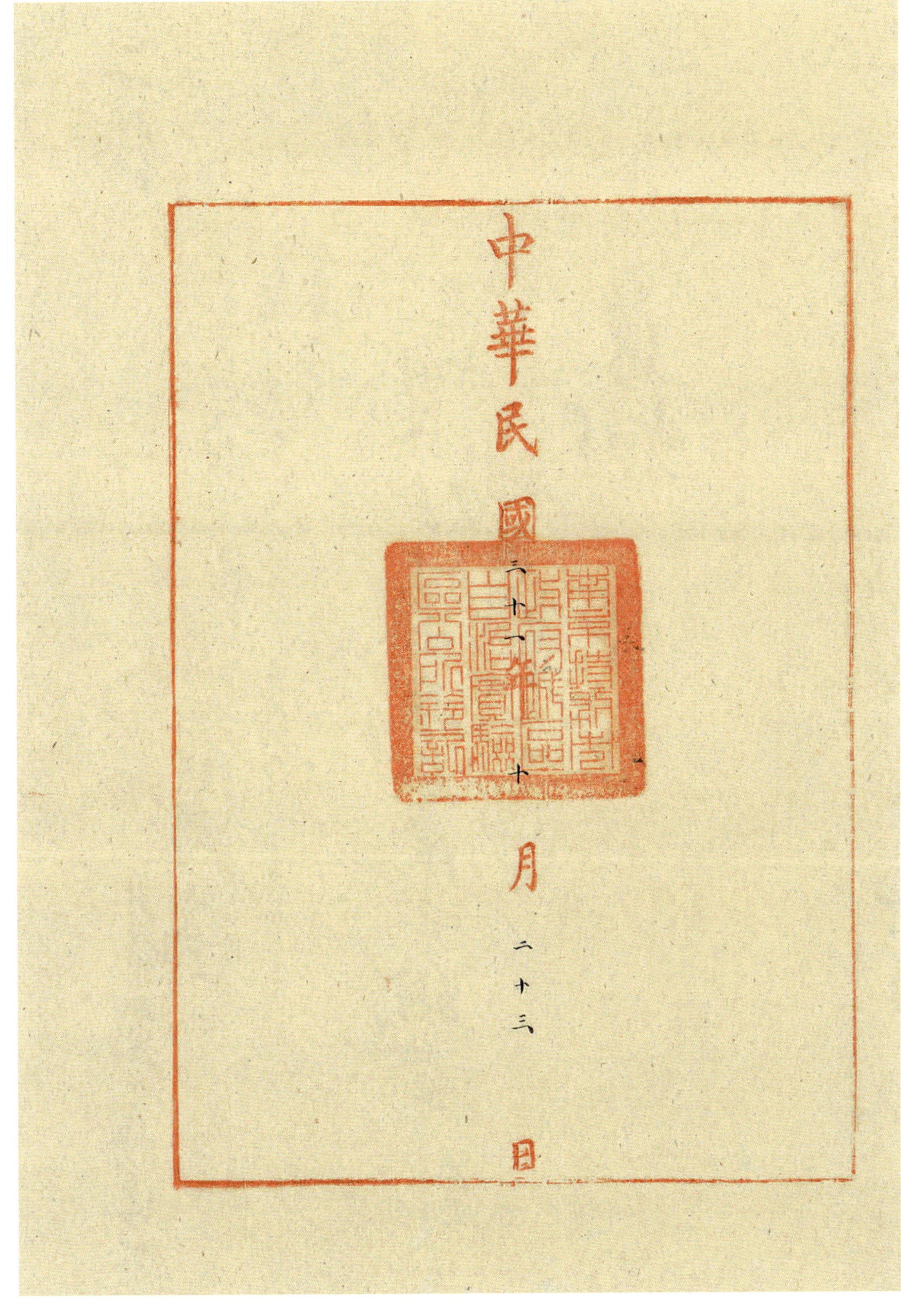

中華民國三十一年十月二十三日

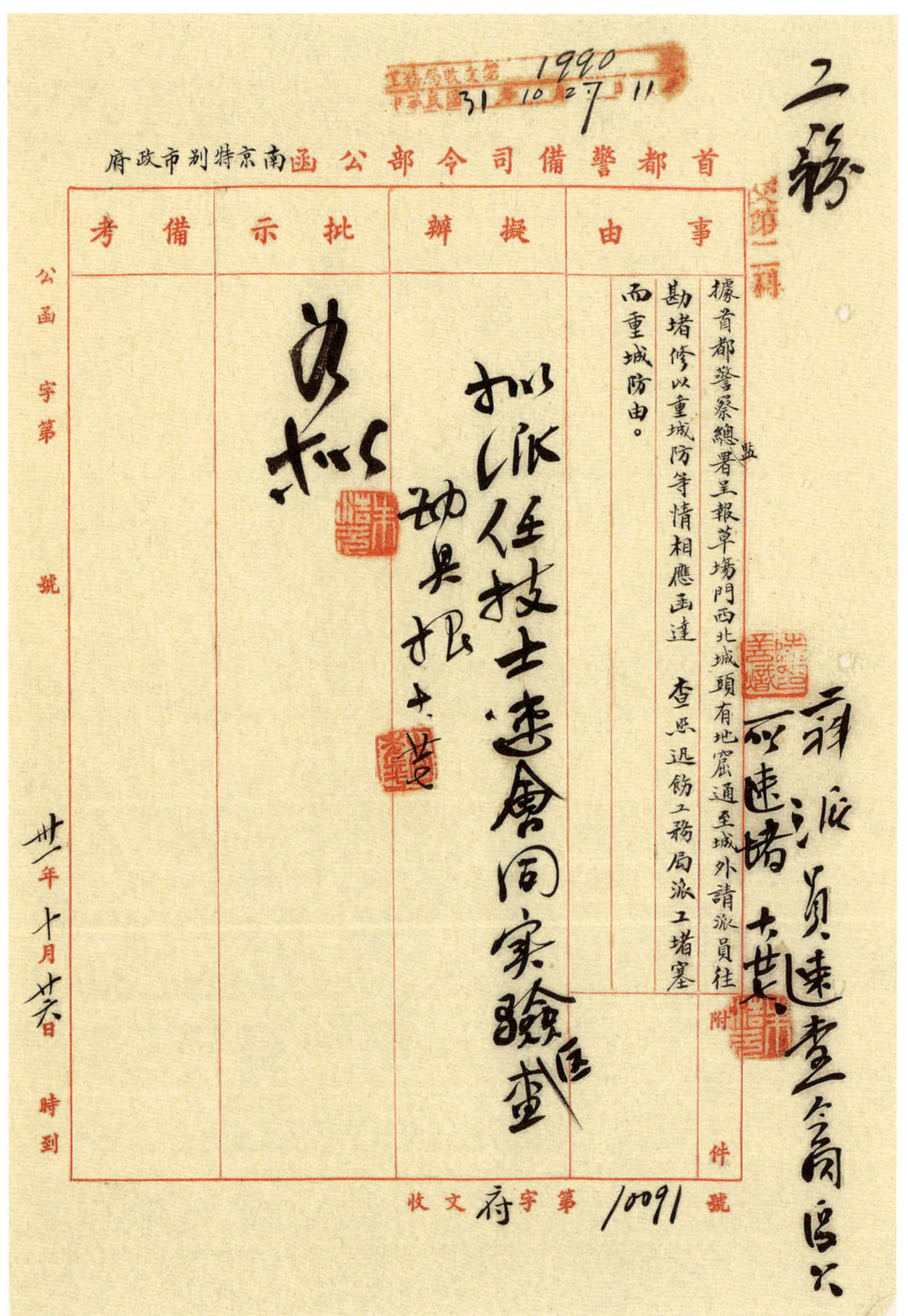

（一一）僞首都警備司令部爲請堵塞草場門西北城頭地窟致僞市政府的公函（一九四二年十月二十四日）

工務

交第二科

首都警備司令部公函　南京特别市政府

事由：據首都警察總署呈報草場門西北城頭有地窟通至城外請派員往勘堵修以重城防等情相應函達　查照迅飭工務局派工堵塞而重城防由。

附件：

擬辦：擬派任技士速會同實驗查

批示：

備考：

公函　字第　號

卅一年十月廿六日　時到

收文　府字第10091號

31 10 27 11 1990

首都警備司令部公函

參備字第64號

案據首都警察總監署呈報略以草場門西北城頭有地窟一處通至城外擬請派員往勘堵修以重城防等情據此查草場門早經堵塞近來鄉民時有竄洞通過情事殊屬非是自應趕速堵塞以防意外除指復外相應函請

貴府迅飭工務局派工堵塞以重城防為荷。

此致

南京特別市市長周

司令李謳一

中華民國三十一年十月二十四日

監印 監印梁順麟

校對 校對曾學禮

（三）僞市工務局爲查勘草場門、定淮門城根地窟情形的簽呈（一九四二年十月二十八日）

簽呈　十月二十八日

竊奉交下　首都警備司令部函一件　城區自治實驗區公所呈一件
為草場門及定淮門城根有地窟數處　祈速即派工堵塞等情　奉
批示　飭　會同實驗區公所速查等因　奉此遵即會同該區助理員
殷少星前往查定淮門附近有洞窟二個　其一為前定淮門城門前
經堵塞今已倒塌其洞口寬為一.六八公尺高為一.五公尺厚為一.八公尺之
城牆內側尚需填土六公方　另有機關槍洞二個　係鋼筋混凝土建
造洞分上下二口堵塞上口需填泥土亂磚七公方半　下口需填八公
方外側尚需用城磚砌牢　其草場門機關槍洞一個　堵塞情形
與定淮門同　以上堵塞洞口所用泥土及城磚就近有餘料可資利

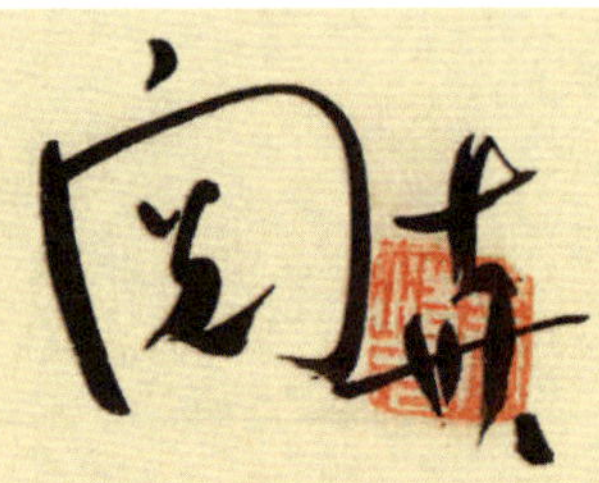

閱 黃

用每洞堵塞計需人工十五名共計需人工六十工即可蕆事奉

派前因謹合將查勘情形報請

鑒核 謹呈

主任陳 轉呈

科長查

局長朱

本局已派員工及工人下水道

工人四人前往詢問當地民眾

堵塞擬函防衛司令

許工門往勘察 十一 黃

職 任桂芳 謹呈 十一日呈

附呈原卷三件

乙由　衛戍長官司、防衛司令部
前擬塞各城門、速築官前經議
俟視察之結果

十、卅

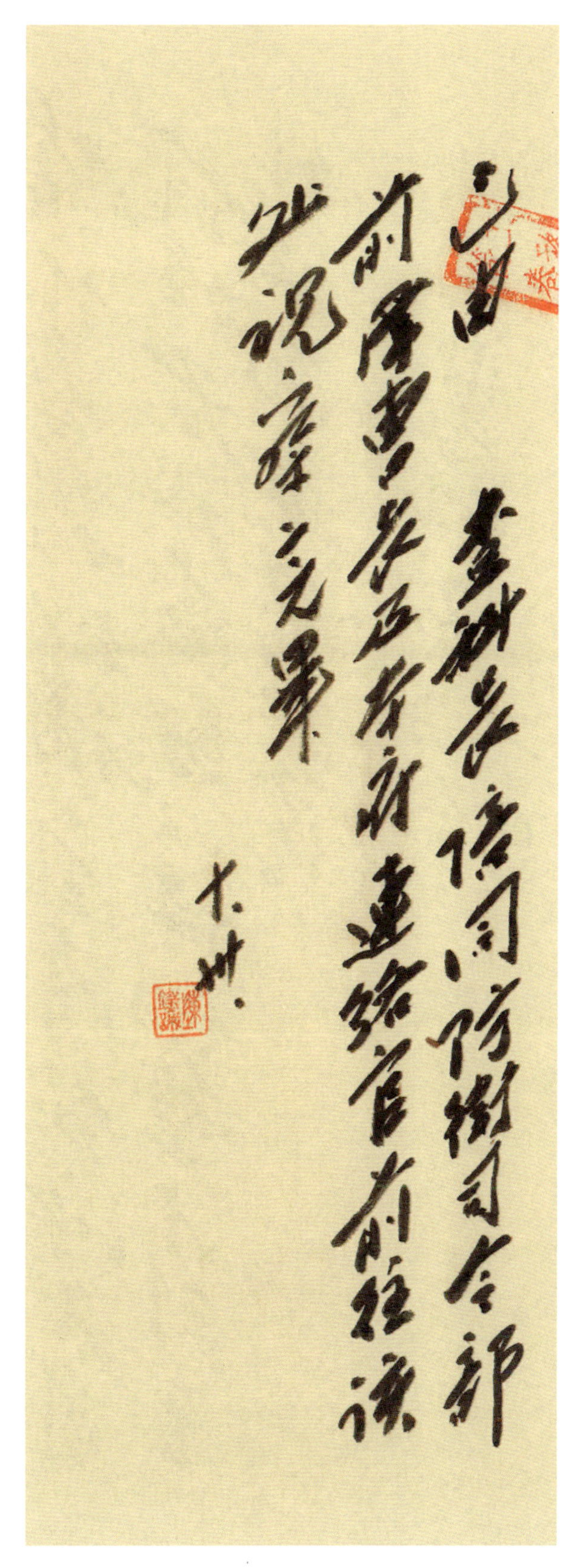

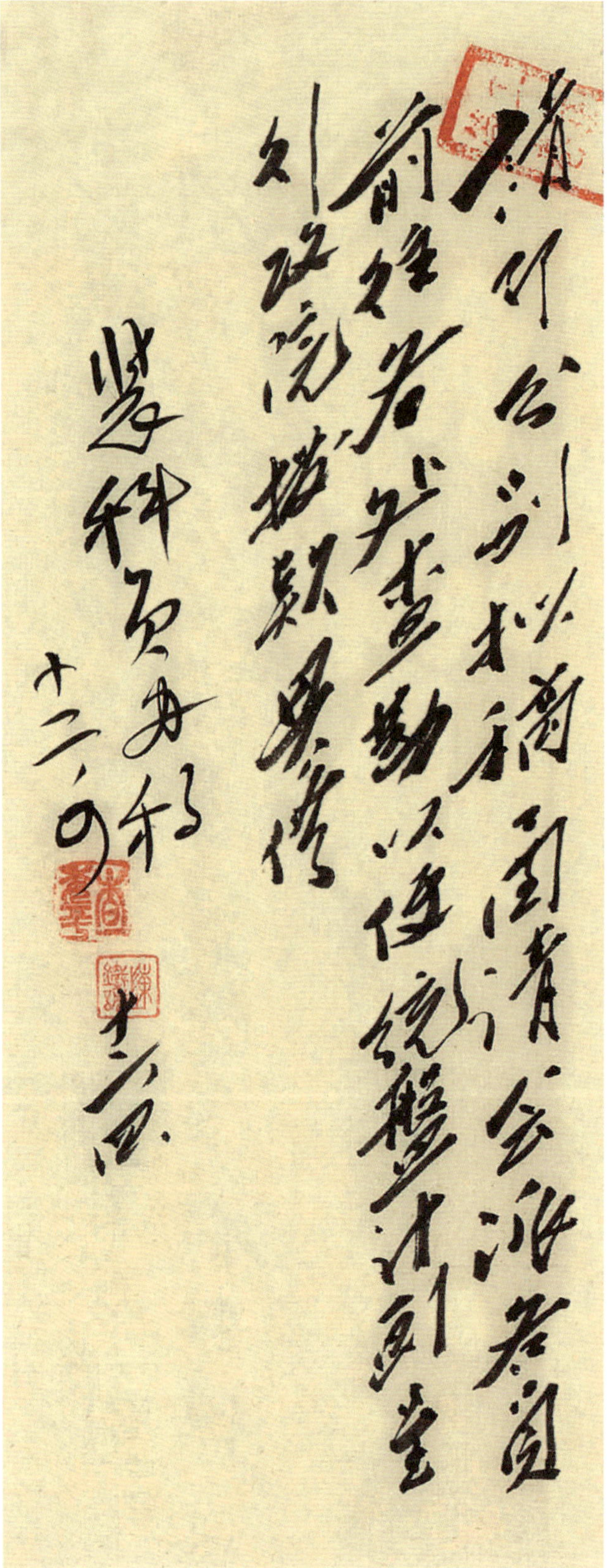

（四）僞市工務局爲堵塞草場門、定淮門機關槍洞和破洞情形的報告（一九四二年十一月二日）

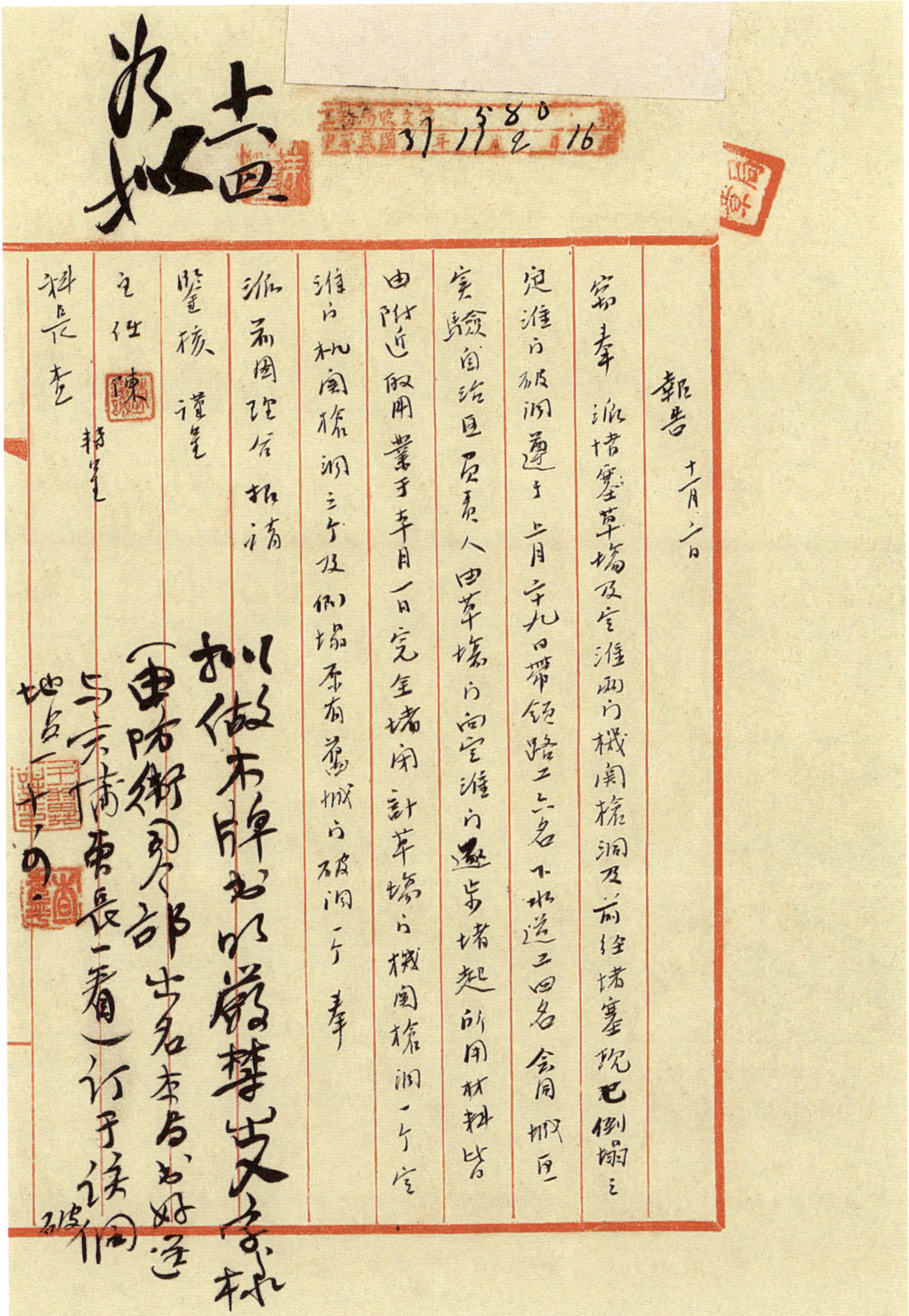

報告 十一月二日

竊奉 派堵塞草場及定淮兩門機關槍洞及前往堵塞坍圯倒塌之定淮門破洞遵于上月廿九日帶領路工六名下水道工四名會同城區實驗區治區負責人由草場門向定淮門逐步堵起所用材料皆由附近取用業于本月一日完全堵閉計草場門機關槍洞一個定淮門機關槍洞三個及倒塌未有蓋城門破洞一個 奉派前因理合報請

鑒核 謹呈

主任 陳 核呈

科長 李

擬做木牌書明嚴禁出入字樣（由防衛司令部出名來局書好送與處長一看）

局長朱

職任桓志謹呈

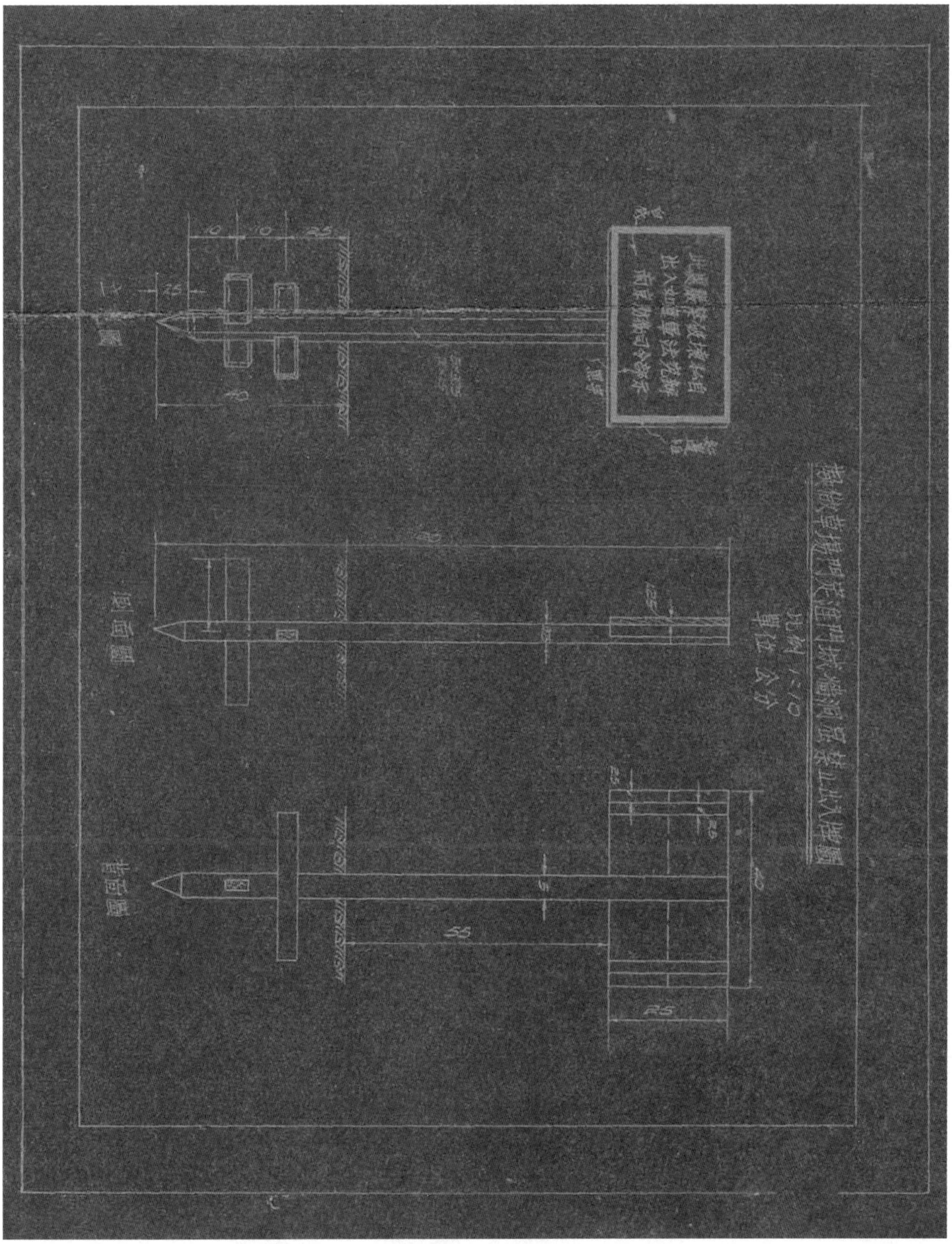
擬做草場門定淮門城牆洞區禁止出入牌圖
比例 1:10
單位 公分
此處嚴禁破壞私自
出入如違軍法究辦
南京防衛司令部示
正面圖
側面圖
背面圖

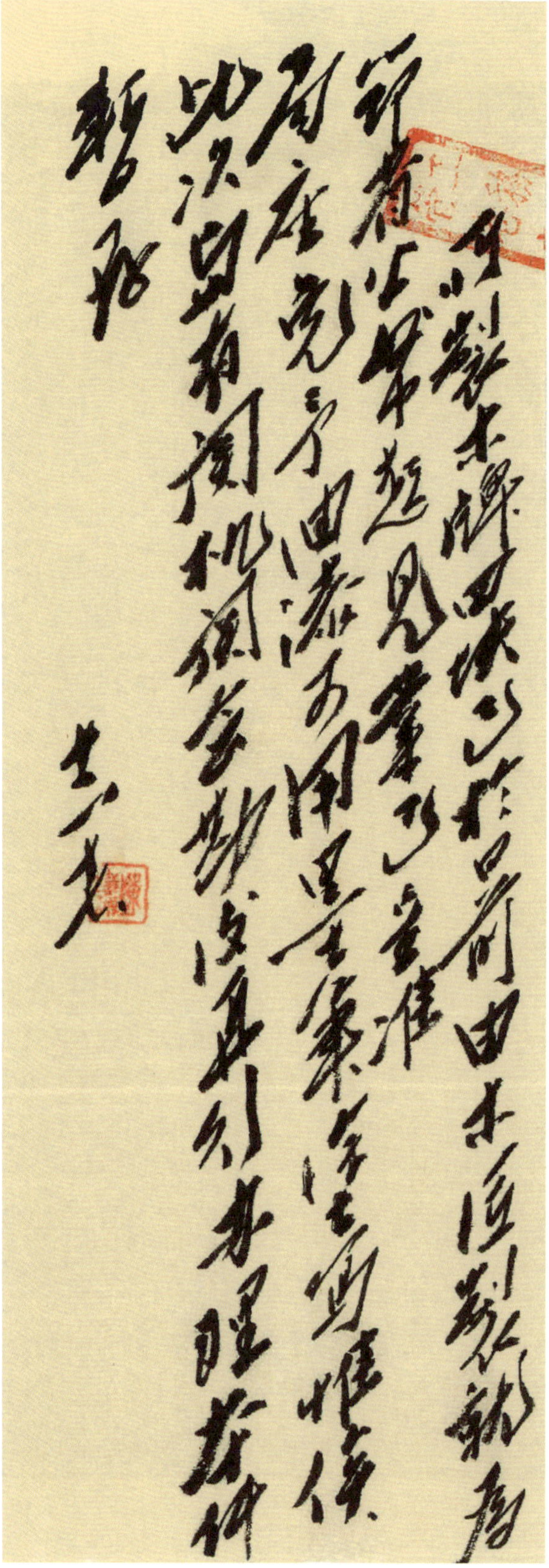

僞市政府爲通盤計劃興修山陰崗等處城墻致僞城區自治實驗區公所的指令（一九四二年十二月二十二日）

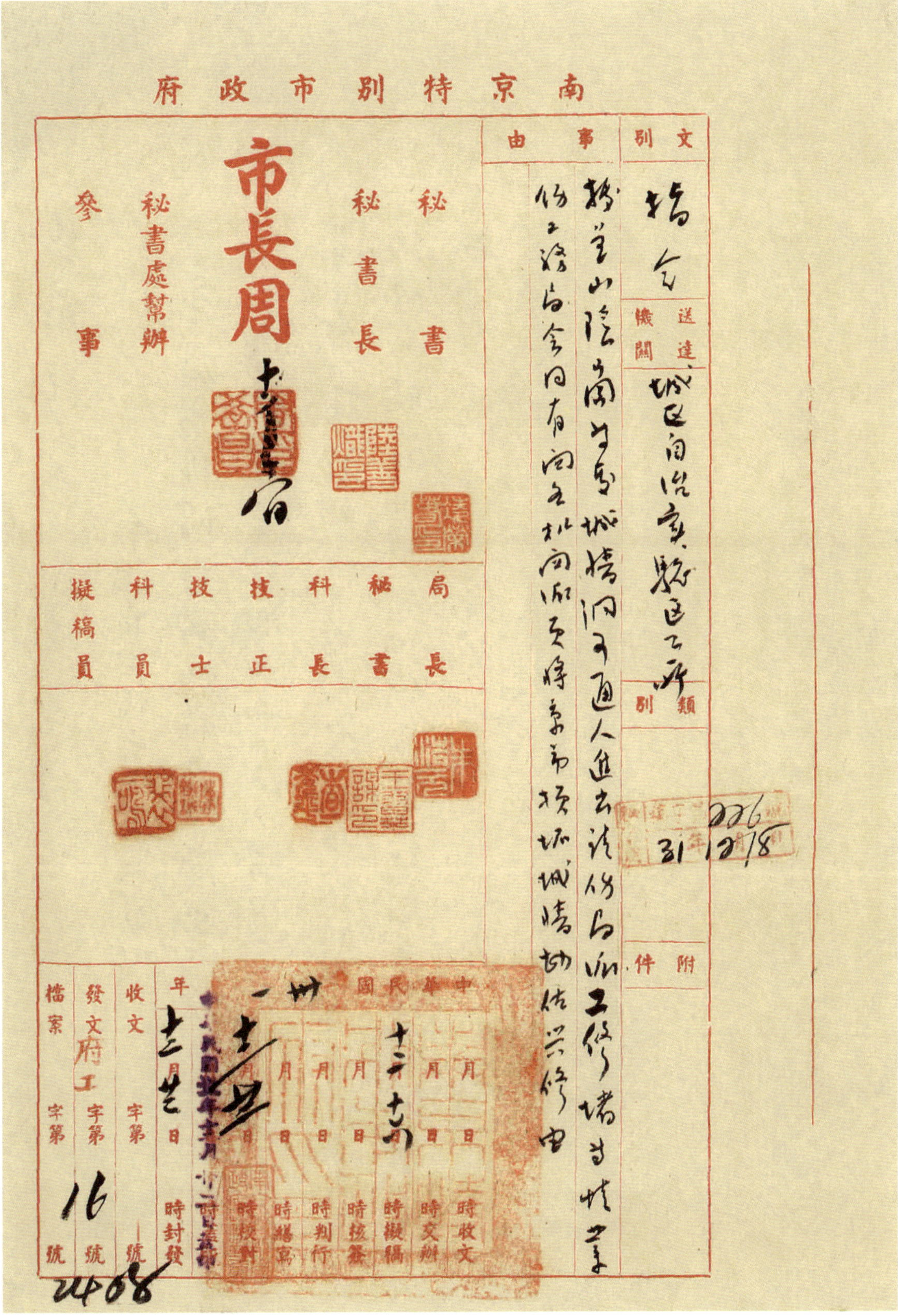

南京特別市政府

文別：指令

送達機關：城區自治實驗區公所

事由：據呈山陰崗等處城牆洞口通人進出請飭局派工修堵等情業飭工務局會同有關各機關派員籌劃擇要拆城牆勘估興修由

市長周

秘書長

秘書

秘書處幫辦

參事

局長　秘書　科長　技正　技士　科員　擬稿員

中華民國卅一年十二月廿二日

發文府工字第16號

2408

本府指令　第　号

令城区自治实验区区公所

呈一件为拟请修理坍损狮山炮窗等处城墙洞可通人迹出呈请饬局派工修堵由

呈悉，业经饬交工务局会同有关机关派员将本市损坏城墙，详细勘估，以便通盘计划兴修，仰即知照！

此令！

僞西郊警察局爲請堵塞土橋庵一帶城墻洞與僞市工務局的往來公函（一九四二年十二月六日至十二月十八日）

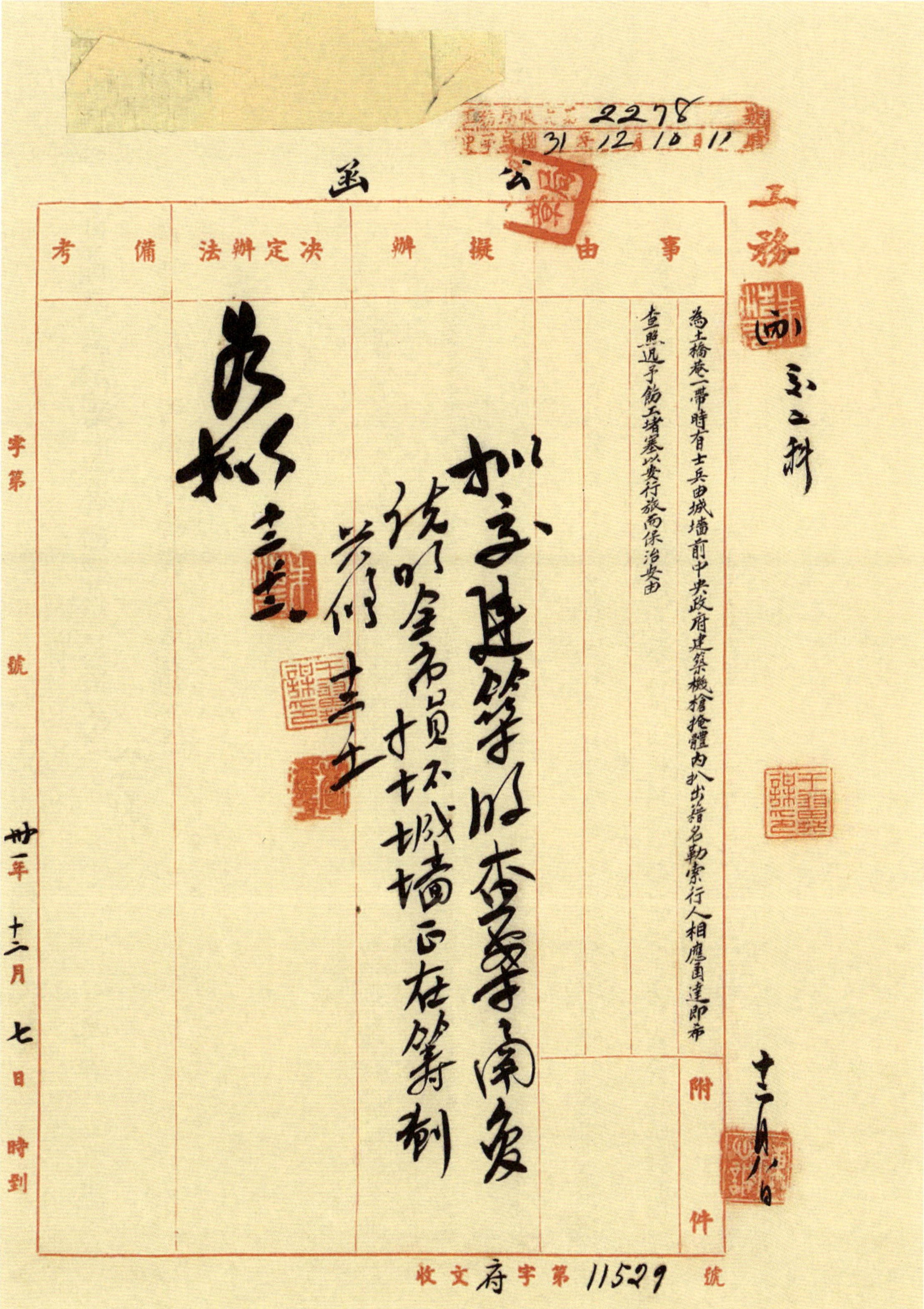

工務

公函

2278

31年12 10日11

事由	擬辦	決定辦法	備考
為土橋庵一帶時有士兵由城墻前中央政府建築機槍掩體內扒出縊名勒索行人相應函達即希查照迅予飭工堵塞以安行旅而保治安由			

附件

字第　號　卅一年十二月七日時到

收文府字第11529號

首都警察總監署西郊警察局　字第　號

首都警備司令部西郊警備隊 公函

逕啓者案奉

首都警備司令部備法字第三四五號訓令內開

案據首都警察總監署呈稱據本署偵緝隊報告本市土橋菴鬼窩城一帶地處偏僻行人稀少近因城關檢查甚嚴一般跑小生意及挑米小販往返該地每日有兵士二三人站在該土橋菴鬼窩城一帶假檢查居住證為由勒索往來行人難免不發生事端用特報祈核辦等情前來案關軍紀理合具文呈報仰祈鑒核俯賜通飭查禁實為公便等情據此查所呈各節如果非虛實屬有關軍紀合行令知該隊長派員嚴查具報以憑法辦此令

等因奉此當飭三汊河分駐所巡官趙鑫查明具報去後茲據報稱巡官親率警長陳世慶化裝前往該地調查據附近居民聲稱確有此情惟該兵士皆由城牆前中央政府建築機槍掩體內扒出但該士兵不知何部隊所來查該掩體係在土橋菴

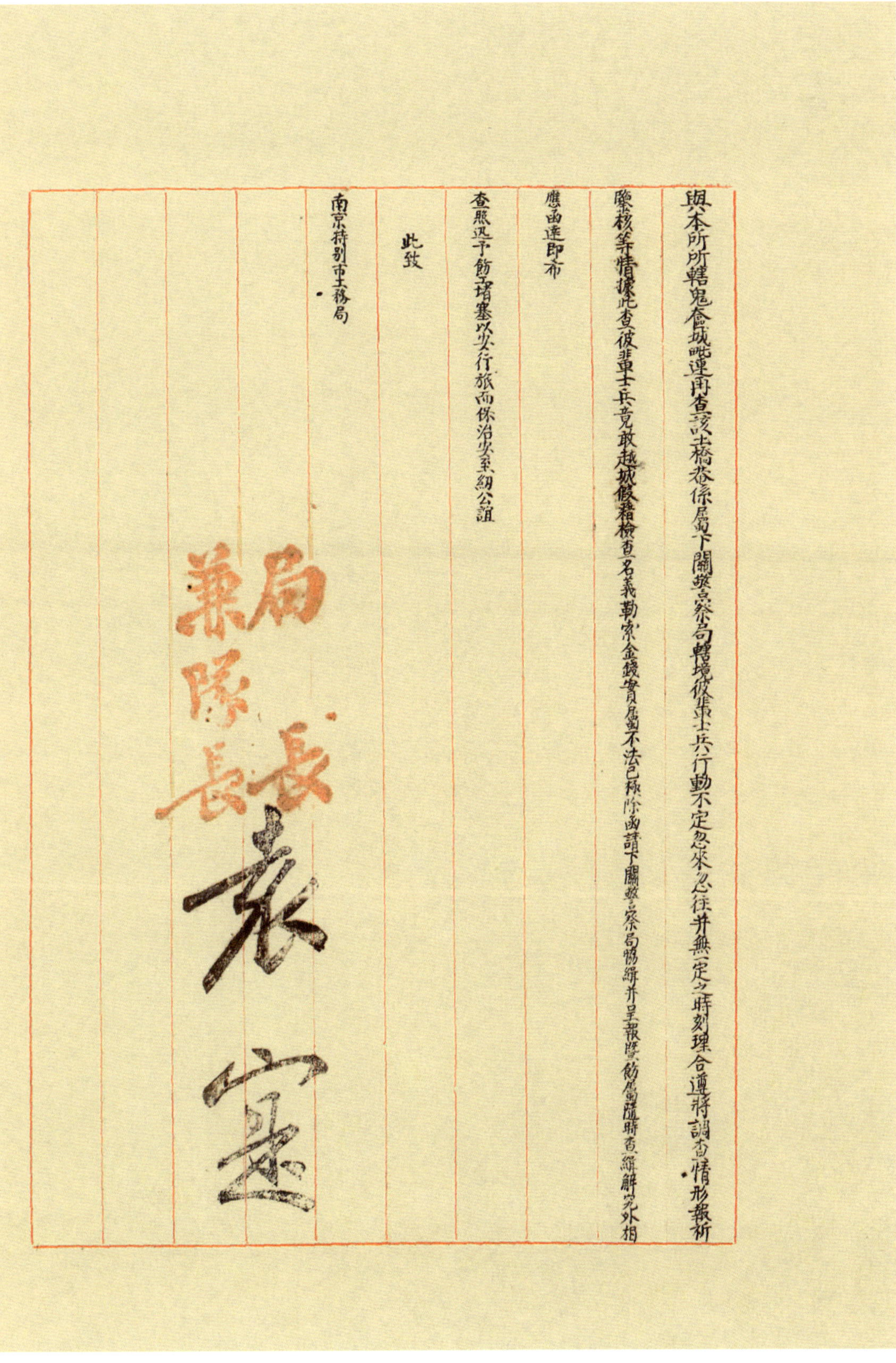

與本所所轄鬼臉城毗連再查該處橋巷係屬下關警察局轄境彼輩士兵行動不定忽來忽往并無一定之時刻理合連將調查情形報祈

鑒核等情據此查彼輩士兵竟敢越城假藉檢查名義勒索金錢實屬不法已經除函請下關警察局協緝并呈報暨飭屬隨時查緝解究外相

應函達即希

查照迅予飭工堵塞以便行旅而保治安至紉公誼

此致

南京特別市工務局

局長兼隊長

袁[illegible]

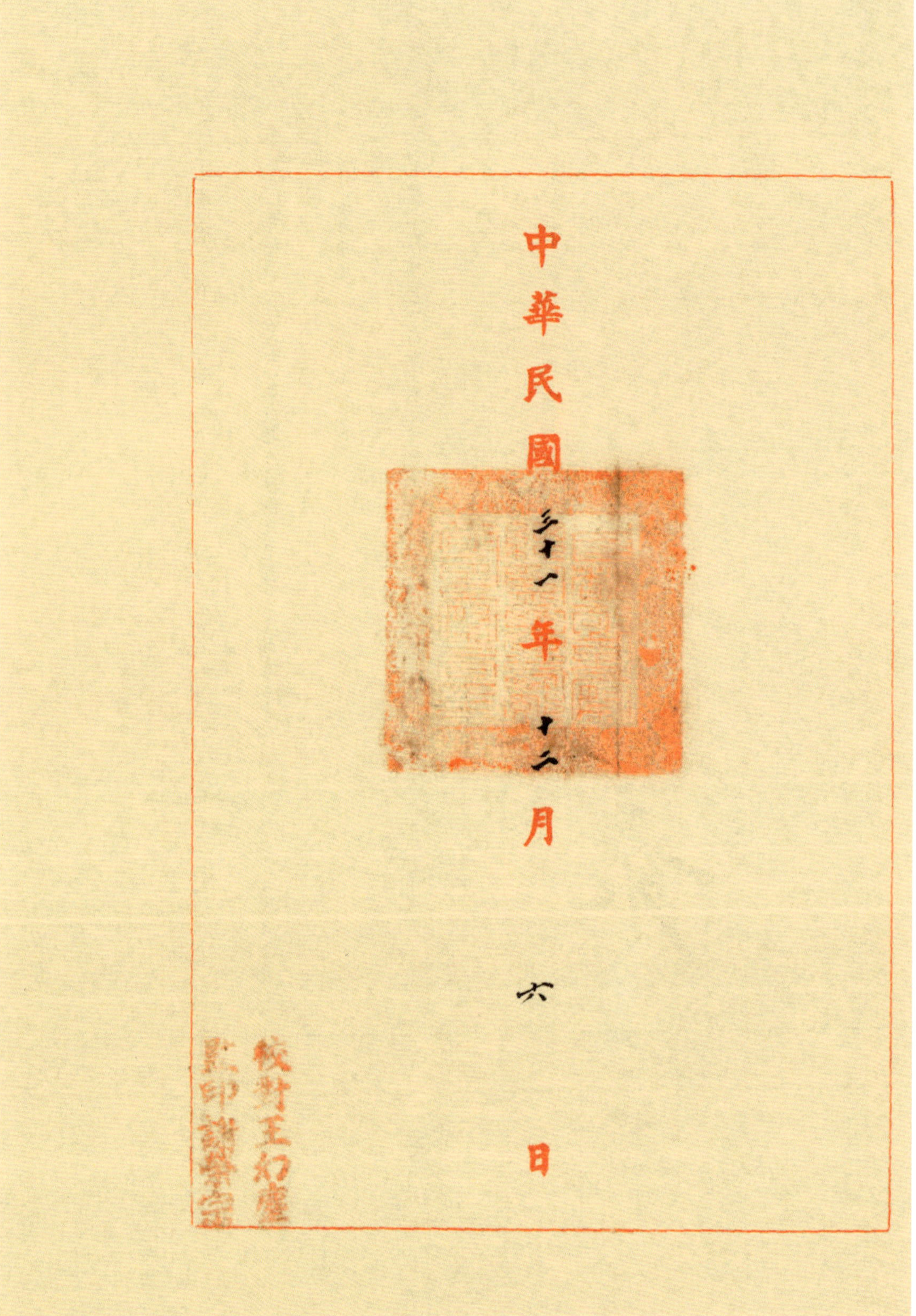

中華民國三十八年十二月六日

校對王幻塵
監印謝榮宗

請查案前據該局說明金川門損壞城墻
此間該處現由首都警察總署及警備司令部
會同查估正在辦理是否修 江中

准仿核覆

廿六 十一

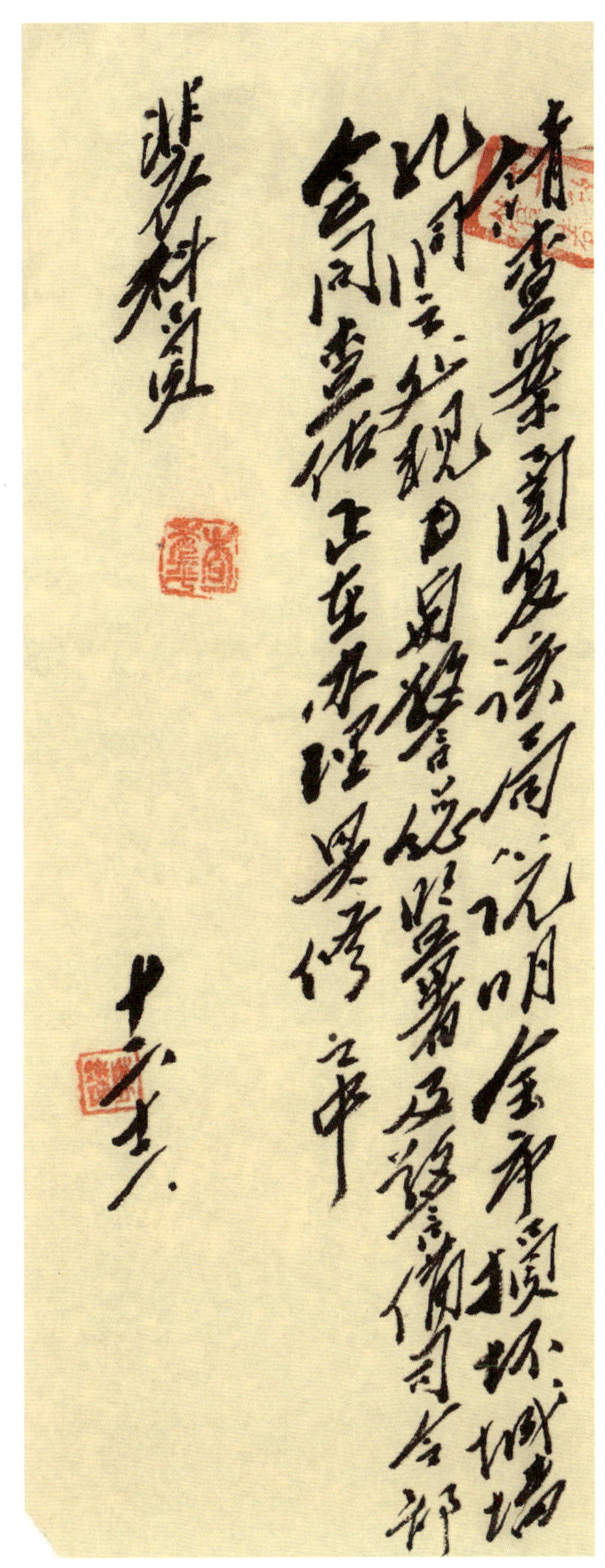

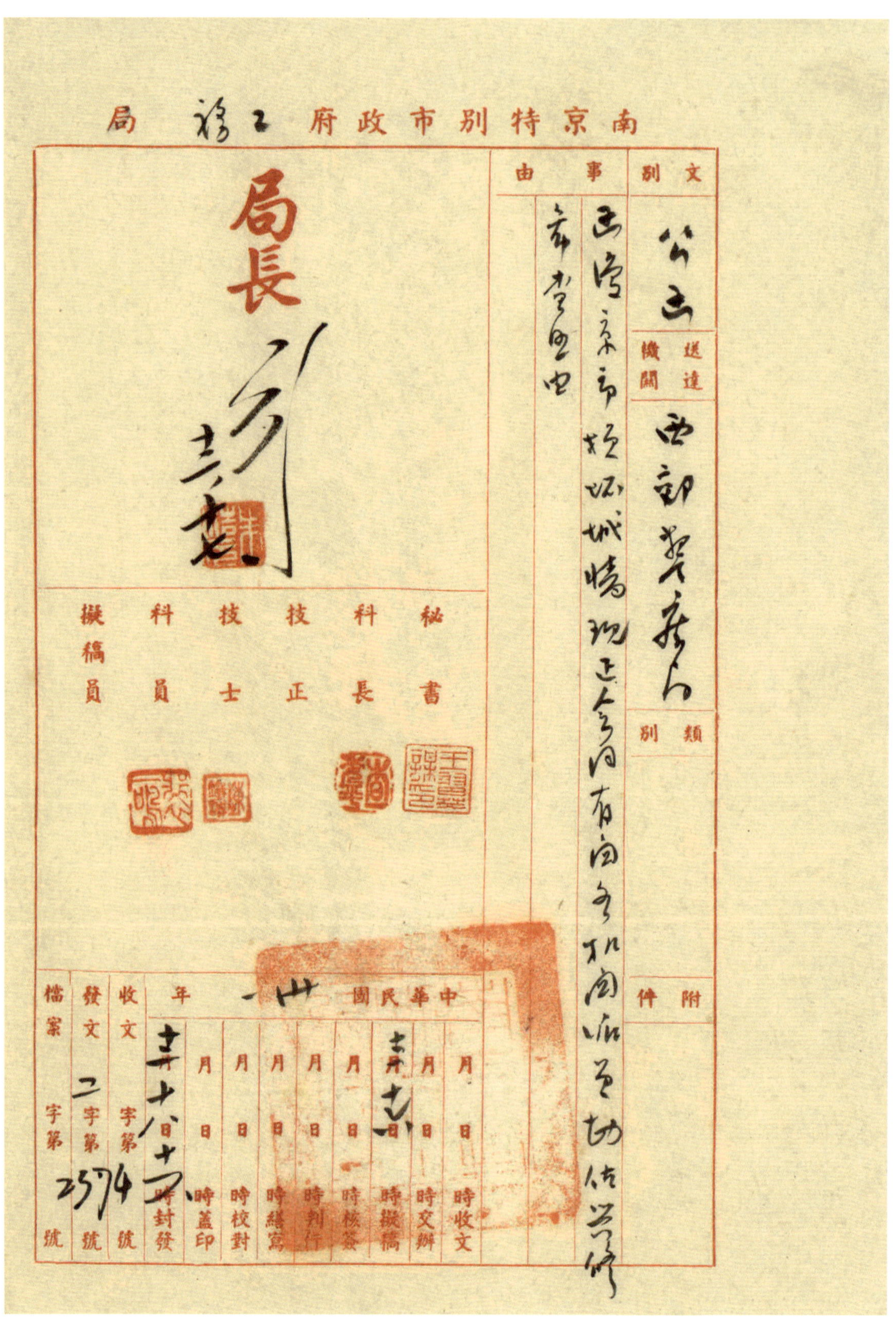

南京特別市政府工務局

文別	公函
送達機關	西部警察局
類別	
附件	
事由	函復京市拆城情形並令飭有關各機關派員協助辦理希查照由

局長 [illegible]

秘書　科長　技正　技士　科員　擬稿員

中華民國卅一年

收文	交辦	擬稿	核簽	判行	繕寫	校對	蓋印	封發
月日時	月日時	十二月十五日時	月日時	月日時	月日時	月日時	月日時	十二月十八日十六時

收文　字第　號

發文　二字第2574號

檔案　字第　號

市府函 第 號

案准

貴局來函略以土橋巷一帶城牆時有士兵由此攀援偷內外出入，請迅予修工堵塞，等由。准此，查京市城牆近來崩壞缺洞之處甚多，本府為通盤籌劃從修築起見，現正會同有關各機關派員詳細勘估中，相應函布，

查照為荷。

此致

首都警察廳

市長 朱〇〇